KB048359

行政判例研究　XXII-2

晴潭　崔松和　教授　喜壽記念　論文集　제1권

社團法人 韓國行政判例研究會　編

2017

博英社

Studies on Public Administration Cases

Korea Public Administration Case Study Association

Vol. XXII-2(1)

2017

Parkyoung Publishing & Company

刊 行 辭

2017년도 하반기를 마무리하면서 [행정판례연구] 제22집 제2호를 발간하게 되었습니다.

한국행정판례연구회가 발족한 이래 해마다 발간되어온 행정판례연구는 역사와 전통을 자랑하는 학술지로서 행정판례의 이론적 기초와 아울러 실천적 적용범위를 제시해왔다고 자부합니다. 행정판례연구는 우리나라 행정판례의 역사이고 또한 행정판례를 두고서 선학과 후학이 시공을 초월하여 대화하고 만나는 곳입니다.

특히 이번에 발간되는 행정판례연구는 올해 희수를 맞으시는 청담 최송화 선생님께 봉정하기 위한 것으로서 우리 회원 모두가 기뻐하고 경하드리는 바입니다. 청담선생님의 이력과 문주반생에 대하여는 박윤흔 교수님의 축하의 글에서 기리고 있기 때문에 더 언급할 필요가 없겠습니다만, 무엇보다도 우리 행정판례연구회의 회장을 역임하시면서 연구회의 기반을 다지셨고 우리 연구회의 오늘과 미래를 위한 소중한 다리를 새롭게 만들어 주셨습니다. 최근까지도 월례발표회에 직접 참여하시어 후학들을 격려하고 모범을 보이시는 등 우리 연구회의 발전에 크게 기여하고 계십니다. 언제나 훌륭하고 따뜻한 성품을 지닌 선생님에 대한 우리 모두의 존경심을 담고 우리 연구회에 대한 선생님의 평생의 헌신을 되새기고자 이 책을 봉정하고자 합니다. 다시

한 번 선생님의 희수를 진심으로 축하드리고 앞날의 행운과 만수무강을 축원 드립니다.

지난 2월 제가 행정판례연구회의 회장을 맡으면서, 회장을 지내신 선대회장님들께서 고희, 희수, 산수, 미수, 백수 등을 맞이하거나, 고인이 된 경우 탄신 100주년을 맞이하는 때에는 이를 축하드리기 위하여 기념논문집을 봉정하는 축하의 마당을 마련하여 드리는 전통을 만들어 나갔으면 좋겠다는 제의를 하였고, 이에 따라 청담선생님께서 희수를 맞이하게 되어 제일 먼저 기념논문집을 봉정하게 되었으니 경하의 마음이 더욱더 크고 흐뭇하게 생각하는 바입니다. 회원 여러분께 진심으로 감사드립니다.

이번 제22집 제2호에 실린 논문은 월례발표회와 청담선생님을 위하여 개별적으로 투고한 논문들 중 엄격한 심사를 통하여 선정되었습니다. 옥고를 보내주신 학계의 교수님과 실무 법조계 여러분, 아울러 이러한 학술지가 계획에 따라 순조롭게 출간될 수 있도록 헌신적으로 노력해준 출판이사와 간사 그리고 편집위원과 심사위원 여러분에게 감사의 마음을 올립니다. 그리고 청담선생님의 희수를 기념하는 축하의 글을 써 주신 박윤흔 교수님에게도 깊이 감사드립니다. 청담선생님의 이력과 활동상에 대하여 너무나 상세한 내용을 보태어 주셨기에 기념논문집의 가치가 한층 더 올라갔음을 실감합니다.

지난 12월에 우리 행정판례연구회에서는 "행정판례와 사법정책"이란 주제로 사법정책연구원과 공동으로 매우 유익하고 성공적인 학술세미나를 개최하였습니다. 이 자리를 빌려 학술세미나를 공동으로 개최하여 주신 호문혁 대법원 사법정책연구원장님께 깊은 감사를 드립니다.

최근에 젊은 회원님들이 월례발표회에 적극적으로 참여하여 다양한 시각에서 행정판례를 새로이 자리매김하려는 매우 고무적이고 역동적인 분위기가 조성되고 있습니다. 지금 행정을 비롯한 국가 전체가 과거와는 현저히 다른 환경에 처하여 근본적인 변화를 요구받고 있듯이, 행정판례 역시 시대와 호흡하고 나아가 시대를 견인해야 하는 결코 쉽지 않은 과제를 안고 있습니다. 우리 연구회의 적극성과 역동성이야말로 능히 이런 과제의 성공적인 수행을 이끌어 갈 수 있다고 확신합니다.

이 기념논문집의 봉정을 통하여 변하고 있는 환경에서 행정판례 연구의 새로운 모색을 강구하기 위한 출발점으로 삼고자 합니다. 아울러 행정판례 또한 획기적 전기가 마련될 수 있는 뜻 깊은 계기가 되었으면 합니다.

끝으로 행정상의 분쟁을 정의롭고 타당하게 해결할 책무를 지고 있는 실무가들과 이들의 관계를 때로는 교정하고 때로는 지원해준 이론가분들이 앞으로 공동체 속의 우리의 삶의 모습을 결정할 것이라고 저는 확신합니다. 행정판례에 대한 관심과 열정을 소유하고 있는 분들의 모임인 우리 연구회를 지탱하는 힘은 무엇보다도 회원 여러분들의 상호간의 존경과 우정, 그리고 유대감으로부터 우러나오고 있다고 생각합니다. 다시 한 번 회원 여러분들의 부단한 성원과 협조를 부탁드리면서 앞으로도 더욱 건강하시고 희망하는 일들이 모두 이루어지시기를 기원 드립니다.

2017년 12월
사단법인 한국행정판례연구회
회장 김동건

賀　序

　　晴潭 최송화 교수가 어느덧 희수를 맞이하셨다. 최 교수는 그동안 학문의 길을 꾸준히 걸어오시면서 동시에 그가 전공하는 학문적 지식을 필요로 하는 많은 행정·입법·사법관련 전문기관에서도 커다란 족적을 남기면서 알찬 인생길을 바쁘게 달려오셨다.

　　최 교수는 우리 학계의 원로이면서 또한 훌륭한 인품을 가지신 우리 사회의 스승이시다. 언제나 온화한 웃음을 띠고 누구와도 친화적이어서 모두로부터 존경을 받아 온 원로이시다. 최 교수는 전공하는 행정법학 연구에 충실하면서도 시야를 넓혀 폭넓은 연구를 하셨으며, 또한 여가를 선용하여 테니스·수영 등 운동이나 바둑 등에서도 거의 프로 수준의 실력을 가진 다양한 인생을 사셨다. 특히 바둑계에서는 최 교수는 아마 5단이라고 하며, 이창호·유창혁 등 프로기사 14명을 초청한 서울대학교 개교 50주년기념 바둑대회에서 바둑황제 조훈현 9단과 대결하여 4점 깔고 6집 승으로 이겨 도하 신문에서 최 부총장이 '기염'을 토했다고 보도했다.

　　최 교수와 나는 학문적인 동료로서 형제와 같은 친밀한 사이라고 하겠다. 우리는 같은 대학의 선후배로서 다 같이 우리나라 행정법을 개척·발전시키신 목촌 김도창 선생님을 지도교수로 모시고 거의 평생 동안 같은 행정법을 전공하는 학문의 길을 걸어왔다. 우리는 서울대학

교 대학원을 함께 다녔으며, 젊은 시절 합숙하면서 목촌 선생님의 저
서와 논문의 교정을 보기도 하고, 학회활동 등을 통하여 학문연구를
같이 하였다. 대학원 시절에는 최 교수 등과 함께 일반대학원, 행정대
학원, 사법대학원의 전공이 관련된 학생들 30여 명이 UFOI(United
Frontiers of Intelligence)라는 학술모임을 구성하여 활기차게 학술활동
을 하였다. 그리고 최 교수가 1973년에 교통사고로 다리를 다쳐 깁스
생활로 조교수 승진 후 첫 학기인 1974학년도 1학기 강의를 할 수 없
게 되어 최 교수 이름의 행정법강의를 서울법대강의는 당시 문교부차
관을 지내고 변호사 개업 중인 은사이신 김도창 선생님이 대강을 하
시고, 서울상대강의는 내가 대강을 한 일이 있는데, 제자의 강의를 선
생님이 대강하신 것은 두터운 제자사랑이라고 하겠다.

　　최 교수는 1971년에 모교인 서울대학교 법과대학 교수로 임명받
은 후 2006년 정년퇴임할 때까지 35여 년 동안을 한결같이 학문의 길
을 걸어왔으며 그동안 행정법에 관한 많은 저서와 연구논문을 발표하
여 학문발전에 커다란 업적을 남기셨다. 우리 동료 학자 분들은 최 교
수의 자당이신 김철안 여사께서 큰 여성정치인으로 이승만 정부시절
에 제3대 民議院의 홍일점 의원으로 보건사회분과위원회 위원장을 지
낸 분이셨기에 최 교수께서도 언젠가는 학계를 떠나 정치를 하실 것
이라는 예상을 깨고 끝끝내 학계를 지키셨다. 최 교수께서는 특히 '법
치행정과 공익', '공익론' 등 공법학의 근본문제인 '공익'과 '법치주의'
를 話頭로 하여 일관되고 깊이 있는 저서와 연구논문을 발표하였으며,
그 밖에 특히 행정쟁송관련문제와 통일을 대비한 '남북한 법체제의 비
교연구' 및 정보공개 등에 관한 많은 연구논문을 발표하셨다. 이들 저
서 중 '공익론'은 대한민국학술원으로부터 우수학술도서로 추천되기도
하였다. 그리고 목촌 김도창 선생님과 함께 편저한 8,000여 면에 달하
는 '한국행정판례집 Ⅰ·Ⅱ·Ⅲ' 집은 우리나라 행정법 판례연구에 있어
불후의 명저작으로 평가받고 있으며, 또한 최 교수가 집필대표가 되어

편저한 '행정판례평선'은 우리나라 최초의 종합적인 판례평선으로 역시 명저작이라 하겠다.

최 교수는 학자로서만이 아니고 교육행정가로서도 커다란 업적을 남기셨다. 그는 그가 재직한 서울대학교의 부총장직을 거쳐 총장직무대리를 맡으셔서, 서울대학교 개교50주년의 '기념사업위원회 위원장'을 맡아 '민족의 대학, 학문의 대학, 세계의 대학으로'라는 발전목표를 달성하기 위해 서울대법제정 및 법인화추진, 통합전산화달성, 연구문헌 HUB대학정착, Super Computer 도입, 6.25 참전 학생에 대한 명예졸업장수여제도 도입 등 많은 사업을 성공적으로 수행하여, 서울대학교 발전에 크게 기여하셨다. 또한 최 교수께서는 한국공법학회 회장, 한국행정판례연구회 회장, 한국행정법학회 회장직 등을 맡으셔서 법학계의 발전에 공헌하셨다.

최 교수는 또한 상아탑에만 안주하지 않고 전공한 전문지식을 필요로 하는 국무총리산하 인문사회연구회(소관 9개 연구원) 이사장, 경제·인문사회 연구회(소관 23개 연구원) 이사장(통합연구회 초대) 직을 맡으셔서 우리나라 인문사회분야 싱크탱크의 개발 육성에 크게 기여하셨다.

당시 우리나라에서는 '인문학의 위기'가 크게 거론되었으며, 이에 최 교수는 김여수 한국철학회 회장을 비롯하여 이인호 박사, 김우창 선생 등 철학, 역사, 문학, 교육 등 인문학 분야의 사회저명인사들로 '인문정책위원회'를 구성하고, 학술대회, 심포지움, 집담회, 연구모임 등을 지속적으로 개최하여 '인문학의 위기의 극복과 대안마련을 위하여 적극적으로 노력을 기우려 큰 성과를 내셨으며, 우리나라 인문학의 발전과 인문학진흥에 커다란 초석을 놓으셨다.

아울러, 국가의 미래의 발전을 위한 정책연구로서, 우선 첫 번째로 유럽연합(EU)을 모델로 장차 유럽연합과 같이 발전하기를 기대하면서 '21세기 동북아문화공동체(Asian Union, AU)의 구상'(2004)(편저)이라는 저서를 발간하였고, '국가의제 2015: 풍요와 평화의 미래한국'(2005)이라는 권위 있는 연구보고서를 내놓으며 정책연구를 미래학으로 발전시켰다.

최 교수는 또한 초대 '대법원사법정책연구원' 원장직을 맡으셔서, 국민을 위한 사법, 열린 사법을 목표로 정하고, 연구를 수행함에 있어서는 법조계 내부 의견뿐만 아니라 외부전문가와 일반인의 의견을 모두 수렴하도록 하였다. 그리하여 민사법·형사법·공법 등 관계 대형 학회들(9개 학회)과 MOU를 체결하였으며, 비단 법조계·법학계뿐만이 아니라 관련된 인문사회 분야와도 연구에 있어 서로 공동연구 협동연구를 하도록 하여 열린 사법의 길을 다지셨다. 최 교수께서는 또한 대외적으로도 많은 활동을 하셨는바, 한국하버드엔칭학회(The Harvard-Yenching Visiting Scholars Association, Korea)의 회장을 맡으셔서 하버드엔칭연구소의 후원으로 <21세기 한국 고등교육의 미래와 인문학>이라는 주제로 대규모 학술대회와, <세계화 속의 동아시아: 갈등과 타협>이라는 주제로 한국하버드엔칭학회 창립 50주년 기념학술대회를 개최하기도 하였다.

그리고 東아시아행정법학회(한국·일본·중국·대만) 이사장을 맡으셔서 두 번의 국제학술대회를 한국에서 성공적으로 개최함으로써 국제관계에서의 법률교류를 촉진하셨다.

아울러 2001년 이래로 동남아한국학회(The Korean Studies Association of Southeast Asia)의 한국학연구자문위원회 위원장으로서, 말레이시아·베트남·태국·인도네시아·필리핀·라오스·캄보디아·호주 등의 9개 참여대학의 총장 또는 부총장으로 자문위원회를 구성하고, 각 대학의 학장으로 집행위원회를 조직하여 학술대회, 심포지움, 동남아 한국학 장학생제도 운영 등 동남아지역의 한국학연구의 발전에 기여하고 있다.

최 교수의 세대가 살아온 시대는 우리나라가 역사상 가장 역동적으로 발전하여 그야말로 도약을 이룩한 시대였다. 최 교수는 이러한

시대를 함께하면서 발전의 주역들을 길러내는 커다란 역할을 담당하
여 오셨다. 최 교수께서는 이제는 모든 부담에서 벗어난 자유인으로
돌아가 건강을 챙기면서 자기인생을 찾아 즐기면서 한편 학계와 사회
의 원로로서 일선에서 뛰고 있는 오늘의 주역들이 올바른 방향으로
나아가도록 살피는 역할을 하시기를 기대한다.

2017년 11월
박윤흔 씀

晴潭 崔松和 教授 年譜·主要著作

出生 및 家族關係

姓　　名: 최 송 화 (崔松和, Song – Wha Choi)

生年月日: 1941. 6. 27. 本貫: 和順　　雅號: 晴譚, 佳泉

出生地　: 慶尙北道 金泉市 黃金洞 88－7

本　籍　: 慶尙北道 金泉市 黃金洞 88－7

　父 崔義元, 母 金喆安의 1남 3녀 中 장남으로 出生

　1971년 4월 13일 父 朱鈵鎭, 母 李斗里의 2남 3녀 中 차녀 朱敏淑과
　婚姻(2017년 8월 26일 別世)

　장녀 正善　사위 金明準　외손 炫宰, 炫承

　장남 成準

學歷과 經歷

1953	金泉國民學校 卒業
1956	京畿中學校 卒業
1959	京畿高等學校 卒業
1959～1963	서울大學校 法科大學 卒業(法學士)
1963～1966	서울大學校 大學院　修了(法學碩士)
1998	大邱大學校 大學院 名譽法學博士

主要經歷

1967~1970	서울大學校 法學研究所 助教
1968~1969	明知大學校 行政學科 講師
1969~1974	서울大學校 商科大學 講師
1971~1972	서울大學校 法學研究所 專任講師
1972~2006	서울大學校 法科大學 專任講師, 助教授, 副教授, 教授
1977~1978	美國 Harvard−Yenching Institute Visiting Scholar
1977~1978	美國 Harvard 法科大學 Visiting Scholar
1987~1991	中央公務員教育院 兼任教授
2001~2002	中國 延邊大學校 客員教授
2003~2005	人文社會研究會(國務總理傘下) 理事長
2005~2006	經濟·人文社會研究會(國務總理傘下) 理事長
2006~現在	서울大學校 法科大學/法學專門大學院 名譽教授
2006~2010	嶺南大學校 法科大學/法學專門大學院 碩座教授
2014~2016	大法院 司法政策研究院 院長

補職

1977	서울大學校法學研究所 研究部長
1978	서울大學校 法科大學 學生擔當學長補
1979~1980	서울大學校 學生處 副處長
1980	서울大學校 學生處 學生處長 職務代理
1988~1990	서울大學校 法科大學 教務擔當學長補
1991~1995	서울大學校 法學研究所 研修教育部長
1993~1996	서울大學校 法學研究所 研究部長
1994~1996	서울大學校 企劃委員會 委員
1996~1998	서울大學校 發展諮問委員會 委員長

1996～1998	서울大學校 副總長
1998	서울大學校 總長職務代理(1998.9.～1998.12)
2002～2003	서울大學校 評議員會 議長

學會活動

1968～現在	韓國公法學會 會員, 理事(1986－92), 總務理事 (1992－96), 副會長(1996－97), 次期會長 (1998－99), 會長(1999－00), 顧問(2000－現在)
1977～現在	韓國環境法學會 會員, 理事, 常任理事(1986－1999)
1978～現在	韓國經濟法學會 會員
1984～現在	韓國文藝學術著作權協會 會員
1989～現在	韓國行政法理論實務學會 顧問
2000～現在	韓國土地補償法學會 會員, 副會長(2000－2010), 顧問(2010－ 現在)
2000～2006	韓國不動産法學會 副會長
2002～2013	東아시아行政法學會 韓國學會 理事長
2004～現在	韓國行政判例研究會 會員, 理事(1988－1998), 總務理事(1999－01), 副會長(2002－2005), 會長(2005－2011), 顧問(2011－現在)
2010～現在	韓國行政法學會 會員, 法定理事, 會長(2010－2012), 顧問(2012－現在)

立法參與

1983～1984	行政審判法·行政訴訟法 改正案 審議委員會(法務部) 委員
1994～1996	情報公開法案 審議委員會(總務處) 委員長

1995~1996	行政節次法案 審議委員會(總務處) 委員
2006~2014	알기 쉬운 法令 만들기 委員會(法制處) 委員長
2002~2007	行政訴訟法 改正委員會(法院行政處) 委員
2011~2013	行政訴訟法 改正委員會(法務部) 委員長
2013~2013	行政訴訟法 알기 쉽게 새로 쓰기 諮問委員會(法制處) 委員長

社會活動

1982~2000	司法試驗, 外務考試, 行政考試, 立法試驗, 軍法務官試 驗, 辨理士試驗, 公認鑑定士試驗 試驗委員
1983~1994	監查院·法務部·總務處 政策諮問委員
1985~2002	內務部·法務部·外務部·警察廳·體育部·文化體育部·國務總 理·監查院 行政審判委員會 委員
1993~1998	大法院 公職者倫理委員會 委員
1993~2002	中央土地收用委員會 委員
1993~2002	國土利用計劃審議會 委員
1994~2000	韓國行政研究院 理事
1995~1999	自然保護中央協議會 理事
1996~1998	서울市政開發研究院 理事
1996~2001	地方自治制度發展委員會(國務總理) 委員
1996~1998	第2期 教育改革委員會 第4小委員會(政策分科) 委員長
1997~2003	三省第一醫療財團 理事
1997~2010	韓國아마추어바둑協會 副會長
1998~2000	새教育共同體委員會 大學委員會 委員長
2000~現在	韓國法制研究院 研究諮問委員, 特別諮問委員
2000~2007	韓國하버드옌칭學會(The Harvard－Yenching Visiting

Scholars Association, Korea) 會長(現 顧問)

2001~2005	憲法裁判所 公職者倫理委員會 委員
2002~2006	大韓辯護士協會 辯護士懲戒委員會 委員
2002~2005	民主化運動關聯者名譽回復및補償審議委員會 委員
	(委員長職務代理 2003.2-3)
2002~現在	財團法人 宋福銀獎學會 理事
2002~2013	NGO 環境保護國民運動 全國總本部 總裁
2002~2013	NGO 環境保護國民運動 全國環境青少年團 總長
2005~2011	財團法人 安重根義士紀念館建立委員會 理事
2006~2010	大法院 公職者倫理委員會 委員長
2006~2007	研究倫理確立推進委員會(教育人的資源部) 副委員長
2006~2009	3·1文化賞 審查委員(第48回 副委員長, 第49回, 第50回, 第51回 委員長)
2006~2016	牧村紀念事業會 創立會員, 總務理事, 副會長, 會長 牧村法律賞 審查委員, 副委員長, 委員長
2008	大法官提請諮問委員會 委員長
2010~2014	財團法人 義士安重根將軍獎學會 理事長

主要國外行事 및 學術活動

1988.3	日本政府 招請 韓日民間交流(團長)
1992.	日本法文化 視察
1992.	社會主義國家 公法體系研究 및 調查
1994.	中國經濟規制行政法制 研究 및 調查
1996.	主要大學 學術交流協定 및 教育改革制度 研究
1997.2.	日本國際交流基金 招請日本文化視察
1998.	獨逸 베를린 自由大學 招請 開校50周年 記念行事參加

2000.12.   제4회 東아시아行政法學會 國際學術大會, 臺灣 臺北,
                參加 討論
2000~現在   濠洲 뉴사우스웨일스대 韓濠硏究所/韓國硏究院 諮問
                委員會 共同委員長 (Co－Chairman, Advisory Board
                of Korea－Australasia Research Centre(KAREC)/
                Korea Research Institute(KRI), University of New
                South Wales, Australia)
2002.11.   제5회 東아시아行政法學會 國際學術大會, 日本 名古屋,
                參加 發表
2002~2004/2011~2013   東아시아行政法學會(日本·韓國·中國·臺灣)
                理事長
2003.12.   人文社會硏究會(理事長), 平和와 繁榮의 東北亞 文化
                共同體 形成을 위한 政策硏究, 發表
2004.5.1.   제6회 東아시아行政法學會 國際學術大會(理事長),
                韓國 서울
2004.10.25.   人文社會硏究會 國際學術大會(理事長), 平和와 繁榮의
                東北亞 文化共同體 形成을 위한 政策硏究
2004~現在   東南亞韓國學會 諮問委員會 委員長(Chairman, Advisory
                Board of Korean Studies Association in Southeast
Asia(KoSASA))(諮問委員會 구성: 말레이지아의 말라야대학, 베트남 호
                치민시티의 인문사회과학대학과 하노이의 인문사회
                과학대학, 태국의 출라룽콘대학, 인도네시아의 인도
                네시아대학, 필리핀의 필리핀 국립대학, 라오스 국립
                대학, 캄보디아의 국립대학, 호주 시드니의 뉴사우스
                웨일스대학의 총장 또는 부총장으로 구성)
2005.10.7.   韓國하버드옌칭學會 創立 50週年 記念 國際學術大會,
                "世界化 속의 東아시아－葛藤과 妥協(East Asia in

Globalization: Conflicts and Compromises)", 서울대 호암교수회관, 개최

2005.11.13.～14. 제2회 國際 Symposium "世界化 過程에서의 東아시아 文明(East Asian Civilization in the Process of Globalization)", 북경대 잉지에 센터, 美國 Harvard－Yenching Institute, 北京大 共同開催, 參加 發表

2005～現在 Honorary Chairman, The Vision Group for Promotion of Korean Studies in Southeast Asia (KoSASA)

2005.9. 제1회 東南亞韓國學會(KoSASA) 國際學術大會, 베트남, 호치민시티, University of Social Sciences and Humanities · 參席 · 基調演說

2006.6.23. 미국 Harvard－Yenching Institute, 中國社會科學院 民族文學研究所, International Symposium on "Seeking Harmonious Society and Multiple Modernities", 中國 北京, 參加 發表

2006.11.10. 제7회 東아시아行政法學會 國際學術大會(理事), 中國 杭州 參加

2007.2. 제2회 東南亞韓國學會(KoSASA) 國際學術大會, 말레이시아, 쿠알라룸푸르, University of Malaya, 參席 · 基調演說

2008.5. 제8회 東南亞行政法學會 國際學術大會(理事), 臺灣 臺北 參加

2008.10. 제3회 東南亞韓國學會(KoSASA) 國際學術大會, 泰國, 출라롱콘, Chulalongkorn University, 參席·基調演說

2008.12.4. 제9회 東아시아行政法學會 國際學術大會(理事), 日本 東京 參加

2011.1.	제4회 東南亞韓國學會(KoSASA) 國際學術大會, 인도네시아, 자카르타, Universitas Indonesia, Universitas Pelita Harapan, 參席·基調演說
2011.4.	中國法政大學 法治政府研究院, 行政節次立法에 관한 國際 심포지움, 中國 北京 參加 發表
2012.6.8.	제10회 東아시아行政法學會 國際學術大會(理事長), 한국 서울參加
2012.9.	제5회 東南亞韓國學會(KoSASA) 國際學術大會, 베트남, 하노이, University of Social Sciences and Humanities· 參席·基調演說
2014.1.	제6회東南亞韓國學會(KoSASA)國際學術大會, 泰國, 출라롱콘, Chulalongkorn University, 參席·基調演說

賞勳

1997	서울大學校勤續30年 表彰	서울大學校 總長
1998	國民勳章 冬栢章	大統領
2004	優秀學術圖書推薦(公益論)	大韓民國學術院

主要研究業績

· 公法上 契約論 1966

· 行政法 Ⅰ (共著), 韓國放送通信大學, 1973

· 行政法 Ⅱ (共著), 韓國放送通信大學, 1973

· 客觀式 行政法(共著), 靑雲社, 1968-75

· 法治行政과 公益, 博英社, 2002

· 公益論, 서울大學校 出版部, 2002(2013 初版4刷) (2004 大韓民國學術院 優秀學術圖書)

·우리나라 經濟行政法에 관한 硏究, 1972
·우리나라 行政委員會制度에 관한 硏究, 法學(서울대) 特別號 제2권, 1972
·우리나라 土地行政法에 관한 硏究, 法學(서울대) 제16권 2호, 1975

·韓國行政判例調査硏究(共編), 韓國行政科學硏究所, 1976
·韓國行政判例集 (上)·(中)·(下) (共編), 서울文化社, 1976
·判例敎材 行政法(共著) 法文社, 1980
·행정판례평선(共編著, 執筆代表), 韓國行政判例硏究會, 博英社, 2011(2012 文化體育觀光部 優秀學術圖書)
·獨逸經濟行政法 (共譯), 法文社, 1996
·21世紀 東北亞 文化共同體의 構想 (共編著), 法文社, 2004
·국가의제 2015: 풍요와 평화의 미래한국(미래정책공동연구 발행인), 경제·인문사회연구회, 2005
·미래정책연구 자료집 (공저 발행인), 경제·인문사회연구회, 2005
·한국 하버드옌칭학회 50년(편집대표), 한국 하버드옌칭학회, 2007

·法的 利益과 反射的 利益, 法學(서울대) 제11권 2호, 1970
·法律上 利益과 反射的 利益－行政訴訟의 訴의 利益의 範圍를 중심으로－, 法學(서울대) 제17권 2호, 1976
·공권과 반사적 이익, 고시계, 제36권 8호, 1991.8
·무효등확인소송에서의 소의이익, 고시계 제38권 1호, 1993.1
·행정법학에 있어서 공사법 구별론의 사상사적 검토, 한국공법의 이론, 1995
·절차상 흠 있는 행정행위의 법적효과－청문을 중심으로－, 고시계 제40권 5호, 1995.5
·행정처분의 이유부기의무, 행정판례연구 Ⅲ, 1996

· 행정법상 공익개념의 전개와 의의, 현대헌법학이론, 1991
· 公益의 法問題化, 法에 있어서의 公益, 서울大學校 法學研究所, 2006
· 判例에 있어서의 公益, 行政判例研究 Ⅵ, 2001. 11
· 法과 政策에 관한 研究, 法學(서울대) 제26권 4호, 1985
· 自治權의 本質과 限界 範圍, 自治行政 제67호,1993
· 行政訴訟制度의 改革, 公法研究 제22집 3호, 1994
· 現行 行政訴訟法의 問題點, 고시계 제39권 10호, 1994.10
· 行政規制緩和와 裁量權 濫用防止를 위한 法制整備方案, 법제연구 제4
  호 1995
· 公共機關의 情報公開에 관한 法律의 特色과 內容, 고시계 제42권 2호,
  1997.2
· 行政裁量의 節次的 統制, 法學(서울대) 제39권 2호, 1998. 8
· 法科大學의 學科體系와 教科課程의 再檢討, 法學(서울대) 제33권 1호
  1992
· 學則의 法的 性格과 國家監督, 法學(서울대) 제37권 1호, 1996
· 서울大學校法 制定에 관한 研究(공동연구 책임연구자), 1996
· 教育改革의 現況課 課題, 公法研究 제25집 3호, 1997
· 副總長의 역할에 관한 國際比較研究, 2002
· 現行 行政訴訟法의 立法經緯, 韓國公法學會 제105회 學術發表會, 2002
· 韓國의 立法機構와 立法者, 法學(서울대) 제25권 4호, 1984
· 韓國에서의 立法의 機能과 問題點, 國會報 제219호,1985
· 合法性監査의 概念에 관한 몇 가지 考察, 監査, 1984
· 지방자치와 감사원의 감사, 감사 제26호, 1991
· 監査院 監査의 發展方向(共著), 監査院不正防止對策委員會, 1993
· 金道昶 敎授의 學問과 人生,市民과 辯護士,1995.6.
· 金道昶 敎授의 生涯와 學問世界, 韓國의 公法學者들, 韓國公法學會編,
  2005

· 環境紛爭調停制度의 開發에 관한 研究(共著), 環境法研究 제7권, 1986
· 韓國에 있어서 民營化 規制緩和와 行政法, 東아시아行政法學會 제5회 學術總會, 2002
· 南北韓 法體制의 比較研究(共著), 國土統一院, 1972
· 南北關係變化에 대비한 國內公法調整方案(共著) 1973
· 北韓의 憲法과 統治構造, 北韓槪論, 乙酉文化社, 1990
· 北韓法制의 總說, 北韓法制槪要, 法制處, 1991
· 南北韓 行政組織의 比較, 陶山學術論叢 1집, 陶山아카데미研究院, 1991
· 美國 行政法의 將來, 法學(서울대) 제21권 1호, 1980
· 美國 行政法의 歷史的 展開, 現代公法의 理論, 學研社, 1982
· 동북아 지식인 교류와 동북아 문화공동체, 2005
· 韓國行政法學 50년의 成果와 21世紀的 課題, 法學(서울대) 제36권 2호, 1995
· 뉴 밀레니엄에 즈음한 韓國公法學의 回顧와 展望, 公法研究 제28집 4호 1권, 2000

· 韓國 法治主義의 歷史的 展開, 韓國公法學會 제138회 國際學術大會 基調 發題, 2007
· The Korea Studies in Southeast Asia: A New Dimention of Collaboration beyond a country study. 5th Biennial International Conference Korean Studies Association of Southeast Asia, Keynote Address, 2012.8.28.
· The Development of Rule of Law in Korea
  ─ Social change/progress and the pursuit of long─term future─oriented judicial policy, 6th Biennial International Conference Korean Studies Association of Southeast Asia, Keynote Address, 2014.9.24.

時論

· 法은 살아있는가, 每日經濟, 1989. 7.31.
· 우리는 땅을 所有할 수 있는가, 每日經濟,1989.9.12.
· 물·흙· 공기·나무·물고기의 訴訟, 每日經濟,1989.10.23.
· 1989,12.18. 무엇이 危機인가, 每日經濟, 1989,12.18.
· 欣然과 可喜의 二十年, 烏鷺의 饗宴－서울大·東京大 바둑交流 二十年
  (서울大바둑部), 1998.

目次(第1卷)

행정판례를 통해 본 공익의 행정법적 함의와 기능(박균성) ··············· 1

敎育判例에서의 公益(李京運) ······································ 41

환경행정판결을 통해 본 공익실현의 명(明)과 암(暗)(이은기) ········· 75

도로점용허가와 주민소송(선정원) ································ 125

공공조달계약과 공익 — 계약변경의 한계에 관한 우리나라와 독일법제

　　의 비교를 중심으로 —(김대인) ································ 155

公益訴訟과 行政訴訟(김태호) ······································ 195

韓國行政判例研究會의 判例研究의 歷史的 考察(金重權) ················· 231

이행강제금에 관한 농지법 규정의 위헌 여부(琴泰煥) ················· 275

公法人의 處分(李光潤) ··· 311

행정심판제도의 존재이유(독일에서의 행정심판제도 폐지·축소를 위한

　　입법과정과 그를 둘러싼 논의를 중심으로)(崔正一) ············· 337

「부담금관리기본법」을 위반하여 설치된 부담금의 효력(오준근) ····· 383

地方議會 再議決에 對한 提訴指示權者와 提訴權者(裵柄晧) ············ 429

임대아파트의 분양가와 강행법규이론(김종보) ······················· 475

親日殘滓淸算과 追認的 法律(李賢修) ······························· 501

附錄 ──────────────────────────────── 543

研究倫理委員會 規程 ……………………………………………… 545

研究論集 刊行 및 編輯規則 …………………………………… 551

「行政判例研究」 原稿作成要領 ……………………………… 562

行政判例研究會 第12代 任員 名單 ……………………………… 566

Table of Contents(Vol. 1)

Legal Implications and Functions of the Public Interest in the
　　Administrative Court's Precedents(PARK Kyun Sung) ·············· 38
Public Interest in Educational Law Cases(Kyungwoon Lee) ··········· 73
The Positive Effect and Negative Effect of Public Interest
　　Realization through Environmental Administrative Decisions
　　(Lee Eun Kee) ·· 121
Special use permit of roads and inhabitants' suit
　　(Sun Jeong—Won) ·· 153
Public Procurement Contract and Public Interest — Comparison
　　Between Korean & German Law on the Extent of Public
　　Procurement Contract Change —(Dae—in Kim) ···················· 193
Public Interest Litigation and Administrative Lawsuit
　　(Kim, Tae—Ho) ·· 229
Die historische Betrachtung über die Rechtsprechungsuntersuchungen
　　im Kpacsa(Kim, Jung—Kwon) ·································· 273
Constitutionality of the Farmland Law clauses for the Disposition
　　Duty and the Coercive Payment(Taehuan Keum) ················· 309
Administrative Act of Public Corporation(LEE Kwangyoun) ········ 335

Zur Funktion des Widerspruchsverfahrens[The Reason of existence
    of administrative appeal](Prof. Dr. Choi, Jung−il) ·············· 380
The Effectiveness Of A Charge In Violation Of The Framework Act
    On The Management Of Charges Korean Supreme Court
    Decision 2013da5927,25934 Decided 2014.1.29.
    (Oh Jun−Gen) ·· 427
Instructor of Filing Lawsuit and Lawsuitor on the Reconsideration
    of Local Council Resolutions the Supreme Court Decision
    no.2014 choo521 dated September.22.2016. −
    (prof. Dr. Bae, Byung Ho) ··· 472
The sale price of rental apartments and the theory of compulsory
    law(Kim, Jong Bo) ··· 498
Overcoming the Legacy of Japanese Colonialism and the Validating
    Legislation (Hyonsoo Lee) ·· 540

目次(第2卷)

정보공개법의 적용범위(유진식) ·· 1

公開된 個人情報 處理의 違法性(咸仁善) ··· 31

행정청의 행위기준으로서의 재량준칙에 대한 법적 고찰(康鉉浩) ····· 61

命令·規則 등의 不眞正行政立法不作爲에 대한 法院의 規範統制

　　─특히 獨逸의 規範補充訴訟을 中心으로─(鄭南哲) ·················· 111

行政訴訟에서 假處分 規定의 準用(河明鎬) ·· 169

公法上 留止請求權 實現의 法治國家的 課題(金鉉峻) ························ 209

合議制行政機關의 設置와 條例制定權(張暻源) ·································· 245

기초 지방의회의 재의결에 대한 제소권자

　　─ 주무부장관의 제소권 인정 여부를 중심으로 ─(문상덕) ········ 271

지방자치단체에 대한 감독청의 직권취소의 범위와 한계(조성규) ··· 305

성소수자의 난민인정요건(崔桂暎) ·· 351

出入國管理法上 外國人 保護命令 및 强制退去 規定의 問題點과

　　그 改善方案(成重卓) ·· 389

課稅豫告 通知 누락과 課稅處分의 節次的 違法 여부(金世鉉) ········ 429

미국 연방대법원 판결례에서 본 이중배상금지의 원칙(鄭夏明) ······· 473

장애를 가진 학생에 대한 특수교육과 개별화교육에 관한 판례 검토

　　─ 2017년 미국 Endrew사건과 Fry사건을 중심으로 (金聲培) ···· 499

附錄 ──────────────────────── 531

研究倫理委員會 規程 ··· 533

研究論集 刊行 및 編輯規則 ······································· 539

「行政判例研究」 原稿作成要領 ································· 550

行政判例研究會 第12代 任員 名單 ····························· 554

Table of Contents(Vol. 2)

A Range of application of Official Information Disclosure Act
  (Yoo, Jin Sik) ··· 29
On the illegality of processing of personal data publicized by data
  subject(Ham In Seon) ··· 58
Eine rechtliche Untersuchung über Ermessensrichtlinie als
  Handlungsmaßstab der Verwaltungsbehörde
  (Kang, Hyun Ho) ·· 107
Norm Control of the Court over the Omissions or Incompleteness
  of the Administrative Legislation, such as Regulations and
  Rules, in Korea — Focused on the so—called norm
  supplementary litigation of the German Law —
  (Prof. Dr. Namchul Chung) ·· 165
Regulation of Provisional Dispositions in Administrative
  Litigation(Ha, Myeong Ho) ·· 206
The Public Right to Injunction and the Rule of Law
  (Hyun—Joon Kim) ·· 242
Establishment of Collegiate Administrative Agencies & Legislative

Rights of Local Ordinances(Prof. Dr. Chang, Kyung−Won) 268

The right of an action for the re−decision of the Local Assembly
at the Base(MUN, Sang−Deok) ··· 302

Scope and Limits of State Supervision of Local Authorities
(Cho, Sung Kyu) ·· 348

Refugee Status Claims Based on Sexual Orientation
(Choi, Kae young) ·· 387

Problems and Improvement of Foreigners' Protection Order and
Forced Evictions in Immigration Control Law
(Joong−Tak Sung) ·· 426

Procedural illegality in omission of advance notice of taxation
(KIM, SE−HYUN) ··· 470

The Prevention of Double Compensation Clause and the U.S
Supreme Court's Feres Doctrine(Jeong, Ha Myoung) ············ 496

Analyses of American Cases about Special Education and
Individualized Education for Persons with
Disabilities(Sung−Bae Kim) ·· 527

행정판례를 통해 본 공익의
행정법적 함의와 기능

박균성*

Ⅰ. 머리말
Ⅱ. 행정판례에서의 공익 개념
Ⅲ. 행정권 행사의 정당화사유로서의
　　공익
　　1. 공용침해의 정당화사유로서
　　　의 공공필요의 개념
　　2. 거부재량
　　3. 철회의 근거
　　4. 재량준칙의 예외사유로서의
　　　공익
　　5. 소결

Ⅳ. 행정권 행사의 통제사유로서의
　　공익
　　1. 공익목적의 원칙
　　2. 권한남용금지의 원칙과 공익
　　3. 소결
Ⅴ. 공익과 사익의 관계
　　1. 공익과 공익, 공익과 사익의
　　　형량
　　2. 공익과 반사적 이익
　　3. 직무상 의무의 사익보호성
　　4. 소결
Ⅵ. 맺음말

Ⅰ. 머리말

　　공익이라는 개념은 행정법의 알파이고 오메가이다. 공익은 행정법의 존재근거이다. 공익실현을 보장하기 위해 행정에 대해 사인간의 관계에서와 다른 특수한 법적 규율을 하는 것이다. 공익은 행정법의 주요 기본개념 및 공법으로서의 행정법의 특수한 법제도의 기초가 되고 있다. 공익은 행정의 정당화사유 및 권익 제한의 근거사유이지만, 행정은

---

* 경희대 법학전문대학원 교수

공익상 필요만으로 행해질 수는 없고 법치주의에 합치하여야 한다. 법치주의하에서 공익의 실현은 기본적으로 법을 통해 행해져야 한다. 행정은 공익목적을 추구하여야 한다는 점에서 공익은 행정을 통제하는 원칙이 되기도 한다. 이와 같이 공익은 행정법에서 중요한 의미와 기능을 갖고 있다.

그러므로 행정판례는 공익의 문제를 포함할 수밖에 없고, 공익의 문제는 행정판례에서 중요한 문제가 될 수밖에 없다. 법원이 공익이라는 개념을 어떻게 이해하면서 행정법상 분쟁을 해결하고, 행정재판에서 공익이라는 개념이 어떠한 기능을 수행하는지를 살펴보는 것은 필요한 연구과제이다. 이에 관하여 "행정판례에서의 공익"[1]이라는 논문이 있었지만, 충분한 연구가 이루어졌다고 볼 수는 없다. 그리고, 이 논문은 2001년에 발표된 논문인데 그 후속연구는 거의 없었다고 할 수 있다. 행정판례에 나타난 공익의 문제를 단편적으로 다룬 후속 논문은 있었지만, 전반적으로 다룬 논문은 없었다. 공익에 대한 행정법적 연구도 많지 않았다.

이러한 상황하에서 행정판례에 나타난 공익의 행정법적 함의와 기능을 살펴볼 필요가 있다. 행정판례에서 공익을 어떻게 이해하고 있는지, 공익은 행정의 정당화사유로서 어떻게 작동하고 있는지, 공익은 행정통제의 원칙으로서 어떻게 기능하고 있는지, 공익과 사익은 어떠한 관계를 갖고 있는 것으로 보고 있는지 등을 고찰하면서 행정판례에 나타난 공익의 행정법적 함의와 기능을 귀납적으로 도출해보고, 판례의 발전방향을 제안해보고자 한다.[2]

---

1) 최송화, 판례에 있어서의 공익, 행정판례연구 VI, 2001.11.
2) 이러한 점에서 이 논문은 행정재판에 있어서 공익개념이 가지는 법리적 의의를 검토하고, 공익판단에 있어서 우리 판례가 취하여 온 입장을 살펴보고, 바람직한 공익의 법문제화를 위한 재판기관의 역할의 발전방향을 재판기관의 공익판단을 중심으로 검토하는 것을 목적으로 하는 "판례에 있어서의 공익(최송화, 상게논문)"과는 연구의 대상과 목적이 다소 다르다고 할 수 있다. 그렇지만, 이 논문은 본 논

Ⅱ. 행정판례에서의 공익 개념

판례에서 공익을 정의하고 있지는 않다. 판례에서 "공익"이라는 용어를 쓰는 경우가 많지만, "공공 일반의 이익",[3] "공공의 이익"[4]이라는 용어를 쓰기도 한다. 판례 중에는 공익을 특정 분야에서의 공익만이 아니라 일반적 의미의 공익을 의미하는 것으로 보고, 공익을 "불특정 다수인의 이익"으로 설명한 경우도 있다.[5]

공익은 공동체(국가 또는 지방자치단체) 구성원 전체의 이익을 의미한다. 공익은 공동체의 이익이지만, 공동체 자체의 이익만으로는 공익이 될 수 없다. 즉, 국가 또는 지방자치단체의 단순한 재정상 이익은 원칙상 공익이 아니다.[6]

공익으로서의 공동체의 이익은 각 개인의 이익의 총합이 아니며 개인의 이익을 초월하는 이익이다. 개인의 이익(사익)이 많이 합쳐지면 공익이 될 수도 있다는 공리주의적 공익 개념은 공익과 사익을 준별하

문의 연구에 귀중한 참고자료가 되었다는 것은 분명하다.

3) 국가배상사건에서 직무상 의무가 공공 일반의 이익을 위한 것인지를 판단한 사례 (대법원 2001. 3. 9. 선고 99다64278 판결 ; 대법원 2001. 10. 23. 선고 99다36280 판결 등).

4) 대법원 1995. 9. 26. 선고 94누14544 판결: 상수원보호구역 설정의 근거가 되는 수도법 제5조 제1항 및 동 시행령 제7조 제1항이 보호하고자 하는 상수원의 확보와 수질보호를 공공의 이익이라고 한 사례 ; 대법원 2014. 2. 21. 선고 2011두29052 판결: 생태·자연도가 보호하는 환경보호를 공공의 이익이라고 한 사례.

5) '구 수산업법 제16조에 의하면 법 제20조 제1항 제1호 내지 제3호에 해당할 때, 즉 수산자원의 증식보호상 필요한 때(제1호), 국방 기타 군사상 필요한 때(제2호), 선박의 항행, 정박, 계류, 수저전선의 부설 기타 공익상 필요한 때(제3호)에는 어업의 면허를 아니 할 수 있도록 규정되어 있는바, 법 제20조 제1항 제3호 소정의 '기타 공익상 필요한 때'라고 하는 경우의 '공익'이라는 것은 예시된 선박의 항행, 정박, 계류, 수저전선의 부설에 관련된 공익만을 가르키는 것이 아니라, 일반적인 의미의 공익(불특정다수인의 이익)을 가르키는 것이라고 해석함이 상당하다.'(대법원 1989. 5. 23. 선고 88누4034 판결).

6) 행정법상의 공익에 관하여 자세한 것은 최송화, 공익론-공법적 탐구, 서울대학교출판부, 2002. 참조.

는 우리 행정법에서는 타당하지 않다. 다만, 최근 공익과 사익의 구별이 상대화하고, 영미의 공리주의적 공익개념이 확산되고 있는 상황하에서 '불특정다수인의 사익'도 공익이 될 수 있는 여지가 없지는 않다. 또한 헌법상 기본권 보장의무에 비추어 행정의 임무는 공익의 보호에 한정되지 않고 사익의 보호도 행정의 부수적인 임무가 되고 있다.

공익개념은 절대적 개념이 아니라 시대의 구체적 상황 속에서 판단되는 상대적 개념이다.7) 공익은 가치를 포함하는 개념이며 현실을 반영하는 개념이므로 시대적, 공간적 제약을 받는 개념이다.

또한, 공익은 행정의 궁극목표이고 매우 추상적이고 모호한 개념이다. 따라서, 입법시 공익 자체를 처분의 요건으로 규정하는 것은 가급적 피하고 통상 공익이 구체화된 중간공익목적개념을 사용하고 있다. 안전, 공공질서, 환경보호, 문화재보호, 지역개발, 건강의 보호, 교육 등이 그것이다. 이들 구체화된 공익 개념은 국토개발이익과 환경보호이익과 같이 상호 대립되기도 한다. 법령은 공익의 보호만을 목적으로 하는 경우도 있고 공익뿐만 아니라 사익의 보호도 목적으로 하는 경우도 있고, 공익과 사익을 조정하기도 한다.

Ⅲ. 행정권 행사의 정당화사유로서의 공익

공익을 위해 필요하기 때문에 행정권에게 공권력인 행정권이 부여된다는 점에서 공익은 행정권 행사의 정당화사유이다. 그렇지만, 법치행정의 원칙상 행정권 행사에는 원칙상 법률의 근거가 있어야 한다. 그런데, 행정판례를 보면 명시적인 법령의 근거 없이도 행정권 행사가 인정되는 경우가 있다. 거부재량, 철회권의 행사, 공익을 이유로 한 재량

---

7) 홍정선, 행정법원론(상), 박영사, 2011, 7면.

준칙의 예외 인정이 이에 해당한다. 그리고 오늘날 공용침해에는 법률의 근거가 있어야 하는데, 공용침해의 정당화사유로서의 공공필요의 개념에 대하여 견해의 대립이 있으므로 이에 대하여도 고찰하기로 한다.

1. 공용침해의 정당화사유로서의 공공필요의 개념

헌법 제23조 제3항에서 규정하고 있는 '공공필요'는 "국민의 재산권을 그 의사에 반하여 강제적으로라도 취득해야 할 공익적 필요성"으로서, '공공필요'의 개념은 '공익성'과 '필요성'이라는 요소로 구성된다고 보는 것이 헌법재판소의 입장이다.[8] '공익성'은 공용수용사업인 공익사업의 공익성이고, '필요성'은 비례원칙에의 합치를 의미한다고 볼 수 있다.[9] 대법원도 이러한 입장이다.[10] 그러나 과거 판결 중 정부방침아래 교통부장관이 워커힐을 토지수용법 제3조 소정의 문화시설에 해당하는 공익사업으로 인정하고 스스로 사업시행자가 되어 토지수용의 재결신청에 의하여 한 수용재결을 적법유효한 것이라고 한 사례는 공익사업에 해당하면 비례성(필요성) 검토없이 공용수용이 적법한 것으로 본 판결

---

8) 헌재 2014. 10. 30. 2011헌바172.
9) '필요성'이 인정되기 위해서는 공용수용을 통하여 달성하려는 공익과 그로 인하여 재산권을 침해당하는 사인의 이익 사이의 형량에서 사인의 재산권침해를 정당화할 정도의 공익의 우월성이 인정되어야 하며, 사업시행자가 사인인 경우에는 그 사업 시행으로 획득할 수 있는 공익이 현저히 해태되지 않도록 보장하는 제도적 규율도 갖추어져 있어야 한다(헌재 2014. 10. 30. 2011헌바172).
10) "사업인정이란 공익사업을 토지 등을 수용 또는 사용할 사업으로 결정하는 것으로서 공익사업의 시행자에게 그 후 일정한 절차를 거칠 것을 조건으로 일정한 내용의 수용권을 설정하여 주는 형성행위이므로, 해당 사업이 외형상 토지 등을 수용 또는 사용할 수 있는 사업에 해당한다고 하더라도 사업인정기관으로서는 그 사업이 공용수용을 할 만한 공익성이 있는지의 여부와 공익성이 있는 경우에도 그 사업의 내용과 방법에 관하여 사업인정에 관련된 자들의 이익을 공익과 사익 사이에서는 물론, 공익 상호간 및 사익 상호간에도 정당하게 비교·교량하여야 하고, 그 비교·교량은 비례의 원칙에 적합하도록 하여야 한다."(대법원 2011. 1. 27. 선고 2009두1051 판결).

로서 공익의 사익에 대한 '절대적' 우월에 입각한 판결로 볼 수도 있다.[11] 그러나, 오늘날 공익은 사익에 절대적으로 우월한 것은 아니고, 공익은 사익과 조정되어야 하고 공익 상호간에도 조정되어야 한다는 것이 일반적 견해이고 판례의 입장이다.

「공익사업을 위한 토지 등의 취득 및 보상에 관한 법률」제3조는 공용수용을 할 수 있는 공익사업을 한정적으로 열거하고 있는데, 이러한 입법방식이 타당한지는 의문이다. 왜냐하면 수용을 필요로 하는 공공필요라는 것은 매우 다양하고, 수용을 필요로 하는 새로운 사업이 등장할 수 있고, 수용을 필요로 하는 사업이었지만, 상황의 변화에 따라 공익성을 인정하기 어렵게 될 수도 있기 때문이다. 입법론으로는 수용의 포괄적인 근거조항을 두는 입법방식을 취하거나 공익사업을 예시적으로 열거로 하면서도 보충적으로 수용의 포괄적인 근거조항을 두는 것이 타당할 것이다.

공용침해의 허용요건인 공공의 필요를 공익 개념으로 보면서 단순 공익 또는 국가의 이익 이상의 중대한 공익이며, 반드시 특정한 공익사업과 연관되어 특정인의 재산권 침해가 불가피한 고양된 공익개념이라고 보는 견해가 있다.[12] 그러나, 공공필요의 판단에서는 공용침해로 달성할 공익이 있고, 그 공익이 공용침해로 발생하는 불이익 보다 우월하여야 한다는 논리구조가 타당하므로 공용침해의 허용요건인 공공필요는 '공익성'과 '필요성'이라는 요소로 구성된다고 보는 판례의 입장이 타당하다.

사인을 위한 수용에도 공공필요성을 인정하는 것이 판례의 입장이다. 다만, 사인은 경제활동의 근본적인 목적이 이윤을 추구하는 일에 있으므로, 그 사업 시행으로 획득할 수 있는 공익이 현저히 해태되지 않도록 보장하는 제도적 규율이 갖추어져 있어야 한다.[13] 헌법재판소는

---

11) 대법원 1971. 10. 22. 선고 71다1716 판결.
12) 김성수, 일반행정법 제5판, 홍문사, 2010, 686면.
13) 헌재 2009. 9. 24. 2007헌바114 참조.

고급골프장, 고급리조트 등의 사업은 입법목적에 대한 기여도가 낮을 뿐만 아니라, 대중의 이용·접근가능성이 작아 공익성이 낮은 사업이고, 또한 고급골프장 등 사업은 그 특성상 사업 운영 과정에서 발생하는 지방세수 확보와 지역경제 활성화는 부수적인 공익일 뿐이고, 이 정도의 공익이 그 사업으로 인하여 강제수용 당하는 주민들의 기본권침해를 정당화할 정도로 우월하다고 볼 수는 없으므로 공공필요성을 인정하기 어렵다고 보았다.14) 다만, 공용수용에서의 공익과 공익필요성을 재산권에 대한 존속보장의 관점에서15) 엄격하게 해석하는 것에 대해서는 재고할 필요가 있다. 공용수용은 재산권에 대한 존속보장을 희생하지만, 정당한 보상을 전제로 행해지므로 재산권의 가치는 보장하는 것이고, 재산권을 일방적으로 제한하는 것은 아니다. 이러한 점에서 국민의 권익을 일방적으로 제한하는 행정권 행사의 정당화사유로서의 공익보다 재산권의 존속보장을 희생하며 재산권의 가치보장을 해주는 공용수용에서의 공익은 보다 널리 인정할 수 있는 것은 아닌지 재고가 필요하다. 그리고 지방세수의 확보나 지역경제의 활성화라는 공익을 일률적으로 과소평가만 하여서는 안 될 것이다. 지역경제가 매우 어려운 상황하에서는 지역경제의 활성화와 일자리 창출은 공용수용을 정당화할 수 있는 공공필요성을 갖는 것으로 판단될 수도 있을 것이다.

대법원은 사업인정처분을 함에 있어서는 "사업인정처분에 관련된 자들의 이익을 공익과 사익 간에서는 물론, 공익 상호간 및 사익 상호간에도 정당하게 비교·교량하여야 하고, 그 비교·교량은 비례의 원칙에 적합하도록 하여야 한다."고 하고 있다.16) 공익과 사익간에서뿐만

---

14) 헌재 2014. 10. 30. 2011헌바172.
15) "오늘날 공익사업의 범위가 확대되는 경향에 대응하여 재산권의 존속보장과의 조화를 위해서는, '공공필요'의 요건에 관하여, 공익성은 추상적인 공익 일반 또는 국가의 이익 이상의 중대한 공익을 요구하므로 기본권 일반의 제한사유인 '공공복리'보다 좁게 보는 것이 타당"다는 헌법재판소의 입장은 공익성을 다소 엄격하게 보는 입장으로 평가할 수 있다.

아니라 공익 상호간에도 이익형량을 하여야 하는 것으로 본 것은 타당
한데, "사업인정처분에 관련된 자들의 이익"에 한하여 이익형량의 범위
에 포함된다고 본 것인지 의문이 들고, 만일 그렇게 보았다면 공익이란
특정인과 무관하게 국민 일반이 갖는 이익인 점에 비추어 이익형량에
포함되는 공익을 제한 것은 아닌지 검토를 요한다. 공익사업의 재정상
비용, 환경의 침해 등 수용을 정당화하는 공익과 비교형량되는 수용으
로 인한 불이익인 공익의 목록을 보다 명확히 하여야 할 것이다. 또한,
공익사업의 위치 등 내용도 공공필요성의 판단에서 고려되어야 한다.
공익사업으로 인한 불이익을 줄일 수 있는 다른 대안의 공익사업이 가
능한 경우에는 최소침해의 원칙에 비추어 해당 공익사업의 공공필요성
이 충족되지 못하는 것으로 보아야 한다.

2. 거부재량

거부재량이라 함은 신청에 따른 허가 등 처분이 원칙상 기속행위
로서 요건이 충족되면 효과를 부여하여야 하지만, 중대한 공익상 필요
가 있으면 거부할 수 있는 재량을 말한다.[17]

판례는 원칙적으로 요건을 충족하면 법적 효과를 부여하여야 하는
기속행위이지만 예외적으로 요건을 충족한 신청을 인용하는 처분을 하
는 것이 중대한 공익에 배치되는 경우 거부처분을 할 수 있는 행위를
상당히 널리 인정하고 있다. 판례는 구 약사법상 의약품제조업허가사항
변경허가,[18] 채광계획인가,[19] 불법전용산림신고지산림형질변경허가처

---

16) 대법원 2005. 4. 29. 선고 2004두14670 판결 ; 대법원 2011. 1. 27. 선고 2009두1051
    판결.
17) 거부재량은 요건이 충족되면 무조건 효과를 부여야 하는 기속행위와 구별된다. 기
    속행위에서는 중대한 공익상 필요가 있더라도 효과의 부여를 거부할 수 없다.
18) 대법원 1985.12.10. 선고 85누674 판결: 약사법 제26조 및 동법시행규칙 제53조에
    의한 허가사항 변경허가에 있어서 소관행정청은 그 허가신청이 위 법조의 요건에

분,[20] 사설납골당설치허가,[21] 주유소등록,[22] 건축허가[23] 등을 거부재
량행위로 보았다. 나아가 판례는 납골당설치신고,[24] 숙박업영업신고[25]
와 같이 일부 수리를 요하는 신고에서도 거부재량을 인정하고 있다.

그런데, 법률유보의 원칙상 거부재량권은 법률에 근거하여야 하는
데, 법률의 명시적 근거없이 공익상의 필요만으로 행정청이 거부하는
것을 인정하는 것이 가능한가하는 문제가 제기된다.

합치하는 때에는 특별한 사정이 없는 한 이를 허가하여야 하고 공익상 필요가 없
음에도 불구하고 허가를 거부할 수 없다는 의미에서 거부재량에 속하는 것이다.
19) 대법원 1997. 6. 13. 선고 96누12269 판결: 주무관청이 광업권자의 채광계획을 불인
가하는 경우에는 정당한 사유가 제시되어야 하고 자의적으로 불인가를 하여서는
아니될 것이므로 채광계획인가는 기속재량행위에 속하는 것으로 보아야 하며, 일
반적으로 기속재량행위에는 부관을 붙일 수 없고 가사 부관을 붙였다 하더라도
이는 무효이므로, 주무관청이 채광계획의 인가를 함에 있어 '규사광물 이외의 채
취금지 및 규사의 목적외 사용금지'를 조건으로 붙인 것은 광업법 등에 의하여 보
호되는 광업권자의 광업권을 침해하는 내용으로서 무효이다. ; 대법원 2002.10.11.
선고 2001두151 판결.
20) 대법원 1998.9.25. 선고 97누19564 판결.
21) 대법원 1994.9.13. 선고 94누3544 판결: 재단법인이 아닌 자연인이 불특정다수인을
상대로 사설납골당을 설치하는것을 허용해야 할 것인가 여부는 사설납골당설치허
가를 기속재량행위에 속하는 사항이라고 보는 한 이를 금지하는 법령의 규정이
없는 이상 자연인의 사설납골당 설치를 재단법인이 아니라는 이유로 불허할 수는
없고, 더욱이 사설납골당 설치기준을 매장및묘지등에관한법률시행령 제5조 제2항
제3호에서 같은 영 제4조 제3호의 공설납골당 설치기준에 따라 설치하도록 하고
있는 이상, 그 주체가 자연인이든 재단법인이든 관계가 없이 설치기준에 맞으면
비록 자연인이라 할지라도 허용해야 한다. ; 대법원 1995. 12. 22. 선고 95추32 판
결: 도지사로부터 묘지 등 허가사무를 위임받은 주체는 지방자치단체인 군이 아
니라 도의 하위 행정기관인 군수이고, 매장및묘지등에관한법률이나 도사무위임조
례에 특별히 위임받은 기관인 시장·군수가 소속된 시·군의 조례로 사무처리에 관
한 규정을 정할 수 있다는 위임근거 규정도 없기 때문에 군의회가 그 사무를 규율
하는 조례를 제정할 수 없으므로, 군의회에서 의결된 '묘지등설치허가시주민의견
청취에관한조례안' 제3조는 지방자치법 제15조 본문에 위반된다.
22) 대법원 1998.9.25. 선고 98두7503 판결.
23) 대법원 2002.10.25. 선고 2002두7043 판결.
24) 대법원 2010.9.9. 선고 2008두22631 판결.
25) 대법원 2017.5.30. 선고 2017두34087 판결.

대법원 판례 중 행정법규에 행정처분을 할 수 있는 근거규정만 있고, 이를 거부할 수 있는 근거에 관하여 명문규정이 없더라도 신청된 행정행위의 내용이 중요한 공익을 침해하는 것으로 인정되면 신청된 행정행위를 거부할 수 있다고 하면서 그 근거로 "공익을 실현하여야 하는 행정의 합목적성"을 들고 있는 판례가 있다.26) 이에 대하여는 법률유보의 원칙상 법률의 근거가 없음에도 공익상 필요만으로 행정권을 행사할 수는 없다는 비판이 있을 수 있다. 그렇지만, 행정청은 공익 실현 임무를 갖고 있는 점에 비추어 신청에 따른 처분을 하는 것이 중대한 공익을 침해하는 것을 알면서도 신청에 따른 처분을 하는 것은 행정청의 공익 실현 임무에 반하는 것이라고 볼 여지도 있다. 또한, 입법현실 및 행정현실을 고려하면 법률의 명시적 근거가 없는 거부재량행위의 인정필요성을 수긍할 수도 있다. 즉 기속행위를 규율하는 법률은 요건규정과 효과규정을 포함하는데, 입법자가 모든 사항을 예측하여 요건규정을 정하는 것이 어려운 경우가 적지 않은 것이 현실이다. 실제로도 현행 법령상 기속행위로 규정된 것으로 볼 수 있지만, 환경 등 중대한 공익의 보호를 위한 법규정이 미비되어 있는 경우가 적지 않다. 이러한 상황하에서 기속행위인 허가의 신청에 대해 요건을 충족한 경우 환경, 위생, 안전 등 중대한 공익이 침해될 우려가 있음에도 무조건 허가를 하여야 한다면 중대한 공익이 침해되게 된다. 이러한 경우 관련법령에 비추어 입법자가 공익상 중대한 필요가 있는 경우에는 허가를 거부할 수 있는 재량권을 묵시적으로 인정한 것으로 해석할 수는 없는 것인가?27) 이와

---

26) "행정법규에 행정처분을 할 수 있는 근거규정만 있고, 이를 거부할 수 있는 근거에 관하여 명문규정이 없더라도 공익을 실현하여야 하는 행정의 합목적성에 비추어 신청된 행정행위의 내용이 중요한 공익을 침해하는 것으로 인정되면 신청된 행정행위를 거부할 수 있는 것이므로 광업권자가 제출한 채광계획안이 광업권설정허가 당시 공익적합성을 고려하여 붙여진 조건내용에 위배되는 것인 이상 이를 인가하지 않은 것은 적법하다."(대법원 1993. 4. 23. 선고 92누7726 판결).

27) 이에 관하여 공익의 보장·실현자로서의 행정은 관계법이 정하는 인·허가 등이 기속행위인 경우에도 이를 인용하는 것이 공익에 중대한 위해를 야기하는 것으로

관련하여 입법자는 환경, 안전 등 공익을 보호하기 위한 규정을 두도록
노력하여야 할 헌법적 책무를 갖고 있다는 점을 고려하여야 한다. 환경
권은 헌법상 기본권으로 규정되어 있고, 국가는 환경보전을 위해 노력
할 의무를 규정하고 있다.28) 이러한 상황하에서 판례가 현실적 필요에
의해 거부재량행위라는 개념을 통하여 입법의 취지를 실현하고 중대한
공익을 보호하는 것이 타당한 것은 아닌가? 이러한 거부재량 인정의 논
거가 타당한 것은 재량권의 인정에 있어서도 공익 보호의 필요성이 크
다는 것이 법률의 명시적 근거 없는 재량권 인정의 일반적 근거 중의
하나가 되고 있다는 점이다.29) 물론 거부재량행위를 인정하더라도 법치
행정의 원칙 및 행정에 대한 예측가능성의 보장이라는 관점에서 거부재
량행위를 최소한으로 한정하는 것이 타당하다. 거부재량의 남용은 법치
행정의 원칙에 반하고, 행정에 대한 예측가능성의 훼손을 초래한다. 따
라서 입법자는 최대한 거부재량행위를 명문의 규정으로 인정하도록 하
고, 판례가 해석에 의해 거부재량을 인정하는 것은 거부재량을 인정하
려는 입법자의 의사가 관련법령에 비추어 명백히 합리적으로 추론되는

판단되는 예외적인 경우에는 이를 거부하는 권한이 당해 인·허가에 함축되어 있다
고 볼 수 있다고 보고, 중대한 공익상의 필요에 기한 적법한 행정행위의 철회의
법리가 매우 시사적인 면이 있다고 보는 견해가 있다(김동희, 행정법 I, 박영사,
2011, 262면).

28) 헌법 제35조.

29) 구 자동차운수사업법(1997. 12. 13. 법률 제5448호 여객자동차운수사업법으로 전문
개정되기 전의 것) 제4조 제1항, 제3항, 같은법시행규칙(1998. 8. 20. 건설교통부령
제147호 여객자동차운수사업법시행규칙으로 전문 개정되기 전의 것) 제14조의2
등의 관련 규정에 의하면 마을버스운송사업면허의 허용 여부는 사업구역의 교통
수요, 노선결정, 운송업체의 수송능력, 공급능력 등에 관하여 기술적·전문적인 판
단을 요하는 분야로서 이에 관한 행정처분은 운수행정을 통한 공익실현과 아울러
합목적성을 추구하기 위하여 보다 구체적 타당성에 적합한 기준에 의하여야 할
것이므로 그 범위 내에서는 법령이 특별히 규정한 바가 없으면 행정청의 재량에
속하는 것이라고 보아야 할 것이고, 또한 마을버스 한정면허시 확정되는 마을버
스 노선을 정함에 있어서도 기존 일반노선버스의 노선과의 중복 허용 정도에 대
한 판단도 행정청의 재량에 속한다(대법원 2001. 1. 19. 선고 99두3812 판결).

경우에 한하여야 할 것이다. 공익의 보호 상황이 다양하고 모든 사항을 예측하기 어려워 이들을 모두 허가 등의 요건으로 유형화하여 정하는 것이 어렵고, 거부하지 않으면 중대한 공익이 훼손되는 경우에 한하여 극히 예외적으로 인정하여야 한다. 법령상의 허가요건을 충족하였더라도 허가 등을 거부할 심히 중대한 공익상의 필요가 있어야 하고, 비례의 원칙상 보호하고자 하는 공익의 보호를 위해 거부이외에 다른 방법이 없어야 한다.

3. 철회의 근거

공익상 철회할 필요가 있는 경우에 그것만으로 별도의 법적 근거 없이 철회할 수 있는지가 문제된다.

판례는 공익상 필요가 있는 경우에는 별도의 법적 근거가 없더라도 철회를 할 수 있다는 입장을 일관되게 취하고 있다.[30) 대법원은 "행정행위를 한 처분청은 비록 그 처분 당시에 별다른 하자가 없었고, 또 그 처분 후에 이를 철회할 별도의 법적 근거가 없다 하더라도 원래의 처분을 존속시킬 필요가 없게 된 사정변경이 생겼거나 또는 중대한 공익상의 필요가 발생한 경우에는 그 효력을 상실케 하는 별개의 행정행위로 이를 철회할 수 있다고 할 것"이라고 하였다. 그리고, 수익적 행정처분을 취소 또는 철회하는 경우에는 "이미 부여된 그 국민의 기득권을 침해하는 것이 되므로, 비록 취소 등의 사유가 있다고 하더라도 그 취소권 등의 행사는 기득권의 침해를 정당화할 만한 중대한 공익상의 필요 또는 제3자의 이익보호의 필요가 있는 때에 한하여 상대방이 받는 불이익과 비교·교량하여 결정하여야 하고, 그 처분으로 인하여 공익상

---

30) 대법원 1995. 05. 26. 선고 96누8266 판결 ; 대법원 1984. 11.13. 선고 84누269 판결 ; 2002.11.26. 선고 2001두2874 판결 ; 대법원 2004. 11. 26. 선고 2003두10251,10268 판결.

의 필요보다 상대방이 받게 되는 불이익 등이 막대한 경우에는 재량권
의 한계를 일탈한 것으로서 그 자체가 위법하다."고 하였다.31)

　　학설은 행정행위의 철회에 법적 근거가 필요한지에 관하여 견해가
나뉘고 있다. 법적 근거불요설의 주된 논거는 다음과 같다: ① 원행정행
위의 수권규정은 철회의 근거규정으로 볼 수 있다. ② 행정은 항상 공
익을 실현하고 정세변화에 적응하여야 하므로 이를 보장하기 위하여 처
분청에게 철회권을 인정할 필요가 있다. 이에 대하여 법적 근거필요설
의 주된 논거는 철회는 그 자체가 공익목적을 실현하기 위하여 행하여
지는 하나의 새로운 행정행위이므로 법률유보의 원칙상 법률에 근거가
있어야 한다는 것이다.32) 생각건대, 부담적 행정행위에 있어서는 원행
정행위의 수권규정이 철회의 근거가 될 수 있다고 보는 것이 타당하다.
그러나, 수익적 행정행위는 상대방에게 권익을 창설하고 철회는 권익을
제한하는 효과를 가져오므로 법률의 근거를 필요로 한다고 보는 것이
타당하다.33) 프랑스에서 권리를 창설하지 않는 행위는 공익상 필요가
있으면 언제든지 철회될 수 있지만, 권리를 창설하는 행위의 철회는 법
령상 정해진 경우와 요건하에서만 가능하다고 보고 있는 것34)은 시사
하는 바가 크다. 수익적 행정행위의 철회에 대한 법적 근거가 있는 경
우도 있지만 없는 경우도 적지 않은 현재 명시적 법적 근거없는 철회는
인정될 수 없다고 하면 공익의 실현이 훼손되는 문제가 있다. 입법자는
수익적 행정행위의 철회사유와 법적 근거를 빠짐없이 규정하도록 입법
정비를 해야 할 것이다. 철회사유와 철회근거를 명문화하는 것은 철회

31) 대법원 2004. 11. 26. 선고 2003두10251,10268 판결.
32) 이 글은 행정판례를 주된 연구대상으로 하고 있으므로 철회의 법적 근거에 대한
　　자세한 논의는 생략하기로 한다. 철회의 법적 근거에 관한 보다 자세한 논의는 김
　　철용, 『행정법 I』, 박영사, 2009, 305-307면 참조.
33) 수익적 행정행위의 철회가 행정절차법 제22조의 권리를 제한하는 처분이라는 데
　　에는 이견이 없다.
34) Jacqueline MORAND-DEVILLER, DROIT ADMINISTRATIF, Montchrestien, 2007,
　　p.375 ; Jean Rivéro, Jean Waline, Droit administratif, DALLOZ, 2002, p.106.

에 대한 국민의 예측가능성을 보장하기 위해서도 필요하다.

4. 재량준칙의 예외사유로서의 공익

학설의 일반적 견해는 재량준칙은 평등원칙을 매개로 대외적으로 간접적인 구속력을 갖는다고 본다. 따라서, 특별한 사정이 있으면 재량준칙과 다른 처분을 할 수 있다고 보아야 한다. 여기에서 "특별한 사정"이라 함은 개별 사안의 특별한 사정 또는 공익상의 필요를 말한다. 즉, 개별 사안에 특별한 사정이 있거나 공익상 필요한 경우에는 재량준칙과 다른 결정을 내릴 수 있다고 보아야 한다. 다만, 이러한 공익을 이유로 한 재량준칙에 대한 예외는 재량준칙에 대한 상대방의 신뢰를 고려하여 엄격히 인정되어야 한다.

대법원 판례는 원칙상 행정규칙에 대해 대외적 구속력을 인정하지 않지만, 설정된 재량기준이 객관적으로 합리적이 아니라거나 타당하지 않다고 볼 만한 다른 특별한 사정이 없는 이상 행정청의 의사는 가능한 한 존중되어야 한다고 본다.35) 또한 판례는 특별한 사유가 없는 한 재량기준에 따라 처분을 하는 것이 보통이라고 본다.36) 그러면서 판례는 예외적으로 특별한 사유가 있으면 재량기준과 다른 처분을 할 수 있다고 본다. 우선 특별한 공익상의 필요가 있을 때에는 재량기준을 추가하여 신청에 대한 거부처분을 할 수 있다고 한다. 즉 쌀 시장 개방화에 대비한 경쟁력 강화 등 우월한 공익상 요청에 따라 재량준칙인 지침상의 요건 외에 '시·군별 건조저장시설 개소당 논 면적 1,000ha 이상' 요건을 추가할 만한 특별한 사정을 인정할 수 있고, 그 공익상 요청에 따라 추가된 재량권 행사의 기준을 충족시키지 못하였다는 이유로 한 신규

---

35) 대법원 2004. 05. 28. 선고 2004두961 판결 ; 대법원 2013. 11. 14. 선고 2011두28783 판결 ; 대법원 2011. 01. 27. 선고 2010두23033 판결.
36) 대법원 1993.6.29. 선고 93누5635 판결.

건조저장시설 사업자인정거부처분을 적법하다고 하였다.[37]

또한, 판례는 공익상 필요한 경우 제재처분의 기준보다 가중된 제재처분을 할 수 있다는 것을 명시적으로 선언하지는 않았지만, 공익상 필요한 경우 제재처분의 기준보다 가중된 제재처분을 할 수 있다는 취지의 판시를 하고 있다. 그렇지만, 공익상 필요에 따른 가중처분의 가능성에 대해서는 다소 소극적인 입장을 취한 것으로 볼 여지도 있다. 이러한 입장은 법규위반에 대한 제재와 관련한 온정주의의 발현은 아닌가 하는 생각이 든다. 즉, 영업허가 이전 1개월 이상 무허가 영업을 하였고 영업시간위반이 2시간 이상인 경우 행정처분기준에 의하면 1월의 영업정지사유에 해당하는데도 2월 15일의 영업정지처분을 한 것을 다툰 사례에서 대법원은 "식품 등의 수급정책 및 국민보건에 중대한 영향을 미치는 특별한 사유가 없는 한 행정청은 당해 위반사항에 대하여 위 처분기준에 따라 행정처분을 함이 보통이라 할 것이므로, 만일 행정청이 이러한 처분기준을 따르지 아니하고 특정한 개인에 대하여만 위 처분기준을 과도하게 초과하는 처분을 한 경우에는 일응 재량권의 한계를 일탈하였다고 볼 만한 여지가 충분하다"고 하면서 재량권일탈 또는 남용에 해당한다고 하였다.[38] 그러나, 사회에 만연한 법규위반을 예방하고, 공동체 전체의 이익인 공익을 보호하기 위해서는 중한 법규위반자에 대해서는 가중된 제재처분의 기준이 없다고 하더라도 재량권의 한계내에서 보다 엄한 제재처분을 할 필요가 있다.

5. 소결

공용수용의 정당화사유인 공공필요는 '공익성'과 '필요성'이라는 요소로 구성된다고 보는 판례의 입장은 타당하다. 다만, 공용수용에서의

---

37) 대법원 2009.12.24. 선고 2009두7967 판결.
38) 대법원 1993. 6. 29. 선고 93누5635 판결.

공익과 공익필요성을 재산권에 대한 존속보장의 관점에서 엄격하게 해석하는 것에 대해서는 재고의 필요가 있다. 공용수용은 재산권에 대한 존속보장을 희생하지만, 정당한 보상을 전제로 행해지므로 재산권의 가치는 보장하는 것이고, 재산권을 일방적으로 제한하는 것은 아니다. 이러한 점에서 국민의 권익을 일방적으로 제한하는 행정권 행사의 정당화 사유로서의 공익보다 재산권의 존속보장을 희생하며 재산권의 가치보장을 해주는 공용수용에서의 공익은 보다 널리 인정할 수 있는 것은 아닌지 재고가 필요하다. 그리고 지방세수의 확보나 지역경제의 활성화라는 공익을 일률적으로 과소평가만 하여서는 안 될 것이다. 지역경제가 매우 어려운 상황하에서는 지역경제의 활성화와 일자리 창출은 공용수용을 정당화할 수 있는 공공필요성을 갖는 것으로 판단될 수도 있을 것이다. '필요성'의 판단에 있어서는 공익사업으로 침해되는 공익도 이익형량에 포함시켜야 하는데, 공익사업의 재정상 비용, 환경의 침해 등 수용을 정당화하는 공익과 비교형량되는 수용으로 인한 불이익인 공익의 목록을 보다 명확히 하여야 할 것이다. 또한, 공익사업의 위치 등 내용도 공공필요성의 판단에서 고려되어야 한다. 공익사업으로 인한 불이익을 줄일 수 있는 다른 대안의 공익사업이 가능한 경우에는 최소침해의 원칙에 비추어 해당 공익사업의 공공필요성이 충족되지 못하는 것으로 보아야 한다.

공익은 행정권 행사의 정당화사유가 된다. 그렇지만, 공익의 필요만으로 행정권 행사를 할 수 있는 것은 아니며 법률유보의 원칙상 중요한 행정권의 행사에는 법률의 근거가 있어야 한다. 그런데, 공익상 필요를 모두 예상하여 그에 합당한 행정권 행사의 근거를 빠짐없이 미리 정한다는 것은 현실적으로 매우 어려운 일이며 실제에 있어서도 공익상 필요함에도 행정권 행사의 수권조항(근거조항)39)이 없는 경우가 적지 않

---

39) 입법자가 공익 그 자체를 행정목적 내지 행정권 행사의 근거로 정하는 경우도 없지는 않지만, 안전, 환경의 보호 등 공익을 보다 구체화한 중간공익목적을 행정목

다. 입법자의 양적 질적 능력이 높지 못한 오늘의 현실에서는 이러한 경우가 입법선진국에 비해 더욱 많을 수 밖에 없다.

판례는 원칙상 법률유보의 원칙에 따라 중요한 행정권 행사에는 법률의 근거가 있어야 한다고 보고 있다. 그런데, 전술한 바와 같은 입법의 의도된 또는 의도되지 않은 불비를 고려하여 예외적으로 명시적인 법률의 근거가 없음에도 불구하고 예외적으로 공익의 필요만으로 국민의 권익을 제한하는 행정권 행사를 인정하고 있다. 전술한 바와 같이 거부재량, 공익상 필요에 따른 철회의 경우가 그러하다.

판례는 거부재량를 상당히 널리 인정하면서도 거부재량의 인정근거에 대하여는 설시하지 않고 있다. 거부재량은 법률유보의 원칙상 문제가 없지 않지만, 입법의 현실 및 중대한 공익의 보호필요성을 고려하여 관련법령의 해석을 통해 제한적으로 인정하는 것은 타당하다고 볼 수도 있다. 규율대상의 다양성에도 불구하고 처분요건을 유형화하여 모두 규정하지 못하고 있는 현실하에서 처분요건이 충족되었으니 신청에 따른 허가 등을 하여야 한다면 중대한 공익이 훼손될 수 있다. 이러한 결과는 공익을 보호해야 할 의무를 지는 입법자가 의도하는 바가 아니다. 입법자는 예상하지 못하는 중대한 공익상의 필요가 있는 경우에는 관련법령의 해석을 통해 거부할 수 있는 재량을 수권한 것으로 보는 것이 국민의 행정에 대한 예측가능성의 보장과 공익의 보장 사이에 조화를 이룰 수 있는 합리적인 법해석일 수 있다. 다만, 거부재량은 법률유보의 원칙 및 국민의 행정에 대한 예측가능성의 보장이라는 측면에서는 매우 이례적인 것이므로 극히 제한적으로만 인정되어야 한다. 이러한 관점에서 볼 때 현재 판례는 거부재량행위를 너무 널리 인정하고 있는 것으로 평가할 수 있다. 특히 신고수리에까지 거부재량을 인정하는 것은 타당하지 않다. 어쩌면 거부재량을 인정하여야 하는 수리를 요하는

적 내지 행정권 행사의 근거로 정하는 경우가 많다.

신고는 허가제로 하여야 하는 것이 타당한데, 무리하게 신고제로 한 것으로 보아야 할 것이다. 입법자는 공익보호를 위한 요건을 최대한 빠짐없이 규정하고, 거부재량이 필요한 경우도 최대한 명문으로 규정하도록 노력하여야 할 것이다.

판례는 공익상 필요가 있는 경우에는 별도의 법적 근거가 없더라도 철회를 할 수 있다는 입장을 일관되게 취하고 있다. 행정행위의 철회에 법적 근거가 필요한지에 관하여 학설은 심하게 대립하고 있는데, 수익적 행정행위의 철회에는 법률에 근거가 있어야 한다고 보는 것이 타당하다. 그 주된 논거로는 수익적 행정행위는 상대방에게 권익을 창설하고 철회는 권익을 제한하는 효과를 가져오는 새로운 처분이므로 법률의 근거를 필요로 한다고 보는 것이 타당하다는 것을 들 수 있다. 철회의 법적 근거 필요 여부의 문제를 떠나 입법자는 수익적 행정행위의 철회사유와 법적 근거를 빠짐없이 규정하여 철회에 대한 국민의 예측가능성을 보장할 필요가 있다.

재량권 행사의 경우에는 입법자가 법령의 범위 내에서 자유로운 행정권 행사를 인정한 것이므로 법령과 재량권의 범위 내에서 법령의 명시적 근거 없이도 공익상 필요에 의해 거부처분을 내리거나 권익을 제한하는 부관을 붙일 수 있다. 입법자에 의한 재량권의 부여도 입법자의 능력의 한계 또는 입법의 한계를 고려한 것이다. 규율대상이 매우 다양하여 규율대상을 유형화하여 명확한 처분요건을 정하는 것이 어려운 경우에 행정권에 재량권을 주어 행정권이 구체적인 사정을 고려하여 구체적 타당성 있는 행정권을 행사하도록 하는 입법기술인 것이다. 행정청의 재량권에는 처분 상대방의 불이익뿐만 아니라 공익을 고려하여 처분을 하는 권한도 부여된 것으로 보아야 하고, 판례도 이를 부정하지 않는다. 그런데, 판례는 제재처분의 기준인 재량준칙을 적용함에 있어서 공익상 필요에 따른 가중처분의 가능성에 대해서는 다소 소극적인 입장을 취하고 있는 것으로 보인다. 그러나, 사회에 만연한 법규위반을 예방하고, 공동체 전체의 이익인 공익을 보호할 필요가 있음으로 중한 법규위반자에 대해서는 가중된 제재처분의 기준이 없더라도 제재처분의 기준 보다 엄한 제재처분을 하도록 해야 할 것이다.

위와 같이 명문의 법률규정이 없음에도 공익상의 이유로 행정권을 행사할 수 있는 여지를 인정하는 것은 입법의 대상이 되는 행정상황이 매우 다양하기 때문에 이들 행정상황을 유형화하여 입법으로 규율하는 것이 현실적으로 어려운 현실을 고려한 것이기도 하다. 공익은 이 경우 법령의 불비를 보충하는 기능을 수행한다.[40] 법치행정의 원칙상 행정권의 정당화사유인 공익을 가능한 한 구체적으로 규정하고, 법령의 근거 없이 공익의 필요에 따라 국민의 권익을 제한하는 처분을 인정하는 것은 행정법리에 맞는 한도내에서 극히 예외적으로 인정하는 것으로 하여야 할 것이다. 또한, 법령의 근거없이 공익의 필요에 따라 행해지는 국민의 권익을 제한하는 처분에 대해서는 비례원칙을 엄격히 적용하여야 할 것이다. 또한, 이러한 문제를 국민의 권익보호의 관점에서만 접근하지 말고, 국민 전체의 이익인 공익을 보장한다는 관점도 보다 강조되어야 한다.

Ⅳ. 행정권 행사의 통제사유로서의 공익

1. 공익목적의 원칙

공익목적의 원칙은 행정권 행사는 공익목적을 위해 행사되어야 하고, 행정권이 사적 목적이나 특정 정파의 이익을 위해 행사되어서는 안된다는 원칙이다. 다만, 행정권 행사가 공익을 목적으로 하면서 부수적

---

40) CONSEIL D'ETAT, L'intérêt général, Rapport public 1999, p.365.

으로 사익을 고려하는 것은 가능하다.

판례는 주로 공익의 원칙을 징계권 행사의 통제원칙으로 선언·인정하고 있다. 즉, "징계권자가 재량권의 행사로서 한 징계처분이 사회통념상 현저하게 타당성을 잃어 재량권을 남용한 것이라고 인정되는 경우 그 처분은 위법한바, 징계권의 행사가 공익적 목적을 위하여 징계권을 행사하여야 할 공익의 원칙에 반하거나 … 비례의 원칙에 반하거나 … 원칙을 위반한 경우 이러한 징계처분은 재량권의 한계를 벗어난 처분으로서 위법하다."41)

그렇지만, 판례가 공익의 원칙을 징계권 행사의 통제법원칙으로만 인정하고 있는 것은 아니다. 판례는 영업정지처분, 면허취소처분 등 제재처분에 관한 재량권의 한계원칙으로도 공익의 원칙을 들고 있다.42)

공익의 실현은 행정의 존재이유이고, 행정법령은 공익목적의 원칙을 전제로 입법되었으므로 공익목적의 원칙은 행정법의 일반원칙으로 인정되어야 한다. 판례는 공익의 원칙을 재량권의 한계원칙으로만 선언할 것이 아니라 모든 행정권 행사에 적용되는 것으로 보아야 하고, 행정법의 일반원칙으로 선언하여야 할 것이다.43)

2. 권한남용금지의 원칙과 공익

권한남용금지의 원칙은 행정권한은 그 권한을 부여한 공익목적이 있으므로 주어진 공익목적을 위해 행사하여야 하며 주어진 공익목적과 다른 부정한 목적으로 행사하면 안 된다는 원칙을 말한다.

---

41) 대법원 2015. 1. 29. 선고 2014두40616 판결 ; 대법원 2007. 4. 13. 선고 2006두16991 판결 ; 대법원 1999. 11. 26. 선고 판결 ; 대법원 1992. 6. 26. 선고 91누11308 판결 ; 대법원 1985. 1. 29. 선고 84누516 판결 ;
42) 대법원 1982. 9. 28. 선고 82누2 판결 ; 대법원 1982. 6. 22. 선고 81누375 판결 ; 대법원 1989. 4. 11. 선고 88누3000 판결.
43) 최송화, 법치행정과 공익, 박영사, 2002, 179-180면.

최근 대법원은 권한남용의 금지를 일반적으로 선언하고, 권한남용 금지의 근거를 법치주의에서 찾는 주목할 만한 판결[44]을 내렸다. 대상 판결은 세무조사의 남용에 관한 것인데, "세무조사가 과세자료의 수집 또는 신고내용의 정확성 검증이라는 본연의 목적이 아니라 부정한 목적을 위하여 행하여진 것이라면 이는 세무조사에 중대한 위법사유가 있는 경우에 해당"한다고 설시하였다. 다만, 판례가 권한남용 금지의 원칙을 법적 구속력이 있는 행정법의 일반원칙의 하나로 선언한 것인지에 대해서는 논란의 여지가 있다.[45]

위 판결은 세무조사권 남용의 기준으로 "과세자료의 수집 또는 신고내용의 정확성 검증이라는 세무조사의 본연의 목적이 아니라 부정한 목적을 위하여 행하여진 것"을 들고 있다.

행정권한이 사적 목적이나 정치적 목적으로 행해지는 것이 권한남용에 해당하여 위법하다는 것에 대해서는 이견이 있을 수 없다. 문제는 행정권이 수권된 권한을 본래의 목적과 다른 공익목적으로 행사한 것이 권한남용에 해당하는가하는 것이다.

생각건대, 행정권한법정주의의 취지 및 법률유보의 원칙상 행정기관은 소관권한을 법령상 주어진 권한의 목적에 합치하도록 행사하여야 하는 것이 원칙이라고 보아야 하므로 법령상 권한을 본래의 목적과 다른 목적으로 사용하는 것은 원칙상 위법한 것으로 보아야 한다. 그렇지

---

44) "법치국가원리는 국가권력의 행사가 법의 지배 원칙에 따라 법적으로 구속을 받는 것을 뜻한다. 법치주의는 원래 국가권력의 자의적 행사를 막기 위한 데서 출발한 것이다. 국가권력의 행사가 공동선의 실현을 위하여서가 아니라 특정 개인이나 집단의 이익 또는 정파적 이해관계에 의하여 좌우된다면 권력의 남용과 오용이 발생하고 국민의 자유와 권리는 쉽사리 침해되어 힘에 의한 지배가 되고 만다. 법치주의는 국가권력의 중립성과 공공성 및 윤리성을 확보하기 위한 것이므로, 모든 국가기관과 공무원은 헌법과 법률에 위배되는 행위를 하여서는 아니 됨은 물론 헌법과 법률에 의하여 부여된 권한을 행사할 때에도 그 권한을 남용하여서는 아니 된다."

45) 박균성, 권한남용금지의 원칙과 그 한계, 법조 통권 제723호 별책, 2017.6, 635면.

만, 행정기관은 법주체인 국가 또는 지방자치단체의 기관으로서 기관 상호간에 협력하여 국가 또는 지방자치단체의 목적을 달성하도록 협력하여야 할 의무가 있으므로 행정기관의 권한을 주어진 목적과 다른 공익목적으로 행사한 것을 모두 권한남용으로 보는 것은 문제가 없지 않다. 따라서, 권한 남용의 기준은 행정권한법정주의와 행정기관 상호간의 협력의무를 조화시키는 것이어야 한다. 그러므로 행정권한 남용의 기준을 "부정한 목적"이라는 모호한 기준보다는"행정권을 주어진 목적과 실체적 관련이 없는 다른 목적으로 행사하는 것"에서 찾는 것이 일응 타당하다고 본다.46)

3. 소결

공익은 행정권에 의한 권익 제한의 한계가 되며 행정통제의 기능을 한다. 행정기관은 공익만을 추구할 수 있으며 이를 위반한 경우 공익목적의 원칙에 위반되며 권한을 남용한 것이 된다. 법원은 행정권 행사목적의 공익목적에의 합치여부를 통제하여야 한다.

통상 공익은 입법자가 결정하고, 행정기관은 입법자가 정한 구체적인 공익목적47)에 따라 행정권을 행사한다. 입법자가 구체적인 공익목적을 명시적으로 정하지 않은 경우에 행정기관은 일반 공익 그 자체에 따라 활동한다.

행정권이 부여된 목적과 실체적 관련이 없는 다른 공익목적을 위하여 당해 행정권을 행사하는 것도 권한남용으로 위법하다고 보아야 한다.

이러한 관점에서 볼 때 판례는 공익의 원칙을 재량권의 한계원칙으로만 선언할 것이 아니라 모든 행정권 행사에 적용되는 것으로 보아야

---

46) 박균성, 상게논문, 639-645면.
47) 입법자가 정한 구체적인 공익목적은 공공의 안녕, 질서유지, 국토의 균형발전, 환경보호, 문화재보호 등 매우 다양하다.

하고, 행정법의 일반원칙으로 선언하여야 할 것이다.[48] 또한, 권한남용 금지의 원칙도 행정법상 법의 일반원칙으로 선언하고, 행정권이 부여된 목적과 실체적 관련이 없는 다른 공익목적을 위하여 당해 행정권을 행사하는 것도 권한남용으로 위법하다는 것을 명확히 하여야 할 것이다.

V. 공익과 사익의 관계

1. 공익과 공익, 공익과 사익의 형량

행정권 행사로 달성되는 공익은 그로 인하여 침해되는 공익, 사익 등 불이익과 비례관계를 유지하여야 한다. 이 원칙을 비례원칙의 하나인 상당성의 원칙이라 한다. 판례는 상당성의 원칙을 법의 일반원칙으로 인정하고 있다. 오늘날 공익은 사익과의 사이에서 형량되어야 할 뿐만 아니라 개발의 이익과 환경의 이익 상호간의 형량과 같이 공익 상호간에도 형량되어야 한다.

그런데, 공익과 사익의 형량, 공익과 공익의 형량은 행정권 행사를 통제하는 법리로 사용되기도 하고,[49] 사권을 제한하는 법리로 사용되기도 한다.[50] 사인이 공익실현을 위한 행정권 행사의 위법을 다투는 경우 이익형량의 원칙은 공익의 통제법리로서 작용한다.

음주운전과 관련하여 과거 판례는 원고의 권익구제에 중점을 두며 음주운전을 이유로 한 운전면허취소처분을 상당성 원칙 위반을 이유로

---

48) 공공복리관련성의 원칙을 행정법의 일반원칙으로 보는 견해(김중권, 행정법 제2판, 법문사, 2016, 67면).
49) 상당성의 원칙 위반이 처분의 위법사유가 되는 통상의 경우가 이에 해당한다.
50) 이익형량의 원칙이 신뢰보호의 원칙 적용제한법리가 되는 경우, 공용수용에서의 공공필요가 이에 해당한다. 이 경우에도 이익형량의 원칙은 동시에 행정권의 통제법리로서의 기능도 갖는다.

취소하는 경우가 적지 않았지만,51) 1990년 중반 이후 음주운전사고 방지를 통한 교통안전의 확보라는 공익의 가치를 높이 평가하여 음주운전을 이유로 한 운전면허취소처분을 상당성 원칙 위반을 이유로 취소하는 경우는 거의 없다. 이는 과거의 막연한 공익우선성의 원칙에 기초한 것이 아니라 공익인 교통안전의 가치를 높이 평가·인정하는 것에 기인하는 것이다. 즉, 대법원은 "운전면허를 받은 사람이 음주운전을 하다가 고의 또는 과실로 교통사고를 일으킨 경우에 운전면허의 취소 여부가 행정청의 재량행위라 하여도, 오늘날 자동차가 대중적인 교통수단이고 그에 따라 대량으로 자동차운전면허가 발급되고 있는 상황이나 음주운전으로 인한 교통사고의 증가 및 그 결과의 참혹성 등에 비추어 보면, 음주운전으로 인한 교통사고를 방지할 공익상의 필요는 더욱 강조되어야 하고 운전면허취소에 있어서는 일반의 수익적 행정행위의 취소와는 달리 그 취소로 인하여 입게 될 당사자의 불이익보다는 이를 방지하여야 하는 일반 예방적 측면이 더욱 강조되어야 한다."고 하면서 혈중알코올농도 0.105% 상태로 운전하다가 물적·인적 교통사고를 낸 개인택시 운전사에 대하여 한 운전면허취소처분이 위법하다고 본 원심판결52)

---

51) 무사고운전경력이 인정되어 개인택시 및 개인택시운송사업면허를 대금 25,500.000 원에 양수하여 개인택시운송사업을 하는 원고가 비번날 친구와 함께 소주 2홉들이 1병을 나누어 마시고 여동생의 승용차를 운전중 적발된 경우, 개인택시운송사업이 원고의 유일한 생계수단이며 원고의 운전면허가 취소되면 개인택시운송사업면허까지 취소되게 되어 위 투자금액을 회수할 수 없게 되는 점 등의 여러 사정들을 참작하여 음주운전을 이유로 도로교통법상 가장 무거운 운전면허취소처분을 하는 것은 도로교통법에 의하여 달하려는 공익적 목적의 실현보다는 원고가 입게 될 불이익이 너무 커서 이익교량의 원칙에 위배되므로 재량권을 일탈하여 위법하다고 본 사례(대법원 1991. 6. 11. 선고 91누2083 판결) ; 원고가 대학교의 학장으로 근무하면서 퇴근길에 집부근에 있는 생맥주집에서 동료교수들과 평소의 주량에 훨씬 못미친 양의 생맥주 1잔을 마시고 운전하다가 단속경찰관에게 적발되었으나 그 음주운전으로 인하여 어떤 사고도 발생하지 아니한 것이라면 관할관청인 피고가 이 사건 자동차운전면허를 취소한 것은 재량권의 범위를 일탈한 것으로서 위법하다고 한 사례(대법원 1990. 10. 30. 선고 90누4020 판결).

52) 원심판결은 이 사건 운전면허처분은 그로 인하여 원고가 받는 불이익의 정도가 그

을 파기하였다.53) 나아가 대법원은 "오늘날 자동차가 급증하고 자동차 운전면허도 대량으로 발급되어 교통상황이 날로 혼잡하여 감에 따라 교통법규를 엄격히 지켜야 할 필요성은 더욱 커지고, 음주운전으로 인한 교통사고 역시 빈번하고 그 결과가 참혹한 경우가 많아 음주운전을 엄격하게 단속하여야 할 필요가 절실하다는 점에 비추어 볼 때 자동차운전면허취소처분으로 교통사고를 야기하지 않은 음주운전자가 입게 되는 불이익보다는 공익목적의 실현이라는 필요가 더욱 크다."라고 하면서 서울 근교에서 채소재배업에 종사하면서 주취운전으로 인하여 운전면허가 취소된 전력이 있는 자가 혈중알콜농도 0.109%의 주취상태에서 승용차를 운전한 경우, 자동차운전면허취소처분으로 교통사고를 야기하지 않은 음주운전자가 입게 되는 불이익보다는 공익목적의 실현이라는 필요가 더욱 크다고 보아 면허취소사유에 해당한다고 하여, 이와 달리 당해 처분이 재량권의 일탈·남용이라고 본 원심판결을 파기하였다.54)

　항고소송에서 원고의 권익구제기능을 강조하는 것은 위법한 행정권 행사로부터 국민의 권익을 보호하는 긍정적 기능을 갖지만, 복효적 효력을 갖는 행정행위를 취소하는 것은 제3자의 권익을 침해하는 결과를 가져온다는 사실을 인식하여야 한다. 원고의 권익보호도 중요하지만 제3자의 권익보호도 중요하다. 그리고 복효적 행정행위가 아닌 운전면허취소처분 등 법규위반에 대한 제재처분 등 침해적 행정행위에서의 재량권 행사에 대해 비례성 심사를 함에 있어서 원고의 불이익을 과도하게 평가하여 침해적 행정행위를 취소하는 것은 안전 등 공익을 희생하는 결과를 가져온다. 그런데 공익은 공동체 전체의 이익이므로 제3자인

로 인하여 유지하고자 하는 공익상의 필요 또는 제3자의 이익보호의 필요에 비하여 현저히 크다 할 것이므로, 위 주취운전 사실만으로 곧바로 운전면허를 취소한 이 사건 처분은 형평에 어긋나는 지나치게 무거운 처분으로서 재량권의 범위를 벗어난 위법한 것이라고 판단하였다(서울고법 1996. 3. 27. 선고 95구34233 판결).
53) 대법원 1996. 7. 26. 선고 96누5988 판결.
54) 대법원 1997. 11. 14. 선고 97누13214 판결.

국민의 이익을 희생하는 결과를 가져온다는 점을 인식하여야 한다. 이러한 점을 고려한다면 항고소송의 기능을 '(원고의) 권익구제기능'에 한정하는 것은 타당하지 않으며 항고소송의 행정통제기능도 항고소송의 중요한 기능으로 보아야 하고, 나아가 항고소송의 공익보호기능 조차도 인정하여야 하는 것은 아닌가 하는 생각이 든다. 행정법의 권익구제법으로서의 성격뿐만 아니라 공익보호법으로서의 성격도 인정해야 하는 것은 아닌가 검토를 요한다.

재량권 행사시 이익형량이 현저하게 또는 심히 균형을 잃은 경우에 한하여 재량권의 일탈·남용이 있는 것 즉 위법한 것으로 보아야 하고 다소 균형을 잃은 경우에는 부당에 그친다는 견해가 적지 않다.[55] 판례는 이익형량이 "현저하게 균형"을 잃은 것을 재량권의 일탈·남용의 기준으로 제시하는 경우도 있고,[56] "균형"을 잃을 것을 재량권의 일탈·남용의 기준으로 제시하는 경우[57]도 있다. 재량권의 일탈·남용의 기준으로 제시된 "현저하게 균형" 또는 "균형"이라는 문구가 중요한 것은 아니고, 실제로 공익이 얼마나 중시되는가 하는 것이 중요하지만, "현저하게"라는 강한 수식어가 이익형량에서 행정권 행사로 침해되는 불이익 보다 행정권 행사가 추구하는 공익을 과도하게 보호하는 결과를 가져오지는 않을 것인지 검토가 필요하다. 일반적으로 법원은 행정청의

---

55) 김동희, 전게서, 277면.
56) 징계처분이 징계사유로 삼은 비행의 정도에 비하여 현저하게 균형을 잃어 과중하여야 위법하다고 본 판례(대법원 2012. 10. 11. 선고 2012두10895 판결).
57) 독점규제 및 공정거래에 관한 법률(이하 '공정거래법'이라 한다) 제22조에 의한 과징금은 법 위반행위에 따르는 불법적인 경제적 이익을 박탈하기 위한 부당이득환수의 성격과 함께 위법행위에 대한 제재로서의 성격을 가지는 것이고, 공정거래법 제55조의3 제1항은 과징금을 부과하는 경우 위반행위의 내용과 정도, 기간과 입찰담합에 의한 부당한 공동행위에 대하여 부과되는 과징금의 액수는 해당 입찰담합의 구체적 태양 등에 기하여 판단되는 위법성의 정도뿐만 아니라 그로 인한 이득액의 규모와도 상호 균형을 이룰 것이 요구되고, 이러한 균형을 상실할 경우에는 비례의 원칙에 위배되어 재량권의 일탈·남용에 해당할 수 있다(대법원 2017. 4. 27. 선고 2016두33360 판결).

재량권 행사가 합리적이라면 행정청의 판단을 존중해주어야 하므로 이에 추가하여 이익형량이 현저하게 균형을 잃을 것을 재량권 행사의 위법기준으로 제시하는 것은 행정권을 과도하게 보호하는 결과를 낳을 수도 있다. 다른 한편으로 그러한 기준이 이익형량에 따라 재량권의 일탈·남용을 인정한 판결에 대해 행정청이 불만을 가질 이유가 될 수 있고, 원고에게는 법원이 행정권을 과도하게 보호하고 있다는 생각을 갖게 할 수도 있다. 일반 국민의 입장에서는 국민이 받은 불이익이 처분으로 달성하는 공익보다 큼에도 불구하고, 현저히 크지 않다는 이유로 기각판결을 받는 것을 납득하기 어려울 것이다. 또한, 개발이익과 환경이익의 대립과 같이 공익과 공익이 대립하는 경우에는 개발이익을 환경이익보다 중시여기는 결과를 초래할 수도 있다. 그러므로 이익형량에 있어 재량권의 일탈·남용의 기준으로 '현저하게 균형을 잃었을 것'이라는 문구로 설시하지 않고, '균형을 잃었을 것'이라는 문구로 설시하는 것이 판례정책상 타당하다. 그리고 행정청의 판단을 존중하는 문제는 행정청의 전문성과 책임성을 고려하여 개별적인 사안마다 법원이 결정하는 것으로 하는 것이 타당할 것이다. 처분행정청에게 전문성이 있는 경우도 있지만, 그렇지 않은 경우도 적지 않은 점을 고려하여도 그러하다.

　판례는 행정계획에서 계획재량을 통제하는 법리로 일반 이익형량의 법리보다 체계화되고 객관화된 형량명령의 법리를 인정하고 있다. "행정주체가 행정계획을 입안·결정함에 있어서 이익형량을 전혀 행하지 아니하거나 이익형량의 고려 대상에 마땅히 포함시켜야 할 사항을 누락한 경우 또는 이익형량을 하였으나 정당성과 객관성이 결여된 경우에는 그 행정계획결정은 형량에 하자가 있어 위법하게 된다."[58] 또한, 이 판결에서 대법원은 행정계획에 관련되는 자들의 이익을 공익과 사익 사이에서는 물론이고 공익 상호간과 사익 상호간에도 정당하게 비교교량하

---

58) 대법원 2007. 4. 12. 선고 2005두1893 판결 등.

여야 한다고 하였다. 형량명령은 이익형량에서 관련 공익을 구체적인 공익으로 파악하고,59) 각 구체적인 공익을 달성되는 정도와 가치, 침해되는 정도와 가치를 세밀하게 판단하여 이익형량할 것을 요구한다. 이러한 계획재량 및 형량명령에서의 공익의 가치 판단방식은 일반 행정재량에 대한 비례원칙의 적용으로서의 이익형량에도 적용되어야 할 것이다.

2. 공익과 반사적 이익

행정법규는 기본적으로 공익의 보호를 목적으로 한다. 그런데, 판례는 행정법규 중에는 공익의 보호만을 목적으로 한 것이 있는 반면에 공익의 보호와 함께 개인적 이익도 보호하는 것이 있다고 본다. 환경보호 등 공공의 이익이 달성됨에 따라 반사적으로 얻는 이익을 반사적 이익으로 보아60) 원고적격을 부인하는 등 법적 보호의 대상에서 제외하고 있다. 이에 반하여 "당해 처분의 근거 법규 및 관련 법규에 의하여 보호되는 개별적·직접적·구체적 이익"은 법률상 보호되는 이익으로 본다. 또한, "당해 처분의 근거 법규 및 관련 법규에 의하여 보호되는 법률상 이익은 당해 처분의 근거 법규의 명문 규정에 의하여 보호받는 법률상 이익, 당해 처분의 근거 법규에 의하여 보호되지는 아니하나 당해 처분의 행정목적을 달성하기 위한 일련의 단계적인 관련 처분들의 근거 법규에 의하여 명시적으로 보호받는 법률상 이익, 당해 처분의 근거 법규 또는 관련 법규에서 명시적으로 당해 이익을 보호하는 명문의 규정이 없더라도 근거 법규 및 관련 법규의 합리적 해석상 그 법규에서 행정청을 제약하는 이유가 순수한 공익의 보호만이 아닌 개별적·직접적·구체적 이익을 보호하는 취지가 포함되어 있다고 해석되는 경우까지를 말한다."고 하면서 법률상 보호되는 이익의 범위를 확대하고 있다.

---

59) 공익개념의 구체화에 관하여는 최송화, 전게서, 228면 이하 참조.
60) 대법원 1995.9.26. 선고 94누14544 판결 ; 대법원 2014.2.21. 선고 2011두29051 판결.

또한, 이해관계인의 절차적 권리도 법률상 보호된 이익으로 보고, 절차적 권리를 가진 자에게 원고적격을 인정하고 있다.61)

그런데, 처분의 근거법규 또는 관련 법규가 공익의 보호만을 목적으로 하는지 아니면 공익의 보호뿐만 아니라 이해관계인의 개인적 이익도 보호하고 있는지를 판단하는 것이 모호한 경우가 적지 않다. 그것은 안전이나 환경의 이익 등 공익이 인간의 생활에 중요한 이익으로 인식되고 있기 때문이기도 하고, 공익과 사익의 구별이 상대화된 것에 기인하기도 한다. 과거 일조이익, 조망이익 등 환경상 이익은 반사적 이익으로 인식되었지만, 오늘날에는 인간 생활에 중요한 이익이 되었기 때문에 보호필요성이 커지게 되었다. 이에 따라 판례는 환경영향평가 대상지역주민이 누리는 환경상 이익은 환경영향평가법의 보호범위에 들어가는 것으로 보게 된 것이다.62) 판례는 "상수원보호구역 설정의 근거가 되는 수도법 제5조 제1항 및 동 시행령 제7조 제1항이 보호하고자 하는 것은 상수원의 확보와 수질보전일 뿐이고, 그 상수원에서 급수를 받고 있는 지역주민들이 가지는 상수원의 오염을 막아 양질의 급수를 받을 이익은 직접적이고 구체적으로는 보호하고 있지 않음이 명백하여 위 지역주민들이 가지는 이익은 상수원의 확보와 수질보호라는 공공의 이익이 달성됨에 따라 반사적으로 얻게 되는 이익에 불과하므로 지역주민들에 불과한 원고들에게는 위 상수원보호구역변경처분의 취소를 구할 법률상의 이익이 없다."고 판시하였다.63) 그러나, 상수원보호구역 설정 및 해제의 근거가 되는 수도법규정이 상수원의 수질보호와 함께 물이용자의 개인적 이익도 직접 보호하는 것을 목적으로 하고 있다고 볼

---

61) 대법원 2015. 7. 23. 선고 2012두19496,19502 판결. 이 사례에서 갑 대학교 교수협의회와 총학생회에게 학교운영참여권을 근거로 이사선임처분을 다툴 법률상 이익을 인정했지만, 학교직원들로 구성된 전국대학노동조합 을 대학교지부의 법률상 이익은 인정하지 않은 사례.
62) 대법원 2006. 3. 16. 선고 2006두330 전원합의체 판결.
63) 대법원 1995. 09. 26. 선고 94누14544 판결.

수도 있고, 현재 한강수계 상수원수질개선 및 주민지원 등에 관한 법률
및 동법 시행령 제19조에 따라 수도사업자가 물이용부담금을 납부하고,
이 물이용부담금은 수도요금에 전가될 것이며 이 재원으로 상수원보호
구역에 재정지원을 하고 있는 점 등을 아울러 고려하면 상수원보호구역
을 규율하는 수도법규정으로 인하여 수돗물 이용자가 받는 이익은 법적
이익이라고 보는 것이 타당할 것이다. 이와 관련하여 김해시장이 낙동
강에 합류하는 하천수 주변의 토지에 구 산업집적활성화 및 공장설립에
관한 법률 제13조에 따라 공장설립을 승인하는 처분을 한 사안에서, 공
장설립으로 수질오염 등이 발생할 우려가 있는 취수장에서 물을 공급받
는 부산광역시 또는 양산시에 거주하는 주민들도 위 처분의 근거 법규
및 관련 법규에 의하여 법률상 보호되는 이익이 침해되거나 침해될 우
려가 있는 주민으로서 원고적격이 인정된다고 한 사례는 시사하는 바가
크다.64)

3. 직무상 의무의 사익보호성

공무원에게 부과된 직무상 의무의 내용이 단순히 공공 일반의 이
익을 위한 것이거나 행정기관 내부의 질서를 규율하기 위한 것인 경우
에는 국가배상책임이 인정될 수 없고, 공무원에게 부과된 직무상 의무
의 내용이 전적으로 또는 부수적으로 사회구성원 개인의 안전과 이익을
보호하기 위하여 설정된 것이어야 공무원이 그와 같은 직무상 의무를
위반함으로 인하여 피해자가 입은 손해에 대하여는 상당인과관계가 인
정되는 범위 내에서 국가가 배상책임을 지는 것이라는 것이 대법원 판
례의 일관된 입장이다.65)

그런데, 이러한 판례의 논거는 무엇이며 그러한 판례가 과연 타당

---

64) 대법원 2010. 04. 15. 선고 2007두16127 판결.
65) 대법원 1993. 2. 12. 선고 91다43466 판결.

한 것인지에 대하여는 논란이 있다. 초기 일부 판례에서는 직무상 의무의 사익보호성을 위법성의 문제로 보았으나[66] 현재 판례는 직무상 의무의 사익보호성을 인과관계의 요소로 보고 있다. 즉, "공무원에게 직무상 의무를 부과한 법령의 보호목적이 사회 구성원 개인의 이익과 안전을 보호하기 위한 것이 아니고 단순히 공공일반의 이익이나 행정기관 내부의 질서를 규율하기 위한 것이라면, 가사 공무원이 그 직무상 의무를 위반한 것을 계기로 하여 제3자가 손해를 입었다 하더라도 공무원이 직무상 의무를 위반한 행위와 제3자가 입은 손해 사이에는 법리상 상당인과관계가 있다고 할 수 없다."고 본다.[67] 직무상 의무의 사익보호성을 국가배상법상 위법이 요소로 보는 견해는 국가배상법상의 위법성을 피해자에 대한 관계에서의 위법으로 보는 상대적 위법성설과 연결될 수는 있지만, 그렇다고 하더라도 법상 의무인 직무상 의무를 위반한 것이 해당 직무상 의무의 사익보호성이 없다는 이유로 위법하지 않은 행위로 본다는 것에 문제가 있다. 그리고, 직무상 의무의 사익보호성을 인과관계의 요소로 보는 견해에 대해서는 국가배상법상의 인과관계가 규범의 문제일 수도 있지만, 기본적으로 사실의 문제인데 직무상 의무의 사익보호성을 인과관계의 요소로 보는 것은 타당하지 않다는 비판이 가능하다. 직무상 의무위반으로 인하여 손해가 발생하였는데, 해당 직무상 의무가 공익의 보호만을 목적으로 한다고 보면서 국가배상책임을 부인하는 것은 공익우선의 관념이나 공익과 사익의 준별론에 근거한 구시대적 이론은 아닌지 의문이 든다.

4. 소결

과거 공익은 사익과 엄격히 구별되고, 공익은 사익 보다 우월한 것

---

66) 대법원 2001.3.9. 선고 99다64278 판결.
67) 대법원 2001. 4. 13. 선고 2000다34891 판결.

으로 인정되었다. 그러나, 오늘날 공익과 사익의 구별이 상대화하고, 공익과 사익은 조정되어야 하므로[68] 공익의 사익에 대한 절대적 우월성은 포기되었다고 할 수 있다. 판례도 이러한 입장을 취하고 있다. 판례는 공익은 사익과의 사이에서 형량되어야 할 뿐만 아니라 상호 대립하는 공익 상호간에도 형량되어야 한다고 본다.

　문제는 이익형량이 가치판단을 전제로 하고, 이익을 측정하고 형량하는 것이 어렵다는 점 등에서 이익형량의 객관성을 담보하지 못하고 있다는 점이다. 이익형량을 체계화하고 객관화하는 방안을 마련하여야 하는데, 가치측정 및 가치형량을 통제하는 것은 쉽지 않은 일이므로 이익형량의 과정을 통제하는 것이 중요하다. 의견수렴절차를 강화하고, 일반 이익형량에서도 관련 이익을 빠뜨리지 않고 전부 포함시키는 것이 보장되어야 한다. 이익형량과정이 형량결정의 이유제시와 함께 기록되고 공개되어야 한다.[69]

　판례는 보호규범인 처분의 근거규정 또는 관련규정의 사익보호성을 확대하는 방식으로 원고적격의 요소인 법률상 이익을 확대하여 왔다. 또한, 직무상 의무의 사익보호성을 국가배상책임의 요건으로 요구하고 있다. 이러한 판례는 공법과 사법의 구별, 공익과 사익의 구별을 엄격히 하는 입장에 선 해결책이다. 공법과 사법의 통합적 관계정립의 필요성, 공익과 사익의 구별의 상대화의 경향에 맞추어 행정법법상 권리구제에 있어서 보호규범을 사법으로 까지 확대하는 것을 검토할 필요가 있다. 행정권의 행사에 의해 사법상 사권이 침해된 경우에도 항고소송이나 국가배상을 통한 권리구제를 인정하는 방안을 검토할 필요가 있다.

---

68) 자세한 것은 최승원, 행정법과 공익 – 이해조절법적 행정법으로, 행정법연구, 2006.5(행정법을 이해조절법으로 볼 필요가 있다는 논문) 참조.
69) 김광수, 글로벌시대의 공익론, 행정법연구, 2007.12, 117면.

Ⅵ. 맺음말

공익은 행정법의 이념적 기초만 되는 것이 아니라 행정권 행사의 정당화사유로서 또는 행정권 행사의 통제사유로서 법적 구속력을 갖는 경우도 있다. 그러므로 공익이라는 개념을 정확히 정의내릴 필요가 있다. 그런데, 판례는 공익을 "공공의 이익" 또는 "불특정 다수인의 이익"으로 설시한 경우도 있지만, 정확한 정의를 내리고 있지 않다.

공익은 행정권 행사의 궁극적 기초가 되지만, 법률유보의 원칙상 행정권은 공익 그 자체가 아니라 수권규정에 근거하여 행사된다. 그런데, 판례는 거부재량과 철회는 명시적인 법령의 근거 없이도 가능하다고 본다. 이러한 판례는 그 논거를 제시하고 있지 않은데, 입법의 한계와 관련 법령의 합목적적 해석 그리고 현실의 필요성에 기초하고 있는 것으로 보인다. 판례는 거부재량을 널리 인정하고 있는데, 꼭 필요한 경우에 한하여 예외적으로 인정하는 것이 타당하다. 수익적 행정행위의 철회는 법적 근거가 없으면 원칙적으로 인정하지 않고, 법령에서 수익적 행정행위의 철회사유 및 철회근거를 구체적으로 규정하여야 할 것이다.

판례는 공익의 원칙을 징계처분과 제재처분의 통제원칙으로 선언하고 있는데, 공익의 원칙을 모든 행정권 행사에 적용되는 행정법상 법의 일반원칙으로 선언하여야 할 것이다. 또한, 최근 판례는 권한남용금지의 원칙을 선언하였는데, 권한남용금지의 원칙도 행정법의 일반원칙으로 명시적으로 선언하고, 행정기관이 수권법령에 의해 부여된 본래의 목적과 실체적 관련이 없는 다른 공익목적을 위하여 당해 행정권을 행사하는 것도 권한남용이라는 점을 명확히 하여야 할 것이다.

과거 공익은 사익과 엄격히 구별되고, 공익은 사익보다 우월한 것으로 인정되었다. 그러나, 오늘날 공익의 사익에 대한 절대적 우월성은 포기되었고, 공익과 사익은 상호 조정되어야 하는 관계에 있다. 판례도 이러한 입장을 취하고 있다. 판례는 공익은 사익과의 사이에서 형량되어야 할 뿐만 아니라 상호 대립하는 공익 상호간에도 형량되어야 한다고 본다. 이익형량을 체계화하고 객관화하는 방안을 마련하여야 하는데, 가치측정 및 가치형량을 통제하는 것은 쉽지 않은 일이므로 이익형량의 과정을 통제하는 것이 중요하다.

판례는 보호규범인 처분의 근거규정 또는 관련규정의 사익보호성을 확대하는 방식으로 원고적격의 요소인 법률상 이익을 확대하여 왔다. 또한, 판례는 직무상 의무의 사익보호성을 국가배상책임의 요건으로 요구하고 있다. 그러나, 법질서의 통일성을 확보한다는 관점에서 행정권의 행사에 의해 사권이 침해된 경우에도 항고소송이나 국가배상을 통한 권리구제를 인정하는 것이 타당하다.

향후 행정법이 전제하고 있는 공익 개념, 이러한 공익 개념이 행정법문제의 해결에 미치는 영향에 대한 보다 심도있는 연구가 계속되기를 기대한다.

참고문헌

김광수, 글로벌시대의 공익론, 행정법연구, 2007.12.

김동희, 행정법 I, 박영사, 2011.

김성수, 일반행정법 제5판, 홍문사, 2010.

김유환, 영미에서의 공익개념과 공익의 법문제화 - 행정법의 변화와 대
　　응 -, 법학 제47권 제3호, 2006.9.

김철용, 『행정법 I』, 박영사, 2009.

박균성, 권한남용금지의 원칙과 그 한계, 법조 통권 제723호 별책,
　　2017.6.

박균성, 프랑스 행정법상 공익개념, 법학 제47권 제3호, 2006.9.

최송화, 공익론 - 공법적 탐구, 서울대학교 출판부, 2002.

최송화, 법치행정과 공익, 박영사, 2002.

최송화, 판례에 있어서의 공익, 행정판례연구 VI, 2001.11.

최승원, 행정법과 공익 - 이해조절법적 행정법으로, 행정법연구, 2006.5.

홍정선, 행정법원론(상), 박영사, 2011.

CONSEIL D'ETAT, L'intérêt général, Rapport public 1999.

Jacqueline MORAND-DEVILLER, DROIT ADMINISTRATIF,
　　Montchrestien, 2007.

Jean Rivéro, Jean Waline, Droit administratif, DALLOZ, 2002.

국문초록

　　이 논문은 행정판례에 나타난 공익의 행정법적 함의와 기능을 귀납적으로 도출해보고, 판례의 발전방향을 제안하는 것을 목적으로 한다.

　　공익은 행정법의 이념적 기초만 되는 것이 아니라 행정권 행사의 정당화사유로서 또는 행정권 행사의 통제사유로서 법적 구속력을 갖는 경우도 있다. 그러므로 공익이라는 개념을 정확히 정의내릴 필요가 있다. 그런데, 판례는 공익을 "공공의 이익" 또는 "불특정 다수인의 이익"으로 설시한 경우도 있지만, 정확한 정의를 내리고 있지 않다.

　　공익은 행정권 행사의 궁극적 기초가 되지만, 법률유보의 원칙상 행정권은 공익 그 자체가 아니라 수권규정에 근거하여 행사된다. 그런데, 판례는 거부재량과 철회는 명시적인 법령의 근거 없이도 가능하다고 본다. 이러한 판례는 그 논거를 제시하고 있지 않은데, 입법의 한계와 관련 법령의 합목적적 해석 그리고 현실의 필요성에 기초하고 있는 것으로 보인다. 판례는 거부재량을 널리 인정하고 있는데, 꼭 필요한 경우에 한하여 예외적으로 인정하는 것이 타당하다. 수익적 행정행위의 철회는 법적 근거가 없으면 원칙적으로 인정하지 않고, 법령에서 수익적 행정행위의 철회사유 및 철회근거를 구체적으로 규정하여야 할 것이다.

　　판례는 공익의 원칙을 징계처분과 제재처분의 통제원칙으로 선언하고 있는데, 공익의 원칙을 모든 행정권 행사에 적용되는 행정법의 일반원칙으로 선언하여야 할 것이다. 또한, 최근 판례는 권한남용금지의 원칙을 선언하였는데, 권한남용금지의 원칙도 행정법의 일반원칙으로 명시적으로 선언하고, 행정기관이 수권법령에 의해 부여된 본래의 목적과 실체적 관련이 없는 다른 공익목적을 위하여 당해 행정권을 행사하는 것도 권한남용이라는 점을 명확히 하여야 할 것이다.

　　판례는 공익은 사익과의 사이에서 형량되어야 할 뿐만 아니라 상호 대립하는 공익 상호간에도 형량되어야 한다고 본다. 이익형량을 체계화하고 객관화하는 방안을 마련하여야 하는데, 가치측정 및 가치형량을 통제하는 것은 쉽지 않은 일이므로 이익형량의 과정을 통제하는 것이 중요하다.

　판례는 보호규범인 처분의 근거규정 또는 관련규정의 사익보호성을 확대하는 방식으로 원고적격의 요소인 법률상 이익을 확대하여 왔다. 또한, 판례는 직무상 의무의 사익보호성을 국가배상책임의 요건으로 요구하고 있다. 그러나, 법질서의 통일성을 확보한다는 관점에서 행정권의 행사에 의해 사권이 침해된 경우에도 제한없이 항고소송이나 국가배상을 통한 권리구제를 인정하는 것이 타당하다.

　주제어: 공익, 공공의 이익, 공익과 사익, 공익 개념, 공익의 기능

Abstract

Legal Implications and Functions of the Public Interest in the Administrative Court's Precedents

PARK Kyun Sung*

This paper aims to derive the implications and functions of the public interest, from the viewpoint of administrative law, in the administrative precedents inductively, and to propose the development direction of precedents.

The public interest is an ideological foundation of the administrative law.

Even, it has legal binding force as the grounds justifying executive power or reason controling one. Therefore, it is necessary to define exactly the concept of public interest. However, judges have delineated public interest as "interest for public" or "interest for unspecified masses" in some cases, but have not defined it precisely.

The public interest is the fundamental basis for the exercise of executive power, which is not the public interest itself, but is exercised in accordance with the statutable authorization in principle of legal basis(Vorbehalt des Gesetzes) However, the precedent has recognized that the discretion of dismissal and withdrawal can be exercised without the basis of explicit statute. These judgments do not present the argument, but seem to be based on the limitations of legislation, the interpretation of the relevant statutes, and the necessity of reality. They have recognized widely dismissal discretion, but it is reasonable

---

* Professor of Kyung-Hee University

to admit that exceptionally only when it is necessary. The withdrawal of a profitable administrative act should not be permitted in principle, and its reason and basis should be specified in the laws.

The precedents declare principle of public interest, which is regulative principle against the disciplinary action and sanction. Furthermore they should announce principle of public interest as the general principle of administrative law applicable to all exercises of executive power. In addition, recent precedents have admitted the prohibition of abusing authority, and it should be also declared one of the general principles of administrative law. Now they should clarify that the an act which agencies use authorities not for own purposes but for another is a kind of the prohibition of abusing authority.

The court precedents have admitted need of the fair comparison of interests not only between public interest and private interest, but also between public interests conflicted. As not being easy to control the value measurement and the value comparison, it is important to control the process of the fair comparison of interests, for the systematization and objectivization of it.

The court precedents have expanded the legal benefit of plaintiffs in the way of expanding the protective nature of private interest under the applicable provisions and relevant provisions, which are protective norms, for administrative measures. In addition, they ask the protective nature of private interest on the duty as a requirement of state compensation liability. However, it is reasonable to recognize the relief of right through an appeal litigation or state compensation without limitation in the case of infringing the private right by the authority of the executive branch from the viewpoint of securing the unity of the law.

Keywords: public interest, interest for public, public interest and private interest, concept of public interest, functions of public interest

투고일 2017. 12. 11.
심사일 2017. 12. 25.
게재확정일 2017. 12. 28.

教育判例에서의 公益

李京運*

Ⅰ. 교육판례와 공익
Ⅱ. 교육의 자주성·전문성·중립성과
　　공익
Ⅲ. 대학의 자율성과 공적 논의구조
Ⅳ. 사학의 자주성과 공공성
Ⅴ. 결어

Ⅰ. 교육판례와 공익

1. 교육판례의 의의

(1) 교육과 법

교육이란 사람의 타고난 저마다의 소질을 계발하여 인격을 완성하게 하고, 자립하여 생활할 수 있는 능력을 증진시킴으로써 그들로 하여금 인간다운 생활을 누리게 하는 것을 목적[1]으로 하는 활동이다.

교육이 이루어지는 영역은 인간 활동의 전반에 미친다 할 수 있으나, 법적으로 주된 관심사는 '국가 및 공동체가 적극적·능동적으로 주도하고 관여하는 교육제도'인 '公敎育'이다. 다만, 공적 내지 국가적 임

---

* 전남대학교 명예교수
1) 헌법재판소 1991. 7. 22. 선고 89헌가106 결정 ; 교육기본법제2조의"교육은 弘益人間의 이념 아래 모든 국민으로 하여금 인격을 도야(陶冶)하고 자주적 생활능력과 민주시민으로서 필요한 자질을 갖추게 함으로써 인간다운 삶을 영위하게 하고 민주국가의 발전과 人類共榮의 理想을 실현하는 데에 이바지하게 함을 목적으로 한다."는 규정도 같은 의미이다.

무의 확대경향에 따라 학교교육 외에 사교육에까지 국가의 관여 범위가 넓어지고 있다.[2]

교육이란 인격의 만남에 의해 이루어지는 작용이므로 법에 친하지 아니한 영역이라는 주장도 있을 수 있다. 그러나 헌법 제31조제6항은 교육제도의 기본적 골격을 법률로 정하도록 규정하여 교육에서도 법치주의를 관철하려 한다. 넓은 의미의 교육법이 성립할 헌법적 기반이 구축되어 있는 것이다. 교육에 관한 주요한 법률로는 좁은 의미의 교육법[3] 외에도 행정법적 성격이 강한 여러 법률들[4]을 들 수 있다. 물론 이러한 법률들의 제정만으로 법치주의가 완성되는 것이 아니다. 사람의 지배 또는 자의의 지배에 반대되는 개념으로서의 법치주의에서 법의 수범자는 일반 국민에 앞서 국가 혹은 국가기관 (또는 그 담당자)[5]이 되는 것은 교육법 영역에서도 마찬가지이다. 헌법적 가치판단과 합치하도록 법률들이 제정되고 해석·적용되어야 교육에서도 비로소 법치주의가 실현될 수 있을 것이다.

헌법적 가치의 실현양상을 기준으로, 한국 법치주의를 3단계로 구분한 견해[6]에 따르면, 그 제1단계는 정치에 의한 법의 압도로 인해 헌법이념 혹은 헌법적 가치는 제시되어 있으나 그 가치가 실현되지는 못

---

2) 과외교습금지가 다투어진 헌법재판소 2000. 4. 27. 선고 98헌가16, 98헌마429 결정은, 학교교육은 국가가 독자적인 교육권한을 부여받음으로써 부모의 교육권과 함께 자녀의 교육을 담당하지만, 학교 밖의 교육영역에서는 원칙적으로 부모의 교육권이 우위에 있다고 하였다. 이 사건에 대하여는 통제지향적인 다른 판례들과 달리 자율지향적이라는 점에서 긍정적으로 본 평석이 있다. 양건, "교육관련 헌법판례의 동향과 과제", 「한국교육법연구」 제6·7집 통합호, 2001, 13면 이하.
3) 1949. 12. 31. 제정된 '교육법'은 1997. 12. 13. 교육기본법, 초·중등교육법, 고등교육법으로 전면 개편되었고, 이후 평생교육법(1999)과 유아교육법(2005)이 제정되었다.
4) 교육공무원법(1953), 사립학교법(1963), 지방교육자치에 관한 법률(1991) 등.
5) 崔松和, "한국에서의 민주주의와 법치주의의 역사적 전개", 「공법연구」 제36집1호, 2007, 2면.
6) 최송화, 앞의 글, 3면.

한 시기라고 할 수 있다. 제2단계는 헌법이 비로소 구체적으로 구속력을 발휘하는 '생활규범'으로 기능하게 된 시기이다. 1987년의 6월항쟁과 그에 이은 헌법 개정을 기점으로 국가 전반에 실질적 민주주의가 확장되었다. 제3단계 법치주의는 앞 두 단계를 지양하여 국민의 권리를 보장하면서도 공동체의 공익을 간과하지 않는 법치주의를 실현하는 단계라는 것이다.

다만, 행정활동을 법률의 지배 아래에 둠으로써 국민의 자유와 권리를 보장하려 했던 법률유보를 중핵으로 한 법치주의 이해는 행정의 양적 확대와 질적 변화, 그리고 세계화로 특징지어지는 현대 국가에서의 법과 행정의 관계를 모두 설명하는 데 한계가 있다.7) 교육처럼 국가의 급부활동을 중심으로 하는 영역에서는 법의 기능이 단순히 억제적인 데 그치지 않고 오히려 진흥 내지 촉진적 역할이 더 전면에 나서는 정책법 현상8)을 볼 수 있기 때문이다. 이러한 점에서 법치주의의 이해에서도 본질성이론(중요사항유보설)에서 보여지듯 민주주의와의 관련성을 더욱 강조하게 된다.9)

(2) 교육판례

교육법적 쟁점이 문제된 최초의 교육판례는 학교의 법적 성격을 밝힌, 1955.8.4. 선고 民上64(농지반환 및 손해배상)10)판결이라 할 수 있다.

이후, 교육영역에서 행정권력에 의한 권위적 통제 대신에 분쟁의 법적 해결이 크게 늘고11) 헌법재판소가 교육에 대한 다수의 결정을 하

---

7) 서원우, 전환기의 행정법이론, 박영사, 1997, 86면 이하.
8) 서원우, 앞 책, 83면.
9) 서원우, 앞 책, 88-9면.
10) 지방자치단체가 설립 경영하는 학교는 영조물로서 법인이 아님은 물론 구 민사소송법제46조 소정의 사단이나 재단에도 해당하지 아니하므로 당사자능력이 없다."
    - 학교의 법적 성격을 밝힌 이 판례는 현재(예컨대, 92도1742판결, 사립학교에 관한 75다1048판결 등)까지 유지되고 있다.
11) 현재 법원도서관의 IX에서 교육에 관한 수천 건의 행정·민사·형사판결이 검색된다.

면서 법원을 자극하여 교육판례가 양적·질적으로 달라졌다.

　교육판례의 변화를 시대적으로 구분하는 것은 판례의 체계적 이해와 함께 발전방향을 전망할 수도 있을 것인데, 위에서 본 법치주의의 발전단계를 원용한다면, 1980년대 후반 내지 90년대 초반을 하나의 분기점이라 할 수 있을 것이다. 나아가 현 시점이 교육 영역에서 국민의 권리를 보장하면서도 공동체의 공익을 간과하지 않는 법치주의의 완숙기에 과연 진입한 것인지 여부는 구체적 판례를 통하여 확인할 수 있을 것이다.

2. 공익 관점에서의 교육판례

　이 글의 목적은 우리 교육판례들에서 보여지는 '공익' 판단의 관점과 문제상황을 평가해 보려는 것이다.[12)]

　私益과 구별되는 공익이 무엇을 의미하는지는 충분히 논증되어 있다고 말하기는 어렵지만, 법률의 해석과 적용에 있어서 통용되는 공법의 일반원리 중 하나라 할 수 있다.[13)] '교육이 國家百年의 大計'란 통속적인 표현은 국가 또는 공동체의 존속 발전을 위한 교육의 공익지향성을 잘 보여준다. 다른 한편, 공익 개념은 초법적인 국가권력의 정당화 근거로 기능하거나, 지배적 정치이념을 포장하는 법적 도구로 이해될 위험도 상존한다. 법적 개념으로서 '공익'의 가장 큰 문제점은 그 추상성이므로 교육법영역과 같은 각 개별영역에서의 공익판단의 법적 해명은 의미가 있다[14)]고 할 것이다.

　헌법은 '공익' 개념을 직접적으로는 사용하지 않고, '공공복리'(제23

---

12) 이 글은 최송화 선생의 力著 "公益論(서울대학교 출판부, 2002)"을 토대로 공익을 이해하려 시도해 본 것이다.
13) 최송화, 앞 책, 6면.
14) 최송화, 앞 책, 277면.

조제2항, 제37조2항), '공공필요' 등이 공익과 같은 의미로 이해되는 것이 보통이다.[15] 헌법 제31조 제4항은 교육의 자주성, 전문성, 정치적 중립성 및 대학의 자율성은 법률이 정하는 바에 의하여 보장된다고 하여 교육법의 입법방향 내지 내용적 한계를 규정하고 있지만 이것은 동시에 교육의 특수성에 근거한 것으로 공익의 교육영역에서의 표현이라 이해할 수 있을 것이다.

3. 검토범위

여기에서 개별 사건의 구체적 사실관계 등을 모두 검토할 수는 없으므로 개개 판례의 當否를 살피기보다는, 교육 영역에서 공익을 구체화하는 교육의 자주성, 전문성, 중립성 및 대학의 자율성이 주요 교육판례에서 어떻게 판단되고 있는지를 추세적으로 검토하는데 그친다. 정치적 중립성에 관한 판례는 대부분 교원의 집단행동과 관련된 형사사건[16] 또는 징계권 발동[17]이 문제된 사건이나, 그 근거법조의 헌법적합성을 다투는 것[18]들이었으므로 여기에서는 제외한다. 소송요건만이 쟁점이 되거나 다른 영역의 법리가 그대로 적용되는 것들, 예컨대, 교육활동과 관련한 국가배상 및 형사판례, 교원에 대한 징계사건 및 교원노조 활동을 둘러싼 노동판례, 국가감독권의 발동과 교육자치권이 충돌하는 사건 등에 관한 판례는 양적으로도 많고 사회적 파장도 큰 것이 적지않지만 그 다른 영역에서의 논리가 앞서므로 다루지 않는다.

---

15) 최송화, 앞 책, 4면, 각주6.
16) 대법원 2012. 04. 19. 선고 2010도6388 전원합의체판결 등.
17) 대법원 2013. 12. 26. 선고 2011추63 판결 등.
18) 헌법재판소 1991. 7. 22. 선고 89헌가106 판결 등

Ⅱ. 교육의 자주성·전문성·중립성과 공익

1. 교육의 자주성·전문성·중립성

교육의 자주성은 교육 내용과 교육기구가 교육자에 의해 자주적으로 결정되고 행정권력에 의한 교육통제가 배제되는 것을 의미한다.[19) 즉, 교육이 정치권력이나 기타의 간섭 없이 그 전문성과 특수성에 따라 독자적으로 교육 본래의 목적에 기하여 조직·운영·실시되어야 한다는 의미에서의 교육의 자유와 독립[20)이다. 학교조직은 명령·복종을 전제로 한 계층제적인 일반 행정조직과는 다른 자치조직으로 구성되어야 한다. 교원은 물론, 학생, 학부모, 경우에 따라 설립자나 지역주민 등 모든 교육당사자의 참여가 교육의 자주성을 현실에 정착시키는 관건[21)이 될 것이다.

교육활동은 교육영역 고유의 전문적 지식을 필요로 하고, 고도의 자율성과 사회적 책임성이 아울러 요구된다.[22) 교사의 자격제, '교원의 지위 향상 및 교육활동 보장을 위한 특별법'에 의한 교원 우대는 이러한 전문성을 담보하기 위한 제도이며, 교사의 교권(教權)을 뒷받침하는 유력한 근거가 되기도 한다.

교육의 자주성과 전문성은 서로 밀접하게 관련되어 이해된다. 입학시험의 채점, 졸업인정, 교원의 임용과 징계처분, 교육과정의 편성 및 교과서의 검·인정 등 교육적 결정에 재량권을 광범하게 인정하는 것도 그러한 예라 할 수 있다.

---

19) 권영성, 헌법학원론, 법문사, 2006, 256면.
20) 헌법재판소 2002. 03. 28. 선고 2000헌마283·778(병합)결정
21) 그러나, 헌법재판소 1999. 3. 25. 선고 97헌마130 결정은 사립학교에 학교운영위원회를 설치할 것인지 여부를 임의적인 사항으로 정한 지방교육자치에 관한 법률 해당 조항을 합헌이라 판시했다.
22) 헌법재판소 1991. 7. 22. 89헌가106 결정

교육의 중립성이란, 교육이 교육 본래의 목적에 따라 그 기능을 다하도록 운영되어야 하며, 정치적·파당적 또는 개인적 편견을 전파하기 위한 방편으로 이용되어서는 아니 되며, 국·공립학교에서는 특정한 종교를 위한 종교교육을 하여서는 아니 된다(교육기본법 제6조)는 요구이다.

2. 교육의 특수성과 재량 관련 판례들

(1) 광범한 재량을 인정한 판례

1) 판례는 입학시험 채점에서의 재량을 폭넓게 인정하였다. 그 시험이 사선지택일형 미술문제의 채점에 있어서 당해 교과과정상 어느 것이 진정한 답이라고 가려내기 어렵고 전문가들 간에서도 정답의 평가에 관하여 견해가 갈리는 경우 3가지 중 하나를 가려내지 아니하고 모두 정답이라고 채점하거나, 동점자중 일부만을 선발할 경우 그 중 누구를 선발할 것인가는 학교장의 재량행위에 속한다.[23] 지원자가 모집정원에 미달한 경우에도 대학은 수학능력 미달로 인정된 자의 입학을 거부할 수 있다.[24]

2) 학교 앞에서 담배를 피우다 적발된 고등학생에 대한 징계권의 발동(퇴학처분) 결정은 학교장의 교육적 자유재량에 속한다.[25]

3) 중학교 교장직무대리자가 훈계의 목적으로 교칙위반학생에게 뺨을 몇 차례 때린 정도는 교육상 징계의 방법으로서 사회 관념상 비난의 대상이 될 만큼 사회상규를 벗어난 것으로는 볼 수 없다.[26]

4) 교과서 검정, 국정교과서

검정(檢定)불합격 판정이 다투어진 사건에서 대법원은 교과용 도서

---

23) 대법원 1968. 7. 16. 선고 68누53,54,55 판결
24) 대법원 1982. 7. 27. 선고 81누398 판결
25) 대법원 1971. 5. 24. 선고 71다510 판결
26) 대법원 1976. 4. 27. 선고 75도115 판결

를 검정하는 심사의 범위를 폭넓게 인정하여, 그 내용이 교육에 적합한 여부까지를 심사할 수 있으므로 법원은 검정처분이 현저히 부당하다거나 또는 재량권의 남용에 해당된다고 볼 수밖에 없는 특별한 사정이 있는 때가 아니면 동 처분을 취소할 수 없다[27]고 하였다.

헌법재판소도 국정교과서가 교사의 수업의 자유 등을 침해하여 위헌인지 여부에 관하여, 국민의 수학권의 보호라는 차원에서 국가가 이를 검·인정제로 할 것인가 또는 국정제로 할 것인가에 대하여 재량권을 갖는다 고 보고, 중학교 국어교과서의 국정제는 헌법적으로 허용된다[28]고 한다.

(2) 재량한계를 인정한 판례

1) 학위수여

대학원위원회가 논문심사와 구두시험 및 2종의 외국어시험에 합격한 자에 대하여 특별한 사정이 존재함을 지적함이 없이 막연히 박사학위수여 부결의결을 하는 것은 자유재량의 범위를 넘은 위법[29]이라 한다.

2) 입학시험의 채점과 합격자결정

대학원 입학시험에서 "채점이 모두 끝난 시점에서 비로소 대학원위원회가 횟수에 제한 없이 적용하기로 한 트림(trim) 규정을 적용한 결과 사전 입시전형요강에 의하면 합격하게 되어 있는 수험자에 대하여 불합격 처분을 한 것은 입학 사정의 재량권을 현저하게 일탈 내지 남용한 것이다."[30]

3) 징계재량권의 한계

총장실에 난입하여 기물을 파괴하는 등의 행위를 한 총학생회 간

---

27) 대법원 1988. 11. 8. 선고 86누618 판결
28) 헌법재판소 1992. 11. 12. 선고 89헌마88 결정
29) 대법원 1971. 10. 12. 선고 71누49 판결
30) 대법원 1997. 7. 22. 선고 97다3200 판결

부에 대한 제명처분이 "그 관여한 것으로 인정되는 범위의 내용, 정도 등에 비추어 교육적 견지에서 너무 가혹"하다면 징계권을 남용하여 위법[31]이라 하였다.

4) 체벌의 한계

비위가 있는 학생에 대하여 교사가 격한 감정에서 대걸레자루를 높이 치켜들고 때리려고 휘두르다가 머리를 구타하여 후유증이 남을 정도의 상해를 가한 것은 그 체벌의 방법과 정도에 있어 사회관념상 비난받지 아니할 객관적 타당성이 없다.[32]

(3) 소결

1) 징계 및 체벌에 대한 사건들에서 법원이 재량권을 넓게 인정한 이유는 교육상 전문적 판단이기 때문이라 할 수 있다. 징계권의 경우는 내부 질서유지를 위한 것이고, 입학시험의 경우에는 영조물이용을 허용하는 수익적 행위라는 점도 재량으로 보는 직접 논거로 보인다. 즉, 넓은 의미의 공익이 징계나 영조물이용의 거부와 같은 국민의 '교육을 받을 권리'를 제한하는 사유로 작동한 것이라 할 수 있다.

교사가 교육의 전문가라 하더라도 교육의 내용이나 방법에 관한 전문재량을 인정하는 것은 별론이고, 학생생활지도와 관련하여 징계처분을 하는 경우에까지 동일한 전문성을 인정할 수 있는지는 의문이다. 교내에서 흡연한 고등학생을 징계하거나 총장실의 기물을 부수고 점거한 대학생을 징계하는데 교육적 견지가 어떻게 작동하는지는 불분명하다. 이 두 경우에 징계권자가 똑같이 퇴학처분을 한 것에 대하여, 판례가 전자는 재량한계를 넘지 않았다 하고 후자는 비례원칙 위반이라 보았는데 일관된 재량심사인지 의문스럽고 형평의 관점에서도 납득하기 어렵다.

---

31) 대법원 1992. 2. 25. 선고 89누2219 판결
32) 대법원 1988. 1. 12. 선고 87다카2240 판결

2) 교과서검정사건의 원심판결은 교육의 자율성, 전문성을 강조하고 있을 뿐 아니라 문제된 교과가 미술이라는 점에서 예술의 자유와도 연관된 집필자의 권리보호를 중시한 것이었다. 이에 대하여 대법원판결은 교과서란 단순한 학문적 결과물이 아니라 학생의 학습권을 집필자의 편견으로부터 보호해야 한다는 점에서 감독권의 정당화 근거를 찾는다. 그러나 감독권이 전문성 있는 교육적 식견으로 행사되었는지, 그리하여 국가주의적 교육관이라는 파당적 편견에 입각하여 행사된 것인지 여부에 대한 실질적 심사를 회피하고, 전문적 사항이 문제된 사안에서는, 법원의 심사 한계를 들어 사법적 통제를 자제해야 한다는 입장을 보여주고 있다.

유사한 사건에서 헌법재판소는, 제도 선택의 입법재량을 인정함과 함께 관계인의 기본권 충돌로 보고 이익형량을 하였다.

3) 재량권의 한계를 인정한 대표적 판례들이 박사학위 수여거부사건을 제외하고는 모두 80년대 후반 이후의 것들이라는 점은, 앞서 본 법치주의의 시대구분을 뒷받침하는 사례라 할 수 있다.

3. 교육의 특수성과 국민의 권리보장

(1) 평준화와 학교선택권

우리나라 교육문제 중에서도 해결하기 가장 어려운 문제는 과열된 입시경쟁이라 할 수 있다. 중등학교 과열입시경쟁을 완화하기 위하여 도입한 이른바 평준화정책에 따라 입학시험 자체를 없애고 거주지를 중심으로 학교를 배정하였는데, 이 정책은 여러 차례 수정을 거쳤지만 현재까지도 그 골격은 유지되고 있다. 평준화정책의 근거가 된 구 교육법 시행령 조항이 학생 및 학부모의 학교선택권을 침해하였다고 주장한 헌법소원사건에서 헌법재판소는 위헌이 아니라고 판시하였다.

과열입시경쟁의 부작용을 완화하여 교육을 정상화시킨다는 목적이 정당할 뿐 아니라, 도시와 농어촌에 있는 중·고등학교의 교육여건의 차이가 심하지 않으며, 획일적인 제도의 운용에 따른 문제점을 해소하기 위한 여러 가지 보완책이 위 시행령에 상당히 마련되어 있어서 그 입법수단도 정당하므로, 위 규정은 학부모의 자녀를 교육시킬 학교선택권의 본질적 내용을 침해하였거나 과도하게 제한한 경우에 해당하지 않는다[33]고 본 것이다.

(2) 종립학교에서의 종교교육의 한계

고등학교 평준화정책에 따라, 특정한 종교 교육을 실시하는 종립학교에 배정된 다른 신앙을 갖는 학생이 있는 경우에는 학생의 종교의 자유와, 학교의 종교 전도의 자유 및 사학의 자유가 충돌하게 된다.

종립학교가 고등학교 평준화정책에 따라 강제 배정된 학생들을 상대로 특정 종교의 교리를 전파하는 종파적인 종교행사와 종교과목 수업을 실시하면서 신앙을 갖지 않거나 학교와 다른 신앙을 가진 학생의 기본권을 고려하지 않고, 종교행사에 참가하지 않거나 이와 관련하여 교직원에게 불손한 언동을 하였다는 이유로 학생에게 퇴학처분을 하였다면, 그 징계는 그 효력이 부정됨에 그치지 아니하고 위법하게 상대방에게 정신적 고통을 가하는 것이 되어 그 학생에 대한 관계에서 불법행위를 구성하게 된다[34]고 보았다.

(3) 교수재임용 거부와 절차적 권리 인정

정년보장으로 인한 대학교수의 무사안일을 타파하고 연구분위기를 제고하는 동시에 대학교육의 질도 향상시킨다는 목적으로 교수재임용제도가 1975년에 도입되었다.

그런데, 교수가 그 재임용을 거부당하였을 경우에 판례는 오랫동안

---

33) 헌법재판소 1995. 2. 23. 선고 91헌마204 결정
34) 대법원 2010. 4. 22. 선고 2008다38288 전원합의체 판결

재판상 구제[35]의 밖에 두고 있었다. 기간을 정하여 임용된 국공립 대학 교원은 그 기간이 만료된 때에 당연 퇴직 되는 것이므로 임용권자가 교원을 재임용하지 않기로 하는 결정을 하고서 이를 통지하였다고 하더라도 이는 교원에 대하여 임기만료로 당연 퇴직됨을 확인하여 주는데 지나지 아니하고, 이로 인하여 어떠한 법률효과가 발생하는 것은 아니므로 이를 행정소송의 대상이 되는 행정처분이라고 볼 수 없다[36]하여 그 소를 각하한 것이 대표적이다. 즉, 신청에 따른 행위를 하여 줄 것을 요구할 수 있는 법규상 또는 조리상의 권리가 있어야 하며, 이러한 근거 없이 한 국민의 신청을 받아들이지 아니한 경우에는 그 거부로 인하여 신청인의 권리나 법적 이익에 어떤 영향을 주는 것이 아니므로 이를 항고소송의 대상이 되는 행정처분이라고 할 수 없다[37]는 것이다.

대법원은 사립대학 교수재임용 거부행위(학교법인의 결정 및 통지)도, 교원에 대하여 임기만료로 당연 퇴직됨을 확인하고 알려주는데 지나지 아니하고 이로 인하여 교원과 학교법인 사이에 어떠한 법률효과가 발생하는 것은 아니어서, 교원은 이에 대한 무효확인을 구할 소의 이익이 없다[38]는 이유로 역시 소를 각하하였다.

판례는 2004년에 이르러서야 종전 입장을 변경하여, 임용기간이 만료된 국·공립대학의 조교수는 교원으로서의 능력과 자질에 관하여 합리적인 기준에 의한 공정한 심사를 받아 위 기준에 부합되면 특별한 사정이 없는 한 재임용되리라는 기대를 가지고 재임용 여부에 관하여 합리적인 기준에 의한 공정한 심사를 요구할 법규상 또는 조리상 신청

---

35) 교수재임용탈락처분취소, 교원임용절차이행, 교원임용거부처분취소, 교수재임용거부처분취소청구 등의 형태로 소송이 제기되었다.
36) 대법원 1997. 6. 27. 선고 96누4305 판결
37) 대법원 1997. 4. 25. 선고 96누3654 판결
38) 1987. 6. 9. 선고 86다카2622 판결. 사립대학 교원이 재임용을 거부당하였을 경우에 민사소송으로 제기할 경우, 교원재임용불허결정무효청구 외에, 교원해임처분무효확인, 교원재임용거부처분무효확인, 교수지위확인 등의 형태로 소송이 이루어졌다.

권을 가진다[39)고 인정하고, 재임용을 거부하는 취지로 한 임용기간만료
의 통지는 교원의 법률관계에 영향을 주는 것으로서 행정소송의 대상이
되는 처분에 해당한다고 하였다.

헌법재판소도 교수재임용제도의 근거가 되는 관련 법조가 합헌[40)
이라 하다가, 대법원의 판례 변경 1년 전에 헌법에 합치하지 않는다고
결정하였다. 여기에서 헌법재판소는 교수의 기간임용제 자체는 위헌이
아니지만, 임면권자의 재임용 거부시의 절차적 보장 및 사후구제절차가
미흡한 것이 헌법이 보장하는 교원지위법정주의의 위배라고 본 것이
다.[41) 새로운 판례는 뒤이은 입법[42)의 지침이 되었다.

(4) 공익과 교육당사자간의 권리충돌의 해결

1) 절차하자를 인정한 판례

학생징계에 관한 학칙의 시행세칙으로 학교장이 발령한 선도(善導)
규정은, 무기정학 이상의 중징계에 관하여 그 절차와 사유를 특히 엄격
하게 정함으로써 신중과 공정을 기하고 학생의 신분을 보장할 목적으로
마련된 것이고 학생이나 교직원들은 위 절차에 의하여 징계가 이루어질
것으로 신뢰하고 있다 할 것이므로, 징계권자인 학교장도 이 절차에 기
속되어 이를 어기고 한 징계처분은 위법하다[43)고 한다.

2) 이익형량

종립학교 판결에서 주목할 점은 퇴학처분의 위법성을 판단하면서,
종립학교가 가지는 종교교육의 자유 및 운영의 자유와 학생들이 가지는

---

39) 대법원 2004. 4. 22. 선고 2000두7735 전원합의체판결
40) 1993. 5. 13. 선고 91헌마190결정 ; 1998. 7. 16. 선고 96헌바33·66·68, 97헌바2·34·80,
    98헌바39(병합) 결정
41) 2003. 2. 27, 선고 2000헌바26 결정 및 2003. 12. 18. 선고 2002헌바14·32(병합) 결정.
42) 교육공무원법 및 사립학교법이 절차적 권리를 보장하는 방향으로 개정(2005. 1.
    27.)되었다.
43) 대법원 1992. 7. 14. 선고 91누4737 판결

소극적 종교행위의 자유 및 소극적 신앙고백의 자유 사이에 이익형량과
함께 양 기본권 사이의 실제적인 조화를 통하여 충돌을 해결하려 한 점
이다. 즉, 기본권 충돌에서의 헌법이론을 원용한 것이다.

3) 절차적 권리의 인정

교수재임용제는 교수의 연구분위기를 진작하고 교육의 질을 향상
시킨다는 목적과 교수의 신분보장이 충돌하는 지점이라 하겠다. 교수의
신분보장은 단순히 해당 개인의 직업의 자유라는 권리와 함께 학문 예
술의 자유를 비롯한 기본권 보장과 연결되고 학내 민주주의에도 관련된
다. 그러므로 단순히 공익과 사익의 대립 문제일 뿐 아니라, 공익 상호
간의 충돌 문제이기도 하다. 판례는 처음에 기한에서의 종기 내지 계약
이라는 법적 형식으로만 해석하여 처리하다가 절차법에서 돌파구를 찾
은 셈이다.

Ⅲ. 대학의 자율성과 공적 논의구조

1. 대학자치 보장의 취지

헌법 제31조 제4항이 신설되기 전에도 헌법학의 통설은 학문의 자
유의 한 내용으로 대학의 자치보장이 포함된다고 보고 있었다. 헌법재
판소는 대학의 자율성을 보장하는 취지가, "대학에 대한 공권력 등 외
부세력의 간섭을 배제하고 대학구성원 자신이 대학을 자주적으로 운영
할 수 있도록 함으로써 대학인으로 하여금 연구와 교육을 자유롭게 하
여 진리탐구와 지도적 인격의 도야라는 대학의 기능을 충분히 발휘할
수 있도록 하려는 데 있다"[44]고 하였다. 또한, 국립대학의 법적 성격을

---

44) 헌법재판소 2006. 4. 27. 선고 2005헌마1047 결정

법인격 없는 영조물로 보면서도 기본권주체성을 인정45)함으로써 대학
자치 보장을 강화하였다.

2. 학칙의 자치법규성

고등교육법은 많은 사항을 학칙에서 규율하도록 위임하고 있다. 특
히 그 필요적 제정과 제·개정 절차 및 국가의 감독(보고의무 등)을 법률
에서 직접 규정(제6조)하고 있다는 점에서 구(舊)교육법과 다른 특징을
보이고 있다. 학교가 이러한 학칙규정을 지키지 않을 경우 감독청은 교
육관계법령 또는 그에 의한 명령에 위반한 때와 마찬가지로 시정 또는
변경명령을 할 수 있다. 법령 외에 학교에서 통용되는 규범으로, 명칭상
학칙(또는 교칙) 외에도 규율대상과 효력을 달리하여 존재하는 다양한
형식의 규정들까지 포함하여 학칙이라고 부를 때도 있다(넓은 의미의 학
칙). 법적으로 중요한 것은 좁은 의미의 학칙과 그에 의해 위임받은 하
위 규정들이다. 판례는, 학칙의 법적 성격을 자치법규로 인정하고,46) 종
교단체가 설립한 사립대학은 종교교육을 받을 것을 졸업요건으로 하는
학칙을 제정할 수 있다47)고 하여 권리제한의 근거인 법규성을 인정하
고 있다.

3. 대학자치의 주체와 의사결정기관

(1) 대학자치의 주체

대법원은, 학문의 자유의 주체인 교원들이 대학자치의 중심이 되는

---

45) 헌법재판소 2015.12.23. 선고 2014헌마1149결정 ; 헌법재판소 1992. 10. 1. 92 헌마
    68결정 등
46) 서울고법 1990. 10. 23. 선고 90나22792판결
47) 대법원 1998. 11. 10. 선고 96다37268 판결

것이라 하면서도 대학의 구성원인 직원· 학생 등도 대학자치의 주체가
될 수 있다48)고 보았다. 사립학교법에서 사립대학의 개방이사추천권을
대학평의회에도 인정하고, 평의회의 구성에 직원 및 학생대표를 포함시
켰다는 점에 근거를 둔 것이다.

(2) 의결기관으로서의 교수회 인정 여부

헌법재판소는 대학의 의사결정체제는 입법자가 결정할 문제로, 교
수회를 의결기구로 구성하는 것은 현행 고등교육법상 학칙제정권 및 교
무통할권을 총장에게 부여하는 총장중심의사결정체제에 위반된다49)고
보았다.

대법원도, 총장선출방식이 구(舊)교육공무원법상 해당 대학의 자율
적 선택에 맡겨져 있어, 해당 대학은 총장 후보자 선정방식을 학칙으로
정할 수 있고, 나아가 학칙에 규정되어 있는 기존의 직선제 총장 후보
자 선정방식을 학칙의 개정을 통하여 간선제로 변경할 수 있으므로,50)
그렇게 하여도 대학의 자치를 보장하는 헌법 정신을 훼손하는 것은 아
니라고 보았다.

(3) 대학조직과 현행법상 학칙규정의 문제점

대학관리기관을 일반 행정기관처럼 독임제행정청으로 규정하여 교
무통할권이 총장에게 전속하며 의결기관을 설치하는 것은 이 권한을 침
해한다는 해석을 할 수 밖에 없는 구조의 규정들은 구 교육법에서부터
현행 고등교육법에 이르기까지 동일하다.

---

48) 대법원 2015. 7. 23. 선고 2012두19496,19502 판결
49) 헌법재판소 2003. 6. 26, 선고 2002헌마337, 2003헌마7,8 결정. 국립대학이 교수회
   를 의결기구로 하는 학칙 개정에 대하여 교육부장관이 총장의 教務統轄權을 침해
   하는 위법한 것이라면서 그 시정을 지시하자, 해당 대학의 교수단체 대표들이 제
   기한 헌법소원사건이다.
50) 대법원 2015. 6. 24. 선고 2013두26408판결

자치란 국가의 직접적인 관청조직으로부터 제도적으로 독립하여 특정한 공적 임무가 그것에 관련되는 자들에 의해 자기책임적으로 처리되어지는 것을 그 특징으로 한다. 대학의 자치는 국가에 대한 학문공동체의 자율을 보장하려는 것이기 때문에 전통적으로 교수회를 대학자치의 핵심적 기구로 보아 왔다. 그렇다면, 현행 고등교육법이 대학의 총장에게 일반 행정기관의 독임제 행정청처럼 모든 권한을 집중시키고 있는 것이 자치보장의 취지에 어긋나는 것인지 여부에 대한 판단을 먼저 하는 것이 순서일 것이다.

대법원의 총장선출과 관련한 판단은 그 자체로서는 흠잡을 수 없다고 보인다. 직선제만이 대학자치를 보장한다는 주장은 대학의 역사나 비교법을 참고하더라도 설득력이 없기 때문이다. 원천적 문제는 학칙의 제·개정권을 총장에게 부여하고 있는 고등교육법이다. 고등교육법 제6조는 학칙을 학교의 장이 제정하며, 그 제정 및 개정절차에 대하여 대통령령으로 정하도록 위임하고 있다. 자치입법권은 자치권의 본질적 내용인데, 대학을 자치단체로 보면서 학칙의 제·개정권을 학교의 장(총장 등)에게 부여한 것은 대학의 자율성을 보장하는 헌법상의 취지에 부합하지 않는다. 총장이 이를 기화로 적정한 절차도 거치지 않고 학칙을 개정한 것이 문제였다. 그렇다면 대법원도 학칙개정안이 공론화가 가능하도록 고지되었는지 등, 정당한 절차의 준수 여부를 먼저 판단하고, 나아가 고등교육법 학칙관련규정의 위헌법률제청여부도 고려했어야 할 것이다.

4. 국립대학의 법인화

(1) 국립대학의 법인화란, 종래의'법인격 없는 영조물'이었던 국립대학에 국가의 행정조직으로부터 분리시켜 법인격을 부여하는 것을 의미한다.

국립대학인 서울대학교를 '국립대학법인 서울대학교'로 전환하고, 소속 교직원을 공무원에서 퇴직시키거나 법인 서울대의 교직원으로 임용하는 내용 등을 담고 있는 '구 국립대학법인 서울대학교 설립·운영에 관한 법률'에 대한 헌법소원사건에서 헌법재판소는, 법인이사회와 재경위원회에 일정 비율 이상의 외부인사를 포함하는 내용 및 총장의 간접선출을 규정한 위 법률 관련 조항이 대학의 자율을 침해하고, 서울대 교직원의 공무담임권 및 평등권을 침해한다는 주장을 받아들이지 않았다.[51]

(2) 국립대학의 독립성과 자율성은 그 법적 형식을 법인으로 바꾼다고 하여 자동적으로 주어지는 것은 아니며, 법인화로 국가의 지원책임을 부정하고 실질적인 독립성과 자율성을 해치게 될 우려가 있다는 지적[52]은 일면 타당하지만 과도한 점도 있다고 하겠다. 왜냐하면, 현재의 국립학교설치령 아래서의 국립대학이야말로 재정지원을 매개로 한 정부의 일사불란한 지휘 아래 놓여있고, 非法人 국립대학에서도 대학경영진은 가시적 성과를 위해 학내 경쟁을 격화시킴으로써 대학자율보장의 궁극적 목적인 학문의 자유를 위축시키고 있기 때문이다. 물론, 법인화에 의해 공무원으로서의 신분에서 벗어난 교수 직원 등의 신분보장은 약화되는 측면이 있다.

(3) 비교법적으로 보더라도 대학의 법적 형태는 다양하다. 일찍이 독일연방헌법재판소는 헌법상 대학의 자율보장으로부터 대학이 특정한 조직형식이어야 한다는 결론은 도출되지 않는다[53]고 하였다. 대학의 자율성을 보장하는 헌법의 취지에 어긋나지 않게 교수 등 구성원의 참여가 확보된다면, 국립대학을 법인으로 설립하거나 기존 국립대학을 법인

---

51) 헌법재판소 2014. 4. 24. 2011 헌마 612 결정
52) 박정훈, "국립대학 법인화의 공법적 문제", 「법학」47권3호(140호), 2006. 427면 이하.
53) BVerfGE 35, 79(116) 참조. 독일 각 주의 현행 대학법들도 마찬가지이다.

으로 전환하는 입법이 가능하다고 할 것이다. 법인격이 부여된 국립대학은 설립 주체인 국가로부터 법률상 독립한 권리·의무의 주체가 되므로 적어도 법적으로는 자율적으로 운영할 수 있는 공간이 넓어지기 때문이다.

5. 공적 논의구조와 그 한계

대학의 자율을 보장하는 취지는 대학의 기능 발휘라는 공익을 달성하는데도 적합하다고 본 지혜의 소산이다. 그런데 법령과 현실에서는 그것이 총장의 자율을 의미하는 것으로 변질되고 있다. 이는 자율적 문화가 성숙되지 못한 것과 함께, 공론화를 가능하게 하는 의사결정 시스템이 없거나 작동하기 어렵게 된 제도의 불비가 그 원인이라 하겠다. 그럼에도 판례는 법이 정한 기구에 의한 결정이면 적법하다는 식으로 자율을 형식적으로 해석하는데 그치는 경우가 많았다.

대학자치의 구조 속에서 교수회가 그 중추적 역할을 담당하여야 한다는 것은 대학과 교수의 전통 및 그 기능에 비추어 설득력이 있다. 그러나, 경영의 전문적 식견과 함께 신속한 의사결정이 요구되는 경우에는 다수가 성원인 의사결정기구는 비효율적이다. 또한 대부분의 교수는 이러한 학내외문제를 결정하는데 필요한 식견을 갖추고 있다고 보기 어려우며, 만약 모든 교수가 이를 위해 노력한다면 연구와 교육 부문을 상당한 정도 희생하지 않을 수 없을 것이다. 교수회를 의결기구로 설치하지 않으면 대학의 자치라 할 수 없다는 주장은, 현재의 대규모 대학에서는 교수와 교수회의 능력을 초과한 것이라 하겠다. 교수와 학생의 결사체로 여겨진 서양 중세의 대학과는 달리 오늘날의 복잡하고 규모가 큰 대학의 경영은 아마추어의 자치로 해결할 수 없는 단계에 이르렀기 때문이다. 따라서 교수회가 최고 최종의 의사결정기구가 되어야 한다는 주장은 대규모대학의 경우 부적절하다.

Ⅳ. 사립학교의 자주성과 공공성

1. 사립학교와 학교법인

(1) 사립학교와 공교육

한국의 학교교육, 특히 중등교육과 고등교육에서 사립학교가 매우 높은 비중을 차지한다는 것은 주지의 사실이다. 오늘날 민간에 의한 공적 임무의 수행에 대한 논의가 있기 전부터 교육에서의 이러한 특징은 사립학교법이라는 독특한 법적 규율을 낳았다. 공익과 사익의 구분은 어떤 이익이 공공성을 가지고 있는가의 여부에 따른다. 사립학교도 공교육인 학교교육을 담당하기 때문에 공공성을 갖는다.54) 사학(私學)이 국공립학교와의 차별을 받지 않고 재정 등 정부로부터 조성을 받아야 하는55) 이유도 국민의 '교육을 받을 권리'를 실현시키는데 중요하기 때문이며, 이것이 사학의 공공성을 뒷받침하는 전제가 된다. 공익 개념의 핵심적 요소는 그 공공성(Öffentlichkeit)이라 한다.56)

(2) 사립학교와 학교법인의 법적 성격

학교를 그 설립자를 기준으로 국·공·사립으로 나눈다(교육기본법 제11조). 사립학교란 학교법인, 공공단체 외의 법인 또는 그 밖의 사인(私人)이 설치하는 학교를 말하고(사립학교법 제2조제1호), "학교법인"이란 사립학교만을 설치·경영할 목적으로 이 법에 따라 설립되는 법인을 말

---

54) 「국립대학의 회계 설치 및 재정 운영에 관한 법률」도 '국립대학의 공공성과 사회적 책임성을 확립하고 나아가 학문 발전과 인재 양성 및 국가 균형 발전에 이바지함을 목적으로 한다'고 규정한다.

55) 황준성, "사립학교법의 연구성과와 과제", 「교육법학의 연구동향」, 한국학술정보, 2007, 173면. 이에 대하여 교육의 공공성은 국가개입의 근거일 뿐 아니라, 교육내용 결정 등에서 행정개입의 최소화 및 광범위한 사회적 합의 도출의 구조를 갖추어야 한다는 견해도 있다.

56) 최송화, 앞의 책, 56면 이하.

한다(동조 제2호).

사립학교는 학교법인의 교육시설에 불과하며 권리의무의 주체가 될 수 없다.[57] 따라서 소송상 당사자능력도 없다.[58] 이러한 사립학교를 설립하고 경영하는 주체로서의 학교법인의 법적 성격에 관하여 판례가 명시적으로 밝힌 것은 찾기 어려우나, 사립학교법 제정 전의 초기 판례[59]는 공기업의 일종으로 전제하였고, 설립인가를 재량행위로 보았는데,[60] 이러한 판례의 이해는 오늘날까지도 크게 변화한 것으로 보이지 않는다.[61] 또한, 학교법인의 이사취임승인은 임원선임행위를 보충하여 법률상의 효력을 완성시키는 보충적 행정행위로서 기속행위로 보았다.[62]

2. 私學의 자주성

교육기본법 제11조 제2항은 구체적으로 사립학교의 설립·경영에 관한 법인이나 사인의 권리를 규정하고 있다. 이러한 사학의 자유는 교육의 자유에서 그 헌법적 근거를 찾을 수 있다[63]고 한다. 헌법재판소는, 사립학교가 설립자의 이념을 구현하거나 독자적인 교육방침에 따라

---

57) 대법원 1971. 11. 15. 선고 71누126 판결
58) 대법원 1975. 12. 9. 선고 75다1048 판결
59) 대법원 파기환송판결(1962. 5. 31.선고 4292행상137)의 상고이유 요지는, '학교가 공기업의 일종이므로 당해 인가는 학교설립 및 임시운영권을 부여한 특허의 성질을 갖는 것이므로 원고 법인에게 대학을 임시운영하게 한 인가도 특허행위'라 하였다. 교육부, 대법원 교육판례집, 1993, 68면 이하.
60) 대법원 1968. 6. 18. 선고 68누19 판결
61) 공기업이론이 퇴조한 최근의 행정법학에서는 사립학교의 학위수여를 공무수탁사인(Beliehne)의 일종으로 보는 견해(정하중, 행정법의 이론과 실제, 2012, 박영사, 30면; 박균성, 행정법강의, 박영사, 2016. 60면 등)가 제시되고 있지만, 나머지 법률관계도 이것으로 이해하는 것인지 불분명하다.
62) 대법원 1992. 9. 22. 선고 92누5461 판결
63) 이시우, "헌법상 사학의 자유와 사립학교법",「헌법의 규범력과 법질서(허영 박사 정년기념논문집)」, 박영사, 2002, 342면

개성 있는 교육을 실시할 수 있을 뿐만 아니라 공공이익을 위한 재산출
연으로 국가의 공교육 실시를 위한 재정적 투자능력의 한계를 자발적으
로 보완해 주는 역할도 하기 때문에 사립학교는 그 물적·인적 시설을
운영함에 있어서 어느 정도 자율성을 확보해 주는 것이 상당하고 또 바
람직한 것[64]이라 하였다.

3. 사학의 공공성 확보를 위한 규제

(1) 학교법인에 대한 규제

1) 설립자의 지위

학교법인의 설립자 내지 재산출연자의 법적 지위 문제는 사립학교
와 관련된 법적 분쟁의 뿌리에 있는 쟁점이라 할 수 있다. 이에 대해 대
법원은 일찍이, 학교법인은 설립자와는 별개의 인격체로서 독립된 권
리·의무의 주체가 될 뿐만 아니라 법은 원칙적으로 학교법인만을 사립
학교 운영의 주체로 허용하고 있으므로 설립자는 학교법인과의 사이에
구체적인 권리 내지 법률관계가 성립될 여지가 없게 된다[65]고 판시한
바 있다. 설립자와 그 친인척 등은 학교장 등과의 겸직이 제한되는 것
도, 사립학교 운영에 관하여 투명성과 공공성을 제고하기 위한 관리감
독권 행사의 일환[66]이라 한다.

2) 법인재산의 처분권 제한

사립학교법이 학교법인의 재산에 대한 처분을 제한한 것이 재산권
보장의 본질을 침해하여 위헌이라는 주장에 대하여 헌법재판소는, 입법
자는 학교법인의 재산이 외부에 유출되거나 교육 외의 목적으로 사용되
는 것을 막기 위하여 적절한 규제를 마련함에 있어 상당한 재량을 가진

---

64) 헌법재판소 1991. 7. 22 선고 89헌가106 결정
65) 대법원 1989. 2. 14. 선고 88다카4710판결
66) 대법원 2015. 1. 29. 선고 2012두1556 판결

다[67]고 하여 합헌으로 판단하였다.

(2) 대학평의원회와 개방이사제

헌법재판소는 사립대학에 대학평의원회를 의무적으로 설치하도록 (사립학교법 제26조의2 ①) 한 것이, 대학평의원회가 대학자치의 범위에 속하는 사항들 중 중요사항에 한하여 심의 또는 자문하는 데 불과해 이사회의 결정권한을 제약하지 않는 점, 학교법인에 정관을 통한 자율적 형성의 여지가 부여되어 있는 점 등을 고려하면, 학교법인의 사학의 자유를 침해한다고 볼 수 없다[68]고 하였다. 개방이사제(같은 법 제14조 ③, ④)도, 사립학교 운영의 투명성과 공정성을 제고하고, 학교구성원에게 학교운영에 참여할 기회를 부여하기 위한 것으로서, 그 비중이나 역할 등을 고려할 때 사학의 자유를 침해하지 않는다고 보았다.

4. 사학의 자주성과 공공성의 갈등

(1) 임시이사제도와 법인 정상화

사학의 자주성과 공공성 확보를 위한 규제 사이의 갈등은 임시이사제도와 관련하여 가장 극명하게 드러났다. 관할감독청은 학교법인이 이사의 결원보충을 하지 아니하여 학교법인의 정상적 운영이 어렵다고 판단되거나, 법령위반이나 회계부정 등의 사유에 따라 학교법인의 임원취임 승인을 취소한 때에는 임시이사를 선임하여야 한다(사립학교법 제25조). 이는 궁극적으로 학생의 교육을 받을 권리를 보장하기 위한 제도[69]라 할 수 있다.

이 제도와 관련하여 과거에 법률의 명시적 규정이 없어 크게 다투

---

67) 헌법재판소 2009. 4. 30. 선고 2005헌바101 결정
68) 헌법재판소 2013. 11. 28. 선고 2007헌마1189,1190(병합) 결정
69) 헌법재판소 2009. 4. 30. 선고 2005헌바101 결정

어쳤던 것은, 임시이사가 파견된 학교법인의 정상화문제였다. 이 문제
는, ① 이사선임을 다툴 수 있는 원고적격 있는 자는 누구인가 ? ② 누
가 정식이사를 선임할 권한이 있는가? 의 두 가지가 큰 쟁점이었다.

1) 원고적격

상지대 사건[70]판결은, 종전이사가 학교법인의 자주성과 정체성을
대변할 지위에 있어 임시이사들이 정식이사를 선임하는 내용의 이사회
결의에 대하여 그 무효 확인을 구할 소의 이익이 있다고 보았다. 이어,
임시이사가 파견된 대학의 종전 (정식)이사들이 자신들에 대한 이사취
임승인을 취소한 처분을 다투는 동안 이사 임기가 만료되었다 하더라
도 그 처분이 반복될 위험이 있다하여 이를 다툴 소의 이익을 인정[71]
하였다.

2) 임시이사의 정식이사 선임권한

상지대판결은, 사립학교법상의 임시이사는 위기관리자로서 민법상
의 임시이사와는 달리, 일반적인 학교법인의 운영에 관한 행위에 한하
여 정식이사와 동일한 권한을 가지는 것으로 제한적으로 해석하여야 하
고 정식이사를 선임할 권한은 없다[72]고 하여 임시이사에 의한 정상화
를 부정하였다.

이 판결 이후, 국회는 사립학교법 제25조의2를 신설하여 교육부장

---

70) 대법원 2007.5.17. 선고 2006다19054 전원합의체 판결. 입시비리 등과 관련하여
    취임승인이 취소된 구이사들(원고)이, 임시이사들로 구성된 이사회의 (정식 이사
    를 선임한) 결의무효확인을 구한 사건.
71) 대법원 2007. 7. 19. 선고 2006두19297전원합의체판결(경기대교비횡령사건). 소익
    을 넓게 인정했다는 점에서 위 판결을 높이 평가하는 견해로, 유진식, "학교법인
    임원취임승인 취소처분에 대한 소의 이익", 행정판례평선, 박영사, 2016, 81면. 이
    경우를 계속확인의 소로 보아야 한다는 주장으로, 정하중, 앞의 책, 572면 이하.
72) 이에 대하여 소수의견은, 학교법인은 기본적으로 민법상 재단법인이어서 사립학교
    법 소정의 임시이사들 역시 정식이사와 동일한 권한이 있는 것으로 해석하여야
    하므로 임시이사들로 구성된 이사회에서 정식이사를 선임한 이사회결의를 무효로
    볼 수 없다고 하였다.

관 소속 하에 사학분쟁조정위원회를 설치하고, 임시이사의 선임·해임 및 정상화를 위한 정식이사 선임 등에 관한 사항을 심의 의결하도록 하였다.73)

3) 소결 : 임기가 종료한 종전 이사들에게 원고적격과 소의 이익을 인정한 것은 소송요건에 의한 제약을 줄여 본안에 나아가 심판하려는 행정소송 일반의 흐름과 관련하여 볼 때 수긍할 수 있다.74) 그러나, 학교법인의 설립 목적의 영속성은 설립자로부터 이어지는 이사의 인적 연속성보다는 객관화된 설립 목적인 정관에서 찾는 것이 사립학교 제도의 취지에 부합할 것이다.75) 민법상 재단법인의 경우, 임시이사는 정식이사와 동일한 권한을 갖는다는 것이 확립된 판례이다.76) 그럼에도 학교법인의 경우에는 임시이사의 권한에 내재적 한계가 있다는 다수의견의 바탕에는 사립학교가 법인이라는 외양을 갖추었어도 여전히 개인재산이라는 인식이 있는 것으로 보인다.

---

73) 조정위원회는 정식이사 적격 여부를 심의함에 있어서 해당 학교법인의 기본재산 액의 3분의 1 이상에 해당하는 재산을 출연하거나 기부한 자, 학교 발전에 기여한 자, 임시이사가 선임되기 전에 적법하게 선임되었다가 퇴임한 종전이사, 해당 학교법인의 임직원 및 학교의 교직원, 그 밖의 이해관계인으로부터 의견을 청취할 수 있다(사립학교법 제25조의3, 시행령 제9조의6 제3항 등).

74) 상지대 교수협의회, 총학생회, 전국대학노조상지대지부가 교육부장관의 (정식)이 사선임을 다툰 대법원 2015. 7. 23. 선고 2012두19496,19502 판결에서는 이사취임 승인을 다투는 원고적격을 대학구성원 단체에까지 확장하였다. 다만, 고등교육법령이 학생회와 교수회의 성립을 예정하고 있으므로, 교수협의회와 총학생회의 학교운영참여권을 보호하고 있다고 해석되므로, 이들은 이사선임처분을 다툴 법률상 이익을 가진다고 하였으나, 노조지부에 대하여는 부정하였다.

75) 상지대사건 판결의 소수의견 및 헌법재판소 2013. 11. 28. 선고 2011헌바136 결정

76) 사회복지법인의 임시이사는 정식이사와 동일한 권한을 갖는다는 대법원 2013. 6. 13. 선고 2012다40332 판결 등.

(2) 교원소청재결에 대한 학교법인의 제소권 인정 여부

과거에 대법원은, '교원지위 향상을 위한 특별법(교원지위법)'이 불이익처분을 받은 사립학교 교원으로 하여금 국공립학교 교원과 동일하게 교원징계재심위원회(현행법상의 교원소청심사위원회)에 재심청구를 할 수 있게 하고 그 재심위원회의 결정은 처분권자를 기속하며, 이 결정에 대하여는 재심청구를 한 교원만이 행정소송을 제기할 수 있도록 한 것은 사립학교 교원에 대한 신분보장을 강화하기 위한 것으로 재판청구권이나 평등권을 침해하는 것이 아니라77) 하였다.

헌법재판소도 이와 같은 차별은 사립학교 교원의 신분보장을 위한 것으로서 합리적 이유가 있으므로 평등원칙에 위배된다고 할 수 없다78)고 보았었으나, 종래의 판례를 변경하여 교원지위법제10조를 학교법인 등의 재판청구권을 불평등하게 제한한 것이라 하여 위헌으로 결정하고, 이어 '재임용특별법' 제9조제1항을 같은 이유로 위헌이라 판시하였다.79)

종래의 견해를 변경한 헌재결정은 사립학교 교원이 제기한 교원소청심사(구법상으로는 징계재심)는, 그 대상이 된 불이익처분이 행정청이 아닌 학교법인에 의해 행해진 사법(私法)상의 행위이기 때문에 이에 대한 소청결정도 행정심판의 재결이 아니라 제1차 행정처분이라는 것이다. 나아가 행정심판의 재결이라면 그 기속력 때문에 피청구인인 처분청이 인용재결을 다툴 수 없지만, 제1차처분인 소청결정을 그 상대방인 학교법인이 다투지 못하게 하는 것은 재판청구권을 침해하는 것이라고 본 것이다.

---

77) 대법원 1995. 6. 13. 선고 93누23046 판결
78) 헌법재판소 1998. 7. 16. 선고 95 헌바19 결정
79) 헌법재판소 2006. 2. 23. 선고 2005헌가7등 결정. 이에 따라 국회는 교원지위법을 개정(2007. 5. 11.)하여 교원소청위의 결정에 대한 학교법인 등의 불복제소권을 규정하였다.

그러나 이러한 결론은 교원지위법이 정하는 교원소청위의 심사결정을 학교법인이 불이행하는 경우, 실효적 구제수단이 없는 현실에 비추어[80] 보면, 교원지위법정주의 요구와 이를 구현한 교원지위법 등의 취지에 역행하는 결과를 초래하고 있다.

5. 법인 아닌 학교의 자주성

사립학교를 설립한 학교법인은 독자적인 계획과 방법으로 교육하는 자주성이 인정되어야 할 것이다. 그러나 사립학교 교육도 국민의 교육받을 권리에 대응하는 공교육에 해당하므로, 학생선발·교육과정 편성 등 각종 규제가 불가피하고 그것이 자율권의 한계가 된다. 학교법인의 재산에 대한 처분 제한 등의 규제는 일반 재단법인보다 더 엄격하다. 민법상 재단법인보다 공익성의 정도가 더 높기 때문에 특별법인 사립학교법으로 규제를 강화한 것으로 이해해야 할 것이다. 판례도 그러한 규제에 위반된 재산처분행위를 무효로 보고, 수 개의 학교법인을 운영하는 자가 각 학교법인의 금원을 다른 학교법인을 위하여 사용한 경우에 각 학교법인은 별개의 법인격을 가진 소유의 주체라는 이유로 횡령죄의 성립을 인정[81]하며, 교비회계 자금을 법인회계로 전출하면 업무상횡령죄의 성립을 긍정[82]한다.

그럼에도 개정 사립학교법령에 따라 구성된 사학분쟁조정위원회는 정상화되는 법인의 이사 과반수를 설립자 내지 그 상속인이 지명하는 자로 선임해야 한다는 것으로 운용하고 있다. 이것은 학교법인이 사유재산의 일종이라는 전제에서만 이해될 수 있다. 이는 개정법의 논리를

80) 특히 학교법인이 교원의 심사청구를 인용하는 결정에 따르지 않는 경우에는 다시 민사소송을 제기하여 봉급 상당의 손해배상을 청구해야 하는 우회적 수단만 남게 된다. 이에 따라 교원소청제도의 존재이유 자체에 대한 의문이 제기되고 있다.
81) 대법원 2000.12.08. 선고 99도214 판결
82) 대법원 2010.3.11. 선고 2009도6482 판결

제공했던 상지대 사건의 다수의견이 사립학교의 공공성과 자주성 간의 가치형량이라기보다는 공공성과 설립자 등의 재산권 사이의 이익형량을 하였다는 이해를 가능하게 한다.

사립학교법이 보장하는 사학의 자주성은 앞서 본 교육의 자주성 내지 대학의 자율성과 연계하여 해석하여야 할 것이다. 같은 법은 법인이 학교에 부당하게 간섭하는 것을 금지 내지 제한하는 많은 규정을 두고 있다. 그러므로 사학의 자주성이라 하여도 주된 것은 사립학교의 자주성이라 할 것이고, 법인의 자주성은 학교의 교육을 뒷받침하는데서 조화를 찾아야 할 것이다.

V. 결어

초기 교육판례의 판결이유는 대체로 간략하여 어떠한 논거로 주문을 도출하였는지, 의거하고 있는 가치와 그 서열을 정확히 이해하기 어려운 경우가 많다. 다만, 전후 문맥으로 보아 질서유지 또는 공익 등을 준거로 고려하였고, 이 경우의 공익이 국가적 이익과 미분화된 상태의 그것임을 추측할 수 있다. 그럼에도 불구하고 교육법의 기본 개념과 체계를 정립한 공적을 인정해야 할 것이다.

1987년 헌법 개정 이후 출범한 헌법재판소는 교육의 주요 문제에 대한 헌법적 의미를 천명함으로써 교육법 논의의 많은 분야에서 범주적 기반을 제공하였다. 다만, 다수의 사건에서 입법재량을 과도하게 인정함으로써 헌법이 제시하는 가치지향을 관철하는데 까지는 이르지 못하고 있다. 법원의 교육판례도 90년대 이후, 과거와는 다른 모습을 보여주면서 국민의 교육받을 권리를 구체화하고 법치주의를 교육 영역에 정착시키는데 크게 기여하였다. 1990년대 이후의 교육행정과 교육입법을 상당 부분 판례가 선도하여 온 것은 누구도 부인할 수 없다. 그러나 우리

판례를 전체적으로 볼 때, 개인의 권리를 보장하는 실질적 법치주의와 조화되는 공익으로까지 고양시켰는지에 대하여 여전히 아쉬움이 남는 부분들도 있다.

공익 개념의 핵심적 요소는 공공성이며, 가치관의 다양화에 따라 공공성 논의 또한 그 구조가 변화하고 있다 한다. 언제나 정당한 규준적 의미의 공익 개념이 아니라 공익판단이 요구되는 구체적 상황에서의 적절한 공익결정의 의미로 전화되어 오히려 가변적·동태(動態)적인 개념으로 이해[83]되어야 한다는 것이다. 다양한 이익이 공익으로 경합하게 되면 그 우선순위는 이익간의 비교형량의 방법에 의하게 된다. 그럼에도 불구하고 '오류 없는 공익'내지 '진정한 공익'[84]을 찾아야 하며, 그것은 결국 사법의 과제가 아닐 수 없다.

---

83) 최송화, 앞의 책, 178면
84) 위의 책, 179면 이하.

참고문헌

교육부, "대법원 교육판례집", 1993

_____, 대법원교육판례집(Ⅲ), 2004

권영성, 헌법학원론, 법문사, 2006

박균성, 행정법강의, 박영사, 2016

정하중, 행정법의 이론과 실제, 박영사, 2012

최송화, 공익론, 서울대학교출판부, 2002

박정훈, "국립대학 법인화의 공법적 문제", 「법학」 47권3호(140호), 2006.

양건, "교육관련 헌법판례의 동향과 과제",「한국교육법연구」 제6·7집 통
    합호, 2001·2002

유진식, "학교법인 임원취임승인 취소처분에 대한 소의 이익", 행정판례평
    선, 박영사, 2016

이시우, "헌법상 사학의 자유와 사립학교법", 「헌법의 규범력과 법질서(허
    영 박사정년기념논문집)」, 박영사, 2002

최송화, "한국에서의 민주주의와 법치주의의 역사적 전개", 「공법연구」 제
    36집1호, 2007

황준성, "사립학교법의 연구성과와 과제", 교육법학의 연구동향, 한국학술
    정보, 2007

국문초록

교육판례에서의 공익

공익은 법의 궁극 이념이라 할 수 있으나 그 내용은 추상적이므로, 구체적 사건에서 무엇이 공익인지는 결국 법원이 판단하게 된다. 이 글은 교육에 관한 판례 중에서 공익이 어떠한 모습으로 나타나는지, 그것이 교육의 본질과 헌법질서에 비추어 타당한 것인지를 검토하려 시도한 것이다.

헌법은 교육에서도 법치주의를 관철하려 하면서, 동시에 교육의 특수성을 감안한 자주성·전문성·정치적 중립성·대학의 자율을 보장하고 있다. 이러한 특수성은 공익의 중간적 발현 형태라 할 수 있을 것이다. 초기 판례는 공익과 교육의 전문성을 재량처분에 대한 심사를 회피하는 논거로 사용했다. 교육재량에 대한 사법심사가 활발해지고 그에 따라 국민의 교육을 받을 권리가 넓게 보장되기 시작한 것은 1987년 민주화 이후이다. 판례가 절차법의 가치를 인정하고 절차적 기본권을 인정한 것은 그러한 기조에서 한 걸음 더 나아간 것으로 이해할 수 있다.

헌법재판소는 많은 교육 사건들에서 그 헌법적 의미를 밝혀냈지만, 한편으로 입법재량을 과도하게 인정하고 있다. 교육의 자주성이나 대학의 자치에 대하여 대법원도 우호적 입장이라는 인상을 받는다. 그러나 결정권자의 권한을 인정하는 것만으로는 자율의 보장이라 볼 수 없고, 구성원들이 결정을 이끌어내는 공적 논의구조에 참여할 수 있어야 진정한 자율이라 할 것이다. 공공성이야말로 공익의 가장 현저한 징표라는 점에서 제도 뿐 아니라 판례의 변화가 필요하다.

사립학교법은 사립학교의 자주성과 공공성이 조화를 이룰 것을 의도한다. 그러나 실제 사건에서 교육의 공공성은 사립학교가 아닌 법인의 자주성과 대립하는 경우가 많았다. 감독행정청이 선임한 임시이사들은 정식이사를 선임할 수 없다고 하여 법인에 우선권을 인정한 판례가 그 대표적 예이

다. 이것은 자주성의 이름으로 설립자와 그 후손들의 재산권을 보장한 것
에 다름 아니다.

　　공익이 개인의 권리를 보장하는 실질적 법치주의와 조화되는 가치로
구체화되도록 판례가 발전하여야 할 것이다. 물론 복수의 공익이 서로 경합
하게 되면, 그 우선순위의 결정은 이익간의 비교형량에 의할 수밖에 없다.

　　주제어: 교육판례, 공익, 공공성, 자주성, 사립학교

Abstract

Public Interest in Educational Law Cases

Kyungwoon Lee*

Public interest is the ultimate idea of law, but its content is abstract. In a specific case finding a legitimate public interest will ultimately be a task of the judiciary. This article is an attempt to examine whether public interest appears in the precedents of education and whether it is appropriate in light of the nature of education and the constitutional order.

The constitution is accomplishing constitutionalism in education. At the same time, considering the specificity of education it guarantees independence, professionalism and political impartiality of education and the autonomy of universities. This specificity may be a form of intermediate manifestation of the public interest. The early precedents have used the public interest and professionalism of education as an argument to avoid the test of discretionary disposition. It is after the actual democratization in 1987 that the judicial review of educational discretion became active and thus the right to education of the people began to be wide guaranteed. The court case's recognition of the value of procedural law and rights can be understood as taking the step forward from that stance.

The Constitutional Court has found its constitutional meaning in many educational cases, but it overestimates legislative discretion. The Supreme Court is also impressed with the independence of education

* Prof. emeritus, Chonnam Nat`l University

and autonomy of university. However, admitting the power of decision makers is not enough to guarantee autonomy, and allowing members to participate in the public discussion structures that lead to decisions would be a genuine autonomy. It is necessary to change the precedent concerning university autonomy in that the publicness is the most noticeable sign of the public interest.

The Private School Act intends to harmonize the independence and publicness of private schools. However, in actual cases, the publicness of education often conflicted with the autonomy of corporations, not with private schools. A case in point is that temporary directors appointed by the Supervisory Authority can not appoint regular directors. This is nothing but a guarantee of the property rights of the founders and their descendants in the name of independence.

The precedent set should be developed so that public interest can be more specific to values in harmony with the practical rule of law to ensure individual rights. Of course, if multiple public interests compete with each other, the decision on priorities will inevitably come from a comparative assessment between the interests.

Keywords: Educational Law Precedent, Public Interest, Publicness, Autonomy, Private School

투고일 2017. 12. 11.
심사일 2017. 12. 25.
게재확정일 2017. 12. 28.

환경행정판결을 통해 본
공익실현의 명(明)과 암(暗)*

이은기**

Ⅰ. 처음에
Ⅱ. 시대별 주요 환경입법과 환경행
정판결의 변천
　1. 공해방지법시대
　　(1960년~1970년대 중반)
　2. 환경보전법시대
　　(1970년대 중반~1990년)
　3. 환경정책기본법 및 개별 환
　　경법 시대(1990년~2000년)
　4. 자연공원법 시대
　　(2000년~2010년)
　5. 녹색성장기본법시대
　　(2010년 이후)
Ⅲ. 공익 상호간의 충돌사례
　1. 도롱뇽사건
　2. 새만금사건
　3. 4대강사건
Ⅳ. 평가와 과제
　1. 평가
　2. 과제
Ⅴ. 나가며

Ⅰ. 처음에

　　행정 그리고 행정법의 목적은 공익실현이다. 국가 행정의 한 부문
인 환경행정은 국토 개발과정에서 공익과 사익,1) 공익과 공익의 충돌이

---

* 이 논문은 서강대학교 교내기초연구과제(201710040.01)연구비지원에 의해 작성되
　었음.
** 서강대 법학전문대학원 교수
1) 환경분쟁에서 공·사익과 사익의 충돌은 민사소송 대상이 되는바, 본 논문에서는 환
　경공익과 공·사익이 충돌하는 환경행정사건에 대한 판결이 주된 논의의 대상이므

이루어지는 현장이기도 하다. 환경행정처분도 일반 행정처분과 마찬가지로 기본적으로 일반적 공익의 실현을 목적으로 한다. 나아가 환경영향평가를 거쳐야 하는 환경영향평가대상사업의 경우 그 사업이 환경을 해치지 않는 방법으로 시행되도록 함으로써 당해 사업과 관련된 환경공익을 보호하려는데 그치지 않고 환경영향평가대상지역내 주민의 개별적, 구체적 환경이익(환경사익)도 보호하여야 한다.[2]

개발과정에서는 공공재인 생태계 등 자연환경을 보전하고자하는 환경공익과 인근주민의 환경사익과의 충돌도 있지만 경우에 따라서는 다른 국가적 또는 사회적 공익과의 충돌이 발생하기도 한다. 서울외곽순환도로건설시 사패산 터널 및 경부고속철도의 천성산 터널사례와 같이 도로·철도의 효율화에 필요한 터널축조로 운송시간 단축이라는 교통공익과 환경공익 간의 충돌이 그러한 경우의 대표적 사례이다.[3]

환경소송은 공익소송과 사익소송으로 나눌 수 있다. 환경공익소송은 순수하게 공익을 위하여 공공재로서의 경관, 서식 동식물, 갯벌, 강, 하천과 같이 생태계 등 자연환경의 보호를 목적으로 제기하는 소송(순수형 공익소송)과 개발지역 인근주민들이 자신이 거주하는 지역의 공기, 물, 토양 등 생활환경을 보호하고자 제기하는 환경적 사익보호를 위한 소송(사익보호형 공익소송)이 있다.[4]

환경공익소송의 청구원인을 살펴보면, 그 근저(根底)에는 갯벌, 강,

___
로 이를 제외하기로 한다.

2) 대법원 1998.9.22.선고 97누19571판결(발전소사업승인처분취소) 및 대법원 2006. 6. 30.선고 2005두14363판결(국방군사시설사업실시계획승인처분무효확인)의 판결이유 참조.

3) 이를 일반공익과 특수공익 간의 충돌로 볼 수도 있다. 일반공익이 언제나 반드시 특수공익에 우월할 수는 없고, 양 공익간의 형량에서도 비례의 원칙이 적용된다. Wolff/Bachof/Stober, Verwaltungs recht I, a.a.O., S.343. 최송화, 공익론 -공법적 연구 -, 2002.8.30., 서울대학교출판부, 302면에서 재인용.

4) 이형석, 환경공익소송과 오르후스(Aarhus)협약 - 영국의 사례를 중심으로 -, 환경법과 정책 제14권(강원대 법학연구소, 2015.2.28.), 238면, 257면.

하천 및 거기에서 서식하는 동식물, 어패류 등 생태계, 경관 등 자연환경보전이라는 환경공익의 보호와 생명·건강권을 위한 깨끗한 물, 오염되지 않은 토양, 신선한 공기, 소음과 폐기물이 없는 주거환경 등 개발사업 인근주민의 생활환경보전이라는 환경사익 보호와 함께 개인의 재산권보호가 겸유되어 있다.

따라서 환경 분쟁은 '공익과 사익, 공익과 공익이 충돌하는 경우 어느 것을 더 보호할 것인가'에 대한 이익의 비교형량 결과에 따라 공익실현이 달성되거나 좌절됨으로서 공익실현의 관점에서 보면 그 명과 암이 엇갈린다. 시대나 상황에 따라 충돌하는 공익과 사익, 공익 상호 간의 보호법익 중 보다 우월한 법익을 어느 것으로 보느냐에 대한 법관의 선택재량에 따라 판결은 달라질 수 있기 때문이다.

이 논문에서는 시대적으로 환경입법의 변천과정에서 생성된 환경행정사건판결 중 공익과 사익, 공익 상호 간의 충돌이 이루어진 판결을 통해 보호법익 상호간의 비교형량이 어떻게 이루어져 왔는가에 대해 되돌아보고자 한다. 그리고 환경보전과 지속가능한 개발을 조화시키기 위해 향후 환경행정판결의 지향점이 어떠해야 될 것인가에 대한 전망과 과제에 대해서도 살펴보고자 한다.

II. 시대별 주요 환경입법과 환경행정판결의 변천

환경판례를 살펴보면, 환경법의 시대적 발전에 따라 진전되어 왔다. 판결은 그 속성상 당시의 실정법을 기초로 하므로 당연한 결과이기도 하다. 그러한 궤적을 추적하기 위하여 여기서는 개별 환경입법이 제정된 시기를 주요입법을 기준으로 구획하여 시대별로 선고된 주요 환경행정판결을 중심으로 살펴본다. 즉 공해방지법시대(1960년대 초반~1970년대 중반), 환경보전법 시대(1970년대 후반~1980년대 말), 환경정책기본법 및 개별 환경법 시대(1990년대~2000년), 자연공원법 시대(2000년대~2010년), 저탄소녹색성장기본법시대(2010년~현재)로 나누어 살펴보기로 한다.[5]

1. 공해방지법 시대(1960년대 초반~1970년대 중반)

1962년 시작된 경제개발 5개년계획으로 국토개발이 행해지면서 환경문제가 대두되었다. 1961.12. 오물청소법, 1963년 공해방지법이 제정되었고 이들 법은 환경법의 효시였지만, 위생법적 성격이 강했다.[6] 공해방지법이 1971.1. 대폭 개정되면서 배출허용기준, 배출시설허가제도, 이전명령제도 등이 도입되었고 1963.12. 독물 및 극물에 관한 법이 제정되었다. 이 시기에는 행정사건보다는 공해피해로 인한 손해배상을 구하는 민사판결이 주를 이루었다. 그 중에도 연탄공장사건은 공장소음으로 인한 주거환경침해를 이유로 행정처분의 상대방이 아닌 제3자가 제기한 행정처분취소송에 대해 판단한 최초의 환경행정사건이다.

○ 연탄공장사건(대법원 1975.5.13. 선고, 73누96판결, 건축허가
   처분취소)

(1) 사실관계 및 소송의 경과

이 사건은 행정처분의 상대방이 아닌 원고 박동순과 원고 남택우가 피고 청주시장이 소외 삼화물산주식회사에 대하여 한 연탄공장 건축허가처분의 취소를 청구한 사건이다.

사실관계를 보면, 도시계획법에 따라 주거지역으로 지정된 청주시 우암동 402의 2 지상에 피고 청주시장이 1972.7.12자로 소외 삼화물산

---

5) 이 같은 환경법의 발전적 시대구분 방법은 참고했다. 박균성·함태성, 환경법, 박영
   사, 2012, 31~34면.
6) 박균성·함태성, 위의 책, 31면.

주식회사에 대하여 원동기를 사용하여 연탄 제조를 목적으로 하는 세멘 벽돌조 스레트집 공장 1동 건평 100평의 건축을 허가하였다. 이 연탄공 장으로부터 70cm 사이에 연접한 같은 주거지역 내인 청주시 우암동 406의 8 소재 원고 박동순 소유가옥(세멘벽돌조 세멘기와집 주택 15.19평)에 서는 이 공장에서의 원동기(25마력 3개, 30마력 4대)의 가동으로 인한 소음 때문에 "일상 대화에 지장"이 있고 또 원동기의 진동으로 "통상적인 주 거의 안녕을 영위하기가 곤란"하고 이로 인하여 같은 원고는 그 소유가 옥의 가치가 하락되고 임대가 어려워 재산권의 침해를 받고 있다고 주 장하면서 피고를 상대로 건축허가의 취소를 구하는 소를 제기하였다.

원심인 서울고등법원(1973.3.13.선고 72구558−573판결)은 '위 사실을 인정하면서도 원고 박동순이 주거지역내에 건물을 소유하고 있고 이러 한 주거지역에는 건축법상 건축물의 제한이 있으므로 현실적으로 어떤 이익을 받고 있는 것이 사실이라 하더라도 이는 그 지역 거주의 개개 인에게 보호되는 개인적인 이익이 아니고 단지 공공복리를 위한 건축 법규의 제약의 결과로서 생기는 반사적 이익에 불과한 것이므로 이러 한 이익이 침해된다 하여 이 사건 행정처분의 상대자가 아닌 원고 박 동순이 위 삼화물산 주식회사에 대한 행정처분의 취소를 소구할 수는 없는 것이다'라고 판단하여 원고적격이 없다는 이유로 이 사건 소를 각 하하였다.

(2) 대법원의 판단과 평가

대법원은 '도시계획구역 안에서의 주거지역이라는 것은 도시계획 법 제17조에 의하여 "거주의 안녕과 건전한 생활환경의 보호를 위하여 필요하다"고 인정되어 지정된 지역이고, 이러한 주거지역 안에서는 도 시계획법 제19조 제1항과 개정전 건축법 제32조 제1항에 의하여 공익 상부득이 하다고 인정될 경우를 제외하고는 위와 같은 거주의 안녕과 건전한 생활환경의 보호를 해치는 모든 건축이 금지되고 있으며 이와 같이 금지되는 건축물로서 건축법은 "원동기를 사용하는 공장으로서 작업장의 바닥 면적의 합계가 50평방미터를 초과하는 것"을 그 하나로 열거하고 있다(이 사건 공장이 위 제한을 초과하고 있음은 물론이다).

위와 같은 도시계획법과 건축법의 규정 취지에 비추어 볼 때 이 법률들이 주거지역 내에서의 일정한 건축을 금지하고 또는 제한하고 있는 것은 도시계획법과 건축법이 추구하는 공공복리의 증진을 도모하고자 하는데 그 목적이 있는 동시에 한편으로는 주거지역내에 거주하는 사람의 "주거의 안녕과 생활환경을 보호"하고자 하는데도 그 목적이 있는 것으로 해석이 된다. 그러므로 주거지역 내에 거주하는 사람이 받는 위와 같은 보호이익은 단순한 반사적 이익이나 사실상의 이익이 아니라 바로 법률에 의하여 보호되는 이익이라고 할 것이다. 그리고 행정소송에 있어서는 비록 당해행정처분의 상대자가 아니라 하더라도 그 행정처분으로 말미암아 위와 같은 법률에 의하여 보호되는 이익을 침해받는 사람이면 당해행정처분의 취소를 소구하여 그 당부의 판단을 받을 법률상의 자격이 있는 것이라고 할 것이므로 원심이 이 사건에서 피고의 연탄공장건축허가처분으로 인하여 원고 박동순이 불이익을 받고 있다는 사실을 인정하면서도 그 본안에 들어가서 이 사건 공장건축허가가 공익상 부득이한 것인지의 여부에 관하여 심리판단을 하지 아니하고 바로 원고의 제소행위 자체를 부정하였음은 결국 도시계획법과 건축법의 법리오해가 아니면 행정소송의 제소 이익에 관한 법리를 오해하여 판결에 영향을 미친 것이라고 아니할 수 없다. (중략) 원고 남택우가 피고의 이 사건 행정처분으로 인하여 받는 불이익의 정도는 결코 사회의 협동생활상 용인할 한도를 초과하지는 않는다는 사실을 확정하고 따라서 이 사건 제소이익이 없다고 판시하고 있는바, 기록상 원심의 위 사실인정과정에 소론과 같은 채증법칙의 위배나 심리미진의 위법이 있다고 할 수 없고, 또 원심이 위와 같은 이유로 원고의 소를 각하한 것은 정당하여 이것이 위법이라고도 할 수 없다'고 판시하였다.

이 판결은 주거지역내의 연탄공장건축허가 행정처분으로 인하여 소음·진동의 환경피해를 받은 행정처분의 상대방 아닌 제3자인 이웃거주 주민에게 행정청을 상대로 직접 행정처분의 취소를 구할 법률상의 자격인 원고적격을 인정한 최초의 판결로서 그 의의가 있다.

이전에는 반사적 이익에 불과하다고 보았던 주거환경이익에 대하여 행정처분의 근거규범인 도시계획법과 건축법상 관련규정의 입법취지에 도시계획행정과 건축행정의 안정성이라는 공익보호목적 외에 원고의 사익보호성도 있다고 판단한 것이다. 하급심 에서는 단순히 '반사적 이익'에 불과하다고 보았던 환경 사익을 '법률상 이익'으로 봄으로써 원고적격을 인정하여 행정처분의 상대방도 아닌 제3자에 불과한 국민의 권리구제 범위를 넓힌 판결로 평가된다.

2. 환경보전법 시대(1970년대 후반~1980년대 말)

우리나라도 경제개발 5개년계획에 따라 1970년대에 산업발전기에 들어섬으로써 환경오염과 환경훼손의 증가로 환경문제가 심각해졌다. 그 결과 공해방지법만으로는 오염물질의 효율적 관리가 어려워지게 되었고, 보다 체계적·통일적인 대체입법의 필요성으로 1977.12. 환경보전법이 제정되면서 환경기준, 환경영향평가제도, 총량규제제도, 특별대책지정 등이 도입되었다.

1977.12. 해양오염방지법,[7] 1979.5. 환경오염방지사업법이 재정되고 1986. 환경보전법이 개정되었으며 1980년 개정헌법에서는 환경권을 국민의 기본권으로 규정하였다. 1986.12. 폐기물관리법(오물청소법은 폐지됨)이 제정되면서 개별대책법의 분화가 시작되었고, 1987.12. 대체에너지개발촉진법(신재생에너지법)이 제정되었다.[8]

---

7) 이 법은 2007.1.19. '해양환경관리법'이 제정되면서 폐지되었다(부칙 제2조).
8) 이 법에서 '대체에너지'라 함은 석유·석탄·원자력·천연가스가 아닌 에너지로서 태

○　배출시설설치허가취소사건(대법원 1992.4.14.선고 91누9251
　　판결, 배출시설설치허가취소처분취소)9)

(1) 사실관계 및 소송의 경과

이건은 원고 삼성제약공업주식회사가 배출시설 이전기한으로부터
6년 이상이 지나고 피고 서울 성동구청장으로부터 16회 가량의 이전촉
구를 받고서도 배출시설을 이전하지 않아 배출시설설치허가를 취소하
자 배출시설설치허가취소처분의 취소를 청구한 사건이다.

서울고등법원(1991.8.21. 선고 90구17943 판결)은 '원고가 배출시설설
치허가를 받아 배출시설을 설치하여 가동하여 오던 중 1982.6.9.자로
1984. 6. 30.까지 배출시설을 서울시 외로 이전하라는 명령을 받고서도
이를 이행하지 아니하여 피고로부터 1990.10.12. 위 이전명령을 불이행
하였다는 이유로 구 환경보전법(환경정책기본법 부칙 제1조, 제2조에 의하여
1991.2.2.자로 폐지되기 전의 것)제20조 제1항에 의하여 배출시설설치허가
를 취소하는 처분을 받은 사실을 인정한 다음, (중략) 이전기한으로부터
이 사건 처분에 이르기까지 6년 이상이 지나도록 더구나 16회 가량의
이전촉구를 받고서도 배출시설을 이전하지 아니한 점과 한편으로는 공
해배출로 인한 위해를 예방하고 적극적으로 환경을 적정하게 관리 보전
함으로써 현재와 장래의 모든 국민이 건강하고 쾌적한 환경에서 생활할
수 있게 함을 목적으로 제정된 위 법의 취지와 공익상의 요청 등에 비

양에너지, 바이오에너지, 풍력, 소수력, 연료전지, 석탄액화·가스화, 해양에너지,
폐기물에너지, 기타 대통령령이 정하는 에너지를 말한다(제2조). 이 법은 2004. 12.
31. 신에너지및재생에너지개발·이용·보급촉진법(약칭: 신재생에너지법)으로 전
부 개정되어 2005.7.1.부터 시행되고 있다.
9) 이 시기에는 자연공원법에 의하여 자연환경지구로 지정된 경주국립공원 내 원고
들 사유지에서의 임야벌채 신청에 대해 피고경주시장이 반려한 처분은 재량권을
남용한 위법하다는 원심(대구고법1988.10.5.선고87구25판결)을 파기환송한 대법원
1989.12.26.선고 88누11018 판결(산림관리계획허가신청반려처분취소)등 행정청의
재량권행사에 대해 위법성여부를 판단한 판결들이 다수 있다.

추어 볼 때 위 이전명령에 위반하였다는 이유로 피고가 이 사건 취소처분에 이른 것은 정당하고 달리 위 처분이 재량권을 남용하였거나 재량권의 범위를 일탈한 것이라고 할 수 없다고 판단하였는바 원심의 판단은 수긍이 되고 거기에 지적하는 바와 같은 법리오해의 위법이 없다'고 원고 패소판결을 하였다.

(2) 대법원의 판단과 평가

대법원은 '행정청의 허가, 면허, 인가, 특허 등과 같이 상대방에게 어떤 이익이 생기게 하는 소위 수익적 행정처분을 취소(철회)하거나 중지시키는 경우에는 이미 부여된 기득권을 침해하는 것이 되므로 비록 취소(철회) 등의 사유가 있다고 하더라도 그 취소권(철회권) 등의 행사는 기득권의 침해를 정당화할 만한 중대한 공익상의 필요 또는 제3자의 이익보호의 필요가 있는 때에 한하여 상대방이 받는 불이익과 비교 교량하여 결정하여야 할 것이다. 배출시설을 이전하기 위하여 다른 곳에다가 공장부지를 매수하고 공장신축에 착수하여 거의 완공된 상태이고 배출시설설치허가가 취소되면 공장을 가동하지 못하게 되어 회사가 도산하게 되며 종업원들이 실직하게 되는 등 사정이 있다 하더라도 이전기한으로부터 6년 이상이 지나도록 더구나 16회 가량의 이전촉구를 받고서도 배출시설을 이전하지 아니한 점과 한편으로는 모든 국민이 건강하고 쾌적한 환경에서 생활할 수 있게 함을 목적으로 제정된 구환경보전법의 취지와 공익상의 요청 등에 비추어 볼 때 위 이전명령에 위반하였다는 이유로 위 취소처분에 이른 것은 정당하고 달리 위 처분이 재량권을 남용하였거나 재량권의 범위를 일탈한 것이라고 할 수 없다'고 원고의 상고를 기각하였다.

이 판결은 배출시설 이전기한으로부터 6년 이상이 지나고 16회의 이전촉구를 받고서도 배출시설을 이전하지 아니 한 원고회사에 대해 인근 주민의 환경권 등 공익상의 요청으로 한 이전명령을 위반하였다는

이유로 배출시설설치허가취소처분을 한 것은 행정청의 재량권의 일탈·
남용이 아니라고 판단한 판결로 타당하다고 생각된다. 대기환경보전법,
수질환경보전법개별법 등 개별법 분화이전의 구 환경보전법에 기한 허
가로 설치한 오염물질 배출시설설치의 허가취소사건 판결로서 인근 주
민의 환경권을 단순한 사익만으로 보지 않고 공익상의 요청으로도 판단
하였다는 점에서 그 의의가 있다.

3. 환경정책기본법 및 개별 환경법 시대(1990년대~2000년)

이 시기에는 환경보전법이 분화되어 1990.8.환경정책기본법, 대기
환경보전법, 수질환경보전법,10) 소음진동규제법, 유해화학물질관리법
등이 제정되어 1991.2.시행되었다. 1991.12. 자연환경보전법, 1992.12.
자원의 절약과 재활용촉진에 관한 법률, 1995.1. 폐기물처리시설설치촉
진 및 주변지역지원 등에 관한 법률과 토양환경보전법이 제정되었고,
1997.8. 환경분쟁조정법이 전부 개정되어 1998.3.시행됨으로서 본격적
으로 개별 환경법의 분화시대가 도래하였다. 그리고 환경영향평가법이
환경보전법으로부터 분리, 제정되면서 이를 행정처분의 근거규범으로
본 판결이 생산되었다.

(1) 발전소부지사전승인처분취소사건(대법원 1998.9.4. 선고 97누19588 판결)

1) 사실관계와 소송의 경과

이 건은 원자력발전소 건설예정부지 인근에서 어업에 종사하는 원
고들이 피고 과학기술처장관을 상대로 피고보조참가인 한국전력공사가

---

10) 이 법은 2007.5.17.법명이 '수질 및 수생태계보전에 관한 법률'로 개칭되었다가
2017.1.17. 일부개정되면서 '물환경보전법'(약칭: 수질수생태계법)으로 개칭되어
2018.1.18.부터 시행된다.

'원자로등건설사업'(영광원자력발전소 5·6호기 건설사업)을 시행하기 위하여 그 건설허가를 받기에 앞서 1996. 2. 10. 원자력법 제11조 제3항에 의하여 피고로부터 위 토지를 원자로 및 관계 시설의 건설부지로 확정하고 그 곳에 굴착·무근콘크리트공사 등의 사전공사를 할 수 있도록 하는 내용의 이 사건 부지사전승인처분을 받은데 대하여 그 취소를 구하는 소송을 제기하였다.

제1, 2심에서는 원고들에게 원고적격이 없다고 각하판결로 패소하자 원고들이 대법원에 상고하였다. 대법원에서는 원고들에게 원고적격을 인정하였으나, 후행처분인 건축허가처분에 흡수되어 소의 이익이 없고 선행처분인 부지사용승인처분이 위법하지도 않다는 이유로 상고를 기각하였다.

2) 대법원의 판단과 평가

대법원은 '원자력법 제12조 제2호'(발전용 원자로 및 관계 시설의 위치 구조 및 설비가 대통령령이 정하는 기술수준에 적합하여 방사성물질 등에 의한 인체·물체·공공의 재해방지에 지장이 없을 것)의 취지는 '원자로등건설사업'이 방사성물질 및 그에 의하여 오염된 물질에 의한 인체·물체·공공의 재해를 발생시키지 아니하는 방법으로 시행되도록 함으로써 방사성물질 등에 의한 생명·건강상의 위해를 받지 아니할 이익을 일반적 공익으로서 보호하려는 데 그치는 것이 아니라 방사성물질에 의하여 보다 직접적이고 중대한 피해를 입으리라고 예상되는 지역 내의 주민들의 위와 같은 이익을 직접적·구체적 이익으로서도 보호하려는 데에 있다 할 것이므로, 위와 같은 지역 내의 주민들에게는 방사성물질 등에 의한 생명·신체의 안전침해를 이유로 이 사건 부지사전승인처분의 취소를 구할 원고적격이 있다고 할 것이다.

그렇다면 원고들이 방사성물질 등에 의한 생명·신체의 안전침해와 온배수로 인한 환경침해를 이유로 이 사건 부지사전승인처분의 취소

를 구하고 있는 이 사건에서 원심으로서는 마땅히 원고들이 방사성물질
에 의하여 보다 직접적이고 중대한 피해를 입으리라고 예상되는 지역
내의 주민들인지 여부 또는 환경영향평가대상지역 안의 주민들인지 여
부를 살펴(기록에 의하면 원고들은 모두 위의 범위 내의 주민들로 보인다) 원
고들에게 이 사건 부지사전승인처분의 취소를 구할 원고적격이 있는지
여부를 가렸어야 함에도, 이에 이르지 아니한 채 그 판시와 같은 이유
로 원고들에게 원고적격이 없다고 판단하고 말았으니, 거기에는 원고적
격에 관한 법리를 오해한 위법이 있다고 할 것이고'라고 판시하였다.

이 판결은 환경보전법에서 분화하여 개별법으로 제정된 환경영향
평가법이 적용된 최초의 판결이다. 원자력발전소 건설로 인한 방사능피
해의 발생가능성 및 온배수로 인한 어업 및 해양환경 변화가능성을 개
인의 개별적·직접적 이익 즉 환경사익으로 봄으로서 제3자인 인근 주민
에게 원고적격을 인정했다는 점에서 특히 인인(隣人)소송의 진전된 판결
로 평가할 수 있다.[11]

(2)   양수발전소사건(대법원 1998.9.22.선고 97누19571 판결,
발전소건설사업승인처분취소)

1) 사실관계 및 소송의 경과

이 건은 양수발전소 건설지역인 인제군 및 양양군 거주 인근주민
과 서울 등지에 사는 산악인, 환경단체인 '우이령보존회' 등 원고들 113
인이 피고 통상산업부장관을 상대로 피고보조참가인 한국전력공사가
강원도 인제군 기린면 진동리 방대천 최상류 해발 920m지점의 상부댐
과 강원 양양군 서면 영덕리 남대천 안쪽 지류 후천 135m지점의 하부
댐으로 구성되는 양수발전소 1 내지 4호기(발전시설용량 100만kw=25만
kw×4기)를 건설하기 위하여 1989.7.18.부터 1990.12.5.까지 사이에 구

---

11) 최근 신고리 5·6호기건설을 두고 탈원전정책전환을 위한 공론화과정을 보며 약 20
년 전 판결로서는 방사능 피해가능성을 법적으로 인정한 매우 선진적인 판결이다

환경보전법상의 환경영향평가를 마치고 1994.3.18. 승인신청을 하여 1995.7.6. 피고로부터 구 전원개발에 관한 특례법 제5조의 규정에 의하여 얻은 전원개발사업실시계획승인의 취소를 청구한 사건이다.

　　제2심에서는 양수발전소건설사업구역 내에 토지와 주택을 소유한 자들인 원고1. 내지 4.를 제외한 나머지 원고들에 대하여는 그들이 주장하는 환경상 이익이나 재산상 이익 등은 이 사건 승인처분의 근거 법률인 구 전원개발에관한특례법 및 구 환경보전법·구 환경정책기본법·구 환경영향평가법이 이를 그들 개개인의 개별적·구체적·직접적 이익으로서 보호하려는 것이 아니므로 그들에게 이 사건 승인처분의 취소를 구할 원고적격이 없다고 판단하였으나, 대법원에서는 원고적격을 보다 확대한 사건이다.

2) 대법원의 판단 및 평가

　　대법원은 '환경영향평가법 제8조, 제9조 제1항, 제16조 제1항, 제19조 제1항 등을 종합하여 보면, 위 규정들의 취지는 환경영향평가대상사업에 해당하는 발전소건설사업이 환경을 해치지 아니하는 방법으로 시행되도록 함으로써 당해 사업과 관련된 환경공익을 보호하려는 데 그치는 것이 아니라 당해 사업으로 인하여 직접적이고 중대한 환경피해를 입으리라고 예상되는 환경영향평가대상지역 안의 주민들이 전과 비교하여 수인한도를 넘는 환경침해를 받지 아니하고 쾌적한 환경에서 생활할 수 있는 개별적 이익까지도 이를 보호하려는 데에 있으므로, 주민들이 이 사건 승인처분과 관련하여 갖고 있는 위와 같은 환경상 이익은 단순히 환경공익 보호의 결과로서 국민일반이 공통적으로 갖게 되는 추상적·평균적·일반적 이익에 그치지 아니하고 환경영향평가대상지역 안의 주민 개개인에 대하여 개별적으로 보호되는 직접적·구체적 이익이라고 보아야 하고, 따라서 이 사건 양수발전소건설사업으로 인하여 직접적이고 중대한 환경침해를 받게 되리라고 예상되는 환경영향평가대상지역 안의 주민에게는 이 사건 승인처분의 취소를 구할 원고적격이 있다. 한편 환경영향평가대상지역 밖의 주민·일반국민·산악인·사진가·학자·환경보호단체 등의 환경상 이익이나 전원개발사업구역 밖의 주민 등의 재산상 이익에 대하여는 위 근거 법률에 이를 그들의 개별적·직접적·구체적 이익으로 보호하려는 내용 및 취지를 가지는 규정을 두고 있지 아니하므로, 이들에게는 위와 같은 이익 침해를 이유로 이 사건 승인처분의 취소를 구할 원고적격이 없다.

구 환경보전법하에서 1989. 7. 18.부터 1990. 12. 5.까지 사이에 주민의견수렴 없이 환경영향평가를 마쳤고, 그 후 사업기간을 종전의 1992.3.부터 1998.6.까지에서 1995.8.부터 2003.10.까지로 변경하였을 뿐 사업규모를 변경한 바 없는 이상 그 환경영향평가 및 이 사건 승인처분에 어떠한 위법이 있다고 할 수 없고, 또한 참가인이 시행한 환경영향평가에 있어서 참가인이 자본금의 100%를 출자한 한국전력기술 주식회사가 그 평가대행기관으로 되었고, 녹지자연도의 등급평가와 희귀식물의 서식분포에 관한 조사를 다소 잘못하였다고 하더라도 그 후 환경부장관과의 협의를 거친 이상(이는 그와 같은 환경영향평가의 부실 정도가 환경영향평가제도를 둔 입법취지를 달성할 수 없을 정도이어서 환경영향평가를 하지 아니한 것과 다를 바 없는 정도의 것이 아닌 이상이라는 취지로 이해된다), 그 때문에 이 사건 승인처분이 위법하다고 할 수 없으며, 다시 원고들 주장의 환경권이 이 사건 양수발전소건설사업으로 인하여 침해된다고 하더라도 그 주장의 환경권이 명문의 법률규정이나 관계 법령의 규정 취지 및 조리에 비추어 권리의 주체·대상·내용·행사방법 등이 구체적으로 정립되어 있다고 볼 수 없어 법률상의 권리로 인정될 수 없는 이상, 그 때문에 이 사건 승인처분이 위법하다고 할 수 없고, (중략) 이 사건 승인처분에 재량권을 일탈·남용한 위법이 없다고 판단하였는바, 원심의 위와 같은 판단은 모두 정당하고, 거기에 상고이유로 지적하는 바와 같은 법리오해 등의 위법이 없다'고 판시하였다.

이 판결은 원고적격의 범위를 환경영향평가지역 내에 있는 인근주민들까지는 넓혔으나, 환경영향평가지역 밖에 사는 사람이나, 해당지역에서 활동하지 않는 단체라는 이유로 환경단체(우이령보존회)의 원고적격을 인정하지 않았다. 환경단체에 대한 적격불인정도 아쉽지만,[12] 남대천에서 연어를 채취하는 어민에게도 원고적격을 인정하지 않은 점은 좀 문제가 있다. 또한 환경영향평가의 부실에 대해 이를 하지 않은 것과 다를 바 없는 것이 아닌 이상 재량권의 일탈·남용이 없어 위법하지 않다고 평가함으로서 환경영향평가절차상 하자에 대해 너무 관대한 입장을 취하고 있다는 점에서 문제가 있다.[13]

4. 자연공원법 시대(2000년대~2010년)[14]

2001.3. 자연공원법, 2003.12. 수도권 대기환경개선에 관한 특별법, 2004.2. 악취방지법과 야생 동·식물보호법,[15] 2006.9. 가축분뇨의 관리

---

12) 이 판결에 대한 비판석 평석은 이은기, 환경단체의 원고적격 - 대법원 1998.9.22.선고 97누19571판결 -, 행정판례평선, 2011.6.30, 박영사, 1289~1291면 참조.
13) 환경영향평가에 대한 관대한 판결들에 대한 비판은 이은기, 하자있는 환경영향평가를 거친 행정처분의 판결이유에 관한 재검토 소고 - 반복된 판박이 대법원 판시이유에 대한 비판 -, 공법연구 제45집 제3호(2017.2), 313~338면 참조.
14) 이 시기에 환경관련판결은 아니지만 종래 사실행위로 보던 지적공부상의 '지목변경'을 행정처분으로 판례 변경한 사례가 있다. 대법원 2004.4.22.선고 2003두9015 전원합의체판결(지목변경신청반려처분취소청구각하취소)에서는 '구 지적법 제20조, 제38조 제2항의 규정은 토지소유자에게 지목변경신청권과 지목정정신청권을 부여한 것이고, 한편 지목은 토지에 대한 공법상의 규제, 개발부담금의 부과대상, 지방세의 과세대상, 공시지가의 산정, 손실보상가액의 산정 등 토지행정의 기초로서 공법상의 법률관계에 영향을 미치고, 토지소유자는 지목을 토대로 토지의 사용·수익·처분에 일정한 제한을 받게 되는 점 등을 고려하면, 지목은 토지소유권을 제대로 행사하기 위한 전제요건으로서 토지소유자의 실체적 권리관계에 밀접하게 관련되어 있으므로 지적공부 소관청의 지목변경신청 반려행위는 국민의 권리관계에 영향을 미치는 것으로서 항고소송의 대상이 되는 행정처분에 해당한다'고 판시하였다. 선정원, 公簿變更 및 그 拒否行爲의 處分性, 行政判例研究 VII, 2002.12.31, 한국행정판례연구회, 박영사, 311면 참조.

및 이용에 관한 법률, 2006.3. 문화유산과 자연환경자산에 관한 국민신
탁법이 제정되었다. 이 시기에는 대기, 물, 토양, 일조 등 생활환경에 대
한 권리의식이 고양되어 이에 대한 판결이 다수 생산되었다.

　　○ 온천조성사업시행허가처분취소(대법원 2001.7.27, 선고, 99
　　　두8589판결)

　(1) 사실관계 및 소송의 경과

　　이 건은 속리산 문장대온천사업관광지로부터 약 2km 정도 떨어진
신월천변 지역에 거주하는 주민들인 원고 김용재 외 67인이 피고 상주
시장을 상대로 문장대온천조성사업으로 신월천, 달천 등 하천의 수질이
오염됨으로써 인근 주민들의 식수 등도 오염되어 주민들의 환경이익 등
이 침해되거나 침해될 우려가 있다는 이유로 온천조성사업시행허가처
분의 취소를 청구한 사건이다.

　　이 건에 대해 대법원(대법원 1998.10.20.선고 97누5503 판결)으로부터
파기, 환송을 받은 대구고등법원은 '이 사건 처분으로 인하여 신월천의
주변지역에 거주하는 원고들이 수인한도를 넘는 정도로 생활환경에 관
한 이익을 침해당할 염려가 없다. 따라서 이 사건 처분의 취소를 구하는
원고들의 이 사건 청구는 이유 없다'고 원고들의 청구를 기각하였다. 그
러나 대법원은 대구고등법원의 원심판결을 파기하여 다시 환송하였다.

　　대구고등법원은 '환경부는 1991.5.31. 신월천에서 충주 달천에 이
르는 달천 전구역을 상수원수 1급 자연환경보전구역으로 지정·고시하였
으며, 원고들은 이 사건 관광지로부터 약 2km 정도 떨어진 신월천변
지역에 거주하는 주민들이고, 교통부장관은 1989. 7. 14. 토지이용계획
면적 956,000㎡, 관광시설 128동, 건축연면적 45,194.8㎡인 문장대온천

---

15) 이 법은 2004.2.야생물 보호 및 관리에 관한 법률(약칭 야생생물법)로 개명되었다.

관광지조성계획을 승인하였고, 교통부장관으로부터 권한위임을 받은 경상북도지사가 1991. 7. 24. 시설규모를 91동, 건축연면적을 58,606.2㎡로 변경하는 내용의 조성계획변경을, 1995. 12. 7. 시설규모를 116동, 건축연면적을 74,764.33㎡로 변경하는 내용의 조성계획변경을 순차 각 승인하였으며, 경상북도지사로부터 권한위임을 받은 피고가 1996. 4. 8. 피고보조참가인 문장대온천관광지개발지주조합에 대하여 관광지에서의 오수처리시설은 토양피복형접촉산화법('산화법') 및 모관침윤트렌치공법('트렌치공법') 등에 의하여 설치하되 오수처리시설이 다른 시설보다 먼저 설치가동되도록 하는 등의 조건을 붙여 위 관광지조성사업시행을 허가하는 내용의 이 사건 처분을 하여 피고보조참가인은 같은 해 8월 20일부터 관광지 조성을 위한 공사를 시행하고 있다. (중략) 그러므로 위 관광지의 개발로 인하여 신월천의 수질이 오염될 우려가 없으며, 현재 오수처리시설 설치를 위한 부지가 확보되지 않았고 실행설계가 없어 계획단계에 불과하다 하더라도 이 사건 처분은 오수처리시설이 다른 시설보다 미리 설치·가동되는 것을 조건으로 하였기 때문에 오수처리시설의 가동 없이 다른 시설이 운영될 수 없으므로, 이 사건 처분으로 인하여 신월천의 주변지역에 거주하는 원고들이 수인한도를 넘는 정도로 생활환경에 관한 이익을 침해당할 염려가 없고, 따라서 이 사건 처분의 취소를 구하는 원고들의 이 사건 청구는 이유 없다'고 하여 원고들의 청구를 배척하였다.

(2) 대법원 판단 및 평가

대법원은 '관광지조성사업의 시행은 국토 및 자연의 유지와 환경의 보전에 영향을 미치는 행위로서 그 허가 여부는 사업장소의 현상과 위치 및 주위의 상황, 사업시행의 시기 및 주체의 적정성, 사업계획에 나타난 사업의 내용, 규모, 방법과 그것이 자연 및 환경에 미치는 영향 등을 종합적으로 고려하여 결정하여야 하는 일종의 재량행위에 속한다고

할 것이고, 위와 같은 재량행위에 대한 법원의 사법심사는 당해 행위가
사실오인, 비례·평등의 원칙 위배, 당해 행위의 목적 위반이나 부정한
동기 등에 근거하여 이루어짐으로써 재량권의 일탈·남용이 있는지 여
부만을 심사하게 되는 것이나, 법원의 심사결과 행정청의 재량행위가
사실오인 등에 근거한 것이라고 인정되는 경우에는 이는 재량권을 일
탈·남용한 것으로서 위법하여 그 취소를 면치 못한다 할 것이다. 관광지
조성사업시행 허가처분에 오수처리시설의 설치 등을 조건으로 하였으
나 그 시설이 설치되더라도 효능이 불확실하여 오수가 확실하게 정화
처리될 수 없어 인접 하천 등의 수질이 오염됨으로써 인근 주민들의 식
수 등도 오염되어 주민들의 환경이익 등이 침해되거나 침해될 우려가
있고, 그 환경이익의 침해는 관광지의 개발 전과 비교하여 사회통념상
수인한도를 넘는다고 보이며, 주민들의 환경상의 이익은 관광지조성사
업시행 허가처분으로 인하여 사업자나 행락객들이 가지는 영업상의 이
익 또는 여가생활향유라는 이익보다 훨씬 우월하다는 이유로, 그 환경
적 위해 발생을 고려하지 않은 관광지조성사업시행 허가처분은 사실오
인 등에 기초하여 재량권을 일탈·남용한 것으로서 위법하다'고 판시하
였다.

　이 판결은 관광개발지역 인근주민들인 원고들이 향유하는 오염되
지 않은 깨끗한 물에 대한 개별적 이익(환경 사익)을 피고보조참가인의
관광사업으로 인한 사업상 이익(사익)이나 환경상 악영향을 초래하지 않
는 관광지 온천개발이라는 공익과 비교 형량한 결과 원고들의 환경사익
을 우월한 것으로 판단한 판결로서 인인의 환경사익이 공익보다 우월하
게 평가되었다는 측면에서 그 의미가 있다고 평가할 수 있다.[16]

<hr/>

[16] 이 판결 이전에 같은 속리산 국립공원 용화온천집단지구개발사업에 대한 대법원
1998.4.24.선고 97누3268판결에 대한 평석은 김동건, 환경행정소송과 지역주민의
원고적격, 行政判例研究 V, 2000. 10.20, 韓國行政判例研究會 編, 서울대학교출판부
183~216면 참조. 집필당시 김동건 수원지방법원장은 처분의 근거법령 인환경영
향평가법령 외에 자연공원법령과 같은 개별법령의 일반적인 환경배려조항에 근거

5. 저탄소녹색성장기본법시대(2010년~현재)

이 시기는 지구온난화문제를 해결하기 위해 국제적 공조경향에 따라 기후변화협약이 국내법으로 수용되던 시기였다. 저탄소녹색성장기본법이 2010.1.제정되어 2010.4.부터 시행되었고, 온실가스배출권거래제를 도입하고자 2012.5. 온실가스 배출권의 할당 및 거래에 관한 법률이 제정되어 2012.11.부터 시행되었다.[17] 해양환경보전 및 활용에 관한 법률(약칭: 해양환경보전법)이 2017.3.제정되어 2017.9.부터 시행되었고 2014.12. 환경오염피해 배상책임 및 구제에 관한 법률(약칭: 환경오염피해구제법)이 제정되어 2016.7.부터 시행되었다.

이 시기에는 4대강사업, 제주해군기지건설, 밀양송전선사건, 영주댐 사건 등 대형국책사업에 대한 환경행정판결이 있었고 500여개 기업에 대한 온실가스배출권할당이 있었는바, 그에 대한 행정소송은 아직 하급심에 계속 중이다.

○ 제주해군기지사건(대법원 2012.7.5.선고 2011두19239 전원합의체판결, 국방·군사 시설사업실시계획승인처분무효확인등)

(1) 사실관계와 소송의 경과

이 건은 제주도 강정마을 인근에 해군기지를 건설하고자 국방·군사시설사업실시계획승인처분을 한 국방부장관을 상대로 원고들이 사전환경성검토협의절차 및 환경영향평가단계에서의 하자를 이유로 승인처분

로 막바로 지역주민의 제3자 원고적격을 도출하는 것은 무리라며 경계하고 있다. 위 논문215~216면.

17) 2017.12.20. 국무조정실 온실가스종합정보센터의 발표에 따르면 2015년 GDP가 2.8% 증가한 반면국가 온실가스 배출량이 전년('14년)보다 약 1백만톤(0.2%) 증가한 6억 9,020만톤CO_2eq.(이산화탄소 환산기준)이다. http://www.gir.go.kr (국무조정실 온실가스종합정보센터)참조.

의 무효확인등을 청구한 사건이다.

제2심인 서울고등법원(서울고법 2011.6.16.선고 2010누27273판결)은 '환경영향평가법의 위임에 따라 환경영향평가 대상사업 또는 그 사업계획에 대한 환경영향평가서 제출시기를 규정하고 있는 구 환경영향평가법 시행령 제23조[별표 1] 제16호 (가)목 소정의 '기본설계의 승인 전'(이건 시행령규정)은 그 문언에도 불구하고 구 국방·군사시설 사업에 관한 법률 제4조에 따른 '실시계획'의 승인 전을 의미한다고 전제한 다음, 환경영향평가를 거치지 아니한 채 한 피고의 이 사건 실시계획 승인처분은 당연무효이다'고 원고 일부승소판결을 내렸으나, 대법원은 원고 패소취지로 파기, 환송하였다.

(2) 대법원의 판단과 평가

대법원은 '절대보전지역의 지정 및 변경은 도지사의 재량행위라고 판단한 후, 이 사건 절대보전지역변경(축소)결정은 강정마을 내의 절대보전지역 중 이 사건 사업부지에 속한 105,295㎡를 해제하여 절대보전지역의 범위를 축소하는 것이므로 주민의견 청취절차가 필요 없고, 도지사가 관계 법령의 범위 내에서 도의회의 동의를 얻어 정책상의 전문적·기술적 판단을 기초로 재량권의 범위 내에서 행한 적법한 처분으로 봄이 상당하고, 거기에 사실오인, 비례·평등의 원칙 위반, 당해 행위의 목적 위반이나 동기의 부정 등이 없다. (중략) 비록 사전환경성검토 단계에서 사업입지 관련 대안을 자세히 검토하지 않았고, 계획 적정성에 관한 내용이 누락되었으며, 환경영향평가단계에서 멸종위기종의 존재를 누락하는 등 환경영향평가에 다소 미흡한 부분이 있었다고 하더라도, 그 부실의 정도가 환경영향평가제도를 둔 입법 취지를 달성할 수 없을 만큼 심하여 환경영향평가를 하지 아니한 것과 다를 바 없는 정도라고 볼 수는 없다.

시행령 제23조[별표 1] 제16호 (가)목 소정의 '기본설계의 승인 전'
은 문언 그대로 구 건설기술관리법 시행령 제38조의9소정의 '기본설계'
의 승인 전을 의미하는 것으로 해석함이 상당하고, 그렇게 보는 것이
법의 위임 범위를 벗어나는 것도 아니다.

이 사건 시행령규정의 '기본설계의 승인 전'은 구 건설기술관리법
령상 '기본설계'의 승인 전을 의미하는 것으로 해석하여야지 이를 구 국
방사업법상 '실시계획'의 승인 전을 의미하는 것으로 해석할 것은 아니
다. 그럼에도 원심은 이 사건 시행령규정의 '기본설계의 승인 전'은 이
사건 국방·군사시설사업에 대한 '실시계획의 승인 전'을 의미한다는 전
제하에, 사업시행자인 해군참모총장이 이 사건 실시계획 승인처분 전에
피고에게 사전환경성검토서만 제출하였을 뿐 환경영향평가서를 제출하
지 않았다는 이유로 이 사건 실시계획 승인처분이 무효라고 판단하였는
바, 이는 이 사건 실시계획 승인처분의 본질과 특수성, 국방·군사시설사
업에 관한 환경영향평가서 제출시기 등에 관한 법리를 오해하여 판단을
그르친 것이다. 상고이유로 이 점을 지적하는 피고의 주장은 이유 있다'
라며 서울고등법원의 판결을 파기, 환송하였다.

이 판결은 국방·군사시설인 해군기지 설치를 위한 국가적 공익
과 인근 주민의 환경이익이 충돌한 경우에 대한 판결이다. 환경영향평
가를 거치지 아니한 채 한 피고의 이 사건 실시계획 승인처분은 당연
무효라는 원고의 주장에 대해 사전환경성검토 단계에서 사업입지 관
련 대안을 자세히 검토하지 않았고, 계획 적정성에 관한 내용이 누락
되었으며, 환경영향평가단계에서 멸종위기종의 존재를 누락하는 등
환경영향평가에 다소 미흡한 부분이 있었다고 하더라도, 그 부실의 정
도가 환경영향평가제도를 둔 입법 취지를 달성할 수 없을 만큼 심하
여 환경영향평가를 하지 아니한 것과 다를 바 없는 정도라고 볼 수는
없다며 하자있는 환경영향평가를 거친 행정처분에 대해 위법성을 인
정하지 하지 않고 면죄부를 주어 온 기존입장을 되풀이한 판결이라는

점에서도 문제가 있다.[18] 국토방위에 있어 국가기관인 사법부의 역할을 이해할 수 있지만, 자연환경법이 적용되는 절대보전지역변경(축소) 결정에서 이 사건 사업부지에 속한 강정마을 내의 105,295㎡를 해제하여 절대보전지역의 범위를 축소하는 것이므로 주민의견 수렴절차가 필요 없고 도지사가 관계 법령의 범위 내에서 도의회의 동의를 얻어 재량권의 범위 내에서 행했으므로 적법하다고 본 대법원의 판단은 절차상의 하자를 무효·취소사유로 보아 온 기존 판례들과 비교해 볼 때 문제가 있다.

Ⅲ. 공익 상호간의 충돌사례

환경분쟁에서 공익과 공익이 충돌하는 경우는 그렇게 흔하지는 않다. 국가적 공익인 개발이익과 생태계 등 자연환경보전을 목적으로 하는 환경공익이 충돌한 사건으로 볼 수 있는 사례로는 속칭 도롱뇽 사건, 새만금사건, 4대강사건을 들 수 있다. 이들 사건에 대해 살펴보기로 한다.

---

18) 대법원 1998.9.22.선고 97누19571판결(발전소건설사업승인처분취소)이래 대법원은 문구를 약간 달리 하였을 뿐 "환경영향평가를 거치지 아니하였음에도 승인 등 처분을 하였다면 그 처분은 위법하다. 그렇지만 그러한 절차를 거쳤다면, 비록 그 환경영향평가의 내용이 다소 부실하다 하더라도, 그 부실의 정도가 환경영향평가 제도를 둔 입법 취지를 달성할 수 없을 정도이어서 환경영향평가를 하지 아니한 것과 다를 바 없는 정도의 것이 아닌 이상, 그 부실은 해당 승인 등 처분에 재량권 일탈·남용의 위법이 있는지 여부를 판단하는 하나의 요소로 됨에 그칠 뿐, 그 부실로 인하여 당연히 해당 승인 등 처분이 위법하게 되는 것이 아니다"라는 판시이유를 똑같게 반복하고 있다. 이은기, 하자있는 환경영향평가를 거친 행정처분의 판결이유에 관한 재검토 소고 참조.

1. 도룡뇽사건(대법원 2006.6.2.선고, 2004마1148,1149 결정, 공사착공금지가처분)

(1) 사실관계 및 소송의 경과

이 사건은 신청인 도룡뇽, 환경단체인 '도룡뇽의 친구들', 천성산 소재 사찰인 내원사, 미타암 등이 경부고속철도공사를 진행하던 피신청인(건설교통부 산하 경부고속철도공사시행자인) 한국철도시설공단을 상대로 천성산 고층습지에 사는 도룡뇽 등 생태계보전을 위하여 환경권, 자연방위권을 피보전권리로 하여 터널공사금지 가처분 즉 유지청구를 신청한 보전소송이다.

경부고속철도공사 시행자인 피신청인 한국철도시설공단이 물류운송시간 단축에 필요한 천성산을 관통하는 길이 13.5km의 원효터널공사를 진행하고 있었다. 2003년부터 2006년까지 지율스님,[19] 위 환경단체 등은 터널 공사에 대해 환경영향평가나 자연정밀변화보고서의 부실을 지적하며, 터널공사로 인한 지하수 유출과 고층습지 고갈, 생태계 훼손, 터널의 안전성 문제를 제기하였다. 2006년 천성산 대책위와 한국철도시설공단이 공동으로 실시한 원효터널 구간 천성산 환경영향공동조사 결과, 천성산 논란의 핵심이었던 지하수 유출문제를 비롯하여 고층습지 훼손과 암반 붕락 등 터널안전성에 문제가 있다는 결과가 나오기도 했다.

신청인 도룡뇽 및 '도룡뇽의 친구들'이라는 자연물과 환경단체 그리고 천성산에 소재하고 터널공사 구간 중 토지의 소유권을 보유한 전통사찰인 내원사, 미타암이 도룡뇽이 서식하는 고층습지 등 자연생태환경의 파괴 등 환경적 이익에 대한 침해의 배제 또는 예방을 신청원인으로 하여 터널의 착공금지가처분신청을 울산지방법원에 제기하면서 시

---

19) 지율스님은 4회에 걸쳐 241일 동안 단식투쟁 시위를 벌였고, 환경단체 '도룡뇽의 친구들' 등의 공사반대운동으로 터널공사가 3년간 공사 중단과 재개를 반복하면서 145억원 이상의 공사비가 증가했다는 평가가 있었다. https://www.daum.net

작되었다.

제1심(울산지법 2004.4.8.선고 2003카합982판결)과 제2심(부산고법 2004. 11.29.선고 2004라41,42결정)은 '도롱뇽' 및 '도롱뇽의 친구들'의 원고적격을 부인하여 가처분신청을 각하하였고, 나머지 신청인 내원사, 미타암의 신청도 기각하였다.

(2) 대법원의 판단 및 평가

대법원은 '신청인 내원사, 미타암, 도롱뇽의 친구들이 환경권에 관한 헌법 제35조 제1항이나 자연방위권 등 헌법상의 권리에 의하여 직접 피신청인에 대하여 고속철도 중 일부 구간의 공사 금지를 청구할 수는 없고 환경정책기본법 등 관계 법령의 규정 역시 그와 같이 구체적인 청구권원을 발생시키는 것으로 해석할 수는 없으므로, 원심이 같은 취지에서 신청인 내원사, 미타암의 신청 중 환경권이나 자연방위권을 피보전권리로 하는 부분 및 신청인 도롱뇽의 친구들의 신청(위 신청인은 천성산을 비롯한 자연환경과 생태계의 보존운동 등을 목적으로 설립된 법인 아닌 사단으로서 헌법상 환경권 또는 자연방위권만을 이 사건 신청의 피보전권리로서 주장하고 있다)에 대하여는 피보전권리를 인정할 수 없다는 취지로 판단한 것은 정당하고, 환경권 및 그에 기초한 자연방위권의 권리성, 신청인 도롱뇽의 친구들의 당사자적격이나 위 신청인이 보유하는 법률상 보호되어야 할 가치 등에 관한 법리오해 등의 위법이 없다. 신청인 도롱뇽의 당사자능력에 관하여 원심결정 이유를 기록에 비추어 살펴보면, 도롱뇽은 천성산 일원에 서식하고 있는 도롱뇽목 도롱뇽과에 속하는 양서류로서 자연물인 도롱뇽 또는 그를 포함한 자연 그 자체로서는 이 사건을 수행할 당사자능력을 인정할 수 없고… 신청인 내원사, 미타암, 도롱뇽의 친구들이 환경권에 관한 헌법 제35조 제1항이나 자연방위권 등 헌법상의 권리에 의하여 직접 피신청인에 대하여 고속철도 중 일부 구간의 공사금지를 청구할 수는 없고 환경정책기본법 등 관계 법령의 규정 역

시 그와 같이 구체적인 청구권원을 발생시키는 것으로 해석할 수는 없
다'고 판시하였다.

이 판결은 우리나라 최초로 사법적 구제절차를 통해 제기된 '자연
의 권리'의 인정여부에 대한 판결로서,[20] 천성산 일원의 생태계 등 자
연환경보전을 청구원인으로 하여 국가 공익목적사업의 중지를 구한 소
송이다. 피신청인 측의 물류운송시간의 단축이라는 국가적·사회적 공
익 즉 교통공익과 신청인 측의 지역사회 생태계보전이라는 환경공익 및
사찰의 환경사익이 충돌한 사건으로 볼 수 있다.

결국 자연물에 대해서는 원고적격 부재를 이유로 각하하고 환경권,
자연방위권에 대한 구체적 근거규정이 없다는 이유로 기각하였는바, 판
결이유에는 나타나지 않았지만 교통공익이 환경공익이나 환경사익에
우선한다는 이익비교형량의 결과로 해석할 수 있다. 구체적 근거규정
미비와 이익의 형량판단에는 이의를 제기하기 어려우나, 자연환경보전
이라는 환경공익의 관점에서 보면 다소 아쉬움이 남는 판결이다.

2. 새만금사건(대법원 2006.3.16.선고 2006두330 전원 합의체판결, 정부조치계획취소등)

(1) 사실관계 및 소송의 경과

이 건은 새만금간척사업시행 인근 전북 군산시, 김제시, 부안군 거
주민과 그 외 지역 거주자인 3,539명의 원고들이 피고 농림부장관(피고
보조참가인 전라북도지사)을 상대로 정부조치계획 등의 무효 확인을 청구
한 사안이다.

---

20) 자연물의 권리에 관하여 미국의 최초 판결은 Sierra Club v. Morton, 405 U.S.
727(1972)에서 Douglas대법관에 의해 반대의견으로 개진되었고, Christopher D.
Stone교수도 Should Trees Have Standing? Toward Legal Rights for Natural Objects
라는 책에서 Douglas대법관의 견해에 동조하였다. 김홍균, 환경법, 929면 각주 68)
참조.

1971년부터 1986년 사이에 전북 김제, 부안, 군산 일원 갯벌의 간척사업으로 새만금사업 예정지조사가 진행되었고 1989. 11. 새만금개발사업 종합계획이 수립된 후 1991.11.28. 공사가 착공되었다.

1999년 민간공동조사단의 구성 및 공사 중지, 2003년 7월 서울행정법원의 집행정지결정21)으로 방조제 공사 중단, 2004년 1월 서울고등법원의 집행정지결정취소로 공사재개, 2005년 2월 서울행정법원의 개발범위와 용도에 대한 사회적 합의가 끝나기 전까지 방조제를 막지 말라는 조정권고안이 내려져 공사 중단과 재개를 거쳐 2006년 3월 대법원의 판결22)이 내려졌고 2006년 4월 외관방조제공사가 완료되었다.23) 이 간척사업은 부안군과 군산시를 잇는 33.9km에 달하는 세계 최장의 방조제를 축조함으로써, 토지 28,300ha와 담수호 11,800ha 등 총40,100ha (401㎢)의 땅24)을 새롭게 조성하는 우리나라 최대의 간척사업이었다.25)

이 사업에 대해 전국 각지의 국민 3,539인이 자연환경인 갯벌의 보전필요성26) 등의 이유를 청구원인으로 하여 농림부장관을 상대로 정부조치계획등의 취소를 구하는 행정소송을 서울행정법원에 제기하였다. 서울행정법원에서는 환경이익을 개발이익에 우선하여 원고승소판결을 내렸으나 제2심에서는 개발이익을 우선하여 원고 패소판결을 내렸다.

---

21) 서울행정법원 2003.7.15.선고 2003아1142판결 참조.
22) 2006.3.16.선고, 2006두330 정부조치계획취소등 전원합의체 판결(원고: 조경훈 외 3538인, 피고: 농림부장관, 피고보조참가인: 전라북도)
23) 최동배, 새만금사업의 향후 법적 과제, 환경법연구 제30권 1호(2008.5.), 39~40면.
24) 이는 여의도면적의 140배, 서울의 2/3, 파리의 4배에 해당하며 2007년 말 기준 방조제사업비로만 2조 3,285억원이 투입되었고 1991년부터 2020년까지 소요될 총사업비는 3조 2570억원이다.
25) http://www.saemangeum.go.kr, 강현호, 새만금사업촉진을 위한 특별법의 환경법적 의의와 과제, 환경법연구 제30권 1호(2008.5.), 5~8면.
26) 갯벌은 지구 생태계 면적의 0.3%를 차지할 뿐이지만, 숲의 10배, 농경지의 100배에 달하는 생태적 가치를 가지고 있다는 주장이 있으며, 우리나라 갯벌의 연간 경제적 가치는 16조에 달한다고 한다. 이투데이 2015.6.24. 독자칼럼(김영석 해수부차관, 생명을 품은 땅, 갯벌의 자원화로 일구는 창조경제),조선일보 2015. 7.24. 독자칼럼(이종구, 갯벌도 살리고 개발도 하는 묘안 찾아야) 참조.

제1심(서울행정법원 2003.7.15.선고 2003아1142판결)과 제2심(서울고등법원 2005. 12.21.선고 2005누4412 판결)을 거쳐 대법원은 판결이유에서 "새만금사업의 환경영향평가 대상지역은 군산시, 김제시, 전북 부안군 전 지역인데, 원고 조경훈 등 143명의 원고를 제외한 나머지 원고들(원고 144. 내지 3539.)이 거주하는 목포시, 익산시, 전북 완주군, 전주시, 서울 등의 지역은 환경영향평가 대상지역도 아닌데다가 위 원고들이 위 공유수면매립면허처분 등으로 인하여 그 처분 전과 비교하여 수인한도를 넘는 환경피해를 받거나 받을 우려가 있다는 점을 입증하지 못하고 있으며, 위 원고들이 이 사건 각 처분과 관련된 구 공수법상의 공유수면에 관하여 권리를 가진 자 또는 농촌근대화촉진법상의 이해관계인에 해당한다고 인정할 자료가 없다. 그러므로 위 원고들에게는 이 사건 각 처분의 무효확인을 구할 원고적격이 있다고 할 수 없다'고 판시하였다.27) 또한 원고적격인 인정된 원고들이 청구원인으로 구한 쌀수입 및 소비감소로 인한 농지조성의 불필요성과 해양생태계 파괴로 인한 경제성결여 등 사정변경으로 인한 매립면허처분취소 등에 대하여 이유없다고 상고를 기각하였다.

(2) 대법원의 판단 및 평가

이건의 쟁점은 새만금사업과 같은 대형 국책사업에서의 이익충돌은 환경공익과 개발공익 중 어느 공익을 우선할 것인가가 된다. 환경분쟁 중 공익 상호간의 충돌이 이루어진 대표적인 경우이다. 이러한 사안에서는 개발과 환경보전 중 어디에 중점을 두느냐는 이념과 가치관에 따라 결론이 달라 질 수밖에 없다.28) 대법원의 다수의견은 개발이익이

---

27) 이 판결 선고 후 2007년 새만금사업을 위한 새만금종합개발특별법과 연안개발특별법이 제정되었는바, 이에 대해 지역환경단체인 '새만금생명평화전북연대'가 반대성명을 내는 등 반대활동을 해오고 있다.

28) 정남철, 環境訴訟과 隣人保護, 환경법연구 제28권 1호(2006.5.15.), 한국환경법학회, 262~263면.

환경이익보다 우위에 있음을 인정하였고, 반대의견은 환경이익이 개발
이익보다 우위에 있음을 인정하였고29) 보충의견은 '친환경적 개발'이라

---

29) 2015.1.23. KBS뉴스 전재 : 지난 1987년 방조제로 바닷물을 막은 시화호의 초기 모
습입니다. 유입된 공단 폐수로 수질은 급격히 나빠지고, 물고기가 집단 폐사하는
등 죽음의 호수로 변했습니다. 철새는 물론, 어부들 역시 생업을 져버리고 이곳을
떠날 수밖에 없었는데요. 하지만 지난 1996년부터 바닷물을 유통시키고 100만 제
곱미터에 이르는 갯벌을 복원하면서 사정은 달라졌습니다. 복원한 갯벌이 하루 7
만 2천 세제곱미터의 하천 유입수를 정화하면서 시화호는 바깥 바닷물과 같은 수
준으로 깨끗해졌고, 해마다 35만 마리의 철새가 날아들고 있습니다. 이처럼 갯벌
의 가치가 알려지면서 사라진 갯벌을 복원하는 사업이 전국 곳곳에서 추진되고
있지만 난관에 부딪히고 있습니다.
▼갯벌 되살리기, 전국 곳곳 난항▼ <리포트> 지난 1976년, 100만 제곱미터의
갯벌을 메워 농지로 만든 대흥포 간척지구입니다. 쌀농사 소득이 갈수록 줄자 5년
전 농민들은 역간척 사업을 추진했습니다. 토지를 위탁해 갯벌로 복원하고 관광
등으로 수익을 창출하겠다는 겁니다. 하지만 아예 토지를 사달라는 땅 주인들과
의견이 엇갈리면서 사업은 중단됐습니다. <인터뷰> 김병철(대흥포 역간척사업
추진위원장) : "개인의 재산권을 … 농업이란 걸 포기해야 하기 때문에 그러면 거
기에 걸맞은 보상이 있어야죠. 무산이 돼버리니까 많이 안타까운 거죠." 농지매립
과 농업용수확보를 위해 지난 2001년 준공된 보령·홍성 방조제. 갯벌이 사라지면
서 굴 등 특산물 수확이 많이 줄고 수질까지 크게 나빠지면서 200여 명 주민 가운
데 90%가 넘는 주민들은 갯벌 복원을 위해 방조제를 트길 바라고 있습니다.
<인터뷰> 전춘식(복원추진찬성 주민) : "방조제를 막은 곳이 굴이 유명하고 맛
있고 잘 나는 곳이었어요. 바지락까지 방조제를 막으면서 그 좋은 굴 밭이 없어지
고…" 하지만 농어촌공사가 농업 용수 부족을 이유로 복원에 반대하고 있어 자치
단체가 복원하는 데 어려움을 겪고 있습니다. <인터뷰> 남궁영(충청남도 기획
관리실장) : "(국토부, 해양수산부, 농림식품부의) 합의를 얻기가 싶지 않아요. 특
히 지방자치단체에서 합의를 이끌어내는 건 불가능에 가깝죠." 주민들이 갯벌 복
원을 요구하고 있는 곳은 전국 15개 자치단체, 81곳에 이르지만 지금까지 사업이
착수된 곳은 없습니다.
▼갯벌의 가치는?▼ <기자 멘트>
갯벌을 메워 땅으로 만드는 '간척 사업'은 좁은 국토를 조금이라도 늘리기 위한 것
으로 정부는 국토 대개조, 인간 승리의 사례로까지 홍보했습니다. 이에 따라 국내
갯벌 면적은 1987년 3천 2백㎢에서 2005년 2천 5백㎢로 20%가량 줄어들었습니다.
그러나 요즘 들어 환경에 대한 인식이 확 달라졌습니다. 우리 국민 가운데 갯벌 복
원을 원한다는 응답이 92.4%에 이를 만큼 변한 건데요. 물론, 실리적인 부분도 있
습니다. 20년 전 1제곱킬로미터에 46억 원이던 쌀농사 순수익은 최근 절반으로 감

소했지만, 갯벌의 경제적 가치는 51억 원으로 2배가 넘습니다. 그만큼 갯벌의 가치가 높다는 건데 다른 나라들은 어떻게 했을까요? 진정은 기자가 취재했습니다.
▼갯벌 복원의 경제학, 환경 선진국의 교훈▼ <리포트>
네덜란드 북쪽, 바덴해에 있는 한 어촌 마을입니다. 인구 천 명의 작은 마을이지만 철새를 보러 온 생태 관광객으로 마을은 항상 북적입니다. 홍수 방지용 제방을 허물고 염전 등으로 활용하던 갯벌을 되살리면서 생긴 변화입니다. 전 국토의 95%가 간척지인 네덜란드가 제방을 터 갯벌을 복원하기 시작한 건 지난 1980년대 초. 제방을 부숴 갯벌 환경을 되살리더라도 홍수예방에 큰 문제가 없다는 판단 아래 네덜란드 정부가 한 해 수백억 원씩 투입하고 있습니다. 그 결과 네덜란드북쪽 해안에 자리잡은 작은 섬인 아블랜드도에 한해 60만 명의 관광객이 갯벌을 찾아오고 있습니다. 특히 인접한 독일, 덴마크도 함께 7,500㎢에 달하는 바덴해 갯벌 보호 국제 협약을 맺고 공동 복원을 진행해오고 있습니다. 도시 확장에 따른 무분별한 매립으로 40%의 갯벌이 사라진 일본은 1980년대 초 지방정부가 예산을 투입해 갯벌 되살리기에 뛰어들었습니다. 갯벌 매립으로 환경오염을 경험한 일본 도쿄와 오사카 시는, 매립과 동시에 인공 갯벌을 조성하도록 지난 2001년 조례도 만들었습니다. <인터뷰> 타케시 야마모토(오사카시 항만국) : "녹지를 만들지 않으면 안 된다는 조례가 있기 때문에 녹지 주변의 물이 오염되지 않도록 갯벌을 만들게 됐습니다." 환경 선진국들은 갯벌 복원을 통해 자연과 주민 모두 상생의 길을 가고 있어 우리도 눈여겨 봐야 할 것입니다.
▼갯벌정보시스템 네덜란드는 생존을 목적으로 해안매립을 진행해 왔으나 북해의 바덴해를 자연보호지역으로 보존하는 정책도 함께 펼치고 있다. 즉, 현세대의 요구를 충족시키되 미래세대의 요구를 위협하지 않기 위하여 지속 가능한 이용을 보장하는 통합적인 연안관리개념을 바다와 해안관리에 도입하고 있다. 특징적인 것은 해안지역의 규제와 자연보전을 위해 '핵심지역'을 지정하여 독일의 경우와 마찬가지로 엄격하게 이용 규제를 하고, 어떤 새로운 시설의 건설 및 활동도 허가하지 않고 있는 점이다. 네덜란드 측 바덴해 갯벌의 관리정책은 물리적 계획수단, 바덴해 규약(Wadden Sea Memorandum) 및 자연보전법에 근거를 두고 있다. 제1차 바덴해 규약은 1980년도에 발간되었으며, 네덜란드의 물리적 계획문서로 중앙정부나 지방정부의 자연환경분야에 대한 계획·보전 및 관리의 기초가 되며, 바덴해 규약의 목적과 조건은 모든 주, 지역, 지방정부에 대해 구속력을 가진다. 한편 자연보전법에 의해 바덴해의 대부분이 1981~1982에 자연기념물(natural monument)로 지정되었다. 1993년 개정된 바덴해 규약은 갯벌보호를 위한 관련 규정을 담고 있고 이에 근거한 자연보전법(Nature Conservation Act)은 바덴해를 보호하기 위해 이용되며, 이 지역을 파괴시키고 손상시키는 여러 가지 다양한 행위로부터 보호하는 정책수립, 시행의 기초자료로 사용되고 있다. 한편 수렵관리에 관한 정책문서(Policy Document on Shooting Game Management)에 의해 이동성 종의 사냥을 점진적으로 제한하고, 연근해 어업에 관한 정책문서(Policy Document on Sea

는 절충안을 제시하였다.

대법원은 위 전북 군산시, 김제시, 부안군 3개 시군에 거주하는 원고 143명은 환경영향평가지역내의 주민으로서 원고적격을 인정하였으나, 나머지 3,396명의 원고들은 법률상 이익이 없다는 이유로 원고적격을 인정하지 않았다.

이 소송은 갯벌 생태계 등 자연환경보존의 순수한 공익을 위해 원고들이 국가를 상대로 제기한 순수형 공익소송, 공익시민소송으로서의 성격을 가지고 있다. 그럼에도 법원은 원고적격의 범위를 기존의 판결에서와 같이 환경영향평가 범위내의 인근주민으로 한정하여 인정하고 그 외 국민은 수인한도를 넘는 환경피해를 주장, 입증할 경우 원고적격을 인정할 수 있다고 판시하였다.

이 판결은 미국판례에 의해 확립되었고 자연자원보전의 근거로서 원용되는 공공신탁이론(Public Trust Doctrine)의 도입 필요성을 생각하게 하는 판결이다. 공공신탁이론은 중요한 자연자원에 대하여는 일반국민(truster)의 공적 이익을 위하여 소유권이 그 소유자에게 신탁되어 있다고 보고, 소유자는 공공수탁자(trustee)로서 이를 보전, 보호하여야 할 의무를 부담하는 것으로 이해되고 있다.[30] 예컨대 갯벌이 중대한 생태적 가치가 있다고 인정되면, 소유자인 국가는 갯벌의 공공수탁자로서 일반 공중을 위하여 이를 보전, 보호할 의무를 부담한다는 것이다.

공공신탁이론이 위 판결에서 원용되었다면 이건 간척사업지 인근 거주민이 아닌 전북 익산시, 완주군, 전주시 거주 원고들은 물론 목포시, 서울에 거주하는 나머지 원고나 일반국민도 이건 간척사업으로 사라질 새만금 갯벌 경관의 감상 등으로 인한 공공적·환경적 이익의 향유를 인정될 여지가 있게 되어 원고적격의 확대에도 기여할 수 있었다.

Coastal Fisheries)에 의해 조개와 홍합의 채취를 금지하는 등의 정책도 펴고 있다. www.daum.net(2017.12.2.방문)

30) 김홍균, 환경법, 홍문사, 2014, 927~928면.

그리고 무엇보다도 네덜란드, 독일 등 북유럽국가들이 경제성 및 환경적 측면을 고려하여 과거 국토를 늘리기 위해 간척했던 갯벌을 1980년대부터 복원하고 있는 현실을 볼 때 반대의견이 개진한 갯벌 등 생태계에 대한 환경주의에 귀를 기울이지 않을 수 없다.

3. 4대강사건(대법원 2015.12.10.선고 2011두32515 판결, 하천공사시행계획취소청구등)[31]

(1) 사실관계 및 소송의 경과

이 사건은 강원도, 대전, 충남, 제주에 거주하는 원고들이 피고 국토교통부장관과 서울지방국토관리청장을 상대로 국토해양부, 환경부, 문화체육관광부, 농림수산식품부가 합동으로 2009.6.8. 발표한 '4대강 살리기 마스터플랜'('이 사건 정부기본계획'이라 함) 및 피고 국토교통부장관이 2009.6.8. 국토해양부 고시 제2009-334호로 한 한강수계 유역종합치수계획고시, 피고 서울지방국토관리청장이 2009.7.2. 서울지방국토관리청 고시 제2009-165호로 한 한강하천기본계획(변경)고시의 취소를 청구한 사건이다. 서울고등법원(2011.11.25.선고 2011누5775 판결)은 원고 패소판결을 내렸고, 원고들이 상고하였다.

(2) 대법원의 판단 및 평가

대법원은 '국토해양부, 환경부, 문화체육관광부, 농림수산식품부가 합동으로 2009. 6. 8. 발표한 '4대강 살리기 마스터플랜'('이 사건 정부기본계획'이라 함)은 한강, 낙동강, 금강, 영산강 등 4대강 정비사업의 목표로서 '기후변화 대비, 자연과 인간의 공생, 국토 재창조, 지역균형발전

---

31) 4대강사건판결은 이 한강사업부분 외에도 대법원 2011.4.21. 자 2010무111 전원합의체 결정(집행정지)과 낙동강사업에 관한 대법원 2015.12.10. 선고 2012두6322 판결(하천공사시행계획취소) 등이 있다.

과 녹색성장기반구축' 등을 제시하고, 그 사업을 4대강 본류에서 시행하는 '본 사업', 섬진강과 주요 지류 국가하천에서 시행하는 '직접 연계사업', 수변경관 등을 활용하는 '연계사업'으로 구분하는 한편, 정책방향으로 '기후변화에 능동적인 대처, 수자원확보의 다변화, 신개념 하도 관리 및 지역맞춤형 대책 적용, 하천공간을 자연과 인간이 어우러진 복합공간으로 적극 활용, 수질개선 및 하천생태계 건강성 회복' 등 5가지를 설정함과 아울러, 이에 따른 과제별 추진계획, 소요재원과 연차별 투자계획, 보상·준설토 처리·환경평가·공사 중 환경영향 관리 등 사업시행 방안 등을 밝힌 것이고, 피고 국토교통부장관(종전 명칭: 국토해양부장관) 소속 '4대강 살리기 추진본부'가 2009. 8. 24. 발간·배포한 '4대강 살리기 마스터플랜 최종보고서'는 이 사건 정부기본계획과 관련하여 '물 관리의 현황과 정책방향, 과제별 추진계획, 강별 추진계획, 투자계획, 사업시행 방안, 향후 계획' 등에 관한 구체적 설명과 자료를 담은 것으로서, 그 내용이 설계·시공 등 과정에서 조정될 수 있는 것임을 알 수 있다.

그렇다면 앞에서 본 법리에 비추어, 이 사건 정부기본계획 등은 4대강 정비사업과 그 주변 지역의 관련 사업을 체계적으로 추진하기 위하여 수립한 종합계획이자 '4대강 살리기 사업'(그 중 한강 부분을 '이 사건 사업'이라 함)의 기본방향을 제시하는 계획으로서, 이는 행정기관 내부에서 사업의 기본방향을 제시하는 것일 뿐, 국민의 권리·의무에 직접 영향을 미치는 것은 아니라고 할 것이어서 행정처분에 해당하지 아니한다.

원심이 같은 취지에서, 이 사건 정부기본계획이 항고소송의 대상이 되는 행정처분에 해당하지 아니하다고 판단한 것은 정당하고, 거기에 상고이유 주장과 같이 정부기본계획의 처분성 및 항고소송의 대상적격에 관한 법리를 오해하는 등의 위법이 없다.

행정처분의 직접 상대방이 아닌 사람으로서 그 처분에 의하여 자신의 환경상 이익이 침해받거나 침해받을 우려가 있다는 이유로 취소소송을 제기하는 제3자는, 자신의 환경상 이익이 그 처분의 근거 법규 또는 관련 법규에 의하여 개별적·직접적·구체적으로 보호되는 이익, 즉 법률상 보호되는 이익임을 증명하여야 원고적격이 인정된다.

원고들은 강원, 대전, 충남, 제주 일원에 거주하는 사람들로서 이 사건 각 처분으로써 이루어지는 행위 등 사업으로 인하여 환경상 침해를 받으리라고 예상되는 영향권 밖에 있다 할 것인데, 위 원고들이 이 사건 각 처분으로 인하여 수인한도를 넘는 환경피해를 받거나 받을 우려가 있음을 인정할 만한 증거가 없고, 구 국가재정법 제100조가 국민에게 인정하고 있는 예산·기금의 불법 지출에 대한 증거 제출과 시정요구권의 침해를 이유로 위 원고들에게 이 사건 각 처분의 취소를 구할 법률상 이익을 인정할 수 없으며, 구 하천법 제1조, 제33조 등에서 보호하는 위 원고들의 생활상의 이익은 공익 보호의 결과로 인하여 국민 일반이 가지는 추상적·평균적·일반적 이익에 불과하다고 인정하여, 위 원고들은 환경상 이익의 침해를 이유로 이 사건 각 처분의 취소를 구할 법률상 이익이 없다는 취지로 판단하였다. 원심판결 이유를 기록에 비추어 살펴보면, 원심의 위와 같은 판단은 앞에서 본 법리에 기초한 것으로서, 거기에 상고이유 주장과 같이 행정처분의 직접 상대방이 아닌 사람의 원고적격 인정 범위에 관한 법리를 오해하는 등의 위법이 없다.

각종 하천관리위원회의 심의를 거쳐 피고 국토교통부장관이 2009. 6. 8. 국토해양부 고시 제2009-334호로 한강수계 유역종합치수계획을 수립·고시하고, 피고 서울지방국토관리청장이 2009. 7. 2. 서울지방국토관리청 고시 제2009-165호로 한강하천기본계획(변경)을 수립·고시하였으며, 구 하천법 제24조 제5항의 문언에 의하면 유역관리협의회의 구성·운영은 재량사항이므로 피고 국토교통부장관이 유역관리협의회를 구성·운영하지 않았다 하더라도 이로써 유역종합치수계획이 위법하다 할 수 없고, 또한 피고 서울지방국토관리청장이 한강권역 유역관리협의회를 개최하여 자문 및 의견수렴 등의 절차를 거쳤다. (중략)

위와 같은 원심판결 이유를 구 하천법 제8조, 제23조 내지 제25조, 제27조, 제28조, 구 하천법 시행령 제28조 등 원심판시 관계 법령의 규정 내용, 원심판시 관련 법리 및 적법하게 채택된 증거들을 비롯한 기록에 비추어 살펴보면, 원심의 위와 같은 판단에 상고이유 주장과 같이 구 하천법령의 절차를 거치지 아니한 하자 등에 관한 법리를 오해하는 등의 위법이 없다'고 판시하였다.

이 판결에서 '4대강 살리기 마스터플랜'(정부기본계획)은 4대강 정비사업과 그 주변 지역의 관련 사업을 체계적으로 추진하기 위하여 수립한 종합계획이자 '4대강 살리기 사업'(그중 한강 부분)의 기본방향을 제시하는 계획으로서, 이는 행정기관 내부에서 사업의 기본방향을 제시하는 것일 뿐, 국민의 권리·의무에 직접 영향을 미치는 것은 아니라고 할 것이어서 행정처분에 해당하지 아니하므로 처분성이 없어 대상적격이 없고 원고들은 피고 국토교통부장관이 2009.6.8. 국토해양부 고시 제2009-334호로 한 한강수계 유역종합치수계획 고시와 피고 서울지방국토관리청장이 2009.7.2. 서울지방국토관리청 고시 제2009-165호로 한 한강하천기본계획(변경)고시의 취소를 구할 직접적·구체적 이익이 없으므로 원고적격이 없다고 판시하였다.

또한 4대강 살리기 사업' 중 한강 부분에 관한 각 하천공사시행계획 및 각 실시계획승인처분에 보의 설치와 준설 등에 대한 구 국가재정법 제38조 등에서 정한 예비타당성조사를 하지 않은 절차상 하자가 있다는 이유로 각 처분의 취소를 구하였으나, 예산이 각 처분 등으로써 이루어지는 '4대강 살리기 사업' 중 한강 부분을 위한 재정 지출을 내용으로 하고 있고 예산의 편성에 절차상 하자가 있다는 사정만으로 곧바로 각 처분에 취소사유에 이를 정도의 하자가 존재한다고 보기 어렵다고 판시하였다.

이 판결은 새만금판결에서 원고들이 신청한 정부계획취소등 사건에서 정부계획에 의해 행해진(파생된) 공유수면매립면허처분과 사업인가

처분취소신청에 대한 거부의 처분성을 인정했던 것과 비교된다. 대법원은 정부의 행정계획인 '4대강 살리기 마스터플랜'[32]에 기한 피고 국토교통부장관의 한강수계 유역종합치수계획고시, 피고 서울지방국토관리청장의 한강하천기본계획(변경)고시는 '4대강 살리기사업'(한강 부분)의 기본방향을 제시하는 계획으로서, 이는 행정기관 내부에서 사업의 기본방향을 제시하는 것일 뿐 국민의 권리·의무에 직접 영향을 미치는 것은 아니라고 할 것이어서 행정처분에 해당하지 않는다고 판단하였다.

그동안 대법원이 도시계획, 도시관리계획 등 행정계획에 처분성을 인정한 판결이 다수 있었다.[33] 고시가 일반적·추상적 성격을 가질 때에는 법규명령 또는 행정규칙에 해당할 것이지만, 다른 집행행위의 매개 없이 그 자체로서 직접 국민의 구체적인 권리의무나 법률관계를 규율하는 성격을 가질 때에는 행정처분에 해당한다고 보고 있고,[34] 고시와 계획결정고시의 처분성을 인정한 판결도 다수 있었다.[35] 그러한 판결들과 비교해 볼 때 피고 국토교통부장관의 한강수계 유역종합치수계획고시와 피고 서울지방국토관리청장의 한강하천기본계획(변경)고시의 내용은 한강개발에 대한 추상적 행정계획이 아니라 실질적으로 한강 수역 인근 주민의 권리·의무에 영향을 끼치는 구체성을 가지고 있는 결정고시로 볼 수 있다. 그럼에도 그 결정고시의 취소를 구하는 이건에서

---

32) 이 판결에서도 '4대강마스터플랜'을 새만금사건에서와 유사하게 '정부기본계획'으로 약칭하고 있다.
33) 대법원 1988.5.24. 87누388판결(도시계획변경처분)을 비롯하여 대법원 2000.3.23.선고 98두2768 판결(도시계획결정취소), 대법원 2003.9.23.선고 2001두10936판결(국토이용계획변경승인거부처분취소), 대법원 2014.7.24. 선고 2012두4616 판결(도시관리계획무효확인등) 등 많은 판결이 있다.
34) 대법원 2003.10.9.자 2003무23결정(집행정지)참조.
35) 대법원 2016.10.27.선고 2014두12017 판결(석유수입부과금환급금환수처분취소), 대법원 2006.9.22.선고 2005두2506 판결(보험약가인하처분취소), 대법원 2012.5.10.선고, 2011두31093판결(도시관리계획결정고시처분취소), 대법원 2014.3.13.선고, 2012두1006판결(국방·군사시설사업실시계획승인고시처분무효확인및취소), 대법원 2015.1.29.선고, 20 13두9649판결(도시관리계획결정·고시처분등 취소) 참조.

처분성을 부인하였고,[36] 4대강사업이 시행되는 한강수역 인근에 거주
하는 원고들에게조차 구체적, 개별적 환경이익이 없다는 이유로 원고적
격을 인정하지 않았다. 그러한 점에서 이 판결은 대상적격과 원고적격
을 확대함으로서 국민의 권리구제의 범위를 넓혀오고 있던 판결 경향으
로부터 멀어졌다는 점에서 비판에서 자유롭지 못하다.

Ⅳ. 평가와 과제

위에서 살펴본 바와 같이 환경행정판결은 환경법과 함께 지속적으
로 발전해 왔는바, 이를 종합적으로 평가해 보고 앞으로의 과제에 대해
살펴본다.

1. 평가

(1) 규범 해석에 의한 제3자에 대한 원고적격 인정

환경관련 법과 판례의 발전에 따라 연탄공장사건에서 보는 바와
같이 처분의 근거규범인 건축법 관련규정의 해석을 통하여 단지 반사적
이익에 불과한 것으로 보아 왔던 인인(隣人)의 주거환경상의 이익을 법
률상의 이익으로 봄으로서 사익보호성 개념을 해석적으로 추출, 원고적
격을 인정하여 행정처분의 상대방이 아닌 제3자에게까지 원고적격의

---

36) 민사소송에서는(변론주의 원리에 기해)원고가 피고에 대하여 소장이나 준비서면
에서 거래행위(매매계약)의 취소나 이행최고를 하면 그에 대한 법적 효과가 발생
한다. 법규상·조리상 신청권이 있는 자가 한 신청에 대하여 행정청이 거부하면 그
거부에 처분성을 인정하여 거부처분 취소소송을 제기할 수 있는바, 이와 유사하
게, (변론주의와 직권주의의 절충형인) 행정소송에서도 그러한 신청권있는 원고가
소송형태로 제기한 신청에 대하여 행정청인 피고가 이를 거부하면 그 소송상의
거부행위에 대하여 '처분성'부여의 법적 효과를 인정할 필요가 있다. 이는 행정사
건의 분쟁해결을 신속화함에 도움이 될 것이다.

범위를 크게 확대하여 왔다. 영광원자력발전소부지 사전승인취소사건, 양수발전소사건, 새만금사건 등에서도 인인(隣人)이나 지역주민 등 제3자에게 원고적격을 인정해 오고 있다.

(2) 근거규범의 추가로 인한 위법성 판단 근거의 확충

대법원 1998.9.4. 선고 97누19588 판결(영광원자력발전소 부지사전승인사건)과 대법원 1998.9.22.선고 97누19571 판결(양수발전소건설사업승인사건)에서 보는 바와 같이 원자력법, 전원개발에 관한 특례법 등 직접적인 근거법규 뿐만 아니라 간접적인 환경보전법, 환경정책기본법, 환경영향평가법을 처분의 근거법규로 추가, 확대함으로서 직접적으로 인근주민의 환경사익을 보호하는 방향으로 해석하여 원고적격 뿐만 아니라 위법성판단근거의 외연적·규범적 범위를 확대하여 왔다.

(3) 대상적격의 확대문제

환경사건은 아니지만 대법원 2004.4.22.선고 2003두9015 전원합의체판결(지목변경신청반려처분취소청구각하취소)에서 종래 사실행위로 보던 공부상의 '지목변경'을 행정처분으로 판례 변경한 판결이 있다. 지목은 토지에 대한 공법상의 규제, 개발부담금의 부과대상, 지방세의 과세대상, 공시지가의 산정, 손실보상가액의 산정 등 토지행정의 기초로서 공법상의 법률관계에 영향을 미치고, 토지소유자는 지목을 토대로 토지의 사용·수익·처분에 일정한 제한을 받게 됨에도 처분성을 인정받지 못해 오다가, 지목은 토지소유권 행사의 전제요건으로서 실체적 권리관계에 밀접하게 관련되어 있으므로 지적공부 소관청의 지목변경신청 반려행위는 국민의 권리관계에 영향을 미치는 것으로서 행정처분으로 본 것은 실체 정합적이고 권리구제를 위해 진일보한 것이다.

4대강 사건판결에서 보듯 '4대강 마스터 플랜'에 기한 계획결정고시는 정부의 4대강 기본계획에 관한 고시로서 처분성이 있다고 볼 수

있는 여지가 있음에도 이를 부인한 것은 행정계획결정고시에 대해 처분
성을 인정해 온 다수 판례와 대비된다는 아쉬움을 남긴다.

(4) 환경영향평가의 하자로 인한 처분의 위법성판단에서 소극적 입장견지

양수발전소사건, 새만금사건, 제주해군기지사건 등에서 환경영향
평가를 거친 행정처분의 위법성을 판단함에 있어서 '환경영향평가의 부
실 정도가 환경영향평가제도를 둔 입법취지를 달성할 수 없을 정도이어
서 환경영향평가를 하지 아니한 것과 다를 바 없는 정도의 것이 아닌
이상 그 때문에 이 사건 승인처분이 위법하다고 할 수 없다'고 판시해
오고 있는바, 위법성판단의 근거규범의 범위를 확대해 놓고도 투입비용
의 매몰비용화를 우려하여 위법성 판단에 소극적 자세를 견지하고 있는
점은 매우 아쉽게 생각한다.[37)38)]

(5) 공법과 사법의 융화

1990년 환경정책기본법, 1997년 환경분쟁조정법, 2014년 환경오염
피해 배상책임 및 구제에 관한 법률이 제정되면서 환경행정법인 공법
내에 사법적 효력을 갖는 규정이 혼재되는 현상이 생겼다. 이 논문에서
환경피해로 인한 민사소송은 제외하였으나, 환경정책기본법 제7조에서
오염원인자책임의 원칙, 제44조(구법 제31조)에서 무과실책임에 대해 규
정함으로서 민법 제750조, 제758조 등의 불법행위책임에 대한 특칙을
두었다. 환경분쟁조정법은 환경피해로 인한 민사배상책임에 대한 조정

---

37) 이은기, 앞의 논문, 334면.
38) 일본에서는 환경영향평가의 절차상 하자와 실체적 측면의 하자를 나누어 공청회
   의 하자와 같은 평가절차상의 하자는 그것이 결과에 영향을 줄 가능성이 있는 경
   우에만 처분이 위법하여 취소된다고 보고 있다. 일본 최고재판소, 1975.5.29. 민집
   29권5호, 662頁. 박균성, 環境影響評價의 瑕疵와 事業計劃承認處分의 效力, 行政判例
   硏究 Ⅶ, 2002.12.31, 한국행정판례연구회, 박영사, 384면에서 재인용.

을, 환경오염피해 배상책임 및 구제에 관한 법률에서는 환경오염물질 배출시설로 인한 환경피해책임을 2,000억원 한도로 하고 민법에 의한 청구권과의 경합을 인정함으로서 민사책임에 대해 규정하고 있다.

이와 같은 환경입법에서의 공·사법 융화현상으로 인하여 손해배상 청구사건의 판결39) 등에서도 공법인 환경정책기본법 제44조(구법 제31조)를 효력규정으로 해석하고 있다. 공법인 환경법령에 민사책임에 관한 효력규정을 둠으로써 환경판례에서도 공법과 사법의 융화현상을 가져다주고 있다.

2. 과제

인인(隣人) 등 행정처분의 상대방이 아닌 제3자에 대한 원고적격 인정, 법관의 해석에 의한 처분근거 및 관련규범의 확대, 처분에 대한 위법성 판단 근거의 확충 등에 있어서 환경판결은 많은 진전을 이루어 왔다. 그러나 아직도 법원은 환경영향평가를 거친 처분의 위법성 판단에 있어 소극적이고, 개발과 환경의 가치 사이에서 개발주의에 경도된 비교형량을 하고 있는 판결이 계속되고 있다고 평가할 수 있다.

이제는 환경가치에 대한 과학적 평가를 기반으로 환경우선주의를 채택하여야 할 시대적 요구가 도래하고 있다. 법원은 새만금판결, 4대강판결 등에서 비용－편익분석(cost－benefit analysis)을 참고하였다. 향후 환경행정판결의 이익형량에서, 특히 공익 간 충돌이 이루어질 때 기존판례에 의해 귀납적으로 정리된 보다 구체적이고 합리적인 비교형량 기준이 체계화되어야 한다.40) 사업시행을 허가하는 행정청의 재량판단

---

39) 대법원 2001.2.9.선고, 99다55434 판결(영동고속도로 확장으로 인한 소음으로 양돈업 폐업으로 인한 손해배상) 참조.
40) 최송화, 판례에서의 공익, 行政判例研究 Ⅵ, 한국행정판례연구회, 박영사, 25~26면 참조.

못지않게 법관의 이익형량의 근거를 구체적, 과학적으로 논증하게 함으로서 가치판단에 있어서 판단재량의 범위를 좁힐 필요가 있다고 본다.[41] 행정법의 일반원리인 비례의 원칙에 의해 뒷받침 되지 않고 과학적 기반이 결여된 비교형량은 객관성, 공정성 및 합리성을 충분히 담보

---

41) 이익형량에 대한 판단에 대해서는 대법원 2011.4.21.자 2010무111 전원합의체 결정 [(4대강사건)집행정지]의 대법관 박시환, 대법관 김지형, 대법관 이홍훈, 대법관 전수안의 반대의견을 소개한다.

정당한 이익형량 여부 : 행정주체는 구체적인 행정계획을 입안·결정할 때에 비교적 광범위한 형성의 자유를 갖지만, 행정주체가 가지는 이와 같은 형성의 자유는 무제한적인 것이 아니라 그 행정계획에 관련되는 자들의 이익을 공익과 사익 사이에서는 물론이고 공익 상호간과 사익 상호간에도 정당하게 비교·교량하여야 한다는 제한이 있는 것이고, 따라서 행정주체가 행정계획을 입안·결정할 때에 이익형량을 전혀 행하지 아니하거나 이익형량의 고려대상에 마땅히 포함시켜야 할 사항을 누락한 경우 또는 이익형량을 하였으나 정당성과 객관성이 결여된 경우에 그 행정계획결정은 형량에 흠이 있어 위법하다. (중략) 따라서 행정주체가 사업인정처분을 하려고 할 때에도 그 사업에 공용수용을 할 만한 공익성이 있는지의 여부와 공익성이 있는 경우에도 그 사업의 내용과 방법에 대하여 사업인정처분에 관련된 자들의 이익을 공익과 사익 사이에서는 물론, 공익 상호간 및 사익 상호간에도 정당하게 비교·교량하여야 하며, 그 비교·교량은 비례의 원칙에 적합하도록 하여야 한다.

특히 이 사건 하천공사시행계획 등과 같이 고도의 전문적·기술적인 조사·심의 및 판단에 기초하여 결정된 행정계획 등에 대하여 취소소송이 제기되어 행정청이 공익을 포함한 관련자들의 이익을 정당하게 비교·교량하였는지 여부가 다투어지는 경우에는, 그 이익형량에 관한 자료의 대부분을 행정청 측에서 보유하고 있는 반면 재항고인들로서는 그 자료를 구하기가 대단히 어렵다는 사정을 충분히 고려하여야 한다. 따라서 재항고인 측에서 이익형량에 흠이 있다고 의심할 만한 사유를 구체적으로 주장하면서 이를 뒷받침하는 단서를 제시하고 있는 이상, 행정청 측에서 상당한 근거와 자료를 제시하여 관련자들의 이익이 정당하게 비교·교량되었다는 점을 해명할 필요가 있고, 행정청이 이러한 해명을 다하지 아니할 때에는 이익형량에 흠이 있는 것으로 사실상 추인된다고 보아야 한다. 그런데 이 사건의 경우에는 다음과 같은 점들을 종합하여 보면, 재항고인 측에서 상대방들이 이 사건 하천공사시행계획 등을 입안·결정할 때에 관련자들의 이익을 정당하게 비교·교량하지 아니하였다고 의심할 만한 사유들을 구체적으로 주장하면서 이를 뒷받침하는 단서들을 제시하고 있는 반면, 상대방 측에서는 관련자들의 이익이 정당하게 비교·교량되었다는 점을 충분히 해명하지 못하고 있어, 이 사건 하천공사시행계획 등은 형량에 흠이 있어 위법하다고 볼 여지가 많다고 생각한다.

할 수 없기 때문이다.

환경정책기본법의 사전환경성검토협의제도가 진일보한 형태로 환
경영향평가법상 전략환경영향평가제도로 전환되었다. 정책계획 또는 개
발기본계획단계에서 사전적으로 비용−편익분석이 가능하게 되었다.
따라서 법원은 환경영향평가의 하자로 인한 처분의 위법성평가에 있어
투입비용의 매몰비용화를 고려한 현재의 소극적 판단에서 벗어나 적극
적 변화가 절실하다. 법관에 의한 행정처분의 사법심사를 위해 이익의
비교형량이 보다 합리적, 객관적으로 행해지도록 체계화하는 등 과학기
반적 진화(science −based revolution)가 필요하다.

Ⅴ. 나가며

시대적으로 발전해 온 환경입법의 제정에 따라 변화해 온 환경행
정판결에 대해 살펴보았다. 이를 정리해 보면, 환경사익보호 측면에서
는 연탄공장 건축허가취소사건, 원자력발전소부지사전승인취소사건 등
에서 이전에는 '반사적 이익'에 불과한 것으로 보았던 환경이익을 '법률
상 이익'으로 봄으로서 원고적격을 인정하였고, 양수발전소사건, 새만금
사건 등에서 원고들 중 일부에게만 원고적격을 인정하는 등 명암이 교
차하면서 환경행정판례는 상당한 진전을 이루어 왔다.

그러나 공익과 공익이 충돌한 사례로 볼 수 있는 경부고속철도 천
성산 터널사건판결(속칭 도롱뇽사건), 새만금판결, 4대강 판결 등에서는
이익의 비교형량과정에서 산림, 갯벌, 강, 하천 등 공공재인 생태·자연
환경보전이라는 환경 공익이 국가적 개발공익에 밀려 환경공익의 좌절
이라는 암(暗)만이 존재했던 것으로 평가할 수 있다. 1980년대 이후 네
덜란드, 독일, 덴마크 등 북유럽국가에서 해양생태계 복원은 물론 경제
성 측면에서 과거 간척했던 갯벌을 복원하는 역간척 정책으로 전환된

사실로 미루어 볼 때, 우리나라에서도 머지않아 그러한 미래가 다가올 가능성도 없지 않다. 그러한 추세에 힘입어 순수형 환경공익소송이 제기될 날도 그리 멀지 않다고 본다.

우리나라도 이제 경제적으로 선진국 대열에 들어선 만큼 경제개발과 환경보전이라는 두 이념 사이에서 개발주의시대로부터 환경주의시대로 업그레이드되어야 한다.

그러한 관점에서 보면, 법원이 그동안 개발이익을 환경이익에 우선하여 환경영향평가절차상 하자를 다분히 형식적으로 판단해 면죄부를 주어 온 점, 환경영향평가대상지역 주민 위주로 원고적격여부를 판단해 온 점, 국가의 대형개발사업관련 처분에 대한 위법성 판단에서 소극적으로 판단한 점 등에 대한 반성적 고려가 필요하다. 그리고 미래세대를 위한 국토의 효율적 이용·보전을 위해서는 공익과 사익, 공익 상호간 등 보호이익 간 비교형량을 판단함에 있어서 기존 판례에서 귀납적으로 정립된 보다 합리적, 구체적, 객관적인 비교형량기준을 과학적으로 체계화함으로서 법관의 재량판단의 여지도 좁혀 나아가야 한다.

참고문헌

김홍균, 환경법, 홍문사, 2014.
박균성·함태성, 환경법(제5판), 박영사, 2012.

강현호, 새만금사업촉진을 위한 특별법의 환경법적 의의와 과제, 환경법
　　연구 제30권 1호(2008.5.), 한국환경법학회.
김동건, 환경행정소송과 지역주민의 원고적격, 行政判例研究 V, 2000.10.
　　20, 한국행정판례연구회 편, 서울대학교출판부.
박균성, 環境影響評價의 瑕疵와 事業計劃承認處分의 效力, 行政判例研究
　　VII, 2002.12.31., 한국행정판례연구회, 박영사.
선정원, 公簿變更 및 그 拒否行爲의 處分性, 行政判例研究 VII, 2002.
　　12.31, 한국행정판례연구회, 박영사.
이은기, 하자있는 환경영향평가를 거친 행정처분의 판결이유에 관한 재검
　　토 소고 - 반복된 판박이 대법원 판시이유에 대한 비판 -, 공법연구
　　제45집 제3호(2017.2.), 한국공법학회.
이은기, 환경단체의 원고적격 - 대법원 1998.9.22.선고 97누19571판결 -,
　　행정판례평선, 2011.6.30, 박영사.
이형석, 환경공익소송과 오르후스(Aarhus)협약 - 영국의 사례를 중심으로 -,
　　환경법과 정책 제14권(2015.2.), 강원대 법학연구소.
정남철, 環境訴訟과 隣人保護, 환경법연구 제28권 1호(2006.5.), 한국환경
　　법학회.
최동배, 새만금사업의 향후 법적 과제, 환경법연구 제30권 1호(2008.5.),
　　한국환경법학회.
최송화, 공익론 -공법적 연구 -, 2002.8, 서울대학교출판부.
최송화, 판례에서의 공익, 行政判例研究 VI, 한국행정판례연구회, 박영사.
이투데이, 2015.6.24. 독자칼럼(김영석 해수부차관, 생명을 품은 땅, 갯벌

의 자원화로 일구는 창조경제).
조선일보, 2015.7.24. 독자칼럼(이종구, 갯벌도 살리고 개발도 하는 묘안
찾아야).
https://www.daum.net
http://www.law.go.kr
http://www.gir.go.kr(국무조정실 온실가스종합정보센터)

국문초록

　행정 그리고 행정법은 공익실현을 목표로 한다. 환경행정도 환경이라는 공공재를 보호하기 위한 공익실현행정이므로 환경행정판결에서 법관은 공익과 사익, 공익 상호간의 비교형량을 통해 보호되어야 할 공익이나 사익을 선택해야 한다. 환경행정소송은 공익소송과 사익소송으로, 공익소송은 다시 순수형 공익소송과 사익보호형 공익소송으로 나눌 수 있다.

　우리나라 주요 환경입법의 연혁을 살펴보면, 1963년 공해방지법, 1977년 환경보전법, 1986년 폐기물관리법, 1990년 환경정책기본법, 대기환경보전법, 수질환경보전법, 1993년 환경영향평가법, 1995년 토양환경보전법, 2010년 저탄소녹색성장기본법 순으로 제정되었다.

　이러한 환경입법의 발전에 따라 환경판례도 그에 상응하여 진전해 왔다. 우선 환경공익과 환경사익이 충돌한 경우에 환경사익의 보호여부에 대해 판단한 사건들이 있다. 예를 들면, 연탄공장 인근주민의 주거환경이익을 '법률상의 이익'으로 보아 행정처분의 상대방이 아닌 제3자에게 원고적격을 최초로 인정한 1975년 연탄공장사건, 경주국립공원내 임야벌채신청을 반려한 1989년 산림관리계획허가신청반려처분취소사건, 1992년 제약회사의 배출시설설치허가취소사건, 방사능과 온배수 배출로 인한 인근 어민의 환경적 악영향을 이유로 원고청구를 인용한 1998년 원자력발전소 부지사전승인처분취소사건, 환경단체(우이령보존회)의 원고적격을 공식적으로 부인한 1998년 양양양수발전소 전원계획취소사건, 도지사의 자연환경 절대보전지역축소 결정시 주민의견수렴절차의 필요성을 부인한 2012년 제주강정마을 해군기지사건 등이다.

　또한 국가적 공익과 (환경사익을 포함한)환경공익이 충돌한 경우로는 2006년 새만금판결과 속칭 도롱뇽판결, 2015년 4대강(한강부분)판결을 들 수 있다. 기존판결들에서 환경사익의 보호 관점에서는 명(明)과 암(暗)이 교차되었으나 공익과 공익이 충돌한 측면이 강한 새만금판결과 4대강판결에서 보는 바와 같이 환경공익의 보호 관점에서는 암(暗)만 있었다.

위와 같은 환경행정판결들을 되돌아봄으로써 우리는 개발과 환경보전이라는 두 가지 이념이 공익과 사익, 공익 상호간에서 극명하게 충돌하는 현장을 살펴볼 수 있다. 환경공익소송과 환경사익소송에서 계속될 두 이념, 두 보호법익 간의 충돌현장에서 법원이 보다 합리적이고 명료한 이익의 비교형량기준을 정리, 제시함으로써 환경행정에서 환경보전과 경제성장을 지속가능하게 조화시켜 나가도록 향도해야 할 것이다. 그것이 그동안 공익과 사익, 공익과 공익이 충돌하는 환경행정판례에 드리워진 명과 암의 간극을 줄이는데 일조할 것이다.

주제어: 공익실현, 환경행정판례, 개발과 환경보전,
　　　　공익과 공·사익의 충돌, 이익의 비교형량기준

Abstract

The Positive Effect and Negative Effect of Public Interest Realization through Environmental Administrative Decisions

Lee Eun Kee*

The purpose of administrative law is to ensure that government agencies exercise their power in the public interest. Environmental administrative law protects the public interest by ensuring legal accountability for environmental harms. Environmental litigation involves the comparison and analysis of competing public and private interests. Such cases are classified into public interest lawsuits and private interest lawsuits, with the former further classified into solely public interest lawsuits and private — protective public interest lawsuits.

Over the last 50 years, Korea has enacted significant legislation aimed at protecting the environment: the Act on the Prevention of Pollution was enacted in 1963, the Environmental Preservation Act in 1977, the Waste Control Act in 1986, the Basic Environmental Policy Act, the Atmospheric Environment Preservation Act, and the Water Environment Preservation Act in 1990, the Environmental Impact Assessment Act in 1993, the Soil Environment Preservation Act in 1995, and the Basic Low Carbon Green Growth Act in 2010.

Administrative judicial decisions have also developed in interpreting and enforcing such legislation. First, there have been cases on the protection of private environmental interests where such interests conflict with public interests. For example, there was the briquette

---

* Professor, Sogang University Law School

factory case of 1975, where a third party was named the plaintiff as the housing environmental interest of nearby residents was considered the 'legal interest'; the forest management plan case of 1989, where the request to log the forest in Gyeongju National Park was rejected; the pharmaceutical company's discharge facility development case of 1992; the nuclear power generator site of 1998, which named the nearby fishermen as the plaintiffs due to environmental impact of radiation and hot wastewater discharge; the Yangyang water power generator case of 1998, which officially declined an environmental organization's (Uiryeong Preservation Society) qualification as plaintiff; and the Jeju Gangjeong Village's Naval Base Case of 2012, which declined the need to collect civil opinion when the governor decided to reduce the Green Belt area of natural environment.

The Saemangeum judgment of 2006, which is also called the Newt judgment, and the Four River (Han River Part) judgment of 2015 were cases where national interests conflicted with environmental public interests (including environmental private interests). There were both positive and negative effects in protecting private environmental interests in these cases, however, there were only negative effects when public interests conflicted.

In discussing the above—decisions, it is possible to understand that the concepts of development and environmental protection clearly conflict between public and private interests and between public interests. Courts should provide clear and concise standards to apply in order to ensure a sustainable balance of environmental protection and economic growth. In doing so, courts can bridge the positive and negative effects of environmental administrative law decisions where public and private interests conflict.

Keywords: Public Interest Realization, Environmental Administrative Decisions, Development and Environmental Protection, Conflict between Public and Private Interests, Weighing Standards of Interests

투고일 2017. 12. 11.
심사일 2017. 12. 25.
게재확정일 2017. 12. 28.

도로점용허가와 주민소송

선정원*

대법원 2016.5.27. 선고, 2014두8490 판결

Ⅰ. 주민소송의 발전을 위한
   대상판결의 의의
Ⅱ. 독일과 우리나라에서의 도로점용
   허가

Ⅲ. 도로점용허가의 주민소송
   대상적격과 위법평가
Ⅳ. 결어

Ⅰ. 주민소송의 발전을 위한 대상판결의 의의

1. 공공시설의 관리에 대한 주민의 관심의 급속한 증가

지방자치단체의 공공시설은 지방자치법 제144조 제1항에 따라 지방자치단체가 "주민의 복지를 증진하기 위하여" 설치한 것으로 주민의 이용에 제공할 목적으로 설치하고 관리한다. 소득수준의 향상과 지방자치의 정착으로 지방자치단체가 관리하는 공공시설에 대한 주민들의 관심과 기대수준이 높아가고 있다. 현실적으로 공원, 도로, 도서관, 구립체육관, 지방의료원 등 지방자치단체의 재산인 공공시설의 합리적 설치·관리 여부는 주민들의 삶의 질에 밀접한 영향을 미치고 있다.

---

* 명지대학교 법과대학 교수

오늘날 산업화되고 도시화된 사회에서 도로의 지하공간 등을 이용해 전화선, 통신선, 가스관, 하수관 등을 설치해 이용하는 경우에 빈번하게 나타나고 있는데, 특히, 전통적인 공공사업이 민영화되면서 도로지하공간의 장기간의 특별이용의 허용여부와 그 이용료를 둘러싼 문제들이 현실적인 법적 분쟁으로 나타나는 경우들이 종종 생기고 있다.

2. 대상판결의 사건개요와 판결의 내용

1) 사건개요와 경과

A교회는 교회 건물 부지에 접한 대로인 서초로·반포로의 도로변이 차량출입 금지 구간으로 설정됨에 따라 그 반대편에 위치한 <u>서울특별시 서초구 소유의 국지도로인 참나리길 지하에 지하주차장 진입 통로를 건설하고, 위 건물 부지 지하공간에 건축되는 예배당 시설의 일부로 사용할 목적으로 피고에게 위 참나리길 지하 부분에 대한 도로점용허가를 신청하였다.</u>

서초구청장은 2010. 4. 6. 신축 교회 건물 중 남측 지하 1층 325㎡를 어린이집으로 기부채납할 것을 내용으로 하는 부관을 붙여 위 참나리길 중 지구단위계획상 A교회가 확장하여 서초구청에게 기부채납하도록 예정되어 있는 너비 4m 부분을 합한 총 너비 12m 가운데 '너비 7m×길이 154m'의 도로 지하 부분을 2010. 4. 9.부터 2019. 12. 31.까지 A교회가 점용할 수 있도록 하는 내용의 도로점용허가처분을 하였다.

서초구 주민 293명은 2011. 12. 7. 서울특별시장에게 지방자치법 제16조 제1항에 따라 감사청구를 하였는데, 이 사건 도로점용허가처분의 위법성과 아울러 건축허가처분의 위법성도 함께 언급하면서 감사결과 위법한 처분이 있었다면 이에 대한 시정조치를 요청한다고 기재하였다.

서울특별시장은 2012. 4. 9. 서울특별시 감사청구심의회의 심의를 거쳐,

① 참가인의 지하예배당은 보통의 시민들이 모두 이용할 수 있는 공공용 시설이 아닐 뿐만 아니라 도로점용허가를 받을 수 있는 공작물·물건, 그 밖의 시설의 종류를 정하고 있는 「도로법 시행령」 제28조 제5항 중 제5호 소정의 '지하실'에 해당하지 않고,

② 기부채납에는 조건을 붙이거나 부당한 특혜를 주어서는 아니 됨에도 이 사건 어린이집 부분을 서초구에 기부채납하는 조건으로 이루어졌다는 이유를 들어,

이 사건 도로점용허가처분이 위법·부당하다고 판단한 다음, 2012. 6. 1. 피고에 대하여 2개월 이내에 이 사건 도로점용허가처분을 시정하고, 이 사건 도로점용허가처분에 관여한 공무원들로서 이미 임기가 만료되었거나 정년퇴직한 자를 제외한 2명에 대하여는 경징계에 처할 사안이나 징계시효가 경과되었으므로 구두로 훈계할 것을 요구하였고, 같은 날 감사청구인들의 대표자인 원고 1에게 위 감사결과 및 조치요구내용을 통지하고 이를 공표하였다.

2) 서울행정법원의 판결내용

서울행정법원은 이 사건에서 다음과 같은 이유로 도로 지하공간에 대한 점용허가가 주민소송의 대상인 재산의 관리행위에 해당되지 않는다고 각하판결을 했다(서울행정법원 2013.7.9., 2012구합28797).

지방자치법 제17조 제1항이 주민소송의 대상으로 정하고 있는 '재산의 관리·처분에 관한 사항'에서 말하는 "'재산'은 지방자치단체가 '보유'하는 '재산적 가치'가 있는 물건과 권리를 의미한다고 할 것이고, 따라서 지방자치단체가 관리하더라도 그 소유가 아닌 재산의 관리·처분에 관한 사항은 원칙적으로 주민소송의 대상이 될 수 없다"는 것이다.

그런데, 도로점용허가권한은 적정한 도로관리를 위하여 도로의 관

리청에게 부여된 권한이라 할 것이지 도로부지의 소유권에 기한 권한이라고 할 수 없다. 도로점용의 허가는 도로부지의 소유자가 아니라 도로의 관리청이 신청인의 적격성, 사용목적 및 공익상 영향 등을 참작하여 허가 여부를 결정하는 재량행위이므로, 지방자치단체장의 도로점용허가 또한 지방자치단체장이 도로관리청으로서 도로행정상의 목적으로 행하는 행위일 뿐 지방자치단체 소유의 재산에 대하여 재산적 가치의 유지·보전·실현을 직접적인 목적으로 행하는 행위라고 할 수 없다.

또, 구 도로법」제41조 제1항에서 "관리청은 제38조에 따라 도로를 점용하는 자로부터 점용료를 징수할 수 있다."고 규정하고 있으므로 도로점용허가 시에 점용료의 징수가 필수적이라고 단정할 수 없다는 이유로 도로점용허가는 재산의 관리행위에 속하지 않는다고 했다.

위와 같은 논리로 지방자치단체장의 도로점용허가권한이 '재산적 가치'가 있는 물건 또는 권리에 해당한다고 볼 수도 없으므로, 도로점용허가처분이 그 법적 성격상 당연히 '재산의 관리·처분에 관한 사항'에 해당한다고 보기는 어렵고, 설령 그 결과 지방자치단체에 재산상 손해를 야기할 우려가 있다 하더라도 '재산의 관리·처분에 관한 사항'에 해당하지 아니한다고 봄이 상당하다고 했다.

3) 대법원의 판결내용

대법원은 이 사건 도로 지하공간에 대한 점용허가가 주민소송의 대상이 되는 재산의 관리·처분에 해당한다고 하면서 원심인 서울행정법원으로 파기환송하였다. 판결이유는 다음과 같았다.

"이 사건 도로점용허가의 대상인 도로 지하 부분은 본래 통행에 제공되는 대상이 아니어서 그에 관한 점용허가는 일반 공중의 통행이라는 도로 본래의 기능 및 목적과 직접적인 관련성이 없다고 보인다. 또한 위 점용허가의 목적은 특정 종교단체인 참가인으로 하여금 그 부분을 지하에 건설되는 종교시설 부지로서 배타적으로 점유·사용할 수 있도록 하는 데 있는 것으로서 그 허가의 목적이나 점용의 용도가 공익적 성격을 갖는 것이라고 볼 수도 없다.

이러한 여러 사정에 비추어 보면, 위 도로점용허가로 인해 형성된 사용관계의 실질은 전체적으로 보아 <u>도로부지의 지하 부분에 대한 사용가치를 실현시켜 그 부분에 대하여 특정한 사인에게 점용료와 대가관계에 있는 사용수익권을 설정하여 주는 것이라고 봄이 상당하다. 그러므로 이 사건 도로점용허가는 실질적으로 위 도로 지하 부분의 사용가치를 제3자로 하여금 활용하도록 하는 임대 유사한 행위로서, 이는 앞서 본 법리에 비추어 볼 때, 지방자치단체의 재산인 도로부지의 재산적 가치에 영향을 미치는 지방자치법 제17조 제1항의 '재산의 관리·처분에 관한 사항'에 해당한다고 할 것이다</u>(대법원 2016.5.27, 선고, 2014두8490 판결).

3. 주민소송의 운영에 있어 대상판결의 의의

주민소송은 우리 사회에서 점차 중요성을 획득해가고 있는 공익소송의 일종으로서 지방자치단체의 재무회계행위가 적정하게 운영되도록 하기 위해 주민이 지방자치단체의 위법한 재무회계행위 또는 해태한 사실에 대해서 이를 시정하거나 손해를 회복하기 위해 제기하는 소송이다. 직접적으로는 지방자치법 제17조에 근거를 두고 있는데, 행정소송법 제3조 제3호가 규정한 민중소송에 속하는 것으로 이해되고 있다.

주민 자신의 세금에 의하여 형성된 지방자치단체의 재산의 관리에 있어 신탁을 받은 지방자치단체의 기관이 잘못 처리한 경우에 주민들 중의 일부가 주민들을 대표하여 제기하는 대표소송의 일종이고 주민에 의한 직접적 행정통제의 성격을 가지므로 직접민주주의의 정신을 반영하고 있다.

그동안 우리 판례상 주민소송으로 제기된 사례들은 일본과 비교할 때 매우 적고 더구나 주민들이 승소한 사례는 거의 없었다. 일본과 비교하여 우리나라에서 행정소송사건수가 훨씬 많은 것에 비해 주민소송의 운용실적이 이렇게 저조한 이유는 원고적격, 대상적격, 위법인정범위 등에서 너무 제한적이었던 것에 원인이 있지 않는가 하는 비판이 제기되어 왔다.[1]

대상판결에서 대법원은 도로 지하공간에 대한 점용허가행위를 주민소송의 대상인 재산의 관리행위에 해당된다고 봄으로써 과거 대상확대에 소극적이었던 판결들에 비해 대상적격을 더 확대 인정하였다는 점에서 그 의의를 인정할 수 있을 것이다.

Ⅱ. 독일과 우리나라에서의 도로점용허가

1. 독일법상 도로의 점용허가

1) 개념

도로점용허가는 도로의 일정 부분에 대해 일반이용을 넘어서 사인에게 특별한 사용수익권을 부여하는 재량행위로서 독일법상 도로의 특별이용(sondernutzung)으로 불리운다. 도로점용허가의 내용상 특징은 공공용물의 일종으로서 공중에게 허용되는 일반이용의 범위를 넘어서 자신의 이익을 위하여 이용하는 것을 허용한다는 점에 있다. 도로의 특별이용의 형태는 점용허가이외에도 특수한 화물을 수송하기 위해 매우 큰 차량으로 도로를 통행해야 할 경우 도로관리청과 경찰서의 허가를 얻어야 하는 것도 있다.

도로의 특별이용은 법령에서 규정한 경우가 아니라면 점용허가이

---

1) 최우용, 주민소송제도의 한·일 비교, 지방자치법연구 제28호, 2010, 92-93면은 주민소송의 활성화를 가로막는 장애물들 중 감사청구전치주의나 일본과 달리 200명 정도의 주민들이 연서해야 하도록 한 것들을 우선적으로 지적하고 있다.

외에도 공법상의 계약, 또는 민법상의 계약 등을 통해 그의 특별이용권의 획득이 가능하다.2) 지방자치단체는 법률을 구체화하여 도로점용허가의 기준과 절차에 관해 보다 상세한 규정들을 둘 수 있다. 때로는 자치법규로 특정 도로구역에서 전형적인 특별이용에 대해서 허가의무를 면제할 수도 있으나, 일반이용이 방해받지는 않아야 한다.

　　도로점용허가는 공물로서 도로의 관리권에 의하여 부여하는 것이므로 도로가 사인의 소유물인 경우에도 행정청이 도로관리권을 가지고 있다면 사인의 동의없이 그 허가를 부여할 수 있다.3) 즉, 도로점용허가는 도로에 대한 물적 지배권에 기초하는 것이기 때문에 사인이 도로의 소유자이지만 행정청이 도로에 대한 물적 지배권을 가지고 있는 경우는 지배권을 갖는 행정청이 도로의 특별이용 여부를 결정한 권한을 갖는다.

2) 재량권행사의 기준과 방법

　　공물로서 도로의 공용지정목적인 교통이나 통행의 목적과는 다른 특별한 목적, 즉, 건축을 위한 철재나 목재의 일정 기간 동안의 비치를 위하거나 인도위에 간이점포의 설치를 위하여 점용허가를 할 수도 있지만, 빌딩의 건설을 위해 공사차량의 매우 빈번한 통행이 필요한 경우에도 점용허가가 필요할 수 있다. 도로위에 자동판매기나 간이커피판매대를 설치하는 경우 도로점용허가가 필요할 수 있다. 다만, 매우 짧은 기간 이용하고자 할 때에는 점용허가가 필요없다.

　　행정청이 허가여부를 판단할 때에는 공중의 일반이용에 부정적 영향을 미치지 않도록 공익과 사익을 형량하여 판단해야 한다. 행정청은 공중의 일반이용에 장애를 초래하거나 도로의 설비에 손상을 가져오는 등 공익상의 필요가 있으면 점용허가를 거부할 수 있다. 예를 들어, 행

---

2) Wolf/Bachof/Stober/Kluth, Verwaltungsrecht II, 7.Aufl., 2010, S.198－200.
3) Thomas von Danwitz, Straßen－ und Wegerecht, in ; Schmidt－Aßmann Hg.), Besonderes Verwaltungsrecht, 12.Aufl., 2003, 8.Kap. Rn. 58.

정청은 도심지에서 건물의 건축허가를 획득한 자가 신청한 점용허가가 지나친 교통혼잡을 야기하는 경우 도로점용허가를 거절할 수도 있다.

점용허가는 부관으로서 철회권을 유보하거나 기간을 단기로 설정하여 도로의 안전에 대한 위험과 혼잡 등으로 통행의 편의에 초래하는 지장을 최소화하여야 한다.4) 도로점용허가를 하는 경우에도 공익침해를 줄일 수 있는 사유들을 부담으로 구체화하여 그 이행을 명할 수 있다.

3) 일반이용권 및 제3자의 권리와의 관계

허가신청자는 원칙적으로 허가부여의 청구권을 갖지는 못하고 단지 하자없는 재량결정의 청구권만을 갖는다. 다만, 도로에 광고판이나 플래카드 등을 설치하는 경우와 같이 도로의 일반사용에 방해가 미미한 경우 도로점용허가는 얻어야 하지만 영업의 자유나 집회시위의 자유라는 기본권의 최대한 행사를 보장하기 위해 행정청의 재량이 축소되어 도로점용허가의 발급청구권이 발생할 수 있다.5) 예를 들어, 집회결사의 자유권을 행사하거나 선거기간동안 선거홍보를 위하여 도로위에 플래카드의 설치가 필요한 경우 도로점용허가에 대한 청구권이 발생하고 행정청의 점용허가행위의 법적 성질은 기속행위가 된다.

점용허가를 받은 자에 대해서 제3자는 그의 특별사용의 금지나 배제를 요구할 수 없고 허가받은 자는 그의 특별이용에 대한 제3자의 방해에 대한 방어권을 갖는다. 하지만, 일반 공중은 도로와 같은 공공용물의 일부에 대해 도로점용허가가 부여된 경우에도 그 도로부분에 대하여 일정 범위에서 일반이용권을 갖는다.6)

---

4) Jürgen Salzwedel, Wege- und Verkehrsrecht, ; Ingo von Münch, Besonderes Verwaltungsrecht, 7.Aufl., 1984, S.638-639.
5) Thomas von Danwitz, a.a.O., Rn. 61.
6) Hans-Jürgen Papier, Recht der öffentlichen Sachen, in ; Erichsen/Ehlers (Hg.), Allgemeines Verwaltungsrecht, 12.Aufl., 2002, §41 Rn. 23.

4) 도로점용료

도로점용료의 결정에 있어서는 비례원칙의 표현인 등가성원리 (äquivalenprinzip)에 따라야 하는데 도로의 이용을 통해 사인이 얻을 이익과 비례하여 점용료가 정해져야 한다.[7] 구체적으로는 도로점용료는 그 도로의 특별한 이용으로 사인이 취할 이익, 점용허가로 초래된 도로관리청이 지출해야 하는 추가비용 등을 고려하여 결정한다.

2. 우리나라에서의 도로점용허가

1) 개념과 법적 성격

도로점용허가는 도로의 일정 부분에 대해 일반이용을 넘어서 사인에게 특별한 사용수익권을 부여하는 행정행위이다. 판례는 "도로점용은 일반 공중의 교통에 사용되는 도로에 대하여 이러한 일반사용과는 별도로 도로의 특정부분을 유형적·고정적으로 특정한 목적을 위하여 사용하는 이른바 특별사용을 뜻하는 것"이라고 한다(대법원 2008.11.27. 선고 2008두4985).

도로법 제61조 제1항은 "공작물·물건, 그 밖의 시설을 신설·개축·변경 또는 제거하거나 그 밖의 사유로 도로를 점용하려는 자는 도로관리청의 허가를 받아야 한다"고 규정하고 있다. 도로관리청이 도로점용허가를 할 때에는 "고속도로 외의 도로의 경우에는 관할 경찰서장에게 그 내용을 즉시 통보하여야 한다"(도로교통법 제70조 제1항 제1호).

도로점용허가의 법적 성질에 대하여 판례는 "특정인에게 일정한 내용의 공물사용권을 설정하는 설권행위로서 공물관리자가 신청인의 적격성, 사용목적 및 공익상 영향 등을 참작하여 허가 여부를 결정하는

---

7) Wolf/Bachof/Stober/Kluth, Verwaltungsrecht Ⅱ, 7.Aufl., 2010, §78 Rn.31.

재량행위"라고 한다(대법원 2008.11.27. 선고 2008두4985).

공중의 일반이용권과 허가권자의 특별이용권의 관계가 문제되는데, 도로점용허가는 "도로구조의 안전과 교통에 지장이 없다고 인정"(도로법시행령 제28조 제5항 제10호)하여야 부여되는 것이기 때문에 매우 특유한 법논리가 도출되게 된다. 즉, 도로는 불특정 다수의 일반 공중이 통행에 사용하도록 제공한 것으로서 특정인이 점용허가를 얻었다고 하여 타인의 이용을 배제하고 배타적으로 사용할 수는 없다는 것이다. 대법원판례도 "도로의 특별사용은 반드시 독점적, 배타적인 것이 아니라 그 사용목적에 따라서는 도로의 일반사용과 병존이 가능한 경우도 있고 이러한 경우에는 도로점용부분이 동시에 일반공중의 교통에 공용되고 있다고 하여 도로점용이 아니라고 말할 수 없는 것"이라고 한다(대법원 1991. 4. 9. 선고 90누8855 판결).

2) 도로점용허가의 위법평가

(1) 도로점용허가에 대한 재량행사의 기준

도로점용허가는 재량행위에 속하기 때문에 재량의 범위내에서 판단이 이루어지는 한 위법의 문제는 발생하지 않는다. 하지만, 법령에서 도로를 점용하려는 목적에 공익성이 있는 경우 도로관리청의 재량을 제한하는 경우가 있다. 우선 도로법 제64조는 도로관리청은 "토지를 수용하거나 사용할 수 있는 공익사업을 위한 도로점용허가를 거부할 수 없다"고 규정하고 있다. 또, 도로법 제68조는 공익목적으로 하는 비영리사업이나 국민경제에 중대한 영향을 미치는 공익사업에 대해 점용료를 감면할 수 있다고 규정하고 있다.

법령에서 도로관리청의 재량행사를 제한하는 규정이 없을 때, 재량권의 일탈남용여부는 점용허가 대상행위의 공공성, 그 허용면적과 기간, 그리고 도로이용상황 등을 살펴서 사회통념상 도로통행자들이 입을 손해와 점용의 필요성을 비교형량하여 판단하여야 한다. 점용의 목적이

사익을 위한 것이거나, 도로중 점유하는 비율이 높거나 점용기간이 길거나 도로통행량이 매우 많은 지역인지 여부를 살펴서 그 재량권행사의 위법여부를 판단해야 한다.

(2) 점용기간과 점용면적의 비율

독일에서 도로점용허가제를 운영하면서, 부관으로서 철회권을 유보하거나 기간을 단기로 설정하여 도로의 안전에 대한 위험과 혼잡 등으로 통행의 편의에 초래하는 지장을 최소화하려 노력하는 것은 타당하다고 본다. 우리나라에서도 도로점용허가는 공중의 일반이용권에 대한 침해를 최소화하여야 하기 때문에 기간, 즉, 점용허가가 일시적인 성질의 것인지 아니면 장기적인 것인지 하는 것이 위법판단에 있어 중요한 고려요소가 되어야 할 것이다.

도로법 제64조와 제68조의 입법취지를 고려할 때, 점용허가로 허용되는 행위의 공공성이 낮은 경우(사인의 모텔건물의 건축을 위한 도로점용허가)에는 그 반대의 경우(예, 수도관의 매설)와 비교하여 특정 사인을 위하여 공공시설인 도로에 대한 주민의 이용권을 제한하기 위한 정당성이 부족해 기간이 너무 길다면 위법하게 될 가능성이 높다고 보아야 한다.

특히, 사익성이 두드러진 행위를 위한 도로점용허가를 받은 사업자가 개인 사정(예, 자금부족)을 이유로 수년에 걸쳐 도로를 독점적으로 사용하는 것은 '공공시설과 공물의 사유화와 사물화'로서 도로의 공공용물로서의 성격을 근본적으로 침해하므로 위법하다 할 것이다. 이 경우 점용허가기간이 단기인 것처럼 보여도 갱신 등에 의하여 사실상 매우 장기로 허용되고 있는지 살펴야 할 것이다. 하지만, 축제일에 김밥을 판매하도록 간이매점의 설치를 허용하는 도로점용허가는 위법하지 않다 할 것이다.

점용목적이 공익성을 띠는 경우에도 그 점유비율이 공중의 일반이용권의 행사를 방해하지 않을 정도이어야 한다. 예를 들어, 도로부지위에 전신주를 설치하는 것은 가능한 한 도로변으로 옮기거나 불가피한 경우에도 도로통행에 전혀 지장이 없어야 한다.

점용허가로 허용되는 면적이 매우 넓어서 당해 공공시설의 대부분이나 주요부분에 해당되는 경우에도 공중의 일반이용권을 침해하기 때문에 위법하게 될 수 있다. 예를 들어, 공립도서관이나 구민회관에 식당을 임대차해주는 경우 그 공간이 도서관 등의 사용목적에 비추어 부차적이고 작은 공간을 차지하는 경우에는 위법하지 않을 것이지만 그 규모가 너무 크면 당해 공공시설의 본래의 목적을 방해하는 것으로 될 것이다.

(3) 일반이용에 미치는 영향

우리 판례는 도로의 점용허가를 하는 경우에도 공중의 일반이용이 가능하다고 보고 있기 때문에(대법원 1991. 4. 9. 선고 90누8855 판결), 도로관리청은 특정 사인을 위해 도로점용허가를 한할 것인지를 판단할 때, 대체이용가능한 다른 도로가 없고 임시도로의 개설도 어렵다면 점용허가를 하지 말아야 한다. 도로점용허가를 얻은 사업자에게 대체된 임시도로의 설치를 허용할 때에는 주민들의 안전한 도로통행에 필요한 안전시설의 설치 등을 요구하여야 한다.

III. 도로점용허가의 주민소송 대상적격과 위법평가

1. 지방자치단체의 재산으로서 도로와 그 지하공간

(1) 도로에 대한 소유권과 관리권의 귀속주체

도로는 도로의 형태를 갖추고 있으면서 일반 공중의 교통을 위해 제공된 것을 말하는데, 고속국도, 일반국도, 특별시도, 광역시도, 지방도, 시도, 군도와 구도가 있고(도로법 제10조), 공도와 사도가 있다.

공도의 경우 국가 또는 지방자치단체가 도로의 부지에 대해 소유 또는 임대 등으로 점유할 권한을 가지고 있다. 우리 도로법은 "도로에 관한 계획, 건설, 관리의 주체가 되는 기관"(도로법 제2조 제5호)을 도로관리청이라 하는데, 도로관리청이 도로를 건설하고 공용지정을 하게 되면 공용폐지가 되기까지 그 도로는 공공용물로서 인정된다. 우리 도로법 제2조 제5호에 따르면 도로의 건설주체가 관리의 주체가 되고 있는데, 사도가 아닌 공도의 경우 특별한 규정이 없으면 도로의 소유권과 관리권은 동일한 기관에게 귀속되는 것을 전제로 규정하고 있는 것으로 보인다.

이 사건의 대상인 도로는 대상판결인 대법원판결에 나타난 바에 따르면 "서울특별시 서초구 소유의 국지도로인 참나리길"이다. 우리 도로법상 참나리길은 "동(洞) 사이를 연결하는 도로 노선"으로서 구도(도로법 제10조 제1호, 제18조)이기 때문에 서초구청장이 "해당 도로 노선을 지정한 행정청"으로서 도로관리청이 된다(도로법 제23조 제1항 제3호) 때문에 대법원도 참나리길을 서초구 소유로서 인정하고 있다. 즉, 서초구청은 해당 도로의 소유주체이면서 동시에 관리주체이기도 하다.

(2) 대상판결에서 문제된 도로와 그 지하공간은 지방자치단체의 재산인가?

1) 도로의 법적 성격

주민소송을 규정한 지방자치법 제17조 제1항에 따를 때 지방자치단체의 "재산의 취득·관리·처분에 관한 사항"은 주민소송의 대상이 될 수 있는데, 우선 문제되는 것이 참나리길이라는 구도가 서초구청의 재산이 되는가이다.

지방자치법 제142조 제3항에서는 ""재산"이란 현금 외의 모든 재산적 가치가 있는 물건과 권리를 말한다"고 하여, 재산 개념에 대해서 현금을 제외할 뿐 특별한 제한을 두고 있지 않으므로 공유재산, 물품, 채권 등이 모두 주민소송의 대상인 재산에 해당된다고 이해할 수 있을 것이다. 또, 공유재산 및 물품 관리법 제5조에 따를 때, 공유재산은 행정재산과 일반재산으로 구분할 수 있는데, 도로는 공공용재산에 속한다.

따라서, 대상도로인 참나리길은 주민소송의 대상인 지방자치단체의 재산에 해당된다 할 것이다.

2) 도로지하공간의 법적 성격

도로는 공용지정행위를 통해 공중의 일반이용에 제공되는 공공용물이다. 우리 도로법은 고속국도와 일반국도 그리고 그 지선에 대해서는 국토교통부장관(도로법 제11조, 제12조, 제13조)에게, 그리고 광역자치단체의 관할구역내에 있는 주요도로와 간선도로에 대해서는 광역자치단체장에게 공용지정권을 부여하고 있다(도로법 제14조, 제15조). 대상사건에서 다루어진 "서울특별시 서초구 소유의 국지도로인 참나리길"은 "동(洞) 사이를 연결하는 도로"인 구도로서 서초구청장에게 공용지정권이 부여되어 있다(도로법 제18조).

그런데 도로에 대한 공용지정의 효력이 미치는 범위는 도로의 표면에만 미치는 것일까 아니면 도로의 지하공간에까지 미치는 것일까? 도로의 지하공간에 공용지정의 효력이 미치지 않는다면 이 지하공간은 더 이상 공공용물로서 행정재산이라 볼 수 없고 단순한 일반재산으로 보아야 할 것이다.

이 문제와 관련하여 관련 법조문들을 살펴보기로 한다. 첫째, 도로법은 입체적 도로구역제를 도입하고 있다. 즉, 도로법 제28조 제1항은 입체적 도로구역이라는 제목하에 "그 도로가 있는 지역의 토지를 적절하고 합리적으로 이용하기 위하여 필요하다고 인정하면 지상이나 지하공간 등 도로의 상하의 범위를 정하여 도로구역으로 지정할 수 있다"고 규정하고 있다.

도로법이 공용지정된 도로에 대해 그 "지상이나 지하 공간 등"을 "적절하고 합리적으로 이용"하기 위해서는 "도로의 상하의 범위를 정하여" 도로구역으로 새로이 지정하도록 한 것을 반대로 해석하면 도로의 지상이나 지하 공간은 입체적 도로구역의 지정이 있기 전까지는 해당 도로에 대한 공용지정의 효력이 미치지 않는다고 보아야 할 것이다. 하지만 해당 도로에 대한 공용지정의 효력은 그 자체만으로 그의 "지상이나 지하 공간 등"에 미치는 것이고 입체적 도로구역제를 규정한 도로법 제28조 제1항은 그 효력이 어디까지인가를 명확하게 하기 위해 "도로의 상하의 범위를 정하여" 명시하라는 것을 의미할 뿐이라고 반론을 제기할 수도 있을 것이다.

사견으로는 입법자가 도로법 제28조 제1항에서 새로이 "지정"하라고 한 것으로 볼 때 도로의 지하공간은 별도의 공용지정행위 없는 한 도로에 대한 공용지정의 효력이 미치지 않는다고 본다.

둘째, 공용지정된 도로에 대해 사인이 특별사용하기 위해서는 도로점용허가를 얻어야 한다. 입법자가 도로의 지하공간에 대해 도로점용허가를 얻도록 규정하고 있다면 그 규정은 도로에 대한 공용지정의 효력이 그 지하공간에까지 미친 것으로 해석하는 법적 근거가 될 수 있을 것이다. 그런데, 우리 법에서는 도로의 지하공간에 대한 도로점용허가도 규정해놓고 있는데, 이 규정들은 도로의 지하공간도 공용지정의 효력이 미친다고 해석할 수 있는 입법적 근거가 될 수 있을까?

도로법상 허가를 받아 도로를 점용할 수 있는 공작물, 물건과 시설 속에는 지하상가와 지하실도 해당되는데, 이 지하상가와 지하실에는 사무소·공연장·점포·차고·창고와 같은 건축물이 해당된다. 하지만 점용허가대상인 지하실은 지하공간이 도시계획시설부지로 이용되고 있는 지하실이어야 한다(도로법 제61조 제2항, 도로법시행령 제55조 제5호, 건축법 제2조 제1항 제2호). 즉, "지하에 일정한 공간적 범위를 정하여 도시·군계획시설이 결정되어 있고, 그 도시·군계획시설의 설치·이용 및 장래의 확장 가능성에 지장이 없는 범위에서 도시·군계획시설이 아닌 건축물 또는 공작물을 그 도시·군계획시설인 건축물 또는 공작물의 부지에 설치하는 경우"에 도로점용허가를 할 수 있다(국토의 계획 및 이용에 관한 법률 시행령 제61조 제1호). 이 법령들의 내용을 보면 해당 지하공간은 그 표면의 도로에 대한 공용지정행위와는 별개로 도시계획시설부지로 결정되어 있는 공간임을 알 수 있다. 도시계획시설은 도로, 주차장, 수도설비, 체육시설 등 기반시설중 도시계획으로 결정된 시설(국토의 계획 및 이용에 관한 법률 제2조 제6호, 제7호) 등을 말하는데, 도시계획시설로 결정됨은 표면도로와는 별개의 공용지정행위가 있는 것으로 해석할 수 있을 것이다.

때문에 이 법령들에서 도로의 지하공간에 대해 점용허가를 규정하였지만, 대상판례에서 문제된 서초구 "참나리길"의 지하공간에 대한 점용허가에 대해서는 적용할 수 없는 규정들이라고 보여진다. 왜냐하면 이 사건에서 문제된 도로점용허가는 총 너비 12m의 참나리길의 지하부분 중 매우 넓은 부분인 '너비 7m×길이 154m'의 지하 부분을 2010. 4. 9.부터 2019. 12. 31.까지 점용할 수 있도록 하는 내용의 허가처분인 것으로 볼 때, 참나리길의 지하공간이 도시계획시설부지로 결정된 바가 없었기 때문이다. 따라서, 참나리길의 지하공간은 서초구청의 일반재산으로 보아야 할 것이다.

2. 도로점용허가의 주민소송 대상여부와 위법평가

(1) 일본 주민소송상 도로점용허가의 대상적격

도로점용허가가 주민소송의 대상인 재산의 관리행위에 해당되는가? 이에 대해서는 일본의 최고재판소의 판결례는 없고 하급심판결들은 나뉘어 있는 것으로 보인다.[8]

오래된 하급심판결중에는 파이프라인의 매설을 위해 필요한 시도

에 대해 점용허가를 한 것이 주민소송의 대상인 재산의 관리행위인가에
대하여 도로점용허가는 "도로행정의 관점에서 한 처분으로서 지방자치
법 제242조 제1항 소정의 재무회계행위라고 할 수 없으므로 이 처분은
주민소송의 대상인 재산의 관리 또는 처분행위에 해당하지 않는다"는
판결이 있었다(千葉地判 昭和53(1978)년 6월 16일 판결. 판례시보 922호 38면).

　하지만, 최근에는 도로에 대한 사인의 불법점유를 지방자치단체가
방치한 행위들이 주민소송의 대상이 되는가에 관한 사건에서 이와 다른
하급심판결도 나왔다. 동경고등법원(東京高裁 平成 15(2003)년 4월 22일 판
결. 판례시보 1824호 3면)은, "도로의 불법점유에 의해 도로부지의 재산적
가치가 훼손된 경우에는 도로행정상 관리의 필요 유무에 관계없이 도로
를 소유하는 지방자치단체의 장은 그의 명도를 구하여 재산적 가치를
회복할 의무가 있고 명도청구의 해태는 주민소송의 대상이 된다"고 판
시했다. 이 판결은 사인의 도로점용에 대한 지방자치단체의 대응행위가
도로경찰작용에 속하므로 주민소송의 대상에서 제외되어야 한다는 당
사자의 주장을 부인한 것이었다.

　도로는 무료로 개방되어 있어서 사인에 의해 불법점유당한다고 해
도 지방자치단체의 수입이 줄어드는 것은 아니라는 반박도 제기될 수
있을 것인데, 이에 대해서 이 판결은 "토지소유권의 완전한 행사가 방
해되는가의 여부에 의해 판단할 수 있는 것"이라고 하여, 수입이 있는
것과는 상관없이 토지소유권의 완전한 행사가 방해받았으면 재산적 가
치의 훼손이 있는 것이라고 보았다. 도로점용허가의 경우 보통 점용료
를 받기 때문에 점용료를 받지 않는 불법점유를 방치하거나 점용료를
받는 경우에도 기간도 장기이고 그 점용료액수도 지나치게 낮은 경우에
는 지방자치단체에게 위법하게 손해를 끼친 것으로 보아야 할 것이다.

　이 경우 발생한 손해액은 어떤 방법으로 확정할 수 있을까? 도로의

---

8) 주민소송의 대상에 관한 일본판례들에 대한 개괄적 소개는, 함인선, 주민소송의
　대상에 대한 법적 검토, 공법연구 제34집 제4호, 2006, 37-38면 참조.

불법점유에 의해 주민이 통행할 수 없다고 해도 통행을 통해 주민이 얻는 이익을 산출하는 데 있어서는 좁거나 약간 불편하더라도 대체가능한 도로가 있는지 여부가 중요한 변수가 될 것이다. 이 판결에서 동경고등법원은 "공유토지의 불법점유에 의한 손해액은 적정한 지대의 액에 의해 산출될 수 있는 것"이라고 하면서 토지의 점용료의 기준으로 제시했다.

(2) 서울행정법원의 판결이유에 대한 분석과 비판

서울행정법원은 도로지하공간에 대한 점용허가가 주민소송의 대상인 재산의 관리행위에 해당되지 않는다고 보았다. 그 이유는 주민소송의 대상인 "'재산'은 지방자치단체가 '보유'하는 '재산적 가치'가 있는 물건과 권리를 의미한다고 할 것이고, 따라서 지방자치단체가 관리하더라도 그 소유가 아닌 재산의 관리·처분에 관한 사항은 원칙적으로 주민소송의 대상이 될 수 없다"는 점, "도로점용허가권한은 적정한 도로관리를 위하여 도로의 관리청에게 부여된 권한이라 할 것이지 도로부지의 소유권에 기한 권한이라고 할 수 없다"는 점, 도로점용허가 시에 점용료의 징수가 필수적이라고 단정할 수 없으므로 재산관리행위가 아니라는 점 등이었다.

하지만 주민소송의 대상으로 문제되는 재산은 소유권에 한정되지 않을 뿐만 아니라, 이 사건에서 문제된 도로에 대해 점용허가권자인 서초구청은 소유권도 갖고 있었다는 점에서 서울행정법원의 판결이유는 잘못되었다고 본다.

첫째, 주민소송의 대상으로 문제되는 재산이 서울행정법원의 판결처럼 반드시 소유권에 한정되는 것으로 보는 것은 입법문언에도 반하고 재산에 관한 법학일반의 일반적 이해에도 반한다고 생각한다.[9] 우선,

---

9) 최계영, 주민소송의 대상과 도로점용허가 - 대법원 2016. 5. 27. 선고 2014두8490 판결 -, 법조 제720호, 2016.12, 432-433면도 "적법하게 성립된 공물의 경우 공물의 관리주체는 소유권을 갖거나 적어도 지상권·임차권·사용권과 같은 권리를 보

주민소송을 도입하고 있는 지방자치법의 제142조의 제3항에서 재산에
대해 "현금 외의 모든 재산적 가치가 있는 물건 및 권리"라고 하고 있
으므로 지방자치단체의 재산이 반드시 소유권에 한정되는 것은 아니라
고 본다. 또, 헌법의 재산권이나 민법상의 재산적 가치있는 권리 개념에
대한 일반적 이해에 따를 때 재산의 개념에는 소유권은 물론 용익물권
이나 채권 등도 당연히 포함될 것이다. 따라서, 법령에서 소유자 아닌
자에게 공공시설의 관리권을 부여하고 있고 그 관리권을 기초로 공공시
설의 점용허가권을 행사하면서 점용료를 부과할 수 있는 경우라면 그
관리권도 지방자치단체의 재산에 속한다고 보는 것이 지방자치법의 재
산규정에 적합한 해석이라 할 것이다.

　　둘째, 대상 판결에서 문제된 참나리길은 서초구청의 소유라는 점에
서 서울행정법원의 견해는 잘못된 것이라고 생각한다. 도로의 경우 사
도도 있으므로 서울행정법원이 인용한 대법원 2005. 11. 25. 선고 2003
두7194 판결과 같이 도로의 관리권과 도로의 소유권이 나뉠 수도 있으
나, 우리 도로법은 "도로에 관한 계획, 건설, 관리의 주체가 되는 기관"
(도로법 제2조 제5호)을 도로관리청이라고 하여 원칙적으로 공공기관이
도로를 소유한 경우 도로의 소유권자와 도로의 관리권자를 일치시키고
있을 뿐만 아니라, 이 사건에서 문제된 참나리길은 대법원판결에서도
명백해지듯이 도로관리청인 "서울특별시 서초구 소유의 국지도로인 참
나리길"이다. 때문에 서초구청이 소유자로서 도로의 지하공간의 특별이
용권을 부여한 행위를 주민소송의 대상인 재산의 관리행위에서 배제하
는 것은 타당하지 않다고 본다.

　　셋째, 도로는 일반공중의 교통에 제공되는 것을 목적으로 하므로

유하는 것이 일반적이다. 지상권·임차권·사용권도 재산적 가치가 있는 권리로서 지
방자치단체의 재산에 해당하므로 그 관리에 관한 사항은 주민소송의 대상이 된다.
지방자치단체가 공물에 대한 소유권이나 사용할 권리 없이 공물관리권을 갖게 되
는 경우는 ① 소유자의 동의에 의한 경우거나 ② 권원 없이 위법하게 공용을 개시
한 경우와 같이 예외적인 사안에 한정된다."고 한다.

도로에 방치된 낙석을 제거하거나 패인 곳을 복구하거나 교통사고차량을 치우는 등의 행위는 공물경찰작용에 속하는 것이지만, 점용료라는 일정한 금전의 부과행위가 발생하는 도로점용허가는 지방자치단체의 재산관리행위라고 볼 수밖에 없다고 본다.10) 도로점용료의 부과기준에 대해 도로법 제66조 제4항에서 대통령령이나 조례로 정하도록 하고 있고, 도로법 제68조에서 공익목적에 부합하는 비영리사업이나 국민경제에 중대한 영향을 미치는 공익사업을 위해서 점용료를 감면할 수 있도록 하고 있는 것을 볼 때, 입법자는 아무런 공익적 정당화사유없이 도로관리청이 임의로 점용료를 감면하는 것을 허용하지 않고 있는 것으로 볼 수밖에 없다.

따라서, 서울행정법원이 "점용료의 징수가 필수적"이라고 단정할 수 없다는 것을 이유로 도로점용허가가 재산관리행위에 속하지 않다고 보아 법적 통제에서 배제하려는 것은 공공공재산인 도로를 점용허가하면서 도로관리청이 임의로 정당화사유없이 점용료징수를 받지 않더라도 문제될 것이 없다는 입장인 것으로 그것은 입법자의 의도에 반하는 해석이라 보여진다.

(3) 대법원판결의 내용과 그의 분석

1) 대법원판결의 내용

대상판결에서 대법원은 이 도로의 지하공간에 대한 "점용허가의 목적은 특정 종교단체인 참가인으로 하여금 그 부분을 지하에 건설되는 종교시설 부지로서 배타적으로 점유·사용할 수 있도록 하는 데 있는 것"이라는 점을 인정하고, 또, "위 도로점용허가로 인해 형성된 사용관

---

10) 최계영, 위의 글, 435면은 도로점용허가와 같은 공물관리행위 내에도 임대유사한 성격을 갖는 것도 있을 수 있으므로, "공물관리행위의 태양과 목적이 다양하다면, 공물관리행위 일반에 대하여 일률적으로 재산의 관리에 해당한다거나 해당하지 않는다고 판단하는 것은 타당하지 않다"고 한다.

계의 실질은 전체적으로 보아 도로부지의 지하 부분에 대한 사용가치를 실현시켜 그 부분에 대하여 특정한 사인에게 점용료와 대가관계에 있는 사용수익권을 설정하여 주는 것이라고 봄이 상당하다. 그러므로 이 사건 도로점용허가는 실질적으로 위 도로 지하 부분의 사용가치를 제3자로 하여금 활용하도록 하는 임대 유사한 행위"라고 하여, 도로지하공간에 대한 점용허가가 주민소송의 대상이 된다고 하였다. 판시내용으로 보아 대법원은 서울행정법원이 간과하였던 문제를 깊이 느끼고 있었던 것으로 보인다. 즉, 도로의 지하공간은 공용지정의 효력이 미치지 않아 공공용재산을 포함하는 행정재산이 아니고 일반재산에 불과할 수도 있다는 점을 인식한 것으로 보인다.

이 점에 대해서는 이 사건에 대한 서울특별시의 주민감사청구결과에서도 명확하게 지적되었다. 즉, "참가인의 지하예배당은 보통의 시민들이 모두 이용할 수 있는 공공용 시설이 아닐 뿐만 아니라 도로점용허가를 받을 수 있는 공작물·물건, 그 밖의 시설의 종류를 정하고 있는 「도로법 시행령」 제28조 제5항 중 제5호 소정의 '지하실'에 해당하지 않고"라고 했다. 때문에 이 지하공간은 일반재산일 뿐이므로 공용지정의 효력범위에서 벗어나 점용허가를 할 수 있는 대상이 아니라는 것이다.

2) 도로 지하공간에 대한 특별이용권 부여의 법형식과 그의 위법여부

사인이 도로의 지하공간을 특별이용하기 위해서는 어떤 법형식을 취해야 하는가? 점용허가를 얻어야 하는가 아니면 사법상의 계약 등을 통해 특별이용권을 취득해야 하는가? 여기 검토대상이 되는 도로의 지하공간은 입체적 도로구역의 지정도 별도로 없었고 도시계획시설로 지정되지도 않은 채 지표면에 존재하는 도로에 대한 공용지정만 되어 있었다.

도로의 지하공간은 특별한 별도의 공용지정행위가 없는 한 위에서 살펴보았듯이 일반재산의 성격을 갖는다. 다만, 보다 엄밀히 살펴보면 공용지정의 효력이 미치는 도로의 표면부분과 그의 유지에 필수적인 지하공간까지는 해당 도로에 대한 공용지정의 효력이 미칠 수 있을 것으로 본다. 왜냐하면 도로관리청은 도로의 유지관리의무를 지고 있는데(도로법 제31조 제1항) 도로를 보수하는 등의 필요에 의해 일정한 지하공간까지는 굴착할 필요가 있을 수 있기 때문이다. 하지만, 공용지정의 효력이 미치는 지하공간의 깊이는 매우 제한적일 것이다.

일반재산인 도로의 지하공간에 대한 특별이용의 법형식에 관하여 관계법령들과 행정실무 및 판례들을 살펴본다.

첫째, 공공용물인 도로의 특별이용형식과 관련하여 도로법 제61조 제1항은 "공작물·물건, 그 밖의 시설을 신설·개축·변경 또는 제거하거나 그 밖의 사유로 도로를 점용하려는 자는 도로관리청의 허가를 받아야 한다"고 규정하고 있다. 또, 공유재산 및 물품관리법 제20조 제1항도 "지방자치단체의 장은 행정재산에 대하여 그 목적 또는 용도에 장애가 되지 아니하는 범위에서 사용 또는 수익을 허가할 수 있다"고 규정하고 있다. 이 규정들을 통해 도로에 대한 특별사용권을 부여하는 법형식은 행정행위로서 허가임을 알 수 있다.

둘째, 공유재산 및 물품관리법 제28조 제1항은 "일반재산은 대부·매각·교환·양여·신탁하거나 사권을 설정할 수 있으며, 법령이나 조례로 정하는 경우에는 현물출자 또는 대물변제를 할 수 있다"고 규정하고 있고, 동 제2항에서는 "일반재산의 사권설정, 현물출자 및 대물변제의 범위와 내용은 대통령령으로 정한다"고 하고 있는데, 공유재산 및 물품관리법 시행령 제23조에서는 일반재산에 설정가능한 사권에 대해 공익사업을 위해 "공중 또는 지하에 지상권을 설정하는 경우"와 외국인투자기업이 사회간접자본시설을 건설하는 경우 저당권을 설정하는 경우를 규정하고 있다. 이 규정들로부터 일반재산의 처분이나 사용에 대해서 사법상의 법형식을 이용하여야 함을 알 수 있고, 이 사건의 대상인 도로의 지하공간이 일반재산이라면 그의 특별이용을 위해서는 사법상의 대부계약을 하여야 할 사항인 것으로 이해된다.

셋째, 우리 행정실무에서는 도로의 지하공간에 대해 그 공간이 도시계획시설로 지정되어 있지 않거나 입체적 도로구역으로 지정되지 않은 경우에도 구별하지 않고 도로점용허가의 법형식을 통해 특별이용권을 부여하고 있는 것으로 보인다. 다른 대법원판례에서 그러한 상황을 알 수 있는 것이 있다. 즉, 어떤 교회가 도로를 마주하고 교회건물과 그 부속건물을 건설한 다음 교회 건물 지하주차장과 교회 부속건물의 지하를 연결하는 지하연결통로를 건설하고자 한 건축허가변경신청에 대해 처분청이 한 거부처분의 적법여부와 도로 지하부분에 대한 점용허가거부의 적법여부를 논하면서 처분청은 물론 하급심이나 대법원 모두 그것이 허가대상이 아니라 사법상의 계약이라는 점을 전혀 문제삼지 않았다 (대법원 2008. 11. 27. 선고 2008두4985 판결).

하지만, 대법원은 또 다른 도로점용료처분에 관한 사건에서 도로 지하공간에 대한 특별이용권의 부여형식으로 점용허가방식의 선택이 위법하다고 판시한 원심판결의 이유와 논리를 전혀 문제삼지 않아 소극적이지만 그 논리를 지지한 것으로 보이는데 이 글과 관련된 부분은 다음과 같다.

"행정재산이라 하더라도 공용폐지가 되면 행정재산으로서의 성질을 상실하여 일반재산이 되므로, 그에 대한 공유재산법상의 제한이 소멸되고, 강학상 특허에 해당하는 행정재산의 사용·수익에 대한 허가는 그 효력이 소멸된다. 따라서 도로 용도를 폐지하고 재건축아파트의 부지 등 일반재산으로 사용하게 되면 구 도로법이 정한 도로로서의 기능을 상실하게 되므로 이에 대한 점용허가는 더 이상 불가능하다. 또한 도로에 대한 점용허가 처분을 하였을 경우에 인정되는 점용료 부과처분과 같은 침익적 행정처분의 근거가 되는 행정법규는 엄격하게 해석·적용되어야 하므로, 일반재산에 관하여 대부계약을 체결하고 그에 기초하

여 대부료를 징수하는 절차를 거치는 대신 관리청의 처분에 의하여 일
방적으로 점용료를 부과할 수 있다고 해석하는 것은 행정의 법률유보원
칙과 행정법관계의 명확성원칙에도 반한다."(대법원 2015. 11. 12. 선고
2014두5903 판결)

대상판결에서 대법원이 이 도로의 지하공간에 대한 특별이용권의
부여형식에 관한 것을 문제삼지 않은 것은 이 쟁점이 본안사항이었던
주민소송의 대상적격에 관한 것이 아니고 위법의 문제에 속한다고 보았
기 때문인 것으로 보인다. 하지만, 대법원은 이 판결에서 이미 "이 사건
도로점용허가는 실질적으로 위 도로 지하 부분의 사용가치를 제3자로
하여금 활용하도록 하는 임대 유사한 행위"라고 하여 그 입장을 시사하
고 있는 것으로 보인다.

이 사건에서 문제된 도로의 지하공간과 같이 공용지정의 효력이
미치지 않는 부분에 대해 특별이용하고자 하는 사인은 도로관리청이 점
용허가권을 갖지 못하기 때문에 도로 지하공간의 소유자로부터 특별이
용의 권리를 얻어야 한다. 독일에서도 도로의 관리권이 아니라 소유권
이 문제된 사례들에서, 공용지정목적에 따라 도로관리청에게 인정된 도
로에 대한 물적 지배권과는 관계가 없기 때문에 도로관리청으로부터 점
용허가를 얻을 필요는 없지만, 도로에 대해 소유권과 같은 처분권을 가
진 자로부터 사법상의 계약 등을 통해 그 특별이용의 권리를 얻어야 한
다고 한다.11)

국가나 지방자치단체가 사인에게 도로의 지하공간에 대해 계약형
식에 의해 특별이용권을 부여함에 있어서도 도시지역에 있는 도로의 지
하공간은 잠재적으로 지하철의 건설이나 하수도관의 설치 통신선의 이
동 등 대중들을 위해 필수적인 공공서비스의 제공을 위해 매우 필요한
공간일 가능성이 높다는 점에서 사람들이 거의 살지 않는 지역의 국유

---

11) Wolf/Bachof/Stober/Kluth, Verwaltungsrecht Ⅱ, 7.Aufl., 2010, §78 Rn.13.

지나 공유지에 대한 것과는 다르게 접근할 필요가 있다고 본다. 도로의 안전을 보호할 시설을 설치하도록 요구하거나 도로표면의 교통하중을 지탱하기 위해 지하공간중 일정 부분 이상에 대해서는 특별이용을 허용하지 않거나 기간을 보다 짧게 설정하거나 공공필요가 있을 때 특별이용권을 부여하는 계약을 취소할 수 있는 권리를 유보해두는 등의 조치가 필요하다고 본다.

3. 항고소송의 보완수단으로서 주민소송의 가치

국민의 권리구제는 사법제도적으로 흠결이 없어야 하므로, 주민소송의 대상 여부는 다른 행정소송제도와의 관계에서 주민소송제도가 갖는 의미를 고려하여 판단하지 않으면 안 된다.[12]

도로이용에 있어 이해관계인은 도로를 통행하는 불특정 다수라 할 수 있으나 그들에게 항고소송에서 말하는 법률상 이익이 인정된다고 볼 수 있는지는 의문이 많다. 도로점용허가는 수익적 처분이기 때문에 처분의 당사자가 처분의 취소를 주장하며 소송을 제기할 가능성도 없고, 이 사건에서와 같이 법률상 이익이 침해된 제3자도 존재하지 않는 경우가 보통일 것이기 때문에 항고소송이 이용되기는 어려울 것이다. 따라서, 주민소송을 허용하지 않는다면 도로점용허가와 같은 행정의 조치가 주민 다수의 도로이용권을 장기간 그리고 광범위하게 제한하는 것과 같이 손해를 야기할 수 있는 상황에서도 행정의 불법적 의무태만이나 권한남용에 대해서도 실효적인 사법적 통제는 가능하지 않을 것이다.

---

12) 문상덕, 주민소송의 대상 확장 : 위법성승계론의 당부, 지방자치법연구 제27호, 2010, 320면도 "현행법상 주민소송의 대상은 공금의 지출 등 재무회계행위에 한정되어 있는데 이와 관련하여 주민소송의 대상범위를 실정법의 의미를 벗어나서 지나치게 확대하는 것도 문제겠지만 이를 너무 엄격하게 또는 형식적으로 해석 운용하는 것도 재정관리나 예산집행의 적정 확보라는 주민소송의 본래의 취지를 제대로 살릴 수 없다는 점에서 바람직하지 않을 수 있다"고 한다.

주민소송은 이러한 헌법적 상황에서 항고소송의 미비점을 보완하여 주권자로서 주민의 복리증진에 필수적인 공공시설의 이용권 보장을 위해서 이용가능해야 한다.

일반재산의 장기임대가 당연히 주민소송의 대상이 되고 그 위법여부 및 손해유무의 평가를 받아야 하는 것처럼 행정재산을 장기간 점용허가하는 것과 같은 특별이용권의 부여행위도 주민소송의 대상이 되어 위법여부의 심사를 받아야 할 것이다.

Ⅳ. 결어

현대사회에서 지방자치단체가 공공용물로서 제공하고 있는 공원, 도서관, 문화관이나 도로 등은 주민들의 복리와 밀접한 관련이 있다. 때문에 이러한 공공시설물의 관리에 있어 지방자치단체장과 공무원들에게 감사와 같은 내부적 통제장치이외에는 다른 외부적 통제권은 미치지 않는다고 보는 것은 지방자치단체의 물적 기초의 형성을 위하여 세금을 납부하고 주권자로서 헌법적 지위가 부여된 주민의 법적 지위에 비추어 타당하지 않다.

주민감사청구와 주민소송은 지방재정의 건전성을 보호하기 위해 지방자치단체가 입은 손해를 회복시킨다는 목적도 갖지만, 직접민주적 통제장치의 하나로서 공무원의 재량남용과 행정부패의 방지를 위하여 지방자치단체의 재무처리과정을 공개하여 공론장에서 그 시시비비를 검토하게 하는 의미도 갖는다.

대법원은 대상판결에서 주민소송의 이용을 활성화시키려는 의지를 보여주었다. 입법적으로도 주민소송의 활성화를 가로막는 장벽들이 하나씩 하나씩 제거되기를 바란다.

참고문헌

문상덕, 주민소송의 대상 확장 : 위법성승계론의 당부, 지방자치법연구 제
   27호, 2010.
최계영, 주민소송의 대상과 도로점용허가 — 대법원 2016. 5. 27. 선고
   2014두8490 판결 —, 법조 제720호, 2016.12.
최우용, 주민소송제도의 한·일 비교, 지방자치법연구 제28호, 2010.
함인선, 주민소송의 대상에 대한 법적 검토, 공법연구 제34집 제4호,
   2006.

Hans—Jürgen Papier, Recht der öffentlichen Sachen, in ;
   Erichsen/Ehlers (Hg.), Allgemeines Verwaltungsrecht, 12.Aufl.,
   2002.
Jürgen Salzwedel, Wege— und Verkehrsrecht, ; Ingo von Münch,
   Besonderes Verwaltungsrecht, 7.Aufl., 1984.
Thomas von Danwitz, Straßen— und Wegerecht, in ;
   Schmidt—Aßmann Hg.), Besonderes Verwaltungsrecht, 12.Aufl.,
   2003.
Wolf/Bachof/Stober/Kluth, Verwaltungsrecht II, 7.Aufl., 2010.

국문초록

　　대상판결에서 대법원은 도로 지하공간에 대한 점용허가행위를 주민소송의 대상인 재산의 관리행위에 해당된다고 봄으로써 하급심판결을 파기하였다. 그 이유로 이 지하공간은 "일반 공중의 통행이라는 도로 본래의 기능 및 목적과 직접적인 관련성이 없다"는 점, "도로점용허가는 실질적으로 위 도로 지하 부분의 사용가치를 제3자로 하여금 활용하도록 하는 임대 유사한 행위"라는 점을 제시했다.

　　이 글에서 필자는 도로와 그 지하공간은 모두 지방자치단체의 재산이라는 점, 도로의 지하공간에는 별도의 공용지정행위가 없는 한 행정재산이아니고 일반재산이라는 점, 때문에 지하공간에 대한 특별이용의 법형식은행정행위가 아니라 사법계약방식에 의해 이루어져야 한다는 점을 지적하였다. 또, 일반재산에 대한 대부계약은 물론 도로점용허가도 주민소송의 대상이 될 수 있다고 보았다.

　　도로의 지하공간은 대도시에서 수도관이나 하수관의 설치, 통신선의 매설과 지하철의 건설, 도로표면의 보수를 위한 굴착필요 등으로 점점 그 사용가치가 증가하고 있다. 도로의 지하공간에 대해 공익적 이유가 아니라 사인의 필요에 의해 특별이용권을 부여할 수도 있지만, 그 권리가 장기간 부여되거나 도로 지하공간의 상당부분을 차지하거나 또는 점용료나 대부금액등을 등가성원리에 반하여 부과하는 것은 위법하다고 평가해야 할 것이다.

　　주제어: 주민소송의 대상, 재산의 관리, 도로의 지하공간,
　　　　　도로점용허가, 일반재산의 특별이용행위, 위법.

. Abstract

Special use permit of roads and inhabitants' suit

Sun Jeong—Won[*]

In the Supreme Court judgment 2014DU8490 made on February 27, 2016, the Supreme Court judged, that a special use permit of the road underground would be the object of inhabitants' suit, and it reversed the judgments in lower instances.

The underground space, by the Supreme Court, was irrelevant to public traffic, the original function and purpose of the road, and the purpose of the permit was actually acts similar to leases.

In this paper, the author tried to make the Supreme Court judgment more clean—cut. First, the road and its underground are all properties of the local government. Second, the underground is outside the validity limit of special use permit of the road, and special use right of the underground must be acquired by making a contract between the user and the district. Third, a special use permit of the road can be also an object of inhabitants' suit.

An administrative agency can give special use rights of road underground spaces to individuals or firms for private interests, but the permission will be less favorable than for public interests. If the special use term is too long, or excessively wide occupation is needed, or the use fee is too cheap, the special use permit or the contract will be illegal.

---

[*] Myongji University, College of Law, Professor

Keywords: objects of inhabitants' suit, management of properties, underground of roads, special use permit of roads, special use of general properties, violation of law

투고일 2017. 12. 11.
심사일 2017. 12. 25.
게재확정일 2017. 12. 28.

공공조달계약과 공익
- 계약변경의 한계에 관한
우리나라와 독일법제의 비교를 중심으로 -

김대인*

Ⅰ. 개관
Ⅱ. 공공조달계약의 변경과 관련한
　　독일의 법령
Ⅲ. 공공조달계약의 변경과 관련한
　　독일의 판례
Ⅳ. 우리나라 법제와의 비교 및
　　시사점
Ⅴ. 결론

Ⅰ. 개관

국가나 지방자치단체가 필요로 하는 물품, 용역, 공사 등을 조달하는 과정에서 체결하는 '공공조달계약'은 행정임무의 수행에 필요한 기반을 마련하는 기초가 되고, 대규모의 국가재정이 사용되는 수단이 된다는 점에서 공법적 규율의 필요성이 큰 분야라고 할 수 있다. 우리나라에서는 「국가를 당사자로 하는 계약에 관한 법률」(이하 국가계약법), 「지방자치단체를 당사자로 하는 계약에 관한 법률」(이하 지방계약법) 등에서

* 이 글은 김대인·문수영·박우경, 실시협약변경관련 외국법제 최종연구보고서, 한국개발연구원, 2017의 내용 중 본인의 집필부분을 논문형식으로 대폭적으로 수정·보완한 것이다. 본 투고논문에 대해서 유익한 논평을 해주신 익명의 심사위원께 감사드린다.
** 이화여대 법학전문대학원 교수

이에 관해서 규율하고 있다.

이러한 공공조달법제에서는 공공조달계약의 공익성을 확보할 수 있는 다양한 규정들을 두고 있는데, 입찰 및 낙찰에 관한 규정들이 가장 대표적인 것으로 볼 수 있다. 즉, 일반경쟁입찰, 제한경쟁입찰 등과 같은 입찰관련제도들, 종합심사낙찰제도나 적격심사제도와 같은 낙찰관련제도들은 공공조달의 투명성과 공정성 등과 같은 '공익'을 확보하기 위한 제도들로 이해해볼 수 있다.[1]

그런데 최근 이러한 공공조달법제와 밀접한 관련이 있는 「사회기반시설에 대한 민간투자법」(이하 민간투자법)상 실시협약의 변경한계가 주요한 쟁점으로 대두되고 있다. 즉, 민간투자법상 장기간으로 체결되는 실시협약의 중간에 재정상의 이유 등 다양한 이유로 실시협약의 변경이 필요한 경우들이 발생하고 있는데, 이 경우 새로운 사업자선정절차를 거치지 않고 기존 실시협약의 변경만으로 충분한지가 문제되고 있다.[2]

위 문제는 여러 가지 쟁점과 연결되어 있다. 첫째, 국가계약법과 민간투자법의 관계를 어떻게 볼 것인가 하는 점이다. 민간투자법상 실시협약의 체결주체가 국가가 되는 경우에는 국가계약법도 함께 적용될 수 있다고 볼 여지가 있는데, 이 경우 국가계약법상의 계약변경의 한계에 관한 규정이 적용된다고 볼 가능성이 있기 때문이다. 그러나 만약 민간투자법을 국가계약법의 특별법으로 이해할 경우에는 계약변경의 한계에 관해서도 다르게 볼 가능성이 열리게 된다.

둘째, 민간투자법상 실시협약의 법적 성질을 어떻게 볼 것인가의

---

1) 공익의 개념에 대해서 상세히는 최송화, 『공익론 - 공법적 탐구 -』, 서울대학교출판부, 2002 참조.
2) 이에 관한 선행연구로 황창용, "민간투자사업에 있어서 법령변경에 따른 위험과 그 배분", 원광법학 제26권 제4호, 2010; 문수영, 민간투자법상 실시협약에 대한 연구: 영국법제를 중심으로, 이화여대 법학박사학위논문, 2013; 김대인, "민간투자법상 실시협약의 효력 - 변경 및 해지가능성과 보상가능성을 중심으로 -", 유럽헌법연구 제17호, 2015; 장용근, "민간투자사업 이익공유제(통행료인하명령)에 대한 재정법적 고찰", 가천법학 제8권 제3호, 2015 등 참조.

문제이다. 현재 판례는 민간투자법상의 실시협약은 공법상 계약으로,[3)] 국가계약법상의 공공조달계약은 사법상 계약으로 보는 태도를 취하고 있다.[4)] 이와 같이 양자의 법적 성질을 달리 보는 것이 과연 타당한지, 그리고 이에 따라 계약변경의 한계를 달리 보는 것이 타당한지 등이 논의될 필요가 있다.

이와 같은 쟁점들을 다루기 위해서는 외국의 법제를 참고로 삼아 볼 필요가 있다. 이 글에서는 이를 위해서 독일의 공공조달 및 민간투자에 관한 법령과 판례를 집중적으로 살펴보고자 한다. 독일의 법제를 살펴보고자 하는 이유는 첫째, 독일의 법제는 유럽연합의 영향을 받으면서 다양한 판례를 낳고 있는 점에서 참고의 가치가 크고, 둘째, 독일의 법제는 경쟁제한방지법이라는 단일의 법에서 공공조달과 민간투자에 대해서 통일적인 규율을 시도하고 있다는 점에서도 연구의 의미가 있고, 셋째, 독일도 우리나라와 마찬가지로 공사법의 구별을 엄격하게 인정하는 체계를 취하고 있다는 점에서 우리나라에 주는 시사점이 크고, 넷째, 공공조달계약 또는 실시협약의 변경한계에 관해서는 아직 국내에서 선행연구를 찾아보기 힘들기 때문이다.

이하에서는 우선 독일의 법령에서 공공조달계약과 민간투자계약에서 재입찰을 거쳐야 하는 경우와 기존 계약의 변경으로 가능한 경우를 어떻게 구분하고 있는지를 살펴보고(II), 이어서 독일의 판례에서 이 문제를 어떻게 다루고 있는지를 상세하게 검토한다(III). 다음으로 우리나라의 법제를 독일의 법제와 비교하여 검토하고, 독일의 법제가 주는 시사점을 제시한다(IV). 마지막으로 일정한 결론을 제시하도록 한다(V).

---

3) 서울고등법원 2004. 6. 24. 선고 2003누6483 판결.
4) 대법원 2001. 12. 11. 선고 2001다33604 판결.

Ⅱ. 공공조달계약의 변경과 관련한 독일의 법령

1. 개관

독일에서 공공조달계약과 민간투자사업을 규율하는 주된 법령은 경쟁제한방지법(Gesetz gegen Wettwerbsbeschränkungen: GWB), 조달규칙(Vergabeverordnung: VgV), 특허규칙(Konzessionsvergabeverordnung: KonzVgV) 등이다. 특허(Konzession)[5]에 적용되는 규정은 기본적으로는 조달계약에 적용되는 규정과 동일하며, 다만 발주청에게 좀 더 넓은 재량권이 인정된다는 점에서 차이점이 있다. 예를 들어서 낙찰기준과 관련해서 특허계약의 경우 조달계약보다는 좀 더 발주청의 재량이 인정된다.[6]

독일의 연방행정절차법(Verwaltungsverfahrensgesezt) 제54조 내지 제62조에서는 공법상 계약에 관한 규정을 두고 있다. 이러한 연방행정절차법과 경쟁제한방지법을 중심으로 한 조달법제의 관계에 대해서는 학설의 대립이 있다. 공공조달계약도 원칙적으로 공법상 계약으로서의 성격을 인정해야 한다고 보는 견해[7]에 의하면 공공조달계약에는 연방행정절차법과 경쟁제한방지법의 규정이 중첩적으로 적용된다고 볼 수 있다. 그러나 공공조달계약 중에서 공법상 계약의 성격을 갖는 경우와 사법상 계약의 성격을 갖는 경우가 나누어진다는 견해에 의하면,[8] 전자의 경우(공법상 계약의 성격을 갖는 경우)에는 연방행정절차법과 경쟁제한방

---

5) 민간투자에 의해서 도로를 건설하고 사업자에게 통행료를 징수할 수 있는 권한을 주는 경우가 특허의 전형적인 예에 해당한다. 즉 우리나라의 수익형 민간투자사업(Build-Transfer-Operate)와 유사한 방식이다. Ziekow/Windoffer, Public Private Partnership - Struktur und Erfolgsbedingungen von Kooperationsarenen, Baden-Baden, 2008, S. 23 참조.

6) Burgi, Martin, Vergaberecht - Systematische Darstellung für Praxis und Ausbildung, München, 2016, S. 264.

7) Schlette, Volker, Die Verwaltung als Vertragspartner, Tübingen, 2000, S. 148 참조.

8) Burgi, Martin, Der Verwaltungsvertrag im Vergaberecht, NZBau 2002, S. 58 참조.

지법이 중첩적으로 적용된다고 볼 수 있으나, 후자의 경우(사법상 계약의 성격을 갖는 경우)에는 경쟁제한방지법만이 적용된다고 볼 수 있다.

그러나 위와 같은 학설의 대립은 '계약의 변경'만 놓고 보면 논의의 실익이 크다고 보기는 힘들다. 왜냐하면 연방행정절차법 제60조 제1항에서 특별한 사정이 있는 경우 계약의 변경에 관한 규정을 두고 있기는 하지만[9] 그 내용이 매우 간략하여 실제적으로는 경쟁제한방지법의 규정 및 이에 따른 해석에 좌우되기 때문이다.

유럽법원은 2008년 Pressetext 판결[10]에서 공공조달계약의 내용에 '본질적인 변경'이 이루어질 경우에는 입찰공고를 새롭게 거칠 의무가 있다는 점을 밝힌 바 있다. 그런데 Pressetext 판결에서 제시한 기준들을 적용하는 데에 있어서 현저한 법적 불안정성이 존재한다고 판단하여 이를 구체화한 내용이 2014년 EU 개정공공조달지침(2014/24/EU) 제72조에 규정되었다. 독일에서는 이 내용을 2016년 4월 18일에 개정된 경쟁제한방지법(GWB) 제132조에 반영하였다. 이러한 경쟁제한방지법 제132조는 다수공급자계약(Rahmenvereinbarungen)[11]과 특허계약의 경우에도 원칙적으로 준용된다(동법 제103조 제2항, 제154조 제3항)[12]

독일 경쟁제한방지법 제132조의 모태가 된 Pressetext 판결을 좀더 살펴보면 다음과 같다. 유럽법원은 Pressetext 판결에서는 계약기간

---

9) 독일 연방행정절차법 제60조(특별한 사정이 있는 경우의 변경과 해지) ① 계약내용의 확정에 기준이 된 사정이 계약체결 이후 계약당사자에 대하여 원래 계약의 규정을 이행하여 줄 것을 기대할 수 없도록 중대하게 변경된 경우에는 다른 계약당사자는 변경된 사정에 맞추어 계약내용을 변경할 것을 요청하거나, 변경이 불가능하거나 이를 계약당사자에게 기대하는 것이 불가능한 경우에는 계약을 해지할 수 있다. 행정청은 공익의 중대한 침해를 피하거나 제거하기 위해 이를 해지할 수 있다.

10) EuGH 19.6.2008 - C-454/06, NZBau 2008,518 - Pressetext.

11) 직역을 하면 '기본협정'이 될 것이나 우리나라 국가계약법 시행령에서 규정하고 있는 다수공급자계약제도와 유사한 제도이기 때문에 이렇게 번역하도록 한다.

12) Burgi/Dreher, Beck'scher Vergaberechtskommentar Band 1, München, 2017, Rn. 31-33.

중에 공공조달계약의 내용이 변경될 경우, 다음의 어느 하나에 해당되는 경우에는 그 내용이 본질적으로 변경된 것으로 보았다. 즉, 1) 변경사항이 원래의 낙찰절차에 포함되어 있었다면, 원래 낙찰된 자 이외의 입찰자가 선정되거나 원래 낙찰된 입찰과 다른 내용의 입찰에 대하여 낙찰이 이루어졌을 가능성이 있는 경우, 2) 원래 포함되지 않은 서비스를 포함할 정도로 계약의 범위를 상당한 정도로 확대하는 경우, 3) 변경으로 인해 원래의 계약에서 예정하지 아니한 방식으로 계약상대방에게 유리한 방향으로 계약의 경제적 수지가 변동되는 경우 중의 어느 하나에 해당하면 그 내용이 본질적으로 변경된 것으로 보아 새로운 입찰절차를 거쳐야 한다.13)

　　이외에도 사업자를 교체하는 경우에 이것이 단순히 내부적으로 새로운 조직변경으로 보기 힘든 경우에는 본질적인 변경에 해당한다고 본다. 이러한 본질성척도(Wesentlichkeitsmaßstab)는 현존하는 계약기간 중에 계약내용을 조정하는 경우에도 적용되지만, 법원의 화해절차에서 계약내용 조정을 통해 장래에 발생가능한 분쟁을 해결하는 경우에도 적용된다.14)

　　독일 경쟁제한방지법 제132조는 유럽법원의 Pressetext 판결을 기초로 한 2014년 EU 개정공공조달지침의 내용을 반영하면서도 다음과 같은 점에서 차이점을 보이고 있다. EU 공공조달지침 제72조에서는 우선적으로 새로운 입찰이 필요 없는 경우를 열거를 한 다음에 동조 제5항에서는 위와 같은 경우에 해당하지 않는 경우에는 새로운 입찰이 필요하다고 규정하고 있다. 반면에 독일 경쟁제한방지법 제132조 제1항에서는 원칙적으로 계약내용의 본질적인 변경은 새로운 입찰절차를 필요로 한다고 규정하고 난 다음에, 이어서 새로운 입찰절차가 필요 없는

---

13) EuGH 19.6.2008 - C-454/06, NZBau 2008,518 - Pressetext.
14) Hübner, Alexander, Anmerkung - Vergaberecht: Wesentliche Auftragänderung durch Vergleich, EuZW 2016, S. 871.

경우들을 열거하는 방식을 채택하고 있다. 이처럼 독일법에서는 새로운 입찰절차를 거칠 의무를 EU법에 비해서 상대적으로 강조하는 입법태도를 보이고 있다.15) 이하에서 보다 상세히 살펴보도록 한다.

2. 입찰절차를 새롭게 거쳐야 하는 경우

입찰절차를 새롭게 거쳐야 하는 경우에 대해서는 경쟁제한방지법 제132조 제1항16)에서 규정을 두고 있다. 이 규정에 의하면 계약기간 중에 공공조달내용의 '본질적인 변경'이 이루어지는 경우에는 새로운 조달절차를 거쳐야 하는데, 공공조달내용이 원래의 공공조달내용과 현저하게 다른 경우에는 본질적인 변경이 이루어진 것으로 본다. 본질적인 변경은 특별히 다음의 경우 중 하나에 해당하는 경우에 존재하는 것으로 본다.

첫째, 변경사항이 원래의 조달절차에 포함되어 있었다면, 1) 원래 낙찰된 자 이외의 입찰자가 선정되었을 경우이거나, 2) 원래 낙찰된 입

---

15) Hausmann, Friedrich Ludwig & Queisner, Georg, Auftragsänderungen während der Vertragslaufzeit, NZBau 2016, S. 620 참조.

16) 독일 경쟁제한방지법 제132조(계약기간 중 조달내용변경)
① 계약기간 중에 공공조달내용의 본질적인 변경이 이루어지는 경우에는 새로운 조달절차를 절쳐야 한다. 공공조달내용이 원래의 공공조달내용과 현저하게 다른 경우에는 본질적인 변경이 이루어진 것으로 본다. 본질적인 변경은 특별히 다음의 경우에 존재하는 것으로 본다.
1. 변경사항이 원래의 조달절차에 포함되어 있었다면,
   a) 원래 낙찰된 자 이외의 입찰자가 선정되었을 경우,
   b) 원래 낙찰된 입찰과 다른 내용의 입찰에 대하여 낙찰이 이루어졌을 가능성이 있는 경우, 또는
   c) 기타 참여자들의 이익이 조달절차에서 문제되었을 경우
2. 변경으로 인해 원래의 계약에서 예정하지 아니한 방식으로 당사자에게 유리한 방향으로 조달내용의 경제적 수지가 변동되는 경우
3. 변경으로 인해 공공조달내용의 범위가 상당한 정도로 확대된 경우
4. 제2항 제1문 제4호 이외의 경우로서 새로운 사업자가 조달을 하게 된 경우

찰과 다른 내용의 입찰에 대하여 낙찰이 이루어졌을 가능성이 있는 경
우이거나, 3) 기타 참여자들의 이익이 조달절차에서 문제되었을 경우인
경우, 둘째, 변경으로 인해 원래의 계약에서 예정하지 아니한 방식으로
당사자에게 유리한 방향으로 조달내용의 경제적 수지가 변동되는 경우,
셋째, 변경으로 인해 공공조달내용의 범위가 상당한 정도로 확대된 경
우, 넷째, 경쟁제한방지법 제132조 제2항 제1문 제4호 이외의 경우로서
새로운 사업자가 조달을 하게 된 경우이다(제132조 제1항).

정해진 계약기간을 연장하는 것은 원칙적으로 본질적인 계약변경
에 해당한다.17) 반면에 계약의 초기에 자동적인 계약갱신기간이 정해져
있었고, 이러한 계약갱신을 거부할 수 있는 기간을 경과한 경우는 본질
적인 계약변경에 해당하지 않는다.18)

3. 입찰절차를 새롭게 거치지 않아도 되는 경우

(1) 원래 계약에 계약변경사유의 명시

경쟁제한방지법 제132조 제2항19) 제1문 제1호에 의하면 원래의

---

17) OLG Düsseldorf, Beschl. v. 21. 7. 2010 - Ⅶ-Verg 19/10, NZBau 2010, 582.
18) Hausmann & Queisner, 위의 글, S. 620 참조.
19) 경쟁제한방지법 제132조(계약기간 중 조달내용변경)
　② 제1항에도 불구하고 공공조달내용의 변경이 있더라도 다음 각 호 중 어느 하나
　에 해당하는 경우에는 새로운 조달절차를 거치지 않는 것이 허용된다.
　1. 변경에 관한 사항이 원래의 계약서류에 분명하고, 구체적이며, 명확하게 구
　성된 검토조항 또는 대안으로 규정된 경우. 위 조항은 가능한 계약내용변경
　의 방식, 범위, 요건을 포함하며, 계약내용의 전체적인 성격을 변경시켜서는
　안 된다.
　2. 원래의 당사자에 의한 추가적인 물품, 공사, 서비스공급이 필요하게 된 경우로
　서 원래의 계약에 그러한 내용이 포함되어 있지 않고 원래의 계약상대방을 변
　경하는 것이,
　　a) 경제적 또는 기술적 이유로 불가능한 경우이고,
　　b) 발주청에게 심각한 불편함을 초래하거나 현저한 추가비용을 발생시킬 경우
　3. 성실한 발주청으로서도 예견할 수 없었던 상황이 발생하여 변경할 필요가 있

계약서류에 '검토조항'(Überprüfungklausel) 또는 '대안'(Option)의 형식으로 계약내용의 변경에 대한 사항이 정해져있는 경우에는 새로운 입찰이 필요하지 않다. '검토조항'은 급부대상, 보상, 계약조건의 사후적인(보통 의사합치에 의한) 변경을 허용하는 모든 조항들을 말한다. 다음으로는 '대안'으로는 계약의 일방당사자의 의사표시로 계약을 체결하거나 계약내용을 변경하는 권리를 두는 경우를 들 수 있다. 이러한 일방적인 의사표시는 발주청에 의해서 이루어진다.20)

위 조항에 따른 검토조항 또는 대안으로 인정되기 위해서는 원래의 계약서류에 가능한 계약변경의 방식, 범위, 요건 등의 내용이 분명하고, 구체적이며, 명확하게 규정되어야 한다. 검토조항과 관련해서는, 일반적인 규율 또는 포괄유보가 이루어진 경우, 즉 이를 근거로 하여 계약의 일방당사자의 자의에 의해서 급부의 범위를 무제한적으로 확장할 수 있도록 한다든지, 기타 방식으로 조정하는 것이 가능하도록 하는 경우에는 위 조항에 따른 경쟁입찰면제의 요건을 충족하는 것으로 볼 수 없다.21)

또한 위와 같은 검토조항 또는 대안에 의해서 계약내용의 전체적

___

고, 계약의 변경이 조달내용의 전체적인 성격을 변경하지 않는 경우
4. 새로운 계약상대방이 원래 낙찰자로 선정했던 계약상대방을 다음 중 어느 하나의 사유로 대체하는 경우
   a) 제1항에 의한 검토조항에 따른 경우
   b) 기업의 조직변경, 즉 영업양도, 합병, 인수 또는 도산 등에 따라 원래의 당사자의 지위를 포괄적으로 또는 부분적으로 승계한 경우로서 원래 정했던 질적인 선택기준을 충족하는 경우. 단, 이러한 조직변경이 제1항에 따른 본질적인 변경을 포함하지 않아야 한다.
   c) 발주청 스스로 주된 계약상대방의 하도급업자에 대한 의무를 승계한 경우. 제2호와 제3호의 경우에는 그 가격이 원래 계약가치의 50%를 넘어서는 안 된다. 복수의 계약변경사유가 문제될 경우에는 이러한 제한은 각 개별 계약변경사유에 적용된다. 다만 이러한 변경이 규정을 회피할 목적으로 이루어져서는 안 된다.
20) Hausmann & Queisner, 위의 글, S. 621 참조.
21) Burgi/Dreher, Beck'scher Vergaberechtskommentar Band 1, Rn. 46.

인 성격이 변경되어서는 안 된다. 이처럼 계약내용의 전체적인 성격이 변하는 경우로는 원래의 물품, 공사, 서비스계약에 대해서 이들 급부의 종류 사이의 대체가 이루어짐으로써(예컨대 공사가 물품으로 대체된 경우를 들 수 있다) 조달의 종류가 근본적으로 변경된 경우를 들 수 있다. 또한 특허가 단순조달로 변경된 경우도 계약내용의 전체적인 성격이 변하는 예로 볼 수 있다.[22]

경쟁제한방지법 제132조 제2항 제1문 제1호는 제2호, 제3호와는 달리 원래의 계약가치 대비 변경되는 계약가치의 제한에 대한 규정을 두지 않고 있다. 그러나 판례는 조달법의 투명성이라는 관점에서 제2호(경제적 또는 기술적으로 불가피한 사유가 존재할 경우)와 마찬가지 제한을 인정하고 있다.[23]

(2) 경제적 또는 기술적 사유

경쟁제한방지법 제132조 제2항 제1문 제2호에 따르면 원래의 계약 상대방을 변경하는 것이 경제적 또는 기술적 이유로 불가능한 경우이고, 발주청에게 심각한 불편함을 초래하거나 현저한 추가비용을 발생시킬 경우에 입찰절차를 다시 거칠 필요가 없다. 이러한 규정의 내용은 유럽연합지침의 내용을 반영하면서 기존의 독일 조달규칙의 내용을 반영한 것이다.

조달규칙(Vergabeverordnung: VgV) 제14조 제4항 제5호에서는 물품 공급의 확대에 대해서 이와 유사한 규정을 두고 있다.[24] 조달규칙 제14조 제4항 제5호에서는 협상에 의한 계약절차에서 물품공급을 추가적으로 확대하는 경우에 원래 계약상대방에게 이를 요청하는 것이 다음과

---

22) Hausmann & Queisner, 위의 글, S. 621 참조.
23) OLG Düsseldorf, Beschl. v. 28. 7. 2011 − VII−Verg 20/11, NZBau 2012, 50.
24) 참고로 조달규칙에서는 공사 또는 서비스계약에 대해서는 이와 관련된 규정을 두지 않고 있다.

같은 경우에 허용된다. 즉, 다른 계약상대방을 선택하는 것이 기술적인 사유로 불가능하거나 비례원칙에 부합하지 않는 경우이고 계약의 기간이 3년을 넘지 않는 경우에 허용된다.

경쟁제한방지법 제132조 제2항 제1문 제2호에 따르면 두 가지 요건, 즉, 1) 경제적 또는 기술적 이유로 불가능한 경우이어야 한다는 요건과 2) 발주청에게 심각한 불편함을 초래하거나 현저한 추가비용을 발생시킬 경우이어야 한다는 요건을 모두 충족시켜야 한다. 그런데 이 두 가지 요건은 명확하게 구분되는 것으로 보이지는 않는다는 견해가 제시되고 있다. '추가적인 비용을 발생시킨다'는 것과 '경제적으로 불가능한 경우'는 같은 의미로 보아야 한다는 것이다.[25]

위 규정에 따라서 입찰절차를 새롭게 거칠 필요가 없는 경우는 크게 두 가지 사례군으로 나누어서 볼 수 있다. 첫째, 계약상대방을 변경하는 것이 절대적으로 불가능한 경우이다. 기술적인 사유로 교체가 불가능한 경우의 예로는 현재까지 계약상대방에 의해서 제공된 제품과 새로운 계약상대방이 제공할 제품 상호간에 연동성이 존재하지 않는 경우이다. 소프트웨어에서 이러한 경우가 주로 발생한다.[26]

둘째, 계약상대방을 변경하는 것이 상대적으로 불가능한 경우이다. 새로운 제품을 사용할 경우에 비례원칙에 부합하지 않는 경제적 효과를 가져오는 경우를 들 수 있다. 예를 들어 새로운 제품을 사용하기 위해서 사용인력에 대한 훈련에 비용이 과다하게 발생하는 경우, 새로운 제품의 유지보수비용이 과다하게 발생하는 경우를 들 수 있다.[27]

경쟁제한방지법 제132조 제2항 제1문 제2호는 원래 계약가치 대비 변경되는 계약가치의 제한이 존재한다. 즉 원래 계약가치의 50%를 넘

---

25) Burgi/Dreher, Beck'scher Vergaberechtskommentar Band 1, Rn. 49; Hausmann & Queisner, 위의 글, S. 622 참조.
26) Hausmann & Queisner, 위의 글, S. 622 참조.
27) Hausmann & Queisner, 위의 글, S. 622 참조.

어서는 안 된다. 다만 특허계약의 경우에는 이러한 제한을 받지 않는다
(경쟁제한방지법 제154조 제3항). 복수의 계약변경사유가 문제될 경우에는
이러한 제한은 각 개별 계약변경사유에 적용된다(동법 제132조 제2항 제3
문). 따라서 변경되는 계약가치가 원래 계약가치 대비 제한비율을 넘어
서는 경우라고 하더라도 이러한 변경내용이 개별적인 계약변경사유별
로 제한비율의 범위내인지를 다시 검토하는 것이 필요하다.[28]

(3) 예견불가능성

경쟁제한방지법 제132조 제2항 제1문 제3호에 따르면 성실한 발주
청으로서도 예견할 수 없었던 상황이 발생하여 변경할 필요가 있는 경
우에 새로운 입찰절차를 거칠 필요가 없다. '예견이 불가능한 상황'의
의미는 다음과 같이 설명되고 있다. 즉, 발주청이 주의의무를 다하여 원
래의 낙찰결정을 합리적인 재량범위내에서 준비함에 있어서, 특정 프로
젝트의 사용가능한 수단, 종류, 기준, 증명된 실무와 필요성을 고려하였
고, 기존자원에 따른 낙찰결정 준비와 예견가능한 사용간의 적절한 관
계를 보장하였음에도 불구하고, 예견이 불가능했던 상황을 말한다.[29]

위 내용을 보다 쉽게 해석하자면 발주청은 어떠한 변경을 고려해
야 하는지를 미리 검토해야 한다는 것이다. 발주청은 이러한 검토를 함
에 있어서 그가 사용가능한 모든 자원을 활용해야 한다. 예를 들어 전
문적인 구매 노하우, 경험 등을 활용해야 하는데, 이러한 예로는 예상하
지 못한 사태로 인해서 현저한 가격의 변동이 발생한 경우를 들 수 있
다. 또한 조달내용의 전체적인 성격을 변경하지 않는 경우이어야 한다.
제2호와 마찬가지로 계약가치의 변경비율에 제한이 있다.[30]

---

28) Hausmann & Queisner, 위의 글, S. 622 참조.
29) Burgi/Dreher, Beck'scher Vergaberechtskommentar Band 1, Rn. 46.
30) Hausmann & Queisner, 위의 글, S. 623 참조.

(4) 계약상대방의 비본질적인 변경

경쟁제한방지법 제132조 제2항 제1문 제4호에 따르면 원래 낙찰자로 선정되었던 계약상대방이 다음 중 하나의 사유로 새로운 계약상대방으로 대체되는 경우에도 새로운 입찰절차를 거칠 필요가 없다. 1) 계약에 이미 이러한 교체가 예정되어 있는 경우, 2) 기업에 단순히 조직변경이 이루어진 경우(즉 영업양도, 합병, 인수 또는 도산 등), 3) 발주청이 주된 사업자의 하도급업자에 대한 의무를 승계한 경우가 그것이다.

위와 같은 세 가지 경우 중에서도 특히 두 번째 경우가 많이 발생하고 있다. 장기계약의 경우에는 기업의 조직변경이 이루어지는 경우가 종종 발생하기 때문이다. 유럽법 및 독일법의 입법자는 기존의 판례에 비해서 조직변경(Umstruckturierung)을 매우 넓게 인정하는 태도를 취하고 있다. 기존에는 내부적인 구조변경을 매우 좁은 범위 내에서만 적법한 것으로 인정했다. 예를 들어서 계약업무를 100% 지분을 가지고 있는 자회사에게 양도하고, 이들 간에 영업양수도 계약이 체결되며, 이들이 계약업무를 공동으로 책임진 경우에는 계약내용의 본질적인 변경이 없는 것으로 보았다. 그러나 입법자는 영업양도, 합병, 인수, 도산 등 다양한 예를 언급함으로써 위와 같은 좁은 해석을 취하지 않았다.[31]

발주청이 주된 계약상대방의 하도급업자에 대한 의무를 승계한 경우는 자주 발생하는 경우는 아니다. 이러한 예로는 주된 계약상대방이 하도급업자에 대한 대금지급의무를 발주청이 승계하는 경우를 들 수 있다. 주된 계약상대방이 도산한 경우에 하도급업자가 계약상 의무를 이행해줄 것을 요구할 때 이러한 의무승계가 발생할 수 있다.[32]

주된 계약상대방이 하도급업자를 변경한 경우에 대해서는 경쟁제

---

31) Burgi/Dreher, Beck'scher Vergaberechtskommentar Band 1, Rn. 62; Hausmann & Queisner, 위의 글, S. 623 참조.
32) Hausmann & Queisner, 위의 글, S. 623 참조.

한방지법 제132조 제2항에서 규정을 두지 않고 있다. 원칙적으로 원래의 계약상대방은 하도급업자를 자유롭게 선정하고 변경하는 것이 가능하다. 다만 예외적으로 하도급업자의 선정이 계약체결의 중요한 요소였다면 이러한 하도급업자의 변경은 계약내용의 본질적인 변경에 해당한다.[33]

(5) 기타

경쟁제한방지법 제132조 제3항에 의하면 1) 유럽연합지침이 적용되는 하한선 미만이고, 물품과 서비스 조달계약의 경우에는 변경되는 물품과 서비스의 가치가 원래 계약가치의 10%를 넘지 않고, 공사조달계약의 경우에는 변경되는 공사의 가치가 원래 계약가치의 15%를 넘지 않는 경우에 계약의 변경이 허용된다. 사회 및 기타 영역의 서비스 조달의 경우에는 20%가 적용되며, 특허계약의 경우에는 변경되는 서비스와 공사의 가치가 원래 계약가치의 10%를 넘지 않는 범위 내에서 계약내용을 변경하는 것이 허용된다(경쟁제한법 제154조 제3항). 뤼네부르크 (Lüneburg) 조달심판소(Vergabekammer)에서는 이러한 규정에 따라 새로운 입찰절차가 필요가 없다고 인정한 바 있다.[34]

위 규정은 중요한 제한조건이 존재한다. 복수의 변경사유가 존재할 때 변경된 가치를 모두 합친 가치를 기준으로 판단이 이루어진다는 점이다. 경쟁제한방지법 제132조 제2항에서 복수의 계약변경사유가 문제될 경우에는 각 개별 계약변경사유에 적용된다고 보고 있는 것과 대비된다고 할 수 있다.[35]

---

33) Hausmann & Queisner, 위의 글, S. 623 참조.
34) VK Lüneburg, Beschl. v. 5. 10. 2015 - VgK-37/15, BeckRS 2015, 19322.
35) Hausmann & Queisner, 위의 글, S. 624 참조.

Ⅲ. 공공조달계약의 변경과 관련한 독일의 판례

1. 첼레(Celle) 고등법원 2001년 5월 4일자 판결[36)]

(1) 판결의 요지

1) 조달절차가 낙찰(Zuschlag)과 유효한 위탁(Beauftragung)으로 완료된 경우에는 이의신청절차(Nachprüfungsverfahren)는 더 이상 허용되지 않는다.

2) 발주처가 조달을 위해 새로운 입찰절차를 거칠지 여부는 원칙적으로 발주처의 재량이며, 예외적으로 민사법원에 의한 심사를 받을 수 있다.

3) 조달심판소(Vergabekammer) 및 고등법원(Oberlandesgericht) 조달심판부(Vergabesenat)에서 이루어지는 이의신청절차는 민사소송절차가 아니다. 따라서 민사법원으로의 이송은 허용되지 않는다.

(2) 사실관계

신청인은 여객운송법에 따라 학생들을 위한 자유정차운송(Freistellungsverkehr)[37)]을 할 수 있는 권한을 가지고 있는 버스여객운송 사업자이다. 니더작센학교법 제114조에 따라 학생운송에 대한 권한을 가지고 있는 A행정청은 1997년 2월 11일에 해당지자체(Kreis)에서 학생들을 위한 자유정차운송과 관련한 모든 업무를 B사(社)에게 위탁하였다. 과거에 B사는 A행정청의 고유기업(Eigenbetrieb)이었으나, 현재는 A행정청은 B사의 일반적인 지분권만을 가지고 있는 상태이다.

신청인은 2000년 3월 30일에 A행정청에게 1997년 2월 11일자 B사

---

36) OLG Celle, Beschl. v. 4. 5. 2001 - 13 Verg 5/00, NZBau 2002, 53.
37) 대중교통수단이 도달하기 힘든 학생들이 대중교통수단을 쉽게 사용할 수 있도록 정거장이 아닌 곳에서 정차가 가능하도록 하는 것을 말한다.

에 대한 위탁을 취소하여줄 것을 요청하였고, 학생들을 위한 자유정차
운송에 대해서 2000년 12월 31일까지 새롭게 입찰절차를 거쳐줄 것을
요청하였다. 또한 신청인은 2000년 5월 30일에 B사에 대해서 특정의
학생자유정차운송과 추가적인 노선운송에 대해서 여객운송법에 따라
입찰절차를 거쳐줄 것을 요청하였다. 그러나 이러한 신청인의 요청들은
모두 거부되었다.

　　신청인은 2000년 7월 11일에 조달심판소에 이의신청을 하면서, 학
생자유정차운송과 관련된 모든 업무를 B사에게 위탁한 것은 적법하지
않다고 주장했다. 이러한 위탁은 경쟁제한방지법에 따른 카르텔금지를
위반한 것일 뿐만 아니라 국내 및 유럽연합의 조달법을 위반하였다는
것이다. B사는 A행정청으로부터 위법하게 보조금을 부여받은 셈이 되
기 때문에 A행정청은 B사에 대한 위탁을 취소할 의무가 있다는 것이다.
조달심판소는 2000년 12월 12일 결정을 통해서 이의신청이 부적법하다
고 판단했다. 신청인은 고등법원에 즉시항고(sofortige Beschwerde) 신청
을 하였으나 고등법원은 이를 받아들이지 않았다.

(3) 판결이유

　　A행정청을 상대로 한 이의신청은 부적법하다. B기업에 대한 위탁
이 조달법에 따른 심사대상이 될 수 있는지 검토의 여지가 있는 것은
사실이다. 왜냐하면 B사는 A행정청의 고유기업이었다가 A행정청이
100% 지분을 가지고 있는 사법상의 법인이 되었는데, 이러한 B사에 대
한 A행정청의 위탁이 '내부거래'(In-House-Geschäft)에 해당하는지가
문제될 수 있기 때문이다.[38]

　　그러나 가사 A행정청의 B사에 대한 위탁이 조달법의 적용을 받는

---

38) 공공주체 내부간의 거래에 해당하는 경우에는 조달법의 적용을 받지 않는다. 이에
　　관해서는 Schröder, Holger, Das so genannte Wesentlichkeitskriterium beim
　　In-House-Geschäft, NVwZ 2011, S. 776-780 참조.

다고 하더라도, 이 사건 이의신청은 적법하지 않다. 왜냐하면 신청인이 위법하다고 주장하다고 주장하는 조달은 이미 1997년에 신청인과의 합의에 의해서 이루어졌기 때문이다. 이 조달은 유효하며, 조달절차를 다시 거쳐야 하는 것은 아니다. 이러한 조달이 발주청과 계약상대방의 유효한 법적 관계로 이어진 경우[39])에는, 조달이 위법하고 따라서 이를 수정해달라는 요청을 이의신청절차를 통해서 할 수는 없다. 왜냐하면 이의신청절차는 어디까지나 입찰참가자가 진행 중인, 또는 진행전의 조달절차에 대해서 신속하게 권리구제를 받는 절차이기 때문이다. 조달절차가 낙찰과 유효한 위탁을 통해서 종료된 경우에는 이의신청절차는 더 이상 허용되지 않는다.

　　B사를 상대로 한 이의신청도 부적법하다. 1997년부터 B사와 버스회사들은 1년 단위로 자유정차운송계약을 체결해왔으며, 합의에 의해서 매년 연장되어왔다. 신청인의 주장에 의하면 이러한 연장계약은 새로운 조달절차를 거치지 않았으므로 위법하며, 이러한 계약은 사실상의 조달에 불과하다는 의미가 되는데 이러한 주장은 받아들이기 힘들다. 이는 두 당사자의 의사합치에 의한 계약이 지속적으로 유지되는 것에 불과하며 새로운 계약이 체결되는 것으로 이해하는 것은 곤란하다.

　　A행정청은 2001년 1월 1일부터 새로운 입찰절차를 거쳐야 할 의무를 지는 것이 아니고, 2002년 1월 1일부터 이러한 의무를 진다. 왜냐하면 경쟁제한방지법 제97조 이하에 따른 조달절차는 진행 중인 조달절차에 대한 심사에만 적용되기 때문이다. 발주처가 급부를 새롭게 입찰절차에 부칠지의 여부는 기본적으로 재량에 속한다. 예외적으로 조달절차를 거쳐야 하는 경우가 있는데 이는 이의신청절차에 속하지 않고, 민사법원에서 심사가 이루어지게 된다.

　　신청인은 이 사건 신청이 부적법하다고 판단할 경우에는 사건을

---

39) 입찰절차를 거쳐서 조달계약이 유효하게 체결된 경우를 말한다.

관할법원으로 이송해줄 것을 요청하는 한, 본 이의신청과 부합하지 않는다. 신청인의 조달에 대한 이의신청이 부적법한 경우라고 하더라도, 조달심판소와 고등법원의 조달심판부는 이의신청절차에서 이러한 관할 이송신청에 대해서 판단하는 것이 가능하다. 그 외에도 이의신청은 민사소송절차가 아니다. 조달심판소는 행정행위를 통해 결정하며, 조달심판소는 법원조직법 제17조에 따른 법원에 해당하지 않다. 따라서 민사소송절차로의 이송은 허용되지 않는다.

(4) 판결의 의미

조달계약이 이미 유효하게 체결된 경우에는 조달과 관련하여 입찰절차를 거쳐야 함에도 불구하고 이를 거치지 않은 경우의 심사는 '이의신청절차'에서 이루어질 수 없다는 판결이다. 이는 조달법에 따른 이의신청은 어디까지나 계약체결 전까지 가능하도록 되어 있기 때문이다. 다만 이러한 심사가 민사법원에서 이루어질 수는 있다고 보고 있다. 이 판결은 조달과 관련하여 입찰절차를 거쳐야 함에도 불구하고 이를 거치지 않은 경우의 공법상 또는 사법상의 권리구제수단이 시점에 따라서 달라질 수 있음을 보여준다는 점에서 의미가 있는 판결이라고 할 수 있다.

2. 로스톡(Rostock) 고등법원 2003년 2월 5일자 판결[40]

(1) 판결의 요지

발주청이 특정한 범위에서 사후적으로 요청할 수 있는 계약변경이 있는 경우에 항상 새로운 계약이 되어서 별도의 조달절차를 거쳐야 하는 것은 아니다. 계약내용이 현저하게 변경된 경우에만 조달절차를 새롭게 거쳐야 한다. 계약관계에서 주된 급부의무가 변경된 경우 예를 들

---

40) OLG Rostock, Beschl. v. 5. 2. 2003 - 17 Verg 14/02, NZBau 2003, 457.

어 가격이나 계약전형적인 급부의무가 변경된 경우에만 새로운 계약으
로 볼 수 있다.

(2) 사실관계

A행정청은 연방과 주의 협의체인 '독일 연구선 협회'(Deutsche
Forschungsflotte: BLAG)의 위탁에 따라 연구선(Forschungsschiff)의 건조
및 인도에 대해서 2001년 11월 19일에 유럽연합 내에서 일반경쟁입찰
을 실시하였다. 입찰공고내용에 따르면 요구되는 급부내용 전체에 대해
서만 입찰을 하는 것이 가능하도록 되어 있었다. 특히 심해에서도 작동
가능한 '수중음파시설'을 갖추는 것이 중요한 내용으로 포함되어 있었
다. 규격 이외의 기타 시설들은 사업자들이 선택에 따라 제공하는 것이
가능하도록 되어 있었다. 이에 대해서 2개 회사가 입찰에 참가하였고 K
사의 입찰이 경제적으로 가장 유리한 것으로 평가되었다. K사는 입찰당
시에는 L사와 S사로부터 시스템을 공급받는 것을 선택했다. 그러나
2002년 5월 3일에 K사는 입찰내용을 보다 명확하게 하는 과정에서 서
면에 의해서 입찰내용을 다음과 같이 수정했다. "B부분에 대한 다중음
파시설은 새로운 상황이기 때문에 K사는 L사와 S사로부터 R사로부터
공급받을 받는 것으로 변경하도록 한다. 가격변동은 없는 것으로 한다."
이처럼 변경된 입찰내용에 따라 2002년 7월 29일에 행정청과 K사는 계
약을 체결했다.

2002년 9월 24일에 '독일 연구선 협회'(BLAG)와 K사간의 회의가
개최되었다. 이 회의의 주된 의제는 R사에게도 전달되었는데, 그 내용
은 다음과 같다. "1) 수중음파시스템에 관한 학문기술전문분과위원회의
권고에 따라 K사는 L사 및 R사로부터 공급을 받아야 하며, S사와의 협
의는 중단해야 한다. 2) K사는 현재까지 발생한 200,000유로의 피해액
을 발주청에게 배상해야 한다. 3) L사 및 R사와의 협상과정에서는 현재
까지 연구선의 전체 발주금액의 범위 내에서 수중음파 시스템비용이 산

정되도록 해야 한다."

2002년 10월 1일에 신청인(K사)은 위와 같은 주문내용의 변경이 부적법한 '사실상 입찰공고'(De-Facto Ausschreibung)에 해당한다는 이유로 이의신청을 제기하였다. 조달심판소에서는 신청인에게 신청인적격이 흠결되었다는 이유로 이를 각하하였다. 이에 대한 즉시항고에 대해서로스톡 고등법원은 다음과 같은 이유로 이의신청을 받아들이지 않았다.

(3) 판결이유

기존계약의 변경 또는 기간연장은, 그것이 단지 원래계약상 예정되어 있던 선택사항 중의 하나를 비독립적으로 실현하는 데에 불과하다면, 조달법적으로 중립적이다. 이러한 경우에는 조달법적인 심사는 단지 기본계약(Rahmenvertrag) 또는 옵션계약(Optionvertrag)의 체결과 관련해서만 이루어지며 이의 실현과 관련해서는 이루어지지는 않는다. 그러나 쌍방의 의사표시를 통해서만 계약을 연장하거나 계약내용을 변경하는 것이 가능한 경우에는 새로운 조달절차를 거치는 것이 문제될 수 있다. 원칙적으로 쌍방당사자의 합의가 필요한 경우는 계약기간의 연장이 단지 기존계약의 사소한 연장에 불과한 것이 아니라 경제적으로 새로운 계약을 체결하는 것과 다름없는 경우이다. 협의된 본질적인 내용의 변경이 이루어진 경우에도 마찬가지이다. 예를 들어 조달된 대상이나 서비스의 범위가 현저하게 변경된 경우 등을 들 수 있다.

발주청이 특정한 범위에서 사후적으로 요청할 수 있는 계약변경이 있는 경우에 항상 새로운 계약이 되어서 별도의 조달절차를 거쳐야 하는 것은 아니다. 계약내용이 현저하게 변경된 경우에만 조달절차를 새롭게 거쳐야 한다. 계약관계에서 주된 급부의무가 변경된 경우 예를 들어 가격이나 계약전형적인 급부의무가 변경된 경우에만 새로운 계약으로 볼 수 있다.

이러한 기준에서 볼 때 이번 사건에서는 새로운 계약으로 볼 정도로 현저한 계약변경이 있었던 것으로 볼 수 없다. 이 사건에서 발주청은 단지 조달법에서 허용된 범위 내에서 사후적으로 계약을 변경한 것에 불과하다. 또한 문제가 된 시설은 전체 계약가치의 5%에 불과하다. 가격의 변동이 있는지 여부는 현재 시점에서는 불분명하지만, 독일 연구선 협의체에서는 가격변동을 피할 것이 요청되어 있음을 볼 수 있다. 수중음파시설이 연구목적에 핵심적이라는 점을 고려하면, 이 사건 변경계약은 원래 계약의 범위내에서 이루어진 것이며 입찰절차를 새롭게 거쳐야 하는 새로운 계약으로 볼 수는 없다.

(4) 판결의 의미

위 판결에서는 새로운 입찰절차를 거칠 필요가 있는지 여부를 판단함에 있어서 '계약내용의 현저한 변경'이 있는지 여부를 기준으로 하고 있다는 점이 특징이다. 이를 판단함에 있어서는 주된 급부의무의 변경이 있는지, 변경되는 계약의 가치가 계약금액전체에서 어느 정도 비중을 차지하는지 등이 중요한 기준이 되고 있음을 볼 수 있다.

3. 연방민사법원 2011년 7월 28일자 판결[41]

(1) 판결의 요지

1) 철도운송회사가 공공경제적인 급부(gemeinwirtschaftlicher Leistung)를 제공하는 것은 경쟁제한방지법 제4장의 조달규정의 적용이 배제되지 않는다.

2) 서비스특허(Dienstleistungskonzession)의 특성인 사업리스크의 본질적 부분의 부담이 존재하는지 여부는, 계약대상에 척도가 되는 시장조건과 계약의 협정내용 전체를 포함하여 개별사안에 대한 모든 상황을

---

41) BGH, Beschl. v. 8. 2. 2011 - X ZB 4/10, BeckRS 2011, 03845.

전체적으로 고려하여 판단한다. 사용권(Nutzungsrecht) 이외에 추가비용지급(Zuzahlung)이 예정되어 있는 경우에, 이러한 추가비용지급이 단지 보조금으로서의 성격을 갖는 것인지, 아니면 추가적인 반대급부가 없는 상태에서 일반적인 비용지급으로서, 사용권으로부터 도출되는 보수에 해당하는지 여부에 따라 서비스특허에 해당되는지 여부가 달라진다.

(2) 사실관계

노르트베스트팔렌주의 철도여객운송(Schienenpersonennahverkehrs: SPNV) 관련 행정청인 A행정청(VRR)은 2004년 7월 12일에 지방철도(S-Bahn) 협력노선 1번과 9번에 대한 운영을 2018년까지 담당하는 계약을 B사(DB Ragio AG)와 체결하였다. 2009년 11월 24일 양 당사자는 이 계약을 2023년까지 연장하는 내용의 화해계약(Vergleichsvertrag)을 체결했다. 이러한 화해계약을 체결하는 과정에서 입찰공고는 이루어지지 않았다. 이에 따른 경쟁회사인 C사는 뮌스터 조달심판소에 이의신청을 하였고, 이것이 받아들여지지 않자 뒤셀도르프 고등법원에 즉시항고를 하였다. 뒤셀도르프 고등법원은 이 사건에 대해서 기존의 고등법원 판례와 견해가 다르다는 점을 밝히면서 연방민사법원(BGH)에 판단을 요청하였다.[42]

(3) 판결이유[43]

경쟁제한방지법에서 규율하고 있는 일반조달법과 일반철도법(Allgemeines Eisenbahngesetz: AEG)의 관계를 검토할 필요가 있다. 기존의 브란덴부르크 고등법원 판결[44]에서는 철도여객운송 발주청은 일반

---

42) OLG Düsseldorf, Beschl. v. 21. 7. 2010 – VII Verg 19/01, NZBau 2010, 582.
43) Nieman, Jörg, Ausschreibungspflicht von SPNV-Verträgen, Rödl & Patner, 2011: http://www.roedl.de/themen/verkehr-wandel/2011/ausschreibungspflicht-von-spnv-vertraegen (2017년 12월 26일 방문).
44) OLG Brandenburg, Beschl, v. 2. 9. 2003 – Verg W 3/03 und Verg W 5/03, NZBau

철도법 제15조 제2항에 따라서 경쟁입찰을 부칠 것인지, 아니면 수의계약을 체결할 것인지에 대해서 선택할 수 있는 재량권이 있다고 보았다. 그러나 이는 타당하다고 보기 힘들다. 즉, 일반철도법 제15조 제2항은 일반조달법과의 관계에서 특별법으로 이해하는 것이 곤란하다. 일반철도법 제15조 제2항은 1994년의 철도개혁과정에서 들어온 규정이고, 그 이후인 조달개정법이 1998년에 실시되었다. 만약 입법자가 조달개정법을 시행하는 과정에서 일반철도법의 규정이 영향을 받지 않기를 원했다면 조달개정법 내에 예외규정을 두었을 것이다. 경쟁제한방지법 제100조 제2항에서는 조달법의 적용배제에 관한 규정을 두고 있으나 일반철도법 제15조 제2항과 관련한 어떠한 규정도 두고 있지 않다. 따라서 철도여객운송에 대해서 일반조달법의 적용을 배제하려고 했다고 볼 수 있는 입법자의 의사는 발견되지 않는다.

다음으로 서비스조달(Dienstleistungsauftrag)과 서비스특허(Dienstleistungs-konzession)의 구별이 문제된다. 서비스조달에 해당될 경우에는 일반조달법이 적용되어 입찰공고의무를 부담하게 되지만, 서비스특허에 해당될 경우에는 일반조달법이 적용되지 않기 때문에 입찰공고의무를 부담하게 되지 않는다.[45] 서비스특허의 개념은 독일에서는 상세하게 정의된 바가 없다. 유럽연합 공공조달지침에서는 이 개념이 발견되는데, 이에 따르면 서비스특허는 서비스제공에 따른 대가로 사용권을 가지거나, 부가적으로 대가를 지급한다는 점에서 서비스조달과 차이가 있다고 본다. 유럽법원은 이러한 정의에 따라 계약이행에 수반되는 경제적인 리스크의 상당부분이 사업자에게 주어지는 것으로 보았다. 이러한 조건이 충족되는지 여부는 개별사안별로 평가를 해야만 한다.

2003, 688.

45) 2016년 경쟁제한방지법의 개정으로 서비스특허의 경우에도 조달법의 적용을 받게 되었지만, 이 판결이 나오던 당시에는 서비스특허가 조달법의 적용을 받지 않던 상황이었다.

이 사건에서 B사(DB Ragio AG)는 서비스를 제공하고 사용할 수 있는 권리를 가지는 동시에 추가비용지급을 발주청으로부터 받고 있다. 그런데 이처럼 사용권(Nutzungsrecht) 이외에 추가비용지급(Zuzahlung)이 예정되어 있는 경우에, 이러한 추가비용지급이 1) 단지 보조금(Zuschuss) 성격을 갖는 것인지, 2) 아니면 추가적인 반대급부가 없는 상태에서 일반적인 비용지급으로서, 사용권으로부터 도출되는 보수에 해당하는지 여부에 따라 서비스특허에 해당되는지 여부가 달라진다. B사에게 이루어지는 추가비용지급은 전자로서의 성격을 갖는 것으로 보아야 한다. 따라서 이 사건에서 체결된 화해계약은 서비스특허가 아닌 서비스조달에 해당하고 따라서 조달법에 따른 입찰공고의무가 존재한다.

(4) 판결의 의미

위 판결은 서비스조달과 서비스특허의 구별기준을 제시하는 동시에, 서비스조달의 경우에는 경쟁제한방지법상의 조달법제(입찰공고의무규정)가 적용되지만 서비스특허의 경우에는 이것이 적용되지 않는다고 보았다는 점이 특징이다. 독일의 특허(Konzession)계약은 우리나라 민간투자법제상의 실시협약, 특히 수익형 민간투자사업(Build-Transfer-Operate: BOT)과 매우 유사하다. 독일에서 조달과 특허를 구분해서 본 것은 우리나라에서 공공조달계약과 민간투자계약의 관계를 볼 때 일정한 시사점을 제공한다고 할 수 있다.

그러나 유의할 점은 위 판결은 어디까지나 서비스특허에는 경쟁제한방지법의 입찰공고의무규정의 적용이 되지 않던 시절의 조달법제에 따른 것이라는 점이다. 2014년 EU 특허지침 이후에 개정된 경쟁제한방지법에 의하면 서비스특허의 경우에도 입찰공고의무규정이 적용되기 때문에 위와 같은 판례는 더 이상 유지되기 힘든 상황이 되었다. 이와 같은 상황은 조달법제와 민간투자법제간의 유사성이 높아지고 있는 추세를 잘 보여준다고 할 수 있다.

Ⅳ. 우리나라 법제와의 비교 및 시사점

1. 우리나라 법령과의 비교

우리나라 행정절차법에서는 독일의 연방행정절차법과는 달리 공법상 계약에 관한 규정을 두지 않고 있다. 따라서 공법상 계약의 법리는 개별법령의 규정과 해석에 달려있다고 볼 수 있다. 공공조달계약 및 실시협약의 변경과 관련된 법령의 내용을 좀 더 상세히 보면 다음과 같다.

우선 공공조달계약에 적용되는 국가계약법을 보면, 동법 제19조에서 "각 중앙관서의 장 또는 계약담당공무원은 공사계약·제조계약·용역계약 또는 그 밖에 국고의 부담이 되는 계약을 체결한 다음 물가변동, 설계변경, 그 밖에 계약내용의 변경으로 인하여 계약금액을 조정할 필요가 있을 때에는 대통령령으로 정하는 바에 따라 그 계약금액을 조정한다."라고 규정하여 물가변동, 설계변경 등에 따른 계약내용(계약금액)의 변경을 인정하고 있다.

이 외에는 계약변경의 한계에 관해서 특별한 규정을 국가계약법에서 두지 않고 있는데, 판례가 국가계약법에 따른 공공조달계약을 사법상 계약으로 보고 있다는 점을 고려하면 위 규정 이외에는 민법상의 계약법리의 적용을 받는다고 할 수 있다. 현재 민법상으로 사정변경의 원칙이 일반적으로 인정되고 있지는 않기 때문에,46) 공공조달계약의 변경에도 이러한 점에서는 일정한 한계가 존재하는 것으로 볼 수 있다.47)

---

46) 다만 약관 등에 사정변경법리에 관한 조항이 별도로 있는 경우에는 이에 따른 계약변경이 가능하다. 대법원 2002. 6. 14. 선고 2000두4187 판결 참조.

47) 대법원은 "'국가를 당사자로 하는 계약에 관한 법률'(이하 '국가계약법'이라 한다) 제19조, 같은 법 시행령 제66조 제1항, 같은 법 시행규칙 제74조의3 제1항 본문 등의 내용을 종합하면, '기타 계약 내용의 변경'에 의한 계약금액조정은 '공사기간·운반거리와 같은 계약의 구체적인 내용이 변경되고, 계약 내용의 변경이 계약의 이행 전에 당사자 간에 합의될 것'을 요건으로 한다고 해석된다. 그렇다면 '기타 계약 내용의 변경'에 의한 계약금액조정에 관한 국가계약법 제19조, 같은 법 시행령

다만 당사자의 합의가 있을 경우에는 계약의 변경에 특별한 한계가 존재하지 않는다고 볼 여지가 있으나, 대법원 판례는 공공조달계약과 관련한 기획재정부 등의 일반계약조건에도 「약관의 규제에 관한 법률」이 적용된다고 보고 있기 때문에48) 계약상대방에게 지나치게 불리한 내용으로 계약변경이 가능토록 하는 내용이 계약일반조건은 무효가 인정될 가능성이 존재한다.

민간투자법 및 동법 시행령, 민간투자사업기본계획(이하 '기본계획')에서도 실시협약 변경의 한계를 명문화하고 있지는 않다. 총사업비가 30% 이상 증가, 수요가 20% 이상 감소하는 등 사업의 주요 내용이 변경되는 경우에는 적격성 재조사를 통해 민자적격성 확보를 검증하도록 하고(기본계획 제58조), 일정한 경우 협약 변경 시 민간투자사업심의위원회를 거치도록 하고 있으나(기본계획 제60조), 협약변경의 한계나 절차에 관한 규정을 두고 있지는 않다. 그리고 기본계획 제33조의 3에서는 사업시행조건의 조정을 위해서 실시협약변경이 가능하다는 점을 밝히고 있다.

민간투자기본계획 제33조의3(사업 시행조건 조정)

① 수익형 민간투자사업이 다음 각 호에 해당하는 경우 주무관청과 사업시행자는 상호 합의를 통하여 해당 사업의 위험 분담방식, 사용료 결정방법 변경 등 사업 시행조건을 조정할 수 있다. 다만, 항만사업은 취급화물 변경을 포함할 수 있다.

1. 최소운영수입보장 약정 또는 사용료 미인상분 보전 등으로 인해 과도한 정부재정부담이 발생하는 경우

2. 시설물의 정상적인 건설 또는 운영이 어려워 실시협약 해지로

제66조는 이를 신의칙 또는 사정변경의 원칙에 의한 계약금액조정을 일반화한 규정이라고 할 수 없다."고 판시하고 있다.(대법원 2014. 11. 13. 선고 2009다91811 판결)
48) 대법원 2002. 4. 23. 선고 2000다56976 판결.

인한 일시적 정부재정 투입(해지시 지급금 등)이 우려되는 경우

　3. 법 제46조 및 제47조의 처분 또는 제49조의 조치에 수반하여 사업시행조건의 조정이 필요한 경우

　다음으로 현행 BTO 표준협약안에서는 협약 변경의 사유를 '본 협약 체결 후 제반 사정의 변경'으로 포괄적으로 정하고 있다.

BTO 표준실시협약 78조(협약의 변경)

　① 본 협약은 협약당사자가 서명(또는 기명날인)한 서면 약정에 의하여만 변경되거나 보완될 수 있다.

　② 제1항에 불구하고 본 협약상 본 협약 체결 이후에 확정하도록 되어 있는 항목들에 관하여는 본 협약에 따라 동 항목들에 관한 수치가 결정되고 협약당사자가 이를 확인하는 경우 별도의 변경협약을 체결하지 않더라도 그 합의된 수치에 따라 본 협약이 변경된 것으로 본다.

　③ 협약당사자는 본 협약 체결 후 제반 사정의 변경으로 인하여 본 협약을 변경할 필요가 있다고 판단하는 경우 상대방에게 본 협약의 변경을 제안할 수 있고, 이 경우 협약당사자는 본 협약의 변경여부에 관하여 성실하게 협의하여야 한다.

　④ 협약당사자는 협약의 변경여부와 변경할 내용을 결정함에 있어, 본 협약 체결 후 제반 사정의 변경으로 인하여 민간투자법의 취지와 사업시행자에게 본 협약에 따른 본 사업을 통하여 사업수익성이 확보되는지의 여부 및 본 협약에 규정된 협약당사자간의 위험배분의 원칙이 유지될 수 있게 되었는가의 여부를 고려하여야 한다.

　⑤ 본 사업기간 중에 민간투자법 및 민간투자법시행령 등 사회기반시설에 대한 민간투자 관련 법령 및 제도가 개정되어 그 개정내용이 본 사업의 원활한 운영 또는 수익성 제고 등을 위하여 필요한 경우 협

의에 의해 본 협약을 조정, 변경할 수 있다.

위와 같은 우리나라 법제의 내용을 정리해보도록 하자. 우선 공공
조달계약과 관련해서는 국가계약법에서 계약금액의 조정의 한계에 대
한 규정을 두고 있는 이외에 계약내용의 변경과 관련해서는 특별한 규
정을 두고 않고 있다. 다음으로 민간투자법상 실시협약과 관련해서는
민간투자기본계획에 의해서 사업시행조건의 조정이 필요할 경우에 실
시협약의 변경이 가능토록 함으로써 계약변경을 폭넓게 인정하고 있음
을 볼 수 있다.

이러한 우리나라의 법제는, 공공조달계약과 특허계약 모두 '계약내
용의 현저한(본질적인) 변경'이 있는지 여부를 기준으로 하여 계약변경의
한계여부를 판단하고 있는 독일의 법제에 비해서 계약변경의 범위를 보
다 광범위하게 인정하고 있음을 알 수 있다.

2. 우리나라 판례와의 비교

최근 공사기간 연장으로 인한 추가 공사대금(간접비)을 청구하는
사례가 늘어나고 있는데 이 중의 상당수가 설계·시공 일괄입찰공사[49]
로써 기타 계약내용 변경으로 인한 계약금액조정을 근거로 한 것이다.
이에 대해서 발주처는 설계·시공일괄 입찰방식은 정액계약의 성격을
가지므로 계약금액의 조정이 불가하다는 입장을 취하는 경우가 많아 이
와 관련한 분쟁이 자주 발생하고 있다.[50]

대법원은 계약을 설계·시공 일괄입찰방식에 의한 도급계약의 형

---

49) 통상적으로 '턴키계약'으로 부르고 있다.
50) 이러한 문제는 민간투자사업에서 공사기간 연장에 따른 간접비 지급문제로 유사
하게 발생하고 있다. 이에 관해 상세히는 정원·정유철·이강만, 공공계약 판례여행,
건설경제, 2017, 196-199면 참조.

태로 체결하였으나, 실질적인 계약의 내용에 관하여는 설계요소의 변경 뿐만 아니라 공사기간의 변경, 운반거리 변경 등 계약내용에 변경이 있을 경우 계약금액을 조정할 수 있다는 공사대금에 관한 조정 유보 규정을 둔 경우에는 계약금액의 조정이 가능하다고 판시한 바 있다(대법원 2002. 8. 23. 선고 99다52879 판결). 이는 계약의 '형식'이 설계·시공 일괄 입찰방식이라고 하더라도 계약의 '실질'적인 내용상 공사대금의 조정이 가능할 경우에는 계약변경이 가능하다는 판례로 볼 수 있다.

　위의 판례는 재입찰여부가 문제된 사례라기보다는 계약변경사유에 해당하는지가 문제된 사례이기 때문에 앞서 본 독일의 사례들에 정확하게 대비되는 사례로 보기는 힘들다. 그러나 계약의 형식에 얽매이지 않고 계약의 실질을 따져서 계약변경사유를 인정하였다는 점, (발주처가 아닌) 계약상대방에 의한 계약변경을 인정하였다는 점에서 의미가 있는 사례라고 할 수 있다.

　다음으로 대법원에서는 공용화물터미널조성사업에서 구 화물유통촉진법에 의하여 면허를 받은 화물터미널 사업을 민자유치사업으로 인정받아 시행할 경우 사업 양도 및 사업시행자 지위 이전이 가능한지 여부에 대해서 다음과 같이 판시한 바 있다.

"구 화물유통촉진법(1999. 2. 5. 법률 제5801호로 개정되기 전의 것) 제38조, 제18조는 화물터미널사업자의 사업 양도 및 사업자 지위 승계를 인정하고 있는바, 구 사회간접자본시설에 대한 민간자본유치촉진법(1998. 12. 31. 법률 제5624호 '사회간접자본시설에 대한 민간투자법'으로 전부 개정되기 전의 것)이 사업시행자의 사업 양도를 금지하는 명문 규정을 두고 있지 아니한 점 등에 비추어 볼 때, 구 화물유통촉진법에 의하여 면허를 얻은 화물터미널 사업을 구 사회간접자본시설에 대한 민간자본유치촉진법에 의한 민자유치사업으로 인정받아 이를 시행하는 경우에도 그 사업 양도 및 사업시행자 지위 이전이 가능하다고 봄이 상당하다…

구 사회간접자본시설에 대한 민간투자법(2005. 1. 27. 법률 제7386호 '사회기반시설에 대한 민간투자법'으로 개정되기 전의 것) 제13조 제5항, 같은 법 시행령(2005. 3. 8. 대통령령 제18736호 '사회기반시설에 대한 민간투자법 시행령'으로 개정되기 전의 것) 제15조는 '사업시행자로 지정받은 자는 지정받은 날부터 1년 이내에 실시계획의 승인을 신청하여야 하며, 이 기간 내에 실시계획의 승인을 신청하지 아니한 때에는 사업시행자 지정의 효력을 상실한다'고 규정하고 있을 뿐, 나아가 사업시행자가 사업기간 내에 수용재결신청을 하지 않아 실시계획 승인 처분이 실효되는 경우 사업시행자 지정의 효력도 함께 상실되는지에 관하여는 아무런 규정을 두고 있지 아니하다. 또한, 같은 법 제46조 제3호는 사업시행자가 실시계획에서 정한 사업기간 내에 정당한 사유 없이 공사를 착수하지 아니하거나 공사착수 후 사업시행을 지연 또는 기피하여 사업의 계속시행이 불가능하다고 인정되는 경우 주무관청이 일정한 절차를 거쳐 사업시행자 지정을 취소할 수 있는 제도를 별도로 두고 있다. 이러한 점들에 비추어 볼 때, 사업시행자가 사업기간 내에 사업구역에 포함된 토지를 매수하거나 이에 대하여 수용재결신청을 하지 않아 실시계획 승인 처분이 실효될 경우 사업시행자 지정 효력도 당연히 상실되는지에 관하여는 해석상 다툼의 여지가 있다고 할 것이다. 그렇다면 행정청이 새로운 사업시행자 지정절차를 거치지 않은 채 종전의 사업시행자를 사업시행자로 하여 새로이 실시계획 승인 등을 한 처분에 중대하고 명백한 흠이 있다고 할 수 없으므로 이를 무효로 보기는 어렵다."(대법원 2010. 2. 25. 선고 2009두102 판결)

이러한 우리나라 판례는 실시협약 체결 이후에 실시협약을 변경하는 것과 관련된 사안은 아니고 면허사업이 민자사업으로 전환된 사안과 관련된 것이기는 하지만, 면허사업과 민자사업의 사업자가 동일하다는 점에서 새로운 입찰절차를 거치지 않아도 보았다는 점에서는 사업자의 실질적인 동일성을 기준으로 협약변경가능여부를 판단하고 있는 독일 법제와 유사한 점이 있다. 그러나 독일의 경우에는 조달에서 특허로 방식이 바뀐 경우에는 현저한 변경으로 보고 있는데, 우리나라 판례 사안의 경우에도 이러한 독일의 법제관점에서 보면 사업방식이 민간투자방식으로 변경된 것이므로 새로운 입찰절차를 거쳐야 하는 경우에 해당한다고 볼 수 있다.

2. 우리나라 법제에 주는 시사점

우리나라와 독일법제의 비교로부터 다음과 같은 시사점을 얻을 수 있다. 첫째, 우리나라 판례는 공공조달계약은 사법상 계약으로, 민간투자법상 실시협약은 공법상 계약으로 보고 있다. 독일의 경우는 1) 양자를 모두 공법상 계약으로 보아야 한다는 견해와, 2) 경우에 따라 사법상 계약으로 보아야 하는 경우와 공법상 계약으로 보아야 하는 경우를 나누어야 한다는 견해가 나누어지고 있다. 독일의 경우 공공조달계약 중에 공법상 계약에 해당하는 경우와 사법상 계약에 해당하는 경우를 나누는 것이 매우 어렵다는 점이 지적되고 있고 이로 인해 연방행정절차법과 경쟁제한방지법의 관계 설정에 어려움이 나타나고 있다는 점을 고려하면, 우리나라의 경우에는 공공조달계약 및 민간투자법상 실시협약을 모두 공법상 계약으로 이해하고 이에 따라 일관된 법리를 적용하여 보는 것이 바람직할 것으로 보인다. 이는 권리구제수단의 복잡성을 줄일 수 있다는 점에서도 그러하다.

둘째, 2011년 독일의 민사법원에서는 서비스특허와 서비스조달을 엄격하게 구분하고 서비스특허에는 일반조달법의 입찰공고에 대한 의무가 적용되지 않는다고 판시하였으나, 2016년 경쟁제한방지법상의 일반조달법의 개정으로 인해 서비스특허의 경우에도 서비스조달에 대한 규정이 적용되게 되었다. 이는 독일에서 공공조달법제와 민간투자법제의 유사성이 높아진 것으로 이해해 볼 수 있다. 우리나라의 경우 국가 계약법과 민간투자법이 2원적으로 운영되고 있는 측면이 있으나 양자의 차이점을 지나치게 강조하는 것은 독일의 사례를 볼 때 바람직하다고 보기 힘들다. 특히 계약의 변경에 있어서 양자의 차이점을 강조할 이유는 없는 것으로 보아야 한다. 따라서 현재 민간투자법을 국가계약법의 특별법으로 볼 수 있는 것은 사실이나, 계약의 변경과 관련해서는 국가계약법에 보다 포괄적인 규정을 두고 민간투자법에도 이것이 준용되는 형태를 취하는 것이 바람직할 것으로 보인다.[51]

셋째, 독일의 경우 공공조달계약의 변경시 재입찰절차를 거쳐야 하는지와 관련해서는 기본적으로 유럽연합판례의 영향을 받아서 '본질적 계약변경'에 해당하는지 여부를 중시하고 있음을 볼 수 있다. 우리나라의 경우 본질적 계약변경에 해당하는지 여부를 기준으로 입찰공고여부를 판단해야 하는 법령상의 근거는 존재하지 않지만, 투명성과 공정성의 원칙상 독일과 마찬가지로 '본질적 계약변경'이 있는지 여부를 일응 중요한 판단기준으로 삼아볼 수 있다고 하겠다.[52] 다만 이를 구체적으로 판단함에 있어서는 독일에 비해서는 보다 유연한 판단이 이루어지는 것이 필요하다. 왜냐하면 독일에서 본질적 계약변경을 기준으로 하여 계약변경의 한계를 두고 있는 것은 EU법의 영향으로 국내기업과 외국기업간의 무차별원칙을 관철하는 것이 주요한 동기인데 우리나라의 경우 이를 그대로 받아들일 필요는 없기 때문이다.

넷째, 독일의 경우 계약변경에 관한 조항의 내용이 명확할 것을 요구하고 있다는 점, 원래 계약가치대비 변경되는 계약가치에 대한 제한을 두고 있다는 점 등 투명성을 높이기 위한 규정들을 두고 있다는 점

---

51) 법률도 아닌 행정규칙형식인 민간투자사업기본계획에서 국가계약법과 다른 규정을 두는 현행 규정방식은 바람직한 것으로 보기 힘들다.
52) 이는 어디까지나 입법론이며, 국가계약법이나 민간투자법에 이에 관한 근거규정을 두는 것이 바람직하다고 하겠다.

도 특징이다. 우리나라의 경우에도 계약금액변경과 관련해서는 변경할 수 있는 가치의 한계를 두고는 있으나, 계약변경에 관한 조항의 내용이 불명확한 내용으로 되어 있는 등 계약변경의 한계에 관한 투명성이 전반적으로 독일에 비해 떨어지는 것으로 보인다. 본질적 계약변경에 해당되는지 여부에 대한 판단이 개별적으로 쉽지 않다는 점을 고려하면 최대한 계약변경의 사유를 최초 계약시에 명확하게 규정하도록 노력하는 등 계약변경의 투명성을 높이기 위한 노력을 기울이는 것도 필요할 것으로 보인다.

V. 결론

공공조달계약의 변경을 어떤 범위 내에서 허용할 것인지, 새롭게 입찰절차를 거쳐야 하는 경우와 어떻게 구분할 것인지 하는 점은 공공조달계약의 투명성, 공정성, 경쟁성과 같은 공익적인 가치를 추구함에 있어서 매우 중요하다고 할 수 있다. 이 글에서는 독일의 법령과 판례를 우리나라의 법제와 비교함으로써 이에 대한 시사점을 도출해보고자 하였다.

공공조달계약의 변경, 특히 실시협약의 내용변경과 관련해서 명시적인 제한을 두지 않고 있는 우리나라의 법제는 공공조달계약이 추구해야 하는 공익의 관점에서 개선의 필요성이 큰 것으로 볼 수 있다. 독일의 경우 EU법제의 영향으로 역내시장개방이라는 필요성을 반영하기 위해서 계약변경의 한계를 엄격하게 보는 경향이 있고, 이를 우리나라가 그대로 따르기는 쉽지 않은 측면이 있지만 그럼에도 불구하고 계약의 공정성, 투명성, 경쟁성이라는 핵심가치의 측면에서는 여전히 독일의 법령과 판례가 우리나라에 주는 시사점이 큰 것으로 보아야 할 것이다.

참고문헌

국내문헌

계인국, "보장행정의 작용형식으로서 규제 - 보장국가의 구상과 규제의미
　　의 한정 -", 공법연구 제41집 제4호, 2013.
김대인, "민간투자법상 실시협약의 효력 - 변경 및 해지가능성과 보상가
　　능성을 중심으로 -", 유럽헌법연구 제17호, 2015.
김성수, 『민간투자사업관리법제 개선방안에 관한 연구(Ⅱ) - 공공성과 투
　　명성 제고를 중심으로』, 한국법제연구원, 2009.
김성수·이장희, "민간투자사업의 투명성과 지속가능성 보장을 위한 민간
　　투자법의 쟁점", 토지공법연구 제66집, 2014.
김명재, "헌법상 공공복리의 개념과 실현구조", 공법학연구 제8권 제2호,
　　2007.
문수영, 민간투자법상 실시협약에 대한 연구: 영국법제를 중심으로, 이화
　　여대 법학박사학위논문, 2013.
박은진, "프랑스 행정계약법상 '不豫見'(l'imprévision)이론에 관한 연구 :
　　공법상 독자적 사정변경이론의 정립을 위하여", 행정법연구 제35호,
　　2013.
박정훈, "공법과 사법의 구별 - 행정조달계약의 법적 성격", 행정법의 체
　　계와 방법론, 박영사, 2005.
박종준, "'공익을 위한 처분'에 관한 소고", 법학연구(충남대학교) 제27권
　　제4호, 2016.
오준근, "독일법체계상 민간투자사업과 행정계약법의 관계에 관한 연구",
　　공법연구 제37집 제1-2호, 2008.
이동훈, "실시협약을 통한 민간투자사업에서의 합리적인 위험배분 - 민
　　간투자법령 및 민간투자사업기본계획, 표준실시협약안을 중심으로",
　　고려법학 제80호, 2016.

이문성·이광윤, "「사회기반시설에 대한 민간투자사업법」에 따른 행정계약의 법적 성격에 관한 연구 (서울시메트로9호선(주)의 서울시 운임신고 반려처분 취소 소송사건을 중심으로)", 유럽헌법연구 제17호, 2015.

장용근, "민간투자사업 이익공유제(통행료인하명령)에 대한 재정법적 고찰", 가천법학 제8권 제3호, 2015.

정남철, "민관협력(PPP)에 의한 공적 과제수행의 법적 쟁점 – 독일 및 유럽연합(EU)에서의 논의를 중심으로 –", 공법연구 제37집 제2호, 2008.

정원·정유철·이강만, 『공공계약 판례여행』, 건설경제, 2017.

최송화, 『공익론 – 공법적 탐구 –』, 서울대학교출판부, 2002.

최승필, "민간투자사업에 대한 법·제도적 검토", 외법논집 제34권 제1호, 2010.

홍석한, "기반시설 민간투자제도에 관한 헌법적 고찰: 민간투자제도의 목적과 그 한계를 중심으로", 토지공법연구 제58집, 2012.

황지혜, 사회기반시설에 대한 민간투자와 국가의 보장책임에 관한 연구, 한국외국어대학교 법학박사학위논문, 2015.

황창용, "민간투자사업에 있어서 법령변경에 따른 위험과 그 배분", 원광법학 제26권 제4호, 2010.

외국문헌

Bauer, Hartmut, Verwaltungsverträge,
    Hoffmann – Riem/Schmidt – Aßmann/Voßkuhle, Grundlagen des Verwaltungsrecht, 2. Auflage, München, 2012.

Braun, Christian, Konzessionsvergaben für Sportwetten – Maßstab für alle verwaltungsrechtlichen Konzessionsauswahlverfahren?, NZBau 2016, S. 266 – 269.

Bundesministerium für Verkehr, Bau und Stadtentwicklung, PPP im Hochbau Vergaberechtsleitfaden, 2007.

Bund/Länder — Arbeitsausschuss „Haushaltsrecht und Haushaltssystematik", Haushaltsrechtliche und haushaltssystematische Behandlung von ÖPP — Projekten 2007.

Burgi, Martin, Der Verwaltungsvertrag im Vergaberecht, NZBau 2002, S. 57 — 62.

Burgi, Martin, Vergaberecht - Systematische Darstellung für Praxis und Ausbildung, München, 2016.

Burgi/Dreher, Beck'scher Vergaberechtskommentar Band 1, München, 2017.

Hausmann, Friedrich Ludwig & Queisner, Georg, Auftragsänderungen während der Vertragslaufzeit, NZBau 2016, S. 619 — 626.

Hübner, Alexander, Anmerkung - Vergaberecht: Wesentliche Auftragänderung durch Vergleich, EuZW 2016, 871.

Müller, Martin & Brauser — Jung, Gerrit,
Öffentlich — Private — Partnerschaften und Vergaberecht - Ein Beitrag zu den vergaberechtlichen Rahmenbedingungen, NVwZ 2007, S. 884 — 889.

Müller, Hans — Martin, Langfristige Vertragsverhältnisse der Kommunen mit kommunalen Tochtergesellschaften am Beispiel von Strombezugsverträgen, NZBau 2001, S. 416 — 422.

Nieman, Jörg, Ausschreibungspflicht von SPNV — Verträgen, Rödl & Pat ner, 2011: http://www.roedl.de/themen/verkehr — wandel/2011/auss chreibungspflicht — von — spnv — vertraegen(2017년 12월 26일 방문).

Schlette, Volker, Die Verwaltung als Vertragspartner, Tübingen, 2000.

Templin, Wolf, Wettbewerb um Konzessionen durch Richterrecht: Leitplanken für Konzessionsverfahren durch BGH, NZBau 2014, S. 487 — 490.

Troidl, Thomas, Vergaberecht und Verwaltungsrecht — Die jüngere Rechtsprechung zur Förderschädlichkeit von VOB — Verstößen in zehn Entscheidungen, NVwZ 2015, S. 549−555.

Ziekow/Windoffer, Public Private Partnership − Struktur und Erfolgsbedingungen von Kooperationsarenen, Baden−Baden, 2008.

Ziekow/Völlink, Vergaberecht − Kommentar, 2. Auflage, München, 2013.

국문초록

　　국가나 지방자치단체가 필요로 하는 물품, 용역, 공사 등을 조달하는 과정에서 체결하는 '공공조달계약'은 행정임무의 수행에 필요한 기반을 마련하는 기초가 되고, 대규모의 국가재정이 사용되는 수단이 된다는 점에서 공법적 규율의 필요성이 큰 분야라고 할 수 있다. 이러한 이유로 공공조달 법제에서는 공공조달계약의 공익성을 확보할 수 있는 다양한 규정들을 두고 있는데, 입·낙찰에 관한 규정들이 가장 대표적인 것으로 볼 수 있다.

　　공공조달계약의 변경을 어떤 범위 내에서 허용할 것인지, 새롭게 입찰절차를 거쳐야 하는 경우와 어떻게 구분할 것인지 하는 점은 공공조달계약의 투명성, 공정성, 경쟁성과 같은 공익적인 가치를 추구함에 있어서 매우 중요하다고 할 수 있다. 이 글에서는 독일의 법령과 판례를 우리나라의 법제와 비교함으로써 이에 대한 시사점을 도출해보고자 하였다.

　　우리나라의 경우 계약금액의 조정 이외에는 공공조달계약의 변경, 특히 실시협약의 내용변경과 관련해서 명시적인 제한을 두지 않는 반면에, 독일의 법제는 유럽연합 법제의 영향으로 계약의 본질적인 내용의 변경이라는 기준을 통해서 계약변경의 한계를 설정하고 이를 통해 입낙찰제도의 공익성을 확보하기 위한 노력을 기울이고 있다. 이러한 독일의 법제는 공공조달계약의 투명성, 공정성, 경쟁성을 확보하고자 하는 우리나라에 주는 시사점이 큰 것으로 보아야 할 것이다.

　　주제어: 공공조달계약, 민간투자, 계약의 변경, 입찰, 공익,
　　　　　　독일 경쟁제한방지법

Abstract

Public Procurement Contract and Public Interest — Comparison Between Korean & German Law on the Extent of Public Procurement Contract Change —

Dae—in Kim*

Public procurement contracts, which are used for procurement of goods, services and works for public entities, serve as foundations for public administration, and in this process large sum of public money is spent. These characteristics of public procurement lead to necessity of public law regulation of this field to protect public interest. Tendering and award procedure are typical regime which protects public interest, such as transparency, fairness, and competition in public procurement.

Issues such as extent to which change of contract is allowed or the case when new tendering procedure is necessary are crucial for guaranteeing public interest in public procurement. This paper sees German law and court decisions on these issues, and draws some lessons therefrom.

Korea has no explicit provision other than the change of payment in public procurement. Meanwhile Germany, under the influence of European Union law, make effort to protect public interest by providing limit of contract change based on 'substantial change' doctrine. German law and cases shows many implications for Korea which pursues transparency, fairness, and competition in public procurement.

---

* Ewha W. University, School of Law

Keywords: Public Procurement Contract, Private Finance Initiative, Change of Contract, Tendering, Public Interest, German Law against Restirction on Competition(Gesetz gegen Wettwerbsbeschränkungen: GWB)

투고일 2017. 12. 11.
심사일 2017. 12. 25.
게재확정일 2017. 12. 28.

公益訴訟과 行政訴訟*

김태호**

Ⅰ. 公益訴訟에서 公益　　　　　Ⅲ. 公益行政訴訟 本案에서 法院의
Ⅱ. 公益行政訴訟 制度　　　　　　　公益判斷
　　　　　　　　　　　　　　　　Ⅳ. 制度化와 適用의 課題

Ⅰ. 公益訴訟에서 公益

일반적으로 '공익'은 "사회의 모든 구성원들이 필요로 하는 어떤 것을 충족시키는 이익"[1]이라고 하고 '공공에 혜택을 주는 모든 종류의 이익'[2]이라고도 한다. 이것은 공익을 공공성(公共性)을 갖는 이익, 사회 구성원 전체에 두루 관련된 이익을 뜻하는 것으로 보는 일반적인 이해에 따른 것이다. 이를 법적인 차원에서 말하자면, 공익은 법질서가 지향하거나 보호하거나 조장하는[3] 사회 구성원 전체와 관련한 이익을 의미한다. 이러한 의미의 공익은 법질서의 객관적 가치를 형성한다는 점에

---

* 이 글에서는 晴潭 崔松和 선생님의 喜壽를 기념하고 당신의 公益論이 갖는 현재적 의미를 반추하는 취지를 담으려 하였다. 이 글은 또한 선생님께서 대법원 사법정책연구원장으로 재직하실 당시 필자에게 출간을 독려하셨던 연구총서 「공익소송제도의 현황과 개선방안」(김태호·김정환 연구책임, 2016)의 연구성과 일부를 인용표시하고 반영하였다.
** 서울시립대학교 법학전문대학원 강사
1) 최송화, 공익론 - 공법적 탐구(이하 '공익론'), 2002, 319면 참조.
2) 이석태·한인섭 대표편집, 한국의 공익인권소송, 2010, 20면.
3) 최송화, 공익론, 181면.

서 개인의 주관적 권리로 실현되는 사익과 대비되는 개념으로 사용되기
도 한다.

'공익소송'은 司法 과정에서 '공익'의 실현을 추구하는 소송이다. 공
익소송은 법원에 공익목적 실현에 대한 판단을 구한다. 원고 측의 공익
추구적 동기는 공익소송의 동력이다. 공익소송이 추구하는 '공익'의 내
용이 무엇인지 명확히 정의하기는 어렵지만, 공익 개념의 사용례를 좀
더 들여다보면[4] 그 여러 용례의 각각은 공익소송의 의미와 기능에 대
한 이해를 도와줄 수 있는 것으로 보인다.

첫째, 공익소송에서 공익 개념은 많은 경우 분산된 사회적 이익
(diffused interest)으로 이해된다. 분산된 이익은 종래 '권리'로 인정되기
못했던 경우가 많지만 권리로 인정될 수 있다 하더라도 법적으로 그것
이 관철되기 어려운 경우를 포함한다. 즉 분산된 이익이 권리와 대립쌍
을 이루는 의미는 아니다. 법체계에서 권리로 인정되지만 권리의 효용
에 비해 관철하는 비용이 과다한 등의 이유로 권리를 실현하기 어려운
경우를 포함한다. 이런 경우 공익소송은 "사회적으로 아주 중요한 권리
임에도 불구하고 잘게 쪼개져서 사회 구성원 개개인에게 흩어져 있기
때문에 법적으로 제대로 보호받지 못하는 이익에 대해 법적 대표성이
부여될 수 있도록 법원에 제기하는 소송"[5]을 일컫는다.

둘째, 공익소송은 人權 또는 正義 관련성을 갖는다. 공익은 "개인
이 사회구성원으로서 가지는 이익으로서, 그것이 박탈될 때 다른 사회
구성원들이 이를 회복하도록 도와 줄 의무를 가지는 이익"[6]으로 부를

---

4) 크게 공익을 사익과 별도로 존재하는 이익이라고 보는 접근과 사익의 총합 또는
   사익 간 타협의 산물이라고 보는 접근으로 나눌 수 있을 것이다. 이에 대해 합의
   적 견해를 도출하려는 것은 지난한 과정일 뿐만 아니라 실익도 크지 않아 보인다.
   결과적으로 중요한 것은 행정활동에서 공익 개념은 행정작용의 정당화 기초라는
   점이다.
5) 황승흠, "한국 공익법운동의 개념요소와 전망", 연세 공공거버넌스와 법 5-1호,
   2014, 7-8면 참조.
6) A. J. Milne, "The Public Interest, Political Controversy, and the Judges", in: Law

수 있다. 여기서 공익은 사회적 약자·소수자의 권리를 보호하는 인권의 보편적 의미와 연대의 가치를 반영한다. 이에 공익소송은 "약자 및 소수자의 권익보호, 국가권력으로부터 침해된 시민의 권리구제 등을 통하여 불합리한 사회제도를 개선하고, 국가권력의 남용을 억제하는 데 도움이 되는 소송"[7]이라고도 불린다. 이 경우 공익소송은 공익인권소송을 포함[8]하며, 개별 소송이 반드시 집단적 성격을 가질 필요가 없다. 이러한 공익소송에서의 공익관은 전통적으로 '공익'이 개인의 이익과 대비되는 국가 또는 공동체의 이익 차원에서 논의되어 왔던 것과 대비된다.

셋째, 공익소송이 추구하는 공익은 政策 관련성을 갖는다. 공익소송을 제기하는 주체[9]는 '능동적 사법'[10]의 역할을 기대하는바, 법원에 의해 사회 구성원의 다양한 이익이 균형적으로 반영되어 공익이 실현될 것을 기대한다. 따라서 법원에 의해 공익을 실현한다는 것은 직접적으로든 간접적으로든 정책, 즉 사회적 문제해결의 방침을 제시하는 의미를 갖는다.

이 글에서 필자는 이상과 같은 특징을 갖는 공익소송을 행정소송법학의 관점에서 분석해 보고자 한다. 공익의 의미는 입법단계와 집행단계에서도 접근할 수 있는 것이지만, 역순으로 '공익소송'이라는 특별

---

and the Public Interest (ARSP Beiheft 55), 1983, 41면(최송화, 위의 책 318면의 번역을 인용).

7) 사법개혁위원회, 국민과 함께하는 사법개혁, 사법개혁위원회 자료집(Ⅶ), 2005, 236면.

8) 同旨, 오시영, "다수당사자소송의 발전과 전망 – 이른바 공익소송을 중심으로", 민사소송 제16권 2호, 2012, 265면; 황승흠, 위의 글, 2014, 7-8면.

9) 공익소송을 제기하는 주체에 관한 논의는 공익소송론의 또 다른 주요한 주제이다. 수동적인 재판의 장으로 사회적 의제를 제기하고 법적인 자원을 동원하는 사회운동의 주체가 동력이 되기 때문이다. 여기서 이른바 '공익변호사'로 불리우는 전문가 집단의 형성과 적극적인 개입이 요구된다. 종종 공익소송이 당위성을 포함하는 관점에서 정의되는 것은 사회변화를 촉발하고자 하는 소송주체의 목적이 공익소송의 정의에서 중요한 의미를 갖는다고 보기 때문이다.

10) 이상돈, 공익소송론, 2006, 11-12면.

한 제도와 그 적용에서 문제되는 '공익'의 의미를 드러내 봄으로써 다시한 번 행정이 지향하는 가치로서 공익실현의 의미를 되짚어 볼 수 있다고 생각한다. 이에 필자는 먼저 공법학의 관점에서 공익소송을 연구하고 제도화하기 위한 개념으로서 '공익행정소송'을 공익소송의 유형으로서 범주화하여 정의하고 유사 제도와 비교해 보기로 한다(이하 Ⅱ. 참조). 그리고 공익행정소송이 본안 판단으로 나간 경우 공익은 실제 얼마나 충분히 고려되는가를 살펴봄으로써 공익행정소송의 쓰임새를 다시 생각해 보고자 한다(이하 Ⅲ. 참조). 이를 통해 공익행정소송이 어떤 발전방향을 모색해야 할 것인지 몇 가지 제언이 도출될 수 있을 것이다(이하 Ⅳ. 참조).

Ⅱ. 公益行政訴訟 制度

1. 공익행정소송과 공익민사소송

공익소송으로 일컬어지는 소송의 상당수는 민사소송으로 이루어진다. 공익소송으로서의 행정소송과 대비하여 이를 '공익민사소송'이라고 부를 수 있을 것이다. 대표적으로 소비자보호 영역에서의 민사소송들이 그러하다. 개인정보 유출에 관한 집단소송이나 증권 관련 집단소송에 대해서도 공익소송이라는 표현을 사용하곤 하는데 이것은 공익민사소송의 일종으로 분류할 수 있다. 이들 민사소송은 소액·다수인 또는 불특정 다수인의 피해를 일괄 구제하는 소송들인데,[11] 이들의 사익 추구가 우리 사회 다수 구성원의 분산된 이익이 합해진 공익으로서의 의미를 가질 수 있는 점, 피해구제가 사회적 피해의 발생을 예방하는 공익

---

11) 이시윤, 민사소송법, 박영사, 770-771면.

적 성격을 가진다는 점에서 공익소송으로 부를 수 있다. 가령 개인정보
침해 소송에서 정보유출로 인해 입은 개인의 피해를 충분히 전보할 수
있도록 하는 것은 다수(분산된 이익의 주체로서 이익실현을 제도적으로 보장
받기 힘들다는 점에서는 소수자이다)의 분산된 이익에 대한 구제를 도모한
다는 점과 손해배상을 인정함으로써 향후 개인정보보호에 충실한 사회
시스템이 구축될 것을 기대할 수 있다는 점에서 공익소송으로 분류할
수 있다.

공익민사소송은 이하에서 보게 될 공법소송으로서의 공익소송과
몇 가지 특징적인 차이점을 가진다. 근본적으로 공익민사소송은 그것이
궁극적으로 공익목적 실현을 추구한다고 하더라도 사적 주체 간의 법적
분쟁을 대상으로 한다. 그리고 이들 사적 주체의 법적 이익은 사익관련
성이 인정되고 법체계에서 권리로서 자리매김될 수도 있지만 구제가 곤
란한 사정들이 집단적인 형태로 표출되는 성격이 있다. 현재 공익소송
이라는 이름 하에 법제도가 도입되었거나 관련 입법을 추진중인 사례는
대부분 이러한 공익민사소송 제도에 관한 것이다.12) 이미 제정된 증권
관련 집단소송이나 소비자단체소송·개인정보보호단체소송뿐만 아니라,
집단소송법 제정안도 공익민사소송을 대상으로 한다. 이들 제도안은 집
단이익을 용이하게 보호하기 위한 소송절차적 편의, 소송비용으로 인한
재판청구권 행사의 제약 해소와 같은 소송의 편의성과 다수당사자 간의
이해관계 조절에 초점을 맞추고 있다.

반면 이하에서 볼 공법상의 공익소송,13) 특히 공익소송으로서의
행정소송은 보호하는 이익의 성격, 소송절차의 특징, 행정과 사법 간 권
력분립적 문제에서 공익민사소송과 차이가 있다. 이 차이는 근본적으로
민사소송과 행정소송의 차이에서 기인하는 것이기도 하다. 행정소송은

---

12) 자세히는 김태호·김정환, 공익소송 제도의 현황과 개선방안, 사법정책연구원 연구
총서 2016-20, 2016, 285-357면을 참조.
13) 여기에는 공익행정소송 외에 공익헌법소송이 중요한 비중을 차지할 것이다.

특히 그 목적에 행정통제와 법치행정의 관철이라는 공익적 목적이 포함
되어 있는 점이 강조된다. 이 때문에 공익행정소송은 '기능적 권력분립'
의 차원에서 행정부의 역할에 대한 적극적 견제의 의미를 갖는다.14) 또
한 공익행정소송은 공법질서 하에서 헌법상 기본권 구속성이 직접 미치
는 점, 정책적 관련성으로 인해 소송의 파급효과가 공익에 미치는 영향
이 큰 점15) 등에서 공익민사소송과 차이가 있다. 이하 공익행정소송을
광의의 공익행정소송과 협의의 공익행정소송으로 나누면서 제도의 내
용과 특징을 좀 더 살펴보기로 하자.

2. (광의의) '공익행정소송'
가. 공익소송으로서의 일반 행정소송

행정소송은 그 자체 공익추구를 목적으로 하는 행정활동에 관한
소송이라는 점에서 본질적으로는 공익소송이라고 부를 수도 있을 것이
다. 공적인 의사결정과정의 연속선상에서 행정의 공익판단에 개입하는
행정소송은, 대규모 국책사업에 관한 국가정책적 결정에 대한 행정소송
사건에서는 물론이고, 개인의 권리구제에 초점이 맞춰진 행정소송에서
도 해당 사건의 해결에 그치는 것이 아니라 행정실무 전반에 영향을 미
친다.

여기서 행정소송이 갖는 공익소송적 측면은 집단과 관련한 분쟁일
것을 반드시 요구하지 않는다. 해당 행정분쟁의 집단성은 공공적인 판
단에 관계된 이해관계자가 다수라는 점을 드러낼 수 있지만 공익소송이

---

14) 박균성, "사법의 기능과 행정판례", 행정판례연구 제22권 제1호, 2017. 6. 12면.
15) 사실 법원의 해석을 통해 정책결정에 영향을 미치게 된다는 것은 판단의 결과적인
　　측면으로서 이를 사법의 적극적 태도와 소극적 태도와 같이 의지적인 측면에서
　　구분하는 것은 상대적인 의미에 그치는 것이다. 작은 개별구체적 사건에 대한 해
　　결도 그것이 보편화 가능성을 염두에 둔 법리에 관련한 것이라면 정책관련성이
　　없을 수 없다.

되기 위한 필요조건은 아니다. 공익행정소송을 위해 판결의 효력에 대한 특칙을 둘 필요성이 공익민사소송에서와 같이 크지 아니 하다. 한 개인에 대한 행정결정을 취소하는 것도 행정관행의 수정과 관련된 것이라면 행정의 공적 결정을 사실상 변경할 수 있다. 난민재판에서 신청자가 '박해를 받을 수 있다고 인정할 충분한 근거'가 있는지에 대한 개별구체적인 판단은 신청자에 한정되는 것이지만, 위 문언에 대한 대법원의 해석 기준 제시는 행정관행을 변화시켜 난민 신청집단 전체에 영향을 미치는 공익적 효과가 발생한다.

공익행정소송은 개별·구체적인 처분을 대상으로 할 수도 있고 일반추상적인 규범 또는 정책을 실질적인 대상으로 삼을 수도 있다. 행정소송을 계기로 행정입법에 대한 규범통제를 하거나 헌법재판소에 위헌법률심판 제청·위헌법률심판형 헌법소원을 제기하는 경우는 물론이고, 행정입법과 무관한 처분 자체를 다투는 경우에도 그 결과가 정책변경에 사실상 영향을 미칠 수 있다. 65세의 개인이 노령수당지급대상자 선정에서 제외된 처분을 행정소송으로 다투었던 공익소송의 예를 떠올려 보자.16) 이 사건에서 원고에 대한 노령수당 선정제외처분은 노인복지사업지침이 선정대상 범위를 70세 이상으로 정한 데 따른 것이었던바, 대법원은 65세 이상이라면 노령수당을 줄 수 있도록 하고 있는 것으로 해석되는 노인복지법령에 반하는 노인복지사업지침은 상위법에 반하므로 선정제외처분을 취소하여야 한다고 판단하였다. 이 판결 이후 행정부는 판결의 효력과 상관없이 65세 이상의 노인을 모두 노령수당의 지급대상이 되도록 지침을 변경하였다. 행정판결의 사실상 영향력은 공공의사결정의 반응에 영향을 미치므로 행정소송의 직접 대상에 포함되지 않더라도 행정소송의 결과는 행정의 정책적 결정에 영향을 미친다.

따라서 공익행정소송은 원고가 하는 공익침해의 위법 주장을 법원

---

16) 대법원 1996. 4. 12. 선고 95누7727 판결.

이 판단하고 그에 따라 내려진 법원의 판결이 공공의 정책결정, 행정행태에 영향을 미칠 가능성을 가지는 소송을 통칭하는 것으로 이해할 수 있다. 다만 그러한 공익행정소송 중에 자신의 권리 또는 이익 관련성을 계기로 공익실현을 추구하는 행정소송(항고소송·국가배상소송 등[17])을 포함한 광의의 공익행정소송과 자신의 이익과 무관하게 객관적인 법질서의 유지라는 공익 자체를 추구하는 협의의 공익행정소송을 나누어 볼 수 있을 것이다. 후자의 경우 원고에 대한 소송 적법요건 판단에서 원고의 권리 또는 이익관련성을 요구하지 않고 일정한 조건이 갖춰지면 객관적 법질서의 위반으로서 처분의 위법성만을 심사할 수 있도록 하여 사익의 보호를 매개로 하지 않는 공익소송이라는 점에서 협의의 공익행정소송이라 부를 수 있다.

나. 광의의 공익행정소송

행정소송은 본디 개인의 주관적 권리 보호와 함께 위법한 공권력 작용의 교정과 같은 객관적인 공익 보호가 행정소송의 목적을 이룰 수 있다. 그 중에서도 당사자의 권리 구제 외에 적법성 보장이라는 객관적 공익 보장이 소 제기의 주된 목적이거나 소송의 결과가 객관적 공익 보장에 큰 영향을 미치는 행정소송을 광의의 공익행정소송이라 부를 수 있을 것이다. 여기서 행정결정이 공익에 반하여 위법하다는 것은 공익 위반에 위법성을 인정할 수 있는 경우이다. "공익합치적 활동이 행정의 의무라고 할 때 그 의무의 준수여부는 공법의 중요한 관심사항이 되며 나아가 그와 같은 행정의 의무를 이행하지 못함으로 인하여 자신의 권익을 침해받은 자는 자신의 권익을 지키고 회복하기 위하여 공익위반을 이유로 하는 쟁송을 제기할 수 있는 것"이다.[18] 소송의 목적에 대한 우

---

17) 실무상 국가배상소송은 민사소송으로 이루어지지만 그 본질은 공법소송으로서의 행정소송이다.

18) 최송화, 공익론, 6면.

선 순위의 차이는 있겠지만, 여기서 광의의 공익행정소송이 공익보호의
기능을 주된 소송의 목적으로 하는 데 대한 이른바 객관소송론과 주관
소송론 간의 인식 차이는 상대적이다. 객관소송론의 경우에도 느슨하기
는 하지만 민중소송과 달리 원고의 주관적 사정과 관련한 원고적격의
제한을 인정하고, 주관소송론의 경우에도 행정의 적법성 확보를 부차적
인 목적으로는 인정한다. 주관소송론이 다수설인 우리나라에서도 판
례19)는 대상처분의 객관적 위법성 외에 위법성에 대한 원고의 권리침
해견련성을 별도로 요구하지는 않는다.20) 광의의 공익행정소송은 원고
에게 일정한 '사익관련성'을 요구한다는 점에서 협의의 공익행정소송과
차이를 가질 따름이다. 경계가 명확한 것은 아니지만,21) 만약 누구나,
또는 거의 모든 사람이 원고적격을 가지는 이유가 모두가 각각 자신의
권리를 갖기 때문이라면 이는 엄격한 의미에서 민중소송, 즉 협의의 공
익행정소송은 아니다. 가령 정보공개법상의 일반적 정보공개청구권과
같이 누구나 법률로서 권리를 갖는 경우 정보공개를 청구한 후 거부된

---

19) 가령 예산편성의 절차상 위법 여부도 그것이 해당 처분의 이익형량의 하자에 해당
　　하는 것으로 인정할 수 있을 때에는 처분의 위법성을 인정할 수 있다고 한다. 대
　　법원 2015. 12. 10. 선고 2012두6322 판결 참조.
20) 同旨, 최계영, "항고소송에서 본안판단의 범위", 2015, 125면 각주 85 참조.
21) 일반적으로 '소비자'에게 행정소송 상의 원고적격을 부여할 것인가도 비슷한 문제
　　가 있다. 현대사회에서 소비자에게 소비자의 권리에 터 잡아 원고적격을 인정한
　　다는 것은, 사실상 모든, 또는 '거의' 모든 사람에게 원고적격을 인정하여 사실상
　　민중소송을 창설하는 효과를 낳을 수 있다. 헌법소원의 예로 미국산 쇠고기 제품
　　수입위생 조건 위헌확인을 구한 사건을 생각해 보자. 이 경우 일반소비자에게 청
　　구인적격을 인정한 것은 사실상 채식주의자가 아닌 모든 국민에게 청구인적격을
　　인정하여 헌법재판소에서 정책적 판단을 받을 수 있는 계기를 인정한다는 것을
　　의미한다. 실제로 이러한 사건에서 쇠고기 섭취의 가능성이 있는지와 같은 자기
　　관련성을 수많은 청구인들에 확인하지 않는 것이 보통이다. 사실상 이러한 사건
　　에서 청구인적격은 한 사람에게서 확실히 인정되면 본안판단으로 나아가는 데 문
　　제가 없기 때문이다. 이러한 성격의 헌법소원에서는 소비자에게 청구인적격을 인
　　정하기 위해서 해당 사건의 특별한 사정 등에 의한 제한을 두는 것이 바람직하
　　다. 同旨, 헌법재판소 2008. 12. 26. 2008헌마419 등 결정에서 김종대 재판관의 기
　　각의견.

사람은 누구나 소권을 갖게 되지만 그 경우 정보공개청구 소송은 자신에 대한 권리침해 구제의 성격을 가지므로 광의의 공익행정소송이 될수 있다. 반면, 주민소송이나 이하에서 살펴볼 환경단체소송 등은 '자신의 이익'과 소권의 부여 간에 직접적 상관관계가 없다.

3. 협의의 '공익행정소송'

가. 민중소송의 허용성

한편, 행정소송법에서 국가 등이 법률에 위반되는 행위를 한 때에 '직접 자기의 법률상 이익과 관계없이 그 시정을 구하기 위하여 제기하는 소송'으로 정의(법 제3조 제3호)되고 있는 '민중소송'은 협의의 공익행정소송이다.[22] 민중소송은 자신의 이익과 무관하게 객관적인 법질서의 유지라는 '공익' 자체를 추구하는 행정소송이다. 행정소송법은 민중소송을 별도의 법률이 정한 경우에 그 법률에서 정한 자에 한하여 제기할수 있다고 하고 있는데(법 제45조), 그에 해당하는 별도의 법률은 선거소송을 제외하면 지방자치법의 주민소송 제도가 현재 유일하다.

행정결정에 대해 일체의 자기관련성 없이 모든 시민이 소를 제기할 수 있도록 하는 것이 타당한가는 남소 등으로 인한 사법작용의 낭비와 같은 문제점 외에도 권력분립의 차원에서 의문이 제기될 수 있다. 민중소송에 관한 입법 증가는 행정이 준수해야 하는 일반적 공익을 모든 개인이 자신의 권리로서 주장할 수 있도록 하여 의회가 행정부의 헌법상 의무를 법원의 의무로 이전하게 하는 결과를 초래한다고 비판할수도 있을 것이다.[23] 그러나 우리나라의 행정소송법과 미국을 포함한

---

22) 법무부의 2013년 행정소송법 개정안 제3조는 아예 '민중소송'을 '공익소송'으로 개칭하고 있다. 공익소송이 객관소송과 동일한 제도는 아니므로 이러한 개정이 바로 객관소송은 공익소송이고 그에 대비되는 항고소송은 주관소송임을 분명히 한 것이라는 의도는 아니다. 다른 견해로, 김중권, "취소소송에서 계쟁처분의 위법성의 권리침해견련성에 관한 소고", 행정판례연구 제20권 제2호, 2015. 12, 104면.

여러 비교법적 입법례는 민중소송의 가능성을 일반적으로 배제하고 있지 않고, 별도의 입법으로 협의의 공익행정소송 제도를 도입하는 것은 입법정책의 영역으로 받아들인다.24) 이러한 형태의 민중소송에 대해 정당성이 인정되는 것은 위법한 행정결정을 일반시민 또는 관련사안에 관심이 있는 단체에게 직접 다투도록 하는 것이 행정참가·행정통제에 필요하고, 이를 부정하면 행정의 위법을 사법적으로 교정할 기회 자체가 인정되기 어렵다는 규율영역의 특수성이 있기 때문이다.

나. 주민소송의 경험

주민소송은 주민감사청구를 거친 지방자치단체의 주민이라면 누구나 지방자치단체의 재무회계에 관한 사항의 위법을 대상으로 소를 제기할 수 있도록 한 제도이다. 행정에 대한 재정통제기능을 주된 목적으로 한다는 점에서 대표적인 공익소송제도의 하나인 납세자소송과 제도의 취지를 같이 한다. 주민소송제도가 현재 유일한 협의의 공익행정소송이라는 점에서 이 제도가 실제 공익소송으로서 어떤 기능을 하고 있는지를 검토해 보는 것은 의미가 있을 것이다. 공익행정소송이 늘어날 경우 법원의 부담이 얼마나 늘어나는지, 행정의 공익적 통제가 향상되는지에 대한 시험적 평가가 이루어질 수 있을 것이기 때문이다.

눈에 띄는 것은 현재까지 주민소송의 활용도가 상당히 저조하다는 점이다. 주민소송은 제도가 도입된 2005년 이후 현재까지 총 33건의 소 제기가 있었음에 불과하다. 그 중에서도 14건은 지방의회 의원의 의정비 인상에 관한 조례를 다툰 사건에 편중되어 있다. 게다가 33건의 사

23) Lujan v. Defenders of Wildlife, 504 U.S. 555, 562-563 (1992)에서 멸종위기생물종 보호법상 시민소송에 대해 언급한 스칼리아 대법관의 법정의견.
24) 독일의 경우에도 행정소송법 제42조 제2항 전단은 "법률에서 달리 정한 바가 없는 한" 주관적 권리침해 여부를 기준으로 원고적격이 정해진다고 하고 있으므로, 별도 법률이 달리 규정하는 것은 허용된다. 그 대표적인 예가 이하에서 보게 될 이타적 단체소송 제도이다.

건 중에서 원고가 실질적으로 승소한 사건은 최근 도로점용허가의 위법을 확인한 사례가 유일하다.[25] 물론 주민소송 제도의 존재 자체로 지방자치단체 재무회계사항에 대한 위법행위에 대한 억제(deterrence) 효과가 있기는 하겠지만, 직접 주민소송을 통해 위법한 재무회계행위를 고친 실제 사례는 없는 셈이다.

다. 새로운 공익행정소송제도로서 환경법상 단체소송제도의 도입 가능성

환경행정법상의 단체소송제도는 일정한 자격을 갖춘 단체에게 환경법규의 위법을 법원에서 다툴 수 있는 자격을 부여하는 제도이다. '이타적' 단체소송제도라고 불리는 명칭에서도 드러나는 바와 같이 이 제도는 '사익 관련성'을 요구하지 않는 협의의 행정공익소송으로서, 일반적으로 환경법 집행을 강제하기에 적합한 단체에 한정하여 소권을 인정한다는 점에서 일반적인 의미에서의 만인소송은 아니다.

단체에 소권을 인정하는 방식은 법원을 통해 소송허가를 받는 방식도 있고, 사전에 미리 단체소송제도에서 원고적격을 갖는 단체로 승인절차를 두는 방식도 있다.[26] 독일 환경단체소송의 경우에는 후자의 방식, 즉 연방 또는 주 환경부가 ① 정관을 통해 판단할 때, 자연보호 및 경관보호를 그 목표로서 주로 추구하며 그것이 일시적인 경우가 아닐 것(환경권리구제법 제3조 제1항 제2문 제1호), ② 승인의 시기에 최소한 3년 이상 존속하면서 승인 시점에 활동을 하고 있을 것(제2호), ③ 해당 단체의 정당한 임무수행이 보장될 것(제3호) 등을 사전에 심사하는 승인절차를 거치도록 한다.[27]

---

25) 대법원 2016. 5. 27. 선고 2014두8490 판결.
26) 우리나라의 경우 법원의 절차는 아니지만 환경분쟁조정위원회의 분쟁조정에서 일정한 요건을 갖춘 환경단체가 위원회의 허가를 받아 분쟁조정을 신청할 수 있도록 하고 있다. 법 제26조 참조.
27) 김태호·김정환, 위의 연구총서(각주 12), 2016, 139-140면.

독일의 경우 단체소송의 도입 논의가 시작된 70년대에는 정치적으로 경제적 이해관계자들의 반발이 컸고 이론적으로 권력분립 위배 여부가 논의되었으나, 단체소송의 목적이 법원으로 하여금 환경보호에 대한 행정의 공익판단을 대체하게 하는 것이 아니라 환경 관련 법률의 집행과 관련한 위법 여부를 판단하는 계기를 마련하는 데 있다는 점이 널리 받아들여져 도입이 되게 되었다.[28] 독일의 입법사를 보면, 최초 주 단위의 자연보호법에서 규정이 마련되기 시작하였다가, 다음으로 2002년 연방자연보호법 제63·64조에서 단체소송제도가 수용되기에 이르렀으며, 환경단체에 대해 정보접근권, 절차참여권, 소송참가권을 포괄적으로 부여하는 국제조약인 이른바 오르후스협약에 유럽연합과 독일이 가입한 이후에는 동 협약에 따른 유럽연합지침을 전환한 독일의 환경권리구제법이 다양한 환경법규 위반을 다투는 소송에서 환경단체의 원고적격을 인정하게 되었다.[29] 연방자연보호법에 따른 환경단체의 원고적격은 자연보호에 관한 법규 위반을 다투는 데 한정되었던 반면, 환경권리구제법은 환경영향평가를 의무적으로 실시해야 하는 결정을 비롯해 연방 공해방지법(BImSchG), 물관리법, 폐기물관리법, 환경손해법에 따른 행정처분의 위법을 행정소송의 대상목록으로 인정함으로써(동법 제1조 참조) 환경단체의 원고적격이 광범위한 환경법 규정 위반에서 인정되게 되었다. 흥미롭게도, 환경권리구제법의 제정 당시에 독일은 주관적 권리구제를 중심에 놓는 행정소송체계의 전통에 따라 '권리침해'의 요건을 환경단체의 원고적격 요건에 포함시켜 입법하였는데, 유럽재판소는 그와 같은 입법이 유럽지침을 불충분하게 전환한 것이라고 하여 무효 결정[30]을 하였고, 그 결과 독일 환경권리구제법도 환경단체가 주관적 권

---

28) 김태호·김정환, 위의 연구총서(각주 12), 2016, 138면.
29) 현재는 더 나아가 다수 주에서는 동물보호를 위해 동물보호법 등의 위법을 다투는 동물보호단체의 단체소송을 인정하고 있다. 이에 관한 입법상황 등에 대해서 자세히는, 송동수·한민지, "독일법상 동물보호를 위한 단체소송", 환경법연구 제39권 제1호, 2017. 4, 181-207면.

리침해를 주장할 필요 없이 환경관련 법령의 위반을 주장하면 충분한 공익행정소송임을 분명히 하는 것으로 개정이 이뤄진 바도 있었다.

이상의 제도는 미국에서 다수의 환경관련 법률에서 인정되는 시민소송(civil suit) 제도와도 제도의 취지를 같이 하는 것이다. 시민소송 제도 역시 환경행정이 갖는 특수성을 바탕으로 하는데, 환경 관련 법률의 경우 법률의 집행에 문제가 있더라도 이를 소송의 형태로 바로잡기 어려운 경우가 많다는 점, 해당 법률이 널리 '공익'으로 통칭될 수 있는 자연의 이익이나 동물의 이익을 위한 보호적 조치를 두고 있을 때 그것을 인간의 권리 또는 이익 침해로 환원할 것으로 요구하여서는 통상의 행정소송에서 원고적격을 인정받기 어렵다는 점을 고려한 것이다. 이와 같이 환경행정법 영역에서 환경단체소송은 법원을 통한 환경공익을 담보하는 적절한 수단으로 여러 비교법적 사례에서 인정되고 있다.

라. 행정이 원고가 되는 공익소송의 인정(parens patriae action)?

'공익'행정소송이라고 한다면, 국가 등 공공기관이 원고적격을 가질 수는 없는 것인가를 상정해 볼 수 있을 것이다. 국가·지방자치단체가 사법과정을 통해 적극적으로 공익을 실현할 수는 없는가 하는 것이다. 현행법상 법인격이 다른 경우에 지방자치단체와 국가가 각각 국가 또는 지방자치단체를 상대로 법률상 이익이 인정되면 행정처분에 대한 항고소송의 원고적격, 당사자소송의 당사자적격을 인정받을 수 있는 가능성은 열려 있다.31) 그럼에도 조직 간의 권한 분쟁에 관한 기관소송을 입법화하는 것을 별론으로 할 때, 공익행정소송에서 공공기관이 공공기관을 상대로 '공익 추구'를 다투는 행정소송을 제기하는 것은 현행법상 불가능하고 적절한 것도 아니다.

---

30) 유럽재판소(ECJ), 2011. 5. 12. 결정 - C-115/09 (Trianel).
31) 자세히는 박정훈, 행정소송의 구조와 기능 중 "지방자치단체의 자치권을 보장하기 위한 행정소송"(제9장)을 참조.

반면 공익민사소송의 일환으로서 공공기관이 공익을 보호하기 위하여 소를 제기할 수 있는 제도를 두는 것은 상정가능하고 미국에서는 실제 입법례도 있다. 父權訴訟이라고도 번역되는 미국법상의 파렌스 파트리에(parens patriae) 소송 법리는 일반소송의 절차에서 연방주 등이 시민을 대리하여 공익목적의 소송을 제기할 수 있다고 한다.32) 이에 따라 미국의 판례 법리는 연방주 정부가 이른바 준국가적 이익(quasi-sovereign interest)을 위해 직접 소를 제기할 수 있는 자격을 인정하고 있다. 여기서 준국가적 이익이란 고권의 행사와 같은 국가적 이익과 대비되어 주민 상당수가 입게 되는 건강, 복지상의 피해와 관련한 이익을 가리키는 것이다.33) 예를 들면 환경오염 사건에서 피해자를 대신하여 주 정부가 나서서 주민들의 손해배상청구를 하는 것이다. 이와 같은 소송을 인정하게 되면 주민의 분산된 이익을 국가기관이 대리하여 소송을 효과적으로 수행할 수 있는 이점이 있어 불공정거래행위 등에 대한 억제력을 높일 수 있다고 한다.34)

이러한 소송형태는 공익민사소송의 형식을 띄지만 규제에 대한 보완적 성격을 갖는다는 점에서 공법적 차원에서 관심의 대상이 된다. 우리나라에서도 파렌스 파트리에 소송 법리가 소비자 피해구제나 불공정거래 규제 분야에서 직접규제를 대신하는 대안으로서 검토된 바 있다. 이 제도가 인정되면 당사자적격이나 소익이 없는 국가에게 별도의 소권을 부여하게 되고, 이는 소구가능성을 높여서 독점금지법 규정의 준수 동기를 강화하는 효과를 갖는다.

이 제도에 대한 상세의 내용은 본고의 논의 범위를 벗어나는 것이

---

32) 현재는 미국 독점금지집행법(Hart-Scott-Rodino Antitrust Improvements Act of 1976) 제3장에 규율되어 있는 내용이다. 간략한 소개로는 김태호·김정환, 위의 연구총서(각주 12), 2016, 100-103면 참조.
33) 이규호, 위의 논문, 154면 이하; 이정수, "증권불공정거래 규제영역에서의 공익소송 연구", 증권법연구 제14권 제3호, 2013, 136-137면 각주 35 참조.
34) 이정수, 위의 논문, 130-136면 참조.

어서 상술하기는 어려우나, 행정이 원고가 되어 사법제도를 적극적으로 활용하는 방법으로 공익 목적을 달성하도록 하는 것은 신중한 접근이 필요하다고 생각한다. 가령 우리의 경우 이미 공정거래법상 시정명령, 과징금 등의 행정처분을 우선 활용할 수 있기 때문에 피해자가 직접 가해자에게 책임을 묻도록 하는 법의 '사적 집행'(private enforcement)도 소극적으로 활용되고 있다. 그런데 이를 넘어 국가기관이 피해자를 대신해 소를 제기할 수 있게 하는 것은 손해배상의 용이성은 있을지 모르나 제도 도입의 실익이 있을지는 의문이다. 국가기관이 자신의 권한을 행사하지 않고 소송을 이용하도록 한다는 비판에 노출되지 않을 수 없기 때문이다.

4. 소결

공익행정소송의 허용 여부와 관련하여 소송요건 단계에서 문제되어 온 행정소송법 제12조 전문의 '법률상 이익' 해석에 관한 논란은 법원이 이를 '법률상 보호되는 이익'으로 파악하면서도 처분을 다투는 제3자의 원고적격 인정 법리를 확장해 옴으로써 상당 부분 해소된 것으로 평가할 수 있다.[35] 물론 '법률상 이익'을 '법질서 전체에 의해 보호할 가치가 있는 이익을 가리키는 것'으로 새긴다면[36] 현행법 해석만으로 공익행정소송의 원고적격 문제에서 공백을 제거하는 것이 상당 부분 가능하지만,[37] 현재 법원의 법리를 수용하면서도 실무적으로는 광의의 공익행정소송에서, 특히 인인소송으로서의 환경행정소송에서 원고적격이 인정되는 지역 주민을 원고로 내세우는 등의 방법으로 원고적격의 문제를 해소하고 있기도 하다. 여전히 원고적격이 부정되는 경우로는 해당 처

---

35) 가령 대법원 2006. 3. 16. 선고 2006두330 전원합의체 판결
36) 가령 박정훈, 행정소송의 구조와 기능, 281-284면 참조.
37) 이원우, "시민과 NGO에 의한 행정통제 강화와 행정소송: 항고소송의 원고적격 문제를 중심으로", 법과사회 제23호, 2002., 191면.

분과 관련하여 인근 주민이 존재하지 않거나 인근 주민의 관련성을 법령에서 도출하기 어려운 경우,38) 자연경관을 누릴 이익 침해 주장과 같이 이른바 '사실상의 손해' 주장을 하는 경우, 법인이 환경상 이익 침해를 주장하는 경우39) 정도가 있다.

제도적으로 볼 때 광의의 공익행정소송에 대한 원고적격 확대 논의는 행정소송법 개정과 고착된 사법실무 법리의 변화 문제로서 별론으로 하더라도, 협의의 공익행정소송 제도는 법률적 뒷받침 속에 부분적으로 확대될 필요가 있다. '부분적'이라 함은 공익행정소송 제도를 공익민사소송 제도와 합쳐 하나의 단일법제에서 입법화하려 하거나, 공익행정소송에 관한 일반 단일법제를 입법화하는 것은 바람직하지 않다는 의미이다. 광의의 공익행정소송은 문제색출적 개념에 가까워서 이를 일반 행정소송법제와 구분하여 법제화하기 쉽지 않고, 협의의 공익행정소송은 각 영역별로 상이한 '공익'의 문제상황이 있어 이를 포괄하기가 여의치 않을 것이라 보기 때문이다. 개별적인 유형으로서는 대표적으로 앞서 살핀 바와 같이 원고적격이 부정되는 유형에 대해 환경법 집행상의 위법 여부를 법원에서 심사할 수 있도록 하는 환경단체 행정소송을 먼저 입법화하는 것이 바람직하다.

그 밖에 공익행정소송의 제도화와 관련하여서 본안과 관련해서는

---

38) 대법원 2012. 7. 5. 선고 2011두13187,13194 판결. 이 사안에서는 주민이 절대보전지역의 해제처분을 다투었다. 대법원은 그 처분이 "① 소유권에 가한 제한을 해제하는 처분에 해당하는 것으로 그 자체로 인근 주민의 생활환경에 영향을 주는 사업의 시행이나 시설의 설치를 내포하고 있는 것이 아닌 점, ② (…) 절대보전지역으로 지정되어 보호되는 대상은 인근 주민의 주거 및 생활환경 등이 아니라 제주의 지하수·생태계·경관 그 자체인 점, ③ 조례 제3조 제1항은 절대보전지역의 지정 및 변경에는 주민들의 의견을 듣도록 하고 있으나 보전지역을 축소하는 경우에는 예외로 한다고 규정함으로써 그 절차에서도 절대보전지역 지정으로 인하여 환경상 혜택을 받는 주민들이 아니라 권리의 제한을 받게 되는 주민들을 주된 보호의 대상으로 하고 있는 점"을 들어 주민이 누리는 생활환경상 이익은 법률상 이익에 해당하지 않는다고 보았다.
39) 대법원 2012. 6. 28. 선고 2010두2005 판결

다음과 같은 쟁점이 있을 것이다. 먼저 본안의 위법성 판단에서 원고의 권리침해와 관련이 있는 부분만을 판단할 것인가와 같은 쟁점도 제기될 수 있는데 우리 행정소송법이 현재 그와 같은 제한 규정을 별도로 두고 있지 않고 향후에도 그와 같은 제한을 두는 것이 바람직하지 않다[40]고 생각한다. 다음 심리방법과 관련하여 현재 행정소송법 제26조의 직권심리에 관한 규정이 일반적으로 변론주의를 보충하는 것으로 제한 해석되고 있기는 하지만 직권주의를 확대할 수 있는 해석의 여지는 열려 있고, 행정판결이 있으면 법적인 판결의 효력이 아니라고 하더라도 사실상 행행정실무에 영향을 미치고 있으므로 반드시 추가적인 규정이 필요한 것은 아니다. 공익행정소송의 본안 판단 문제는 입법화의 문제라기보다 법리 변화에 대한 논의로서 접근될 필요가 있다. 다만 특히 협의의 공익행정소송이 행정소송법 개정 등을 통해 별도의 범주로 편입된다면 그 성질에 부합하는 별도의 규정을 두면 될 것인데, 그 경우에는 가령 다음과 같은 제도적인 착안점들을 생각해 볼 수 있다.

첫째, 공익행정소송의 경우 본안심리에서 직권주의적 요소를 강화하여 사실인정이 공론화 절차로서 기능할 가능성을 분명히 하는 것을 생각해 볼 수 있다.[41] 사회적 논란이 되는 공익소송에서의 사실인정 절

---

40) 최계영, "항고소송에서 본안판단의 범위"(2015), 127면은 그와 같은 제한을 두게 될 경우 제반 공사익에 대한 종합적인 형량을 통해 처분의 위법 여부를 판단할 수 없게 되는 문제가 있음을 지적한다.
41) 이미 1960년대에 이러한 인식이 있었음에 주목할 필요가 있다. 일찍이 부동산경락 허가결정에 대한 대법원 1966. 3. 8. 자 66사2 전원합의체 결정에서 대법원판사 한성수의 반대의견 참조.
"농지개혁법에 따른 농지분배처분에 대한 소송은 행정소송법의 적용을 받아야 하므로 행정소송법의 유추적용을 받아야 할 것이며, 통상적 민사소송에 있어서와 마찬가지로 변론주의나 당사자처분권 주의의 적용만으로 처리되어야 할 것으로는 볼 수 없는 것이다. (…) 같은 민사소송의 형태를 취하면서도 그것이 공익에 관련되는 소송의 범주에 속하는 경우에 있어서는 그저 그것이 민사에 관한 소송이라는 일반적 관념에만 사로잡혀 덮어놓고 민사에 관한 소송의 일반적 원리원칙에 불과한 변론주의와 당사자처분권주의만을 내세워서 형식적으로 이를 처리할 것이

차는 종종 공신력 있는 전문가의 판단과 비용이 소요되는 사회적 쟁점
을 법원의 장으로 가져오는 경우가 많은데, 이 때 사실인정은 실질적인
의미에서 '사실평가'와 유사하므로[42] 이 과정에서 법원이 공론의 장에
서 공신력 있는 판단의 토대를 제기한다는 의미가 있다. 가령 인도의
공익소송은 특별히 중요한 공익소송 사건에서 '사실인정 위원
회'(fact-finding commissions)를 두고 쟁점에 대해서 사실조사를 하여 보
고하도록 공익소송을 운용하고 있다고 한다.[43]

둘째, 일정한 요건 하에 공익행정소송의 소송비용 보전이 제도화될
필요가 있다. 공익행정소송의 제기 주체가 소송의 동인을 상실하지 않
도록 보장하는 것은 공익 차원에서 정당화될 수 있다. 헌법소송의 경우
를 참고하여 인지대의 경우는 물론, 원고 패소 시 공익추구 목적이 분

못되는 것이다. (…) 법원이 변론주의나 당사자 처분권주의의 구속을 받게 됨으로
써 본의 아니게도 당사자 개인의 자백 등 사사로운 처사에 기속을 받아야 하고 부
당한 당사자가 농지 분배에 있어 승리를 거두게 되어야 한다는 해석을 취한다면
농지 개혁에 관한 민사소송은 공익에 관계되는 소송임에도 불구하고 결국 석명권
행사를 요하지 않을 정도로 명백한 당사자의 자의적인 처사에 기속됨으로써 법원
이 실질적 정의에 어긋나는 재판을 강요당하는 결과가 되고 말 것이다. 이와 같은
견해는 명백히 불합리한 해석인 것이다. 따라서 우리는 농지개혁법에 의한 농지
분배의 위법 처분에 관한 소송은 그 성질상 공익소송의 범주에 속함에 착안하여
이 소송에 행정소송법 제9조를 준용함으로써 법원은 필요한 경우에 직권으로 당
사자가 주장하지 않은 사실에 관하여도 판단할 수가 있다고 보아 일종의 직권탐
지주의가 적용된다고 봄이 옳을 것이며, 또 같은법 제12조를 준용함으로써 원고
의 청구가 이유 있는 경우라도 처분을 취소하거나 변경함이 현저히 공공의 복리
에 적합하지 아니하다고 인정하는 때에는 법원은 청구를 기각할 수도 있고, 또 이
런 경우에는 재해시설, 손해배상 그 밖의 적당한 방법을 명할 수 있다고 봄이 옳
을 것이며, 또 같은 법 제13조를 준용함으로써 그 소송에서의 확정판결은 당해사
건에 관하여 원, 피고 당사자뿐만 아니라 관계행정기관과 그 소속기관까지도 기
속한다고 봄이 옳을 것으로 믿는 바이다."
42) 서원우, "공공소송에 관한 연구(Ⅱ)", 1985, 52면.
43) Sheela Barse v. Union of India (1993) 4 SCC 204. 사건의 처리가 대표적이다. 안현
주·정재연, 인도 공익소송 및 국내 도입방안 연구, 화우공익재단 연구보고서,
2017, 30면 참조.

명하고 주장의 내용이 다퉈봄직한 것으로 인정되는 경우 소송비용의 일
부를 보전해 주는 방안을 입법화함직하다. 주민소송에서는 주민이 승소
한 경우 지방자치 재정의 보전에 기여한 부분에 대한 일정한 포상제도
를 도입할 수도 있을 것이다.

III. 公益行政訴訟 本案에서 法院의 公益判斷

1. 공익행정소송에서 공익 판단 과정

공익행정소송에서의 본안 판단의 핵심은 '공익'의 구체화와 이익형
량이다. 그런데 앞서 본 바와 같이 공익행정소송에서의 공익 추구는 행
정작용의 정당성을 주장하는 의미가 아니라 행정작용에 대한 교정의 필
요성이 있다고 주장하는 의미이다. 이 경우 공익의 고려 주장은 기본권
보호를 위해 제3자의 기본권을 제한하는 국가적 개입을 요구하는 근거
가 될 수도 있다.[44] "구체적 사회문제로서의 사법적 부정의의 시정과
사법적 수단을 통한 공익 실현[45]을 주장하는 것이 '공익'행정소송에서
공익 판단이다.

이에 공익행정소송의 본안 판단은 입법권에 의해 규정되고 사법권
에 의해 최종적으로 해석되는 법규범으로서의 공익이 문제된다.[46] 그리
고 여기서 공익은 그 내용을 정함에 있어서부터 제반 공·사익과의 관련
성을 가진다. 따라서 공익행정소송에서 어려운 공익 판단은 많은 경우
행정의 공익에 대한 판단을 담은 재량권 행사에 대해 그 이익형량의 타

---

44) 이원우, "경제규제와 공익", 서울대학교 법학 제47권 제3호, 2006, 97면.
45) 김유환, "영미에서의 공익개념과 공익의 법문제화", 서울대학교 법학 제47권 제3
    호, 68면.
46) 최송화, "공익의 법문제화", 서울대학교 법학 제47권 제3호, 2006. 8. 15면.

당성을 검토하는 것이다. 원고는 행정의 공익 판단이 공익에 위배된다고 하거나, 행정이 생각하는 공익이 원고와 관련인들의 이익을 과도하게 침해한다는 주장을 한다. 광의의 공익행정소송에서 원고는 대체로 자신의 권리 또는 이익에 관한 주장이 공익을 관철하는 의미가 있음을 주장하는 셈이다. 이에 대해 법원은 행정의 이익형량에 따른 당해 결정이 공익적으로 정당화될 수 있는가를 심사하게 된다.

　공익을 탐색하는 과정으로서 공익행정소송에서의 본안 판단을 운용하는 데 있어 공·사익 형량의 내실화와 관련해서는 다음과 같은 점이 강조될 필요가 있다. 무엇보다 공·사익 형량의 과정에서 공익 발견의 과정은 '잠재적 공익'[47]의 발견이라는 인식을 강화할 필요가 있다. 법원은 공익판단과정의 합리성, 논거의 명확성을 심사하려고 애써야 하며,[48] 판결 역시 그 판단의 합리성과 명확성을 검증받을 수 있도록 실질적 판단 이유를 숨기는 '가장적 근거부여'[49]를 해서는 아니 된다. 법원은 행정의 공익 판단을 법관의 공익 판단으로 대체하는 것이 아니라, 행정의 공익 판단 과정을 투명하게 드러내고 소송참여자들을 통해 투영된 공동체의 공익에 대한 인식을 규명하도록 애쓸 필요가 있다. 이를 통해 공익행정소송은 '공동체의 의사결정 메커니즘'[50]의 일부 기능을 나눠질 수 있고, 행정소송이 사회적 의사결정을 '심의'하고 '숙고'하는 참여의 장이 될 수 있다. 적어도 주요한 사회적 사건에서 이러한 과정이 만족스럽게 이루어질 때 공익행정소송에서 재판의 승패가 전부가 아닌 것이 될 수 있다. 사회적으로는 공익행정소송의 제기와 그 과정 자체가 공동체적 가치를 논의하는 장으로서의 의미가 있을 수 있기 때문이다. 이렇

---

47) 과정론적 공익 개념이라고도 한다. 최송화, 위의 책, 173－174면. 이는 규준적 공익, 또는 척도부여적 공익 개념(최송화, 공익론, 105면)과 대비된다.
48) 최송화, 공익론, 13면.
49) 박정훈, 위의 책, 58면.
50) 이원우, "시민과 NGO에 의한 행정통제 강화와 행정소송", 법과사회 제23호, 2002, 164면.

게 되면 공익소송은 '이타적'인 그 의도로 인해 "타인의 문제를 우리의 문제로 여기는 시민적 의식을 낳는"[51] 기회를 제공할 수 있다.

　이상과 같은 형량 과정의 내실화가 사법심사 강도의 강화, 즉 이른 바 정치의 사법화 강화 또는 사법적극주의와 같은 경향성만을 의미하는 것은 아니라고 생각한다. 무엇보다 공익행정소송 본안 판단의 심화는 공·사익 형량의 형평성 강화에 기여한다. 공익행정소송의 강화는 반드시 심사강도를 강화하는 것이 아니라 행정결정에서 제3자의 이익과 공동체의 이익이 공평하게 반영될 기회를 부여하는 의미를 갖는다. 이 점을 아래 도로점용허가에 관한 두 판례에의 예에서 다시 살펴보기로 할 것이다.

　그리고 광의의 공익행정소송에서 원고의 주장은 많은 경우 '법적 권리'에 관한 주장을 담고 있다. 따라서 특히 광의의 공익행정소송에서 원고들이 주장하는 바는 분산되어 있는 자신들의 제대로 대접받지 못한 권리[52]를 고려하지 않은 행정의 결정을 바로잡는 것이 공공적인 의미도 갖는다는 주장인 셈이다. 법원이 고려할 것을 요구하는 분산된 이익은 권리성을 획득하지 못한 이익의 고려라기보다 권리로서 인정되고 청구되어 마땅한 이익[53]이라는 주장이다. 행정이 내세운 공익에 대해 소수자·약자의 권리[54]를 보장하려는 공익행정소송은 더욱 그러하다. 그

---

51) 이황희, "헌법재판과 공적 참여", 저스티스 통권 제159호, 2017. 4., 26면.
52) 법원의 환경권의 효력에 대한 취급은 시사적이다. 환경권은 헌법상의 기본적 '권리'로 천명되어 있는데 실질적으로 '권리가 되지 못한 이익'으로 취급되곤 한다. 김태호, "환경권과 헌법 개정 - 입법론적 접근", 환경법연구 제39권 제2호, 2017, 7-10면 참조.
53) 이 때의 권리는 사회적으로 인정받지 못한 개인의 이기적인 요구를 관철하는 힘을 의미하는 것이 아니라, 이른바 '정당한 자기 몫'을 제도화하는 '타당한 요구로서의 권리'이다. 이러한 권리 개념은 파인버그의 이론에 따른 것으로 김도균, 법적 권리에 대한 연구(Ⅰ), 215-219, 220-221면의 논의를 참조하였다.
54) 여기서의 권리는, 공동체의 정책이나 목표를 이유로 그 제약을 정당화하려는 시도에 맞서는, 드워킨(R. Dworkin)의 표현을 빌리자면 법관이 발견해야 할 으뜸패(trump)로서의 권리라고도 말할 수 있을 것이다.

런 점에서 공익행정소송의 보장은 한편으로 사법절차에 대한 접근권 보장이라는 의미를 갖는다.[55]

2. 주민소송에서의 공익 판단의 예 - 도로점용허가 사건

협의의 공익행정소송으로는 주민소송이 유일하므로 주민소송의 사례를 분석하는 것은 공익행정소송의 법리 전개에 중요한 의미를 가질 것이다. 그러나 현재까지 지방자치단체 공무원의 재무회계행위가 위법한지 여부에 대해 공익 차원의 판단이 구체적으로 문제된 예가 많지 않아 분석이 용이하지 않다. 그럼에도 주민소송과 관련해 현재까지 유일한 원고 승소 사례라 할 대법원 2016. 5. 27. 선고 2014두8490 판결을 보면 위법한 재무회계행위의 방지 또는 시정이라는 공익소송의 기능과 관련하여 시사하는 바가 있다.[56]

이 사건에서 핵심적 법리적 쟁점은 우선 도로점용허가라는 행위가 재무회계사항으로서 주민소송의 대상이 될 수 있는 성격을 지니는가에 있었다. 이에 대해 대법원은 도로점용허가라 하더라도 그것이 실질적으로는 도로 부분의 '사용가치를 실현·활용하기 위한' '임대 유사한 행위에 해당하는 것'이라면 주민소송의 대상이 된다고 보았다. 이 점에서 대법원은 재무회계행위를 통제하는 공익소송으로서의 주민소송 대상을 기존 항고소송과 충돌하지 않는 범위 내에서 적극적으로 확대한 것으로 이해된다.

이어 대법원의 위 판결(파기환송) 후 서울행정법원은 도로점용허가가 위법한가에 대한 구체적 판단을 하였다.[57] 그에 따르면 입법자가 재

---

55) 재판청구권의 사법접근권적 접근에 대해서는, 김현준, "환경사법액세스권과 환경단체소송", 환경법연구 제32권 제2호, 2010. 8을 참조.
56) 대법원 2016. 5. 27. 선고 2014두8490 판결. 이 판결에 대한 전반적인 분석으로는, 최계영, "주민소송의 대상과 도로점용허가", 법조-최신판례분석, 제65권 제9호, 2016. 12를 참조.

량행위인 도로점용허가 시에 그 시설물의 용도나 설치 목적이 "공익에
부합하는지 여부"를 충분히 고려하여 결정하도록 하고 있는데, 해당 사
건의 도로점용허가는 공익에 반하고 취소되어야 한다고 한 것이다. 다
시 말해 행정청의 도로점용허가는 지방자치의 공유재산 관리·처분이 '해
당 지방자치단체 전체의 이익에 맞도록 할 것'이라는 원칙에 부합해야
하는데, 지방자치단체는 "경제적 관점에서 도로의 효율적 이용이나 지
방자치단체의 수익만을" 앞세워 점용허가가 해당 지방자치단체 전체의
이익에 맞는지 여부를 충분히 고려하지 않았다는 것이다.

　　이 판결은 대법원이 도로점용허가의 공익적 측면을 적극적으로 부
각하여 논증한 점에서 의미가 있다. 그런데 이하의 비교 대법원 판례와
견주어 보면, 이 판결은 주민소송 제도가 왜 행정의 공익판단에 대한 균
형 있는 통제를 위해 필요한지를 보여준다는 점에서도 의미가 있다. 즉
매우 유사한 사실관계에서 이번에는 행정청이 도로점용허가를 거부한
사건[58])에 관하여 대법원은 도로 지하의 점용을 전제로 하는 건축허가변
경 신청을 거부한 것이 위법하지 않다고 판단하였다. 대법원은 "일반 공
중의 이용이라는 공익적 목적에 제공되어야 하는 도로를 원고의 독점적·
사적 이용에 제공함으로써 초래되는 문제를 감수하면서 허가를 할 문제
는 아니므로" 허가변경신청의 거부가 재량권의 일탈·남용에 해당하지 않
는다고 본 바가 있었던 것이다. 즉 행정청이 도로점용허가를 거부하는
것은 "관련 시설이 당해 지방자치단체에서 차지하는 사회·경제·문화적
측면들을 모두 고려한 행정적·정책적 판단의 소산이라 할 것이므로 이
사건 통로의 설치를 통해 연결하고자 하는 교회 건물과 관련 시설과 같
이 그 사회·경제·문화적 의미가 매우 제한적인 시설물 이용의 편익을
주목적으로 하는 도로점용허가신청의 경우에 이를 원용하기에는 적절하
지 아니하고, 오히려 이를 받아들이게 되면 향후 유사한 내용의 도로점

---

57) 서울행정법원 2017. 1. 13. 선고 2016구합4645 판결
58) 대법원 2008. 11. 27. 선고 2008두4985 판결

용허가신청을 거부하기 어렵게 되어 그 결과 도로 지하의 무분별한 사적 사용과 그에 따른 공중안전에 대한 위해의 우려가 점증하게 된다는 점 등의 역기능 내지 부작용도 고려하여야만 한다"고 하였다.

위 두 사건에서 대법원은 도로점용허가의 공익판단에 대해 같은 방법으로 심사하여 재량권의 일탈·남용 여부를 판단한 사건이다. 그런데 도로점용허가의 경우 처분의 직접 상대방을 제외하고 이를 다툴 제3자를 상정하기가 어렵다. 따라서 도로점용허가를 거부한 데 대해서는 직접상대방이 항고소송으로 판단의 기회를 얻을 수 있는 반면, 허가를 발부한 데 대해서는 주민소송이 없을 경우 행정청의 공익 판단에 대한 평가 기회에 해당 지방자치단체의 재정 손실, 인근 주민의 불이익 등을 심사하기가 어려웠을 불균형에 주목할 필요가 있다. 이 사건에서 공익 판단에 대한 개입이 과도한 것인지, 반대로 재정 손실에 대한 손해배상까지 인정하여 해당 공무원에 대한 제재적 효과를 도모했어야 하는지를 떠나, 주민소송의 존재는 도로점용허가에서 적극적인 공익 판단을 할 것을 요구하는 재량통제의 균형을 달성한 것으로 평가할 수 있다.

3. 공익행정소송으로서 국가배상소송에서의 공익 판단

한편, 공익행정소송과 관련하여 국가배상소송의 공익 고려에 대해서도 생각해 볼 점이 있다. 일반적으로 민사 불법행위책임은 손해전보적 기능과 함께 예방적 기능, 즉 행위지침의 제시 기능과 유도 기능을 수행한다[59]고 할 때 배상책임의 부과는 그 자체 일정한 공익적 기능을 수행하는 측면이 있다. 더욱이 국가배상책임의 경우에는 특히 행정주체의 행위불법 여부에 대한 판단을 하고 책임을 묻는 의미를 갖는다는 점에서 예방과 함께 행정통제적 기능을 수행한다.[60]

---

59) 개괄적으로 권영준, "불법행위법의 사상적 기초와 그 시사점: 예방과 회복의 패러다임을 중심으로", 저스티스 통권 제109호, 2009. 2. 특히 77면 이하를 참조.

그런데 국가배상책임에서 고려해야 할 '공익'이 무엇이고 국가배상 소송은 '공익행정소송'으로서의 어떤 기능을 수행하는가는 다차원의 문제가 있다.[61] 앞서 국가배상소송의 기능에 대한 언급이 국가배상소송을 '통한' 행정의 '공익실현 담보' 차원이었다고 한다면, 국가배상소송에서 공익의 고려는 종종 손해 전보의 제한을 고려하는 차원에서 문제된다. 즉 '공무집행에 대한 안전성' 확보를 위해서 개인책임을 제한하는 것을 공익적 의미가 있다고들 하고, 과도한 재정 지출의 우려도 '공익'의 관점에서 손해배상 제한에 대한 암묵적인 고려요소가 될 수 있다. 그런데 이와 같은 의미로 국가배상을 제한하는 공익적 고려를 하게 되면 국가배상을 인정함으로써 위법행위를 방지하도록 하는 기능, 즉 공무집행의 적법성을 확보하는 중요한 공익적 기능을 상실할 수 있다.

국가배상소송에서의 공익적 고려에 대해서는 상반된 평가가 가능하다. 법원이 명문의 규정이 없는 경우에도 공무원의 직무상 손해방지 의무를 인정하는 것은 긍정적이지만, 의무 불이행이 '현저하게 합리성을 잃어 사회적 타당성이 없는 경우'에 한해[62] 책임을 인정하는 소극적 법리에 대해 비판적인 시각[63]이 있는가 하면, 국가배상소송에서 "피해 국민의 보호 필요성과 국고의 재정부담을 비교형량하는 사법정책상의 문제가 내포"되어 있어 제한이 필요하다는 시각[64]도 있다.

공익소송의 예라고 할 교정시설의 과밀 수용과 관련한 국가배상소

---

60) 박균성, "사법의 기능과 행정판례", 행정판례연구 제22권 제1호, 2017. 6. 47면.
61) 국가배상소송에서 국가배상소송에서 사익보호성을 요구하는 일부 판례(대법원 2001. 10. 23. 선고 99다36280 판결)의 문제나 국가배상의 위법 판단에서 '인권존중·권력남용금지·신의성실' 등을 고려하여 판단하도록 하는 법리의 문제(대법원 2015. 8. 27. 선고 2012다204587 판결 등)도 국가배상소송이 수행하는 공익적 기능 차원에서 접근해 볼 수 있을 것이다.
62) 대법원 2016. 8. 25. 선고 2014다 225083 판결
63) 박균성, 위의 논문, 51면.
64) 모성준, "국가에 대한 편향적 손해배상책임 인정경향의 문제점", 민사법연구 제16집, 2008. 12, 4면.

송에서 한 하급심 판결의 설시는 그 고민을 잘 드러낸다.[65] 이 판결은, "교정시설을 신축함에 있어서는 막대한 국가예산이 소요되고, 이른바 님비 현상으로 인하여 교정시설 신축부지 선정에도 어려움이 있는 점 등"의 사정이 있음을 인정하면서도, 그러한 "사회, 경제적 사정들만으로 는 기본 생활영위에 필요한 최소한의 공간조차 확보되지 못한 거실에서 인격체로서의 기본 활동에 필요한 조건을 박탈당하는 수용자들의 고통 을 정당화하는 사유가 될 수 없다."고 하면서, "인간의 존엄과 가치에서 비롯되는 국가형벌권 행사의 한계를 준수"하였다고 할 수 없는 과밀수 용행위는 인간의 존엄과 가치를 침해하는 공권력의 행사로서 정신적 손 해를 배상할 의무가 있다고 한 것이다.

불가항력과 같은 상황에서 국가배상책임을 인정할 수는 없겠지만, 국가배상책임이 행정의 공익수행 기능을 담보해야 한다는 인식, 그리고 국가가 '책임'을 진다는 의미의 엄중함을 생각할 때 법적 근거 없이 재 정상의 어려움이나 국고의 부담과 같은 이유를 공익의 이름으로 고려하 는 것은 신중을 기할 필요가 있을 것이다. 이 점에서 국가불법행위에 대한 국가배상소송에서 신속한 보상금 지급결정의 안정성과 같은 형식 적 측면의 공익 사유를 들어 국가배상 범위를 제한한 것[66]은 법원의 공 익 판단에 '공평과 정의의 관념'을 충실히 반영되어 있지 않았다고 평가 할 수 있을 것이다.

Ⅳ. 制度化와 適用의 課題

지금까지 공익행정소송을 범주화해 보고 공익행정소송의 제도화와 운용에서 쟁점이 될 만한 몇 가지 국면을 예로 들어 문제의식을 전개해

---

65) 부산고법 2017. 8. 31. 선고 2014나50975 판결.
66) 대법원 2015. 1. 22. 선고 2012다204365 전원합의체 판결

보았다. 여느 사회제도가 그러하듯 공익행정소송의 도입 내지 활성화 역시 순기능과 역기능67)을 모두 가질 수 있다. 공익소송의 경우에도 근본적으로 우리 시대 사법의 기능과 역할에 대한 이해와 진단이 수반된 상태에서 제도화를 모색해야 할 것이다. 가치다원주의 사회68)에서 공익판단에 대한 적극적인 법관의 이익형량이 어느 정도까지 논증을 통해 정당화를 구현할 수 있을 것인지,69) 그러한 시도는 바람직하지도 않고 불가능한 것은 아닌지70) 대답하기는 쉽지 않다. 사회적 논란이 되는 어려운 사례에서 이상과 같은 형량을 완벽하게 정량화한다는 것은 이른바 헤라클레스와 같은 이념형적 법관이라고 하더라도 쉽지 않은 임무가 될 것인데, 현실세계의 법관에게 이를 요구하는 것은 그야말로 "현실의 실무법관에 대한 약간의 기대과잉"71)이라고 할 수도 있을 것이다.

그럼에도 사법 과정에서 정책의 문제가 논의되는 것은 이미 낯선 것이 아니고(정치의 사법화), 이 과정에서 재판을 통한 공익 판단의 취급과 설득력 문제는 공익행정소송 제도의 확대와 별도로 현존하는 난제이다. 헌법과 법률에 따라 요청된 공익의 실현에 행정뿐만 아니라 사법 또한 일정한 역할을 담지해야 한다는 전제를 받아들인다면, 어떤 공익행정소송 제도를 제도화하고 잘 운용할 것인가에 대한 논의를 좀 더 적극적으로 해 볼 필요는 있을 것이다. 본고의 시론적 기술에서도 드러난 바와 같이 공익행정소송에 대한 연구는 소송에 관한 제도적 논의에서

---

67) 김태호·김정환, 위의 연구총서(각주 12), 2016, 40-43면 참조.
68) 법원이 '국익'의 대변자가 되려 하거나 '법후견주의' 내지 '법도덕주의적인 공익관'을 관철하고자 할 때 법원을 통한 '공익'의 실현은 자유주의적 관점에서 주된 비판의 대상이 된다.
69) 김도균, "법적 이익형량의 구조와 정당화문제", 서울대학교 법학 제48권 제2호, 2007. 6., 113-114면.
70) 조홍식, 사법통치의 정당성과 한계, 161-167면을 참조.
71) 서원우, "공공소송에 관한 연구 Ⅱ", 서울대학교 법학 62·63 합본호(1985. 10.), 65면. 근본적으로 이에 대해서는 법관의 양성과 선발, 우리사회에서 사법부의 기능에 대한 기대와 역할 설정 등에 관한 법조사회학적인 연구가 수반되어야 할 것이다.

시작하여 공익의 본질과 공·사익 이익형량, 행정에 대한 사법심사강도에 관한 행정법의 근본 문제로 귀결되지 않을 수 없다. 이에 대한 계속적인 탐구는 공익론에 관한 연구의 "다리를 놓은 분들"의 업적을 이어 "미래로 전진하는 후학들"의 과제임이 틀림없다.72)

---

72) 최송화, 공익론, 머리말 vii의 인용.

참고문헌

권영준, "불법행위법의 사상적 기초와 그 시사점: 예방과 회복의 패러다임
    을 중심으로", 저스티스 통권 제109호, 2009. 2., 73-107면.
김도균, "법적 권리에 대한 연구(Ⅰ), 서울대학교 법학 제43권 제4호,
    2002. 12., 171-228면.
_____, "법적 이익형량의 구조와 정당화문제", 서울대학교 법학 제48권
    제2호, 2007. 6., 31-115면.
김유환, "영미에서의 공익개념과 공익의 법문제화", 서울대학교 법학 제47
    권 제3호, 52-88면.
김중권, "취소소송에서 계쟁처분의 위법성의 권리침해견련성에 관한 소
    고", 행정판례연구 제20권 제2호, 2015. 12, 83-127면.
김태호, "부당이득반환청구를 요구하는 주민소송: 지방의회의원 의정비 반
    환 소송에서 조례의 사법심사를 중심으로", 행정판례연구 제21권 제1
    호, 2016. 6. 123-153면.
김태호·김정환, 공익소송 제도의 현황과 개선방안, 사법정책연구원 연구
    총서 2016-20, 2016.
김철용, "집단소송 입법화의 문제점 - 집단소송의 법리", 법무부 법무자료
    제149집, 1991.
김현준, 환경사법액세스권과 환경단체소송, 환경법연구 제32권 제2호,
    2010. 8, 134-163면.
모성준, "국가에 대한 편향적 손해배상책임 인정경향의 문제점", 민사법연
    구 제16집, 2008. 12.
박균성, "사법의 기능과 행정판례", 행정판례연구 제22권 제1호, 2017. 6.
    3-65면.
박정훈, 행정소송의 구조와 기능, 박영사 2006.
서원우, "공공소송에 관한 연구 Ⅱ", 서울대학교 법학 제26권 2,3호,

1985. 10., 41－73면.

송동수·한민지, "독일법상 동물보호를 위한 단체소송", 환경법연구 제39
권 제1호, 2017. 4, 181－207면.

안현주·정채연, 인도 공익소송 및 국내 도입방안 연구, 화우공익재단 연
구보고서, 2017.

오시영, "다수당사자소송의 발전과 전망 － 이른바 공익소송을 중심으로",
민사소송 제16권 2호, 2012. 11. 259－311면.

오재창, "공익관련 집단소송제 도입 방안 － 집단소송법 시안에 관한 개요
및 개선방향을 중심으로", 저스티스 제36권 제2호, 2003. 4.

이상돈, 공익소송론: 민주적 법치국가에서 공익소송의 의미와 법제화의
방향, 세창출판사 2006.

이석태·한인섭 대표편집, 한국의 공익인권소송, 경인문화사 2010.

이시윤, 민사소송법 제10판, 박영사 2016.

이원우, "시민과 NGO에 의한 행정통제 강화와 행정소송: 항고소송의 원
고적격 문제를 중심으로", 법과사회 제23호, 2002., 163－199면.

_____, "경제규제와 공익", 서울대학교 법학 제47권 제3호, 2006,
89－120면.

이정수, "증권불공정거래 규제영역에서의 공익소송 연구", 증권법연구 제
14권 제3호, 2013, 121－152면.

이황희, "헌법재판과 공적 참여", 저스티스 통권 제159호, 2017. 4.,
5－37면.

조홍식, 사법통치의 정당성과 한계, 박영사 2009.

최계영, "항고소송에서 본안판단의 범위 － 원고의 권리침해가 포함되는
지 또는 원고의 법률상 이익과 관계없는 사유의 주장이 제한되는지
의 문제를 중심으로", 행정법연구 제42호, 2015. 7., 107－134면.

_____, "주민소송의 대상과 도로점용허가", 법조－최신판례분석, 제65권
제9호, 2016. 12., 422－447면.

최송화, 공익론 － 공법적 탐구, 서울대학교 출판부, 2002.

_____, "공익의 법문제화", 서울대학교 법학, 제47권 제3호, 2006,

10-27면.

홍준형, "공공정책에 대한 사법적 결정의 법이론적 한계(Ⅱ) - 대법원의
새만금사건 판결을 중심으로", 법제 2006. 5., 30-54면.

황승흠, "한국 공익법운동의 개념요소와 전망", 연세 공공거버넌스와 법
제5권 제1호, 2014. 2. 1-24면.

국문초록

'공익소송'은 司法 과정에서 '공익'의 실현을 추구하는 소송이다. 그 중에서도 다수당사자의 분산된 이익침해를 집단적으로 구제하는 데 초점이 있는 민사소송 형식의 공익소송과 달리 공익행정소송은 원고가 하는 공익침해의 위법 주장을 법원이 판단하고 그에 따라 내려진 법원의 판결이 공공의 정책결정, 행정행태에 영향을 미칠 가능성을 가지는 소송을 가리킨다. 공익행정소송은 자신의 이익과 무관하게 객관적인 법질서의 유지라는 공익 자체를 추구하는 협의의 공익행정소송과 자신의 이익 침해가능성을 계기로 공익실현을 추구하는 행정소송(항고소송·국가배상소송 등)을 포함한 광의의 공익행정소송으로 분류할 수 있다.

실정법상 협의의 공익행정소송은 주민소송제도가 유일하지만, 활용도가 높지 아니 하다. 입법론적으로는 협의의 공익행정소송으로서 환경분야에서의 단체소송을 도입하는 것도 적극적으로 검토할 필요가 있다. 반면 공정거래 영역에서 주로 논의되는 부권소송의 도입 필요성은 크지 아니 하다.

공익행정소송의 유형을 늘리는 제도 개선의 논의보다 주목해야 할 지점은 공익행정소송의 본안 판단에서 법원이 공익실현을 얼마나 잘 도모할 수 있는지, 사법과정에서 공익이 어떤 방법론과 논거를 통해 규명되는지에 대해서 구체적 행정판례의 논증을 분석하는 일이다. 이 글은 구체적인 몇 가지 사례들을 통해 공익소송의 확대는 관련한 이익의 공평한 취급에 기여하는 바가 있음을 밝히는 한편, 법원이 공익 판단이 요구하는 분산 이익 및 소수자 보호의 공공적 의미를 좀 더 충실한 절차와 방법으로 반영할 필요가 있다고 주장한다. 법원이 공익소송을 통해 정책형성과 공익실현의 한 주체가 된다는 것의 의미와 한계는 정치의 사법화 논란과 사법의 권력분립적 한계를 넘어선 자리에서 구체적 사례의 축적을 통해 해명되어 나갈 필요가 있다.

주제어: 공익, 공익소송, 공익행정소송, 광의의 공익행정소송,
주민소송, 환경단체소송, 정치의 사법화

Abstract

Public Interest Litigation and Administrative Lawsuit

Kim, Tae—Ho*

Public interest litigation is a lawsuit seeking for the realization of the public interest in the judicial process. Public interest administrative litigation, unlike the public interest civil litigation which mainly focuses on collective relief of the diffused damages of multi—parties, refers to a litigation in which a court judges a plaintiff's alleged public interest violation and that the court's decision may consequentially affect public policy decision making plus administrative behavior.

The public interest administrative litigation, by definition, has a narrow meaning of pursuing the 'public interest' itself, seeking for the objective legality irrelevant to any private interests. It also encompasses a broader meaning that includes the administrative lawsuit necessarily based on personal interest of its own.

Under the current Korean leagl system, residents suit exists as sole example of public interest administrative litigation in a narrow sense while it has not been highly operated since its introduction. The study additionally suggests to positively examine the introduction of 'environmental group litigation' ('Verbandsklage' in Germany) especially in the field of environment as one type of public interest administrative litigation in a narrow sense. Meanwhile, it is skeptical about the introduction of 'parens parens patriae action'.

This study considers the importance of diversifying the types of

---

* Lecturer, University of Seoul Law School

public interest administrative litigations, but also strongly argues the necessity to analyze the court's argument through delving into the concrete precedents as to how the court identifies the meaning of the 'public interest' when judging the principle of public interest administrative litigation. In this process, it enables us to possibly discern whether it is indeed desirable for the court to influence the policy decision makings beyond the controversy of the 'judicialization of politics' and the division of power which allows the judiciary to enjoy only limited power.

Keywords: public interest, public interest litigation, public interest administrative litigation, residents suit, environmental group litigation (Verbandsklage), judicialization of politics

투고일 2017. 12. 11.
심사일 2017. 12. 25.
게재확정일 2017. 12. 28.

韓國行政判例研究會의
判例研究의 歷史的 考察

金重權*

Ⅰ. 처음에-한국행정판례연구회 33년을
   현재적 관점에서 보기
Ⅱ. 한국행정판례연구회의 설립 및
   판례연구의 약사
Ⅲ. 「행정판례연구」상의 판례연구의
   현황
Ⅳ. 한국행정판례연구회의 주요 판례
   연구의 분석: 2000년 이전의 것
   을 중심으로
Ⅴ. 맺으면서-판례연구를 통한 法의
   持續的인 更新

Ⅰ. 처음에
-한국행정판례연구회 33년을 현재적 관점에서 보기

국가활동은 그것이 단지 특별이익에 이바지하는 것이 아니라 전체로서의 공동체의 '좋은' 상태를 목표로 하는 공익에 이바지하여야만 허용되고 정당화된다. 공익관련성의 원칙은 헌법상 자명하게 전제되는데, 또한 민주주의와 공화주의로부터도 당연히 도출된다. 이 점에서 비록 헌법이 명시적으로 언급하지는 않지만, 국가활동의 공익관련성의 원칙 역시 행정법의 핵심적 법원칙에 해당한다.1) 그런데 공공법제가 공익실

---

* 中央大學校 法學專門大學院
1) 崔松和, 공익론, 2002, 머리말: 공익은 공법 또는 행정법의 알파요 오메가라고 할 수 있다. 우선 공익은 공법의 목적이며 공법의 존재가치라고 할 수 있다. 그러나 동시에 공익은 공법 또는 행정법의 영역의 진입로이자 관문이기도 하다.

현의 제 역할을 다하지 못할 때, 행정판례가 실정법제에 못지않게 중요
한 역할을 한다.

한국행정판례연구회는 1984년 10월 29일에 설립한 이후 매월 회원
들이 모여 주요 행정판례를 대상으로 하여 연구발표회를 갖고 있다. 판
례는 사법기관의 재판작용의 축적된 결과물인 동시에, 법학이 실무를
만나는 곳이다. 법학과 같은 실천적 학문은 그 이론이 타락하거나 시대
와 불화(不和)하지 않기 위해서는 실무와 계속적인 관계를 가져야 하고,
부단히 상호 건설적인 비판을 통해 교호작용을 해야 한다. 역사가 도전
과 응전의 전개과정에서 발전해가듯이, 판례 역시 부단히 건설적이고
합리적인 비판의 세례를 받으면서 오늘보다 나은 모습으로 진화할 수
있다. 판례연구는 이런 교호작용의 근거점이다. 다른 법과는 달리 법전
이 없는 행정법학이 실천학문으로서 역할을 다하기 위해선 판례연구가
더욱 강조된다. 일찍이 崔松和 고문님이 "金道昶 행정법학"은 실천적
학문정신의 소산이라 지적하였는데,[2] 그 연장에서 한국행정판례연구회
는 실천학문으로서의 행정법학이 그 소임을 다하기 위해 행정판례 및
그것의 바탕이 된 행정법제를 비판적으로 성찰하는 公論의 장이다. 지
난 33년간 행정판례연구의 아고라(Agora)인 셈이다.

역사란 역사가와 사실 사이의 부단한 상호작용의 과정이며, 현재와
과거 사이의 끊임없는 대화이다(Edward Hallett Carr). 또한 모든 역사는
현대의 역사이다(Benedetto Croce). 현재적 관점에서 역사를 접근해야 하
듯이, 판례 역시 마찬가지이다. 왜냐하면 판례는 -판시하는 시점에서
보면- 과거에 존재하는 완결된 사안을 지금의 시점에서 판단하고, 이들
에 대해 -사안보다 더 이전에 성립한- 법률적 규준을 적용하기 때문
이다. 따라서 판례와 법원은 과거사를 다루지만, 과거분석과 과거평가로
부터 현재는 물론, 미래를 결정하는 국가작용이고, 권력에 해당한다.

---

2) 崔松和, 김도창-생애와 학문세계-,「한국의 공법학자들」, 한국공법학회, 2003,
   151면.

지난 33년간 한국행정판례연구회가 수행해 온 판례연구의 역사는
「행정판례연구」의 부록을 통해 생생히 느낄 수 있다. 그런데 역사적 고
찰이란 결코 빛바랜 지난 시절의 자료를 정리하여 그것을 단순히 되새
겨보는 것을 의미하지는 않는다. 그 참뜻은 현재적 관점에서 나름의 의
미를 반영하는 데 있다. 이런 현재적 관점에서 지난 33년간 한국행정판
례연구회가 수행해 온 판례연구의 역사를 조망하고, 겸해서 지금까지도
유의미성을 지닌 주요 판결을 대상으로 한 개별 판례연구를 나름대로
분석하고자 한다.[3]

II. 한국행정판례연구회의 설립 및 판례연구의 약사

1. 한국행정판례연구회의 설립의 역사 및 그 의의

한국행정판례연구회는 지난 1984년 10월 29일에 설립되었다. 그로
부터 33년 동안 우리 행정법과 공법의 발전을 견인해 왔다. 牧村 金道
昶 선생님을 비롯한 선학의 자취를 되새기고자 지난 역사를 간략히 살
펴보고자 한다.

(1) 한국행정판례연구회의 설립의 역사

일찍이 崔光律 고문님이 연구회의 약사를 다음과 같이 기술하였다:
「우리 韓國行政判例硏究會가 처음 설립된 것은 1984년 10월 29일의 일
이었다. 그날 오후 서울 종로구 사직동에 있는 한국사회과학도서관 강
당에서 21인의 학자와 실무가가 모여 창립모임을 가진 것이 연구회의
시작이었다. 연구회는 일찍이 韓國行政科學硏究所를 설립, 운영하면서

---

3) 혹시 필자의 부족한 식견과 일천한 경험으로 인해 역사적 고찰이라는 본연의 과제
   에 미흡할 수 있는데, 이 점은 널리 해량을 빕니다.

평소 韓國行政의 연구에 남다른 집념을 갖고 방대한 判例集의 刊行 등 많은 업적을 쌓아 오신 牧村 金道昶 박사께서 대한변호사협회가 시상하는 제15회(1983년도) 韓國法律文化賞을 受賞하고 받은 賞金의 일부를 연구회의 基金으로 喜捨하면서, 뜻을 같이 하는 몇 분과 함께 행정판례의 연구를 통하여 學界와 實務界의 交流와 協力을 도모하는 硏究團體의 設立을 發起한 것이 그 설립의 契機가 되었다.」4)

* 창립발기인

姜哲求, 金南辰, 金道昶, 金東熙, 金英勳, 金伊烈, 金鐵容, 朴秀赫, 朴鈗炘, 徐元宇, 石琮顯, 梁承斗, 芮鍾德, 吳峻根, 俞熙一, 李相敦, 李淳容, 李鴻薰, 崔光律, 崔松和, 韓昌奎(가나다 순)

21인의 학자와 실무가가 모여 시작한 한국행정판례연구회는 지속적으로 학계와 실무계로부터 새로운 신입회원이 입회하여, 1992.11.20. 100명을 돌파하였으며, 2017년 한 해만 32명의 신입회원이 새로이 한국행정판례연구회의 가족이 되는 등 현재 2017년 12월 기준으로 전체 회원이 369명에 달한다.5) 그리고 한국행정판례연구회는 제8대 崔松和 회장님 재임시 2007.8.17. 법원행정처로부터 사단법인 설립허가를 받아 2007.9.14.에 법인설립등기를 마치고 사단법인으로 재탄생하였다.

(2) 한국행정판례연구회의 설립의 역사적 의의

일찍부터 체계적인 판례연구가 강구되었는데, 金道昶 선생님의 주도로 1970년대에 「주석 한국판례집 공법Ⅰ」(서울대학교 법학연구소, 1970), 「한국행정판례의 조사연구」(한국행정과학연구소, 1975), 「행정판례

---

4) 崔光律, 연구회약사,「행정판례연구」Ⅰ(1992), 7면.
5) 과거에는 일정 회수 불참한 회원의 경우 휴면회원으로 분류하기도 하였지만 회원의 수가 많아지면서 휴면회원제도는 없어졌다.

집」(상)(중)(하)(한국행정과학연구소, 1976)이 출간되었다. 특히 「행정판례
집」(상)(중)(하)(편집대표 김도창 박사)는 30년간의 행정관계판례를 총결
산한 것이다.6) 이런 물적 토대가 행정법 및 행정판례의 후속연구의 바
탕이 되었다. 한국행정판례연구회의 설립은 기왕의 판례연구를 바탕으
로 변화된 환경에서 실천학문으로서의 행정법의 발전을 강구하기 위한
출발점이기도 하다.

　일찍이 1984.12.15.에 행정소송법이 전부개정이 되고, 행정심판법
이 제정됨으로써, 행정법 및 행정판례가 전개되는 기초적 법적 토대가
근본적으로 바뀌게 되었다. 그 이후 행정판례가 다양하게 쏟아져 나온
점에서 1984년 행정소송법의 전부개정 및 행정심판법의 제정은 公法學
史的으로 에포크적 의미를 갖는다.7) 한국행정판례연구회의 설립의 의
의 역시 이런 기본적 틀의 변화에 부응하기 위함이라 할 수 있다. 그리
하여 당시기준으로 발본적으로 틀을 바꾼 새로운 행정소송법 및 행정심
판법의 체제가 제도적으로 안착하는 데 결정적인 이바지를 하였다. 그
리고 행정소송의 활성화가 행정의 민주화에 비례한다는 점에서, 한국행
정판례연구회의 설립은 판례연구의 차원을 넘어 국가의 민주화의 차원
에서 신기원이라 할 수 있다.

　종래 판례에 대한 접근이 쉽지 않은 시절에 시작된 판례연구 모임
대부분이 덜 개방적이게 운용되어 온 것과 비교해서, 한국행정판례연구
회는 출범부터 다양한 인적 구성으로 출발하였다. 이 점과 관련해서 제
2집의 간행사에서 金道昶 명예회장님이 다음과 같이 기술하였다:「나는

───────────

6) 특히 주목할 점은 그 이전의 행정판례정리가 선고연월일별 또는 관계법조문별로
　행해졌는 데 대해「행정판례집」은 행정관계판례를 행정법의 강학상의 체계에 따라
　분류하고 편집하였다. 이런 체제방식은 한국행정판례연구회의 학회지인「행정판례
　연구」에도 그대로 이어지고 있다.
7) 상세는 崔松和, 현행 행정소송법의 입법경위,「공법연구」제31집 제3호(2003.3.), 1면
　이하.

생각한다. 그래서 나는 존재한다(Je pense, done je suis!)라고 누군가 말했다. 그런데 혼자 생각하는 것도 값진 일이지만, 여럿이 같이 생각하는 것도 그 이상 고귀할 수 없다. 이제 동학들이 모여서 더불어 생각하면서 1992년과 1993년을 보냈다. 한해 열 분씩 발표하였으니 두해 동안에 꼭 20회의 발표기회를 가졌다. 송년회까지 합쳐서 회수로는 꼭 80회를 모인 것이다. 그 모임들의 하나 하나가 어김없이 學界의 思考와 實務界의 智慧와의 생산적인 和音의 연속이었기에 우리 모두는 더할 나위 없이 흐뭇함을 느끼는 것이다.」8)

이처럼 처음부터 연구회의 구성과 운영에서 개방성을 추구한 것에는, 국민 일반을 대상으로 한 행정법의 특성에 기인하기도 하지만, 일찍부터 무지개처럼 다양한 생각들이 연구회를 통해 분출되고 그에 관한 건설적인 토론을 통해 다듬어져서 공공법제 및 행정판례의 획기적인 발전을 추동할 것이라는 기대감이 배어 있다고 여겨진다.9) 한국행정판례연구회가 지금과 같이 판례를 대상으로 하여 학계와 실무계가 광범하게 교류하는 대표적인 그리고 매우 모범적인 판례연구모임이 되는 데는 어려운 시대적 상황에서도 당시는 물론, 미래를 위한 다리를 놓아야 한다는 선학(先學)의 혜안이 있었기에 가능하였다.

* 역대 회장

金道昶(초대-제4대), 崔光律(제5대-제6대), 金鐵容(제7대), 崔松和(제8대-제9대), 李鴻薰(제10대), 鄭夏重(제11대), 金東建(현 제12대).

---

8) 金道昶, 머리말,「행정판례연구」II(1996).
9) 이 점에서 한국행정판례연구회의 많은 회원 분들이 우리 공공법제와 공법판례에 대해 직접적으로 영향을 미치는 중책을 맡은 것은 매우 자연스런 현상이다.

2. 행정판례발표의 역사

(1) 발표의 역사 및 현황

한국행정판례연구회는 일찍이 1984.12.11.에 개최된 제1회 연구회에서 金南辰 고문님이 '聽聞을 결한 行政處分의 違法性'을 주제로, 李鴻薰 고문님이 '都市計劃과 行政拒否處分'을 주제로 발표한 것을 시발로 하여 창립한 이후 매월 회원들이 모여 연 10여 차례의 내외의 연구발표회를 갖고 있다. 2017.12.14. 현재 총 334차례 발표회를 가졌다. 제1회 발표회부터 제334회 발표회(2017.12.14.)까지 ─외국 교수가 발표한 것을 포함하여─ 발표한 논문은 총 577편에 이른다.

* 지금까지의 발표현황

연도(회차)	편수	연도(회차)	편수
1984년(제1회)	2편	1985년(제2회─제9회)	16편
1986년(제10회─제17회)	9편	1987년(제18회─제23회)	9편
1988년(제24회─제31회)	10편	1989년(제32회─제41회)	12편
1990년(제42회─제51회)	10편	1991년(제52회─제60회)	11편
1992년(제61회─제70회)	10편	1993년(제71회─제78회)	9편
1994년(제79회─제88회)	10편	1995년(제89회─제97회)	10편
1996년(제98회─제106회)	10편	1997년(제107회─제116회)	10편
1998년(제117회─제126회)	10편	1999년(제127회─제136회)	13편
2000년(제137회─제146회)	19편	2001년(제147회─제156회)	20편
2002년(제157회─제168회)	23편	2003년(제169회─제179회)	21편
2004년(제180회─제191회)	23편	2005년(제192회─제202회)	23편
2006년(제203회─제213회)	25편	2007년(제214회─제224회)	21편
2008년(제225회─제235회)	21편	2009년(제236회─제246회)	21편
2010년(제247회─제257회)	21편	2011년(제258회─제268회)	25편
2012년(제269회─제279회)	25편	2013년(제280회─제290회)	25편
2014년(제291회─제301회)	26편	2015년(제302회─제312회)	25편
2016년(제313회─제323회)	27편	2017년(제324회─제334회)	26편

　　초창기에는 매월 1편이 발표되어 발표 건수 총 10편 내외이었다. 그리고 12월은 연구회가 휴회하였다. 월 1편의 발표방식은 제133회 발표회(1999.8.20. 발표자: 朴正勳)까지였고, 제134회 발표(1999.9.17.)부터 2편의 발표방식으로 바뀌어 －특별한 학술대회를 제외하고는－ 지금까지 그 기본 틀로서 유지되고 있다. 발표주제는 기본적으로 국내의 행정판례인데, 초창기에는 종종 외국의 판례 및 제도가 소개되기도 하였다.10) 9대 崔松和 회장님이 제안하여 2008년부터는 판례연구의 지평을 확대하기 위하여 미국, 독일, 프랑스 그리고 일본의 최신 행정판례의 동향을 확인하는 프로그램도 함께 12월에 진행하고 있다. 특기할 점은 초창기에는 여러 번 외국인, 특히 대표적인 일본 교수가 연구회에서 발표하였다. 다만 외국 교수가 단독으로 발표하는 모임은 발표회의 공식적인 차수에 넣지 않고 별도로(外1, 2, 3) 처리하였다.

---

10) 가령 제4회(1986.4.25.): 趙慶根(美聯邦情報公開法에 대한 약간의 고찰), 제14회(1986.5.30.): 張台柱(西獨에 있어서 隣人保護에 관한 判例의 최근동향), 제21회(1986.9.25.): 崔光律(日本公法學會 總會參觀 등에 관한 보고), 제25회(1988.3.25.): 徐元宇(최근 日本公法學界의 동향), 제35회(1989.4.28.): 金鐵容(독일 行政法學界의 최근동향), 제36회(1989.5.26.): 金善旭(公務員의 스트라이크와 유사한 방법의 團體行動의 違法性), 제40회(1989.10.27.): 韓堅愚(프랑스行政判例上 行政規則(訓令)의 성질), 제43회(1990.2.23.): 李光潤(營造物行爲의 법적 성격에 관한 Interfrost 회사 대 F.I.O.M 사건), 제48회(1990.8.31.): 成樂寅(프랑스憲法委員會 1971年 7月 16日 結社의 自由에 관한 決定), 제54회(1991.4.26.): 吳峻根(遺傳子工學的 施設 設置許可와 法律留保), 제57회(1991.8.30.): 金性洙(主觀的公權과 基本權), 제61회(1992.1.31.): 卞海喆(公物에 대한 强制執行), 제63회(1992.3.27.): 金善旭(公勤務에 관한 女性支援指針과 憲法上의 平等原則), 제65회(1992.5.29.): 崔正一(規範具體化行政規則의 법적성질 및 효력), 제66회(1992.6.26.): 李琦雨(獨逸 Münster 高等行政裁判所 1964.1.8. 판결), 제70회(1992.11.20.): 洪準亨(結果除去請求權과 行政介入請求權), 제71회(1993.1.15.): 金海龍(環境技術관계 行政決定에 대한 司法的 統制의 범위), 제73회(1993.3.19.): 高永訓(行政規則에 의한 行政府의 立法行爲), 제82회(1994.4.15.): 金善旭(舊東獨判事의 獨逸判事任用에 관한 決定과 그 不服에 대한 管轄權), 제86회(1994.9.30.): 卞在玉(日本 家永敎科書檢定 第一次訴訟 上告審 判決의 評釋), 제90회(1995.2.17.): 朴秀赫(獨逸統一條約과 補償法上의 原狀回復 排除規定의 合憲 여부), 제95회(1995.9.15.): 金敞祚(日本 長良川 安八水害 賠償判決).

* 비회원, 특히 외국인의 발표현황

1986.9.30.(藤田宙靖), 1987.3.21.(鹽野宏/園部逸夫), 1988.4.29.(成田賴明), 1989.12.27.(小早川光朗) 1991.3.29.(南博方/藤田宙靖) 1993.4.16.(J. Anouil). 2016.6.11.(角松生史).

한국행정판례연구회는 월례발표회와 아울러 여러 차례 큰 규모의 학술대회를 개최하였다. 일찍이 2003년 4월에 한국법제연구원과 공동으로 '한·일 행정소송법의 개정과 향후 방향'을 주제로 국제학술회를 개최하였다.11) 그리고 金道昶 명예회장님의 1주기 추도행사 및 학술대회를 '공법학의 형성자와 개척자'를 주제로 2006.7.18.에 개최하였다.12) 또한 연구회의 차원에서 기왕의 판례연구를 성찰하는 두 번의 큰 행사를 가졌다. 첫 번째로 월례발표회 200회를 기념하여 2005.11.12.에 제주에서 한국법제연구원과 함께 '행정판례의 발전과 전망'을 주제로 행사를 가졌고,13) 두 번째로는 연구회 창립 30주년을 맞이하여 2014.10.17.에 서울행정법원에서 '행정판례 30년의 회고와 전망'을 주제로 행사를 가졌다.14) 그리고 판례연구의 성과를 월례발표회의 차원을 넘어 공유하기 위해 2006.12.8.에 법제처와 공동으로 '法令補充的 性格의 行政規則의 整備方案'을 대주제로 삼아 관학협동 Workshop을 가졌고,15) 2010.6.4.

---

11) 발제: 鹽野宏(日本のおける行政訴訟法の改正と今後の方向), 崔松和(韓國의 行政訴訟法 改正과 向後方向).

12) 발제: 朴正勳(獨逸 公法學과 오토 마이어(Otto Mayer), 金鍾鐵(英國 公法學과 알버트 다이시(Albert Dicey)), 李光潤(프랑스 公法學과 모리스 오류(Maurice Hauriou)), 成樂寅(韓國 公法學과 牧村 金道昶). 이들 글은 제11집 특별호(2007.12.30.)에 수록되어 있다.

13) 발제: 鄭夏重(韓國 行政判例의 成果와 課題), 朴正勳(行政判例 半世紀 回顧 — 行政訴訟國家賠償·損失補償을 중심으로), 尹炯漢(行政裁判制度의 發展과 行政判例 — 特殊 行政裁判制度를 中心으로), 朴海植(行政裁判制度의 發展과 行政判例).

14) 발제: 朴均省(行政判例 30年의 回顧와 展望 - 行政法總論 I), 洪準亨(行政判例 30年의 回顧와 展望 - 行政救濟法: 韓國行政判例의 正體性을 찾아서), 金重權(行政判例의 回顧와 展望 - 行政節次, 情報公開, 行政調査, 行政의 實效性確保의 分野).

법제처와 공동으로 '認·許可 擬制 制度의 效果와 立法의 方向'을 대주
제로 공동세미나를 가졌고,16) 2016.6.11.에 제주대학교 법과정책연구원
과 공동학술세미나를 가졌다.17)

(2) 발표장소, 발표자의 선정 및 진행의 과정 등의 변화

33년간 연구발표가 진행되면서 장소, 발표자의 선정 및 진행의 과
정 등에서 많은 변화가 생겼다.

먼저 발표장소와 관련해서 처음에는 서울 중구 을지로 6가의 국립
중앙의료원에 위치한 '스칸디나비아 클럽'이었는데, 제5대 崔光律 회장
님 재임시 제115회 발표회(1997.10.17.)부터 태평로에 위치한 프레스센터
의 '프레스 클럽'에서 진행되었고, 제7대 金鐵容 회장님 시절에 태평로
시대를 접고 그 중심을 서초동으로 옮겨 제167회 발표회(2002.11.15.)부
터 처음에는 서울법원종합청사빌딩 세미나실 남관 208호를 이용하다가
서울행정법원의 배려로 서울행정법원 3층 회의실에서 오랫동안 진행하
였다. 서울행정법원이 양재동 신청사로 이전한(2012.6.21.) 뒤에는 제10
대 李鴻薰 회장님 재임시 제276회 발표회(2012.9.21.)부터 현재까지 양재
동 서울행정법원 9층 회의실에서 진행되고 있다.

발표자의 선정과 관련해서는 처음에는 발표자가 자신이 관심을
갖는 판례를 선정하여 신청하여 연구회가 그 의사를 수용하여 연간

---

15) 발제: 朴仁(行政規則의 違法事例 및 對策), 林永浩(判例를 中心으로 본 法令補充的 行
政規則의 法的 性質),金重權(民主的 法治國家에서 議會와 行政의 共管的 法定立에 따
른 法制處의 役割에 관한 小考), 鄭南哲(法令補充的 性格의 行政規則의 整備方向과
委任事項의 限界).

16) 발제: 鄭準鉉(認許可 擬制의 法的 效果에 관한 立法現況), 崔正一(判例解釋例 및 行
政審判裁決例에 비추어 본 韓國에서의 認許可擬制制度와 獨逸에서의 行政計劃決定
의 集中效制度에 관한 小稿), 宣正源(원스탑 서비스제와 認許可擬制의 立法的 改革
과 發展方向).

17) 발제: 金重權(公法契約의 解止의 處分性 與否에 관한 小考), 崔瑨修(관리처분계획안
에대한총회결의효력정지가처분), 강주영(시설개수명령처분취소), 角松生史(日本行
政事件訴訟法2004年改正とその影響).

발표계획을 수립하여 그것이 2월 정기총회에서 보고되고 그에 따라 1년 한 해 연구회가 진행되었다. 그런데 행정판례가 해마다 급격히 많아지면서 그리고 판례가 종래와 다른 매우 다양한 시각에서 접근하는 경향이 강해지면서 판례연구 역시 좀더 체계적으로 수행될 필요가 있는 것으로 인식되었다. 그리하여 제9대 崔松和 회장님 재임시 처음으로 2006.19.27. 판례선정위원회를 구성하여 발표대상 판례를 여러 번의 회의를 통해 체계적으로 선정하는 시스템을 구축하여 지금까지 시행되고 있다. 즉, 지난 1년간의 행정판례 전체를 대상으로 하여 1월 중에 선정위원회의 회의를 거쳐 주요 평석대상 판결을 선정하여 2월 중에 전체 회원을 상대로 발표신청을 받아서 발표자를 선정하고 이를 2월 정기총회에서 모든 회원에게 보고하고 발표신청을 받는 식으로 운용되고 있다.

발표진행과 관련해서는 처음부터 지금까지 기본 골격인 1인의 사회와 2인의 발표는 변함 없이 유지되어 오고 있는데, 다만 발표에 대한 토론에서 제175회 발표회(2003.8.22.)부터 지정토론자제도를 도입하기도 하였지만, 자칫 토론이 공허해지거나 필요이상의 과도할 수 있다는 점에서 지금은 토론자를 사전에 지명하지 않고 참여자 모두가 편하게 토론에 참여할 수 있도록 발표회가 진행되고 있다. 연구회창립이래로 12월은 월례발표회를 하지 않고 송년 모임을 가져 왔는데, 2002년부터는 12월에도 월례발표회와 함께 송년 모임을 갖는 것으로 바뀌었다. 혹서기와 휴가철을 고려함이 없이 매달 휴회 없이 발표회를 진행하는 것이 무리라고 여겨져서 2005년부터는 7월은 휴회하고 연 11회의 모임을 갖기로 뜻을 모아 지금까지 그렇게 진행되고 있다. 특히 12월의 월례발표회는 연구회 및 회원들의 1년간의 발전과 건안을 축하하는 모임으로 진행되었는데, 그리하여 2007년부터 12월 발표는 우리 연구회를 이끌어 오신 원로 선생님으로부터 고견을 듣는 형식으로 진행되고 있다.

3. 학회지 「행정판례연구」 발간의 역사

학회지인 「행정판례연구」는 1992년에 牧村 金道昶 선생님의 古稀 기념호이기도 한 제1집이 발간된 이래로 가장 최근인 2017.6.에 제22집 제1호가 출간되었다. 제1집부터 제22집 제1호까지 수록된 논문은 총 405편에 이른다.[18] 제1집의 간행사에서 徐元宇 고문님이 다음과 같이 기술하였다:「올해로 行政判例研究會가 발족한지 7년째로 접어든다. 行政法에 관한 判例나 事例의 研究와 討論을 통하여 法曹界 및 行政界의 交流를 꾀하고 行政法學과 法律實務의 발전에 이바지함을 목적으로 하는 本研究會는 그동안 매월 마지막 金曜日에 정기적으로 모여 진지한 研究發表와 열의있는 討論을 거듭하여 왔다. 이제 그 첫 結晶으로 이「行政判例研究」의 제1輯을 출간함에 이르렀다.」[19]

「행정판례연구」는 초창기에는 매년 정례적으로 발간되지 않았다. 제1집부터 제3집까지는 그동안에 발표한 것이 법률신문 등 여러 곳에 게재된 것을 집성하는 차원에서 발간되었다. 가령 1992년에 발간된 제1집은 행정판례연구회가 1984년에 발족한 후 7년간의 발표업적을 정리

---

18) 제1집: 25편, 제2집(1996.4.20.): 25편, 제3집(1996.4.20.): 18편, 제4집(1999.8.30.): 23편, 제5집(2000.10.20.): 21편, 제6집(2001.11.10) 17편, 제7집(2002.12.31) 16편, 제8집(2003.12,31.): 17편, 제9집(2004.6.10.): 10편, 제10집(2005.6.10.): 13편, 제11집(2006.6.10.): 12편, 제11집 특별호(2007.12.30.): 공법학의 형성과 개척자, 제12집(2007.6.30.): 13편, 제13집(2008.6.30.): 14편), 제14집(2009.6.30.): 13편, 제14집 제2호(2009.12.31.): 11편, 제15집 제1호(2010.6.30.): 12편, 제15집 제2호(2010.12.31.: 14편, 제16집 제1호(2011.6.30.): 9편, 제16집 제2호(2011.12.31.): 10편, 제17집 제1호(2012.6.30.): 10편, 제17집 제2호(2012.12.31.): 14편, 제18집 제1호(2013.6.30.): 10편, 제18집 제2호(2013.12.31.): 12편, 제19집 제1호(2014.6.30.): 9편, 제19집 제2호(2014.12.31.): 12편, 제20집 제1호(2015.6.30.): 9편, 제20집 제2호(2015.12.31.): 10편, 제21집 제1호(2016.6.30.): 9편, 제21집 제2호(2016.12.31.): 10편, 제22집 제1호(2017.6.30.): 7편.

19) 徐元宇, 간행사,「행정판례연구」 I (1992), 5면.

한 것이고, 1996년에 발간된 제2집과 제3집은 1992년부터 1995년까지의 발표업적을 정리하였고, 1999년에 발간된 제4집은 1996년부터 1998년까지의 발표업적을 정리하였고, 2000년에 발간된 제5집부터 매년 1권이 발간되어 정례화가 만들어졌다. 그리고 출판사는 제1집(1992.1.1.)부터 제6집(2001.11.10)까지 서울대학교 출판부에서 발간되었고, 제7집(2002.12.31)부터 지금까지 박영사에서 간행되고 있다. 「행정판례연구」의 이런 정례적 발간은 한국행정판례연구회에 의한 판례연구가 이제 본격적인 정상 궤도에 진입하였음을 여실히 증명한다. 제5집의 발간의 의의와 관련해서, 당시 崔光律 회장님은 간행사에서 "이로써 매년 '연구집회 10회, 발표논문 20편, 논집간행 1권'이라는 우리 회의 사업목표를 드디어 달성하기에 이른 것이다."고 평하였다.

이런 노력의 결과로 「행정판례연구」가 한국학술진흥재단(현: 한국연구재단)이 수행하는 학술지평가에서 등재후보지(2004.12.31.)를 거쳐 등재지로(2009.12.25.) 인정을 받아 지금까지 이어지고 있다. 그런데 학술지평가와 관련해서 연 1회 출간이 학회지평가에서 불리하다는 점이 제기되어 2009년 제14집부터 지금까지 1년에 2권이 발간되고 있다. 「행정판례연구」에 수록된 논문은 원칙적으로 월례발표회에서 발표된 것이 바탕이 되고, 그에 더해 발표되지 않은 논문도 심사를 통해 수록되고 있다. 「행정판례연구」에 수록된 논문은 원칙적으로 행정판례를 대상으로 하는데, 여기서 행정판례는 비단 국가배상사건을 포함한 행정사건만이 아니라, 헌법재판소의 결정도 포함하여 국가행정과 관련한 일체의 판례가 해당된다. 그리고 제14집(2009.6.30.)부터 미국, 독일, 프랑스 그리고 일본의 최신 행정판례의 동향이 수록됨으로써, 행정판례연구의 지평이 국제화되었다.

4. 「행정판례평선」의 발간

한국행정판례연구회는 2008.2.15. 2008년도 정기총회에서 '주제별 행정판례연구사업'을 추진하기로 의결하고, 동년 5.20. '주제별 행정판례연구팀'을 구성하여 학계와 실무계의 94인이 참여하여 -대법원판례와 헌법재판소판례를 망라한- 총 142건의 행정판례를 주제별로 정리하여 「행정판례평선」을 발간하였다. 행정판례의 흐름을 종합적으로 정리한 대역사의 의의와 관련해서 간행위원회 위원장을 맡은 제9대 崔松和 회장님이 다음과 같이 지적하였다:「이번에 이렇게 학계와 실무계가 하나 된 마음으로 행정판례에 대한 체계적인 연구를 집대성하여 그동안의 판례의 흐름을 조망하고 앞으로의 발전방향을 제시하게 된 것은 1970년대 이후 우리 행정법학계와 실무계의 염원을 실현하는 일이라고 할 수 있다. 그러므로 이번에 발간되는 「행정판례평선」은 우리나리 행정판례연구에 있어 또 하나의 의미 있는 성과물이라고 할 수 있으며 1970년대로부터 시작된 행정판례의 공동체적 연구의 맥을 잇는 귀중한 작업이라 하지 않을 수 없다. 나아가 21세기의 행정법학과 행정판례의 발전을 선도하는 계기가 될 것으로 기대된다.」[20]

「행정판례평선」은 행정법학은 물론, 행정판례의 현주소를 확인하고 새로운 발전의 단초를 제공하였다. 더불어 행정법학계와 실무계간의 상호이해와 협력을 공동된 지향점하에서 공고히 하였다. 특히 주요 행정판례를 객관적으로 정리함으로써, 행정사건 및 행정법제를 다루는 실무가로 하여금 행정판례의 확실한 방향성을 확인할 수 있게 하였으며, 아울러 법학전문대학원이나 법과대학 및 공직자교육기관 등의 법학교육현장에서도 매우 효과적으로 활용되고 있다. 그리하여 「행정판례평선」은 2012년 문화관광부 우수도서로 지정을 받았다. 그리고 제11대 鄭夏重

---

20) 崔松和, 간행사,「행정판례평선연구」(2011.6.).

회장 재임 2016년 9월에 그동안의 판례의 변천과 새로운 판례의 등장에 즈음하여 새롭게 가다듬어 개정판이 발간되었다.

Ⅲ. 「행정판례연구」상의 판례연구의 현황

「행정판례연구」에 수록된 논문을 아래와 같이 나름의 체계에 의거하여 구분하고 분류할 수 있다.21) 대상주제와 필자의 면모와 변화를 확인할 수 있다는 점에서 「행정판례연구」상의 수록 논문의 현황은 한국행정판례연구회의 역사에 다름 아니다. 기왕에 논의된 쟁점을 다루는 것을 지나 새롭게 쟁점거리가 다각도로 부각되며, 새로운 신입회원이 입회함에 따라 그들에 의해 부단히 새로운 문제의 제기가 행해지고 있다. 특히 2008년부터 시작된 외국 판례의 연구는 이제 확실한 위치를 잡고 있음을 확인할 수 있다. 양과 질에서 과거에 비할 수 없게 나오는 행정판례에 대응하여, 한국행정판례연구회 역시 나름의 시대적 과제를 수행하는 셈이다. 제1집부터 제22집 제1호까지 수록된 논문은 총 405편에 이르고 전체적으로 행정법총론 특히 행정행위(70편)와 행정쟁송(80편)과 관련한 편수가 많은데, 개별 행정법 분야 역시 전체적으로 다양하면서도 편수 역시 상당하다(85편). 대개 발표자들이 제명과 쟁점을 총론의 차원에서 특히 권리구제의 차원에서 접근하기에 편수만을 갖고서 경향성을 판단할 수는 없다.

 * 행정법통론(14편)
    行政法의 基本原理: 10편, 個人的 公權: 4편,

---

21) 「행정판례연구」의 부록의 그것에 따른다.

* **행정행위(70편)**

行政行爲의 槪念과 種類: 25편, 行政行爲의 附款: 10편, 行政行爲의 類型: 1편, 行政行爲의 效力: 3편, 行政行爲의 瑕疵: 24편, 行政行爲의 職權取消·撤回: 7편,

* **그 밖의 행정작용 분야(29편)**: 行政立法: 22편, 行政計劃: 7편,
* **行政節次 및 情報公開: 11편,**
* **行政의 實效性確保手段: 8편,**
* **행정쟁송법(80편)**

行政爭訟一般: 20편, 取消訴訟의 對象: 27편, 行政訴訟에 있어서의 訴의 利益: 10편, 行政訴訟의 審理: 3편, 行政訴訟과 假救濟: 3편, 行政訴訟의 類型: 16편, 行政訴訟判決의 主要動向: 1편,

* **損害塡補: 34편**
* **개별행정법(85편)**

行政組織法: 1편, 公務員法: 5편, 地方自治法: 20편, 秩序行政法: 3편, 公物·營造物法: 4편, 環境行政法: 7편, 助成行政法: 1편, 經濟行政法: 9편, 租稅行政法: 19편, 建築行政法: 10편, 土地行政法: 2편, 敎育行政法: 1편, 文化行政法: 1편, 勞動行政法: 1편.

* **憲法裁判: 9편,**
* **外國判例 및 外國法制 硏究: 50편,**
* **紀念論文: 6편, [特別寄稿] 行政法硏究資料: 1편**

Ⅳ. 한국행정판례연구회의 주요 판례연구의 분석: 2000년 이전의 것을 중심으로

행정판례는 한국행정판례연구회의 출범 이후에 일부에서 변화하였지만 일부에서는 여전히 기존의 입장을 견지하기도 한다. 이하에서는

한국행정판례연구회에서 전개된 개별 판례연구 가운데 1984년에 바뀐 행정소송체제가 출범한 초창기는 물론, 현재에도 여전히 치열하게 논의되고 있는 주제를 중심으로 되돌아보고자 한다. 다만 지면관계상 기본적으로 한국행정판례연구회의 전체 역사 가운데 절반에 해당하는 2000년「행정판례연구」제5집 전후로 한정해서 접근하고자 한다.[22]

1. 행정규칙의 법규성을 둘러싼 논의

(1) 법령보충적 규칙의 문제

'법령의 규정이 특정행정기관에게 그 법령내용의 구체적 사항을 정할 수 있는 권한을 부여하면서 그 권한행사의 절차나 방법을 특정하고 있지 아니한 관계로 수임행정기관이 행정규칙의 형식으로 그 법령의 내용이 될 사항을 구체적으로 정한 것'이 문제되었다. 일찍이 대법원 1988.3.22. 선고 86누484판결은 이런 행정규칙에 대해 당해 법령의 위임한계를 벗어나지 아니하는 한 그것들과 결합하여 대외적인 구속력이 있는 법규명령으로서의 효력을 갖는다고 판시하였다. 지금 法令補充的 規則이 판례상으로 공인되었음에도 불구하고, 그것의 법적 성격을 두고서 대부분의 문헌에서 '행정규칙형식의 법규명령'의 문제로 여전히 다투어지고 있다.[23] 위헌론까지 제기될 정도여서 입장차이가 엄청나다. 그런데 金道昶 명예회장님은 法令補充的 規則이 종래의 주류적 판례경향을 이탈한 것이라고 본다면 소정의 판례변경절차를 거쳐야 한다는 지적

---

22) 혹시 객관적으로 매우 의미있는 주제임에도 불구하고 필자의 부족한 식견에 다루지 못할 가능성이 있는데 이 점은 널리 해량을 빕니다.

23) 그런데 '법규명령형식의 행정규칙', '행정규칙형식의 법규명령'과 같은 용어의 사용이 과연 문제의 본질이나 법규명령과 행정규칙의 근본이해에 부합하는지 숙고할 필요가 있다. 자칫 법규적 효력의 인정이 행정규칙의 법규명령화를 의미한다고 오해할 수 있다. 사실 법규적 효력이 있는 행정규칙을 바로 법규명령이라 불러, 정연한 사고를 방해한다. 상론은 김중권, 행정법, 2016, 386면 참조.

을 하였다.24)

(2) 법규명령형식의 재량준칙의 법규성 여부

행정규칙의 법규성의 물음은 여전히 해소되지 않은 채 지금까지도 행정법 문헌에서 항상 논쟁이 되고 있다. 판례는 개별법률이 아닌 행정규칙의 차원에서 규정된 청문절차를 거치지 않은 행정행위에 대해 훈령 위반의 효과에 관한 논증을 하지 않은 채 위법이라 판단하였는데(대법원 1984.9.11. 선고 82누166판결), 이와 배치되게 대법원 1987.2.10. 선고 84누350판결은, 구 자동차운수사업법 제31조 등의 규정에 의한 면허취소규칙(부령)의 경우에는 동 규칙의 성질이 행정청 내부의 사무처리준칙을 규정한 것에 불과하여 동 규칙상의 청문을 하지 않았더라도 처분이 이에 위반되는 것이라고 하더라도 위법의 문제는 생기지 않는다고 판시하였다. 이런 모순적 상황에 즈음하여 金南辰 고문님이 대법원 1984.9.11. 선고 82누166판결의 문제점을 강하게 지적하면서, 아울러 대법원 1987.2.10. 선고 84누350판결에 대해서도 처분사유에 대한 증거가 확실한 경우에는 처분상대방에게 진술 또는 변명의 기회를 줄 필요가 없다고 판시한 것은 이론적, 실정법적 근거가 없다고 강하게 질타하였다.25) 일찍이 시행규칙형식의 재량준칙의 법규성을 부인한 대법원 1984.2.28. 선고 83누551판결의 판시는26) 기본적으로 지금까지도 유지되고 있다.

---

24) 동인, 訓令(行政規則)과 部令의 效力,「행정판례연구」제2집(1996), 82면.
25) 동인, 部令이 정한 廳聞을 缺한 處分의 效力,「행정판례연구」제1집(1992), 105면 이하.
26) 자동차운수사업법 제31조 등의 규정에 의한 사업면허의 취소 등의 처분에 관한 규칙(1982.7.31 교통부령 제724호)은 부령의 형식으로 되어 있으나 그 규정의 성질과 내용이 자동차운수사업면허의 취소처분 등에 관한 사무처리기준과 처분절차 등 행정청내의 사무처리준칙을 규정한 것에 불과한 것이므로 이는 교통부장관이 관계 행정기관 및 직원에 대하여 그 직무권한 행사의 지침을 정하여 주기 위하여 발한 행정조직 내부에 있어서의 행정명령의 성질을 가지는 것이라 할 것이다. 따라서 위 규칙은 행정조직 내부에서 관계 행정기관이나 직원을 구속함에 그치고 대외적으로 국민이나 법원을 구속하는 힘은 없는 것이라 할 것이므로 자동차운수사업면허취소 등의 처분이 위 규칙에 위배되는 것이라 하더라도 위법의 문제는

崔世英 변호사님은 동 판결과 관련해서 판례가 법규성의 부인에 그친 것을 비판하면서 모법의 위임 없이 당시 자동차운수사업법 제31조의 처분권한을 기속하는 규정으로 접근하여 무효로 판시했어야 한다고 주장하였다.[27] 당시에 부령의 제정이 모법에 근거가 없다는 점은 수긍할 수 있는데, 그 이후 모법에 시행규칙형식의 재량준칙을 제정할 수 있는 근거가 마련되었음에도 불구하고, 판례는 대통령령의 형식의 경우에는 법규성을 인정하면서도(대법원 1997.12.26. 선고 97누15418판결), 시행규칙과 같은 부령의 형식의 경우에는 여전히 다수 문헌의 입장과는 반대로 기왕의 입장을 고수하고 있다.

2. 입찰참가제한행위의 법적 성질

일찍이 대법원 1983.12.27. 선고 81누366판결은 구 예산회계법에 따라 체결되는 계약을 사법상의 계약으로 보고서, 동법상의 입찰보증금의 국고귀속조치를 사권주체로서 국가가 행한 사법적 행위로 판시하면서 조달청장이 공사계약불응을 이유로 동법에 의거하여 행한 입찰참가제한조치를 행정처분으로 접근하였다. 행정청이 행한 입찰참가제한행위를 행정처분으로 보는 것은 판례의 일관된 태도이다(대법원 1999.3.9. 선고 98두18565판결). 이에 대해 李尙圭 선생님은 입찰참가자격은 경쟁계약에서 입찰공고(청약의 유인)에 따라 청약을 할 수 있는 법적 지위를 뜻하므로, 동법상의 입찰참가제한행위란 국가에서 시행하는 모든 경쟁계약에서 입찰 즉, 청약을 할 수 있는 지위를 박탈하는 내용의 의사표시에 해당하고, 따라서 입찰참가제한행위은 국가가 사인과의 사이에 체결하

생기지 아니하고 또 위 규칙에서 정한 기준에 적합한 것이라 하여 바로 그 처분이 적법한 것이라고도 할 수 없을 것이다. 그 처분의 적법여부는 위 규칙에 적합한 것인가의 여부에 따라 판단할 것이 아니고 자동차운수사업법의 규정 및 그 취지에 적합한 것인가의 여부에 따라 판단할 것이다.

27) 동인, 行政規則의 法規性 認定與否,「행정판례연구」제1집(1992), 21면.

는 예산회계법상의 계약에 관한 현상으로서 사법적 성질의 행위로 보아야 한다고 지적하였다.[28] 이처럼 예산회계법 또는 지방재정법에 따라 지방자치단체가 당사자가 되어 체결하는 계약에 관한 분쟁은 행정소송의 대상이 될 수 없다고 보면(대법원 1996.12.20. 선고 96누14708판결), 국가계약법 등에 따른 행정청의 입찰참가제한조치를 행정처분으로 보는 판례의 입장은 이익이론이나 과거의 구 주체이론을 취하지 않고서는 정당화될 수가 없다. 현행 국가계약법상의 행정청에 의한 참가제한행위를 처분으로 보는 판례의 태도는 再考되어야 한다.[29] 나아가 판례가 종전의 입장을 바꾸어 법인체형 공기업·준정부기관-정부투자기간-이 행한 부정당업자의 제재를 행정처분으로 접근한 것(대법원 2014.11.27. 선고 2013두18964판결) 역시 再考되어야 한다.[30]

3. 건축허가의 재량행위성 문제

한 때 농촌지역에 이른바 '러브호텔'이 들어서는 것이 사회적 문제가 되었다. 이런 건축물의 건축허가와 관련해서 대법원은 상반된 판결을 하였다. 대법원 1995.12.12. 선고 95누9051판결은 관계 법규에서 정하는 제한사유 이외의 사유를 들어 거부할 수는 없다고 판시하였지만, 대법원 1999.8.19. 선고 98두1857전원합의체판결은 거부할 수 있다고 판시하였다.[31] 종래의 입장을 바꾸는 것이어서 드물게 다수의견과 반대

---

28) 동인, 入札參加資格 制限行爲의 法的 性質, 「행정판례연구」제1집(1992), 130면 이하.
29) 김중권, 행정법, 623면.
30) 대법원 2014.11.27. 선고 2013두18964판결은 동일한 피고인 한국전력공사를 상대로 한 대법원 1999.11. 26. 자 99부3결정을 번복한 것인데, 그렇다면 판례변경의 절차를 밟아야 하는데 그런 사정을 확인할 수 없다.
31) [다수의견] 구 건축법(1997.12.13. 법률 제5454호로 개정되기 전의 것) 제8조 제1항, 제3항, 구 국토이용관리법(1997.12.13. 법률 제5454호로 개정되기 전의 것) 제15조 제1항 제4호, 같은법시행령(1997.9.11. 대통령령 제15480호로 개정되기 전의 것) 제14조 제1항의 각 규정에 의하면, 준농림지역 안으로서 지방자치단체의 조례

의견이 첨예하게 나뉘었다(7인:5인). 대법원 98두1857전원합의체판결에 대해 金東熙 고문님은 다수의견이 법령의 자구에 얽매이지 않고 '합목적적 해석'이라는 다른 해석방법으로 농촌지역에 러브호텔이 난립함에 따른 부정적인 현상을 해결하려고 하였다고 평하면서 그런 해석방법에 대해선 의문이 제시될 수 있다고 지적하였다.[32] 사실 판례는 대법원 1992.12.11. 선고 92누3038판결 이래로 공익과 마찰을 일으킬 수 있는 건축행위에 대해 중대한 공익상의 필요에 따른 거부가능성을 인정하였는데, 이 관점은 −예외적 승인에 해당할 수 있는− 산림훼손허가나 산림(토지)형질변경허가의 경우에도 그대로 이어지고 있다.[33] 예외적 승인에 해당하지 않는 경우에까지 법령에서 요구하지 않는 법정외거부사유가 인정되는 것은 아무리 중대한 공익상의 필요를 내세운다 하더라도 자연적 자유의 회복이라는 허가제의 본연에는 어울리지 않는다.[34]

4. 기속행위에서의 부관허용성 문제

대법원 1995.6.13. 선고 94다56883판결이[35] 잘 보여주듯이, −종

가 정하는 지역에서 식품위생법 소정의 식품접객업, 공중위생법 소정의 숙박업 등을 영위하기 위한 시설 중 지방자치단체의 조례가 정하는 시설의 건축을 제한할 수 있는바, 이러한 관계 법령의 규정을 종합하여 보면, 지방자치단체의 조례의 의하여 준농림지역 내의 건축제한지역이라는 구체적인 취지의 지정·고시가 행하여지지 아니하였다 하더라도, 조례에서 정하는 기준에 맞는 지역에 해당하는 경우에는 숙박시설의 건축을 제한할 수 있다고 할 것이고, 그러한 기준에 해당함에도 불구하고 무조건 숙박시설 등의 건축허가를 하여야 하는 것은 아니라고 할 것이며, 조례에서 정한 요건에 저촉되지 아니하는 경우에 비로소 건축허가를 할 수 있는 것으로 보아야 할 것이다. 부연하면, 그러한 구체적인 지역의 지정·고시 여부는 숙박시설 등 건축허가 여부를 결정하는 요건이 된다고 볼 수 없다고 할 것이다.
32) 동인, 建築許可處分과 裁量,「행정판례연구」제5집(2000), 29면.
33) 나아가 사설납골시설의 설치신고의 경우(대법원 2008두22631판결)와 폐기물처리사업 적정통보의 경우(대법원 2013두10731판결)에도 그러하다.
34) 이런 재량행사의 상황을 기속재량행위로 설정하는 데서 문제점이 극명하다.
35) 일반적으로 기속행위나 기속적 재량행위에는 부관을 붙일 수 없고 가사 부관을 붙

래의 통설적 이해에 대한 비판이 지속적으로 제기되어 온 결과,36) 지금
은 정반대의 입장이 문헌상 다수의 입장이 되어 버렸음에도 불구하고,
판례는 기속행위에 대한 부관부가가 절대적으로 불가하다는 입장을 취
하고 있다. 이에 대해 金南辰 고문님은 판례의 그런 태도가 부당전제에
서 기인한다고 강하게 비판하면서, 대법원 94다56883판결의 사안의 부
관을 교섭에 의한 행정작용의 차원에서 교섭·합의에 의한 부관으로 접
근할 것을 주장하였다.37) 판례가 기속행위에서 법률요건충족적 부관의
부가가능성을 원천 봉쇄한 것은 문제이다. 사안에 따라서는 기속행위임
에도 불구하고 부관부가의 필요성이 시인될 수도 있는데, 행위시점에
완전한 요건충족을 요구하는 도식적 입장만을 고집한다면, (추후에 요건
을 충족한) 절차의 무익한 반복이 초래될 수밖에 없다. 이는 절차경제적
차원에서 수범자는 물론 행정으로서도 그다지 바람직스럽지 않다. 따라
서 대법원 1988.4.27. 선고 87누1106판결에서 처음 등장한, "기속행위
에 부가된 부관의 무효 원칙"을 수정하지 않고선, 한 걸음도 나아갈 수
없다. 본래 대법원 87누1106판결이 사안(이사회의 소집승인)을 부관과 친
하지 않는 강학상의 인가의 문제로 보아서 인가의 기속행위적 성질에
의거하여 접근하였는데, 후속판례가 이를 오해하여 기속행위와 관련된
부분에 초점을 맞추어 일반화함으로써 지금의 난맥상이 빚어졌다. 과거
일본의 통설이었지만, 지금은 강력한 비판을 받는 田中二郞 교수의 문
헌에서38) 유래한 듯한 판례의 태도가 하루바삐 바뀌어야 한다.39)

였다 하더라도 무효이다. 건축허가를 하면서 일정 토지를 기부채납하도록 하는
내용의 허가조건은 부관을 붙일 수 없는 기속행위 내지 기속적 재량행위인 건축
허가에 붙인 부담이거나 또는 법령상 아무런 근거가 없는 부관이어서 무효이다.

36) 관련 문헌을 거슬러 살펴 본 즉, 특히 金南辰,, 행정행위의 부관의 한계-부관의 가
능성을 중심으로-, 한태연 박사 회갑기념논문집, 1977.9., 472면 이하 참조.

37) 동인, 交涉合意에 의한 附款의 效力,「행정판례연구」제2집(1996), 107면 이하.

38) 동인, 행정법총론, 1957, 317-318頁.

39) 김중권, 행정법, 322면.

5. 사전결정의 후행처분에 대한 구속력 문제

부분적 행정행위이자 단계적 행정행위에 속하는 것이 사전결정(예비결정)과 부분허가이다.[40] 사전결정제도가 가분적(可分的)인 개개의 허가요건, 가령 전체구상이나 부지선정에 관한 것(예: 폐기물관리법상의 적정(적합)통보제)이다. 여기서 문제는 사전결정과 본처분이나 후행처분과의 관계인데, 전자의 구속력의 문제이기도 하다. 일찍이 대법원 1999.5.25. 선고 99두1052판결은 구 주택사업촉진법상의 주택건설사업계획의 사전결정과 후행처분인 주택건설사업계획승인과의 관계에 대해 전자의 구속력을 부인하는 판시를 하였다.[41] 이에 대해 李京運 고문님은 동법에서 주택건설사업계획승인은 사전결정을 따른다고 규정한 것에 배치되며, 논증과정에서 사전결정의 구속력 문제를 처음부터 신뢰보호의 관점에서 바라본 것은 바람직하지 않다고 지적하였다.[42] 선행 사전결정의 구속력의 문제는 우선 기본적으로 관련 실정법의 구조에 의하되 사전결정제도의 제도적 취지를 고려하여 접근해야 한다.[43] 가령 폐기물처리업허가에서의 적정통보제도는 사전결정이긴 해도 본허가와 요건이 다르므로 구속력은 인정될 수 없다. 그럼에도 판례는 동 적정통보제도와 관련해서 시종 바람직하지 않게 신뢰보호의 원칙의 관점에서 구

---

40) 다단계적 행정행위는 그것의 발급에 있어서 다수의 행정청이 함께 (동의를 포함한)협력하는 경우를 의미하고 이는 전체행위에 해당한다. 따라서 단계적 행정행위와 다단계적 행정행위와는 완전히 구별된다. 이런 사정은 김중권, 행정법, 216면.
41) 구 주택건설촉진법(1999.2.8. 법률 제5914호로 삭제) 제33조 제1항의 규정에 의한 주택건설사업계획의 승인은 상대방에게 권리나 이익을 부여하는 효과를 수반하는 이른바 수익적 행정처분으로서 행정처분의 요건에 관하여 일의적으로 규정되어 있지 아니한 이상, 행정청의 재량행위에 속하고, 그 전 단계인 같은 법 제32조의4 제1항의 규정에 의한 주택건설사업계획의 사전결정이 있다 하여 달리 볼 것은 아니다.
42) 동인, 住宅建設事業計劃 事前決定의 拘束力,「행정판례연구」제6집(2001), 95면.
43) 사전결정과 부분허가의 이중적 성격을 갖는 원자력법상의 부지사전승인제도와 관련해선 鄭夏重, 多段階行政節次에 있어서 事前決定과 部分許可의 意味,「행정판례연구」제6집(2000), 135면 이하 참조.

속력 문제를 접근하였다(대법원 2003.9.23. 선고 2001두10936판결 등).

6. 취소처분의 취소의 효과

행정행위의 취소나 철회가 독립된 행정행위인 이상, 이들에 대한 취소나 철회의 문제가 자연스럽게 제기된다. 그리하여 취소·철회의 취소나 철회하였을 때 원래의 행정행위가 그대로 소생하는지 아니면 새로이 행정행위가 내려져야 하는지 여부가 문제된다. 판례는 당초 행정행위 및 그것에 의거한 행정법관계가 도로 소생하는 것으로 보거나(대법원 1997.1.21. 선고 96누3401판결), 그렇지 않고 처음의 취소나 철회로 기왕의 행정행위가 소멸된 이상 새로이 행정행위가 발해져야 하는 것으로 보기도 한다(대법원 1995.3.10. 선고 94누7027판결;[44] 1996.9.24. 선고 96다204판결; 2002.5.28. 선고 2001두9653판결). 판례상의 차이점은 사안의 다름에 있다. 전자의 경우 원래의 행정행위가 수익적 행정행위(이사취임승인처분)인 반면. 후자의 경우엔 그것이 부담적 행정행위이다(과세처분, 병역처분). 柳至泰 교수님은 후자의 판례와 관련해서 그것은 초기의 독일 이론 및 판례에 기초한 것으로 보인다고 하면서 그 논거가 유지되기 어렵기에 취소행위의 일반적 법리로 회귀할 필요가 있다고 지적하였다.[45] 행정청은

---

44) 국세기본법 제26조 제1호는 부과의 취소를 국세납부의무 소멸사유의 하나로 들고 있으나, 그 부과의 취소에 하자가 있는 경우의 부과의 취소의 취소에 대하여는 법률이 명문으로 그 취소요건이나 그에 대한 불복절차에 대하여 따로 규정을 둔 바도 없으므로, 설사 부과의 취소에 위법사유가 있다고 하더라도 당연무효가 아닌 한 일단 유효하게 성립하여 부과처분을 확정적으로 상실시키는 것이므로, 과세관청은 부과의 취소를 다시 취소함으로써 원부과처분을 소생시킬 수는 없고 납세의무자에게 종전의 과세대상에 대한 납부의무를 지우려면 다시 법률에서 정한 부과절차에 좇아 동일한 내용의 새로운 처분을 하는 수밖에 없다.

45) 동인, 行政行爲 取消의 取消,「행정판례연구」제9집(2004), 83면. 참고문헌: 김동희, 행정청에 의한 행정행위의 취소의 취소, 판례회고 제8호(1980.12.), 7면 이하; 박해식, 계층적 행정처분의 취소처분에 대한 취소처분의 법리, 행정재판실무편람 (2001), 65면 이하.

폐지를 재차 폐지할 수 없다는 이른바 소극설은 불가쟁력적 행정행위는 폐지될 수 없다는 것에 연계되어 주장되었는데, 이는 오늘날에는 수긍될 수 없다. 관건은 선행폐지에 대한 후행취소의 효과의 문제이다. 기왕의 취소를 통해 행정행위의 존재가 없어졌기에, 추가로 새로이 행정행위가 있어야 한다고 보는 것은 지양해야 할 형식논리적 논증이다.46)

7. 도시계획결정의 처분성 문제

대법원 1982.3.9. 선고 80누105판결을47) 효시로 하여 판례는 구 도시계획법 제12조상의 도시계획결정의 처분성을 인정하였다. 이 기조는 현행의 도시관리계획에 대해서도 그대로 통용되어 국토계획법 역시 도시관리계획의 처분성을 전제로 하여 그에 대응한 법제를 마련해 놓았다. 현재 대부분의 행정법문헌은 도시계획결정의 처분성에 대해 —물론 구체적인 성질에서 보통의 대인적 처분과는 달리 물적 처분으로서의 특수성이 있다는 지적이 있긴 하나— 이의를 제기하기보다는 그것을 그대로 수긍하고 있다. 그런데 대법원 80누105판결에 대해 石琮顯 교수님은 법이론적으로 의문을 제기하면서, 도시계획결정의 인적 범위와 규율사안의 성격에 비추어 —원심인 서울고등법원 1980.1.29. 선고 79구416판결과 마찬가지로— 입법행위로서의 성질을 갖는다고 주장하였다.48) 불필요하고 과도한 수고를 덜기 위해서라도 입법정책의 차원에서 석종현 교수님이 제안한 것처럼 계획확정의 형식을 법률이나 조례 또는 법규명령으로 규정하거나 처분형식의 계획확정절차를 두는 것이 필요하다.

---

46) 김중권, 행정법, 774면.
47) 도시계획법 제12조 소정의 고시된 도시계획결정은 특정 개인의 권리 내지 법률상의 이익을 개별적이고 구체적으로 규제하는 효과를 가져 오게 하는 행정청의 처분이라 할 것이고, 이는 행정소송의 대상이 된다.
48) 동인, 都市計劃決定의 法的 性質,「행정판례연구」제2집(1996), 167면.

8. 이유제시의무(원칙)

이유제시의 원칙이라는 용어는, 그것이 오늘날에 있어 요식행위의 일반적인 범주라는 점을 여실히 나타내고 있다. 역사적으로 보면, 이유제시의 강제는 司法上의 분쟁에 대하여 법원이 내린 판결에서 먼저 실시되었다. 그런데 행정의 차원에서도 1996년 12월에 행정절차법이 제정되어 이유제시의 의무를 규정하기(동법 제23조) 전에 대법원 1984.7.10. 선고 82누551판결,[49] 대법원 1987.5.26. 선고 86누788판결, 그리고 대법원 1990.9.11. 90누1786판결을 통해 그것이 요구되었다. 특히 대법원 90누1786판결은 드물게도 이유제시의 기능을 부기하였다. 종래 조세법 관계에서 명문으로 요구되는 이유제시의 원칙이 통상의 침익적 행정처분에도 그대로 통용된 셈이다. 이런 판례의 태도를, 崔松和 고문님은 판례가 비록 이론적 근거를 밝히지 않았지만, 조리법에 입각하여 일종의 법창조기능을 행사한 것으로 호평하였다.[50] 다만 위에서 지적한 대로 이유제시상의 하자와 관련하여 이들 판례가 대법원 82누420판결의 영향으로 치유의 허용성을 매우 엄격히 설정한 것은 아쉽다.[51]

9. 하자있는 행정행위의 치유의 허용성

하자있는 행정행위의 치유(治癒)는 하자(위법성)를 제거하여 적법한 행정행위로 만드는 것이다. 하자의 치유(및 전환)의 인정이유로 보통 상

---

49) 허가의 취소처분에는 그 근거가 되는 법령과 처분을 받은 자가 어떠한 위반사실에 대하여 당해처분이 있었는지를 알 수 있을 정도의 위 법령에 해당하는 사실의 적시를 요한다고 할 것이고 이러한 사실의 적시를 흠결한 하자는 그 처분후 적시되어도 이에 의하여 치유될 수는 없다.

50) 동인, 行政處分의 理由附記義務,「행정판례연구」제3집(1996), 72면.

51) 사실 이유제시요청과 관련해서 보면, 판례상 처분사유의 추가변경이 비록 기본적 사실관계를 전제로 하나 광범하게 인정되고 있는데, 그것이 과연 엄격한 치유허용성과 어울리는지 의문스럽다.

대방의 신뢰보호, 행정법관계의 안정성, 불필요한 반복의 배제를 든다. 판례는 대법원 1983.7.26. 선고 82누420판결52) 이래로 하자의 치유와 전환이란 원칙적으로 허용될 수 없는 것으로 보며, 설령 인정되더라도 극히 예외적으로만 허용된다고 한다. 李康國 고문님이 지적한53) 대로 동판결의 취지가 치유의 폭을 가급적이면 제한하려는 데 있다는 것을 확인할 수 있다. 과거 절차적 사고가 부족할 때 절차적 정의를 강조하여야 하지만, 행정절차법의 시행이후에는 행정의 능률성의 관점을 균형적으로 반영할 필요가 있다. 절차형식상의 하자를 이유로 한 취소판결의 기속력이 그 절차형식상의 하자에만 미친다는 점도 고려해야 한다. 그동안 행정법의 일반이론의 괄목할 발전과 전혀 동떨어져 1980년대 초반의 기조가 아직까지도 견지되는 것은 심각한 문제이다. 이제 새롭게 접근할 필요가 있다.

10. 예방적 금지소송의 허용성 여부

일련의 행정소송법개정논의에서 의무이행소송과 함께 예방적 금지소송을 항고소송의 일종으로 신설하려고 했다. 지난 법무부개정에서도 도입이 강구되었지만,54) 부처의견의 수렴과정에서 차후과제로 돌려졌다. 그런데 일찍이 대법원 1987. 3. 24. 선고 86누182 판결은 예방적 금지소송이 허용되지 않는다고 판시하였고,55) 이는 지금까지 이어지고 있

---

52) 하자있는 행정행위의 치유나 전환은 행정행위의 성질이나 법치주의의 관점에서 볼 때 원칙적으로 허용될 수 없는 것이지만, 행정행위의 무용한 반복을 피하고 당사자의 법적 안정성을 위해 이를 허용하는 때에도 국민의 권리와 이익을 침해하지 않는 범위에서 구체적 사정에 따라 합목적적으로 인정해야 할 것이다.

53) 동인, 行政行爲의 瑕疵의 治癒,「행정판례연구」제3집(1996), 118면.

54) 2012년 법무부개정시안: 제51조 (원고적격) 예방적 금지소송은 행정청이 장래에 위법한 처분을 할 것이 임박한 경우에 그 처분의 금지를 구할 법적 이익이 있는 자가 사후에 그 처분의 효력을 다투는 방법으로는 회복하기 어려운 중대한 손해가 발생할 것이 명백한 경우에 한하여 제기할 수 있다.

다(대법원 2006. 5. 25. 선고 2003두11988판결). 이에 대해 일찍이 金鐵容 고문님이 이에 대해 권력분립론과 행정청의 제1차적 판단유보원칙을 이유로 불허한 것은 시대에 뒤떨어져 있을 뿐만 아니라, 고정관념에 사로잡힌 안이한 판결이라는 비난을 면할 수 없을 것이라고 강하게 질타하였다.56) 비록 독일처럼 소송종류의 개괄주의가 행정소송법에 규정되어 있지 않더라도 국민의 권리구제방도가 과거의 입법자의 결정에 좌우되는 것은 바람직하지 않다. 국민의 권리보호를 위해 법원이 단순히 입법의 使者에 머물 수는 없다. 오히려 관건은 현행 집행정지제도의 체계에서 예방적 금지소송의 허용성을 어떻게 설정할 것인지의 물음이다. 한편 예방적 금지소송을 법정화하는 것과 관련해서 유의할 점은, 독일의 경우 집행정지의 원칙을 전제로 하여 여전히 그것이 비법정의 소송으로 최후 보충적 수단으로 강구되고 있다는 것이다.57)

11. 환경행정소송에서의 원고적격의 물음과 관련한 환경영향평가제도의 의의

환경행정소송에서의 제3자의 원고적격의 물음에서 환경영향평가제도가 어떤 의의를 가지는지에 관해 판례는 적극적인 입장을 전개한다. 즉, 환경과 관련 조치(처분)에 대해 환경영향평가 대상지역안의 주민은 원고적격이 있는 것으로 추정되고, 그 지역 밖의 주민은 환경상 이익에 대한 침해 또는 침해우려가 있다는 것을 입증하여 원고적격을 인정받을 수 있다고 본다.58) 환경영향평가 대상지역안의 주민의 원고적격을 긍정한 것의 효시는 남대천양수발전소건설사건이다(대법원 1998.9.22. 선고 97

---

55) 건축건물의 준공처분을 하여서는 아니 된다는 내용의 부작위를 구하는 청구는 행정소송에서 허용되지 아니하는 것이므로 부적법하다.
56) 동인, 豫防的 不作爲訴訟의 許容性 與否,「행정판례연구」제2집(1996), 231면.
57) 김중권, 행정법, 627면.
58) 대법원 2006.3.16. 선고 2006두330전원합의체판결 등.

누19571판결). 여기서 법원은 전원(전원)개발사업실시계획승인처분과 관련하여 환경영향평가대상지역 안의 주민들이 갖고 있는 환경상의 이익이 주민 개개인에 대하여 개별적으로 보호되는 직접적·구체적인 이익에 해당함을 시인한 다음, 이들 주민의 원고적격을 긍정하였다. 즉, 원고적격 여부를 가늠하는 처분의 근거법령에 -개발사업의 직접적 근거법령은 물론- 환경영향평가법령도 처음으로 포함시켰다. 이런 기조는 용화온천판결에도 이어졌다(대법원 2001.7.27. 선고 99두2970판결). 대법원 99두2970판결의 의의에 대해 金東建 회장님은 원고적격에 관한 판례의 중대한 진전이라 평가하면서도, 당시의 상황하에서 무비판적으로 각 개별법령의 환경배려조항을 근거로 지역주민의 제3자 원고적격을 인정하여서는 아니 될 것이라고 지적하였다.[59] 그런데 대법원이 '공장설립으로 수질오염 등이 발생할 우려가 있는 물금취수장에서 취수된 물을 공급받는 부산광역시 또는 양산시에 거주하는 주민들'에 대해 법령에 의해 개별적·구체적·직접적으로 보호되는 환경상 이익, 즉 법률상 보호되는 이익이 침해되거나 침해될 우려가 있음을 이유로, 원고적격을 인정함으로써(대법원 2010.4.15. 선고 2007두16127판결), 현재 환경행정소송에서의 원고적격의 물음과 관련해서 이런 조심의 단계를 넘어선 셈이다.

12. 조리상의 계획변경신청권의 인정 여부

처분적 계획에서 계획변경(폐지)을 요구하였는데, 그것에 불응한 경우에 그 거부를 다툴 수 있는지 여부가 문제된다. 일찍이 대법원 1984.10.23. 선고 84누227판결은[60] 거부처분의 인정에서 법규상 조리

---

59) 동인, 環境行政訴訟과 地域住民의 原告適格, 「행정판례연구」 제5집(2000), 216면.
60) 국민의 신청에 대한 행정청의 거부처분이 항고소송의 대상이 되는 행정처분이 되기 위하여는, 국민이 행정청에 대하여 그 신청에 따른 행정행위를 해줄 것을 요구할 수 있는 법규상 또는 조리상의 권리가 있어야 하는 바, 도시계획법상 주민이 도시계획 및 그 변경에 대하여 어떤 신청을 할 수 있음에 관한 규정이 없을 뿐만

상 신청권이 있어야 한다는 점을 전제로 하여 일반적인 계획변경신청권
을 부정하였다. 그에 따라 계획변경신청의 거부는 거부처분이 되지 않
아서 권리구제를 도모할 수 없었다. 동 판결이전에 판례는 거부처분의
인정에서 특별한 공식을 전제로 하지 않았다.[61] 동 판결을 통해 신청권
의 존재가 거부처분의 인정공식의 성립요소가 되었다. 나아가 도시계획
의 장기성과 종합성에 의거하여 확정된 계획의 변경을 낳을 수 있는 사
정변경의 인정가능성을 부정하였다. 이에 대해 李鴻薰 고문님이 행정계
획이 장기성과 종합성을 요구한다고 하여 계획확정 이후 특별한 사정변
경이 있을 경우까지도 조리상 계획변경청구권을 부정할 이유는 없지 않
다고 반론을 제기하였다.[62] 그리고 金海龍 교수님 역시 대법원
1994.1.28. 선고 93누22029판결을 대상으로 행정계획의 일반적 성질인
장기성, 종합성을 거론하며 계획변경청구의 권리를 부정하는 것은 행정
계획법리의 그간의 발전을 간과하고 있다고 강하게 비판하였다.[63] 한편
대법원 2003.9.23. 선고 2001두10936판결은 폐기물처리사업계획의 적정
통보를 착안점으로 삼아 국토이용계획변경신청권을 예외적으로 인정함
으로써, 그 불응에 대해 거부처분취소송의 제기가능성을 인정하였다.[64]

아니라, 도시계획과 같이 장기성·종합성이 요구되는 행정계획에 있어서는 그 계
획이 일단 확정된 후에 어떤 사정의 변동이 있다고 하여 지역주민에게 일일이 그
계획의 변경을 청구할 권리를 인정해 줄 수도 없는 이치이므로 도시계획시설변경
신청을 불허한 행위는 항고소송의 대상이 되는 행정처분이라고 볼 수 없다.

61) 가령 대법원 1982.2.23. 선고 81누7판결: 행정행위는 현재의 법률상태에 변동을 가
하고 상대방 기타 이해관계인의 권리의무에 적극적으로 변동을 초래케하는 행위
뿐만 아니라 현재의 법률상태에 아무런 변동을 가하지 아니하는 거부처분도 이에
포함된다고 할 것인바 공유수면 점용기간연장에 대한 거부처분은 그 신청인에 대
한 현재의 권리상태에는 무슨변동을 초래하는 것은 아니라 할지라도 그 거부행위
자체가 하나의 소극적 행정처분으로 그 처분이 위법하다면 행정소송의 대상이 될
것이다.

62) 동인, 都市計劃과 行政拒否處分,「행정판례연구」제1집(1992), 124면.

63) 동인, 都市計劃變更請求權의 成立要件,「행정판례연구」제4집(1999), 105면 이하.

64) 상론은 김중권, 國土利用計劃變更申請權의 例外的 認定의 問題點에 관한 小考,「행정
판례연구」제10집(2005), 21면 이하.

조리상의 계획변경신청권이 인정되는데 근 20년이 걸렸다. 한편 洪準亨
교수님은 독일 행정법상 계획보장청구권의 일환으로 계획변경청구권을
인정할 것인가의 문제는 우리 판례상 거부처분의 인정을 위한 전제조건
으로서 계획변경신청권을 인정할 것인가의 문제와는 다름을 정당하게
지적하였다.65)

13. 失效한 行政處分에 대한 취소소송의 소의 이익 문제

비록 명문의 규정은 없지만, 취소소송에 대해서도 협의의 소의 이
익(권리보호의 필요성)이 통용된다. 소의 이익이 없는 소송은 부적법하여
각하된다. 행정처분이 시간의 경과 등에 의해 실효된 이후에 행정행위
가 실효되거나 취소로 효력이 소멸한 이상, 소송을 통해 그것을 다툴
아무런 실익이 없다. 권리보호의 필요성(협의의 소의 이익)은 당연히 부
인된다. 하지만 특별한 경우에는 이례적으로 시인될 수 있다. "처분등의
집행 그 밖의 사유로 인하여 소멸된 뒤에도 그 처분등의 취소로 인하여
회복되는 법률상 이익이 있는 자의 경우에는 또한 같다."는 행정소송법
제12조 제2문은 이런 예외적 취지를 제도적으로 반영한 것이다. 그런데
판례는 일찍이 행정처분의 근거규정의 법적 성질에 터 잡아 그로 인해
가중된 제재처분의 가능성에 따른 불이익을 법적 불이익이 아니라 사실
상의 불이익으로 판단하였다. 즉, 대법원 1995.10.17. 선고 94누14148전
원합의체판결의 다수의견은, -제재처분기준의 비법규성의 논리적 귀
결의 차원에서- 행정명령에 불과한 각종 규칙상의 행정처분 기준에 관
한 규정에서 위반 횟수에 따라 가중처분하게 되어 있다 하여 법률상의
이익이 있는 것으로 볼 수는 없다고 판시하였다.66) 소의 이익을 부인하

65) 동인, 計劃變更請求權과 計劃變更申請權,「행정판례연구」제17집 제1호(2012.6.), 81면.
66) 반면 소수의견은 제재처분기준의 비법규성의 입장을 견지하면서도, "제재기간이
정하여져 있는 제재적 행정처분에 있어서는 그 처분의 전력을 내용으로 한 가중
요건이 규칙으로 규정되어 있는 경우에도 제재기간이 지난 후에 그 처분의 취소
를 구할 실질적 이익이 있다."고 실질적 접근을 강구하였다. 다수의견에 대해 박

는 판례의 다수의견에 대해 徐元宇 고문님은 비판적 입장을 견지하면
서, 제재적인 가중요건을 규정하는 법형식의 문제가 아니라 그것에 의
해 생기는 구체적이며 현실적인 불이익이 직접적·실질적인 것인가 간접
적·사실적인 것인가가 관건이고 이는 곧 행정소송법 제12조 제2문상의
법률상 이익에 해당할 것인지 여부의 물음이라고   지적하였다.[67] 그리
고 金完燮 변호사님은 제재처분기준의 법규성에 바탕을 두고서 대법원
1988.5.24. 선고 87누944판결을 비판하였다.[68]

한편 대법원 1995.10.17. 선고 94누14148전원합의체판결은 대법원
2006.6.22. 선고 2003두1684전원합의체판결에 의해 변경되었다.[69] 과거
대법원 94누14148전원합의체판결이 근거규정의 성질(비법규성)에 연계
하여 후자의 물음(법률상의 이익의 부정)에 접근한 데 대해서, 대법원
2003두1684전원합의체판결의 다수의견은 비록 '제재처분의 기준'에 대
해서는 종전과 동일한 입장을 취하면서도, -대법원 2005.2.17. 선고
2003두14765판결이 처음으로 제시한 대로- 근거규정의 법적 성질과
유리시켜 법률상 (불)이익의 존부를 논증하여 처분성을 인정하였다.[70]

14. 집행정지결정에 있어서 본안승소가능성 여부의 문제

집행정지의 요건과 관련한 논증에서 문제되는 것이 본안에서의 승

정훈 교수님은 그로부터 행정판례가 협의의 소익에 관해 가장 소극적인 태도를
면치 못하게 한 결정적인 원인으로 평하였다. 동인, 행정판례의 반세기의 회고,
「행정판례연구」제9집(2006), 72면.

[67] 동인, 制裁的 行政處分의 制裁期間 經過 後의 訴의 利益,「행정판례연구」제4집(1999),
209면 이하.

[68] 동인, 運轉免許停止期間 徒過後의 取消訴訟과 訴의 利益,「행정판례연구」제1집(1992),
179면 이하.

[69] 이를 대상으로 제211회(2006.10.20) 월례발표회에서 김해룡 교수님과 석호철 변호
사님이 발표하였다.

[70] 상론은 김중권, 실효한 행정처분에 대한 권리구제에 관한 소고, 법률신문 제3507
호(2006.11.20.).

소가능성여부이다. 판례는 본안소송에서 처분의 취소가능성이 없음에도 처분의 효력이나 집행의 정지를 인정한다는 것은 제도의 취지에 반한다는 점을 들어, 신청인의 본안청구가 이유 없음이 명백하지 않아야 집행정지가 허용된다는 것을 시종 고수한다(대법원 2008.5.6. 자 2007무147결정). 하지만 판례는 종종 행정처분자체의 위법 여부는 궁극적으로 본안재판에서 심리를 거쳐 판단할 성질의 것이므로 원칙적으로는 판단할 것이 아니고 행정소송법 제23조 제2항에 정해진 요건의 존부만이 판단의 대상이 된다고 판시한다(대법원 2008.8.26. 자 2008무51결정; 1994.10.11. 자 94두35결정 등). 일찍이 대법원 1986.8.11. 자 86두9결정이 후자의 입장을 판시한 데 대해서 崔光律 고문님이 행정처분 자체의 적법여부 내지 본안청구의 이유유무가 집행정지와 전혀 관계가 없는 것으로 새길 염려가 있음을 들어 판례태도를 비판하였다.71) 구법시대 이래의 태도를 답습한다는 강력한 비판에도 불구하고 이처럼 심각한 논란이 아쉽게도 아직까지도 가시지 않고 있다.

　　그런데 집행정지의 요건에 본안승소가능성 즉, 본안이유유무를 포함시킬 경우 그것과 기존의 요건(적극적, 소극적 요건)과의 관계가 문제된다. 기본적으로 이단계적 논증구조를 취하여72) 먼저 본안이유의 유무를 판단한 다음, 적극적 요건에 해당하는 －회복하기 어려운 손해를 예방하기 위하여 긴급한 필요에 해당하는－ 정지(연기)이익과 소극적 요건에 해당하는 －공공복리에 중대한 영향을 미칠 우려에 해당하는－ 즉시집행이익간에 형량을 하여야 한다. 한편 행정소송법개정에서 일본과 마찬가지로 본안승소가능성의 물음을 소극적 요건으로 함께 성문화하고자 하는데, 이렇게 함께 규정하면 이익형량에 본안에서의 승소가능성여부가 함께 어울려져 자칫 집행정지제도의 활성화를 저해할 우려가 있다.73)

---

71) 동인, 執行停止의 要件과 本案理由와의 關係,「행정판례연구」제1집(1992), 195면 이하.
72) 이는 독일의 통설과 판례가 집행정지결정과 관련하여 취하는 논증구조이다.

15. 국가배상법 제5조의
    영조물의 설치·관리의 하자의 성격

국가배상법 제5조의 영조물의 설치·관리상의 하자에 대해서, 판례
는 물론 대부분의 문헌은 별다른 이론(異論)없이 '영조물이 그 용도에
따라 통상 갖추어야 할 안전성의 결여'로 이해하지만, 그것의 성격을 두
고선 논의가 여전히 치열하다. 즉, 하자유무를 판단함에 있어서 주관적
관점을 가미하여 접근할 것인지 아니면 오로지 객관적(상태책임적) 관점
에서 접근할 것인지 여부를 축으로 하여 다양한 논의(주관설, 객관설, 절
충설, 관리의무위반설, 위법·무과실책임설)가 전개된다. 집중호우로 국도변
산비탈이 무너져 내려 차량의 통행을 방해함으로써 일어난 교통사고에
대하여 국가의 도로에 대한 설치 또는 관리상의 하자책임을 인정하면서
대법원 1993.6.8. 선고 93다11678판결은 그 이유로 비가 많이 올 때 등
에 대비하여 깎아내린 산비탈부분이 무너지지 않도록 배수로를 제대로
설치하고 격자블록 등의 견고한 보호시설을 갖추어야 됨에도 불구하고,
이를 게을리한 잘못이 있다고 지적하였다. 이와 관련해서 金南辰 고문
님은 판례가 종래의 객관설에 변화를 주어 절충설의 입장에 선 것으로
평가를 하였지만,74) 鄭夏重 고문님은 판례의 변화가 아니라 교통안전의
법적 의무위반에 대한 위법·무과실책임이라는 종래의 입장을 다시 확인
한 것에 지나지 않는다고 평가를 하였다.75) 판례는 제5조상의 책임을
무과실책임이라고 명시적으로 판시하였지만(대법원 1994.11.22. 선고 94다
32924판결), 대법원 1992.9.14. 선고 92다3243판결이래로, 안전확보의무

---

73) 촛불집회의 금지처분에 대한 집행정지결정을 기화로 집행정지제도 전반에 대해
    새로운 인식이 필요하다. 상론은 김중권, 집회금지처분에 대한 잠정적 권리구제에
    관한 소고, 법조 제제725호(2017.10.28.), 541면 이하 참조.
74) 동인, 영조물의 설치·관리하자의 판단기준, 법률신문 2394호.
75) 동인, 國家賠償法 第5條의 營造物의 設置, 管理에 있어서 瑕疵의 意味와 賠償責任의
    性格,「행정판례연구」제3집(1996), 219면.

(방호조치의무)를 다하였는지 여부를 기준으로 삼아 영조물의 설치·관리
상의 하자를 인정하고 있다. 판례가 행위책임적 기조에서 일종의 의무
위반설에 의거하고 있음은 분명하지만, 문헌상의 평가는 분분하다. 더
욱이 매향리사격장판결(대법원 2004.3.12. 선고 2002다14242판결)을 계기로
수인한도의 관점이 가미되어 더욱 혼란스럽게 되었다. 이제 열린 마음
으로 국가배상법 제5조가 국가배상책임의 체계에서 과연 필요한지 곱
씹어 볼 때가 되었다.76)

16. 군인과 공동불법행위를 한 민간인의
　　국가에 대한 구상 문제

　민간인이 직무집행중인 군인 등과 공동불법행위로 직무집행중인
다른 군인 등에게 공상을 입힌 다음 피해자에게 자신의 귀책부분을 넘
어 손해 전체를 배상한 경우에 공동불법행위자인 군인 등의 부담부분에
대해 국가를 상대로 구상할 수 있는지가 문제된다. 종래 대법원
1994.5.27. 선고 94다6741판결은 국가배상법 제2조 제1항 단서를 근거
로 부정하였지만, 헌재 93헌바21은 공동불법행위자인 군인의 부담부분
에 관하여 국가에 대하여 구상권을 행사하는 것을 허용하지 아니한다고
해석하는 한, 헌법에 위반된다고 판시하였다. 그런데 대법원 2001.2.25.
선고 96다42420전원합의체판결(다수의견)은 공동불법행위자 등이 부진
정연대채무자로서 각자 피해자의 손해 전부를 배상할 의무를 부담하는
공동불법행위의 일반적인 경우와 달리 예외적으로 민간인은 피해 군인
에 대하여 손해상의 자신의 부담부분에 한하여 손해배상의무를 부담하
고, 만약 손해 전부를 배상하였더라도 국가에 대해 국가의 귀책부분(국
민의 부담부분)의 구상을 청구할 수 없다는 식으로 판시하였다. 종래의

76) 김중권, 행정법, 774면.

대법원 94다6741판결의 기조를 유지하면서도 민간인의 책임한도를 설정하는 식으로 수정한 셈이다. 여기서는 헌법재판소의 한정위헌결정의 기속력차원의 문제가 제기된다. 이와 관련해서 朴鈗炘 고문님은 현행 국가배상법 제2조 제1항 단서의 존재로 인해 민간인인 공동불법행위자가 국가귀책부분에 대해 청구와 구상을 하는 것은 허용될 수 없음을 지적하고, 관련 논의의 출발점으로 국가배상법 제2조 제1항 단서의 의의를 강조하였다.[77]

Ⅴ. 맺으면서-판례연구를 통한 法의 持續的인 更新

한국행정판례연구회 33년을 결산하면, 전체회원은 2017년 12월 기준으로 369명이며, 제1차 발표회(1984.12.11.)부터 제334차 발표회(2017.12.14.)까지 발표된 논문은 총 577편이고, 「행정판례연구」의 제1집부터 제22집 제1호까지 수록된 논문은 총 405편이다. 이런 외형적인 수치보다 더 중요한 것은 학계와 실무계가 매 발표회에서 상호존중적인 기초에서 매우 치열하게 토론을 전개하는 연구회의 분위기이다. 지금 눈앞에 있는 것만이 전부라 여기는 것이 자연스러우나, 무릇 판례와 법제도는 나름의 역사성을 지니기에, 그 역사성을 간과하면 치명적인 오해를 자아낸다. 월례발표회는 통해 오랜 시절 행정판례 및 법제도의 흐름을 목도한 원로 선생님들이 젊은 세대에게 과거의 경험과 판례의 변천을 전해주는 세대간의 소통의 공간이다. 배움이란 세대간의 지혜를 계속적으로 이어가는 것인 점에서, 이런 소통공간으로서의 기능이 지금의 한국행정판례연구회를 만들었다. 33년 전에 한국행정판례연구회와 같은 조직이 만들어지지 않았다면, 행정판례 및 공공법제의 지금과 같

---

77) 동인, 國家賠償法 제2조 제1항 단서에 대한 憲法裁判所의 限定違憲決定 및 그 羈束力을 부인한 大法院 判例에 대한 評釋,「행정판례연구」제7집(2002), 144면.

은 ─보기에 따라서는 미흡하게 여길지 모르지만─ 괄목한 발전은 없었을 것이다. 무릇 오늘이 어제의 내일이듯이, 한국행정판례연구회의 판례연구는 공법과 행정판례의 지속적인 갱신을 가능케 하였다.[78] 한마디로 그것은 행정판례의 어제와 오늘 그리고 내일이라 할 수 있다.

　　시대적으로 매우 암울한 시절에 좀 더 나은 공동체를 형성하는 데 결정적인 기능을 하는 행정판례연구의 튼튼한 다리를 만들어주신 존경하는 선생님들께 머리 숙여 깊이 감사를 드립니다.

---

78) 치열한 판례연구를 통한 공법의 지속적인 갱신이 공법학의 과제이다. 法의 持續的인 更新에 관해서는 김중권, 행정소송과 행정법, 자스티스 제146권 제2호(2015.2.), 118면 이하.

참고문헌

국내문헌

단행본

김남진, 『행정법의 기본문제』, 법문사(1994).

김남진·김연태, 『행정법 I』, 법문사(2017).

김동희, 『행정법 I』, 박영사(2017).

김유환, 『현대행정법강의』, 법문사(2017).

김중권, 『행정법』, 법문사(2016).

_____, 『행정법기본연구 I』, 법문사(2008), Ⅱ(2009), Ⅲ(2010), Ⅳ(2013).

김철용, 『행정법』, 고시계사(2016).

_____, 『행정절차와 행정소송』, 피엔씨미디어(2017).

박균성, 『행정법론(상)』, 박영사(2017).

박정훈, 『행정소송의 구조와 기능』, 박영사(2006).

석종현·송동수, 『일반행정법(상)』, 삼영사(2011).

유지태·박종수, 『행정법신론』, 박영사(2017).

정남철, 『행정구제의 기본원리』, 법문사(2015).

정하중, 『행정법개론』, 법문사(2017).

최송화, 공익론, 서울대학교 출판부(2002).

최송화, 법치행정과 공익, 박영사(2002).

한견우, 『현대행정법신론』, 세창출판사(2014).

홍정선, 『행정법원론(상)(하)』, 박영사(2016)

홍준형, 『행정법』, 법문사(2011).

행정판례연구회 편, 『행정판례연구』 제1집(1992.1.1.), 제2집(1996.4.20.),
    제3집(1996.4.20.), 제4집(1999.8.30.), 제5집(2000.10.20.), 제6집
    (2001.11.10), 제7집(2002.12.31), 제8집(2003.12,31.), 제9집
    (2004.6.10.), 제10집(2005.6.10.), 제11집(2006.6.10.), 제12집

(2007.6.30.), 제13집(2008.6.30.), 제14집(2009.6.30.), 제14집 제2호 (2009.12.31.), 제15집 제1호(2010.6.30.), 제15집 제2호(2010.12.31), 제16집 제1호(2011.6.30.), 제16집 제2호(2011.12.31.), 제17집 제1호 (2012.6.30.), 제17집 제2호(2012.12.31.), 제18집 제1호(2013.6.30.), 제18집 제2호(2013.12.31.), 제19집 제1호(2014.6.30.), 제19집 제2호 (2014.12.31.), 제20집 제1호(2015.6.30.), 제20집 제2호(2015.12.31.), 제21집 제1호(2016.6.30.), 제21집 제2호(2016.12.31.), 제22집 제1호 (2017.6.30.). 『행정판례평선 개정판』, 박영사(2016).

金南辰, 部令이 정한 廳聞을 缺한 處分의 效力,「행정판례연구」제1집 (1992), 87면 이하.

_____, 交渉合意에 의한 附款의 效力, 「행정판례연구」제2집(1996), 107 면 이하.

_____, 영조물의 설치·관리하자의 판단기준, 법률신문 2394호.

金道昶, 訓令(行政規則)과 部令의 效力,「행정판례연구」제2집(1996), 77면 이하.

金東建, 環境行政訴訟과 地域住民의 原告適格,「행정판례연구」제5집(2000), 183면 이하.

金東熙, 행정청에 의한 행정행위의 취소의 취소, 판례회고 제8호 (1980.12.), 7면 이하.

_____, 建築許可處分과 裁量, 「행정판례연구」제5집(2000), 17면 이하.

金完燮, 運轉免許停止期間 徒過後의 取消訴訟과 訴의 利益, 「행정판례연구」 제1집(1992), 179면 이하.

金重權, 國土利用計劃變更申請權의 例外的 認定의 問題點에 관한 小考, 「행정판례연구」제10집(2005), 21면 이하.

_____, 실효한 행정처분에 대한 권리구제에 관한 소고, 법률신문 제3507 호(2006.11.20.).

_____, 집회금지처분에 대한 잠정적 권리구제에 관한 소고, 법조 제제 725호(2017.10.28.), 541면 이하.

金鐵容, 豫防的 不作爲訴訟의 許容性 與否, 「행정판례연구」 제2집(1996),

225면 이하.

金海龍, 都市計劃變更請求權의 成立要件, 「행정판례연구」 제4집(1999), 105면 이하.

朴鈗炘, 國家賠償法 제2조 제1항 단서에 대한 憲法裁判所의 限定違憲決定 및 그 羈束力을 부인한 大法院 判例에 대한 評釋, 「행정판례연구」 제7집(2002), 119면 이하.

朴正勳, 행정판례의 반세기의 회고, 「행정판례연구」 제9집(2006), 50면 이하.

朴海植, 계층적 행정처분의 취소처분에 대한 취소처분의 법리, 행정재판실무편람(2001), 65면 이하.

徐元宇, 制裁的 行政處分의 制裁期間 經過 後의 訴의 利益, 「행정판례연구」 제4집(1999), 209면 이하.

石琮顯, 都市計劃決定의 法的 性質, 「행정판례연구」 제2집(1996), 159면 이하.

柳至泰, 行政行爲 取消의 取消, 「행정판례연구」 제9집(2004), 65면 이하.

李康國, 行政行爲의 瑕疵의 治癒, 「행정판례연구」 제3집(1996), 91면 이하.

李京運, 住宅建設事業計劃 事前決定의 拘束力, 「행정판례연구」 제6집(2001), 75면 이하.

李尙圭, 行政規則의 法規性 認定與否, 「행정판례연구」 제1집(1992), 127면 이하.

李鴻薰, 都市計劃과 行政拒否處分, 「행정판례연구」 제1집(1992), 115면 이하.

鄭夏重, 國家賠償法 第5條의 營造物의 設置, 管理에 있어서 瑕疵의 意味와 賠償責任의 性格, 「행정판례연구」제3집(1996), 205면 이하.

_____, 多段階行政節次에 있어서 事前決定과 部分許可의 意味, 「행정판례연구」제6집(2000), 135면 이하.

崔光律, 執行停止의 要件과 本案理由와의 關係, 「행정판례연구」 제1집(1992), 195면 이하.

崔松和, 김도창-생애와 학문세계-, 「한국의 공법학자들」, 한국공법학회, 2003.

_____, 현행 행정소송법의 입법경위, 「공법연구」 제31집 제3호(2003.3.),

1면 이하.

_____, 行政處分의 理由附記義務, 「행정판례연구」 제3집(1996), 67면 이하.

洪準亨, 計劃變更請求權과 計劃變更申請權, 「행정판례연구」 제17집 제1호 (2012.6.), 53면 이하.

국외문헌

Ehlers/Pünder, Allg. VerwR, 15.Aufl., 2015.

Maurer, Allg. VerwR, 19.Aufl., 2017.

Paul Kirchhof, Der Auftrag des Bundesverwaltungsgerichts zur kontinuierlichen Erneuerung des Rechts, in: Festgabe 50 BVerwG, 2003, S.255ff.

국문초록

한국행정판례연구회는 1984년 10월 27일에 설립한 이후 매월 회원들이 모여 주요 행정판례를 대상으로 하여 연구발표회를 갖고 있다. 판례는 사법기관의 재판작용의 축적된 결과물인 동시에, 법학이 실무를 만나는 곳이다. 법학과 같은 실천적 학문은 그 이론이 타락하거나 시대와 불화(不和)하지 않기 위해서는 실무와 계속적인 관계를 가져야 하고, 부단히 상호 건설적인 비판을 통해 교호작용을 해야 한다. 한국행정판례연구회 33년의 현황은 전체회원은 2017년 12월 기준으로 369명이며, 제1차 발표회(1984.12.11.)부터 제334차 발표회(2017.12.14.)까지 발표된 논문은 총577편이고, 「행정판례연구」의 제1집부터 제22집 제1호까지 수록된 논문은 총405편이다. 역사적 고찰이란 결코 빛바랜 지난 시절의 자료를 정리하여 그것을 단순히 되새겨보는 것을 의미하지는 않는다. 그 참뜻은 현재적 관점에서 나름의 의미를 반영하는 데 있다. 오늘이 어제의 내일이듯이, 한국행정판례연구회의 판례연구는 법과 행정판례의 지속적인 갱신을 가능케 하였다. 이런 현재적 관점에서 지난 33년간 한국행정판례연구회가 수행해 온 판례연구의 역사를 조망한다.

주제어: 한국행정판례연구회, 행정판례, 이론과 실무의 교호작용, 판례연구, 법의 지속적인 갱신

Zusammenfassung

Die historische Betrachtung über die Rechtsprechungsuntersuchungen im Kpacsa

Kim, Jung−Kwon*

Kpacsa(Korean Public Administration Case Study Association), die sich vor allem mit verwaltungsrechtlichen Rechtsprechungen beschäftigt, wurde am 29.10.1984 begründet. Nach ihrer Begründung finden in der monatlichen Veranstaltung Vorträge und Diskussionen über die wesentlichen verwaltungsrechtlichen Rechtsprechungen statt. Die Rechtsprechung ist grundsätzlich sowohl das Ergebnis der gerichtlichen Handlungen durch die Judikative als auch wechselseitige Wirkung zwischen Lehre und Praxis. Kpacsa spielt eine sehr wesentliche Rolle in der verwaltungsrechtlichen Rechtsprechungsentwicklungen. Kpacsa besteht aus 369 Mitgliedern (Stand. Dez.2017). Zudem wurde von der ersten Veranstaltung am 11.12.1984 bis zum 14.12.2017 insgesamt 577 Aufsätze vorgestellt und darum 405 Aufsätze in „Studie zur verwaltungsrechtlichen Rechtsprechungen" publiziert, das bislang 22. Auflage entstand ist. Die historische Betrachtung der Rechtsprechungsentwicklungen ist insbesondere insoweit wertvoll, als aus heutiger Sicht die Bedeutung der Rechtsprechungen tief und neu analysiert werden kann. Durch die kritischen Untersuchungen der verwaltungsrechtlichen Rechtsprechungen dient Kpacsa der kontinuierlichen Erneuerung des Rechts.

---

* Chung−Ang University Law School

Keywords: verwaltungsrechtliche Rechtsprechungen, wechselseitige Wirkung zwischen Lehre und Praxis, Rrechtsprechungsforschung, kontinuierliche Erneuerung des Rechts

투고일 2017. 12. 11.
심사일 2017. 12. 25.
게재확정일 2017. 12. 28.

이행강제금에 관한 농지법 규정의 위헌 여부*

琴泰煥**

헌법재판소 2016. 12. 29.선고 2015헌바449 결정을 중심으로

一. 결정의 개요   Ⅱ. 농지의 소유와 이용 강제
二. 평석   Ⅲ. 헌법재판소 결정에 대한 평가
  Ⅰ. 서   Ⅳ. 결론

一. 결정의 개요[1]

1. 사실관계

청구인은 그 소유의 서울 서초구에 있는 농지를 화훼업을 하는 사람에게 임대하였다. 서초구청장은 2012. 7. 16. 청구인이 농지를 농업경영에 이용하지 않아 처분의무가 발생하였음을 청구인에게 알린 다음, 2013. 11. 1. 농지를 6개월 안에 처분할 것을 명령하였다. 그러나 청구인이 지정 기간이 지나도록 농지를 처분하지 않자, 서초구청장은 2014.

* 이 연구는 2016학년도 영남대학교 학술연구조성비에 의한 것임.
** 영남대학교 법학전문대학원 교수.
 1) 헌법재판소 2016. 12. 29.선고 2015헌바449 결정.

7. 29. 농지법 제62조 제1항 및 농지법 시행령 제75조 제3항을 근거로
농지 처분명령 불이행에 따른 이행강제금을 부과하였다.

2. 결정 요지

(1) 포괄위임금지원칙 위배 여부

농지법 제62조 제1항은 「대통령령으로 정하는 정당한 사유없이 처
분명령을 이행하지 아니한 자」에게 이행강제금을 부과하고 있는 데, 농
지법 조항의 이행강제금 부과 요건을 구체적으로 어떻게 규정하여 농지
소유자의 농지 처분명령 이행을 확보할 것인지는 가변적 상황에 대응하
여 '정당한 사유'의 세부 사항을 유연하게 규율할 수 있는 행정 입법에
그 내용을 위임할 필요성이 인정된다.

이행강제금은 농지 처분명령 위반을 이유로 이루어지는 간접 강제
수단의 성격을 가진다는 점, 하위 법규에 위임할 그 밖의 내용이 무엇인
지 어림잡을 수 있는 기준도 제시하고 있고, 제도의 취지 및 관련 조항
을 유기적·체계적으로 해석할 경우 대통령령에 위임될 대강의 내용도 예
측할 수 있으므로, 농지법조항은 포괄위임금지 원칙에 위배되지 않는다.

(2) 재산권 침해 여부

농지 소유 자격이 없는 사람에 대하여 농지를 처분할 의무를 부과
하며 그 의무를 이행하지 않는 경우 이행강제금을 부과하는 것은 농지
법 입법목적을 효과적으로 달성하기 위한 적절한 수단이다. 농지법상의
농지 처분의무를 면제하는 규정, 농지 처분명령을 통지받은 농지 소유
자의 매수청구권, 정당한 사유가 있는 경우에는 이행강제금을 부과하지
않도록 하는 규정, 이행강제금 부과에 통산횟수의 제한이 없다고 하여
도 그것이 이행강제금 부과의 본래 취지를 달성하기 위한 것인 점을 고
려하면 최소성 원칙에 반하지 아니한다.

농지를 자유롭게 이용할 수 있는 개인의 권리가 제한되지만, 농지의 효율적 이용과 관리를 통하여 국민의 안정적 식량생산 기반을 유지하고 헌법상 경자유전 원칙을 실현한다는 공적 이익이 훨씬 크므로, 농지법 조항은 법익의 균형성도 충족하고 있다.

따라서 이행강제금 조항은 청구인의 재산권을 침해하지 않는다.

(3) 재판을 받을 권리 침해 여부

이행강제금 부과의 전제가 되는 위반행위 태양은 농지 처분명령 불이행으로 정형화되어 있어 애초에 법관이 재판에서 재량권을 행사할 여지가 거의 없고, 그 위반에 정당한 사유가 있는 경우 이행강제금에 처하지 않는 결정을 할 수도 있기 때문에, 이행강제금 액수를 정함에 있어 법원에 구체적 재량권을 부여하지 않았다 하더라도 그것이 입법형성권 한계를 벗어나 청구인의 재판을 받을 권리를 침해하였다고 할 수 없다.

(4) 평등 원칙 위배 여부

농지법 조항이 이행강제금 부과 면제 사유를 불합리하게 규정하여 평등원칙에 위배된다 할 수도 없다.

二. 평석

Ⅰ. 서

대상 결정은 "농업 경영에 이용하지 아니하는 농지의 처분명령을 받고도 정당한 사유없이 처분명령을 이행하지 아니한 자"에게 "정액(100분의 20)의 이행강제금을 그 처분명령을 이행할 때까지 횟수 제한없이 부과할 수 있게 하는" 농지법 조항을 위헌이 아니라고 판단하고 있다. 이러한 결론은 이미 2010년에 내려진 것인데,2) 이 결정은 종전의 결론을 그대로 확인하고 있다. 이행강제금의 부과는, 농지를 농업 경영 목적으로만 취득하게 하고, 농업 경영 목적에 이용하지 않는 농지를 처분하게 하며, 그 처분명령을 이행하지 않는 경우 따라 오는 일련의 과정 중의 마지막 단계이다. 따라서 이행강제금 부과의 위헌성 여부는 그 자체뿐만 아니라 농지의 취득과 농지의 처분명령 상호 관계 속에서 판단될 필요가 있고, 농지 소유 전반에 걸친 검토가 필요하다고 할 수 있다.

농지는 식량을 생산하는 유한 자원이며, 농업·농촌을 지탱하는 기본적 토대로서 그 경제적·사회적 의미는 중차대하고 이로 인하여 제헌 헌법3) 이래 계속하여 헌법적 규율의 대상이 되어 왔다. 제헌헌법 당시에는 농지가 농민에게 분배되어야 한다는 경자유전의 원칙이 지배 원리로 작용하였으나, 농업의 비중 감소, 농가 인구의 고령화, 농산물 무역의 개방화·국제화 시대가 도래함에 따라 농지의 효율적 이용과 농업의 경쟁력 제고가 더욱 절실한 문제로 대두하였다. 그리하여 농지 제도는 많은 변화를 거듭하여 왔는데 여기서는 처분명령과 이행강제금 부과의 위헌성을 판단하기 위하여 필요한 범위에서만 이를 검토하기로 한다.

또한 농지 제도는 경자유전의 원칙을 지키면서도 시대의 변화에 대처하여야 한다는 세계적인 공통 명제를 가지고 있으므로4) 현행 농지

---

2) 헌법재판소 2010. 2. 25. 선고 2010헌바39·40 결정, 2010. 2. 25. 선고 2010헌바80·91 결정, 2010. 2. 25. 선고 2010헌바98·99 결정, 2010. 2. 25. 선고 2010헌바116 결정 참조. 다만 평석 대상 결정은 처분명령을 이행하지 못한 정당한 사유에 관하여 법률이 대통령령에 포괄 위임하였다는 청구이유에 대하여 추가적으로 판단하고 있다.

3) 1948. 7. 17. 시행 헌법 제86조: 농지는 농민에게 분배하며 그 분배의 방법, 소유의 한도, 소유권의 내용과 한계는 법률로써 정한다.

4) 1952년 제정된 일본 농지법도 정책적 요청에 따라 수차례 개정되었는데 그러면서도 일관해서 변하지 않는 것은 "농지가 합리적 이유없이 손실되는 것을 방지하고, 농지의 권리를 취득하는 자를 진실로 농지를 이용하려는 자로 한정"한 것이라고 한다(高木 賢, 農地法, 대성출판사, 2011. p.1). 독일에서는 토지거래법의 기능에 관

제도의 정확한 위치 파악을 위하여 필요한 범위에서 외국의 농지 제도
와도 비교하여 보기로 한다.

II. 농지의 소유와 이용 강제

1. 농지의 소유

(1) 개설

농지는 자기의 농업 경영에 이용하거나 이용할 자가 아니면 소유
하지 못하며(농지법 제6조), 법이 정하는 사유없이 농업 경영에 이용하지
않으면 처분의 대상이 된다(농지법 제10조). 농지를 농민[5]이 농지를 소유
해야 한다는 경자유전의 원칙은 헌법 제121조 제1항에서 「국가는 농지
에 관하여 경자유전의 원칙이 달성될 수 있도록 노력하여야 하며, 농지
의 소작제도는 금지된다」라고 규정되어 있다. 경자유전의 원칙을 그대
로 유지할 것인가 그렇지 않은가, 더욱이 헌법에 그대로 존치할 것인가
에 대하여 많은 논의가 있지만,[6] 경자유전 그 자체가 관념적인 도그마

하여 "농지 거래에 관한 규정은 농업 외부로부터의 투기를 방지하고, 공급과 수요
를 정상적인 궤도에 두려고 한다. 토지거래법은 시장을 안정화하고 질서를 유지
하는 기능을 한다. 거기에다가 토지거래법은 농업 경영을 가능한 한 넓은 범위에
서 독립적이고 소유자로서 경영하는 가족의 손 안에 두고, 집단화되고 새로이 정
리된 경지의 분할이나 세분화를 방지하려는 정부의 목적을 따르고 있다"고 한
다.(José Martinez, Agrarrecht, C.H.Beck, 2016. s.474)

5) 여기서의 농민이란 농업에 종사하는 개인(농업법 제2조 제2호)을 말한다.

6) 경자유전 원칙의 역사적‧경제적 의미에 관하여는 김욱, 「헌법상 '경자유전'의 과
도기적 소유 원칙, 그 발전적 이행을 위하여」, 공법연구 제28집 제3호(2008),
220−235면 참조(김욱 교수는 경자유전의 원칙이 소작제도의 폐해를 방지하기 위
한 과도기적 방편이었고, 실효성이 없을 뿐 아니라 자본주의적 생산효율을 떨어
뜨린다고 보며, 현재에 이르러서는 '농민이 농지를 소유한다는 데서 나아가 권리
자가 농지를 반드시 농지로서 이용해야 한다'는 원칙으로 확대 해석해야 헌법적
충돌을 면할 수 있다고 한다). 정종섭 교수는 '오늘날 산업 구조에서 볼 때, 경자
유전은 원칙이 될 수도 없고, 이를 헌법에서 정하는 것은 타당하다고 보기 어렵다'
고 한다(정종섭, 헌법학원론(11판), 2016, 235면). 경자유전의 원칙을 유지하고자

가 될 수 없으므로 농지의 소유에 관하여 어떻게 시대의 요구를 따라
갈 것인가 하는 점에 논의의 중점이 두어져야 한다.[7] 농지의 소유에 관
하여는 많은 규제가 완화되어 왔고, 현재 농지법이 과연 경자유전의 원
칙을 지키고 있는지가 의심스러울 정도에 이르게 되었다.[8] 이하에서는
현행 농지법이 농지 소유에 관하여 어떠한 입장을 취하고 있고 그것이
다른 나라와 어떻게 다른지를 분석해 보기로 한다.

(2) 농지 취득 자격 증명

가. 의의

농지를 취득하려는 경우 농지취득자격증명을 발부받아야 한다(농지
법 제8조). 농지개혁법은 「소재지관서의 증명을 얻어 매매할 수 있다」라
고 규정하여(제19조 제3호) 소재지관서증명이 매매의 효력에 영향을 줄
수 있는 듯이 규정하고 있으나, 농지취득자격증명은 취득에 필요한 별
개의 요건같이 규정하고 있다. 이로 인하여 양자가 법률적 효력을 달리
하지 않느냐 하는 논의가 있으나[9] 양자가 모두 농업인으로 하여금 농
지를 취득하게 하려는 취지에서 규정된 만큼 「자격확인을 통한 심사」의
취지를 가지며 사인간의 법률행위의 효력을 완성시켜주는 인가의 성질
을 가진다고 본다.[10] 판례는 이와 달리 매매의 유효성과는 다른 독립한

하는 입장은 자본주의적 효율이 농업에 침투하는 것을 부정적으로 보며, 특히 경
자유전의 원칙이 유지되지 않으면 농지가 투기의 대상이 될 것을 염려한다(사동
천, 「농지 소유제도에 관한 비판적 고찰」, 법조(57권11호), 2008, 199-240면. 장상
환, 「농지제도의 현황과 발전방향」, 농업기술회보, Vol.39 No.5, 2002.)

7) 1949년 농지개혁법 제정 당시의 농지 소유 원칙이 현재까지 그대로 적용될 수 없
   다는 것은 분명하다.
8) 박석두 한국농촌경제연구원 연구위원은 경자유전 원칙이 현실에서 와해되었으며,
   그럼에도 투기적 농지 소유, 비농민의 농지 소유 때문에 경자유전 원칙을 고수할
   수밖에 없다고 한다(박석두, 「농지전용의 원인과 영향에 관한 연구」, 한국농촌경
   제연구원 연구보고서, 2013. 12.vi.).
9) 양형우, 「농지취득자격증명이 없는 소유권이전등기의 효력」, 홍익법학, 16권 2호,
   2015.
10) 같은 취지: 송재일, 농지거래법제의 문제점과 개선방안, 民事法學 第49卷 第1號,

다른 별개의 등기 요건으로 본다.[11] 농지취득자격증명은 농지 취득의
요건으로서 그 운용 여하에 따라 농지 제도의 근본이 좌우된다.

나. 운용

(가) 발급의 실제

농지취득자격증명 발급관청은 농지취득자격증명을 발급받으려 하
는 자에게 「대상 농지에서 농업 경영을 하는데 필요한 노동력이나 농업
기계 등의 확보 방안」이 기재된 영농계획서를 제출받아(농지법 제8조 제2
항 제1호), 그 내용이 「신청인의 농업 경영 능력 등을 참작할 때 실현가
능한지」 등을(농지법 시행령 제7조 제1항 제3호) 확인한다. 농지법은 농업
경영을 하는 자뿐만 아니라 장래에 하려고 할 자도 농지 취득을 가능하
게 하고 있기 때문에, 노동력이나 농업 기계의 확보를 요구하는 것이
아니고 확보 방안을 요구하고 있다. 그러다 보니 발급관청의 확인은 사
실상 형식적인 서류 심사에 그칠 가능성이 많게 되고 현실도 그러하다.
행정청은 서류로서 확인이 가능한 면적 등을 제외하고는 신청자가 기재
하는 영농계획서의 내용대로 진행될 것이라고 추정할 수밖에 없다. 농
지법 시행규칙이 「신청자의 연령·직업 또는 거주지 등 영농 여건」(제7조
제3항 제6호), 「신청자의 영농 의지」(제7조 제3항 제7호)를 종합적으로 고
려하게 하고 있으나, 농지개혁법 당시의 소재지관서증명 시에 요구되는
거주지 요건이나 통작 거리 요건(1990. 12. 4. 농지임대차관리법 시행규칙 제
9-10조)이 폐지된 마당에 거주지나 영농 의지를 어떻게 판단해야 할지
명확한 기준도 없다. 농지 소유 요건의 완화라는 정책적 필요가 농지취
득자격증명 제도를 유명무실하게 하고 있다고 할 수 있다.[12] 물론 「거
짓이나 그 밖의 부정한 방법으로」 농지취득자격증명을 발부받은 자를

2010.6, 29-33면.
11) 대법원 2006.1.27.선고 2005다59871 판결 등.
12) 김수석, 「농지처분명령 운용실태와 개선과제」, 농촌경제연구원 정책보고서, 2011.
12. 9-10면.

형사 처벌하고(농지법 제59조 제1호), 농지취득자격증명의 신청인에게 농업 경영 능력이나 영농 의사가 없음을 알거나 이를 제대로 알지 못하면서도 농지취득자격증명 통보서를 작성한 경우, 허위공문서작성죄가 성립한다는 판례는 있으나,[13] 이는 사후의 수사로서 밝혀진 사실 관계에 기초한 것으로 농지취득자격증명에 관한 현행 법규로써는 사전에 이러한 사실을 확인하기는 어렵고 오히려 실무상으로는 「일단 농지취득자격증명을 발급하여 주는 관행」[14]이 존재한다고 할 수 있다.

(나) 외국의 입법례

ⅰ) 일본

2009년의 개정에 따라 '자작농주의를 폐기하였다'[15]고 까지 하는 일본 농지법은 농지 소유권 등의 이전에 농지거래위원회의 허가를 얻도록 하고 있다(일본 농지법 제3조 제1항). 그 허가는 소유권 등을 취득하려는 자가 ① 기계 소유의 상황, 농작업에 종사할 사람의 수 등으로 볼 때 농지 취득 후에 농지 전부를 효율적으로 이용해서 경작을 행한다고 인정될 수 없는 경우, ② 농지 취득 후에 경작에 필요한 농작업에 상시 종사할 수 없다고 인정하는 경우, ③ 취득 후의 경작의 내용이나 위치, 규모로 볼 때 주변 농지의 효율적이고 종합적인 이용에 지장을 줄 염려가 있는 때에는 허가를 거부할 수 있게 하고 있다(일본 농지법 제3조 제2항). 또한 법인의 농지 취득에 대한 허가에 관하여는 상세한 규정을 두고 있다(일본 농지법 제2조 제1항 제3호, 농지법 시행령 제2조, 시행규칙 제11조).

농지법과 일본 농지법을 비교해 보면 일본 농지법은 농기계의 확보 방안이 아닌 농기계의 소유를 요구하고, 농기계뿐만 아니라 그것을 포함하여 진정으로 농지를 이용할지 여부가 기준이 되며, 취득자가 농

---

13) 대법원 2007. 1. 25. 선고 2006도3996 판결.
14) 위 판결의 이유 중 피고인의 변소.
15) 高木 賢, 詳解新農地法, 대성출판사, 2010. 머리말(일본 농지법은 소유보다는 이용에 더 중점을 두고 있다고 한다).

작업에 상시 종사할 것을 요구하고, 이러한 사항을 농지위원회가 심사해서 농지 취득을 허가 한다는 점이다. 경자유전의 원칙이 존재한다는 한국보다 자작농주의를 포기하였다는 일본의 농지 취득 요건이 더 엄격하다.

ii) 독일

독일의 토지거래법[16]은 농지의 양도에 인가를 요구한다(제2조 제1항). 인가는 ① 양도가 토지의 불건전한 분할을 의미하거나, ② 양도가 공간적으로 또는 채산에 맞게 결합되어 있고 동일한 소유자에게 속한 토지를 채산에 맞지 않는 방법으로 소규모화 혹은 분할하거나, ③ 대가가 토지의 가치와 현저하게 불균형할 때 거부될 수 있다(제9조 제1항). 여기서 「토지의 불건전한 분할」이란 양도가 농업구조개선 조치에 역행하는 경우를 말한다(제9조 제2항). 「농업구조개선 조치에 역행하는 경우」가 법률상 정의되지는 않고 있다. 실무상 「농업구조개선 조치에 역행하는 경우」가 문제되는 것은 비농민과 법인의 경우이다. 비농민의 농지 취득을 금지하지 않지만 농업구조개선 조치에 역행하는 경우 인가가 거부된다. 판례는 비농민이 농지를 취득하려 할 때 "다른 농민이 경지 확장을 위해 그 농지가 필요하고, 매매계약에서의 조건을 동일하게 이행할 준비가 되어 있고 가능성이 있을 때 인가가 거부되어야 한다"[17]고 한다. 이러한 판례의 태도는 "토지거래법이 우선적으로 생존가능한 자영농을 목표"로 하고 있다는 전제에 근거하고 있고, 자영농이 농지를 소유해야 하고 그것에 도움이 되도록 해야 한다고 보기 때문이다.[18]

독일 농지거래의 특징은 「농업구조개선 조치에 역행하는 경우」라

---

16) 농지의 취득에 관한 사항을 규율한다. 정식명칭은 「Gesetz über Massnahmen zur Verbesserung der Agrarstraktur und zur Sicherung land — und forstwirtschaftliche Betriebe」(약칭하여 Grundstückverkehrgestz—GrdstVG라 한다).

17) BGH 2010. 11. 26.—BLw11/06.

18) Martinez, Agrarrecht, s. 496.

는 일반조항을 두고 인가로서 이를 규율하고 있다는 점이다. 인가 거부
사유 중의 하나인 「대가가 토지의 가치와 현저하게 불균형할 때」라는
요건은 최근 EU법원에서 자본자유화 원칙과 보조금 지급 금지 원칙에
반한다는 결정을 받았으나,[19] 「농업구조개선 조치에 역행하는 경우」라
는 요건은 거주지나 거주 기간 요건을 두지 않고도 농민이나 농업에 종
사하는 법인이 우선적으로 농지를 취득할 수 있게 하는 점에서 선도적
인 입법으로 自評된다.[20]

독일에서도 장래 농업을 할 목적으로 농지를 취득하는 것을 인정
한다. 그러나 농지를 취득하려는 사람이 농업을 한다는 것이 여러 사정
으로 보아 확실하여야 한다. 「예상할 수 있는 기간에 농업 활동이 따라
야 하고, 농업을 인수하기 위한 준비가 검증되었을 때」,[21] 혹은 「예상
할 수 있는 기간 내에 농업 경영을 하는 것이 진지하고도 실제적인 의
도라고 판단되는 경우」[22]에 한하여 농지를 취득할 수 있다.

ⅲ) 농지취득자격 증명의 개혁 필요성

이들 입법례가 보여주는 것은 농지의 거래에 관하여 사전에 실질
적인 심사가 이루어지고 있다는 점이다. 농지개혁법이나 농지법이 농지
거래에 소재지관서 「증명」 혹은 농지취득자격「증명」을 요구하여 행정
청이 요건사실에의 해당 여부만을 확인하는 듯한 소극적인 제도만으로
서는 농지법의 목적이나 시대적 요청을 따라가기 힘든 것으로 보인다.
시대의 변화에 따라 농지법의 목적을 적극적으로 실행하기 위하여 소재

---

19) EUGH 2015.7. 16. RS C-39/14.
20) Czub, Hans-Joachim, Quo vadis, Grundstücksverkehrsrecht? Frage nach den
Entscheidungen des EuGH vom 16. Juli 2015 (RS C-39/14) und des Landwirtschaftssen
ats des Bundesgerichtshofs vom 29. April 2016, AUR Vol. 46, No. 12(2016), ss. 442
-453.
21) BGH 2010. 11. 26. BLw 14/09.
22) BGH 1965. 10. 28. V BLw 16/65. Joachim Netz, Grundstückverkehrgestz-Praxisko
mmentar, 2015. s. 657 참조.

지관서증명으로부터 유래한 농지취득자격증명에서 벗어나 이제는 실질적 심사가 가능한 허가로 바꾸어야 한다. 또한 장래의 농업 경영을 목적으로 하는 농지 취득에 관하여 요건이 강화되어야 하고 독일이나 일본의 운용은 큰 참고가 될 것이다.

(3) 비농민의 농지 소유
가. 현황

비농민이란 농업 경영에 종사하지 않는 개인을 말한다.[23] 농업 경영을 하거나 할 자만이 농지를 소유하는 것이 원칙이나 농지법은 광범한 예외를 인정하고 있다(제6조 제2항). 비농민의 농지 소유가 어느 정도인지 정확한 통계는 없으나 농지의 임대차가 전체 농지의 50%에 이르고,[24] 임대인 중에 질병·징집·60세 이상의 농업인 등의 사유로 임대하는 자경 농민이 소수라는 점을 생각하면 임대인의 대부분이 비농민이라 할 수 있을 것이다. 이처럼 많은 농지가 비농민의 소유라면 헌법이 규정하는 경자유전의 원칙은 무색해진다 할 것이다.

나. 비농민의 농지 소유가 발생하는 사유
(가) 1996. 1.1. 당시 농지 소유

1996. 1.1. 당시 농지를 소유하고 있던 사람은 그 농지를 자기의 농업 경영에 이용하지 아니하여도 농지를 소유할 있고, 처분명령·임대차 제한 등이 규정을 적용하지 아니한다(1996. 1.1. 시행 농지법 부칙 제5조). 이는 농지법 제정 당시 농지를 소유하고 있는 사람에 대하여 농업경영에 이용하지 아니한다는 이유로 처분의무를 부과하고, 처분명령을 발하는 것이 신뢰이익을 해친다는 이유에서 규정되었다. 그러나 신뢰이익의 보호도 새로운 더 큰 공익상의 사유가 발생하면 양보될 수 있는 것이며, 농지법 시행 후 20년이 지난 현재에까지 이 규정을 유지하는

---

23) 농지법상 농업인(제2조 제2호)이 아닌 사람을 말한다.
24) 채광석, 「농지의 효율적 이용을 위한 농지임대차 관리방안」, 한국농촌경제연구원 연구보고서, 2016. 10. 4면.

것은 구태의연하다고 할 수 있다.

(나) 상속·이농

농지는 상속되며 상속인이 비농민이라도 1만제곱미터까지 농지를 소유할 수 있고(농지법 제7조 제1항), 8년이상 농업 경영 후 이농한 자는 이농 당시 소유 농지 중에서 1만제곱미터까지 농지를 소유할 수 있다(농지법 제7조 제2항). 이 경우 1만 제곱미터를 넘는 부분을 한국농어촌공사 등에 위탁하여 임대하거나 사용대하는 경우 그 기간 동안은 그 농지를 소유할 수 있다(농지법 제7조 제4항). 상속·이농으로 인한 비농민 농지 소유는 불가피한 측면이 있지만 그러한 농지가 계속 늘어나는 점에서 문제가 있다. 1만제곱미터를 넘는 부분을 한국농어촌공사에 임대 위탁시 계속 소유를 허용하기 때문에 상속인이 전부 비농민이라면 이론상으로는 한세대가 지나는 경우 한국농어촌공사 임대 위탁을 전제로 전체 농지가 비농민의 소유가 될 것이다.

(다) 농지법 제23조 제1항 제6호의 임대차

농지법 제23조 제1항 제6호는 「제6조 제1항에 따라 개인이 소유하고 있는 농지를 한국농어촌공사 등에게 위탁하여 임대하거나 사용대」할 수 있고, 농지법 제6조 제3항은 「그 기간 중 농지를 계속 소유할 수 있다」고 규정한다. 제6조 제1항은 농업 경영에 이용하거나 이용할 자가 농지를 소유할 수 있다는 규정이다. 제23조 제1항 제6호를 문언대로만 해석하면 현재 농업 경영에 이용하고 있는 농지뿐만 아니라 장래 농업 경영에 이용할 계획으로 농지를 취득하려는 경우에도 한국농어촌공사에 위탁하기만 하면 소유권을 가질 수 있는 것으로 된다. 실무상으로도 농지를 취득해서 바로 한국농어촌공사에 위탁하는 일이 발생하고 있다. 이러한 결과는 비농민에게도 농지 소유를 전면적으로 허용하는 셈이 되고 농지 소유자의 농업 경영 의무나 처분명령 제도가 잠탈될 가능성이 있다. 이 규정의 취지는 농업 경영에 이용되고 있는 토지의 임대차를 용이하게 하려는 데 있다고 보인다. 그러나 위 규정이 현재 농업 경영에 이용되고 있는 농지가 아니라 장래 농업 경영에 이용할 목적으로 취득된 농지까지 포함하는 의미라면 경자유전의 원칙을 정하고 있는 헌법 제121조 제1항에 위반된다. 이 규정은 아무런 합리적 이유도 없이 경자유전의 원칙을 전면적으로 부정하고 있기 때문이다. 이 규정은 현재 농업 경영에 이용하고 있는 농지만을 대상으로 한다고 해석되어야 한다.[25]

(라) 한계농지

평균경사율이 15퍼센트 이상으로서 시장·군수가 영농 여건이 불리하고 생산성이 낮다고 인정하는 농지를 한계농지라고 한다(농지법 제6조 제2항 제9의2호, 농지법 시행령 제5조의 2). 한계농지는 비농업인이라도 소유할 수 있다. 농지의 유휴화를 방지하고 한계농지를 개발하기 위한 수단이다.

(4) 법인의 농지 소유

농지개혁법 당시에는 개인만이 농지를 소유할 수 있었고, 법인이 농지를 소유한다는 것은 상상하기 어려웠다. 그러나 농업의 규모화, 기계화, 개방화가 절실해짐에 따라 처음에는 개인의 연합인 영농조합 법인이, 다음에는 개인적 색채를 띠는 합명, 합자, 유한회사가, 마지막으로 자본의 결합체인 주식회사까지 농지를 소유할 수 있게 되었다. 법인 특히 회사의 농지 소유를 인정하면 설립이나 운영에 농업인이 일부라도 참여해야 한다는 의미에서 경자유전의 원칙이 유지되나 비농업인의 참여가 많아지면 경자유전의 원칙은 퇴색된다.[26]

농지법은 회사 법인의 농지 소유에 관해 일본 농지법보다 너그러운 태도를 취하고 있다. 양자 모두 농민의 참여를 요구하지만 농지법의

---

25) 한국농어촌공사도 장래 농업 경영에 이용할 목적으로 취득한(소위 신규 영농) 농지의 임대나 사용대의 위탁을 거부해야 할 것이다.
26) 경자유전의 원칙의 초기 개념은 소농, 영세농, 가족농, 자작농, 생계농을 전제로 하고 있다.

경우 의결권, 업무집행권, 비농민의 출자 한도에서 일본 농지법보다 농업인의 참여 비중을 낮추고 있다. 농지법상 농지를 소유할 수 있는 농업회사 법인은 1인 이상의 농업인이나 농업인 단체가 참여하여야 하며, 업무 집행권을 가진 자 중 3분의 1이상이 농업인이어야 한다(농지법 제2조 제3호, 농어업경영체 육성 및 지원에 관한 법률 제19조 제2항). 비농업인도 자본금의 10분의 9이상을 출자할 수 있다(농어업경영체 육성 및 지원에 관한 법률 시행령 제18조 제1항). 일본 농지법의 경우 요건이 훨씬 더 까다롭다. 법인이 행하는 농업에 상시 종사하는 개인이나 농지에 관한 권리를 제공한 개인 등이 총의결권의 과반이 되어야 하며(제2조 제3항 제2호), 이사의 과반수가 농업에 상시 종사하여야 하며, 이사 또는 중요한 사용인이 1인 이상 농작업에 종사하여야 한다(제2조 제3항 제3호). 농지법상의 농업회사법인은 일본 농지법과 비교해 볼 때, 비농업인이 수월하게 설립·관리할 수 있으며 회사의 자본금 대다수를 출자할 수 있다는 점에서, 농업인의 회사라기보다는 비농업인의 회사라 할 수 있다. 농업의 경쟁력을 키우고 농업에의 비농업인 자본 투자가 필요하다는 이유에서 농업회사법인 요건이 완화되어 온 결과이다.

독일은 농지 소유적격법인에 관한 규정이 없다. 판례는 법인이 농지를 취득하려는 경우 법인이라는 이유로 인가가 거부되지 않는다고 한다.

「농업이 주로 자영농에 의해 영위되었던 경우라면 경영자로서의 이질적인 단체가 농지를 취득하는 것은 가족농의 존재 기초와 그로 인한 농업구조의 개선에 배치되는 것이었다. 변화된 관계에서 특히 구 동독지역에서 법인의 형태로 운영되는 기업의 농지의 취득이 농업 구조의 개선으로 이해되고 있다. 자영하지 않는 기업의 농지 취득은 소위 경영분할의 엄격한 전제하에서 농민를 통한 취득에 비견될 수 있다. 그 전제라는 것은 '소유 기업과 경영 기업 간에 인적, 물적 결합이 존재하고 그에 따라 농업적 용도로 사용되는 것이 보장되고, 기업 배후에 있는 농업을 경영하려는 단일화된 의지를 갖고 사람이 있을 때'라는 것이다.

이런 것들이 긍정된다면 소유 기업을 통한 농지 취득도 농업 경영의 확장에 도움이 된다」.27)

즉 법인이 농지를 취득하려고 하는 경우 한국이나 일본과 달리 농지 소유 적격법인의 형식적 요건을 두지 않고 그 농지가 농업 경영에 이용될 것이 확실한 경우에 그 취득을 허용한다. 한국이나 일본 특히 일본보다 더욱 개방적인 입장이라 할 것이다.

(5) 농지의 임대차

농지 임대차는 농지법 제23조가 허용하는 예외적인 경우에만 허용되고 그 이외의 경우 불법 임대차가 된다. 농지법 상의 임대차는 농지의 적법 소유를 전제로 하고, 농지의 불법 임대차는 농지의 불법 소유(즉 비농업 경영 목적 소유)에서 유래하는 경우가 많다.28) 2016년 임차농지 비율은 50.0%이다.29) 농촌경제연구원에서 3개의 대표 지역의 임대차 사례를 조사한 결과 농지법에서 허용하는 임대차는 조사 대상 임대차 농지의 42%에 불과하다.30) 즉 불법 임대차가 58%나 되며, 그 소유자는 자신이 농업 경영을 하여야 하는데도 그러하지 아니하고 임대하였으니 적발되는 경우 처분의무 통지의 대상이 된다.31)

---

27) BGH, 2010. 11. 26. BLw 14/09.
28) 김수석, 「농지임대차제도 개선방안」, 한국농촌경제연구원, 정책토론회 주제발표자료, 2011. 11. 29. 9면. 이 경우 불법소유라 함은 대부분이 사위 부정한 방법에 의한 농지취득자격증명으로 취득한 농지이다.
29) 통계청, 2016. 농가경제조사.
30) 채광석, 「농지의 효율적 이용을 위한 농지임대차 관리방안」, 한국농촌경제연구원 연구보고서, 2016. 10. 요약 v.
31) 대표지역의 임대차 사례가 전국적으로도 통용될 수 있다면, 전체농지의 26%가 불법 임대되고 있다고 보인다(임대농지 50%×불법임대 52%). 이러한 농지가 대부분 처분 명령 대상이라고 보면 행정청이 행하는 극소수에 대한 처분의무 통지는 극히 자의적인 행정이라고 할 수 있을 것이다. 표본지역의 경우 처분의무 통지의 대상이 된 농지(처분이 되지 않으면 이어 처분명령의 대상이 된다)는 전체농지의 0.3%에거 0.6%가 된다(그것도 불법 임대차와 불법휴경까지 포함한 경우이다). (김수석, 「농지처분명령 운용실태와 개선과제」, 농촌경제연구원 정책보고서, 2011. 12. 36면). 전체농지 26%가 불법임대되고 있는데 전체농지의 0.3%−0.6%만이 처

(6) 소결

헌법이 경자유전의 원칙을 천명하고 농지의 임대차는 예외적으로 허용하고 있으나 농지법이 광범하게 비농업인의 소유를 인정하고 농지 취득자격증명 운용도 느슨하여 현재 경자유전의 원칙은 거의 실효성을 잃고 있다고 볼 수 있다. 국토계획법도 농지 그 자체에 대한 관점에서 보다 용도지역에 따른 개발 관점에서 농지를 다루고 있다. 이러한 상황에서는 헌법, 농지법과 현실과의 괴리가 커질 뿐이다. 이제 1949년 농지개혁법이 제정되던 시대가 아닌 지금 현재의 여건 하에 누가 농지를 소유할 것인가, 비농업인의 농업 투자를 어느 정도 인정할 것인가에 대한 확고한 입장정립이 필요하다. 특히 도시지역에 있는 농지에 대하여 분명한 정책이 수립되어야 한다. 이에 따라 농지취득자격증명 제도, 1996. 1.1. 이전 농지 소유, 상속 · 이농으로 농지 소유, 한국농어촌공사에 임대 위탁만 하면 농지를 소유하게 하는 제도, 법인의 농지 소유, 농지의 임대차에 대한 제도적 개선이 요구된다.

2. 처분명령

(1) 의의

농업 경영에 이용되지 아니하는 농지는 처분하여야 하며(농지법 제10조), 처분의무 통지를 받고도 처분하지 아니하는 경우 처분명령을 발하게 된다(농지법 제11조). 농업 경영에 이용되고 있지 않은 농지 소유자에 대한 유일하고 강력한 재제 수단이다. 처분명령은 농지 취득시 통작거리 제한 등 사전적 규제를 완화하여 농지 거래를 쉽게 한 대신 취득한 농지를 자기의 농업 경영 등 취득 목적대로 이용하지 않을 경우 처분하게 함으로써 사후적 규제 수단으로 농지의 투기적 수요를 막아 헌법상의 경자유전의 원칙을 실현하기 위한 것이다.[32]

분의무 대상 농지라는 뜻이다.

32) 김대명, 「농지의 소유제도 연구」, 法學研究 第33輯, 2009.2, 17면.

농업 경영에 이용되지 않는다고 바로 처분의무 통지를 하고 그 통지에 따르지 않을 경우 처분명령을 하는 입법례는 찾기 어렵다. 일본의 경우 한국 농지법에서 처분의무 통지 사유 중의 하나로 규정하고 있는 「농지를 소유하고 있는 농업회사 법인이 그 농지 소유 요건을 결하게 된」 경우 그 농지를 국가가 매수하게 한다(일본 농지법 제7조 제1항). 농지법 상의 처분의무 통지 대상 토지는 주로 불법 임대차와 휴경인데,[33] 일본 농지법의 경우 유휴농지[34]에 대하여 이용 상황을 조사한 후 유휴농지가 있는 경우 소유자에게 이용 의향을 조사하고, 중간관리기구와 협의와 농업위원회의 조정을 거치며, 조정이 성립하지 않으면 도도부현 지사의 재정으로 중간관리권(주로 임대차)을 설정한다(일본 농지법 제30조－제40조).

「독일의 토지거래법은 농지를 농업 경영에 이용하도록 강제하지는 않는다. 다만 농지를 5년간 경작하지 않으면 그 토지는 초지로 되고 이후 새로이 농업 경영을 할 수 없다. 그런 의미에서 소유자 스스로 손해를 보게 한다」.[35] 다만 바덴－뷔르템베르크 주는 주 차원에서 농지 매수인이 자경하지 않는 경우 영농정착회사의 재매수권(Wiederkaufrecht)을 인정한다.[36]

농지법상의 처분명령은 일본이나 독일과 달리 농지 소유자의 농업 경영을 직접적으로 강제하고 농업 경영을 하지 않는 농지 소유자에 대하여는 그 소유 배제를 제1차적 정책수단으로 삼고 있다. 농지 소유에

33) 2010년의 농지처분의무 통지사유 중 불법 임대차는 42.5%, 휴경은 55.3%이다(김수석, 농지처분명령 운용실태와 개선과제, 37면).
34) 현재 경작에 제공되고 있지 않거나 주변 지역과 비교하여 열등하게 이용되고 있는 농지를 말한다(일본 농지법 제32조 제1항)
35) 괴팅겐 대학교 농업법연구소(Institut für Landwirtschaftsrecht der Universität Göttingen) 소장 José Martinez와의 면담(2017. 7.).
36) 상세는 전게 김수석, 농지처분명령 운용실태와 개선과제, 62면. 독일연방은 연방개혁의 일환으로 주도 주법으로 연방법인 토지거래법을 대신하는 규율을 할 수 있도록 위임하였으나 오직 바덴－뷔르템베르크 주만이 주 차원의 법을 만들었다.

관한 전반적 제도를 손질하지 않고, 사후적 감독 수단이라 할 수 있는 처분명령에만 의존하여 농지 소유 질서를 바로잡으려는 시도는 도둑을 잡기 위해 앞문은 열어놓고 뒷문만 지키는 오류를 범하게 될 것이다. 농업 경영 의무 위반 즉시 처분의무를 부과하는 것은 주요 국가의 농지 규제 태도와 어긋날 뿐만 아니라 사후 규제 능력을 과신한 것이다.

(2) 처분명령의 절차
가. 처분의무

농지법 제 제10조 제1항이 정하는 사유가 발생하면 농지 소유자는 농지를 처분하여야 한다. 주된 사유는 정당한 사유없이 자기의 농업 경영에 이용하지 아니하게 되었다고 인정한 경우(제1호), 취득 목적대로 이용하지 아니한 경우(제3호-제5호), 소유 요건을 결한 경우(제2호, 제5호의2호, 제6호) 등이다.[37]

농지법 제10조 제1항 제1호, 제3-4호, 제8호의 경우 행정청이 그 사유를 "인정한 경우"(예를 들어 제1호의 농업 경영에 이용하지 않는다고 "인정한 경우") 처분의무가 발생한다고 규정한다. 그러므로 농업 경영에 이용하지 않는다는 객관적 사실로서 처분의무가 발생하는 것이 아니고 그러한 데에 정당한 사유가 존재하는가 여부에 대한 행정청의 판단으로 처분의무가 발생한다.[38]

소유 요건을 결한 경우 혹은 취득목적대로 이용하지 않은 경우 바로 처분의무가 발생하는 것은 당연하다 할 수 있다. 그런데 자기의 농

---

37) 거짓이나 부정한 방법으로 농지취득자격증명을 발급받아 소유한 경우(제7호), 농업 경영계획서 내용을 이행하지 아니하였다고 인정하는 경우(제8호)는 자기의 농업 경영에 이용하지 아니하는 경우(제1호)에 사후적으로 판단될 수 있으므로 그 범주에 속한다 할 수 있다.

38) 그러나 이러한 해석은 아무리 농업 경영에 이용하지 않더라도 발견되지 않거나 행정청의 조사 능력이 미달하는 경우에는 처분의무가 발생하지 않는다는 결론에 이르게 되나 "인정"으로부터 처분의무 기간을 계산하는 현행법의 체계로는 어찌할 수 없다. 이러한 점에서 반대설이 있을 수 있다.

업 경영에 이용하지 않는 경우 바로 처분의무를 부과하는 것이 타당한
가. 자기의 농업 경영에 이용하지 아니하는 경우는 주로 불법 임대차와
휴경이다. 불법 임대차와 휴경의 경우 농지 소유자로서는 나름대로의
사정이 있을 수 있다. 특히 휴경의 경우 농작물의 수입으로 인하여 경
작을 해도 수익가능성이 없고, 농업노동력이 부족하여 경작이 용이하지
않고, 기계가 접근할 수 없는 등 지리적 접근 가능성에 따라 휴경이 결
정될 수도 있어[39] 농지 소유자만을 탓할 수 없는 사정이 있다. 이러한
사정 때문에 농지법은 유휴농지[40]에 대하여 대리경작자 지정 제도를
두고 있다(제20조). 일본 농지법은 유휴농지에 대하여 이용 촉진 조치를
두고 있을 뿐 처분하게 하게 하지는 않는다. 독일의 토지거래법도 사실
상의 이용 촉진 조치를 취할 뿐이다. 농지의 처분명령을 처음으로 도입
한 농어촌발전특별조치법(1994. 1.1.)에서 그 대상이 된 것은 상속·이농
등의 경우 소유 상한을 넘는 농지이었다(제43조의 3). 즉 소유 요건을 결
한 경우이었다. 그런데 농지법이 제정되면서 농업 경영에 이용되지 않
는 등의 사유가 추가되었다. 이러한 농지법의 태도는 농업 경영에 이용
하지 아니하는 그 자체를 경자유전의 원칙을 저해하는 사회적 비난가능
성이 매우 높은 것으로 인식한 결과라 할 수 있고, 불법 임대차와 휴경
의 경우 농지 투기와 연결되어 있다는 배경에서 나온 것일 수 있다. 그
러나 농지 취득에 거주지 요건과 통작 거리 요건이 삭제되어 농지 투기
여부의 판정이 매우 애매하고, 이른바 부재 지주가 아닌 재촌 지주의
임대차와 휴경이 늘어난 마당에[41] 모든 불법 임대차와 휴경을 투기로

39) 2005년 표본지역에서 휴경지·유휴농지의 발생원인은 노동력 부족 38.9%, 영농조
   건 불량 38.1%, 재배작물의 채산성 저하 8.7%로 나타났으며, 조사 응답 농가의
   20.5%가 휴경지·유휴농지를 갖고 있는 것으로 나타났다(박석두, 「휴경농지의 실
   태와 정책방향」, 한국농촌경제연구원 연구보고서, 2015. 12. 75면).
40) 유휴농지란 사실상 휴경농지와 비슷하다(농지법 시행령 19조 참조).
41) 2010년 농업인간의 농지 임대는 전체 농지의 4.8%수준이며, 농업인이 임차하고 있
   는 농지 면적의 14.5% 수준이다(채광석, 농지의 효율적 이용을 위한 농지임대차
   관리방안, 농촌경제연구원 연구보고서, 2016. 10. 35면). 2008년 표본지역의 재촌

만 재단할 수 없으며, 경자유전의 원칙이 시대의 변화와 조화될 수밖에 없다. 토지거래허가 지역에서 허가 목적대로 토지를 이용하지 않는 경우에는 바로 처분의무를 발생시키는 것이 아니라 먼저 토지이용명령을 발하고 불이행시 이행강제금을 부과한다(부동산거래신고등에 관한법률 제18조).42)

따라서 「자기의 농업 경영에 이용하지 아니하는 경우」 바로 처분의무를 발생시킬 것이 아니라, 사유를 구별하여 그 시정이 가능한 경우에는 시정명령(대리경작명령도 한 방법일 수 있다)이 선행되는 것이 재산권 보호와 적법절차의 원칙에 더욱 합당할 것이다.43)

다. 처분의무의 통지

행정청은 처분의무가 생긴 농지의 소유자에게 처분의무 기간 등을 구체적으로 밝혀 그 농지를 처분하여야 함을 알려야 한다(농지법 제10조 제2항). 행정청의 처분의무 통지는 행정청의 농지 이용 실태 조사 후에 이루어질 것이다. 농업 경영에 이용되지 않고 정당한 사유가 없다는 것을 확인하면 처분의무를 통지해야 하고 행정청의 재량은 없다. 처분의무 통지는 단순한 관념의 통지가 아니라 처분의무의 발생을 통지하는 것이기 때문에 처분으로서 행정소송의 대상이 된다.44) 행정절차법에 따

소유자 농지 임대율이 30.2%. 휴경율이 7.9%이고, 부재 소유자 농지는 임대율 65.3%, 휴경율 22.3%이다(김수석, 「농지임대차 제도 개선방안」, 44면).

42) 그러나 부동산거래신고등에 관한 법률 제12조 제1항 다호에 따라 허가 구역에 거주하는 농업인이 그 허가 구역에서 농업·축산업을 경영하기 위하여 허가를 받은 경우 허가 목적대로 이용해야 할 의무를 2년간 부과하고 있는데(법 제17조제1항, 시행령 제14조 제2항 제1호), 이는 농지법과 모순되는 규정이다.

43) 물론 투기라고 판단되는 경우 시정은 불가능할 것이다. 이 경우 농지법 제10조 제1항 제7호(거짓이나 부정한 방법으로 농지를 취득한 경우)에 따라 처분의무 대상 토지가 될 수 있을 것이다.

44) 대법원 2003. 11. 14. 선고 2001두8742 판결(처분의무의 통지는 단순한 관념의 통지가 아니라고 한다). 김치환, 통지의 법적 성질, 토지공법연구, 제43집 제2호, 2009. 2.(「처분의무의 통지」가 처분은 아니지만 권리보호의 필요에서 소송의 대상이 된다고 한다).

른 처분 절차도 필요하다. 처분의무 기간은 처분의무 통지로부터 1년 이내로 정해진다(농지법 제10조 제1항). 처분의무 기간은 통상 처분에 필요한 기간으로 연장될 필요가 있다.[45) 대상 결정의 사실 관계에서 처분의무 기간은 6개월인데 부당하게 짧다.

(3) 처분명령의 유예

2006. 1. 22. 시행된 농지법은 처분명령의 유예 제도를 신설하였다 (당시 농지법 제11조의 2). 처분명령의 유예 제도란 농업 경영 등에 이용하지 않은 농지는 1년 이내에 처분하여야 하는데 그렇지 않은 경우 농지를 「자기의 농업 경영에 이용하거나」 혹은 「한국농어촌공사 등과 매도위탁 계약을 체결한 경우」 처분의무 기간이 지난 날로부터 3년간 직권으로 처분명령을 유예하고 그 사이 처분명령을 받지 아니하면 그 농지의 처분의무가 소멸하는 제도를 말한다(농지법 제12조). 처분명령의 유예 제도는 처분명령의 엄격성을 완화하기 위하여 도입되었다.[46) 실제로 처분의무 통지를 받은 농지 소유자가 다시 농지를 농업 경영에 이용하여 처분의무를 소멸시킬 수가 있게 되었다.[47) 처분명령의 유예는 구조상 처분의무 통지를 받은 자에 대하여 처분의무를 소멸시키는 것이기 때문에 정확하게는 처분의무의 유예이다.

현행 처분명령의 유예 제도는 다음과 같은 문제점이 있다. 첫째 처분명령의 유예 요건으로는 처분의무의 통지를 언급하고 있지 않기 때문에 처분의무의 통지와의 관계가 불명확하다. 입법 취지를 살리려면 처분명령의 유예 요건으로 「처분의무의 통지를 받은 자가 처분 의무 기간

---

45) 처분의무 대상 토지가 실제로 매각되는 데 소요되는 기간에 관한 공무원에 대한 설문조사에서 41.8%가 2년이상, 25.4%가 1년이상 걸린다고 하였다(김수석, 「농지 처분명령 운영실태와 개선과제」, 41면).

46) 2006. 1. 22. 시행된 농지법 개정 이유 참조.

47) 2010년에는 2009년도에 처분의무 통지를 받은 자의 89.4%, 처분의무농지의 87.7%에 대해 처분명령유예조치가 있었다(김수석, 「농지처분명령 운영실태와 개선과제」, 82면).

중에 다음 각호의 사유에 해당하는 경우」로 변경하여야 할 것이다. 둘째 처분명령의 유예는 행정청의 직권 결정으로 규정되어 있고 그에 관한 절차가 없다. 행정청의 내부 농지관리규정집에 처분명령 유예 통지서를 교부하게 되어 있을 뿐이다. 농지 소유자의 신청권도 없다. 통상적으로 행정청의 농지 이용 실태조사에서 처분명령 유예 사유가 발견될 것이지만 농지 소유자는 행정청의 처분만 기다려야 한다. 행정청은 처분명령 유예 사유가 없다면 처분의무 기간이 끝나면서 어떠한 통고도 없이 바로 처분명령을 할 것이다. 농지 소유자로서는 처분의무 통지를 받을 때 어떻게 해야 처분의무가 소멸되는지에 대하여 알 수 없고, 처분명령 불유예에 대하여 다툴 수도 없다. 이러한 문제점의 근본 원인은 농지법 제10조가 모든 경우에 농지의 처분의무를 인정하고 그에 해당하는 경우 바로 처분의무 통지를 하게 되어 있기 때문이다. 적어도 농업경영에 이용하지 않는 제1호의 경우 바로 처분의무를 통지할 것이 아니라 농업경영이용 의무를 다하도록 명하는 즉 농업경영이용명령을 발하여야 한다. 언제까지 농업 경영에 이용하여야 하고 그렇지 않으면 처분명령을 한다는 것을 통지하는 것이다. 그 기간 내에 농업경영이용이 이루어지면 처분명령이 이루어 질 필요가 없다. 농지법 상의 법치주의 즉 법적안정성과 예측가능성 측면에서 처분 명령의 유예 제도는 매우 미흡하다.

(4) 대리경작명령과의 관계

농지법은 유휴농지에 대하여 소유권자 등을 대신하여 농작물을 경작할 자를 지정할 수 있다고 하면서 유휴농지란 농작물 경작이나 다년생식물 재배에 이용되지 아니하는 농지로서 대통령령으로 정하는 농지를 말한다고 규정한다(제20조 제1항). 대통령령은 유휴농지를 「지력 증진 등의 사유로 휴경하는 농지가 아닌 농지」등으로 소극적으로 규정한다(제19조). 결국 유휴농지란 농작물 경작이나 다년생식물 재배에 이용되지 아니하는 휴경지를 뜻하며, 처분의무가 발생하는 "농업 경영에 이용되지 아니하는 농지"에 포함될 수 있다. 그렇다면 언제 대리경작명령을 하고, 언제 처분의무 통지를 하는가. 행정청의 선택에 맡긴다면 자의의 행정이 될 수 있으므로 입법적 해결이 필요하다.

3. 이행강제금

(1) 의의

처분명령을 받은 후 그 기간 안에 정당한 사유 없이 처분명령을 이행하지 아니하는 경우에는 그 처분명령이 이행될 때까지 100분의 20에 해당하는 이행강제금을 부과하며, 그 이행강제금은 매년 1회 부과·징수할 수 있고, 불복하는 자는 이의할 수 있고 이의절차는 비송사건 절차법에 따른 과태료 재판에 준하여 재판을 한다(농지법 제62조 제1항, 제4항, 제6항, 제7항). 이행강제금은 처분의무를 간접적으로 강제하는 집행벌이다. 여기서는 농지법상의 이행강제금의 이해를 위하여 같은 집행벌인 건축법상의 이행강제금과 비교해보기로 한다.

(2) 건축법상의 이행강제금과의 비교

건축법은 위반 건축물에 대하여 시정명령을 발하고(제79조 제1항), 이행강제금을 부과하기 전에 이행강제금을 부과·징수한다는 뜻을 미리 문서로써 계고(戒告)하여야 하며(제80조 제3항), 계고에도 불구하고 시정의무를 이행하지 아니하는 경우 이행강제금을 부과한다. 이행강제금은 1년에 2회 이내의 범위에서 해당 지방자치단체의 조례로 정하는 횟수만큼 그 시정명령이 이행될 때까지 반복하여 부과할 수 있다(제80조 제5항). 이행강제금의 부과는 행정소송의 대상이 된다.[48]

---

48) 박균성, 행정법강의, 박영사, 2016, 388면.

Ⅲ. 헌법재판소 결정에 대한 평가

1. 처분명령과 비례 원칙

(1) 헌법재판소의 견해

헌법재판소는 처분명령이 재산권을 침해한다는 주장에 대하여 「농지법이 소유 농지를 자기의 농업 경영에 이용하지 아니하거나 주말·체험영농에 이용하지 아니하거나 농업 경영계획서의 내용을 이행하지 아니한 사유가 자연재해·농지개량·질병 등 대통령령이 정하는 정당한 사유에 해당하는 경우 농지 처분의무를 면하도록 규정하고, 농지 처분명령을 통지받은 농지 소유자에게 당해 토지의 매수를 청구할 수 있는 권리를 부여하여 농지처분 강제로 인한 피해를 최소화하고」49) 있기 때문에 최소 침해(필요성)의 원칙에 어긋나지 않는다고 판단한다.

(2)처분명령의 대체수단의 존재 여부

가. 처분명령의 문제점

농지법에 따르면 농업 경영에 이용하지 않는 등의 사유가 발생하면 처분의무가 발생하고, 처분의무를 이행하지 않으면(2006. 1. 22. 이후에는 여기에 더하여 처분명령 유예사유가 없으면) 처분명령이 발령되고, 처분명령에 따르지 않으면 이행강제금 부과의 외길 수순으로 진행된다. 행정청이 농업 경영에 이용하지 않은 농지를 발견한 순간 그 농지는 바로 처분 대상이고 다시 농업 경영에 이용한다 할지라도 행정청의 직권 조치로서 처분명령의 유예 조치가 있을 뿐이다. 농업 경영에 이용되지 않는 수많은 농지 중에 극히 일부만 행정청에 의해 적발된다.50) 적발되는 순간 일차적 해결책은 처분이다. 농지 소유자가 권리로서 그를 시정할

---

49) 위와 같은 곳.
50) 2010년 농지이용실태조사 대상 농지는 전체 농지 면적의 21.6%이며, 처분의무대상 농지는 총조사 대상 농지의 0.5%에 불과하다(김수석, 「농지처분명령 운영실태와 개선과제」, 36면).

여지는 없다.

헌법재판소가 지적하는 것과 같이 처분명령은 농업 경영을 하지 않은 점에 대하여 정당한 사유가 없는 경우에 발하여진다. 그런데 정당한 사유가 없는 경우라도 그 사유를 구분할 필요가 있다. 투기라든가, 소유 요건을 결하였다면 바로 처분의무의 대상이 되어야 하겠지만 불법 임대, 휴경 등의 사유인 경우 소유자 스스로가 이를 시정할 가능성이 존재한다. 이 경우 농업 경영에 이용되지 않는 농지 소유자의 농지법상 1차 의무는 농업 경영이 되어야 한다. 그럼에도 불구하고 바로 처분의무를 통지하는 것은 재산권에 대한 지나친 제한이라 할 수 있다. 이 경우 처분의무의 통지 대신에 농업경영이용명령을 발할 수도 있다. 또한 농지법이 규정하고 있는 대리경작자 지정이 이루어 질수도 있다. 이러한 단계를 생략하고 모든 경우에 바로 처분의무를 통지하는 것은 재산권에 대한 최소 침해의 원칙에 어긋나기도 할 뿐 아니라 헌법상의 적법절차원칙에도 어긋난다. 처분명령의 유예 제도만으로 이를 보완하기에는 너무 미흡하다. 헌법재판소는 처분명령의 유예 제도가 신설되기 전의 농지법 상의 처분명령 근거 조항도 위헌으로 보지 않고 있으며,51) 처분명령의 유예 제도가 신설된 후의 대상 결정에서도 이를 유지하고 있다. 그러나 처분명령의 유예 제도로 처분명령의 요건이 완화되기 전까지의 처분명령은 명백하게 기본권 제한에 관한 비례 원칙의 구성 요소인 최소 침해 원칙을 해한다고 보아야 하고, 그 이후에도 처분명령 유예 제도의 불완전함으로 인하여 비례 원칙이 침해된다고 보아야 한다.

나. 매수청구권이 적절한 조절적 보상인지 여부

농지법 제11조가 처분의무 통지를 받은 자에게 한국농어촌공사에

---

51) 헌법재판소 2010. 2. 25.선고 2010헌바39 · 40 결정(이 사건에서는 2005. 9.처분명령이 있었다).

의 매수청구권을 인정하고 있기는 하다. 그러나 그 경우 매매가는 공시 지가이다(동조 제3항). 공시 지가가 실거래가에 미치지 못하는 것은 공지의 사실이다. 매수청구권이라는 것은 시가보다 낮은 가액으로 매도를 강요하는 것에 불과하다. 처분 의무 대상 농지는 범죄에 제공되거나 범죄로 인하여 취득된 토지가 아니다. 매도의 경우에는 정당한 대가가 보장되어야 한다. 농지법이 처분의무 대상 토지로 규정하고 있는「농지를 소유하고 있는 농업회사 법인이 농지 소유 요건에 맞지 아니하게 된 경우」일본 농지법은 국가가 근처 유사농지 매매 사례 가격에 적정한 보정을 하거나 매매 사례가 없으면 소유자의 매수 가격 혹은 과세 대장을 기준한 가격으로 매수하게 한다(일본 농지법 제9조 제1항 제3호, 농지법 시행령 제18조). 적정한 가격에 대한 보장이 없으면 매수청구권은 무의미하다. 농지법 이전에 시행되던 농어촌발전특별조치법 당시의 농지 매수청구권에 의한 매매가는 합의에 의하되 공시 지가와 인근 거래 실제 가격을 참작하도록 하고 있다(제43조의 3 제4항). 농지법은 매매대금 면에서 더 후퇴하였다고 할 수 있다.

2. 이행강제금과 적법절차

(1) 헌법재판소의 견해

처분명령을 받은 후 정당한 사유가 있는 경우에는 이행강제금이 부과되지 않고 있고, 이행강제금이 수차례 부과되어 농지 자체의 객관적 가치를 넘어서는 경우도 있으나 농업 경영에 이용하게 하는 데 궁극적 목적이 있고, 농업 경영에 이용되지 않는 한 계속하여 이행강제금을 부과할 수밖에 없다. 따라서 입법자의 재량권 한계를 일탈하였다거나 침해의 최소성 원칙에 반하지 아니한다. 이행강제금 부과의 전제가 되어 있는 위반 행위 태양이 정형화되어 있어 재판에서 재량권이 행사될 여지가 거의 없고, 위반에 정당한 사유가 있는 경우 이행강제금에 처하지 않을 수 있다. 따라서 재판을 받을 권리를 침해하였다고 할 수 없다.

(2)이행강제금의 액수

가. 행정청은 처분명령이 이행될 때까지 매년 1회 토지가액의 100분의 20에 해당하는 이행강제금을 부과할 수 있다(농지법 제62조 제1항, 제4항). 횟수의 제한이 없으므로 5회가 지나면 토지 가액의 전부가 이행강제금으로 충당된다. 이행강제금은 당해 토지의 농업 경영을 강제하는 것이 아니라 처분을 강제한다. 처분명령을 받고 농업 경영을 한다고 할지라도 처분명령이 실효되는 것이 아니다. 실제 농지의 처분이 이루어지지 않는 이유는 처분 기한이나 가격 때문이다. 소유자로서는 처분명령을 받고 처분하는 것이므로 원래 합당한 가격으로 매도하지는 못할 것이나 마지막 방법으로 공시 지가를 기준으로 한국농어촌공사에 매수를 청구할 수밖에 없다. 그러나 그것도 형성권이 아닌 청구권이다. 한국농어촌공사가 매수하지 않으면 방법이 없다. 문제는 소유자가 처분하지 않고 무턱대고 버티는 경우이다. 그렇다고 하더라도 100분의 20이라는 고액을 횟수 무제한으로 부과하는 것은 재산권 제한에 대한 최소 침해의 원칙에 어긋난다. 그 경우 진정으로 처분하려고 해도 처분되지 않는 경우도 있을 수 있기 때문이다.[52] 또한 처분하지 못하는 데는 개별적 구체적 사정이 다를 수 있음에도 일률적으로 100분의 20 정액으로만 이행강제금을 부과하게 하는 점은 과잉금지의 원칙이나 평등의 원칙에 어긋날 수 있다.[53] 금액이 하향되고 횟수에 제한이 있어야 한다.[54]

---

52) 표본조사에서 휴경지 유휴농지를 매도하지 못하는 이유의 42.2%가 매수 희망자가 없기 때문이었다(박석두, 휴경농지의 실태와 정책방향, 32면).

53) 헌법재판소 2001. 5. 31.선고 99헌가18 결정은 부동산 실권리자 명의 등기에 관한 법률 상의 과징금에 관하여 100분의 30 정액으로 한 것은 헌법에 합치하지 아니한다고 판단한다.

54) 같은 취지: 이동찬, 「현행법상 이행강제금의 문제점과 개선방안」, 토지공법연구 제50집, 2010. 8. 261면. 건축법 상의 이행강제금에 대한 반대취지의 헌법 재판소 결정: 헌법재판소 2011. 10. 25.선고 2009헌바 140결정.

나. 농지법 시행령과 과잉금지의 원칙

처분명령을 받은 자는 지정기간 내에 처분하든가 아니면 한국농어촌공사에 매수를 신청할 수밖에 없다. 농지법 시행령이 이행강제금을 부과하지 않을 정당한 사유로서 ① 한국농어촌공사에 매수를 청구하여 협의 중인 경우, ② 법률 또는 법원의 판결 등에 따라 처분이 제한되는 경우로 제한하고 있기 때문이다(제75조 제3항). 헌법재판소는 대상 결정에서 「농지법이 이행강제금을 부과하지 않을 정당한 사유를 대통령령에 위임할 필요성이나 그 기준을 제시함에 있어 포괄위임금지의 원칙을 위배하지 않았다」고 판단한다. 그러나 시행령은 정당한 사유를 규정하면서 지나치게 그 사유를 한정하여 사실상 한국농어촌공사에의 매도를 위한 협의만이 유일한 정당한 사유가 되고 있다. 처분명령의 실효적인 집행을 위해 필요하다 하더라도 처분을 하지 못하는 불가피한 사유가 있을 수 있다.[55] 지나치게 경직된 농지법 시행령 제75조 제3항은 과잉금지의 원칙에 위배될 소지가 있다.

(3)불복 방법

이행강제금 부과 처분에 불복하는 자는 이의할 수 있고, 이 경우 법원은 「비송사건절차법」에 따른 과태료 재판에 준하여 재판을 한다(농지법 제62조 제6항-7항). 농지법 상의 이행강제금은 그 금액이 클 뿐만 아니라 농지 가액의 전부가 이행강제금으로 부과될 수도 있으므로 통상의 과태료와 성질을 달리할 뿐만 아니라 비송 사건은 사법 절차라기보다는 행정 절차이고,[56]심문 절차만으로는 당사자의 주장 입증이 충분하다 할 수 없다. 불복 절차는 소송 절차가 되어야 할 것이다.[57] 92. 6.1.

---

55) 예를 들어 농지법 제23조 제1항 제3호가 농지의 임대차를 허용하고 있는 질병, 징집, 교도소 수감 등의 사유이다.

56) 정형탁, 「비송사건의 의의와 그 절차의 특색」, 사법행정, 9집 1권, 1968. 66면.

57) 같은 취지: 전게, 이동찬, 267면, 반대취지: 전극수, 「이행강제금 도입법에 대한 비판과 개선방안」, 公法研究, Vol.37 No.2(2008).

시행된 건축법은 이행강제금 제도를 도입하고 그 불복 절차는 비송 절차에 따르게 하였으나(제83조 제6항, 제82조 제4항), 2006. 5. 9. 시행된 건축법에서는 이를 개정하여 소송 절차에 따르게 하고 있다.

Ⅳ. 결론

농지법 상의 처분명령은 경자유전 원칙의 실현수단으로 농업인으로 하여금 농지를 소유하게 하고 농지를 농업 경영에 이용하도록 강제하는 기능을 하여왔다. 법률 조항의 위헌 여부는 형식 논리뿐만 아니라 그를 둘러싼 주변 여건과 아울러 농업 현실을 참작하여 판단되어야 할 것이다. 처분의무 통지를 받은 후의 매수청구권 조항이나, 처분명령을 이행하지 않은 경우의 이행강제금 조항이 위헌적인 요소를 포함한다고 할지라도 이로 인하여 처분명령 조항 자체를 위헌으로 만들지는 않을 것이다.58) 그러나 처분의무 통지 내지 처분명령은 전 농지의 20%가 넘는 처분의무 대상 토지 중에서 적발된 극히 일부만에 대하여 농업 경영을 하지 않는 사유를 불문하고 정당한 사유가 없는 한 농지를 처분해야 하고, 농업경영이용명령이나 대리경작자 지정 등 처분명령을 대신할 다른 수단이 있음에도 이를 제공하지 아니하는 점에서 재산권의 제한에 대한 과잉금지의 원칙에 어긋난다. 아울러 이행강제금은 그와 불가분의 관계에 있는 처분명령이 위헌일 뿐만 아니라59) 그 금액의 과다, 불복 방법의 부적정으로 인해 과잉금지의 원칙과 적법절차의 원칙에 어긋난다. 다만 입법개선이 이루어질 때까지 위 조항들을 위헌으로 하는 것은

58) 헌법재판소 1989. 12. 22. 선고 88헌가13 결정(매수청구권 조항이 위헌이라고 하여 처분명령을 위헌으로 만들지는 않는다).
59) 농지법 상의 이행강제금 근거 조항이 위헌인지 여부는 그 전제가 되고 불가분의 관계에 있는 처분명령의 근거 조항의 위헌성과 연결되어 있다.

혼란이 발생할 여지가 많기 때문에 평석 대상 결정은 입법 개선을 촉구하는 헌법불합치 결정이 더욱 적절하였을 것이다. 아울러 이들 규정을 포함한 농지의 소유와 이용, 보전 전반에 관하여 시대의 요청과 농업의 현실을 고려한 개선이 요망된다 할 것이다. 그리고 그 개선의 방향은 사전 규제가 세계적 흐름임을 깨달아 사후 규제 내지 처분명령에의 과신을 벗어나는 것이고, 농지법의 실효성을 높이는 방향일 것이다.

참고문헌

박균성, 행정법강의, 박영사, 2016.
정종섭, 헌법학원론(11판), 2016.

José Martinez, Agrarrecht, C.H.Beck, 2016.
Joachim Netz, Grundstückverkehrgestz—Praxiskommentar, 2015.

高木 賢, 農地法, 대성출판사, 2011.
高木 賢, 詳解新農地法, 대성출판사, 2010.

김대명, 「농지의 소유제도 연구」, 法學研究 第33輯, 2009.2.
김수석, 「농지처분명령 운용실태와 개선과제」, 농촌경제연구원 정책보고서, 2011. 12.
김수석, 「농지임대차제도 개선방안」, 한국농촌경제연구원, 정책토론회 주제발표자료, 2011. 11.
김 욱, 「헌법상 '경자유전'의 과도기적 소유원칙, 그 발전적 이행을 위하여」, 공법연구 제28집 제3호, 2008.
김치환, 「통지의 법적 성질」, 토지공법연구 제43집제2호 2009. 2.
김홍상, 「한국농지제도의 현황과 과제」, 토지법학 제20(증보)호, 2005.
박석두, 「휴경농지의 실태와 정책방향」, 한국농촌경제연구원 연구보고서, 2015. 12.
박석두, 「농지전용의 원인과 영향에 관한 연구」, 한국농촌경제연구원 연구보고서, 2013. 12.
사동천, 「농지 소유제도에 관한 비판적 고찰」, 법조(57권11호), 2008.
송재일, 농지거래법제의 문제점과 개선방안, 民事法學 第49卷 第1號, 2010.6.

양형우, 「농지취득자격증명이 없는 소유권이전등기의 효력」, 홍익법학, 16
    권 2호, 2015.
이동찬, 「현행법상 이행강제금의 문제점과 개선방안」, 토지공법연구 제50
    집, 2010. 8.
장상환, 「농지제도의 현황과 발전방향」, 농업기술회보, Vol.39 No.5,
    2002.
전극수, 「이행강제금 도입법에 대한 비판과 개선방안」, 公法研究, Vol.37
    No.2, 2008.
정형탁, 「비송사건의 의의와 그 절차의 특색」, 사법행정, 9집 1권, 1968.
채광석, 「농지의 효율적 이용을 위한 농지임대차 관리방안」, 한국농촌경
    제연구원 연구보고서, 2016. 10.
홍의표, 「이행강제금 법제의 현황과 개선방안 연구」, 한국법제연구원 연
    구보고서, 2012. 10.

국문초록

이 논문은 농지법 상의 처분명령과 그 불이행에 따르는 이행강제금에 관한 조항이 위헌이 아니라는 헌법재판소 결정을 평석하고 있다. 헌법재판소는 처분명령이 재산권 침해에 관한 과잉금지의 원칙에 어긋나지 않으며, 이행강제금도 포괄 위임 되었거나, 재판청구권, 평등의 원칙을 침해한 것이 아니라고 판단한다.

여기서는 먼저 처분명령과 이행강제금의 제도적 배경이라 할 수 있는 농지의 소유와 이용 강제를 살펴 본다. 농지법은 헌법이 정하고 있는 경자유전의 원칙 하에 농업 경영에 이용하거나 할 자에게만 농지를 소유하게 하고 이를 위하여 취득 시에 농지취득자격증명을 요구한다. 그리고 농지를 소유한 자가 농업 경영에 이용하지 않는 경우 바로 처분의무를 부과한다. 그러나 현실에 있어서 경자유전의 원칙은 거의 실효성을 잃고 있다. 농지취득자격증명의 운용도 엄격하지 못하고, 농지법이 광범하게 비농민의 농지 소유를 허용하고 있기 때문이다. 농지취득자격증명의 문제점은 장래 농업 경영에 이용하기 위하여 농지를 취득하는 경우에 대한 규제력이 약하며, 적극적 심사가 아니라 소극적 증명 제도로 기능하고 있는 점이다. 일본 농지법 상의 허가제, 독일 토지거래법 상의 인가 제도와 현격하게 대비된다.

비농민의 농지 소유가 발생하는 원인은 1996. 1.1.이전 농지 소유자에 대한 경과 조치, 상속·이농, 한계농지의 발생, 법인의 농지 소유 허용 등이다. 산업 구조의 변화, 농가 인구의 감소·고령화, 농산물 수입의 자유화 등은 농지 소유 요건을 점점 완화시키고 있다. 이러한 사정으로 인하여 합법·불법으로 비농민이 농지를 소유하는 경우가 많고, 농지법이 허용하는 임대차가 아닌 불법 임대차가 늘어나는 실정이다.

농지법은 사후적으로 농지 소유 요건을 결한 경우나 농지를 농업 경영에 이용하지 않는 경우를 구분하지 않고, 모두 해당 농지를 처분명령의 전제가 되는 처분의무 통지의 대상으로 하고 있다. 그러나 투기로 판단되지 않는 경우 불법 임대차나 휴경이 발생하였다 하더라도 바로 처분의무를 부과한다는 것은 기본권 제한에 관한 최소침해의 원칙을 해할 가능성이 있다. 처분의무의 통지 전에 소유자 스스로 그것을 시정할 기회 즉 시정명령이나 농업경영이용명령 혹은 대리경작자지정 등 조치가 선행되어야 한다. 처분의무의 통지를 대체할 수단이 존재하는 것이다. 농지 소유 요건을 완화하는 추세이고, 처분의무의 대상이 모두 파악되고 있지 않은 현실에 비추어도 더욱 그러하다. 처분명령은 다른 입법례에서도 찾아보기 힘든 제도이다. 처분명령은 사전적 규제의 완화와 사후적 규제의 강화라는 정책에 근거한 것이나, 사전적 규제가 완화되고 사후 규제에 대한 행정력이 미흡한 상태에서의 처분의무는 행정청의 자의나 재산권 침해의 여지가 많다. 행정청에 의해 적발된 경우에만 처분명령의 대상이 되는 불합리가 존재할 수 있다. 처분명령의 엄격성을 완화하기 위하여 처분명령의 유예 제도가 신설되었으나 행정청이 직권으로만 처분명령을 유예할 수 있어 농지 소유자의 보호에 미흡하고 처분명령의 위헌성을 극복하기에는 부족하다.

이행강제금은 그 전제가 되는 처분명령에 위헌의 소지가 있을 뿐 아니라, 금액이 과다하고, 횟수의 제한이 없으며, 불복 절차가 소송 절차가 아닌 비송 사건 절차라는 점에서도 위헌의 소지가 있다.

평석 대상 사건에 관하여 헌법재판소는 헌법 불합치 결정을 하고 이러한 조항들의 개선을 촉구하는 것이 더욱 적절하였을 것이다.

주제어: 농지법, 경자유전의 원칙, 농지 소유, 처분의무, 처분명령, 이행강제금

Abstract

Constitutionality of the Farmland Law clauses for the Disposition Duty and the Coercive Payment

Taehuan Keum

This article discusses constitutionality of the Farmland Law clauses for the coercive payment and disposition order which is followed by it. Constitutional Court decided in 2016 that those clauses are not against the Constitution, since both are necessary to keep 「the land to the tillers principle」 and have 「balance of legal interests」. This article argues that both infringe the property rights and due process of law, as there could be other methods than disposition order to make the owner for himself to cultivate farmland which is not cultivated.

According to the Farmland Law, there are three kinds of the reason why the farmland must be disposed as soon as it occurs. First, when requirements of farmland ownership other than non－cultivation has disappeared. Second, when the farmland has not be used for the purpose for which it was originally acquired. Third, most importantly, when the farmland is leased unlawfully or is not cultivated. When the owner does not fulfill diposition duty, the agency issues disposition order for any of such reasons.

In cases of first and second reason, immidiate disposition duty could be acceptable constitutionally, however immidiate disposition duty with third reason could be constituional only when there is no alternative method and it is the last resort to solve the problem from

---

* Professor, Yeungnam University Law School

the perspective of 「proportionaliy principle」. Disposition duty comes from the policy that ex ante regulation for the farmland can be eased, and ex post regulation should be strengthened.

But the policy can not be successful, as administrative capacity is not enough to catch up with the farmland ownership reality. In reality there are so many unlawful farmland ownerships and leases because of loose management of the "certification of qualification to acquire the farmland" prescribed by the Farmland Law. Very small numbers of such cases can be found and become the object of disposition duty. It is not equal. Also when it is recognized that the ultimate aim of disposition duty is to make the farmland cultivated by the owner for himself, "order of cultivation" or "order of surrogate grower" could be preceded before the issuance of disposition duty. Therefore disposition duty is not the last resort and is against the proportionality principle.

The coercive payment to force disposition order is also unconstitutional due to, ① disposition duty is unconstitutional, ② there is no limitation for the total amount and numbers of payment, and the remedy can be only proceeded by the non-litigation procedure.

This article concludes that the Constitutioanal court should declare in this analysis-case that the Farmland Law clauses for the coercive payment and disposition order is inconsistent with the property rights and due process of law, and the alternative methods should be used in advance before the issuance of disposition duty.

Keywords: Farmland Law, land to the tillers principle, ownership of farmland, disposition duty, disposition order, coercive payment

투고일 2017. 12. 11.
심사일 2017. 12. 25.
게재확정일 2017. 12. 28.

公法人의 處分

李光潤*

대법원 2008. 1. 31. 선고 2005두8269 판결

Ⅰ. 판결개요
  1. 사실관계
  2. 소송경과
  3. 판결요지
Ⅱ. 쟁점정리
  1. 행정처분의 정의
  2. 교사 또는 기수조의 면허
     부여 또는 취소의 법적 성질
Ⅲ. 관련판례
  대법원 1992. 11. 27. 선고 92누
     3618 판결
대법원 1999. 11. 26. 자 99부3
  결정
대법원 2014. 12. 24. 선고 2010
  두6700 판결
Ⅳ. 판결의 검토
  1. 행정처분과 행정청의 정의
  2. 조교사 또는 기수의 면허
     부여 또는 취소의 법적 성질
Ⅴ. 판결의 의미와 전망

Ⅰ. 판결개요

1. 사실관계

원고는 1983. 3. 7. 한국마사회에서 시행한 제10기 기수후보생 시험에 합격하여 1년간의 기수양성소 과정을 마치고 1984. 4. 6. 기수면허 시험에 합격하여 한국마사회장으로부터 기수면허를 취득한 후 한국마

---

* 성균관대학교 법학전문대학원 교수

사회 소속 기수로서 기수생활을 하여 오면서 1997. 6. 1.에는 조교사면 허도 취득하였다. 그러다가 원고가 1999. 12. 2. 전직 기수 ▷◇◇와 공 모하여 2차례에 걸쳐 지▷◇ 등 경마 고객에게 경마정보를 제공하고 그 대가로 금품과 향응을 제공받은 혐의(이하 이 사건 혐의사실이라 한다)로 구속되자, 한국마사회장은 원고의 위와 같은 구속과 그에 대한 언론보 도로 인하여 기수로서의 품위가 손상됨은 물론, 한국마사회 및 동료 마 필 관계자들의 위신을 실추시키고, 공정한 경마구현에 막대한 악영향을 초래함으로써 경마시행규정 제72조 제1항 제4호와 제75조 제1항 제22 호 내지 제25호호에서 규정하는 제재사유가 있다는 이유로 재정위원회 의 심의를 거쳐 1999. 12. 19. 원고의 기수면허 및 조교사면허를 취소하 였다. 원고는 이에 대하여 무효 확인 및 손해배상을 청구하는 소송을 제기하였다.

2. 소송경과

1심 판결:

1심 판결은 하자가 존재한다거나 나아가 그 하자가 중대·명백하 여 무효사유가 있다고 할 수가 없다는 이유로 기각 및 제재처분에서 준 수하여야 할 직무상의 의무를 위반한 것이라고 인정할 수 없다는 이유 로 기각 판결을 하였다.

판결요지;

한국마사회가 부여하는 기수 또는 조교사의 면허는 단지 그 수험 자의 적격성 유무를 판정하는 작용에 그치는 것이 아니라 한국마사회가 스스로의 책임에 기하여 경주마의 기승과 조교를 행할 수 있는 법적 지 위를 부여하는 것을 내용으로 하는 권력적 작용으로서 한국마사회가 법 률에 의하여 부여된 우월적 지위를 행사하는 것이어서 행정소송법상의 공권력의 행사로서의 처분에 해당하고, 또 이러한 면허에 대한 제재로서의 취소 처분 역시 같은 성질을 가진다고 할 것이므로, 원고의 기수면허와 조교사면허를 취소한 이 사건 처분이 원고 주장과 같이 무효가 되기 위하여는 그에 하자가 존재하고 또 그것이 중대·명백하여야 할 것이다.

원심판결:

원심 판결은 한국마사회와 조교사 또는 기수와의 관계는 공법관계라기보다는 자치단체 내부에서의사법관계라고 봄이 상당하고, 피고 한국마사회가 조교사 또는 기수면허를 취소하는 것은 국가 기타 행정기관으로부터 위탁받은 행정권한을 행사하는 것이라고는 할 수 없고 오히려 일반 사법상의 법률관계에서 이루어지는 단체 내부에서의 징계 내지 제재처분에 지나지 아니한다는 이유로 각하 및 한국마사회에 대하여 이 사건 처분의 무효 확인을 구하는 부분은 확인의 이익이 있어 정당하다며 인용하고, 한국마사회에 대한 금원지급청구는 이유 없다며 기각하였다.

판결요지;

한국마사회는 경마의 공정한 시행과 원활한 보급을 통하여 마사의 진흥 및 축산의 발전에 이바지함을 목적으로 한국마사회법에 의하여 설립된 법인으로서(법 제1조, 제18조), 그 업무에 관하여 문화체육부장관(2001.1.29.법률 제6400호 개정으로 농림부장관으로 변경되었다)의 감독을 받고(법 제44조), 경마시행에 관한 사항 등에 관한 규약을 정하거나 변경하고자 할 때에는 문화체육부장관의 인가를 받아야 하며(법 제24조),사업계획과 예산에 대하여 문화체육부장관의 승인을 얻어야 하지만(법 제37조),이는 경마사업의 중요성과 공공성을 감안하여 국가가 이에 대해 지도·감독할 수 있는 근거규정을 마련한 것에 불과하며, 위와 같은 규정

들이 있다고 하여 그것만으로 피고 한국마사회장의 이 사건 처분을 공
법적 권력관계로 파악할 수는 없고, 오히려 한국마사회법과 피고 한국
마사회의 경마시행규정 및 경마시행규정세칙에 의하더라도 한국마사회
가 국가로부터 행정권한을 위임 또는 위탁받는다는 근거규정을 찾아 볼
수 없을 뿐 아니라, 피고 한국마사회가 행한 결정에 대한 불복방법으로
행정심판이나 행정소송에 의한 구제절차를 밟도록 하는 규정이 없는 점
(이와 같은 이유로, 피고 한국마사회장은 이 사건 처분에 대한 재심기각결정을
하면서 그에 대한 불복절차 및 불복방법에 대하여 별도로 고지하지 아니하였다),
경주마의 조교 또는 기승을 하고자 하는 자는 피고 한국마사회로부터
조교사 또는 기수의 면허를 받아야 하는데, 그 면허 또는 등록의 요건
및 취소에 관하여 필요한 사항 일체를 피고 한국마사회가 정할 수 있는
점, 재정위원회가 의결한 제재처분은 피고 한국마사회장의 결재를 얻어
야 효력이 발생하는 점 등을 종합하여 보면, 피고 한국마사회가 기수
또는 조교사의 면허를 부여하거나 취소하는 것은 경마를 독점적으로 개
최할 수 있는 지위에서 우수한 능력을 갖추었다고 인정되는 사람에게
피고 한국마사회가 개최하는 경마에서 일정한 기능과 역할을 수행할 수
있는 자격을 부여하거나 이를 박탈하는 것에 지나지 아니하고, 따라서
피고 한국마사회와 조교사 또는 기수와의 관계는 공법관계라기보다는
자치단체 내부에서의 사법관계라고 봄이 상당하고, 피고 한국마사회가
조교사 또는 기수면허를 취소하는 것은 국가 기타 행정기관으로부터 위
탁받은 행정권한을 행사하는 것이라고는 할 수 없고 오히려 일반 사법
상의 법률관계에서 이루어지는 단체 내부에서의 징계 내지 제재처분에
지나지 아니한다고 할 것이다.

대법원은 원심판결을 모두 지지하며 상고를 모두 기각하였다.

3. 판결요지

[1] 행정소송의 대상이 되는 행정처분이란 행정청 또는 그 소속기관이나 법령에 의하여 행정권한의 위임 또는 위탁을 받은 공공단체 등이 국민의 권리·의무에 관계되는 사항에 관하여 직접 효력을 미치는 공권력의 발동으로서 하는 공법상의 행위를 말하며, 그것이 상대방의 권리를 제한하는 행위라 하더라도 행정청 또는 그 소속기관이나 권한을 위임받은 공공단체 등의 행위가 아닌 한 이를 행정처분이라고 할 수 없다.

[2] 한국마사회가 조교사 또는 기수의 면허를 부여하거나 취소하는 것은 경마를 독점적으로 개최할 수 있는 지위에서 우수한 능력을 갖추었다고 인정되는 사람에게 경마에서의 일정한 기능과 역할을 수행할 수 있는 자격을 부여하거나 이를 박탈하는 것에 지나지 아니하므로, 이는 국가 기타 행정기관으로부터 위탁받은 행정권한의 행사가 아니라 일반 사법상의 법률관계에서 이루어지는 단체 내부에서의 징계 내지 제재처분이다.

[3] 취업규칙이나 상벌규정에서 징계사유를 규정하면서 동일한 사유에 대하여 여러 등급의 징계가 가능한 것으로 규정한 경우에 그 중 어떤 징계처분을 선택할 것인지는 징계권자의 재량에 속한다고 할 것이지만, 이러한 재량은 징계권자의 자의적이고 편의적인 재량이 아니며 징계사유와 징계처분 사이에 사회통념상 상당하다고 인정되는 균형의 존재가 요구되므로 경미한 징계사유에 대하여 가혹한 제재를 과하는 것은 징계권 남용으로서 무효라고 하여야 할 것인바, 이와 같은 징계권 남용의 판단 기준은 한국마사회가 그로부터 면허를 받은 조교사 또는 기수에 대하여 면허 취소·정지 등의 제재를 과하는 경우에도 마찬가지로 적용된다.

[4] 사용자의 근로자에 대한 징계의 양정이 결과적으로 재량권을

일탈·남용한 것이라고 인정되어 징계처분이 무효라고 판단된다 하더라도 그것이 법률전문가가 아닌 징계위원들의 징계 경중에 관한 관련 법령의 해석 잘못에 불과한 경우에는 그 징계의 양정을 잘못한 징계위원들에게 불법행위책임을 물을 수 있는 과실이 없으며, 또 근로자에 대한 해고 등 불이익처분을 할 당시의 객관적인 사정이나 근로자의 비위행위 등의 정도, 불이익처분을 하게 된 경위 등에 비추어 사용자가 그 비위행위 등이 취업규칙이나 단체협약에 정한 근로자에 대한 불이익처분 사유에 해당한다고 판단한 것이 무리가 아니었다고 인정되고 아울러 소정의 적법한 절차 등을 거쳐서 당해 불이익처분을 한 것이라면, 사용자로서는 근로자에 대하여 불이익처분을 하면서 기울여야 할 주의의무를 다한 것으로 보아야 하므로, 비록 당해 불이익처분이 사후 법원에 의하여 무효라고 판단되었다 하더라도 거기에 불법행위책임을 물을 만한 고의·과실이 없다. 이러한 법리는 근로자에 대한 해고 등 불이익처분과 그 구조가 유사한 기수 및 조교사 면허 취소가 불법행위에 해당하는지 여부를 판단할 때도 마찬가지이다.

Ⅱ. 쟁점정리

1. 행정처분의 정의

2. 교사 또는 기수조의 면허 부여 또는 취소의 법적 성질

제재처분의 무효 여부는 쟁점의 부각을 위하여 생략하기로 한다.

Ⅲ. 관련판례

1. 대법원 1992. 11. 27. 선고 92누3618 판결
[단독주택용지공급신청에대한거부처분취소등]
[공1993. 1. 15. (936), 281]

가. 항고소송은 행정청의 처분 등이나 부작위에 대하여 처분 등을 행한 행정청을 상대로 이를 제기할 수 있고 행정청에는 처분 등을 할 수 있는 권한이 있는 국가 또는 지방자치단체와 같은 행정기관뿐만 아니라 법령에 의하여 행정권한의 위임 또는 위탁을 받은 행정기관, 공공단체 및 그 기관 또는 사인이 포함되는바 특별한 법률에 근거를 두고 행정주체로서의 국가 또는 지방자치단체로부터 독립하여 특수한 존립목적을 부여받은 특수한 행정주체로서 국가의 특별한 감독 하에 그 존립목적인 특정한 공공사무를 행하는 공법인인 특수행정조직 등이 이에 해당한다.

나. 대한주택공사의 설립목적, 취급업무의 성질, 권한과 의무 및 택지개발사업의 성질과 내용 등에 비추어 같은 공사가 관계법령에 따른 사업을 시행하는 경우 법률상 부여받은 행정작용권한을 행사하는 것으로 보아야 할 것이므로 같은 공사가 시행한 택지개발사업 및 이에 따른 이주대책에 관한 처분은 항고소송의 대상이 된다.

다. 공공용지의취득및손실보상에관한특례법 제8조에 의하면 사업시행자는 공공사업의 시행에 필요한 토지 등을 제공함으로 인하여 생활근거를 상실하게 되는 자를 위하여 이주대책을 수립 실시하는바 택지개발촉진법에 따른 사업시행을 위하여 토지 등을 제공한 자에 대한 이주대책을 세우는 경우 위 이주대책은 공공사업에 협력한 자에게 특별공급의 기회를 요구할 수 있는 법적인 이익을 부여하고 있는 것이라고 보아야 할 것이므로 그들에게는 특별공급신청권이 인정되며 따라서 사업시행자가 위 조항에 해당함을 이유로 특별분양을 요구하는 자에게 이를 거부한 행위는 항고소송의 대상이 되는 거부처분이라 할 것이다.

2. 대법원 1999. 11. 26. 자 99부3 결정[집행정지]

가. 행정소송의 대상이 되는 행정처분이라 함은 행정청 또는 그 소속기관이나 법령에 의하여 행정권한의 위임 또는 위탁을 받은 공공단체가 국민의 권리의무에 관계되는 사항에 관하여 직접효력을 미치는 공권력의 발동으로서 하는 공법상의 행위를 말하며, 그것이 상대방의 권리를 제한하는 행위라 하더라도 행정청 또는 그 소속기관이나 권한을 위임받은 공공단체의 행위가 아닌 한 이를 행정처분이라고 할 수는 없다.

나. 한국전력공사는 한국전력공사법의 규정에 의하여 설립된 정부투자법인일 뿐이고 위 공사를 중앙행정기관으로 규정한 법률을 찾아볼 수 없으며, 예산회계법 제11조의 규정에 의하여 정부투자기관의 예산과 회계에 관한 사항을 규정한 구 정부투자기관관리기본법(1997. 8. 28. 법률 제5376호로 개정되기 전의 것)에 구 국가를당사자로하는계약에관한법률(1997. 12. 13. 법률 제5453호로 개정되기 전의 것) 제27조 또는 같은 법 시행령(1997. 12. 31. 대통령령 제15581호로 개정되기 전의 것) 제76조를 준용한다는 규정도 없으므로 위 공사는 위 법령 소정의 '각 중앙관서의 장'에 해당되지 아니함이 명백하고, 위 공사가 입찰참가자격을 제한하는 내용의 부정당업자제재처분의 근거로 삼은 정부투자기관회계규정 제245조가 정부투자기관의 회계처리의 기준과 절차에 관한 사항을 재무부장관이 정하도록 규정한 구 정부투자기관관리기본법 제20조에 의하여 제정된 것임은 분명하나 그 점만으로 위 규정이 구 정부투자기관관리기본법

제20조와 결합하여 대외적인 구속력이 있는 법규명령으로서의 효력을 가진다고 할 수도 없다 할 것이므로, 따라서 위 공사가 행정소송법 소정의 행정청 또는 그 소속기관이거나 이로부터 위 제재처분의 권한을 위임받았다고 볼 만한 아무런 법적 근거가 없다고 할 것이므로 위 공사가 정부투자기관회계규정에 의하여 행한 입찰참가자격을 제한하는 내용의 부정당업자제재처분은 행정소송의 대상이 되는 행정처분이 아니라 단지 상대방을 위 공사가 시행하는 입찰에 참가시키지 않겠다는 뜻의 사법상의 효력을 가지는 통지행위에 불과하다.

3. 대법원 2014. 12. 24. 선고 2010두6700 판결 [부정당업자제재처분등]

가. 행정소송의 대상이 되는 행정처분은, 행정청 또는 그 소속기관이나 법령에 의하여 행정권한의 위임 또는 위탁을 받은 공공기관이 국민의 권리의무에 관계되는 사항에 관하여 공권력을 발동하여 행하는 공법상의 행위를 말하며, 그것이 상대방의 권리를 제한하는 행위라 하더라도 행정청 또는 그 소속기관이나 권한을 위임받은 공공기관의 행위가 아닌 한 이를 행정처분이라고 할 수 없다(대법원 1999. 2. 9. 선고 98두14822 판결, 대법원 2010. 11. 26.자 2010무137 결정 등 참조).

나. 원심판결 이유와 기록에 의하면, 피고가 2008. 12. 31. 원고에 대하여 한 공사낙찰적격심사 감점처분(이하 '이 사건 감점조치'라 한다)의 근거로 내세운 규정은 피고의 공사낙찰적격심사세부기준(이하 '이 사건 세부기준'이라 한다) 제4조 제2항인 사실, 이 사건 세부기준은 공공기관의 운영에 관한 법률 제39조 제1항, 제3항, 구 공기업·준정부기관 계약사무규칙(2009. 3. 5. 기획재정부령 제59호로 개정되기 전의 것, 이하 같다) 제12조에 근거하고 있으나, 이러한 규정은 공공기관이 사인과 사이의 계약

관계를 공정하고 합리적·효율적으로 처리할 수 있도록 관계 공무원이
지켜야 할 계약사무처리에 관한 필요한 사항을 규정한 것으로서 공공기
관의 내부규정에 불과하여 대외적 구속력이 없는 것임을 알 수 있다.

　　다. 이러한 사실을 위 법리에 비추어 보면, 피고가 원고에 대하여
한 이 사건 감점조치는 행정청이나 그 소속 기관 또는 그 위임을 받은
공공단체의 공법상의 행위가 아니라 장차 그 대상자인 원고가 피고가
시행하는 입찰에 참가하는 경우에 그 낙찰적격자 심사 등 계약 사무를
처리함에 있어 피고 내부규정인 이 사건 세부기준에 의하여 종합취득점
수의 10/100을 감점하게 된다는 뜻의 사법상의 효력을 가지는 통지행위
에 불과하다 할 것이고, 또한 피고의 이와 같은 통지행위가 있다고 하
여 원고에게 공공기관의 운영에 관한 법률 제39조 제2항, 제3항, 구 공
기업·준정부기관 계약사무규칙 제15조에 의한 국가, 지방자치단체 또는
다른 공공기관에서 시행하는 모든 입찰에의 참가자격을 제한하는 효력
이 발생한다고 볼 수도 없으므로, 피고의 이 사건 감점조치는 행정소송
의 대상이 되는 행정처분이라고 할 수 없다.
　　그럼에도 원심은 이와 달리 그 판시와 같은 이유만을 들어 이 사건
감점조치가 행정처분에 해당한다고 보고 본안에 대하여 판단하고 말았
으니, 이러한 원심판결에는 행정처분에 관한 법리를 오해함으로써 판결
에 영향을 미친 위법이 있다.

Ⅳ. 판결의 검토

1. 행정처분과 행정청의 정의

(1) 판결의 정의

대법원은 행정처분의 정의에 관하여 "행정처분이란 행정청 또는 그 소속기관이나 법령에 의하여 행정권한의 위임 또는 위탁을 받은 공공단체 등이 국민의 권리·의무에 관계되는 사항에 관하여 직접 효력을 미치는 공권력의 발동으로서 하는 공법상의 행위를 말하며, 그것이 상대방의 권리를 제한하는 행위라 하더라도 행정청 또는 그 소속기관이나 권한을 위임받은 공공단체 등의 행위가 아닌 한 이를 행정처분이라고 할 수 없다."고 한다. 이와 같은 정의는 대법원 1999. 11. 26.자 99부3 결정, 대법원 2004. 3. 4.자 2001무49 결정, 대법원 2014. 12. 24. 선고 2010두6700 판결 등에서 일관적으로 유지되었다.

(2) 실정법의 정의

행정소송법 제2조(정의) ① 1.은 "'처분등'이라 함은 행정청이 행하는 구체적 사실에 관한 법집행으로서의 공권력의 행사 또는 그 거부와 그 밖에 이에 준하는 행정작용(이하 "處分"이라 한다) 및 행정심판에 대한 재결을 말한다.'고 하고 있으므로 처분의 주체는 행정청이어야 한다.

행정심판법 제2조 4.에 의하면 행정청이란 "행정에 관한 의사를 결정하여 표시하는 국가 또는 지방자치단체의 기관, 그 밖에 법령 또는 자치법규에 따라 행정권한을 가지고 있거나 위탁을 받은 공공단체나 그 기관 또는 사인(私人)을 말한다."고 규정하고 있는데 행정소송법 제2조 ②는 "행정청에는 법령에 의하여 행정권한의 위임 또는 위탁을 받은 행정기관, 공공단체 및 그 기관 또는 사인이 포함된다"고 규정하여 행정

청에 대한 정의는 없이 행정청의 범위를 보충설명하고 있으므로 행정소
송법 제2조 ② 규정은 행정심판법 제2조 4. 규정의 "위탁"을 "위임 또
는 위탁"으로 교정하여 상하관계의 법관계를 위임으로 교정하고 있는
외에는 행정심판법 규정을 따르고 있는 것으로 유추 해석할 수 있다.

행정절차법 제2조(정의)는 "이 법에서 사용하는 용어의 뜻은 다음
과 같다.

1. "행정청"이란 다음 각 목의 자를 말한다.

가. 행정에 관한 의사를 결정하여 표시하는 국가 또는 지방자치단
체의 기관

나. 그 밖에 법령 또는 자치법규(이하 "법령등"이라 한다)에 따라 행
정권한을 가지고 있거나 위임 또는 위탁받은 공공단체 또는 그 기관이
나 사인(私人)이라고 규정하고 있어 법령 또는 자치법규에 따라 행정권
한을 보유하는 경우를 행정청에 포함시키고 있다.

(3) 판례태도와 실정법 규정과의 차이

대법원 1992. 11. 27. 선고 92누3618 판결[단독주택용지공급신청에
대한거부처분취소등]은 "행정청에는 처분 등을 할 수 있는 권한이 있는
국가 또는 지방자치단체와 같은 행정기관뿐만 아니라 법령에 의하여 행
정권한의 위임 또는 위탁을 받은 행정기관, 공공단체 및 그 기관 또는
사인이 포함되는바 특별한 법률에 근거를 두고 행정주체로서의 국가 또
는 지방자치단체로부터 독립하여 특수한 존립목적을 부여받은 특수한
행정주체로서 국가의 특별한 감독 하에 그 존립목적인 특정한 공공사무
를 행하는 공법인인 특수행정조직 등이 이에 해당한다."고 해석하고 있
어서 시원적 처분권이 있는 행정청은 국가 또는 지방자치단체이고 이를
제외한 공공단체는 법령에 의하여 행정권한의 위임 또는 위탁을 받아야
만 행정청이 되는 것으로 해석하고 있다. 이러한 판례태도는 행정심판

법 제2조 4. "법령 또는 자치법규에 따라 행정권한을 가지고 있거나"의 규정에 배치된다. 왜냐하면 행정심판법 제2조 4. "법령 또는 자치법규에 따라 행정권한을 가지고 있거나" 규정의 "법령 또는 자치법규"는 위임이나 위탁규정이 아닌 공공단체의 설립규정으로 해석할 수 있기 때문이다.

이 규정을 설립규정으로 해석한다면 공공단체도 설립 법령 또는 자치법규에 따라 시원적 처분권이 있는 행정청이 될 수 있다. 지방자치단체가 국가의 분권단체로 설립법률에 의해 시원적 처분권을 보유한다면 지방자치단체를 제외한 공공단체 역시 설립 법령 또는 자치법규에 따라 국가 또는 지방자치단체로부터 분권된 단체로서 시원적 처분권을 가질 수 있다.

그러나 대법원은 1999. 11. 26.자 99부3 결정, 대법원 2004. 3. 4. 자 2001무49 결정, 대법원 2014. 12. 24. 선고 2010두6700 판결 등에서 일관하여 행정청이 되는 공공단체를 법령에 의하여 행정권한의 위임 또는 위탁을 받은 경우만을 행정청으로 해석하고 있다.

(4) 행정청으로서의 공공단체

공공단체는 협의로는 지방자치단체를 제외한 공공단체를 가리키며 법인격을 취득한 공법인을 말한다. 공법인은 공익을 목적으로 하는 불평등한 법관계로서의 공법에 근거하여 창설되는 법인이다. 따라서 국가와 지방자치단체를 제외한 사무분권 공법인(이하 줄여서 공법인이라고만 부르기로 한다.)은 국가 또는 지방자치단체가 특별한 사무의 수행이라고 하는 공익을 목적으로 공법에 의하여 창설한 인적 자원과 물적 시설의 총합체로서의 법인이다. 이러한 사무분권은 기능적 분권 또는 기술적 분권이라고 불리는데 국공립 대학법인이나 병원법인 같은 특별한 임무의 공법인을 설립하여 자체의사 결정기구를 갖추고 어느 정도의 행정

적, 재정적 자치권을 행사 하나 분권을 해준 국가나 지방단체의 후견적 감독을 받는다.[1]

　행정권한의 위임과 이양(분권)은 다르다. 행정권한의 위임은 개별 법령에 의하여 행정권한의 위임을 받게 되나 행정권한의 이양(분권)은 이양(분권)법령 또는 자치법규에 의하여 공공단체가 창설되고 행정적 성격의 공공단체는 행정권한을 분권 받는다.

　행정의 시원적 주체는 국가이나, 국가는 국가로부터 분리된 법인격을 향유하는 공법인을 설립하여 국가의 간접행정기관으로 활용하고 있다. 국가의 간접행정기관인 公法人을 공공단체라고 하며, 공공단체는 국가 및 공무수탁사인과 함께 행정주체가 된다. 공공단체 가운데서 국가의 사무를 지역적으로 분권[2]한 것이 지방자치단체이며, 국가의 사무를 사무적으로 분권한 것이 지방자치단체를 제외한 공공단체로 공공조합, 공법상의 영조물법인 그리고 공법상의 재단이다. 그런데, 공공조합과 공법상의 영조물법인 그리고 공법상의 재단은 그 기능에 있어 동일하며 이들을 구별하지 말고 營造物法人으로 통칭하여도 무방하다.[3]

　공법인은 모리스 오류의 표현을 빌면 "의인화된 공공서비스"(service public personnalisé)라고 볼 수 있는데 다른 표현으로는 "특별목적(ad hoc)의 공법인(une personne publique à vocation spéciale)"이라고도 한다. 이를 프랑스 법에서는 영조물(Etablissement public)이라고 부른

1) Vie-publique, "Quels sont les grands principes régissant les collectivités territoriales?", 2016.01.05. http://www.vie-publique.fr/decouverte-institutions/institutions/collectivites-territoriales/principes-collectivites-territoriales/qu-est-ce-que-decentralisation.html (최종접속날짜:2017.12.08.)
2) 연방주의나 준연방주의(Regionalisme)와 지방분권은 다르다. 지방분권은 단일국가 내에서 일어나고, 연방이나 준연방국가에서는 주정부 내부에서 일어난다.
3) 이광윤, 『행정법이론』, 성균관대학교 출판부, 2000, 9쪽

다. 프랑스에서 영조물(Etablissement public)의 전통적 개념은 공공서비
스를 수행하기 위한 국가 또는 지방자치단체를 제외한 공법상의 법인체
를 말한다. 이러한 전통적 의미의 영조물은 법인격을 갖춘 공공서비스
이기 때문에 공공서비스기관에 법인격과 재정적 자치를 부여하는 사무
분권(décentralisation par service)의 도구이다.

　프랑스의 영조물은 상공회의소(chambre de commerce)를 제외하고는
(C.E.21fer. 1936. Retail) 국가 또는 지방자치단체에 결부되어 있으며 그에
부여된 임무를 수행하기 위하여 전문성의 원칙에 지배되고 있다. 또한
영조물에는 자치의 원칙이 적용되어 고유의 기관을 가지며 자치적 예산
과 법률상의 권리·의무의 주체가 된다. 이러한 자치의 반대급부로서 국
가 또는 지방자치단체의 후견적 감독("tutelle")을 받게 된다. 또한 영조물
은 일정한 공법상의 특수법칙에 지배되어 강제집행이 면제된다.[4]

　영조물은 담당하는 주 업무의 법적 성격에 따라 공법이 주로 적용
되는 행정적 영조물과 사법이 주로 적용되는 상업적 영조물로 나뉜다.[5]
行政的 營造物은 앞서 말한 營造物의 一般的 法的 地位(전문성, 공법의
적용 및 행정법원의 관할, 예산 회계법의 적용, 행정적 후견감독)를 누린다. 그
러나 물론 모든 行政廳과 마찬가지로 行政契約이 아닌 私法上의 契約이
나 私法上의 人員고용을 할 수 있어, 私法的 운영절차를 채택할 수 도
있다.[6]

---

4) 이광윤, 영조물 행위의 법적 성격에 관한 interfrost회사 대 F.I.O.M 사건(프랑스관
　할쟁의재판소 1984.11.12판결), 행정판례연구 1집(1992년), 청운사
5) 이광윤, "한국의 공공행정조직의 현황과 문제점", 동아시아행정법학회(06.10. 항주)
　발표문
6) 이광윤, 영조물 행위의 법적 성격에 관한 interfrost회사 대 F.I.O.M 사건(프랑스관
　할쟁의재판소 1984.11.12판결), 행정판례연구 1집(1992년), 청운사

상업적 영조물은 공법과 사법이 다 같이 적용되나, 사법이 적용되는 부분이 대부분이다. 즉, 상업적 영조물은 일종의 공공상인(commerçants publics)으로 간주되어 사법을 적용시키게 된다. 따라서 회계인으로서의 이사와 경리를 제외한 상업적 영조물의 직원은 원칙적으로 사법상의 직원이 된다. 행정행위에 관하여는 공적 관리(gestion publique) 행위로 분류될 때만 행정행위로 분석된다. 계약도 일반적으로는 사법상의 계약을 체결하게 된다(행정계약도 있음).[7]

공법이 주로 적용되는 행정적 영조물법인과 사법이 주로 적용되는 상업적 영조물법인의 구별 기준은 다음과 같다 :

- 행정적 공법인은 주권행사 또는 사회복지권 행사를 목적으로 하고 상업적 공법인은 재화와 서비스의 생산과 판매를 목적으로 한다.
- 행정적 공법인은 수수료를 받고, 상업적 공법인은 사용료를 받는다.
- 상업적 공법인은 운영이 기업체와 같다.
- 행정적 공법인의 고용인은 준공무원이 일반적이나 상업적 공법인은 근로계약관계의 근로자이다.[8]

원칙적으로 설립법령에 의하여 행정청이 되는 것은 행정적 영조물법인이며 상업적 영조물법인은 원칙적으로 행정청이 될 수 없고, 행정권한을 행사할 수 있는 개별 법령에 의하여 행정권한의 위임 또는 위탁

---

7) 상게논문
8) Vie-publique, "Que sont les établissements publics administratif (EPA) et industriel et commercial (EPIC)?", 2013. 07. 18. http://www.vie-publique.fr/decouverte-institutions/institutions/administration/organisation/structures-administratives/que-sont-etablissements-publics-administratif-epa-industriel-commercial-epic.html (최종접속날짜:2017.12.08.)

을 받은 경우에만 행정청이 될 수 있다. 즉 창설목적은 상업적으로 설립되었으나 구체적인 행위에 대하여 개별 법령에 의하여 행정권한의 위임 또는 위탁을 받은 경우에만 행정청이 된다. 이렇게 되면 상업적 영조물이 사실상 본질적으로 행정적인 활동을 할 수 있게 되는데 이것은 상업적 영조물이 이른바 "뒤집혀진 얼굴의(vigage inversé) 영조물"9)(즉 행정적 영조물의 모습)로 되는 것을 의미 한다.10)

행정청과의 관계에 있어 시민의 권리에 관한 2000년 4월 12일의 프랑스 법률은 행정청으로 ;
- 국가
- 지방자치단체
- 행정적 영조물법인
- 사회보장기관
- 행정적 공공서비스 기관

을 규정하고 있다.

상업적 공공서비스 기관(공법인 또는 사법인)이 행정행위를 할 수 있는 경우는 ;
　　　-규정에 관계될 때
　　　-공공서비스의 조직에 관계될 때
만 할 수 있고 나머지 경우는 사법상의 행위를 한다.11)

---

9) 농산물 시장조직기금(Fonds d'organisation des marchés agricoles), T.C. 24 juillet 1968, Distilleries bretonnes 회사판결 및 프랑스 무역센타(Centre français du Commerce extérieur) C.E. 4 juillet 1986. Berger 판결.
10) 이광윤, 전게서, 79쪽
11) "Actes administratif", Toupictionnaire, 2017,12,08. http://www.toupie.org/Dictionnaire/Acte_administratif.htm

(5) 한국마사회의 법적 성격

한국마사회는 한국마사회법에 의해 설립된 공법인으로 "경마의 공정한 시행과 원활한 보급"을 목적으로 한다. 한국마사회 법 제2조 1.에 의하면 "경마"라 함은 기수가 기승한 말의 경주에 승마투표권을 발매하고, 승마 적중자에게 환급금을 교부하는 행위를 말한다. 따라서 한국마사회는 행정적 성격의 영조물법인이 아니고 상업적 성격의 영조물법인이기 때문에 원칙적으로는 행정처분을 할 권한이 없고 개별 법령에 의하여 행정권한의 위임 또는 위탁을 받은 경우에만 행정청이 될 수 있다.

2. 조교사 또는 기수의 면허 부여 또는 취소의 법적 성질

한국마사회법 제14조(조교사·기수의 면허 등) ①은 "경주마의 조교 또는 기승을 하고자 하는 자는 마사회로부터 조교사 또는 기수의 면허를 받아야 한다"고 규정하고 있다. 면허는 공익적 목적에서 우월적 지위에서 행하는 공권력의 행사로서 행정처분의 요소를 갖추고 있는데 한국마사회는 한국마사회법 제14조(조교사·기기수의 면허 등) ①에 의하여 행정권한을 위임받고 있다.

당해 판결은 "한국마사회법과 이에 근거한 피고 한국마사회의 경마시행규정 및 그 시행세칙에 의하더라도 피고 한국마사회가 국가로부터 행정권한을 위임 또는 위탁받는다는 근거규정을 찾아 볼 수 없는 점, 피고 한국마사회가 행한 결정에 대한 불복방법으로 행정심판이나 행정소송에 의한 구제절차를 밟도록 하는 규정이 없는 점, 경주마의 조교 또는 기승을 하고자 하는 자는 피고 한국마사회로부터 조교사 또는 기수의 면허를 받아야 하는데 그 면허의 요건 및 취소에 관하여 필요한 사항 일체를 피고 한국마사회가 정할 수 있는 점 등을 종합하여 보면, 피고 한국마사회가 조교사 또는 기수의 면허를 부여하거나 취소하는 것은 경마를 독점적으로 개최할 수 있는 지위에서 우수한 능력을 갖추었다고 인정되는 사람에게 경마에서의 일정한 기능과 역할을 수행할 수 있는 자격을 부여하거나 이를 박탈하는 것에 지나지 아니하므로, 이는 국가 기타 행정기관으로부터 위탁받은 행정권한의 행사가 아니라 일반 사법상의 법률관계에서 이루어지는 단체 내부에서의 징계 내지 제재처분으로 봄이 상당하다"고 설시하고 있는데, 왜 근거규정이 없다고 하는지 이해할 수 없다.

"면허의 요건 및 취소에 관하여 필요한 사항" 역시 제14조(조교사·기수의 면허 등) ③ "제1항 또는 제2항의 규정에 의한 면허 또는 등록의 요건·취소 등에 관하여 필요한 사항은 마사회가 정한다."는 규정에 의해 행정권한을 위임받고 있는데, 왜 "국가 기타 행정기관으로부터 위탁받은 행정권한의 행사가 아니라 일반 사법상의 법률관계에서 이루어지는 단체 내부에서의 징계 내지 제재처분으로 봄이 상당하다"고 하는지 이해할 수 없다. 참고로 프랑스 관할쟁의 재판소는 Compagnie Air France c/Epoux Barbier 판결[12])에서 에어프랑스 여승무원의 결혼 시 사직을 규정한 에어프랑스 복무규칙의 합법성에 관하여 에어프랑스는 사법인인 주식회사이고, 공무원 신분이 아닌 민간인의 신분에 관한 분쟁으로 민사소송의 대상이지만 복무규칙은 선결문제 심사로서 민간항공부장관 및 재정부장관의 승인을 받는 공공서비스의 조직에 관한 규정이므로 행정법원의 관할사항이라고 하였음을 참고할 필요가 있다. Compagnie Air France c/Epoux Barbier 판결을 참고하면 법률의 위임에 따라 한국마사회가 정한 면허의 요건 및 취소에 관하여 필요한 사항에 대한 합법성의 심사는 행정소송이 되어야 한다. 한편 조교사나 기수는 사법상의 근로계약 관계이기는 하나 조교사·기수의 면허 등은 근로계약관계가 문제가 되는 것이 아니라 자격요건에 해당하므로 경마라고

---

12) TC 15 janvier. 1968 Compagnie Air France c. Epoux Barbier

하는 상업적 공공서비스를 "공정하고 원활하게" 시행하고 보급하기 위하여 신분상의 지위를 일방적으로 정하는 것이기 때문에 공권력의 행사로써 행정처분으로 보아야 할 것이다.13) 이렇게 보면 오히려 "한국마사회가 부여하는 기수 또는 조교사의 면허는 단지 그 수험자의 적격성 유무를 판정하는 작용에 그치는 것이 아니라 한국마사회가 스스로의 책임에 기하여 경주마의 기승과 조교를 행할 수 있는 법적 지위를 부여하는 것을 내용으로 하는 권력적 작용으로서 한국마사회가 법률에 의하여 부여된 우월적 지위를 행사하는 것이어서 행정소송법상의 공권력의 행사로서의 처분에 해당하고, 또 이러한 면허에 대한 제재로서의 취소 처분 역시 같은 성질을 가진다"고 한 1심 판결14)이 논리적으로 더 타당하다고 볼 수 있다.

Ⅴ. 판결의 의미와 전망

이 판결은 1심법원 판결에서 진보적인 견해가 표출되었음에도 불구하고 행정처분을 할 수 있는 행정청에 해당하는 공공단체를 법령 또는 자치법규의 개별적 위임을 받은 경우에 한정하고 있는 기존의 판례태도를 유지하였다. 또 공법인을 활동 성격에 따라 행정적 공법인과 상업적 공법인으로 구분하여 원칙적으로 행정청이 되는 것은 행정적 공법인만으로 한정하지 않고 그 구별을 하지 않는 전통적 태도를 견지하였다. 이렇게 행정적 공법인과 상업적 공법인을 구분하지 않게 되면 모든 공법인을 개별적 법령 또는 자치법규의 위임이 없는 한 모두 사법관계로 보는 오류에 빠지게 된다. 이러한 태도는 판례태도를 넘어 심지어는

---

13) 같은 취지. 김연태 "韓國馬事會의 調敎師 및 騎手의 免許 附與 또는 取消의 處分性,", 『행정판례연구』제15권 제1호 111~148면, 행정판례연구회, 2010.
14) 수원지방법원 2003. 8. 20. 선고 2002구합3332 판결

국가배상법을 비롯한 다수의 입법태도로 까지 확산되어 국가와 지방자치단체만을 공행정의 주체로 한정하는 문제점을 노출하고 있다. 입법의 경우에는 입법개선 때까지 우선 국가가 설립한 공법인을 국가에 포함시키고, 지방자치단체가 설립한 공법인도 지방자치단체에 포함시키는 것으로 법원이 해석해 준다면 입법적 문제도 해결되리라고 보는데 우선은 법원의 공법인에 대한 올바른 이해가 선행되어야 한다. 공기업의 하나인 상업적 공법인은 개별 법령의 위임이 없는 한 원칙적으로 행정의 주체가 아니며, 행정적 업무를 담당하는 공법인은(ex; 한국연구재단) 구체적인 행위에 대하여 개별법령의 위임 여부에 상관없이 원칙적으로 해당사무에 관하여 설립법령에 의하여 행정청의 지위에 서는 것이 당연한 것이 아닐까.

참고문헌

이광윤, 행정법이론, 성균관대학교 출판부, 2000

_____, 한국의 공공행정조직의 현황과 문제점, 동아시아행정법학회 (06.10. 항주) 발표문

_____, 영조물 행위의 법적 성격에 관한 interfrost회사 대 F.I.O.M 사건 (프랑스관할쟁의재판소 1984.11.12판결), 행정판례연구 1집(1992년), 청운사

김연태, 韓國馬事會의 調敎師 및 騎手의 免許 附與 또는 取消의 處分性, 행정판례연구 15권 제1호, 2010

BAILLEUL (David), Vers la fin de l''établissement public industriel et commercial A propos de la transformation des EPIC en sociétés, Revue juridique de l'entreprisepublique, n°629, mars 2006, pp. 105−112

FATÔME (Etienne), A propos de la distinction entre les établissements publics à caractère administratif et les établissements publics à caractère industriel et commercial: Mélanges René Chapus, Montchrestien,1992,pp.171−196

LOMBARD (Martine), L'établissement industriel et commercial est−il condamné?, AJDA, 2006, pp. 79 et s.

Vie−publique, "Que sont les établissements publics administratif (EPA) et industriel et commercial (EPIC)?", http://www.vie−publique.fr/decouverte−institutions/institutions/adminis tration/organisation/structures−administratives/que−sont−etablisse ments−publics−administratif−epa−industriel−commercial−epic.h tml(2017.12.08.)

Vie－publique, "Quels sont les grands principes régissant les collectivités territoriales?",

http://www.vie－publique.fr/decouverte－institutions/institutions/collecti vites－territoriales/principes－collectivites－territoriales/qu－est－ce －que－decentralisation.html(2017.12.08.)

"Actes administratif", Toupictionnaire,

http://www.toupie.org/Dictionnaire/Acte_administratif.htm　(2017.12.08.)

국문초록

    이 판결은 1심법원 판결에서 진보적인 견해가 표출되었음에도 불구하
고 행정처분을 할 수 있는 행정청에 해당하는 공공단체를 법령 또는 자치법
규의 개별적 위임을 받은 경우에 한정하고 있는 기존의 판례태도를 유지하
였다. 또 공법인을 활동 성격에 따라 행정적 공법인과 상업적 공법인으로
구분하여 원칙적으로 행정청이 되는 것은 행정적 공법인만으로 한정하지 않
고 그 구별을 하지 않는 전통적 태도도 견지하였다. 이렇게 행정적 공법인
과 상업적 공법인을 구분하지 않게 되면 모든 공법인을 개별적 법령 또는
자치법규의 위임이 없는 한 모두 사법관계로 보는 오류에 빠지게 된다. 공
기업의 하나인 상업적 공법인은 개별 법령의 위임이 없는 한 원칙적으로 행
정의 주체가 아니며, 행정적 업무를 담당하는 공법인은(ex; 한국연구재단)
구체적인 행위에 대하여 개별법령의 위임 여부에 상관없이 원칙적으로 해당
사무에 관하여 설립법령에 의하여 행정청의 지위에 서는 것이 당연하다.
    조교사나 기수는 사법상의 근로계약 관계이기는 하나 조교사·기수의
면허 등은 근로계약관계가 문제가 되는 것이 아니라 자격요건에 해당하므
로. 경마라고 하는 상업적 공공서비스를 "공정하고 원활하게" 시행하고 보
급하기 위하여 신분상의 지위를 일방적으로 정하는 것이기 때문에 공권력
의 행사로써 행정처분으로 보아야 할 것이다. 이렇게 보면 오히려 "한국마
사회가 부여하는 기수 또는 조교사의 면허는 단지 그 수험자의 적격성 유
무를 판정하는 작용에 그치는 것이 아니라 한국마사회가 스스로의 책임에
기하여 경주마의 기승과 조교를 행할 수 있는 법적 지위를 부여하는 것을
내용으로 하는 권력적 작용으로서 한국마사회가 법률에 의하여 부여된 우
월적 지위를 행사하는 것이어서 행정소송법상의 공권력의 행사로서의 처분
에 해당하고, 또 이러한 면허에 대한 제재로서의 취소 처분 역시 같은 성
질을 가진다"고 한 1심 판결이 논리적으로 더 타당하다고 볼 수 있다.

    주제어: 행정청, 공공단체, 행정적 공법인, 상업적 공법인, 한국마사회

Abstract

Administrative Act of Public Corporation

LEE Kwangyoun*

This judgment, however, retains the existing precedent attitude that restricts public organizations that are administrative agencies capable of administrative disposition to cases where they are individually entrusted with statutory or self−governing statutes, even though progressive opinions are expressed in the trial court decision. In addition, the public corporations are divided into administrative public corporations and commercial public corporations according to their nature of activity. In principle, the administrative office is not limited to administrative corporations but also maintains a traditional attitude that does not distinguish them. If we do not distinguish between administrative and commercial public corporations, all public corporations will be mistaken for judicial relations unless they are delegated by individual laws or autonomous laws. As a public corporation, one of the public corporations, is not a subject of administration unless it is delegated by an individual act, and the public corporation (ex: Korean Research Foundation) responsible for administrative affairs, in principle, It is natural that the office concerned should be in the status of administrative office in accordance with the Establishment Act.

A trainer or a jockey is a legal contractual relationship, but the license of an assistant or a jockey is not a matter of an employment

---

15) Prof. SUNGKYUNKWAN University, Law School

contract but a qualification requirement. In order to "fairly and smoothly" implement and disseminate commercial public services, such as horse racing, the status of statuses should be unilaterally determined. Rather, "The license of the jockey or trainer granted by the Korean jurisdiction is not merely a function of judging the applicant's eligibility, but the jurisdiction of the Korean jurisdiction gives the juridical status "The Korean courts are supposed to exercise the supreme status granted by the law as a power—based action, and as such, they are dispossessed as an exercise of public power under the Administrative Procedure Act, and the cancellation as a sanction for such license has the same character" The first ruling can be considered more logical.

Keywords: administrative agency, public corporation, administrative public corporation, commercial public corporation, Korean rally

투고일 2017. 12. 11.
심사일 2017. 12. 25.
게재확정일 2017. 12. 28.

행정심판제도의 존재이유
(독일에서의 행정심판제도 폐지·축소를 위한 입법과정과 그를 둘러싼 논의를 중심으로)

崔正一*

대상결정 : 헌재 2002. 10. 31. 2001헌바40 전원재판부

I. 처음에
II. 대상결정의 요지 - 헌재 2002. 10. 31. 2001헌바40 전원재판부
III. 독일에서의 행정심판절차의 폐지·축소를 위한 입법경과와 행정심판절차의
    존재이유의 재음미
IV. 독일에서의 행정심판절차의 폐지·축소를 둘러싼 법적 제쟁점
V. 우리나라의 행정심판제도의 발전·개선을 위한 입법론적 고찰
VI. 맺는 글

I. 처음에

행정심판은 공법관계에 분쟁이 발생한 경우에 당사자의 발의(심판제기)에 의하여 행정기관이 심리하여 판단하는 행정쟁송절차이다. 다만, 우리 「헌법」제107조제3항은 행정심판의 절차는 사법(司法)절차가 준용되어야 한다고 규정하고 있으므로 판단기관의 독립성, 대심적 심리구조, 당사자의 절차적 권리보장 등 면에서 사법절차의 본질적 요소를 어느 정도 갖추고 있는 행정심판만이 헌법이 요청하는 행정심판이

---

* 동국대학교 법과대학 교수

된다.1)

가장 완비된 권리구제수단이라 할 수 있는 행정소송제도가 있음에
도 불구하고 왜 그것과 별도로, 그것도 권리구제수단으로서는 미흡한,
행정심판제도가 있어야 하는가의 문제는, 그동안 주로 '행정심판의 존
재이유'라는 주제 아래 논의되어 왔다. 논자에 따라 표현의 차이는 있지
만, 대체로 '자율적 행정통제'와 '사법(司法)기능의 보완(또는 국민의 권익
구제)' 두 가지를 행정심판제도의 존재이유로 보는데 의견이 일치되고
있다.2) 그러나 과연 행정심판이 행정소송의 전심절차에 불과한 것인가?

현재의 행정심판제도를 전제로 하더라도, 적어도 부당한 처분에 대
하여는 행정심판을 통한 구제가 종국적이고, 행정심판을 거쳤든 안 거
쳤든 행정소송을 통한 구제가 막혀있다는 점에서, 행정심판이 행정소송
의 전심절차라고는 할 수 없다. 그러나 보다 중요한 것은, 현재의 법제
도가 어떻게 구성되어 있는가의 문제가 아니라 이념적으로 행정심판이
어떠한 모습을 갖추고 어떠한 기능을 가져야 하는가의 문제이다.3)

1980년 제8차 개정헌법 제108조 제3항은 행정심판의 헌법적 근거
를 신설하였다. 이 조항이 신설된 취지는, 행정심판의 헌법적 근거를 마
련하고자 함이었다. 1987년 제9차 헌법개정에서도 같은 내용이 조문만
달리 하여 규정되었다. 이와 같이 헌법에 행정심판을 재판의 전심절차

---

1) 김철용, 「행정법 I」, 박영사, 2010, 555면.
2) 박정훈 교수는, 「헌법적 정당성근거로서의 심판기관의 독립성과 행정심판의 존재
근거로서의 자율적 행정통제 사이에 모순이 생긴다. 심판기관의 독립성이 강화되
면 될수록 자율적 행정통제는 후퇴한다. 현재 한국의 행정심판에서는 행정의 자
기통제적 기능보다 권리구제적 내지 준사법(準司法)적 기능이 강조되고 있다. 행
정심판기관의 독립성만을 강화하는데 치중함으로써 그 결과 행정심판의 존재근거
의 하나인 행정의 자기통제적 기능을 상실하는 것은 바람직하지 않다. 행정심판
에 있어 행정의 자기통제적 기능과 준사법적 기능은 어느 한 쪽에 편중되어서는
안 되고 양자가 조화를 이루어야 한다」라고 하고 있다[박정훈, 행정심판법의 구조
와 기능, 행정법연구(행정법이론실무학회) 제12호, 2004, 247면].
3) 최영규, "공법·처분·법률상 이익 － 행정심판을 통한 권리구제의 확대를 위한 시
론－' 현대공법학의 과제(청담 최송화교수화갑기념), 2002, 452－454면.

로 명시하여 규정한 것은 행정심판이 헌법과 법률에 의한 재판을 받을
권리를 침해하는 것으로 위헌이라는 일부견해가 종전에 있었기 때문에
이러한 논쟁의 여지를 없애기 위하여 행정심판에 대한 헌법적 근거를
부여하고, 행정심판제도를 둘 때에는 어디까지나 재판의 전심절차로서
만 둘 수 있음을 명시한 것이다. 또한 이 규정은 우리나라가 사법(司法)
국가주의를 취하여 행정사건도 사법부 소속의 일반법원에서 재판한다
는 것을 전제로 하여 행정기관이 재결기관이 되는 행정심판은 어디까지
나 법원이 행하는 재판의 전심절차로만 둘 수 있다는 것을 나타내기 위
한 것이며 행정소송을 제기할 때에는 반드시 행정심판을 전치시켜야 한
다는 것을 규정한 것으로는 볼 수 없다. 행정심판전치주의를 취할 것인
지 행정심판임의주의를 취할 것인지는 입법정책의 문제이다.4)

　　우리 헌법 제107조제3항은 같은 조 제2항의 내용이 사실상 행정소
송을 의미하는 것이라는 입장에서 행정소송과 밀접한 연관성을 지닌 행
정심판을 이 조항에서 규율한 것이라고 볼 수 있다.5)

　　이 논문의 대상결정에서는 행정심판의 존재이유에 관하여 비교적
상세히 판시하고 있다. 이제 이러한 우리의 실정법과 판례의 내용과 의
미를 외국 선진국가들의 행정심판에 관한 실정입법태도, 판례 및 학설
과 비교·분석하는 작업이 필요할 것이다. 주지하다시피 우리나라의 행
정심판제도는 1951년 8월 3일 제정된「소원(訴願)법」의 시행이래, 장족
의 발전을 거듭해 왔고, 다른 외국 선진국가들의 경우에 견주어 보더라

4) 황해봉, "행정심판제도와 행정심판기관에 관한 연구, 경희대학교 박사학위논문,
   2007, 48-49면.
5) 남복현, 헌법 제107조의 주석(법제처,「헌법주석서Ⅳ」, 2010), 186-187면 ; 한편
   남복현 교수는,「이 조항이 어떠한 과정을 거쳐 신설되었는지에 대해 그 유래를
   아직 찾지 못하였다」라고 말하고 있다[위 '헌법 제107조의 주석'부분, 110면]. ; 또
   한 남복현 교수는,「행정소송의 헌법적 근거는 헌법 제101조제1항의 사법권에서
   찾음이 타당하다. 그런 시각에서 볼 때, 행정심판의 규율은 재판청구권을 규율하
   는 조항에서 다루어야 한다」라고 하고 있다[위 '헌법 제107조의 주석'부분,
   186-187면].

도, 결코 뒤지지 않을 정도의 제도적 틀을 갖추고 있다고 자부할 수도
있다. 특히 1984년 12월 15일 「소원법」을 폐지하고 「행정심판법」을 제
정하여 1985년 10월 1일부터 시행하면서부터의 발전은 괄목할 만하고,
그 발전의 근저에 법제처가 그 운영을 맡아왔던 '국무총리행정심판위원
회'가 있었다. 이러한 발전가운데서 1994년 7월 27일에 「행정소송법」이
개정되고, 1998년 3월 1일부터 개정된 「행정소송법」이 시행됨에 따라
'행정심판전치주의'가 폐기됨으로써 우리나라의 행정심판제도는 상당한
충격을 받은 것도 사실이다[행정심판임의주의 - 예외적 행정심판전치
주의의 채택].

한편, 우리나라의 행정심판제도의 발전에 많은 참고가 되고 있는
독일의 행정심판제도는 최근에[2006년 경부터] '세계화, 관료주의철폐,
작은 정부, 행정의 현대화 및 규제완화'의 격동적인 시대의 물결 속에서
심각한 변동이 진행되고 있다.

이 문제에 대한 선행적인 연구로는 오준근 교수의 논문이 무엇보
다도 먼저 지적될 수 있다.[6] 오준근 교수의 논문 중 '독일행정심판제도
개혁경과'부분을 일부 발췌인용하면, 다음과 같다.

「독일의 경우 매우 오랫동안 행정심판제도의 개혁을 둘러싼 토론
이 진행되었다. 제기된 의견들은 매우 상반된 방향으로 전개되었는바,
이는 다음과 같이 요약될 수 있다. 먼저, 행정심판을 권리구제 지연사유
로 보고 그 약화 또는 폐지를 주장하는 입장이다. 이 입장에 의하면 특
히 처분청이 재결청이 되는 자치사무나 최고기관의 처분의 경우 행정심
판은 실제로 동일한 절차를 무의미하게 반복하도록 하게 만들 뿐이며,
나아가 독일의 경우 행정소송이 제기되면 해당 처분의 집행은 정지됨이
원칙이므로 행정심판 또는 행정소송 기간이 길어지면 길어질수록 처분
의 효력이 늦추어질 수밖에 없다고 본다. 따라서 이 입장에서는 행정심

---

6) 오준근, "영국과 독일의 행정심판제도 개혁경과에 관한 비교법적 연구", 경희법학
　제48권 제1호, 2013, 418-420면.

판을 생략할 수 있도록 하는 제도개혁을 요구하게 된다. 다음으로 행정
심판의 순기능을 강조하고 이를 강화시킬 것을 주장하는 입장이다. 이
입장에 의하면 항고소송과 의무이행소송뿐만 아니라, 독일 '연방행정법
원법'에 규정된 모든 행정소송절차에 총체적으로 행정심판절차를 도입
할 것을 주장하게 된다. 이 주장에 의하면 특히 연방차원의 연방행정심
판위원회를 설치하고 강력한 자기통제기능을 부여함이 필요하다고 한
다. 독일에 있어 후자의 주장에 관한 심각한 토론이 있었지만, 자율성
침해로 이어질 수 있다는 반론에 직면하여 제도화를 향한 진전을 이룩
하지 못하였다. 한편, 전자의 의견에 따른 행정심판제도의 개혁도 마찬
가지다. 특히 직근상급행정청이 가지는 행정심판을 통한 감독기능의 폐
지는 행정의 자기통제기능을 스스로 부인하는 것이 된다, 나아가 우리
나라와 같은 '행정심판임의주의'로 전환하는 방식은 각 주에서 주법률로
이를 적극적으로 도입함에 대한 토론이 진행중이다. 그러나 '임의적 행
정심판'으로 전환할 경우, 행정법원의 부담이 가중될 수 있어서 각 주
(州)에서 '행정소송법'의 개정을 통한 제도개혁에 쉽게 나서지 못하고 있
다. 결론적으로 독일의 경우 논의는 매우 무성했지만, 결실은 아직 맺지
못하고 있다.」

　　필자는 이러한 선행연구를 바탕으로 하여, 독일의 최근의 행정심판
제도개혁의 실제입법사례들과, 그를 둘러싼 법리적, 법정책적 논의들을
이 논문에서 가능한한 집중적으로 분석ㆍ정리해 보고, 우리나라와의 비
교 및 우리나라에 대한 시사점을 도출해 보려고 한다.

Ⅱ. 대상결정의 요지
― 헌재 2002. 10. 31. 2001헌바 40 전원재판부

　　대상결정의 판시사항은 다음과 같다.

「헌법 제27조 제1항은 "모든 국민은 법률에 의한 재판을 받을 권리를 가진다"고 규정함으로써 '원칙적으로 입법자에 의하여 형성된 현행 소송법의 범주 내에서 권리구제절차를 보장한다'는 것을 밝히고 있다. 그러나 헌법 제27조제1항은 권리구제절차에 관한 구체적 형성을 완전히 입법자의 형성권에 맡기지는 않는다. 입법자가 단지 법원에 제소할 수 있는 형식적인 권리나 이론적인 가능성만을 제공할 뿐 권리구제의 실효성이 보장되지 아니한다면 권리구제절차의 개설은 사실상 무의미할 수 있다.

그러므로 재판청구권은 법적 분쟁의 해결을 가능하게 하는 적어도 한번의 권리구제절차가 개설될 것을 요청할 뿐 아니라 그를 넘어서 소송절차의 형성에 있어서 실효성있는 권리보호를 제공하기 위하여 그에 필요한 절차적 요건을 갖출 것을 요청한다. 비록 재판절차가 국민에게 개설되어 있다 하더라도, 절차적 규정들에 의하여 법원에의 접근이 합리적인 이유로 정당화될 수 없는 방법으로 어렵게 된다면, 재판청구권은 사실상 형해화될 수 있으므로, 바로 여기에 입법형성권의 한계가 있다. 나아가 '행정심판전치주의를 정당화하는 합리적인 이유'를 살펴본다면, 첫째 행정심판절차는 통상의 소송절차에 비하여 간편한 절차를 통하여 시간과 비용을 절약하면서 신속하고 효율적인 권리구제를 꾀할 수 있다는 장점이 있다. 궁극적으로 행정심판은 국민의 이익을 위한 것이고, 사전절차를 통하여 원칙적으로 권리구제가 약화되는 것이 아니라 강화되는 것이다. 둘째, 법원의 입장에서 보더라도, 행정심판전치주의를 취하는 경우에는 행정심판절차에서 심판청구인의 목적이 달성됨으로써 행정소송의 단계에 이르지 아니하는 경우가 많을 뿐 아니라, 그러하지 아니하는 경우에도 행정심판을 거침으로써 사실상·법률상의 쟁점이 많이 정리되기 때문에 행정소송의 심리를 위한 부담이 경감되는 효과가 있다. 한편, 헌법 제107조제3항제2문은 '사법절차가 준용되지 아니하는 행정심판절차는 그 결정의 타당성을 담보할 수 없어, 사전적 구제절차

로서의 기능을 제대로 이행할 수 없다'는 것을 밝히면서, 행정심판절차
가 불필요하고 형식적인 전심절차가 되지 아니하도록 이를 사법절차에
준하는 절차로서 형성해야 할 의무를 입법자에게 부과하고 있다. 행정
심판제도는 재판의 전심절차로서 인정되는 것이지만, 공정성과 객관성
등 사법절차의 본질적인 요소가 배제되는 경우에는 국민들에게 무의미
한 권리구제절차를 밟을 것을 강요하는 것이 되어 국민의 권리구제에
있어서 오히려 장애요인으로 작용할 수 있으므로, 헌법 제107조제3항은
사법절차에 준하는 객관성과 공정성을 갖춘 행정심판절차의 보장을 통
하여 행정심판제도의 실효성을 어느 정도 확보하고자 하는 것이다. 나
아가 입법자는 행정심판을 임의적 또는 필요적 전치절차로 할 것인가에
관하여 행정심판을 통한 권리구제의 실효성, 행정청에 의한 자기시정의
개연성, 문제되는 행정처분의 특수성 등을 고려하여 구체적으로 형성할
수 있다.」

Ⅲ. 독일에서의 행정심판절차의 폐지·축소를 위한 입법경과와 행정심판절차의 존재이유의 재음미

1. 개관

독일에서 행정심판절차는 2006년이래 독일의 여러 주[州]들에서
폐지되거나 제한되었다.[7] 그 이유로서는, 무엇보다도 '작은정부'에의 추
구, 예산절약, 탈관료주의화 및 국민의 재판청구권의 보장의 충실화를
들고 있다.[8] 그러면서도, 역설적으로, 행정심판의 여러 장점들[예를 들
면, 행정소송에 비하여 더 간편하고, 더 비용이 절감되며, 또한 더 '확장

---

7) Friedhelm Hufen, Verwaltungsprozessrecht, C. H. Beck, 10. Aufl[2016], S. 68ff.
8) Rüssel, Zukunft des Widerspruchsverfahrens, NVwZ 2006, 523.

된'(이는 특히, '합목적성심사'를 가리킴)권리구제라는 점]을 폐지하면서도, 오히려, 이러한 결정이 국민의 권리구제를 보다 더 확충시킬 수 있다고 주장되기도 하고, 또는 행정심판의 폐지·축소와 동시에 특별한 조정·화해절차[Mediation]의 도입을 새로이 주장하기도 한다. 그러나, 행정심판제도야말로, 고전적인, 그리고 이미 정착되어 있는 행정조정 내지 화해의 수단이라고 할 것이다.

독일에서 행정심판의 폐지론자들이 들고 있는 「폐지의 정당화사유를 재검토」해 보면, 다음과 같다.[9)]

첫째로, 독일의 각 주[州]들에게 허용된 규율권(입법권)이 행정심판제도 자체의 폐지를 그 내용으로 할 정도로 광범한 사정거리를 가지는지가 의심스럽다. 즉 비록 독일의 「연방행정법원법」[VwGO]제68조제1항제2문에 의하면, 법률제정자[주(州)의 법률제정자를 포함하여]는 '해당법률이 그러한 사후심사(행정심판)를 필요로 하지 않는다고 규정할 수는 있다. 그러나, 그렇다고 하여 그것만으로, 연방법률(연방행정법원법)에 의하여 소송의 전제요건으로 규정되어있는 행정심판제도 자체를 한꺼번에 폐지할 권한이 법률제정자에게 주어졌다고 말할 수는 없다.[10)] 또한, 앞으로도, 연방법률에서 행정심판의 실행을 규정하는 경우[11)] 또는 EU법에서 행정심판의 실행을 규정하는 경우[12)]에는, 계속하여 행정심판제도는 실행될 것이다.

---

9) F. Hufen, Verwaltungsprozessrecht, C. H, Beck, 10. Aufl[2016], S. 69-70. ; 다만, BayVerfGH, NVwZ 2009, 716 및 BVerwG, DVBl. 2012, 49는 행정심판제도자체의 폐지를 인정하고 있다.
10) 같은 취지로서는 Müller - Grune/J. Grune, Abschaffung des Widerspruchsverfahrens - Ein Bericht zum Modellversuch in Mittelfranken-, BayVB. 2007, 65 ; F. Koehl, Folgen der "Abschaffung" des Widerspruchsverfahrens, JuS 2009, 145 ; C. Steinbeiss - Winkelmann, Abschaffung des Widerspruchsverfahrens - ein Fortschritt?, NVwZ 2009, 686.
11) 예컨대, §6 Ⅱ UIG, §54 Ⅱ1 BeamtStG, §126 Ⅱ BBG.
12) 예를 들면, '환경정보에의 접근'에 관한 준칙[Richtlinien] 2003/4/EG의 적용영역.

둘째로, 행정심판의 실험적 폐지에 관한 최초의 보고에 의하면,[13] 행정심판을 폐지한 결과 비용이 절감되는 것은 결코 아니며, 단지 행정쪽에 발생되던 비용이 법원과 국민에게로 이동되었다고 한다. 이 경우 행정심판과정에서 발견되던 행정작용의 하자와 부당에 대한 것을, '발생되는 비용'에 포함시킨다면, 더욱더 그러할 것이다.

셋째로, 행정심판절차는, 적정하게 운영되기만 한다면, 국민의 입장에서는 결코 재판청구에의 장해로 되지 않고, 오히려 행정쪽이 자신의 결정을 스스로 다시 한번 심사숙고하고, 경우에 따라서는 이를 교정할 수 있는 기회가 될 수 있다.

넷째로, 행정심판절차는, 행정의 재량결정 및 판단여지결정의 통제를 위한 유일한 방법이다. 따라서, 만일 행정심판제도가 한꺼번에 모두 폐지된다면, 독일기본법[GG]제19조제4항에 비추어 볼 때, 행정의 재량결정의 여지와 판단여지결정의 여지는 현저히 축소될 것이고, 이에 따라서 법원의 실질적 통제는 지나치게 확대될 것이라는 우려가 제기될 수 있다.[14]

다섯째로, 1996년부터 시행된, '행정소송에서의 절차상 하자의 치유'의 가능성에도 불구하고, 이러한 하자의 치유는 너무 늦게 나타난다는 문제점을 들 수 있다. 만일 행정심판제도가 계속 유지된다면, 이러한 '절차상 하자의 치유'는 행정심판절차에서, 종전과 마찬가지로, 비교적 빠른 시간 안에 이루어질 수 있을 것이다. 이것은 헌법상 요청이기도 하다.

여섯째로, 행정심판의 존재이유로서 전통적으로 인정되던 것들[행정의 자기통제, 법원의 부담경감 및 권리구제]은[15] 제한없이 계속 존재

---

13) Abschlussbericht der vom Bayerischen Staatsministerium des Innern zur Evaluierung eingesetzten Arbeitsgruppe "Widerspruchsverfahren"[2007].
14) 같은 취지로서 Breuer, FS Steiner[2009], 93ff.
15) 이것에 관해 상세한 것은 Geis, in : Sodan/Ziekow, VwGO, §68 Rn. 1ff에 있고, 이러한 행정심판의 전통적 존재이유는 특히 라인란트−팔쯔 주(州)와 잘란트

한다. 물론 이것은, 적어도, 행정심판제도가 종전보다 보다 더 충실하게 운영될 때에 더 용이하게 받아들여질 수 있는 논거이다.16)

일곱째로, 조정·화해절차와 행정심판절차는 결코 상호양립할 수 없는 것이 아니다. 오히려, 행정심판제도를 개선하여 화해·조정의 현대적 구상과 설계에 따라서, 행정심판제도를 어떻게 하면 보다 더 매력적인 제도로 향상시킬 것인지가 진정한 문제이다.17)

이상에서 살펴 본 바와 같이, 행정심판제도의 전면적 폐지는 여러 가지 문제들을 발생시킬 것이므로, 독일에서는, 성급하게, 이미 행정심판제도의 폐지정책을 선택하고, 그것을 실행에 옮겨 버린, 주[州]들도 그 결정을 재고해야 한다는 학계의 주장이 강력히 제기되고 있다.18)

현재 독일에서의 행정심판제도의 폐지·축소의 현황은 다음 표와 같다.19)

주(州)	폐지	주(州)의 특별규율
바덴－뷔르템베르크	원칙적으로 폐지하지 않음	§15 AGVwGO에 따른 행정심판절차의 폐지는 원칙적으로, ① '중간상급행정기관'[Regierungspräsidium], 또는 주[州]의 '개인정보보호관'[Landesbeauftragte für den Datenschutz]이 처분청이거나, ② 주(州)「징계법」[LandesdisziplinarG]상의

[Saarland]주[州]내의 시·군 법무위원회[Stadt － und Kreisrechtsausschüsse]의 성공적 운영에서 충분히 밝혀지고 있다.

16) I. Härtel, Rettungsanker für das Widerspruchsverfahren?, VerwArch. 98[2007], 54, 73 ; G. Vaagt, Der Abbau des Widerspruchsverfahrens im öffentlichen Baurecht, ZRP 2011, 211.

17) H. Biermann, Das Widerspruchsverfahren unter Reformdruck, DÖV 2008, 395 ; Schönenbroicher, Leitziele und Kernpunkte der Reformen des Widerspruchsverfahrens, NVwZ 2009, 1144 ; Vetter, Mediation und Vorverfahren[2004].

18) F. Hufen, Verwaltungsprozessrecht, C. H. Beck, 10. Aufl[2016], S. 70 ; Moench, FS Battis[2014] 449.

19) Dolde/Borsch, in : Schoch/Schneider/Bier, VwGO, §68, Rn. 14.

		사무일 경우에 행해짐[다만, 연방법이 행정심판절차를 실행하라고 규정할 때는 제외함]
바이에른	원칙적으로 폐지함	Art. 15 Ⅱ AGVwGO에 따르면, 원칙적으로 행정심판절차는 완전히 폐지됨 ; Art. 15 Ⅰ Nr. 1－6 AGVwGO에 열거된 경우에는 '임의적 행정심판절차'가 채택됨[무엇보다도 지방공과금법과 학교법의 경우임].
베를린	원칙적으로 폐지하지 않음	단지 단편적으로만 폐지함[징계법 제42조, §93 LBG Berlin, §4 Ⅱ AGVwGO에 따르면, 외국인법의 경우와 대학법 중 대부분의 경우]
브란덴부르크	폐지하지 않음	
브레멘	원칙적으로 폐지하지 않되, 상당한 예외가 있음	중요한 분야[예컨대, 영업법, 집회법, 자연보호법]에서는 폐지됨 ; 그러나, 일정한 법영역에서는 최상급의 주(州)행정청의 행정처분에 대해서도 행정심판이 인정됨[§8 Ⅰ AGVwGO]
함부르크	원칙적으로 폐지하지 않음	'일반적 폐지'는 채택되지 않음 ; §6 Ⅱ AGVwGO의 개별적 경우들에서만, 행정심판이 배제됨[특히 주의회와 주지사의 의결 또는 행정처분의 경우].
헤센	원칙적으로 폐지됨	§16a AGVwGO의 부록의 모든 경우에 폐지됨[특히 영업법, 수자원관리법－개별적 조치들의 복잡한 목록들이 있음]. 중간상급관청[Reg · Präs]이 처분청인 경우에는 행정심판절차가 폐지됨
메클렌부르크 －포어포머른	원칙적으로 폐지되지 않음	§13a AGGerStrG에 따라서 임의적 행정심판절차가 채택됨 ; 소수의 영역에서만 행정심판이 완전히 폐지됨[§13b AGGerStrG－ 예컨대 국적법, 국경일법, 무기법].
니더작센	원칙적으로 폐지됨	원칙적으로 §8a Ⅰ, Ⅱ, Ⅳ AGVwGO의 경우에는 폐지됨 ; §8a Ⅲ AGVwGO의 목록에 열거된 경우에는 유지됨[특히 학교법, 시험법, 건축법, 환경보호법].
노르트라인－	원칙적으로 폐지됨	광범한 폐지가 채택됨 ; 단지 소수의

베스트팔렌		영역에서만 행정심판이 유지됨[특히 학교법, 시험법, 제3자가 제기하는 행정심판의 경우].
라인란트- 팔쯔	폐지되지 않음	기존법령대로 행정심판이 유지됨 ; 다만 개별법률상의 예외가 있음[예컨대 §51 KWG, §69 Ⅶ HochSchG]
잘란트	폐지되지 않음	현재 어떠한 변경도 계획되고 있지 않음[예외 : §25 Ⅲ KWG].
작센	폐지되지 않음	지금까지 아무런 변경도 계획되지 않음[예외 : §25 Ⅲ KWG].
작센-안할트	폐지되지 않음	처분청과 재결기관이 동일한 경우에만 폐지됨[공무원법, 학교법 및 시험법의 경우 예외가 인정됨][§8a AGVwGO].
슐레스비히- 홀슈타인	폐지되지 않음	현재 아무런 폐지도 계획되지 않고 있음
튀링엔	폐지되지 않음	행정심판은, ① 경찰의 행정처분의 경우[§8a ThürAGVwGO]와, ② 주(州)행정관청의 경우에는 폐지됨[이것에 대한 많은 예외도 있음].

2. 개별주(州) 및 연방의 입법경과 (대표적 경우를 중심으로)20)

(1) 니더작센 주(州)의 경우

니더작센주(州)의 경우 행정심판절차는 2005년 1월1일부터 원칙적으로 주(州)전역에 걸쳐 폐지되었다, 즉 니더작센주(州)에서는 「연방행정법원법」[VwGO]의 원칙을 정반대로 바꾸어 버렸는데, 그것은 "예외가 없는 한, 행정심판은 배제된다"는 것이다.

---

20) Christine Steinbeiss - Winkelmann, Abschaffung des Widerspruchsverfahrens - ein Fortschritt?, NVwZ 2009, 686ff ; Beaucamp/Ringermuth, Empfiehlt sich die Beseitigung des Widerspruchsverfahrens?, DVBI 2008, 426ff.

(2) 메클렌부르크-포어포머른주(州)의 경우

메클렌부르크-포어포머른주(州)의 경우, 2005년 7월 14일이래도, 행정심판절차는 단지 소수의 영역에서만 배제되었고, 일정한 다른 영역들에서는 '임의적 행정심판절차'가 채택되었다.[21]

(3) 바이에른주(州)의 경우

바이에른주(州)의 경우, 2007년 7월 1일 이래로, 행정심판절차는 단지 소수의 영역에서만 '임의적 행정심판절차'로 바뀌어 남아 있고, 나머지 모든 영역에서는 행정심판절차는 완전히 폐지되었다.

즉 바이에른주(州)의회는, 「일정한 법영역에서는 고전적인 행정심판절차를 유지하는 것이 바람직하다」는, '미텔프랑켄지역의 실험적 실시에 대한 평가보고[22]에서의 권고를 따르지 않았다.

(4) 노르트라인-베스트팔렌주(州)의 경우

노르트라인-베스트팔렌주(州)의 경우 행정심판절차는 2007년 11월 1일이래로, 원칙적으로 주(州)의 전지역에 걸쳐 폐지되었고, 이 경우 니더작센 주(州)와 같이, 「연방행정법원법」[VwGO]의 원칙을 정반대로 바꾸어버렸다.

(5) 헤센 주(州)의 경우

헤센 주(州)의 경우 행정심판절차는 2002년 이후에도, 「연방행정법원법」[VwGo]제68조에서의 '원칙과 예외'관계 [즉 "예외가 없는 한,

---

21) Henning Biermann, Das Widerspruchsverfahren unter Reformdruck, DÖV 2008, 395ff.
22) Abschlussbericht zum Pilotprojekt "Probeweise Abschaffung des Widerspruchsverfahrens im Regierungsbezirk Mittelfranken"1. 7. 2004-30. 6. 2007].

행정심판절차는 인정된다"]가 계속 유지되고 있다. 그러나, 「연방행정
법원법의 헤센 주(州) 시행법」[AGVwGO]제16조의2 제1항에는 56개 분
야에 대하여 행정심판절차를 배제하는 목록이 붙어 있고, 또한 '중간상
급관청'[Regierungspräsidien]의 모든 결정에 대하여는, '직업관련 시험
영역'을 제외하고는, 행정심판절차는 폐지되었다.

(6) 바덴-뷔르템베르크 주(州)와 작센-안할트 주(州)의 경우23)

바덴-뷔르템베르크 주(州)와 작센-안할트 주(州)의 경우 행정심
판절차의 배제는 중간상급관청[Mittelbehörden]의 결정들에 한정되어서
만 채택되고 있다.

(7) 연방의 경우

연방법률의 경우에도 그동안 상당수의 행정심판절차의 배제규율이
최근에 나타나고 있어, 독일 학계24)와 언론25)의 주목을 받고 있다.

3. 행정심판절차의 전통적 장점들에 대한
독일에서의 재음미26)

(1) '행정의 자기통제'의 재음미

행정심판절차의 효율성에 대한 경험적 판단지표들로는 다음 두 가

---

23) 「작센-안할트 주(州)」의 「연방행정법원법시행법률」[AGVwGO]제8조의2는 「연방
 행정법원법 제73조 제1항 제2문 제2호 및 제3호의 경우에 있어서는 동법 제68조
 의 규정에 의한 행정심판절차는, 원칙적으로, 행정처분을 발령하였거나 행정처분
 의 발급을 거부한 행정청이 또한 행정심판의 재결을 행하는 기관인 경우에는, 배
 제된다(단서 생략)」라고 규정하고 있다.
24) Guy Beaucamp/Petra Ringermuth, Empfiehlt sich die Beseitigung des
 Widerspruchsverfahrens?, DVBl 2008, 426ff.
25) FAZ v. 18. 12. 2008 : ZDF-Sendung "Frontal 21" am 1. 7. 2008.
26) Christine Steinbeiss-Winkelmann, Abschaffung des Widerspruchsverfahrens-ein
 Fortschritt?, NVwZ 2009, S. 686ff.

지가 있다. 첫째로, 행정심판이 제기된 경우 처분청이 자체시정을 하는
비율[Abhilfequote]은, 행정심판제도가 실무에 있어 실제로 잘 운영되
고 있는지 여부를 판달할 수 있는 단초를 제공해 준다. 만일 이 비율이
너무 낮은 상태에 머물고 있다면, 그것은 행정심판절차가 비효율적으로
운영되고 있음을 암시해 준다. 둘째로, 행정심판청구인의 '만족률'
[Befriedungsquote]이다. 이것은, 「얼마나 많은 경우에, 심지어 행정심
판에서 각하 또는 기각된 경우에도, 행정심판절차를 거친 후에는, 더 이
상 행정소송을 제기하지 않는가」하는 비율을 가리킨다. 만일 이 비율이
상당한 정도라고 한다면, 이것은 행정의 자기통제가 효과적으로 실행되
고 있음을 암시해 준다. 한편, 처분청과 재결기관이 동일한 기관인 경우
에도, '행정의 자기통제' 기능이 제대로 작동될지가 문제로 된다. 이것은
특히 직근상급관청이 주(州)의 최고상급관청인 경우에 해당한다. 2단계
의 행정구조를 가진 주(州)의 경우에는 이것은 항상 발생하지만, 3단계
의 행정구조를 가진 주(州)의 경우에는, 행정심판이 중간상급관청의 처
분에 대해 제기될 때에만 발생한다. 니더작센 주(州)의 행정심판의 경우
가 그 대표적인 예인데, 니더작센 주(州)의 경우 중간상급관청을 폐지하
고, 3단계의 행정구조에서 2단계의 행정구조로 전환시켰기 때문이다.
바덴－뷔르템베르크 주(州)와 작센－안할트 주(州)의 경우에는 중간상급
관청[Regierungspräsidien]의 처분에 대한 행정심판절차는 원칙적으로
배제되었는데, 그 경우는 처분청과 재결기관이 동일해져서 효율적인 자
기통제를 기대하기 어려웠기 때문이다. 한편, 행정심판절차의 자기통제
기능이 실무에 있어 잘 작동되는데 있어서는, 주(州)법과 주(州)의 조직
만이 영향을 주는 것이 아니라, 연방법의 기본적 틀도 중요한 영향을
미친다. 특히, 행정절차법과 행정소송법의 법개정이 행정심판절차의 자
기통제기능에 미치는 영향을 살펴본다. 첫째로 1990년대의 「행정의 신
속화」물결이 독일행정을 개혁시키고 있었을 때, 행정처분이 발령된 후
사후의 하자의 치유의 가능성이 현저히 확대되었는데, 1996년에 「연방

행정절차법」[VwVfG]제145조 제2항이 개정되고, 이와 관련하여 주(州) 법들도 개정되어, 절차상 및 형식상 하자는, 종전과 달리 행정소송절차 에 있어서 구두변론종결시까지 치유될 수 있게 되었다. 또한, 「연방행 정법원법」[VwGO]제114조 제2문에 의하여, 「행정청은, 구두변론 종결 시까지, 재량상 고려사항도 보충할 수 있게 되었다」. 이로 인하여, 행정 심판절차는, 하자치유의 마지막 기회로서의 지위를 상당 부분 상실하게 되었다. 또한, 행정청은, 이러한 법률개정이 있은 후부터는, 자신의 결 정을 행정심판절차에서 최종적으로 심사숙고해야 하는 압박에서 벗어 날 수 있게 된 것이다. 둘째로, 입법자가 집행정지효의 배제를 대폭 받 아들인 점이다. 「연방행정법원법」[VwGO]의 제6차개정이후에는 집행 정지효의 배제는 연방법뿐만 아니라, 주(州)법에 의해서도 행해질 수 있 다. 이러한 규율은, 많은 중요한 법영역들 [건축법, 외국인법, 망명법 등 ']에 있어서 나타났다. 오늘날 행정심판절차의 집행정지효는 거의 예외 로서만 남아 있을 뿐이다.27) 나아가서, 행정관청들은 이러한 집행정지 효의 배제를 이용하여 실무에서는 신속한 집행조치들을 실행에 옮기고 있다. 국민들은 이러한 상황에 직면하게 되자, 이제는 행정소송을 제기 하여 「신속절차에서의 잠정적 권리구제」[vorläufiger Rechtsschutz im Eilverfahren]를 청구할 수밖에 없게 되었다. 이러한 현실은, 행정심판절 차의 자기통제기능뿐만 아니라, 법원의 부담경감기능까지 약화시키는 결과를 낳고 있다.

(2) '법원의 부담경감'의 재음미

독일의 경우 종전에는 '법원의 부담경감'이 행정심판제도의 장점으 로서 실무에서 가장 중요시되었다. 이와 동시에, 「행정심판절차가, 재판 을 통하여 권리구제를 원하는 국민에게 얼마나 많은 불이익을 주는 장해

---

27) Kopp/ Schenke, VwGO, 18.Aufl.[2012],§80 Rdnr. 65.

물이 되는지」의 문제와 「이에 따라서, 과연 행정심판절차가 독일기본법
제19조 제4항의 '효과적 권리구제'(우리나라의 '재판청구권'에 해당)조항과 합
치되는지 여부」가 관심의 대상이 되었다.[28] 그러나 오늘날의 독일에 있
어서는 상황이 다르다. 행정소송의 전심절차로서 행정심판제도를 허용하
는 것이 독일기본법에 합치된다는 것은 더 이상 의문이 없다.[29] 물론, 독
일에서 행정소송이 오랜 기간 동안 그 업무부담이 지나치게 무거웠던 것
은 사실이다. 특히 1990년대에는 망명소송이 급증하여 법원의 업무부담
이 최고도에 달하였다. 그러나, 그 이후 행정소송의 제기건수는 끊임없이
감소되어 왔다. 그 중요한 이유로서는 ① 망명소송의 축소, ② 2004년에
제정된 「소송비용현대화법」[Kostenrechtsmodernisierungsgesetz]에 의하
여 소송비용의 선불제도가 도입되면서, 또한 무료의 소취하의 가능성이
제한된 점, ③ 2005년부터 구직자의 기본생활보장사무, 기초생활수급사
무[Sozialhilfe], 망명사무의 관할권이 '행정법원'에서 '사회법원'으로, '하
르쯔 제4법률'[Harz Ⅳ-Gesetze]에 의하여 넘어간 것 등을 들 수 있
다.[30] 행정법원의 이러한 상황에 비추어 볼 때, 행정심판제도를 폐지·축
소하는 최근의 독일의 움직임은, 그 근본 취지가 사실은, 행정지관의 업
무를 간소화하고 관료주의를 철폐하려는데 있다고 보아야 한다. 한편
최근의 니더작센 주(州)의 경험과 바이에른 주(州)에서의 행정심판절차
의 실험적 폐지연구의 경험에 의하면, 행정심판절차가 폐지될 경우, 행
정소송의 제기가 분명히 상승하게 됨을 알 수 있다.[31] 또한, 행정심판

---

28) BVerfGE 40, 237 [256f.]; Ibler, in: Friauf/ Höfling, BerlKomm zum GG, 2008, Art.19
    Rdnr. 332; Presting, Zur Notwendigkeit des Widerspruchsverfahrens, DÖV 1976,
    269f.
29) Jarass/ Pieroth, GG, 10.Aufl. [2009], Art.19 Rdnr. 68.
30) Christine Steinbeiss-Winkelmann, Abschaffung des Widerspruchsverfahrens-ein
    Fortschritt?, NVwZ 2009, 686ff.
31) Guy Beaucamp/ Petra Ringermuth, Empfiehlt sich die Beseitigung des
    Widerspruchsverfahrens? DVBI 2008, 426ff.; Henning Biermann, Das
    Widerspruchsverfahren unter Reformdruck, DÖV 2008, 395ff. ; Ulrike Rüssel,

절차가 폐지될 경우에는, 행정기관과 법원간의 적정한 업무배분이 이루어질 수 없다는 질적 문제도 제기된다. 니더작센 주(州)의 법원재판실무에 의하면, 판사들이 행정심판절차가 폐지되고 난 후부터는 단순한 사실조사업무에 현저히 매달리게 되었고, 그러한 문제는 일반 행정절차에서 법률전문가가 아닌 일반 행정공무원도 충분히 처리할 수 있는 성격의 업무임이 드러났다. 이러한, 법원과 행정기관간의 적정하지 않은 업무배분을 교정하려면, 물론, 행정심판절차가 폐지된 이상, 이제는 처분청의 행정절차를 더 효율적으로 개선시키는 수밖에 없게 되는데, 그렇게 되면, 결국 '행정기관의 업무간소화'와 '관료주의의 철폐'는 성취될 수 없게될 것이다. 이와 같이, 행정심판절차가 폐지된다고 하더라도, 결코 행정기관의 업무축소를 가져올 수는 없다. 이것은 바이에른 주(州)에서의 '미텔프랑켄'지역에서의 행정심판절차의 실험적 폐지 후의 최종 보고서에서도 잘 나타나고 있다.32)

(3) '권리구제의 개선'의 재음미

오늘날 독일에서, 행정심판절차가 국민들에게 실제로 더 신속하고, 더 비용이 절감되는 권리구제를 가져오고 있는지가 문제로 된다. 연방헌법재판소[BVerfG]는,33) 30년 전에 이렇게 판시한 바 있다; 「직접적 결정권과 지시권을 가지고 있고, 하급관청의 재량결정에 대한 내용적 통제권도 가진 상급관청에 의한 행정심판절차를 통하여 국민의 권리구제는 일반적으로 악화되는 것이 아니라, 오히려 강화된다. 특히, 정의의

Zukunkt des Widerspruchsverfahrens, NVwZ 2006, 523ff.

32) Guy Beaucamp/ Petra Ringermuth, Empfiehlt sich die Beseitigung des Widerspruchsverfahrens? DVBI 2008, 426ff. ; 많은 '게마인데'[Gemeinde]에서는, 행정심판제도가 폐지된 후의 소송의 급증사태를 피하기 위하여, 관계 국민들에게, 소송을 곧바로 제기하는 대신, 미해결된 문제들을 행정관청에 신고하도록 권유함으로써, 비공식적으로 협상하여 처리하였는데, 이는 결국 행정심판절차 대신에 '비정식적인 민원처리절차'가 등장한 모습이 되었음을 의미한다.

33) BVerfGE 40, 237 [257].

관점에서 요청되는 , 통일적인 재량권 행사에 대한 통제는 오직 상급관
청에 의한 행정심판절차에서만 가능하다.」이러한 평가가 오늘날의독일
에서도 여전히 가능한지는 논쟁의 대상이 되고 있다.34) 이 문제에 대한
적정한 평가의 지표는 '행정심판이 제기된 경우의 처분청의 직권시정조
치의 비율'과 '행정심판을 제기한 후, 행정소송을 제기하지 않는 비율'이
라고 할 수 있다. 이것은 주(州)에 따라서, 그리고 대상영역에 따라서 서
로 다르다. 예컨대, 라인란트－팔쯔 주(州)에서는, 행정심판절차가 '행정
심판위원회'[Widerspruchsausschüsse]에서 행해지고 있는데, '행정심판
을 제기한 후 행정소송을 제기하는 비율'은 5%에 지나지 않지만, 라인
란트－팔쯔 주(州)처럼 '행정심판위원회'에 의한 행정심판절차가 실행되
고 있는 함부르크 주(州)의 경우에는 '행정심판을 제기한 후 행정소송을
제기하는 비율'이 23퍼센트에 달하며, 바이에른 주(州)의 '미텔프랑켄'지
역에서의 행정심판절차의 실험적 폐지 후의 최종보고서에 의하면, '행
정심판을 제기한 후 행정소송을 제기하는 비율'이 25퍼센트에 달하고
있다. 이러한 상황에 비추어, 행정심판절차의 폐지가 곧바로 관료주의
의 철폐와 행정의 신속화를 가져온다는 결론을 내리기는 어렵게 된다.
이러한 의미는, 「연방행정법원법」제75조가 이미, "행정심판을 제기한
경우 상당한 기간 내에 행정심판의 재결을 내리지 않을 경우, 재결을
거치지 않고 쉽게 행정소송을 제기할 수 있도록 규정"하고 있다는 점에
서도 확인된다. 즉, 행정심판절차가 존속한다고 하더라도 국민이 잃을
기간은 많아야 3개월 정도라고 할 수 있다.35)

---

34) 이미 Presting, Zur Notwendigkeit des Widerspruchsverfahrens, DÖV 1976, 269f.에
서 이에 대한 의문이 제기된 바 있고, Holzner, Die Abschaffung des
Widerspruchsverfahrens－Problemstellung und rechtliche Erwägungen－, DÖV
2008, 217 [218]에서도 지적되고 있다.
35) Guy Beaucamp/ Petra Ringermuth, Empfiehlt sich die Beseitigung des
Widerspruchsverfahrens? DVBl 2008, 426 [430].

(4) 소결

오늘날 독일에서 행정심판절차의 장점을 평가할 때, 국민에 대해서나, 행정에 대해서나, 법원에 대해서나, 반드시 언제나, 그리고, 모든 경우에 있어서 그 장점이 인정된다고 할 수는 없다. 그러나, 그렇다고 하여 행정심판절차의 고전적 장점들이 그 의미를 전부 상실해 버렸다고는 결코 말할 수 없다. 독일의 변호사계에서도 대부분 행정심판절차를 종전대로 유지하거나, 오히려 더 강화해야 한다는 의견을 제시하고 있고, 현재 독일의 각 주(州)에서 행해지고 있는, 행정심판절차의 폐지입법을 비판적으로 바라보고 있다.[36] 독일의 「연방행정법원법」[VwGO]제68조 제1항 제2문은,[37] 해당 규율대상영역과 각각의 주(州)에서의 집행상황과 법원의 상황을 종합하여 세분화된 결정을 주(州)의회들이 내릴 수 있는 여지를 제공해주고 있다.

IV. 독일에서의 행정심판절차의 폐지 · 축소를 둘러싼 법적 제쟁점

1. 행정심판절차의 폐지의 법적 허용성문제

(1) 입법권위반문제

독일의 현행 「연방행정법원법」[VwGO]제68조 제1항 제2문은 「법률이 이를 규정할 때에는, 행정심판절차는 불필요하다」라고 규정하고

---

36) Ewer, in : FAZ v. 18. 12. 2008.
37) 동조동항에서는,「① 취소소송의 제기 전에 행정행위의 적법성과 합목적성은 행정심판절차(전심절차)에서 먼저 심사되어야 한다. 그러한 심사는, 법률이 이것을 규정하는 때 등(각호생략)에는 필요하지 아니하다.」라고 규정하고 있다. 이 경우의 '법률'에는 '주(州)법률'도 포함된다고 일반적으로 해석된다.

있다. 따라서 이 규정이 주(州)의 입법자(의회)에게 행정심판절차를 완전히 폐지할 수 있는 권한을 수권하였는지 여부가 다투어진다. 「연방행정법원법」의 제6차개정전의 동규정은 「행정심판절차를 폐지하는 법률규정은 단지 "특별한 경우에만"[Für besondere Fälle] 허용된다」라고 규정하고 있었고, 이러한 종전의 규정 하에서 연방헌법재판소는, 「이 경우의 "특별한 경우"란, 행정심판절차가 생략될 수 있는 전형적인 경우들, 특히 '정식의 행정절차를 거친 처분' 또는 '기속적 행정결정', 그리고 '신속한 결정이 요구되는 경우'에 한정된다」라고 판시한 바 있다.[38] 현재 독일의 학설은 행정심판절차의 제한없는 폐지에 관하여 찬반양론이 팽팽하게 맞서고 있다.[39] '제한없는 폐지설'은 무엇보다도, 개정된 현행「연방행정법원법」의 현행문언이 종전의 문언과 다른 점을 강조하고 있다. 그러나, 관련 입법자료들을 살펴보면, 이 논거는 근거가 약함을 알 수 있다.[40] 우선, 「연방행정법원법」제68조 제1항 제1문은 여전히 '행정심판전치주의'의 '원칙'을 규정하고 있으므로, 그 제2문인 개정규정은 '원칙'에 대한 '예외'의 지위를 가진다고 해석된다. 이에 따르면, 결국 개정규정에

38) BVerGE 35, 65 [76].
39) '제한없는 폐지가 가능하다는 견해'를 취하는 학자로는, Guy Beaucamp/ Petra Ringermuth, Empfiehlt sich die Beseitigung des Widerspruchsverfahrens? DVBl 2008, 426ff. ; Dolde/ Porsch, in : Schoch/ Schmidt−Assmann/Pietzner, VwGO[2008], §68 Rdnr.12 ; Geis, in : Sodan/ Ziekow, VwGO[2006], §68 Rdnr.125 를 들 수 있고, '그 폐지는 제한된다는 견해'를 취하는 학자로는, Henning Biermann, Das Widerspruchsverfahren unter Reformdruck, DÖV 2008, 395ff. ; Rennert, in : Eyermann, VwGO[2006], §68 Rdnr.24 ; Müller−Grune/ Janette Grune, Abschaffung des Widerspruchsverfahrens−Ein Bericht zum Modellversuch in Mittelfranken, BayVBl. 2007, 65ff ; I. Härtel, Rettungsanker für das Wiederspruchsverfahren?, VerwArch 98[2007], 54ff. ; Thomas Holzner, Die Abschaffung des Wiederspruchsverfahrens−Problemstellung und rechtliche Erwägungen−, DÖV 2008, 217ff. ; Felix Koehl, Folgen der "Abschaffung" des Widerspruchsverfahrens, JuS 2009, 145ff. ; Kopp/Schenke, VwGO[2007], §68 Rdnr.172; 또한 Entscheidung des BayVerfGH, NVwZ 2009, 716이 있다.
40) BT−Dr 13/5098, S.23.

서도 '일반적'인 폐지에 대한 수권은 없다고 보아야 하고, 단지 '영역별로 특별한 경우의 폐지'에 대한 수권만 주(州)입법자에게 행해졌다고 하게 된다. 또한, 독일 연방의회에서의 법무위원회[Rechtsausschuss]의 '의결 권고'에서도, 「이러한 개정으로 인하여 주(州)들은 규율대상영역별로 특별한 경우에는, 그리고 정당한 사유가 있는 경우에는, 행정심판절차를 폐지할 수 있게 되었다」라고 보고되고 있기 때문이다.[41)

(2) '기본권' 침해 문제

가. 개관

일반적으로 볼 때, 행정심판절차는 물론 권리구제기능을 가지고 있지만, 그럼에도 불구하고 행정심판절차 자체가 독일 헌법상 보호되고 있거나, 또는 요구되고 있는 것은 아니다.[42) 이것은 행정심판절차가 여전히 행해지고 있는 법영역과 비교하여 행정심판절차가 폐지된 법영역의 경우에도, 설령 권리구제의 기회가 줄어들었다고 하더라도, 마찬가지다.[43) 국민은 행정심판절차의 존치를 구할 수 있는 기본권은 가지고 있지 않다.[44) 또한 일반적으로 말하면, 독일기본법 제19조 제4항 [효과적인 권리구제의 보장]도, '행정관청을 통한 권리구제'를 보장하고 있는 것이 아니라, '법원에 의한, 행정관청의 위법한 처분 또는 부작위 등에 대한 권리구제'를 보장하고 있을 뿐이다.[45)

---

41)   BT-Drs. 13/5098, S. 23 ; Thomas Holzner, Die Abschaffung des Widerspruchsverfahrens – Problemstellung und rechtliche Erwägungen – , DÖV 2008 217ff. ; 이와 같은 취지로서 BVerfGE 35, 65ff. ; 이러한 취지에서 2007년 7월 1일부터 시행되고 있는 바이에른 주(州)의 「연방행정법원법의 시행법률」 제15조 제2항(행정심판절차의 '일반적'폐지를 규정하고 있음)은, 명백히 입법권 없이 제정된 위헌적 법률이라고 할 수 있다.

42) BVerfGE 35, 65 [72].

43) BVerfGE 65, 291.

44) VGH Mannheim, NVwZ 1995, 280. ; 물론 뒤에서 보는 바와 같이, '재량결정'과 '판단여지결정'에 대한 합목적성심사의 경우에는 학자간의 다툼이 있다.

45) Ulrike Rüssel, Zukunft des Widerspruchsverfahrens, NVwz 2006, 523 [524] ; Georg

나. 독일기본법 제19조 제4항의 '권리구제의 보장' 침해 문제

독일기본법 제19조 제4항은, 원칙적으로, 재판의 전심절차로서의, '행정관청에 의한 통제절차' [= 행정심판절차]의 필요적 존치를 명령하지는 않는다.[46] 그러나, 재량결정 내지 판단여지결정의 사후심사의 경우에는 견해의 대립이 있다. 우선, '재량결정' 내지 '판단여지결정'의 경우에는, 법원의 통제밀도가 미치지 않는 영역이 있고, 이 경우에는 기본권에 비추어 볼 때 행정심판절차가 요구된다고 보는 견해이다.[47] 이 견해에 의하면 주(州) 입법자들[예를 들면 바이에른 노르트라인－베스트팔렌 및 니더작센 주(州)의 경우]이 이점을 고려하여, 예외적 규정을 두고 있는 것은, 기본권에 합치된 입법이 될 것이다. 그러나, '재량결정' 내지 '판단여지 결정'의 경우에 있어서, 특히 법원의 통제밀도가 미치지 않는 영역에 있어서는, 행정심판절차가 싱행되는 것이 바람직하기는 하지만, 그것이 곧 기본권에 기하여 요구되는 것으로 보기는 어렵다는, 다음과 같은 견해가 이에 대립되고 있다.[48]

『독일「연방행정법원법」』 제114조에 의하면, '행정법원은 재량결정의 경우 그 일탈 또는 남용만을 심사할 수 있다. 즉, 재량결정 또는 판단여지결정의 합목적성심사는, 종전에는, 원칙적으로 행정심판절차에 의하여 수행되어 왔지만, 행정심판절차가 완전히 폐지되고 나면, 이제는 어떠한 사후심사도 받지 않게 된다. 이렇게 되면, 과연 처분청이 그 합목적성에 관한 고려를 신중하게 실행할지가 의문시된다. 즉, 처분청은 이 경우 그 합목적성에 관한 고려를 단지 피상적으로 실행하든지,

---

Vaagt, Der Abbau des Widerspruchsverfahrens im öffentlichen Baurecht, ZRP 2011, 211 [213]. ; dl 문제에 대하여도 다툼이 있고, 이는 뒤에서 다시 다루기로 한다.
46) Jarass / Pieroth, GG [2009], Art.19 Rdnr.68 ; BayVerfGH, NVwZ 2009, 716.
47) Christine Steinbeiss － Winkelmann, Abschaffung des Widersprunchsverfahrens － ein Fortschritt ? ; , NVwZ 2009, 686ff ; 같은 취지로서 BVerfGE 84, 34.
48) Thomas Holzner, Die Abschaffung des Widerspruchsverfahrens － Problemstellung und rechtliche Erwägungen, DÖV 2008, 217ff

아니면 아예 행하지 않을 가능성이 커진다. 이렇게 되면, 국민의 권리구
제에 심각한 결함이 발생하게 되고, 이것은 독일기본법 제19조 제4항의
입법취지에 부합하지 않게 되는 문제점이 있게 된다. 물론 독일기본법
제19조 제4항은, 입법자도, 행정관청도 모두 효과적이고, 포괄적인 사법
심사에 복종할 것을 요구하는 동시에,49) 다투어지는 조치에 대한, 법적
및 사실적 견지에서의 완전한 사후심사를 구할 청구권을 보장하고 있
다.50)

그럼에도 불구하고, 독일기본법 제19조 제4항은 원칙적으로 행정
심판절차를 구할 기본권을 보장하고 있지는 않다. 즉, 물론 행정심판제
도 자체는 독일기본법 제19조 제4항에 반하는 제도는 아니지만, 그렇다
고 해서 행정심판제도 자체가 국민의 권리구제를 위하여 헌법상 필수적
으로 요구되는 것은 아니다.51) 이것은, 특히 행정처분이 '정식적 행정절
차'를 거쳐 행해진 경우에 그러하다. 왜냐하면, 재량결정에 대한 적법성
통제를 넘어선 합목적성통제는 헌법상 원칙적으로 규정되어 있지 않을
뿐 아니라, 행정심판절차의 실행의무 또한 헌법상 규정되어 있지 않기
때문이다.52) 독일기본법 제19조 제4항은 무엇보다도 '행정관청을 통한
권리구제'가 아니라, '행정관청을 상대방으로 하는 권리구제'를 명령하
고 있을 뿐이다. 결국 행정심판절차에 의한 합목적성통제가 폐지되더라

---

49) BVerfGE 8, 274[326] ; 30, 1[25] ; Klaus Stern, Staatsrecht, Bd. 3/1 , 1988, §69
   V.5.a) ; §75 II . 1. c) . ; 이 관점에서는 동규정은 원칙적으로 넓게 해석되어야 할
   것이다.
50) BVerfGE 78, 214[226] ; 84, 34[49] ; 101, 106[123] ; 103, 142[156] ; BVerwGE118,
   352[357] ; Bruno Schmidt – Bleibtreu / Franz Klein, Kommentar zum
   Grundgesetz, 10. Aufl 2004, Art.19 RN.16.
51) BVerfGE 35,65[73] ; 60,253[290f] ; 69, 1 [48f].
52) BayVGH, Urt.v. 15.11.2006, BayVBl. 2007, 79[81] ; BVerfGE 35,65[73] ; BVerfGE
   60, 253[291] ; 판단여지결정[예컨대, 독일기본법 제12조(직업선택의 자유)에서 도
   출되는 시험법에 대한 제한된 사법심사]의 경우도 이와 비슷한데, 이 경우 행정관
   청에 의한 합목적성심사는 행정심판절차에 한정되지 않고, 그 밖의 행정내부절차
   로도 충분하다고 보고 있다[Redeker/v. Oertzen, VwGO, [14.Aufl.2004, §68 Rn.1a.].

도, 국민의 입장에서는 독일 「연방행정법원법」 제114조(재량결정의 사후
심사)의 범위 안에서 재량결정의 경우에도 또한, 법원에 의한 권리구제
가 보장된다는 점에서는, 행정심판절차의 폐지가 독일기본법 제19조 제
4항에 위반된다고 볼 수는 없다.」

2. 행정심판절차의 폐지의 합목적성 문제

(1) 개관

설령 행정심판절차의 폐지가 원칙적으로 법적으로 허용된다고 하
더라도, 그 폐지는 합목적적이지 않을 수도 있다. 이것은, 특히 행정심
판절차가 더 이상 자신에게 부과된 기능들을 수행할 수 없는 경우와,
행정심판절차의 폐지에 의해 추구되는 개혁목표가 달성될 수 없을 때
나타난다.

(2) 행정심판제도의 기능

행정심판절차의 고전적 세 가지 기능들이 어떠한 서열관계에 서는
지는, 학자간에 다툼이 있다.53) 그러나, 행정심판절차의 세 가지 기능은
상호보완적인 관계에 있고, 결국 동등한 지위에 있다고 일반적으로 보
고 있다.54)

---

53) v, Mutius, Das Widerspruchsverfahren der VwGO als Verwaltungsverfahren und
    Prozessvoraussetzung, 1969, S.115ff. 에서는 '법원의 부담경감'을 최고의 우위에 두
    고 있고, Pietzner / Ronellenfitsch, Das Assessorexamen im öffentlichen Recht,
    11.Aufl [2005], §24 I Rdnr.3 에서는 '권리구제기능'을 최고의 우위에 두고 있으며,
    Schmitt Glaeser / Horn, Verwaltungsprozessrecht, 5. Aufl. [2000], Rdnr.191 에서는
    '행정의 자기통제'기능을 최고의 우위에 두고 있다.
54) Gero Vaagt, Der Abbau des Widerspruchsverfahrens im öffentlichen Baurecht, ZRP
    2011, 211ff. ; Vetter, Mediation und Vorverfahren, 2004, S. 16.

가. 법원의 부담경감기능

행정심판절차는 재판외에서 분쟁을 해결함으로써 법원의 부담을 경감하는 기능을 가져야 한다. 바이에른 주(州)의 경우 행정심판절차의 폐지는 건축법의 경우, 법원에의 제소를 85퍼센트 증가시켰다.[55] 이 통계결과는 다른 주(州)에 대해서도 적용되며, 이런 현상은 결국 법원의 재판의 질적 저하를 가져올 수 밖에 없게 만든다. 따라서 행정심판절차는, 특히 건축법의 경우, 법원의 부담경감기능을 충실히 수행하고 있다.

나. 행정의 자기통제기능

행정의 자기통제기능은, 재결기관이 다투어지는 처분을 법적·사실적 토대 위에서 다시 한 번 포괄적으로 심사숙고할 때 달성된다. 그러나, 실제의 경험적 조사에 따르면, 행정관청들 간에는 일종의 "동료적 관료주의"[kameradschaftliche Bürokratie]가 만연하고 있어, 행정의 자기통제기능은 현저히 손상되고 있다고 한다.[56] 다만, 상급행정관청이 행정심판절차를 통하여 중요한 행정정보를 얻게 됨으로써 보다 충실한 감독권 행사가 가능해지는 이점은 인정된다.

다. 권리구제기능

건축법의 경우, 수많은 행정처분이 독일「연방행정법원법」제80조 제2항 제4호에 따른 '즉시집행명령'[Annordnung der sofortigen Vollziehung]과 결합되고 있으며, 또한 제3자가 제기하는 취소소송의 경우, 「연방행정법원법」제80조 제2항 제3호 및 「건설법」제212조의 2에 의하여, 행정심판의 집행정지효가 배제되고 있으므로, 결국 국민의 입장에서는, 행정소송을 제기하여 '잠정적 구제절차'[einstweiliges

---

55) Abschlussbericht des bayerischen Staatsministeriums des Innern vom 15. 9. 2011.
56) Dagmar Oppermann, Die Funktionen des verwaltungsgerichtlichen Vorverfahrens[Widerspruchsverfahrens] in Baurechtssaachen aus rechtlicher und tatsächlicher Sicht, 1997, S. 289. ; Klaus Schönenbroicher, Leitziele und Kernpunkte der Reformen des Widerspruchsverfahrens, NVwZ 2009, 1145.

Verfahren]에 의지할 수밖에 없게 된다.

결국 이 경우에는 행정심판은 독자적 권리구제기능을 거의 수행할 수 없게 된다. 그럼에도 불구하고, 행정심판절차는, 일반적으로는 비용이 절감되는 절차이고, 또한 행정관청과 국민간의 화해·조정이 가능하여, 관계국민 대다수가 만족하고 있는 결과를 낳고 있는 것도 사실이다. 나아가서, 국민의 입장으로서는, 심리적으로, 법원에 소송을 제기하는 것을 대부분의 경우 주저하는 것이 현실임도 간과해서는 안된다. 이러한 점에서는 행정심판절차는 관계국민에게 권리구제기능을 충실히 수행하고 있다.

(3) 개혁목적의 성취여부

행정심판절차의 폐지는 무엇보다도 '절차의 신속화'와 '비용절감'을 그 목표로 두고 있다.[57] 이 목표는 특히 건축법의 경우 달성되고 있지 않다. 왜냐 하면, 건축법의 경우 제기된 행정심판 중 70~75퍼센트가 처리되고, 단지 25~30퍼센트만 소송제기로 갈 뿐이기 때문이다.[58] 따라서, 행정심판절차를 폐지함으로써 절차의 신속화가 이루어질 수는 없다.[59] 또한 '비용의 절감'도 달성되지 않는데, 왜냐하면 행정심판절차의 폐지는 법원의 현저한 추가부담을 초래할 뿐만 아니라, 해당 행정관청의 담당직원들이 수시로 법원에 출입해야 하는 비용도 발생하기 때문이다.[60]

---

57) Niedersâchsischer Landtag, LT-Dr 15/1121, S.16, 15/2166, S.4f.; Vetter, Mediation und Vorverfahren, 2004, S.50.
58) Dagmar Oppermann, Die Funktionen des verwaltungsgerichtlichen Vorverfahrens [Widerspruchverfahrens] in Baurechtssachen aus rechtlicher und tatsächlicher Sicht. 1997. S. 324f.
59) Dolde/Porsch, BadWüttVBl 2008, 431ff. 에 따르면, 행정소송절차는 평균 약 1년이 소요되지만, 행정심판절차의 소요기간은 평균 6~8개월이라고 한다.
60) Guy Beaucamp/Petra Ringermuth, Empfiehlt sich die Beseitigung des Widerspruchsverfahrens ? , DVBl2008, 430.

3. 행정심판절차의 완전한 폐지의 대안으로서의 '임의적 행정심판절차'

'임의적' 행정심판절차의 채택은 원칙적으로 헌법상 아무 문제도 없다. 독일 「연방행정법원」 제68조제1항제2문이 주(州)들에게 심지어 행정심판절차의(영역별로 특별한, 정당한 사유가 인정되는) 폐지조차 수권하고 있으므로, 주(州)입법자에게, 동개정규정에 의해 주어진 권한을 단지 그 일부만 사용하게 하는 방법(임의적 행정심판절차)을 채택하는 것은 더욱더 당연히 인정된다고 해석된다.[61] 나아가, '임의적' 행정심판절차는, 동개정규정이 추구하는 입법취지인, '행정심판절차의 보다 더 유연한 형성'에도 적합하다. 또한 '임의적'행정심판절차는, '국민에게 쟁송방법의 선택권을 주는 것'으로서, 국민에게 권리구제수단의 강제적 상실(즉, 행정심판절차의 폐지)을 방지하면서도, 동시에 국민에게 신속하고, 효율적으로, '독립적인 재판에 의한 권리구제'(행정소송)에 이르게 해 준다는 점에서 입법정책적으로도 설득력이 있다. 또한 민주주의원칙에 비추어 보더라도, 국민에게 다양한 권리구제수단의 선택권을 부여하고, 국민 스스로가 구체적 사안에 따라 보다 더 적절한 권리구제수단을 선택하게 한다는 점에서 또한 설득력이 있다. 이러한 '임의적' 행정심판절차의 장점에 비하여, 우려되는 어려움 [예를 들면, 권리구제수단의 '이원성'으로 인한 복잡성, 행정실무상 권리구제수단의 고지시의 보다 더 적합한 권리구제수단을 판단함에 있어서의 어려움][62]은 상대적으로 경미한 것이라고 생각된다. 또한, 이러한 어려움은 행정심판절차를 완전히 폐지하는 경우에도 또한 발생되는 문제들이다.[63]

---

61) Henning Biermann, Das Widerspruchsverfahren unter Reformdruck, DÖV 2008, 403.

62) 예컨대, 바이에른 주(州)에서는, 주(州)내무부가 2007년 8월 13일에 새로 형성된 행정심판절차와 권리구제수단의 고지의 모범례에 관한 광범한 집행상 지침을 제시한 바 있다.

그러나, 무엇보다도 '임의적' 행정심판절차는, 국민에게 권리구제수
단의 선택권을 줌으로써, 입법정책적으로 다투어지는 문제 [즉, 행정심
판절차를 존속시킬 것인지, 아니면 폐지시킬 것인지의 문제]에 있어서
국민의 참여를 가능하게 해 주고, 국민이 이 문제를 공동으로 결정할
수 있게 해 준다. 입법부와 행정실무는 이를 통하여, 국민들이 행정심판
절차를 얼마나 선호하는지에 관한, 얻기 힘든, 귀중한 정보를 얻을 수
있게 된다. 따라서 바이에른 주(州)에서 최초로 행해졌고, 그 다음으로
메클렌부르크-포어포머른 주(州)에서 2008년 말에 그 실험적 실행이
끝난 '임의적' 행정심판절차는 행정심판절차의 새로운 설계에 있어서 또
하나의 좋은 귀감이 될 것이다.[64]

4. 행정심판절차에서의 '화해 · 조정' [Mediation]제도

행정심판절차가 효과적인 분쟁해결절차로 발전되는데 있어서, '조
정·화해'절차가 독일에서 주목받고 있다.[65] '조정·화해' 제도는, 재판
외의 갈등해결절차로서, 갈등의 당사자들이 스스로 결정하여 미래를 지
향하는 해결책을 발전시켜 나가는 방법이다. 이 경우 중립적 제3자인
'조정자'[Mediator]가 이를 도와주게 되며 그는 적정한 의사전달기법과

---

63) Verwaltungsmodernisierung in Niedersachsen – Erster Bericht der vom
Niedersächsischen Ministerium für Inneres und Sport beauftragten Gutachtergruppe
zur Verwaltungspraxis und den Folgewirkungen der Aussetzung der gerichtlichen
Vorverfahren auf der kommunalen Ebene.
64) 이 모델은 프랑스에서는 "recour administratif" 제도로서 독일보다 먼저 발전되었
고, 독일 행정심판제도의 개혁에 있어서도 모범적 선례로 평가받고 있다
[Christine Steinbeiss – Winkelmann, Abschaffung des Widerspruchsverfahrens ein
Fortschritt?, NVwZ 2009, 692.; Innes Härtel Rettungsanker für das
Widerspruchsverfahren?, Verw Arch.98 [2007], 54ff.].
65) Geis, in : Sodan / Ziekow [Hrsg.], VwGO, 2.Aufl.[2006], §68 Rdnr.124;
Pietzner/Ronellenfitsch, Das Assessorexamen im Öffentlichen Recht, II·Aufl.[2005],
§31 Rdnr.13; Kopp/Schenke, VwGO, 13Aufl.[2003], §68 Rdnr.16.

협상기법에 의해 당사자의 상호합의과정을 촉진시키고, 지도한다. '조정자'는 분쟁에 대하여 결정하고 판정하는 것이 아니고, 오직 당사자들이 합의에 도달하도록 도와줄 뿐이다.

모든 '조정·화해'의 근본적 전제요건은, 참가의 절대적 자발성, 조정자의 중립성, 당사자의 자율성 및 신뢰성(친밀성)이다.

'조정·화해'는 커다란 기회를 열어주는 동시에 또한 일정한 정도로 위험(리스크)도 내포하고 있다. 우선 '조정·화해'에 의해 행정문화가 개선되어 행정관청과 국민이 더욱 솔직한 의사소통을 할 수 있게 된다. 국민과 행정관청간의 법적분쟁의 원인은 많은 경우 의사소통이 불충분한데서 일어난다. 조정·화해는 협력과 합의를 지향하며, 이러한 협력적 협상방식의 경우에 당사자들은 많은 경우 창의적 해결책을 발견할 수도 있다. 조정·화해는 나아가 '행정결정의, 국민으로부터의 수용성'을 높여준다. 이것은 '좋은 행정'의 중요한 요소이기도 하다. 물론 조정·화해는 위협(리스크)도 내포한다. 예를 들면 당사자 간에 강약의 차가 현저한 경우에도 조정자는 엄격히 중립을 지켜야 한다는 점을 들 수 있다. 또한 조정·화해는 실패할 수도 있고, 이 경우 그동안 들였던 시간과 비용이 낭비되게 될 수도 있다. 그러나, 이것은 조정·화해에 대해 일정한 '실행기한'을 설정함으로써 완화될 수도 있다. 또한, 조정·화해는 성공할 수 있으므로, 조정·화해의 실패로 인한 비용낭비를 지나치게 우려할 필요는 없다.

특히 중요한 것은 '사법(私法)상의 조정·화해'와 '행정상 조정화해'의 차이점이다. 가장 중요한 차이점은 조정·화해절차를 거쳐 도달한 합의결과를 실행에 옮기는 방법이다. 사법상의 조정·화해와 달리, 행정상 조정·화해의 결과는, 법률로 규정된 행정절차를 거쳐 행정처분 또는 행정법상계약으로 됨으로써 법적 효력을 가진다. 나아가서, 민주주의 원칙과 법치주의 원칙에 비추어 행정관청은 원칙적으로 법률과 법에 따른, 책임있는 결정을 할 의무가 있다[독일기본법 제20조제3항]. 행정

관청은 원칙적으로 최종결정책임을 지며, 행정상의 절차를 주도할 책임
을 진다. 특히, '법률의 우위' 원칙에 비추어, 행정관청이 조정·화해에 임
할 수 있는 것은, 법률이 행정청에게 일정한 결정여지를 허용할 경우
[예컨대 재량결정과 판단여지결정의 경우]에 한하여 허용된다.66)

한편, 지금까지의, '행정심판절차에서의 조정·화해의 이용가능성'에
대한 논의는 기존의 행정심판절차의 절차와 가능성에 연결해서만 행해
져 왔음에 반하여67), 슈테판 페터[Stefan Vetter]는, 전혀 다른 방안을
제시하고 있다. 즉, 그는 '조정·화해적인 행정심판절차'[mediatives
Vorverfahren]를 제안한다. 이 제안은 독일의 경우, 좀 더 실무에서의
실험을 통해서 검증되어야 하는 것이고, 또한 그 한계도 명백히 존재한
다. 즉, 이러한 제도가 전혀 적용되기 어려운 영역도 존재하고 [예컨대
'시험법'의 경우], 또한 '행정의 활동여지'가 인정되는 영역의 경우에 한
하여 적용될 수 있다는 점과, 그리고 매우 간단한 사무들의 경우, 이러
한 (조정 · 화해)방법을 사용하는 것은 지나친 낭비로 될 수 있다는 점 등
이다.68)

어쨌든, 조정·화해의 결과를 실행에 옮기는 최종단계에서는, 대부
분 '부담부 행정처분' 또는 '공법상 계약'의 형식이 채택되고, 이에 따른
국민과 제3자의 반대급부[예컨대 '제소포기']는 또한 계약으로 합의될
수 있다.

---

66) Innes Härtel, Rettungsanker für das Widerspruchsverfahren ? ; VerwArch. 98[2007],
   54ff.
67) Rainald Maass, Mediation in immissionsschutzrechtlichen Widerspruchsverfahren?
   VerwArch. 88[1997], 701ff.
68) Innes Härtel, Rettungsanker für das Widerspruchsverfahren? VerwArch. 98 [2007],
   54ff.

V. 우리나라의 행정심판제도의 발전·개선을 위한 입법론적 고찰

1. 대상결정의 평가

헌법재판소의 이 논문의 대상결정은 재판청구권과 관련하여 여러 가지 측면에서 적절한 판시사항을 제시해 주고 있다.

모든 국민이 재판청구권을 가진다고 할 때 국민이 재판을 받을 때에 행정공무원 등이 최종심판관이 될 수 없도록 해야 하고, '재판'의 개념에 포섭되기 어려운 제도에 의해 법적 분쟁을 종국적으로 해결하도록 방치해서는 우리 헌법의 요구에 부합할 수 없다.[69]

행정심판을 거친 후 불복하는 당사자로 하여금 정식재판(소송상 불복제도)를 두지 않고 행정심판결과가 종국적 결정으로 작용하게 한다면, 이는 헌법에 위반될 것이며, 나아가 행정심판의 절차에서는, 심판관이 독립된 위치에서 공정한 판단을 할 수 있어야 하고, 필요하다면 대석적(對席的)변론을 열어서 서로 공격방어를 하는 구조를 가져야 하며, 처분대상자는 변호인을 선임하여 진술할 기회를 부여받아야 할 것이다. 이러한 본질적 요소들을 전혀 갖추지 못한 경우에는 그 행정심판절차는 우리 헌법 제107조제3항에 규정된 행정심판의 요건으로서의 '준사법절차성'[準司法節次性]을 충족하지 못하는 것이 될 것이다.[70] 또한, 재판의 필요적 전치절차로서 행정심판을 요구하는 것이 위헌인지의 문제가 제기되고 있는데, 해당 분쟁에 관한 일차적 판단권을 전문성이 있는 행정심판기관(재결기관)에서 판단하도록 하는 것은 필요하고 적절한 제도로서 이를 두고 위헌이라고 할 수 없다는 것도 대상결정은 또한 판시하고 있다. 왜냐하면, 우리 헌법 제107조제3항에서 재판의 전심절차로서

---

69) 김승대, 헌법학 강론, 법문사, 2010년, 264면.
70) 김승대, 헌법학 강론, 법문사, 2010년, 266-267면.

행정심판을 할 수 있도록 허용한 취지에는 경우에 따라서는 이를 필요
적으로 요구하는 것도 포함된다고 볼 수 있기 때문이다.71) 나아가 대상
결정은 행정심판제도의 존재이유로서 '권리구제의 실효성'과 '행정청에
의한 자기시정의 개연성'을 판시함으로써 행정심판절차의 고전적 존재
이유를 거듭 확인하고 있음은 적절하다고 판단되나, 양자간의 우선순위
내지 관계에 대하여는 자세히 언급하고 있지 않음은 아쉬운 부분이
다.72)

2. 행정심판제도의 헌법적 근거의 재검토

우리 헌법 제107조제3항제1문에서는 "재판의 전심절차로서 행정심
판을 할 수 있다."라고 규정하고 있는데, 이는, 「행정심판은 법관이 아
닌 자에 의한 준사법적 절차」이기 때문에 종전에 위헌소지가 있다는 주
장이 제기되었으므로, 이를 해결하기 위하여 헌법에 행정심판에 관한
명문의 근거를 둔 것으로 일반적으로 해석하고 있다.73)

현재 우리나라에서는 내년 지방선거를 전후하여 헌법을 개정하기
위한 준비작업이 국회와 행정부에 의하여 활발히 진행되고 있다.

그런데, 만일 독일의 각 주(州)들에서의 행정심판절차의 폐지 법제
화바람이 '관료주의철폐'나 '작은정부론' 내지 '행정절차간소화'의 명목
으로 우리나라에도 불어 닥친다면, 우리의 현행 헌법 제107조제3항제1
문의 규정태도(문언)만으로서 안전하다고 할 수 있을까? 왜냐하면, 우리

---

71) 헌재 20002. 11. 28. 2002헌바38.
72) 이 문제에 대하여는 우리나라의 경우 학자들의 견해가 나뉘는데, 행정심판제도의
경우, ①'행정의 자기통제'가 최고의 우위를 가진다는 견해(박윤흔, 최신행정법강
의(상), 786면) ②'행정의 자기통제'와 '국민의 권리구제'가 동등한 지위를 가진다
는 견해(박정훈, "행정심판법의 구조와 기능", 행정법연구 제12권, 행정법이론실무
학회, 2004, 247면), 그리고 ③'행정의 권리구제'가 최고의 우위를 가진다는 견해
(김기표, 신행정심판법론, 한국법제연구원, 2003년, 15면)가 있다.
73) 성낙인, 헌법학, 법문사, 제7판[2007년], 646면.

현행헌법상의 동 조문은 "행정심판을 할 수 있다"라고만 규정하고 있으므로 [즉 행정심판의 실행여부는 입법자(국회)의 재량사항으로 규정하고 있다고 해석할 수도 있으므로], 이러한 해석에 따른다면, 현행「행정심판법」만 폐지한다면 [물론「행정소송법」상의 행정심판관련규정 등 관련규정의 정비도 포함하여], 그것을 곧바로 위헌이라고 할 수는 없을 것이다. 따라서 필자의 생각으로는, 행정심판제도에 대한 헌법상 근거를 보다 명확히 하는 것이 필요하다. 그 방법은, 행정심판제도를 재판청구권과 관련시키는 것이 보다 더 법체계적으로 합당하다고 할 수 있으므로,74) 그 조문의 위치를 옮겨 다음과 같이 규정하는 것이 입법론상 적절하다고 판단된다.

현행	개정안
제107조 ①-②(생략) ③재판의 전심절차로서 행정재판을 할 수 있다. 행정심판의 절차는 법률로 정하되, 사법절차가 준용되어야 한다.	제27조 ①-⑤(생략) ⑥모든 국민은 권리구제의 실효성과 행정청에 의한 자기시정의 개연성을 위하여 재판의 전심절차로서 두는 행정심판을 받을 권리를 가진다. ⑦제6항의 규정에 의한 행정심판의 절차는 법률로 정하되, 사법절차가 준용되어야 한다.

'재판청구권'이 「재판이라는 국가적 행위를 청구할 수 있는 적극적 측면(즉 개인적 공권의 측면)」을 가지고 있음에 비추어,75) 위 개정안에 의하여 신설되는 '행정심판청구권'은 「행정심판이라는 국가적 행위를 청구할 수 있는 적극적 측면」(즉 개인적 공권의 측면)을 가진다. 또한 「우리 헌법재판소는 재판청구권과 같은 절차적 기본권은 원칙적으로 제도적 보장의 성격이 강하다」고 판시하고 있으므로,76) 위 개정안에 의하여 신

---

74) 남복현, 헌법주석서Ⅳ[법제처간행], 2010년, 186-187면; 또한, 행정심판제도의 존재이유간의 관계도 보다 적정하게 조화시키기 위한 문구조정도 필요하다고 본다.
75) 헌재 1998.5.28.,96 헌바4; 또한, 헌재 1995.9.15., 94누4455 에서는「소권은 사인의 국가에 대한 공권이다」라고 판시하고 있다.

설되는 '행정심판청구권' 또한 「절차적 기본권으로서 원칙적으로 제도
적 보장의 성격이 강하다」고 할 것이다.

　나아가, 행정심판의 제도적 이점으로서 '구제대상의 확대'를 들 수
있다. 왜냐하면, 행정소송에 의하는 경우 법원의 심사는 '처분의 적법성
의 문제'에 한정되지만, 행정심판에 의하는 경우에는 행정심판위원회는
'처분의 당·부당의 문제(합목적성심사)'까지도 판단할 수 있기 때문이
다.77) 따라서, 특히 '재량결정' 또는 '판단여지결정'의 경우, 국민이 그에
대한 합목적성의 심사를 받으려면 행정심판이, 법적 구속력 있는, 유일
한 권리구제수단이 된다는 점에서, 행정심판제도를 계속 유지시키고,
나아가서 「행정심판청구권」이라는 새로운 기본권을 헌법의 명문으로
창설하는 것은 국민의 권리구제와 행정의 자기통제를 위하여 큰 의미가
있다고 본다. 행정심판에서 당·부당의 여부까지 판단 할 수 있도록 한
것은 행정심판이 '국민의 권익구제제도'일뿐 만 아니라, '처분청에 대한
재결기관의 지휘·감독'이라는 '행정의 자기통제수단'으로서의 의미를
가지는 점에 기인한다. 우리 「행정소송법」제27조는, 재량문제라도 그
일탈·탐용의 경우에는 위법한 처분으로서 행정소송의 대상이 됨을 명시
하고 있고, 나아가 재량행위에 있어서는 재량의 일탈·남용의 경우 외에
는 법원의 심사대상에서 제외된다는 원칙을 간접적으로 명시하고 있
다.78)

76) 헌재 2005.5.26, 2003헌가7.
77) 김철용, 행정법 I, 법문사, 2010년, 559면.
78) 김기표, 신행정심판법론, 한국법제연구원, 2003년, 490면−491면 ; 나아가 김기표
　　전 한국법제연구원장은, 「제재처분과 같은 재량행위의 일부취소(예를 들면, 1년의
　　영업정지처분 중 6개월을 취소하는 것)의 경우에는 행정심판의 재결과 행정소송
　　의 판결의 범위에 차이가 있다. 행정소송의 경우에는 영업정지처분·과징금부과처
　　분 등 제재처분이 재량권남용으로 인정되는 경우에는 그 처분의 전부취소를 명하
　　는 판결을 할 수 있을 뿐이지만(대판1998.4.10., 98두2270등), 행정심판의 경우에는
　　재결로써 제재처분과 같은 재량행위의 일부취소를 할 수 있다. 이는 행정심판이
　　행정권의 자율통제를 위한 제도로서 재량행위의 부당한 처분에 대하여도 심판을
　　할 수 있는 제도의 특성 때문이다.」라고 하고 있다. [전게서, 492면].

3. '임의적' 행정심판제도의 재검토

독일의 행정심판절차의 폐지에 관한 입법경위와 논쟁들에서 볼 수 있듯이, '임의적'행정심판제도는, 행정심판전치주의를 원칙적으로 취하는 전통적인 행정심판제도와, '규제완화'와 '행정의 능률화·간소화'를 위하여 행정심판절차의 전면적 폐지를 채택하는 독일의 새로운 입법례간의 사려 깊은 조화적 해결책으로 보여진다. 따라서, 우리나라에서 1994년 개정「행정소송법」이 '행정심판전치주의'를 폐지하고, 행정심판을 '원칙상 임의절차'로 한 것은 타당한 선택이라고 생각된다.

4. '행정심판'과 '조정 · 화해'제도

독일의 행정심판절차의 폐지에 관한 입법경위와 논쟁들에서 볼 수 있듯이, 행정심판에 있어서 조정·화해제도를 접목시키는 것은 합리적이고 타당한 입법정책이라고 생각된다. 다만, 이것은 '법률우위의 원칙'에 비추어, 행정관청에게 활동의 자유여지가 법률에 기하여 인정되는 재량결정 또는 판단여지결정의 결정 등에 한하여 인정되어야 할 것이다.

우리나라의 경우「행정심판법」에 행정상 화해제도에 관하여 명문의 규정이 없기 때문에 행정심판에서 행정상 화해제도를 인정할 수 있는지에 대하여 논란이 있다. 또한「행정심판법」은「행정소송법」과 달리,「행정심판법에 규정이 없는 사항에 관하여 민사소송법을 준용한다」는 규정도 두고 있지도 않다. 우리나라의 경우에도 행정심판에 있어 화해제도를 활용하는 것이 법리상 가능하고, 또한 필요한 경우도 있을 수 있으므로, 논란의 여지를 없애기 위하여「행정심판법」에 명문으로 규정하는 것이 바람직하다는 견해가 제시되고 있다. 나아가, 이 견해에 따르면, 행정심판은 '행정청의 자율통제'를 그 목적의 하나로 하고 있으므로, 행정소송보다 더 탄력적으로 운영할 필요성이 있는 점, 재결기관이 처

분청의 직근상급관청인 경우에는 감독권행사차원에서 처분청에게 화해
를 통한 분쟁해결을 지시하거나 권고할 권한이 있는 점을 고려할 때 「
행정심판법」상 명문규정이 없더라도 행정심판에 있어서 행정상 화해제
도를 활용할 수 있다고 본다.79)

5. 행정심판기관의 설치와 조직의 문제

우리나라에서는 2008년 이후 행정심판의 관할은 일원화되어 중앙
행정심판위원회등 각급 행정심판위원회가 심리와 재결을 모두 담당하
고 있다. 한편, 중앙행정심판위원회는 「부패방지 및 국민권익위원회의
설치와 운영에 관한 법률」에 따른 국민권익위원회에 두고 있다. 또한,
중앙행정심판위원회의 위원장은 국민권익위원회의 부위원장 중 1명이
된다. 그런데, 국민권익위원회는 국가청렴위원회, 국민고충처리위원회
및 국무총리행정심판위원회를 통합하여 이명박정부출범시에 신설된 행
정관청이다. 문제는 이들 3개 위원회의 업무의 성격이 각각 달라서, 통
합된 조직으로서 존재하는 것이 업무의 '시너지'효과 등에 비추어 행정
의 능률성을 제고시키기 어렵고, 이에 따라 국민의 권리구제의 효과적
수행도 기하기 어렵다는 데 있다. 즉, 국가청렴위원회의 업무는 원칙적
으로 공직자의 부패방지업무라는 업무로서, 국민의 권리구제업무의 본
질을 원래 가지는 것이 아니라는 점, '고충민원'과 '행정심판'은 그 법적
성격, 대상, 제기권자, 제기기간 및 법적 효력 등 많은 점에서 상호구별
된다는 점에서 양자의 기능상 '시너지'효과를 발생하기 어렵다는 점을

---

79) 김기표, 신행정심판법론, 한국법제연구원, 2003년, 534면; 김기표 전 한국법제연구
    원장은, 동 저서에서 화해제도를 활용할 필요가 있는 경우의 예로서, 「특히, 영업
    정지기간의 단축과 같은 적극적 변경을 내용으로 하는 재결이 있더라도 청구인이
    불복할 수 있고, 이런 경우에는 법원에 행정소송을 제기하기에 앞서서 행정심판
    단계에서 사건의 종국적 해결을 위하여 화해제도를 활용하는 것이 유용하다」라고
    하고 있다.

그 문제점으로 들 수 있다. 특히, 고충민원처리제도는 비구속적인 조정제도이지만, 행정심판업무는 행정기관에 의한 법적 구제제도라는 점에서, 행정부 내의 법률전문기관(특히 행정법과 헌법의 전문기관)이 담당하는 것이 우리나라의 법치주의의 정착·발전을 위하여 필수적이라고 할 것이다. 이러한 점에서 중앙행정심판위원회는 국민권익위원회에서 분리하여, ① '제3의 독립적인 행정재판소'(영미의 행정위원회와 같이)로 설치하고, 영미식 행정위원회와 같은 정도의 독립성을 가지고 있다고 보기는 어려운 특허심판원, 국세심판원, 중앙토지수용위원회 및 소청심사위원회 등을 통합하는 방법, ② 또는 종전처럼, 행정부의 법률·법제전문기관인 법제처에서 그 운영을 다시 담당하도록 하는 방법을 채택해야 할 것으로 본다. 이를 위하여는, ① 새로운 「행정심판소법」을 신규제정하거나, ② 아니면 「행정심판법」을 개정해야 할 것이다. [또한, 두 경우 모두 '부패방지 및 국민권익위원회의 설치와 운영에 관한 법률'의 개정도 필요하게 될 것이다].

Ⅵ. 맺는 글

행정심판제도는 보다 더 비용이 절약되고, 보다 더 신속하며, 관료주의적이 아닌 권리구제수단으로서 계속해서 유지·발전되어야 하는 제도이다. 이는 독일 메클렌부르크-포어포머른 주(州)에서 우리나라의 경우와 같이 '임의적' 행정심판제도를 채택해 본 결과, 국민들이 행정심판절차를 훨씬 더 선호한 사실에서도 증명되고 있다. 독일의 몇 개 주(州)들에서 실행된, '행정심판 폐지'의 법제화는 그 목표를 달성하지 못했을 뿐만 아니라, 오히려 국민의 입장에서도 자신의 권리가 구제되기 위해서는 더 비싼 비용을 지불해야만 하는 결과를 가져왔다. 나아가, '행정심판의 폐지'의 법제화로 인하여, 재량결정·판단여지결정에 대한

'합목적성심사'의 길만 없어져 버리는, 의도하지 못한 결과까지 야기 시키고 있다. 물론 독일「연방행정법원법」[VwGO]제68조제1항의 문언에 비추어, 독일의 경우, '행정심판절차의 폐지'가 반드시 위법하다고 할 수는 없다고 하더라도, 많은 영역에 있어서 합목적적이라고는 결코 말할 수 없다.

　　한편, 특히 독일의 입법경위와 행정심판실무의 경험에 의하면, 행정심판절차에 '조정·화해'적 요소들을 도입하는 것은 매우 바람직하고, 의미 있는 것으로 나타나고 있다.

　　필자는, 이러한 독일의 경험을 교훈으로 삼아, 우리나라의 행정심판제도를 더욱 더 발전시켜 나가야 하는 것은 우리 공법학자들과 행정실무가들의 공동사명이라고 생각한다.

참고문헌

1. 국내문헌

김기표, 신행정심판법론, 한국법제연구원, 2003.

김승대, 헌법학강론, 법문사, 2010.

김철용, 행정법I, 법문사, 2010.

김현준, "행정심판의 대상 및 심판기관ㆍ당사자 - 행정소송법 개정안과의 조화를 고려한 행정심판법 입법론", 『행정법학』, 제2호, 2013. 3.

박정훈, "행정심판의 기능", 행정법연구 제12호, 행정법이론실무학회, 2004.

박정훈, "행정심판제도의 발전방향 - '사법절차의 준용'의 강화 -", 『행정법학』, 제2호, 2013. 3.

법제처, 헌법주석서 IV, 2010.

성낙인, 헌법학, 법문사, 2007

오준근, "영국과 독일의 행정심판제도 개혁경과에 관한 비교법적 연구", 경희법학 제48집 제1호, 2013.

최선웅, "행정심판의 기능", 『행정법연구』 제38호, 2014. 2.

최선웅, "행정심판의 헌법상 근거 - 헌법 제107조 제3항의 해석을 중심으로", 『행정법연구』 제44호, 2016. 2.

최영규, 공법ㆍ처분ㆍ법률상이익 - 행정심판을 통한 권리구제의 확대를 위한 시론, 현대공법학의 과제 소수 [최송화 교수 화갑기념논문집], 박영사, 2002.

황해봉, 행정심판제도와 행정심판기관에 관한 연구, 경희대학교 박사학위논문, 2007.

2. 외국문헌

Beaucamp, G. / Ringermuth, P., Empfiehlt sich die Beseitigung des Widerspruchsverfahrens ? DVBl 2008, S. 426ff

Biermann, H. Das Widerspruchsverfahren unter Reformdruck — Förmlicheverwaltungsinterne Kontrolle als nutzloses und kostenintensives Auslaufmodell? =, DÖV 2008, S. 395ff.

Eyermann, VwGO, 13. Aufl. [2010].

Glaeser, S. / Horn, Verwaltungsprozessrecht, 15. Aufl. [2000]/

Härtel, I., Rettungsanker für das Widerspruchsverfahren ? , VerwArch. 98[2007],S. 54ff.

Holzner, T, Die Abschaffung des Widerspruchsverfahrens, DÖV 2008, S. 217ff.

Hufen, F., Verwaltungsprozessrecht, 10. Aufl. [2016].

Koehl, F., Referendarexamenklausur — öffentliches Recht : Einrichtung einer Tempo — 30 — Zone — Folgen der "Abschaffung" des Widerspruchsverfahrens, JuS 2009, S. 145ff.

Müller — Grune, S. / Grune, J., Abschaffung des Widerspruchsverfahrens, 2007, S. 65ff.

Presting, D., Zur Notwendigkeit des Widerspruchsverfahrens, DÖV 1976, S. 269ff.

Kopp / Schenke, VwGO, 16. Aufl. [2009]

Oppermann, D., Verfahrens beschleunigung auf Kosten der Verwaltungsgerichtsb

arkeit — Abschaffung des Widerspruchsverfahrensnach der VwGO? Ein Beitrag zur aktuellen Reformdebatte — , Die Verwaltung 30 [1997], S. 517ff.

Pietzner / Ronellenfitsch, Das Assessorexamen im öffentlichen Recht, 11. Aufl. [2005].

Rüssel, Zukunft des Widerspruchsverfahrens, NVwZ 2006, S. 523ff.

Schönenbroicher, K., Leitziele und Kernpunkte der Reformen des Widerspruchsverfahrens, NVwZ 2009, S. 1144ff.

Steinbeiss — Winkelmann, C. / Ott, G., Das Widerspruchsverfahren als Voraussetzung des Gerichtszungangs in VwGO, FGO und SGG, NVwZ 2011, S. 914ff.

Sodan / Ziekow [Hrsg.], VwGO, 3. Aufl. [2010].

Steinbeiss — Winkelmann, C., Abschaffung des Widerspruchsverfahren - ein Fortschritt ?. NVwZ 2009, S. 686ff.

Vaagt, G., Der Abbau des Widerspruchsverfahrens im öffentlichen Baurecht, ZRP 2011, S. 211ff.

국문초록

행정심판절차에 있어서 행정처분은 행정소송의 제기 전에 행정내부의 자기통제기관에 의하여 먼저 심사된다. 이 "사후심사"[독일의 경우 독일연방행정법원법 제68조 제1항 제2문]은, 행정소송에서의 재판통제와 달리, 행정작용의 적법성에만 한정되지 않고, 그 합목적성에도 미치기 때문에, 관계국민의 권리구제에도 도움이 되고, 법원의 부담도 경감시켜준다. 행정심판이 제기되면, 행정관청은 자신의 결정의 정당성이 관계국민으로부터 의심받고 있음을 알게 되고, 자신의 견지를 다시 한 번 검토할 기회를 가지게 된다. 행정심판절차는 최근에 독일에서는 개혁의 대상으로 되고 있다. 독일의 바이에른, 헤센, 메클렌부르크─포어포머른, 니더작센, 노르트라인─베스트팔렌 및 작센─안할트 주(州)는, 각각 그 자신의 「연방행정법원법시행법률」을 통하여 자신의 행정심판제도를 급격히 변혁시키거나, 폐지시켰다. 한국의 헌법재판소가 내린 이 논문의 대상 결정[헌재 2002.10.31, 2001헌바40 전원합의체]은 행정심판의 존재이유와 기능을 다시 한 번 명확하게 보여주고 있다.

독일에서의 행정의 신속화와 간소화를 둘러싼 논쟁은 독일에서의 행정심판절차를 심하게 요동시키고 있다. '관료주의철폐', '규제완화', '능률향상', '절차의 신속화'라는 표어 아래, 독일의 주(州)입법자들은, 더 이상, 행정심판절차의 부분적 개선이 아니라, 개정된 독일 「연방행정법원법」 제68조 제1항 제2문을 무제한적인 '열린 조항'으로 해석하고, 행정심판제도 자체를 폐지하려고 하고 있다. 이 논문은 이러한, 독일의 각 주(州)에서의 최근 동향에 대한 정보를 제공하면서, 그를 둘러싼 입법정책적 논쟁을 소개하고 나서, 그것이 우리나라의 행정심판제도의 앞으로의 방향설정에 어떠한 영향을 미칠 것인지를 분석하려고 한다.

주제어: 행정심판절차, 연방행정법원법, 조정·화해, 선택형, 관료주의철폐, 규제완화, 절차의 신속화, 효과적 권리구제, 법률제정권한

Zusammenfassung

Zur Funktion des Widerspruchsverfahrens
[The Reason of existence of administrative appeal]

Prof. Dr. Choi, Jung-il*

Im Widerspruchsverfahren werden Verwaltungsakt vor Erhebung der verwaltungsgerichtlichen Klage zunächst durch Organe einer verwaltungsinternen Selbstkontrolle überprüft. Da diese "Nachprüfung" [§68 I 2 VwGO]sich nicht allein — wie die verwaltungsgerichtliche Kontrolle — auf die Rechtmässigkeit des Verwaltungshandelns beschränkt, sondern sich auf seine Zweckmässigkeit erstreckt, dient sie dem Vorteil des Betroffenen und entlastet die Verwaltungsgerichte. Denn der Widerspruch unterrichtet die Behörde darüber, dass die Richtigkeit ihrer Entscheidung von den Betroffenen angezweifelt wird, und gibt ihr derart Gelegenheit, ihren Standpunkt noch einmal zu überprüfen. Das Widerspruchsverfahren ist in jüngster Zeit in Deutschland zum Objekt der Reform geworden. Die Bundesländer Bayern, Hessen, Mecklenberg — Vorpommern, Niedersachsen, Nordrhein — Westfalen und Sachsen — Anhalt haben ihre Ausführungsgesetz zur Verwaltungsgerichtsordnung [AgVwGO] geändert, um die Zahl der Widerspruchsverfahren — teilweise drastisch — zu reduzieren. Die Entscheidung des koreanischen Verfassungsgerichtshofes [Heonjae 2002.10.10. 2001 Heonba 40 Jeonwonhabuiche] hat die Funktionenen des Widerspruchsverfahrens sehr gut dargestellt.

Die Beschleunigungs — und Vereinfachungsdebatte in Deutschland

---

* Dongguk University

hat das Widerspruchsverfahren in Deutschland in schweres Fahrwasser geraten lassen. In einem durch Schlüsselbegriffe wie Bürokratieabbau, Deregulierung, Effizienzsteigerung und Verfahrensbesachleunigung dominierten verwaltungswissenschaftlichen Diskurs begnügen sich viele Landesgesetzgeber nicht mehr punktuellen Eingriffen in das Widerspruchsverfahren, sondern stellen in weitherziger Auslegung des als unbeschränkte. Öffnungsklausel interpretierten §68 Abs. 1 Satz 2 VwGO den Bestand des Rechtsinstituts als solches in Frage. Dieser Beitrag informiert über den aktuellen Stand des Rechtsinstituts in deutschen Bundesländern. Sodann wird die gegenwärtige rechtspolitische Kontroverse um das Widerspruchsverfahren dokumentiert und die Frage erörtert, ob diese Entwicklungen in Deutschland auf koreanisches Widerspruchsverfahren Einfluss ausüben.

Keywords: Widerspruchsverfahren, Verwaltungsgerichtsordnung, Mediation, Optionsmodell, Bürokratiabbau, Deregulierung, Verfahrensbeschleunigung, Effektives Rechtsschutz, Gesetzgebungskompetenz

투고일 2017. 12. 11.
심사일 2017. 12. 25.
게재확정일 2017. 12. 28.

「부담금관리기본법」을 위반하여 설치된 부담금의 효력*

오준근**

대상판결 : 대법원 2014. 1. 29. 선고 2013다25927,25934 판결

Ⅰ. 대상판결 개관
Ⅱ. 문제의 소재
Ⅲ. 부담금 부과의 정당성과 부담금
　　관리의 필요성
Ⅳ. 「부담금관리기본법」의 입법
　　정책적 함의
Ⅴ. 부담금 관리기본법을 위반하여
　　설치된 부담금의 효력
Ⅵ. 요약 및 결

* 이 논문은 존경하는 최송화 교수님의 희수논문집에 제출하기 위하여 작성하였습니다. 최송화 교수님께 건강과 축복이 함께 하시기를 기도하며 이 논문을 올립니다. 최송화 교수님 희수 논문집은 "행정판례와 공익－21세기 법치주의의 발전방향"을 주제로 하고 있다. 이 논문의 소재가 된 판례는 판례번호가 "다"에 속한다. 즉 민사판례 번호에 해당한다는 점에서 엄밀한 의미의 행정판례가 아니다. 그러나 그 내용은 시설분담금이라는 부담금의 납부 의무가 존재하지 아니함을 다투는 것이며, 이미 납부한 부담금의 반환을 요구하는 부당이득반환 청구소송이라는 점에서 비록 민사판례이지만, 넓은 의미의 행정판례에 해당한다고 생각한다. 대한민국의 경우 공법상 당사자 소송이 활성화되어 있지 아니하여 행정사건으로 처리되어야 할 사건들이 민사사건으로 처리되고 있는 법 현실에서 이와 같은 판결이 내려졌기 때문이다. 이 판례를 선택한 것은 법률 상호간의 모순·충돌 상황에서 국민에게 금전급부의무를 부과한 부담금 납부의무에 관한 판단이 이루어졌다는 점이 법치국가원리에 위해를 가하는 상황이 드러난 전형적인 사건에 해당하기 때문이다.
** 법학박사(Dr. jur), 경희대학교 법학전문대학원 교수

Ⅰ. 대상판결 개관

1. 사건의 개요

경기도지사는 2004. 8. 24. 고양시 Y구역 토지 987,940㎡를 도시개발구역으로 지정하고, 2005. 8. 24. 시행자를 소외 고양Y구역 도시개발 사업조합(이하 '도시개발 사업조합'이라 한다)으로, 시행방식을 환지방식으로 하는 내용의 도시개발계획을 수립하였다. 이후 경기도지사는 2006. 5. 4. 위 도시개발구역의 면적이 988,224㎡로 증가하는 등의 변경을 거친 도시개발계획을 인가하였다. 원고는 위 도시개발구역의 토지 소유자이자 도시개발 사업조합의 조합원으로서 위 도시개발 사업에 참여하였고, 2007.경 고양시장으로부터 위 도시개발구역 중 원고의 사업지구에서 시행할 주택건설 사업에 관하여 사업계획승인을 받았다.

도시개발 사업조합과 그 조합원인 원고는 2007. 11. 9. 피고 서울도시가스 주식회사(이하 '피고 도시가스'라 한다)와 사이에 도시가스 간선시설 공급 약정을 체결하였다. 이 약정에 따르면 본 사업지구의 공사비는 피고가 산정하고 원고가 100% 이를 납부하여야 한다. 피고 도시가스는 2008. 11. 7. 도시개발 사업조합에게 위 약정에 따라 배관공사비로 1,315,556,000원을 지급할 것을 청구하였고 원고는 피고에게 2008. 11. 24. 이를 납부하였다. 피고 도시가스는 2010. 7.경 원고에게 원고의 사업지구에 공급되는 취사용 도시가스에 관하여, 경기도 도시가스 공급규정에 따라 일반 시설분담금을 지급할 것을 청구하였다. 이에 원고는 2010. 7. 20.과 2010. 7. 22. 피고 도시가스에게 합계 298,785,230원을 일반 시설분담금으로 지급하였다. 원고는 피고 한국지역난방공사(이하 '피고 난방공사'라 한다)와 사이에 「집단에너지사업법」 제18조 제1항 및 「열공급규정」 제5장의 규정에 따라 공사비부담금과 제6장의 규정에 따라 요금, 이자, 연체료, 위약금을 각각 납부하여야 함을 내용으로 하는 열수급계약을 체결하였다. 원고는 이에 따라 피고 난방공사에게 공사비 부담금으로 합계 12,901,701,369원을 지급하였다.[1]

위 사건의 사실관계에서 주목할 것은 이 사건에 4건의 법률이 서로 중복되어 적용되는데 부담금 부과의 근거에 관하여 법률 상호간에 모순·충돌이 발생하였다는 점이다. 원고는 2006년 5월 「도시개발법」에 근거하여 도시개발계획의 인가를 받았고, 2007년 「주택법」에 근거하여 주택건설사업계획의 승인을 받았다. 각각의 사업계획의 승인단계에서는 시설부담금 및 공사비 부담금은 공급시설에 대한 설치의무를 지는 공급자가 그 설치비용을 부담하도록 규정되어 있었다. 2007년 「도시가스사업법」이 개정되면서 시설부담금을 사용자에게 수익자부담금의 형태로 분담시키는 규정이 도입되었다. 이 규정에 근거하여 2008년 공사비분담금이, 2010년 시설부담금이 부과되었다. 「부담금관리기본법」은 2001년 제정되었으며, 이 법 제3조는 부담금은 이 법률 「별표」에 열거된 법률에 근거하지 아니하고는 설치할 수 없다고 규정하였지만, 「도시가스사업법」에 의한 수익자부담금은 2007년 개정당시 「부담금관리기본법」 「별표」에 포함되지 아니하였다.

2. 제1심 법원의 판단

(1) 원고의 주장

원고는 위 지역난방 공사비부담금 조항은 「주택법」 제23조 제1항, 제3항 또는 「도시개발법」 제55조 제1항, 제2항의 강행규정(이하 '이 사건 각 강행규정'이라 한다)에 위반되어 무효이므로 피고 난방공사는 원고가 위와 같이 피고 난방공사에게 지급한 공사비부담금을 원고에게 부당이

---

[1] 사실관계는 제1심 법원 판결에 나타난 사실관계를 요약·정리한 것이다. 제2심 법원과 대법원의 판결은 사실관계는 변경이 없고 주장이 추가된 것이어서 이 사실관계는 모든 심급에 공통된 것이다.

득으로 반환하여야 한다고 주장하여 부당이득 반환청구소송을 제기하
였다.2)

(2) 판단

제1심 법원은 다음 두 가지를 근거로 하여 원고의 주장을 배척하
고 있다.

첫째, "이 사건 각 강행규정은 사업주체 또는 시행자와 가스 또는
난방을 공급하는 자('공급자')의 관계에서 시설 설치의무 및 비용부담에
관한 사항을 규율하는 것이고, 「집단에너지사업법」 제18조 제1항과 「도
시가스사업법」 제19조의2 제1항은 사업자 또는 일반도시가스사업자와
사용자의 관계에서 집단에너지공급시설 또는 가스공급시설의 설치비용
분담에 관한 사항을 규율하는 것으로서 그 입법취지와 적용영역이 서로
다르다"는 것이다.3)

---

2) 서울남부지방법원 2012. 6. 21. 선고 2011가합17466(본소),2012가합7091(반소) 판결
   [부당이득금 반환·시설분담금]. 원고의 주장에는 제2주장 즉 "설령 무효가 아니라
   하더라도 「집단에너지사업법」에 의하여 공사비부담금을 분담하는 '사용자'는 실제
   난방을 사용하는 수분양자이지 시행자인 원고가 아니다"는 주장이 있었으나 이
   논문의 논지와 다른 내용이어서 제2주장은 다루지 아니하였다.
3) 제1심 법원은 "「주택법」 제23조의 각 조항과 「도시개발법」 제54조 및 제55조의 각
   조항을 종합하면, 주택건설사업 또는 도시개발 사업에 필요한 비용은 시행자가
   부담하는 것이 원칙이나, 이 사건 각 강행규정에 의하여 지역난방시설과 가스공
   급시설의 설치비용은 예외적으로 그 설치의무자인 공급자가 부담하도록 규정하고
   있다. 그 입법취지는 주택건설사업 또는 도시개발사업의 시행에는 지역난방시설
   이나 가스공급시설과 같이 인간의 주거생활에 필수적인 난방, 가스 등 공공재를
   공급하기 위한 사회간접자본의 성격을 갖는 대규모 간선시설의 설치가 필수적이
   므로, 그 설치 및 비용부담을 전부 시행자에게 맡길 경우 그 사업의 수행이 상당
   히 곤란해질 뿐만 아니라 시설의 설치 및 비용부담의 주체를 명확히 법정하여 이
   를 둘러싼 분쟁을 사전에 예방함으로써 적기에 난방, 가스 등의 공급을 가능하게
   하는 데 있다(헌법재판소 2009. 5. 28. 선고 2006헌바86 결정 참조). 위와 같은 입
   법취지에 비추어 이 사건 각 강행규정은 지역난방시설이나 가스공급시설에 대한
   설치의무와 그 설치비용을 부담하는 자가 시행자인지, 아니면 공급자(또는 이 사
   건에서 문제되는 것은 아니나 도로·상하수도시설의 경우는 지방자치단체)인지 정

둘째, "「집단에너지사업법」 제18조 제1항과 「도시가스사업법」 제
19조의2 제1항은 집단에너지공급시설이나 가스공급시설의 설치비용 중
전부 또는 일부를 사용자에게 분담시킬 수 있다고 규정하고 있다. 이는
설치비용을 공사비부담금 또는 시설분담금으로 사용자에게 분담시킬
수 있는 근거규정에 해당하고, 위 공사비부담금과 시설분담금은 수익자
부담금에 해당 한다"고 한다.[4]

제1심법원은 위 두 논거를 들어 "이와 같이 공급시설에 대한 설치
의무를 지는 공급자가 그 설치비용을 부담하는 것과 그와 같이 부담한
설치비용을 수익자부담금의 형태로 사용자에게 분담시키는 것은 별개

하는 것을 그 적용영역으로 한다"고 정리하고 있다.
[4] 제1심 법원은 헌법재판소 2003. 5. 15. 선고 2001헌바90 결정을 참조하고 있다. 아울
   러 위 강행법규의 입법취지를 다음과 같이 정리하고 있다. "① 우선 집단에너지사
   업이나 도시가스사업이 그 특성상 초기에 대규모의 시설투자가 필요한 도시기반사
   업으로서 투자재원의 효과적인 조달을 통하여 보다 저렴한 가격으로 원활히 난방
   이나 가스를 제공하는 것이 가능할 수 있는 토대를 마련해 줄 필요성이 있다는 점
   (위 헌법재판소 2001헌바90 결정 참조)에 있다. ② 다음으로 집단에너지사업법의
   경우, 지역난방방식에 의하면 일반적으로 타 난방 방식에서 필요한 보일러 및 그
   부대시설과 같은 자체 난방시설이 불필요하게 되어 이러한 시설의 건설비용은 지
   역난방 사업으로 인한 사용자의 이익이 되므로 이를 수익자인 사용자에게 부담하
   도록 하기 위한 점에도 그 입법취지가 있다(위 헌법재판소 2001헌바90 결정 참조).
   그리고 「도시가스사업법」의 경우, 난방방식을 「집단에너지사업법」에 따른 지역난
   방으로 채택할 경우 취사전용 도시가스 공급만으로는 공급자에게 수익성이 확보되
   지 아니하여 공급자가 취사용 도시가스 공급을 거부하거나 지역난방 열원의 사용
   연료인 도시가스 공급을 거부하는 사례가 있어 국민의 난방방식 선택권을 제한하
   고 난방시장에 있어서의 공정한 경쟁을 저해하고 있을 뿐만 아니라, 신규 택지개
   발지구에 대한 집단에너지 보급추진으로 국가적인 에너지절약 및 환경개선 효과를
   거두고자 하는 국가 에너지정책에도 차질을 발생시키고 있으므로, 난방방식에 대
   한 소비자 선택권을 보호하고 안정적인 에너지 공급을 위하여 일반도시가스사업자
   에게 가스공급의무를 부과하도록 하는 한편 가스공급시설 설치비용의 전부 또는
   일부를 가스사용자로 하여금 분담하게 할 수 있도록 하기 위한 점에도 그 입법취
   지가 있다(2007. 1. 3. 법률 제8186호로 개정된 「도시가스사업법」 개정이유 참조).
   위와 같은 입법취지에 비추어 「집단에너지사업법」 제18조 제1항과 「도시가스사업
   법」 제19조의2 제1항은 공급시설의 설치비용을 부담한 공급자가 그 비용을 수익자
   부담금의 형태로 사용자에게 분담시키는 것을 그 적용영역으로 한다."

의 문제로서, 이 사건 각 강행규정과 「집단에너지사업법」 제18조 제1항 및 「도시가스사업법」 제19조의2 제1항은 입법취지와 적용영역이 다르다. 따라서 위 지역난방 공사비부담금 조항은 집단에너지사업법 제18조 제1항에 근거하여 사용자에게 수익자부담금 성격의 금원을 부과하는 조항이므로 이를 이 사건 각 강행규정에 반한다고 볼 수 없다"고 결론짓고 있다.

3. 원심 법원의 판단

(1) 원고의 주장

원심법원에서 원고는 다음의 주장을 추가하였다. "피고 도시가스가 원고에게 부과한 시설분담금은 「부담금관리기본법」상 그 설치에 관한 법적 근거가 없어 그 성질을 수익자 부담금으로 볼 수 없으므로 이는 수수료의 성질을 가진다고 할 것이고, 이에 따라 시설분담금은 당해 가스사용자를 위한 가스공급시설의 설치비용이 발생되는 경우에 한하여 부담한다고 보아야 할 것인데 이 사건의 경우 설치비용이 발생하지 않았으므로 결국 원고는 피고에게 시설분담금을 지급할 이유가 없다는 취지로 주장하면서, 이미 지급한 시설분담금에 대하여 부당이득으로서 그 반환을 구한다."[5]

(2) 판단

원심법원은 다음과 같은 논거로 원고의 주장을 배척하였다.

첫째, 위 부담금 근거규정의 입법연혁을 정리한 후,[6] "이러한 관점

---

5) 서울고등법원 2013. 1. 11. 선고 2012나55404(본소),2012나55411(반소) 판결[부당이득금 반환·시설분담금]

6) 원심법원은 "위 「도시가스사업법」은 기존의 「가스사업법」이 1983. 12. 31. 명칭 변경된 법률로서 제19조에서 '일반도시가스사업자는 정당한 사유 없이 그 허가받은 공급지역 안에 있는 가스수요자에게 가스의 공급을 거절하여서는 아니 되며, 허

에서 위 도시가스 시설분담금 관련 조항은 공익사업의 원활한 추진에 더하여 변화된 환경에서 도시가스사업자가 시설투자비 일부를 회수할 수 있는 길을 열어줌으로써 국민 생활의 전체적인 향상을 꾀하기 위하여 마련된 것이라는 점에 그 의미가 있다."고 판단하고 있다.

둘째, 「부담금관리기본법」의 입법취지를 정리한 후,[7] "위와 같은 「부담금관리기본법」이 제정된 배경 및 취지, 그 조문 형식 및 개정 경과 등에 비추어 볼 때, 「부담금관리기본법」은 기본적으로 위 법 제정 당시 시행되고 있던 부담금을 별표에 열거하여 그 정당화 근거를 마련

가받은 공급지역 외의 지역에 가스를 공급하여서는 아니 된다.'라는 공급의무를 규정하고 있었으나, 1999. 2. 8. 위 제19조 조항이 삭제되었다가 2007. 1. 3. 법률 제8186호로 개정되면서 '일반도시가스사업자는 정당한 사유 없이 그 허가받은 공급권역 안에 있는 가스사용자에게 가스의 공급을 거절하거나 공급이 중단되게 하여서는 아니 된다.'라는 내용으로 위 공급의무 조항이 부활하는 한편 제19조의 2가 신설되어, 제1심 판결 별지 기재와 같이 일반도시가스사업자가 가스공급시설 설치비용의 전부 또는 일부를 도시가스의 공급 또는 가스공급에 관한 계약의 변경을 요청하는 자에게 분담하게 할 수 있는 근거 규정이 생기게 되었다.

7) 원심법원은 "부담금은 인적 공용부담의 일종으로서 국가 또는 공공단체가 특정한 공익사업과 특별한 관계에 있는 자에 대하여 그 사업에 필요한 경비를 부담시키기 위하여 과하는 금전지급의무라는 점에서 그 성격상 기본권 제한의 여지가 있어 그 개념이나 유형, 허용 요건 등을 어느 정도 명확히 정립할 필요성이 있다는 점에 착안하여, 부담금의 설치·관리 및 운용에 관한 기본적인 사항을 규정함으로써 부담금 운용의 공정성과 투명성의 확보를 통하여 국민의 불편을 최소화하고 기업의 경제활동을 촉진함을 목적으로 2001. 12. 31. 「부담금관리기본법」이 제정되어 그 다음날인 2002. 1. 1.부터 시행되었다. 위 제정 당시 부담금관리 기본법 제3조에서 '부담금설치의 제한'이라는 제목 하에 '부담금은 별표에 규정된 법률의 규정에 의하지 아니하고는 이를 설치할 수 없다.'고 규정하면서, 「별표」에서는 위 법에 의하여 설치하는 부담금으로서 각종 법률에 따른 부담금을 열거하고, 위 법 시행 당시 별표에 규정되지 아니한 부담금이 부과되고 있는 경우에는 위원회의 심의를 거쳐 당해 부담금의 폐지 등을 위한 제도개선을 요청할 수 있도록 부칙 규정을 둔 이래, 위 제3조의 규정을 그대로 유지하는 한편 여러 차례 개정을 거치면서 「수도권 대기환경개선에 관한 특별법」 제20조의 규정에 의한 총량초과부과금, 「영화 및 비디오물의 진흥에 관한 법률」 제25조의2의 규정에 따른 부과금 등 새로이 각종 법률에 위법으로 규율할 부담금 규정이 생기는 경우 위 별표에 이를 추가하는 형식을 취하고 있다."

하는 한편 향후 기본권 침해적인 부담금을 신설하는 경우 자의적인 행정을 견제하기 위하여 위 법률에 의하여 이를 규율하고자 한 것으로 볼 것이고, 기본권 침해의 소지가 없는 명확한 법적 근거의 존재 유무 또는 공익사업과 관련된 금전지급의무의 명칭이나 그 성격 여하를 불문하고 모든 부담금의 근거를 위 법률에서 구할 수 있다거나 위 별표에 나열되어 있지 않다고 하여 바로 법적 근거가 없어 무효로 판단하여야 한다고는 해석하기 어려운바, 위 법 제정 당시에는 「도시가스사업법」에 의해 시행되던 부담금이 존재하지 않았을 뿐만 아니라 이 사건에서 문제된 「도시가스사업법상」의 시설분담금 근거 규정은 앞서 본 바와 같은 배경 하에 마련된 조항으로서 시설분담금을 지급하는 사용자에게 도시가스 공급과 관련하여 직접적인 이익이나 대가가 없다고 할 수도 없으며, 이러한 관점에서 볼 때 피고 도시가스가 청구한 시설분담금이 「도시가스사업법」 및 관련 하위 법규 규정에 명확한 근거를 두고 있는 이상 그 효력을 부정할 수 없다고 봄이 타당하다"고 판단하고 있다.

4. 대법원의 판단

대법원은[8] "법률이 상호 모순되는지는 각 법률의 입법 목적, 규정 사항 및 적용범위 등을 종합적으로 검토하여 판단해야 할 것이다"고 전제하고 있다.[9] 이어서 "「부담금관리기본법」의 제정 목적, 「부담금관리기본법」 제3조의 조문 형식 및 개정 경과 등에 비추어 볼 때, 「부담금관리기본법」은 법 제정 당시 시행되고 있던 부담금을 「별표」에 열거하여 그 정당화 근거를 마련하는 한편 시행 후 기본권 침해의 소지가 있는 부담금을 신설하는 경우 자의적인 부과를 견제하기 위하여 위 법률

---

8) 출처 : 대법원 2014. 1. 29. 선고 2013다25927,25934 판결 [부당이득금반환·시설분담금] > 종합법률정보 판례.
9) 대법원 2012. 5. 24. 선고 2010두16714 판결 등 참조.

에 의하여 이를 규율하고자 한 것이나, 그러한 점만으로 부담금부과에 관한 명확한 법률 규정이 존재하더라도 그 법률 규정과는 별도로 반드시 「부담금관리기본법」 별표에 그 부담금이 포함되어야만 그 부담금 부과가 유효하게 된다고 해석할 수는 없다"고 정리한다.

위와 같은 전제 하에서 "이 사건에 있어 피고(반소원고) 서울도시가스 주식회사(이하 '피고 도시가스'라고 한다)가 청구한 시설분담금이 「도시가스사업법」(2007. 1. 3. 법률 제8186호로 개정된 것, 이하 같다) 제19조의2 및 관련 하위 규정에 명확한 근거를 두고 있고, 「도시가스사업법상」의 시설분담금 근거 규정은 앞서 본 바와 같은 배경 하에 둔 조항으로서 시설분담금을 지급하는 사용자에게 도시가스 공급과 관련하여 직접적인 이익이나 대가가 없다고 할 수도 없다는 점까지 보태어 보면 「도시가스사업법」상의 시설분담금에 관하여 「부담금관리기본법」 「별표」에 규정하고 있지 않다고 하여 위 시설분담금 부과가 무효라고 할 수는 없다. 같은 취지에서 원심이, 피고 도시가스가 원고에게 부과한 시설분담금은 「부담금관리기본법」상 그 설치에 관한 법적 근거가 없어 이를 수익자 부담금으로 볼 수 없다는 전제에서 원고가 피고 도시가스에 시설분담금을 지급할 의무가 없다는 원고의 주장을 배척한 것은 정당하고, 거기에 상고이유 주장과 같이 「부담금관리기본법」 제3조에 관한 법리를 오해한 잘못이 없다"고 판단하고 있다.

II. 문제의 소재

사건의 개요에서 제시한 바와 같이 이 사건은 다수의 법률이 서로 모순·충돌되는 상황에서 발생한 것이다. 「법치국가원리」는 대한민국의 모든 행정작용을 지배하는 기본원리이다. 행정기관은 행정작용을 할 경우 법률에 근거하여야 한다. 대한민국의 모든 법률은 국가행정기관,

지방자치단체, 공공단체, 공무수탁사인 등 모든 행정기관이 행정작용을 수행함에 있어, 특히 국민에게 금전적 부과의무를 부과하는 권력적 침해행정 작용을 수행함에 있어 필수적으로 요구되는 명확한 근거를 제시할 수 있어야 한다. 대한민국의 법률은 법률을 직접 적용하는 지방자치단체의 실무 공무원과 그 법률을 적용받는 일반 국민의 입장에서 볼 때 서로 모순이 없어야 하고, 명확하게 받아들여질 수 있어야 한다.10)

이 사건은 국민이 시설분담금이라는 부담금의 납부 의무가 존재하지 아니함을 다투는 것이며, 이미 납부한 부담금의 반환을 요구하는 부당이득반환 청구소송이다. 이 사건이 행정사건이 아니라 민사사건으로 분류될 수 있는 이유는 대한민국의 경우 공법상 당사자 소송이 활성화되어 있지 아니하여 행정사건으로 처리되어야 할 사건들이 민사사건으로 처리되고 있는 법 현실에서 이와 같은 판결이 내려졌기 때문이다. 그러나 국가배상청구소송, 공법상 부당이득반환청구소송은 비록 민사소송의 형식으로 제기되더라도 넓은 의미의 행정사건으로 포함시켜 학술적 토론이 이루어져야 한다고 생각한다. 이 논문집은 "행정판례와 공익-21세기 법치주의의 발전방향"을 대주제로 하고 있다. 이 판례를 선택한 것은 법률 상호간의 모순·충돌 상황에서 국민에게 금전급부의무를 부과한 부담금 납부의무에 관한 판단이 이루어졌다는 점이 법치국가원리에 위해를 가하는 상황이 드러난 전형적인 사건에 해당한다는 점에서 대한민국의 법치주의의 발전방향에 중요한 시사점을 줄 수 있기 때문이다.

행정기관이 국민에게 금전지급의무를 부과하고자 할 경우 국가 전체의 틀 안에서 공정성과 투명성이 확보되어야 하고, 국민에 대한 부담

10) 위와 같은 법치국가원리의 기본적 내용은 자유민주적 법치국가의 공통적 법원리에 해당한다. A. Alfred/M. William, Administrative Law, p. 62; H. Maurer, Allgemeines Verwaltungsrecht, S. 67; F.-J. Peine, Allgemeines Verwaltungsrecht, S. 32 ff., B. Pieroth, Historische Etappen des Rechtsstaats in Deutschland, JURA - Juristische Ausbildung, 01/2011, Volume 33, Issue 10, S. 729 ff. 등 참조.

이 필요·최소한 한도 안에 머무를 수 있도록 제도화되어야 한다.[11]

대한민국에서 부담금제도는 위와 같은 취지에서 제정된 「부담금관리기본법」에 근거하여 통합적으로 관리되고 있다. 이 논문은 이와 같은 "통합적 관리를 목적으로 제정된 기본법 형식의 법률"의 규정과 부담금을 설치·운용하는 법 현실이 서로 모순될 경우 빚어질 수 있는 문제점을 구체적 상황에서 분석하고자 기획되었다.

2016년 현재 대한민국에서 부과되는 부담금은 공식적인 집계결과에 따를 경우 90개, 징수실적은 19.7조원에 달한다.[12] "공식적인 집계결과"라는 용어를 사용하는 이유는 부담금은 「부담금관리기본법」에 의하여 관리되도록 법제화되어 있기 때문이다. 이 법률은 "각 개별 법률에 근거하여 설치·운영되어온 각종 부담금의 신설을 억제하고, 그 관리·운용의 공정성과 투명성을 제고하기 위하여 부담금의 설치·관리 및 운용에 관한 기본적인 사항을 규정함"을 목적으로 제정되어 2002년부터 시행되고 있다.[13] 이 법의 주요골자 중 가장 중요한 것은 "이 법의 적용대상이 되는 부담금을 「별표」의 규정에 의한 부담금으로 한정하고, 이 법에 의하지 아니하고는 부담금을 설치할 수 없도록 하는 것"이다. (법 제2조 및 제3조) 실제로 법 제2조는 부담금의 개념을 명백히 정의하고 법 제3조에 "부담금은 「별표」에 규정된 법률에 따르지 아니하고는 설치할 수 없다"고 규정하고 있다. 법 제3조는 일단 이 법률 제정당시의 부담금을 「별표」에 수록하여 그 정당화 근거를 부여하였지만, 법 제8조에 부담금 운용의 평가에 관한 규정을 두어 그 지속적 필요성을 평가하고 더 이상 필요가 없어진 경우 이를 폐지할 수 있도록 하는 법적 장치를 두고 있다. 아울러 법 제6조는 부담금을 신설하고자 하는 경우

---

11) 오준근, 부담금제도에 관한 법적 일고찰 – 투명성 원칙에 터잡은 문제제기를 중심으로, 성균관법학 제10호, 1999, 403쪽 이하 참조.
12) 기획재정부, 2016년도 부담금 운용종합보고서, 2017.5 참조.
13) 법제처, 「부담금관리기본법」 제정이유, 종합법령정보 연혁법률, 2002 자료 참조.

이 법률에 의한 엄격한 심사절차를 두어 심사를 통과한 부담금에 한하여 「별표」에 수록하는 방식으로 그 신설을 허용하는 한편, 지속적 관리의 틀 안에 두도록 하고 있다. 이 법률이 제정·시행된 후, 헌법재판소는 부담금의 정의, 특정 부담금의 부담금 해당여부 등의 판단기준을 「부담금관리기본법」에서 찾고 있다.[14]

그러나 대법원은 "「부담금관리기본법」의 제정 목적, 「부담금관리기본법」 제3조의 조문 형식 및 개정 경과 등에 비추어 볼 때, 「부담금관리기본법」은 법 제정 당시 시행되고 있던 부담금을 별표에 열거하여 정당화 근거를 마련하는 한편 시행 후 기본권 침해의 소지가 있는 부담금을 신설하는 경우 자의적인 부과를 견제하기 위하여 위 법률에 의하여 이를 규율하고자 한 것이나, 그러한 점만으로 부담금부과에 관한 명확한 법률 규정이 존재하더라도 법률 규정과는 별도로 반드시 「부담금관리기본법」 「별표」에 부담금이 포함되어야만 부담금 부과가 유효하게 된다고 해석할 수는 없다"고 판결함으로써 「부담금관리기본법」 제3조를 형해화 내지는 무력화하는 판결을 하고 있다.[15]

이 논문은 위와 같은 문제 상황을 공법적으로 분석하고자 기획되었다.

이 논문은 입법연혁분석, 판례분석을 연구의 방법으로 한다. 「부담금관리기본법」이 제정되게 된 배경을 연혁적으로 분석하고 이 법률에 의한 부담금의 통합적 관리의 필요성을 파악하며, 헌법재판소의 결정

---

14) 예컨대 헌법재판소 2004. 7. 15. 2002헌바42결정은 먹는물관리법 제28조 제1항 위헌소원에서 부담금의 개념정의를 위하여 「부담금관리기본법」 제2조를 인용하고 있고, 이 규정을 근거로 「먹는물관리법」에 의한 수질개선부담금을 이 법률에 의한 부담금에 해당한다고 분류하고 있다. 이와 같은 개념정의 및 분류를 기초로 헌법적 정당성 여부에 대한 판단을 하고 있다.

15) 대법원 2014. 1. 29. 선고 2013다25927,25934 판결. 이 판결은 「집단에너지사업법」 제18조에 의한 집단에너지 공급시설 건설비용 부담금에 관한 것이었다. 대법원의 이 판결 이후 「부담금관리기본법」은 2015.12.29. 법률 제13623호로 일부 개정되었고(시행 2016.12.30.) 이에 따라 별표에 포함되었다.

등을 통한 부담금부과의 정당성 심사기준을 분석한 후 「부담금관리기본법」을 위반하여 설치된 부담금의 효력을 어떻게 판단하여야 할 것인가에 대한 문제를 제기함을 연구의 내용으로 한다.

이 논문을 계기로 입법상호간의 모순 · 충돌을 최소화함으로써 법치국가원리가 보다 공고히 발전될 수 있기를 기대한다.

Ⅲ. 부담금 부과의 정당성과 부담금 관리의 필요성

1. 부담금의 개념과 그 종류

헌법재판소는 부담금에 관한 결정에서 지속적으로 부담금의 개념에 관하여 「부담금관리기본법」 제2조의 정의를 인용해오고 있으며, 이 규정에 근거하여 그 법적 성격, 조세와의 관계 등을 정립해 오고 있다.[16]

「부담금관리기본법」은 부담금을 "중앙행정기관의 장, 지방자치단체의 장, 행정권한을 위탁받은 공공단체 또는 법인의 장 등 법률에 따라 금전적 부담의 부과권한을 부여받은 자(이하 "부과권자"라 한다)가 분담금, 부과금, 기여금, 그 밖의 명칭에도 불구하고 재화 또는 용역의 제공과 관계없이 특정 공익사업과 관련하여 법률에서 정하는 바에 따라 부과하는 조세 외의 금전지급의무(특정한 의무이행을 담보하기 위한 예치금 또는 보증금의 성격을 가진 것은 제외한다)를 말한다"고 정의하고 있다(법 제2조). 이 법률이 규정하는 부담금은 독일법상의 "특별부담금"에 특정하고 있지 아니하다.[17] 이 법률이 "재화 또는 용역의 제공과 관계없이"라

---

16) 헌법재판소 2003.12.18. 2002헌가2결정(문화예술진흥기금 납입금 결정), 2005.3.31. 2003헌가20, 2008.9.25. 2007헌가9(학교용지부담금 결정), 2007헌마860(영화발전기금 결정), 2004.7.15. 2002헌바42(수질개선부담금 결정) 등 참조.
17) 부담금의 개념과 종류 및 독일의 특별부담금에 관하여는, Jäkel Marcel, Sonderabgaben im System der grundgesetzlichen Finanzverfassung und der

고 규정한 것은 바로 이러한 점을 직시한 것이다. 공적 과제의 수행으로부터 납부의무자 중 일부 또는 전부가 이익을 얻을 수도 있지만, 부담금의 산정에는 그러한 이익과의 엄밀한 등가관계를 전제로 하고 있지 아니하다. 반대 급부적 성격이 없이 공법상 강제로 부과·징수된다는 점에서는 부담금과 조세는 매우 유사하다. 다만, 조세는 국가 등의 일반적 과제의 수행을 위한 것으로서 담세능력이 있는 일반국민에 대해 부과되지만, 부담금은 특별한 과제의 수행을 위한 것으로서 당해 공익사업과 일정한 관련성이 있는 특정 부류의 사람들에 대해서만 부과되는 점에서 양자는 차이가 있다.

헌법재판소는 부담금을 그 부과목적과 기능에 따라 "① 순수하게 재정조달 목적만 가지는 것(이하 '재정조달목적 부담금'이라 한다)과 ② 재정조달 목적뿐 아니라 부담금의 부과 자체로 추구되는 특정한 사회·경제정책 실현 목적을 가지는 것(이하 '정책실현목적 부담금'이라 한다)"으로 크게 구분하고 있다.[18]

Rechtsprechung des BVerfG, JURA - Juristische Ausbildung (2017/06) Vol. 38; no. 6; S. 630 ff.; Friedrich Schoch, ÖR Verfassungsrechtliche Anforderungen an die Erhebung von Sonderabgaben, JURA - Juristische Ausbildung (2010/03) Vol. 32; no. 3; S. 197 ff.; 김성수, 특별부담금의 정당화문제, 공법연구 제31집 제3호, 2003, 217쪽 이하; 임현, 현행 부담금 제도의 법적 쟁점, 토지공법연구 제48집, 2010, 399쪽 이하; 정호경, 소위 특별부담금 개념의 인정여부와 허용요건에 관한 소고 - 헌법재판소 2004. 7. 15. 선고 2002헌바 먹는물관리법 제28조 제1항 위헌소원 사건을 중심으로 -, 행정법연구, 제14호, 2005, 399쪽 이하; 홍완식, 특별부담금에 관한 연구 -헌법재판소 결정례를 중심으로-, 토지공법연구, 제54집, 2011, 167쪽 이하 등 참조.

18) 헌법재판소는 먹는물관리법 제28조 제1항 위헌소원 2004. 7. 15. 2002헌바42 전원재판부 결정에서 "재정조달목적 부담금의 경우에는 추구되는 공적 과제가 부담금수입의 지출 단계에서 비로소 실현된다고 한다면, 정책실현목적 부담금의 경우에는 추구되는 공적 과제의 전부 혹은 일부가 부담금의 부과 단계에서 이미 실현된다고 할 것이다. 가령 부담금이라는 경제적 부담을 지우는 것 자체가 국민의 행위를 일정한 정책적 방향으로 유도하는 수단이 되는 경우(유도적 부담금) 또는 특정한 공법적 의무를 이행하지 않은 사람과 그것을 이행한 사람 사이 혹은 공공의 출연(出捐)으로부터 특별한 이익을 얻은 사람과 그 외의 사람 사이에 발생하는 형평

2. 부담금 부과의 정당화 요건

헌법재판소는 위에서 정리한 부담금에 관한 결정에서 지속적으로 부담금제도는 반드시 "정당화 요건"을 충족하여야 그 존립이 가능함을 확인하고 있다. 헌법재판소가 재정조달 목적 부담금의 정당화요건으로 설정한 것은 다음 세 가지 요소이다. "① 부담금은 조세에 대한 관계에서 어디까지나 예외적으로만 인정되어야 하며, 어떤 공적 과제에 관한 재정조달을 조세로 할 것인지 아니면 부담금으로 할 것인지에 관하여 입법자의 자유로운 선택권을 허용하여서는 안 된다. 즉, 국가 등의 일반적 재정수입에 포함시켜 일반적 과제를 수행하는 데 사용할 목적이라면 반드시 조세의 형식으로 해야 하지, 거기에 부담금의 형식을 남용해서는 아니 된다. ② 부담금 납부의무자는 재정조달 대상인 공적 과제에 대하여 일반국민에 비해 '특별히 밀접한 관련성'을 가져야 한다. 당해 과제에 관하여 납부의무자 집단에게 특별한 재정책임이 인정되고 주로 그 부담금 수입이 납부의무자 집단에게 유용하게 사용될 때 위와 같은 관련성이 있다. ③ 부담금의 예외적 성격과 특히 부담금이 재정에 대한 국회의 민주적 통제체계로부터 일탈하는 수단으로 남용될 위험성을 감안할 때, 부담금이 장기적으로 유지되는 경우에 있어서는 그 징수의 타당성이나 적정성이 입법자에 의해 지속적으로 심사될 것이 요구된다."

다만, 헌법재판소는 재정조달 목적 부담금과 정책실현 목적 부담금의 정당화 요건을 차별적으로 보고 있다. 헌법재판소는 정책실현 목적 부담금의 경우에는 재정조달 목적은 오히려 부차적이고 그보다는 부과 자체를 통해 일정한 사회적·경제적 정책을 실현하려는 목적이 더 주된 경우가 많다는 점을 고려하여 재정조달목적 부담금의 헌법적 정당화에 있어서는 중요하게 고려되는 '재정조달 대상 공적 과제에 대한 납부의

성 문제를 조정하는 수단이 되는 경우(조정적 부담금), 그 부담금은 후자의 예에 속한다고 할 수 있다"고 정리하고 있다.

무자 집단의 특별한 재정책임 여부' 내지 '납부의무자 집단에 대한 부담금의 유용한 사용 여부' 등은 정책실현 목적 부담금의 헌법적 정당화에 있어서는 그다지 결정적인 의미를 가지지 않는다고 판단하고 있다.

헌법재판소의 결정은 다음과 같이 요약하여 정리할 수 있다.

첫째, 부담금은 지극히 예외적으로만 인정되어야 할 부과행정의 수단이다.

둘째, 따라서 입법자는 부담금 제도를 자유롭게 선택할 수 없다.

셋째, 입법자가 부담금 제도를 도입하고자 할 경우 그 정당화 요건을 충족하여야 한다.

넷째, 헌법재판소를 포함한 사법기관은 부담금 제도가 분쟁의 전제가 된 경우 그 정당화 요건의 충족여부를 심사하여야 한다. 이 경우 재정조달을 목적으로 한 부담금의 경우에는 매우 엄격한 심사기준이, 정책실현을 목적으로 한 부담금의 경우에는 그 보다 완화된 심사기준이 적용될 수 있다. 그러나 정당화 요건은 반드시 충족되어야 한다.[19]

3. 부담금 관리의 필요성

위에서 검토한 바와 같이 헌법재판소는 부담금을 부과할 경우 반드시 법률에 근거하여야 할 뿐만 아니라, 부담금 부과의 법적 근거가 되는 법률의 경우 이를 정당화할 수 있는 요건을 갖추어야 함을 명백히

---

19) 부담금의 정당화 요건에 관하여는 김성수, 전게논문 217쪽 이하; 박상희, 부담금의 법적 성격과 정당화근거, 안암법학 제21호, 2005, 26쪽 이하; 손상식, 부담금의 정당성 심사에 관한 헌법재판소 결정례의 체계적 검토, 헌법학연구 제19권, 2013, 548쪽 이하; 신봉기/전기성, 담배부담금 제도의 법적 문제점 - 헌법적 허용한계와 위헌성 검토를 포함하여 -, 토지공법연구 제42집, 2008, 545쪽 이하; 윤성현, 부담금의 위헌심사기준에 관한 헌법이론적 검토, 공법학 연구, 제13권 제1호, 2012, 249쪽 이하; 윤준하, 특별부담금 제도 설정의 허용범위, 중소기업과 법, 제3권 제2호, 2012, 157쪽 이하; 임현, 전게논문, 399쪽 이하; 정호경, 전게논문 399쪽 이하; 홍완식, 전게논문 167쪽 이하 등 참조.

하고 있다. 헌법재판소가 정당화 요건을 설정하는 이유는 부담금 제도가 가지는 다음과 같은 위험성 때문이다.

첫째, 재정조달을 목적으로 하는 부담금은 국민의 조세저항이나 이중과세의 문제를 회피하기 위한 수단으로 부담금이라는 형식을 남용한다면, 조세를 중심으로 재정을 조달한다는 헌법상의 기본적 재정질서가 교란될 위험이 있을 뿐만 아니라, 조세에 관한 헌법상의 특별한 통제장치가 무력화될 우려가 있다.[20]

둘째, 이미 납세의무를 지고 있는 국민들 중 일부 특정 집단에 대해서만 부담금이라는 조세외적 공과금을 추가적으로 부담시킬 경우, 조세평등주의에 의해 추구되는 공과금 부담의 형평성은 자칫 훼손될 위험이 있다.[21]

셋째, 대체로 일반회계예산에 편입되는 조세와는 달리, 각종 부담금 수입은 기금이나 특별회계예산에 편입되기 때문에 재정에 대한 국회의 민주적 통제기능을 상대적으로 약화시킬 우려가 있다.[22]

---

20) 헌법재판소는 그 거듭된 결정에서(각주 14 및 각주 16의 결정 정리) 재정조달 목적 부담금의 정당화 요건 충족의 필요성을 역설하고 있다. 즉 "헌법 제38조는 "모든 국민은 법률이 정하는 바에 의하여 납세의 의무를 진다."라고 함으로써 조세의 납부를 국민의 기본의무로서 규정하고 있다. 한편, 조세는 특정한 반대급부 없이 강제로 국민에게 재산을 출연할 부담을 지우는 것인바, 헌법은 국민의 재산을 보호하고 법적 안정성과 예측가능성을 보장하기 위하여 제59조에서 "조세의 종목과 세율은 법률로 정한다."라고 규정함으로써 행정의 자의적인 조세부과를 엄격히 통제하고 있다. 헌법이 여러 공과금 중 조세에 관하여 위와 같이 특별히 명시적 규정을 두고 있는 것은 국가 또는 지방자치단체의 공적 과제 수행에 필요한 재정의 조달이 일차적으로 조세에 의해 이루어질 것을 예정하였기 때문이라 할 것이다."

21) 헌법재판소는 "헌법은 제11조 제1항에서 모든 국민은 법 앞에 평등하고 누구든지 합리적 이유없이는 생활의 모든 영역에 있어서 차별을 받지 아니한다는 평등의 원칙을 선언하고 있는바, 조세법률관계에 있어서도 과세는 개인의 담세능력에 상응하여 공정하고 평등하게 이루어져야 하고, 합리적인 이유 없이 특정의 납세의무자를 불리하게 차별하거나 우대하는 것은 허용되지 아니한다(헌재 1996. 6. 26. 93헌바2, 판례집 8-1, 525, 535). 그리고 이러한 조세평등주의의 근본취지는 넓게는 국민들 사이에 전체적인 공과금 부담의 형평성을 기하는 데까지 확장된다 할 것이다."는 점을 강조하고 있다.

정책실현 목적 부담금의 경우에도 궁극적으로 국민에게 금전지급 의무를 부과한다는 점에서 위와 같은 부담금제도의 위험성으로부터 결코 자유롭다고 할 수 없다.

부담금이 재정조달을 목적으로 한 것인지 아니면 정책실현을 목적으로 한 것인지에 따라 헌법적 정당화요건이 달라지기는 하지만, 양자에 공통적으로 요구되는 중요한 요소는 부담금이 입법자에 의하여 지속적으로 "관리"되어야 한다는 점이다. 위에서 언급한 바와 같이 헌법재판소는 부담금의 종류를 불문하고, 부담금의 예외적 성격과 특히 부담금이 재정에 대한 국회의 민주적 통제체계로부터 일탈하는 수단으로 남용될 위험성을 감안할 때, 부담금이 장기적으로 유지되는 경우에 있어서는 그 징수의 타당성이나 적정성이 입법자에 의해 지속적으로 심사될

---

22) 헌법재판소는 "헌법 제54조 제1항은 "국회는 국가의 예산안을 심의·확정한다."고 하여 국회의 예산심의·확정권을 규정하고 있다. 국회는 예산심의를 통하여 예산의 전체 규모가 적정한지, 예산이 효율적으로 운용되는지, 예산편성이 국민의 담세능력과 형평성에 부합하는지 등을 감시한다. 한편 예산회계법 제18조 제2항 본문은 "세입세출은 모두 예산에 계상하여야 한다."라고 규정하여 예산총계주의원칙을 선언하고 있다. 이는 국가재정의 모든 수지를 예산에 반영함으로써 그 전체를 분명하게 함과 동시에 국회와 국민에 의한 재정상의 감독을 용이하게 하자는 데 그 의의가 있다"고 전제한 후, "정부가 관리·운영하는 각종 기금들은 모두 예산 외로 운용되고 있어서(예산회계법 제7조 제2항 참조) 국회의 예산심의·확정권 행사의 대상에서 벗어나 있을 뿐 아니라(기금관리기본법 제5조 참조), 정부의 모든 재정활동을 빠짐 없이 예산에 포함시키려는 예산총계주의원칙에도 중대한 예외를 이룬다. 한편, 특별회계는 국가에서 특정한 사업을 운영할 때, 특정한 자금을 보유하여 운용할 때, 기타 특정한 세입으로 특정한 세출에 충당함으로써 일반회계와 구분하여 계리할 필요가 있을 때에 법률로 설치하도록 되어 있는바(예산회계법 제9조 제2항), 그 수가 과다할 경우 정부의 재정구조를 복잡하게 만들어 재정운용의 투명성을 떨어뜨릴 수 있다. 무엇보다도, 기금이나 특별회계는 소위 '칸막이식 재정운용'을 통해 국가재정 전체의 관점에서 볼 때 우선순위가 떨어지는 사업이 추진되게 하거나 그 사업 운영이 방만하게 이루어지게 하는 등 재정운용의 비효율성을 초래하고, 그로써 국민에게 꼭 필요한 이상으로 공과금 부담을 지우는 결과를 가져올 염려가 있다."는 점을 지적하고 있다((각주 14 및 각주 16의 헌법재판소 결정 정리).

것이 요구된다는 점을 강조하고 있다.

Ⅳ. 「부담금관리기본법」의 입법 정책적 함의

1. 「부담금관리기본법」의 제정 연혁

「부담금관리기본법」은 부담금을 종합적으로 관리함을 목적으로 제정된 법률이다. 부담금은 국가와 지방자치단체 등의 행정주체가 경제활동을 담당하는 국민과 기업에 대하여 부과하는 금전지급의무의 일종이다. 부담금은 부과행정 분야에 속한다. 부과행정 분야에 대하여는 재정수입의 형태를 중심으로 조세수입과 조세외 수입으로 구분될 수 있다. 부담금은 행정주체가 "조세외 수입"을 얻는 수단이다. 부담금은 기본적으로 기금이나 특별회계로 관리되기 때문에 부과행정청은 부담금을 통해 일반예산에 비해 안정적으로 사업비를 확보할 수 있다. 바로 이러한 점 때문에 행정청은 부담금의 신설 및 증설을 선호한다. 경제활동과 관련하여 행정청에 비용을 납부하여야 하는 국민의 입장에서 볼 때에는 조세와 준조세라 총칭되는 조세외 금전지급의무는 다 같이 경제적 부담에 해당한다. 국가경쟁력의 지표가 되는 "담세율"은 국민입장에서 볼 때에는 행정청에게 납부하는 조세와 준조세를 모두 포괄한 비율이어야 한다.23) 부과행정은 재정수입을 목적으로 하지만, 국민의 입장에서 볼 때에는 기본적으로 국민의 자유와 권리를 침해하는 "침해행정"에 속하며, 이는 법치국가의 원리에 따라 "필요 · 최소한으로 법률에 근거하여

---

23) 조세외 금전지급의무의 투명성을 높이기 위한 입법의 필요성에 관하여는 오준근, 부담금관리기본법 제정 및 기부금품모집규제법 개정안 마련, 한국법제연구원, 2000; 오준근, 부담금을 종합적으로 관리하는 법률의 제정방안 연구, 한국법제연구원, 1998 등 참조.

투명하게" 이루어져야 한다. 「부담금관리기본법」은 "장기적으로 무분별한 부담금의 신설이나 증설을 억제하고 부담금 부과·징수와 운영의 투명성을 높이기 위하여" 제정된 것이다.[24)]

2. 「부담금관리기본법」의 법적 지위

(1) "기본법"의 분류체계

"기본법"이라는 명칭은 행정법학의 분야에서 법을 제정하는 입법자가 특별한 의도를 가지고 이 명칭을 부여한 경우에 해당한다. 그러나 이 명칭을 부여하고자 하는 목적은 각 입법자와 집행부서의 입장에 따라 매우 다르다. 또 그 목적에 따라 법의 체계와 특징도 상당히 달라지게 된다. 우리나라에는 2017년 10월 현재 72종의 법률이 "기본법"이라는 명칭아래 시행되고 있다. 기본법의 행정법학상의 위치를 규명하려면 우선적으로 각각의 기본법의 체계화가 필요하다. 기본법을 체계화하는 방법은 기본법을 보는 관점에 따라 매우 상이할 수 있다. 기본법을 전체적으로 놓고 그 내용적인 특성에 따라 구분할 경우, ① 헌장으로서의 기본법, ② 정책수단의 총괄규범으로서의 기본법, ③ 관리규범으로서의 기본법, ④ 종합법전으로서의 기본법 등으로 구분할 수 있으리라 생각한다.[25)]

---

24) 기획재정부, 2016년도 부담금 운용종합보고서, 13쪽 이하 참조.
25) "헌장으로서의 기본법"은 특정한 정책분야에 대한 기본적인 사항을 선언적인 형태로 정하는 경우이다. 이 범주에 속하는 기본법으로는 교육기본법을 들 수 있다. "정책수단의 총괄규범으로서의 기본법"은 기본법이 헌장으로서의 이념적 선언에 그치는 것이 아니라 헌장을 실현하기 위한 각종 정책 수단, 특히 그 기본법이 해당하는 분야의 정책에 대한 조정수단을 포괄하고 있는 경우이다. 이 경우로는 과학기술기본법을 예로 들 수 있다. "관리규범으로서의 기본법"은 특정한 분야에 대한 우월적 관리수단을 포함하고 있는 경우, 즉 기본법에 명시적으로 우월적인 지위를 부여하고 특정한 제도·행정조직 또는 정책수단에 대한 관리 및 조정기능을 부여하는 경우이다. 이 범주에 속하는 기본법의 예로 국세기본법을 들 수 있다.

(2) "기본법"에 대한 우월적 효력의 부여 가능성을 부인하는 일반적 논의

"기본법"의 명칭으로 제정된 법률의 효력을 다른 법률과 차별적으로 볼 수 있는가, 더 나아가 기본법의 특성에 따라 다른 법률보다 우월적 지위를 부여하여야 하는가에 대하여는 견해가 나뉠 수 있다. 법학의 일반적 원리에 비추어 볼 때 대한민국의 헌법상 모든 법률은 꼭 같은 "법률"이어서 법학일반의 원리인 신법우선의 원칙, 특별법 우선의 원칙 등의 원리를 제외하고는 법률 상호간의 차별적 우월성을 인정하는 것은 곤란하다. 이 논문을 심사한 심사의견은 "그러나 입법과정에서 더 엄격한 심사를 거쳤다거나 더 활발한 의견수렴을 거쳐서 합의의 정도를 고양시켰다는 등의 특별한 이유가 없이 헌재의 견해에 따라 입법의 필요가 있어 제정된 부담금관리기본법이 왜 그 이후 개정된 법률보다 더 우선적인 지위를 부여받아야 하는지에 대해서는 설득력이 부족하다고 생각됩니다. 오히려 부담금관리기본법 이후 동법에 포함되지 않은 부담금이 특정 법령 등에 규정되게 되었다면 그 한도 내에서 부담금관리기본법이 변경되었다고 해석하는 것이 보다 법령해석상 보다 자연스러울 것입니다"는 의견을 제시하고 있다.

(3) "관리규범으로서의 기본법"에 대한 차별적 효력 부여의 필요성

그러나 "기본법"이라는 명칭의 법률이 행정법의 영역 특히 특정 행

"특정분야의 종합법전으로서의 기본법"은 특정한 행정분야에 대하여 이념과 총괄적 정책수단과 개별적 행정수단을 모두 망라한 종합법전의 형태를 띠고 있는 경우이다. 대표적인 예로는 건설산업기본법을 들 수 있다. "기본법"에 관하여는, 오준근, "「기본법」의 행정법학상 위치에 관한 법실증적 고찰"「청담 최송화 교수 화갑기념 현대 공법학의 과제」, (박영사, 2002. 6), 615쪽 이하 참조.

정 분야에 있어 복잡하게 얽혀있는 다수의 법률 상호간의 체계를 정립하기 위한 분명한 의도를 가지고 제정되었고, 실제로 해당분야의 법률을 총괄하는 기능을 수행하고 있다면 그 차별성을 일방적으로 부인할 것이 아니라 그 우월적 효력의 인정여부에 대한 신중한 검토가 요구된다. 여러 유형의 "기본법" 중 특히 "관리규범으로서의 기본법"으로 분류되는 경우 다른 법률보다 우월적 지위가 인정될 필요성이 있는가에 대한 특별한 논의가 필요하다. 이 유형의 대표적 입법모델인 「국세기본법」을 예로 들어보자. 「대한민국헌법」 제59조는 "조세의 종목과 세율은 법률로 정한다"고 규정한다. 조세의 종목과 세율을 법률로 정함에 있어 「민법」의 경우와 같이 「조세법」을 단일 법전으로 제정하고, 개별소비세, 관세, 법인세, 소득세 등을 장 또는 절로 편성하면 국가 차원에서 조세의 통합적 관리가 가능하다. 그러나 대한민국의 경우 「개별소비세법」, 「관세법」, 「법인세법」, 「소득세법」 등 각각의 조세의 종목마다 서로 다른 법률이 제정·시행되고 있다. 이와 같이 개별적 세목으로 분법화 되어 있는 현행 법체계 아래에서는 조세의 통합적 관리는 불가능하다. 국가 차원에서 국민들에게 재정적 부담을 지우는 납세의 의무는 어떠한 형태로든지 통합적으로 관리되어야 한다. 모든 법률을 통합하여 「조세법전」을 제정함이 가장 바람직하지만 행정부의 국·과 별로 분점·관리되고 있는 대한민국 행정법의 현실을 감안하여 차선책으로 마련한 입법적 해결방안이 「국세기본법」의 제정이었다. 이 법률은 "국세에 관한 기본적이고 공통적인 사항과 납세자의 권리·의무 및 권리구제에 관한 사항을 규정함으로써 국세에 관한 법률관계를 명확하게 함"을 그 목적으로 한다. 이 법률 제2조는 국세의 종목과 세법을 한정적으로 열거하고 있다. 이 법률을 문언 그대로 해석한다면 대한민국 국회는 「국세기본법」을 개정함이 없이 조세의 종목을 창설하거나 다른 명칭의 세법을 신설하여서는 아니 된다. 이와 같이 「국세기본법」을 다른 개별적 세법보다 우위에 놓는다는 의미가 명백한 조항을 도입함에 있어 국

회가 그 의미를 간과한 채 법률을 통과시켰다고 판단하여서는 아니 된
다. 대한민국 국회와 정부는 오히려 「국세기본법」이 다른 모든 국세에
관한 법률을 총괄적으로 관리하는 법률보다 우월적 효력이 있음을 매우
엄중히 받아들이고 있으며 실제로도 그렇게 운용되고 있다. 다시 말해
서 조세의 종목을 신설하거나 새로운 세법을 제정하고자 할 경우 「국세
기본법」의 차원에서 총괄적으로 검토하고, 「국세기본법」의 개정과 개별
적인 세법의 제정 또는 개정을 함께하는 입법 방식을 취하고 있는 까닭
에 「국세기본법」의 관리체계와 전혀 무관하게 국세의 징수를 개별 법률
로 제정·시행하고 있는 입법례는 찾아볼 수 없다.

(4) "관리규범"으로서의 「부담금관리기본법」

「부담금관리기본법」의 입법 의도는 조세와는 다른 차원에서 국민
들에게 금전지급의무를 부과하는 「부담금」의 "관리규범으로서의 기본
법"을 제정하는 것이었다. 즉 「국세기본법」이 국세에 관한 기본적인 사
항을 통합적으로 규정하고 관리함과 같이 「부담금관리기본법」은 부담
금에 관한 사항을 통합적으로 규정하고 관리함을 그 목적으로 한다. 부
담금의 용어를 정의하고 이 법률 별표에 근거하지 아니하고는 개별 법
률에 근거하여 부담금을 창설할 수 없음을 명시하는 것은 「국세기본법」
이 국세의 종류를 용어의 정의에 열거하고, 세법의 범위를 한정하는 것
과 그 궤도를 같이 한다. 이와 같은 의미에서 부담금이 조세와 같이 총
괄적으로 관리되고, 지속적으로 정부와 국회의 통제를 받도록 하여야
한다는 당위성에 근거할 때 부담금의 종목과 부과율을 설정한 다른 개
별 법률보다 「부담금관리기본법」에 규정된 각종 통합적 관리수단에 우
월적 효력이 부여될 수 있어야 한다고 생각한다. 이 논문을 심사한 심
사의견이 제시한 내용 즉 "오히려 부담금관리기본법 이후 동법에 포함
되지 않은 부담금이 특정 법령 등에 규정되게 되었다면 그 한도 내에서
부담금관리기본법이 변경되었다고 해석하는 것이 보다 법령해석상 보

다 자연스러울 것입니다"는 의견은 부담금을 통합적으로 관리할 필요성을 총체적으로 부인하고 있는 것이라 할 수 있는바, 이와 같은 견해는 국민들에 대한 금전지급의무를 부과하는 부담금을 국회의 상임위원회가 아무런 총괄적 개념 없이 그때그때의 필요성에 따라 신설하고 증액할 수 있도록 방치하는 것을 허용함을 뒷받침할 수 있는 논리로 활용될 수 있다는 점에서 선뜻 동의하기 어렵다.

입법현실상 가능하다면 모든 부담금을 모아서 「부담금법」으로 통합하고 부담금을 신설·변경하고자 할 경우 이 법률을 개정하도록 하는 것이 가장 바람직할 것이다. 행정부의 국·과로 분점되어 집행되는 행정법 현실상 통합입법에 어려움이 있어서 적어도 조세나 부담금과 같이 국민에게 금전지급의무를 부과하는 개별적인 법률을 통합적으로 관리함을 목적으로 "관리규범으로서의 기본법"을 제정하였다면 이 법률에 다른 개별법보다 우선적 효력을 부여하여야 한다는 논리는 그 나름의 설득력이 인정될 수 있다고 생각한다. 이 문제에 대한 보다 활발한 토론이 이루어질 수 있기를 기대한다.

3. 「부담금관리기본법」상 부담금의 통합적 관리 수단

「부담금관리기본법」은 "부담금의 설치·관리 및 운용에 관한 기본적인 사항을 규정함으로써 부담금 운용의 공정성 및 투명성을 확보하여 국민의 불편을 최소화하고 기업의 경제활동을 촉진함을 목적으로 한다."(제1조) 이 법률은 모든 부담금을 통합적으로 관리할 수 있는 체계를 정립함으로써 장기적으로 무분별한 부담금의 신설이나 증설을 억제하고 부담금 부과·징수와 운영의 투명성을 높이기 위하여 제정된 것이다.

「부담금관리기본법」이 규정하는 부담금의 통합적 관리수단은 ① 부담금의 통합관리체제의 확립 ② 기존의 부담금에 대한 지속적 평가 및 감시, ③ 새로운 부담금의 설치에 관한 엄격한 심사, ④ 국회에 의한 지속적 정당성 심사장치, ⑤ 부담금제도를 도입하고자 할 경우 적용되어야 할 원칙 등으로 요약할 수 있다.

(1) 부담금의 통합관리체제의 확립

첫째, 가장 우선적인 부담금의 관리 수단은 모든 부담금을 이 법률 「별표」로 통합적으로 규정하여 관리의 틀 안에 두는 것이다. 그 수단으로 이 법률 제3조는 "부담금은 「별표」에 규정된 법률에 따르지 아니하고는 설치할 수 없다"고 규정하고 있다. 이 규정의 입법취지는 비록 부담금이 개별적인 법률에 의하여 설치되고 각 부처가 기금 또는 특별회계의 방식으로 운용하기는 하지만 적어도 재정을 관리하는 중앙행정기관과 정부의 예산·결산을 담당하는 국회의 상임위원회가 통합적인 국가재정의 관점에서 관리할 수 있는 체계를 설정하는 것이다. 제3조가 단정적으로 "설치할 수 없다"고 규정하고 있으므로 국회가 부담금을 설치하는 법률을 제정하고자 할 경우 「부담금관리기본법」 제3조를 함께 개정하여야 한다. 그러하지 아니하는 경우 법률 상호간의 모순이 초래된다.

(2) 기존의 부담금에 대한 지속적 평가 및 감시

둘째, 기존에 설치·운용되고 있는 부담금의 지속적 유지 필요성에 관한 평가의 체계를 마련하는 것이다. 이 법률 제8조는 기획재정부장관에게 부담금을 적정하게 운용하기 위하여 각 부담금의 부과목적, 부과실태, 사용내용의 건전성, 부과절차의 공정성 및 존치 필요성 등을 지속적으로 점검·평가하여야 할 의무를 부과하였다. 「별표」에 부담금이 포함되었다고 하여 그 지속성이 보장되는 것은 아니며, 지속적 평가 과정에서 존치의 필요성을 확인하고 불필요하다고 인정되는 경우 폐지될 수 있는 법적 체계를 설치하고 있다.[26] 이 법률은 특히 부담금의 존속기한을 법령에 명시할 것을 요구하고 있으며, 존속기한을 부담금의 목적을 달성하기 위하여 필요한 최소한의 기간으로 설정하도록 하되, 기간은 10년을 초과할 수 없도록 제한하고 있다(법 제5조의2).

(3) 새로운 부담금의 설치에 관한 엄격한 심사

셋째, 부담금을 신설하고자 할 경우 엄격한 심사를 통과하도록 하는 것이다. 부담금을 설치하는 법률을 제정하고자 할 경우 이 법률 제6조는 특별한 심사절차를 먼저 거칠 것을 요구한다. 즉 중앙행정기관의 장이 소관 사무와 관련하여 부담금을 신설 또는 변경하려는 경우에는 해당 법령안을 입법예고하거나 해당 중앙행정기관의 장이 정하기 전에 기획재정부장관에게 부담금 신설 또는 변경의 타당성에 관한 심사를 요청하여야 하며 부담금운용심의회의 심사를 통과하여야 한다.[27] 심사기

26) 이 법 제8조는 "기획재정부장관은 부담금의 존치 필요성에 대해서는 3년마다 1회씩 점검·평가하고 그 결과를 제7조제2항에 따른 부담금운용종합보고서에 포함하여 국회에 제출하여야 하며(제1항), 기획재정부장관은 제1항에 따른 평가 결과, 부담금의 운용이 적정하지 아니하였거나 부담금을 존치할 필요성이 없어졌다고 인정하는 경우에는 부담금의 소관 중앙행정기관의 장에게 해당 부담금의 폐지 등을 위한 제도개선을 요청할 수 있도록 하고(제2항) 제2항에 따라 요청을 받은 부담금의 소관 중앙행정기관의 장은 특별한 사유가 없으면 해당 부담금의 폐지 등을 위한 법령의 개정방안, 부담금을 대체할 수 있는 제도의 신설 등의 대책을 마련하여 기획재정부장관과 협의하여야 함"을 규정하고 있다.

27) 이 경우 중앙행정기관의 장은 제1항에 따른 심사를 요청할 때에는 부담금의 신설 또는 변경에 관한 계획서(이하 "계획서"라 한다)를 제출하여야 하고(제2항) 기획재정부장관은 제1항에 따른 심사를 요청받으면 부담금의 신설 또는 변경이 다음 각 호의 기준에 부합하는지를 제9조에 따른 부담금운용심의위원회로 하여금 심의하게 하여야 한다. 심의 기준은 1. 부담금을 신설 또는 변경할 명확한 목적이 있을 것, 2. 부담금의 부과요건등이 구체적이고 명확하게 규정되어 있을 것, 3. 부담금의 재원 조성의 필요성과 사용목적의 공정성 및 투명성을 각각 갖추었을 것, 4. 기존의 부담금과 중복되지 아니할 것, 5. 부담금의 부과가 조세보다 적절할 것, 6. 부담금의 존속기한이 목적을 달성하기 위하여 필요한 최소한의 기간으로 설정되어 있을 것 등이다. 기획재정부장관은 제3항에 따른 심사 결과 부담금의 신설 또는 변경이 같은 항 각 호의 기준에 부합하지 아니하다고 인정하는 경우에는 계획서를 제출한 중앙행정기관의 장에게 그 계획서의 재검토 또는 수정을 요청할 수 있다.

준에 부합하지 아니하는 경우에는 「부담금관리기본법」 별표에 규정된
부담금이 될 수 없다. 이와 같은 정부 내부적 통제기능은 적어도 기획
재정부의 통합적 심사기준은 충족시킬 수 있을 정도의 정당성이 인정되
는 부담금만이 신설되도록 함으로써 부담금의 남설을 막아서 국민의 부
담을 줄인다는데 그 의의가 있으므로 입법기관과 사법기관은 이를 존중
할 책무가 있다.

(4) 국회에 의한 지속적 정당성 심사장치

넷째, 모든 부담금의 부과 및 운용에 대한 지속적인 국회의 통제장
치를 설치하는 것이다. 부담금의 소관 중앙행정기관의 장은 매년 부담
금 운용계획서[28]와 부담금 운용종합보고서를 기획재정부장관에게 제출
하여야 하고, 기획재정부장관은 이를 종합하여 국회에 제출하여야 한다
(법 제7조). 아울러 기획재정부 장관에게 부담금 운용의 평가의무와 그
결과의 국회제출의무를 부과하였다(법 제8조).

(5) 부담금제도를 도입하고자 할 경우 적용되어야 할 원칙

다섯째, 부담금을 설치·운용하는 법률상 적용되어야 할 부담금 부
과의 각종 요건을 설정하고 이를 준수하도록 하는 것이다. 먼저, 법치국
가원리 특히 포괄위임금지 원칙에 따라 이 법률 별표에 의하여 설치되
는 부담금 부과의 근거가 되는 법률이 부담금의 부과 및 징수주체, 설
치목적, 부과요건, 산정기준, 산정방법, 부과요율 등 각종 부과요건을
법률에 직접 구체적이고 명확하게 규정하여야 함을 규정한다. 법률에
규정된 부과요건의 세부적 내용의 경우에 한하여 해당 법률에서 구체적

---

28) 2017.9. 기획재정부장관이 국회에 제출한 "2018년도 부담금 운용계획서"는 "이 계
획서는 부담금관리 기본법 제6조의2에 따라 2018년도 부담금 부과계획 및 사용명
세 등 부담금운용에 관한 내용을 국회에 제출하기 위하여 작성되었음"을 명시하
고 있다.

으로 범위를 정하여 위임한 바에 따라 하위법령으로 규정할 수 있도록 하였다(법 제4조). 다음으로 부담금 부과의 원칙을 규정하고 있다. 부담금은 설치목적을 달성하기 위하여 필요한 최소한의 범위에서 공정성 및 투명성이 확보되도록 부과되어야 하며, 특별한 사유가 없으면 하나의 부과대상에 이중으로 부과되어서는 아니 된다. 부담금 부과권자에게는 부담금을 부과하는 경우에 부담금 부과의 법적 근거, 납부금액, 산출근거, 부담금의 감면 요건 및 방법, 용도, 의견 제출 기관의 명칭과 주소 등 납부의무자에게 알려주어야 하는 사항을 구체적으로 열거하고 있다(법 제5조). 부담금 관련 권리구제절차 즉 납부의무자가 위법하거나 부당한 부담금의 부과·징수로 인하여 권리 또는 이익을 침해받았을 경우에 이의신청을 할 수 있도록 하는 등 적절한 권리구제절차를 해당 법령에서 명확하게 정할 의무를 부과행정청에 부여하고 있다(법 제5조의4).

V. 「부담금관리기본법」을 위반하여 설치된 부담금의 효력

1. 대상 판결의 검토

(1) 법률 상호간의 모순·충돌 상황

이 판결의 쟁점이 된 "도시가스 시설분담금"은 「도시가스사업법」을 2007. 1. 3. 법률 제8186호로 개정하면서 신설한 제19조의2를 근거로 하고 있다.[29] 이 규정은 "일반도시가스사업자는 가스공급시설 설치

---

[29] 원심법원은 이 근거규정의 입법연혁을 다음과 같이 정리하고 있다. "위 도시가스사업법은 기존의 가스사업법이 1983. 12. 31. 명칭 변경된 법률로서 제19조에서 '일반도시가스사업자는 정당한 사유없이 그 허가받은 공급지역 안에 있는 가스수요자에게 가스의 공급을 거절하여서는 아니되며, 허가받은 공급지역 외의 지역에 가스를 공급하여서는 아니된다.'라는 공급의무를 규정하고 있었으나, 1999. 2. 8.

비용의 전부 또는 일부를 도시가스의 공급 또는 가스공급에 관한 계약의 변경을 요청하는 자에게 분담하게 할 수 있다"고 정하고 있다.

이 규정을 도입할 당시의 입법 상황은 다수의 법률이 서로 모순·충돌되는 상황이었지만, 정부입법이 아닌 의원입법이어서 정부 내의 부처협의 및 각종 심의과정을 거쳐 이를 해소할 기회를 갖지 못하였고 국회의 입법과정에서 법률 상호간의 모순을 전혀 정리하지 아니한 채 본회의를 통과하여 입법이 이루어졌다는 점에서 "파편적 입법"의 전형이었다고 할 수 있다.

법률 상호간의 모순·충돌 상황을 구체적으로 살펴보자.

원고가 주장하는 바와 같이 첫째, 이 규정 도입당시의 「주택법」 제23조 제1항은 사업주체가 대통령령으로 정하는 호수 이상의 주택건설사업을 시행하는 경우 해당 지역에 전기·통신·가스 또는 난방을 공급하는 자는 전기시설·통신시설·가스시설 또는 지역난방시설"을 설치하여야 함을 명시하고 있다. 제3항은 "제1항에 따른 간선시설의 설치비용은 설치의무자가 부담한다"고 규정하고 있다. 「도시가스사업법」 제19조의2의 규정과 모순·충돌한다.

둘째, 이 규정 도입당시의 「도시개발법」 제55조는 도시개발구역의 시설 설치 및 비용부담 등에 관하여 규정하면서 제1항 제2호에 "도시개발구역의 전기시설·가스공급시설 또는 지역 난방시설의 설치는 해당 지역에 전기·가스 또는 난방을 공급하는 자"가 하여야 함을 명시하고 있다. 이 규정 역시 「도시가스사업법」 제19조의2의 규정과 모순·충돌

위 제19조 조항이 삭제되었다가 2007. 1. 3. 법률 제8186호로 개정되면서 '일반도시가스사업자는 정당한 사유 없이 그 허가받은 공급권역 안에 있는 가스사용자에게 가스의 공급을 거절하거나 공급이 중단되게 하여서는 아니 된다.'라는 내용으로 위 공급의무 조항이 부활하는 한편 제19조의 2가 신설되어, 제1심 판결 별지 기재와 같이 일반도시가스사업자가 가스공급시설 설치비용의 전부 또는 일부를 도시가스의 공급 또는 가스공급에 관한 계약의 변경을 요청하는 자에게 분담하게 할 수 있는 근거 규정이 생기게 되었다".

한다.

셋째, 위에서 검토한 바와 같이 「도시가스사업법」 제19조의2의 규정에 따른 부담금은 「부담금관리본법」 제6조의 절차를 밟지 않아서 동법 제3조의 별표에 포함되지 않았으므로 이 법률과 정면으로 모순 · 충돌한다.

위와 같이 「주택법」·「도시개발법」·「도시가스사업법」·「부담금관리본법」이 서로 모순·충돌되고 있음에도 불구하고 이를 정리하지 아니한 채 입법이 이루어진 상황이었다.[30]

위와 같은 모순 · 충돌이 발생할 수 있는 이유는 대한민국 행정법의 문제점은 각각의 개별적 법률이 대한민국 전체를 대상으로 집행되는 법률이라기보다는 특정 중앙행정기관의 특정 소관국 소관과의 집행기능을 담보하는 "미시적"·"파편적" 법률인 경우가 많다는 점에서 그 이유를 찾을 수 있다.

이 사례의 근거가 되는 「도시가스사업법」은 산업통상자원부 가스산업과 소관 법률이다. 「주택법」은 국토교통부 주택정책과 및 주택건설공급과 등의 소관 법률이며, 「도시개발법」은 국토교통부 도시경제과 소관 법률이다. 「부담금관리본법」은 기획재정부 재정관리총괄과 소관 법률이다. 정부입법일 경우 각각의 법률의 소관과장이 기안자가 되고 부처 내 협의, 부처 간 협의, 법제처 심의를 거쳐 차관회의와 국무회의의 과정을 거친다. 이 과정에서 상당한 시간이 필요하며 부처 간의 의견 조율이 요구된다. 만약 위 법률이 정부입법의 과정을 거쳤다면 가스산업과장은 주택정책과장 및 주택건설공급과장 및 재정관리총괄과장과 협의를 하여야 한다. 이 과정 및 법제처의 법안 심사과정에서 법률 상호간의 모순 · 충돌이 발견될 수 있고 그 해소가 가능할 수 있다. 그러

---

30) 이 사건에서 「집단에너지사업법」도 같이 쟁점이 되었고 모순 상황에 포함되어 있었지만, 「도시가스사업법」과 같은 상황에 놓여 있어서 이에 대한 언급은 생략하였다.

나 의원입법의 경우는 다르다. 의원입법의 경우 국회의원 10인 이상이 제안하여 소관 상임위원회와 법제사법위원회를 거쳐 본회의를 통과하면 된다. 이 과정에서 정부입법에서 요구되는 모든 절차를 생략할 수 있다. 이 사례의 근거가 되는 「도시가스사업법」은 산업통상자원중소기업벤처 위원회 소관이고, 「주택법」과 「도시개발법」은 국토교통위원회 소관이며, 「부담금관리기본법」은 기획재정위원회 소관이다. 서로 소관 상임위원회가 다르고 법률 상호간의 모순·충돌을 방지하기 위한 국회 내부의 장치가 없어서 의원 1인이 발의하여 10인 이상의 연명을 받고 입법을 추진할 경우 서로 모순되는 법률을 얼마든지 양산할 수 있는 취약한 입법 구조를 가지고 있다.[31] 정부입법으로 할 경우 요구되는 모든 절차를 회피하기 위하여 악의적으로 의원입법이 이용된다는 비난이 가능한 것은 위와 같은 이유에서 이다.

(2) 대법원의 판단에 대한 분석

대법원은 "법률이 상호 모순되는지는 각 법률의 입법 목적, 규정 사항 및 적용범위 등을 종합적으로 검토하여 판단해야 할 것이다"고 전제한 후,[32] 특정한 사안에 대한 위법성을 판단함에 있어 법률 상호간의 모순 여부를 심사하는 것을 스스로 것을 자제하고 있다.

---

31) 대상 사건의 근거가 된 「도시가스사업법」(법률 제8186호)은 2007.1.3. 일부 개정되어 2007.4.4.부터 시행된 것이다. 국회 의안정보시스템을 검색하면 이 법률의 제정경위를 볼 수 있다. "2007년 3월 12일 이윤성의원 등 10인이 발의한 「도시가스사업법 일부개정법률안」과 2007년 3월 29일 우제항의원 등 12인이 발의한 「도시가스사업법 일부개정법률안」을 제267회 국회(임시회) 제4차 위원회(2007. 4. 16)에서 각각 대체토론을 거쳐 법안심사소위원회에 회부하였으며, 법안심사소위원회(2007. 4. 18)에서는 위 2건의 법률안을 통합하여 위원회 대안을 마련하고 2건의 법률안을 각각 본회의에 부의하지 아니하기로 하였으며, 이를 제267회 국회(임시회) 제5차 위원회(2007. 4. 19)에 보고하여 의결함으로써 위원회 대안을 제안하게 된 것임"이라 기록하여 전형적인 의원입법이었음을 보여주고 있다. http://likms.assembly.go.kr/bill/billDetail.do?billId=038471
32) 대법원 2012. 5. 24. 선고 2010두16714 판결 등 참조.

414 行政判例研究 XXII-2-第1卷(2017)

　　대법원은 이들 법률 상호간에 모순이 있음은 알고 있었으면서, 부담금 부과처분의 직접적 근거가 된 법률의 제정연혁을 강조하여 판결문에 "소개"하고 있을 뿐이다. 다른 법률과의 모순이 있지만 서로 적용영역이 다르고 소관 부처가 다르다는 점에서 이 법률이 우선적으로 적용되어야 함을 강조하고 있다.

　　그러나 행정기관이 국민들에게 특정 사업과 관련하여 부담금을 부과하고자 할 경우에는 이를 정당화하여야 할 필수적인 근거가 있어야 하며 법치국가원리를 준수하여야 한다. 이 사례를 자세히 보면 부담금 부과의 근거가 된 사업은 2004. 8. 24. 도시개발구역으로 지정되고, 2006. 5. 4. 도시개발계획으로 인가된 「도시개발법」에 의한 도시개발사업이며 「주택법」에 의한 주택건설사업이다. 구역지정 및 인가 당시에는 「도시가스사업법」 제19조의2는 존재하지 아니하였다. 따라서 부담금 제도 도입 이전에 계획되고 인가되어 건설된 주택에 대하여 부담금을 부과하는 것이 소급입법금지원칙에 위배되는 것은 아닌지에 대한 검토가 필요하다. 부담금 부과를 전제로 하지 아니하고 계획된 도시개발사업에 대하여 계획당시 보다 3년이 경과한 후 제정된 법률에 근거하여 부담금을 부과하는 것이 행정상 신뢰보호원칙을 위반한 것은 아닌지에 대한 검토도 필요하다. 도시가스 시설을 설치한 사업자의 입장을 고려한 「도시가스사업법」과 도시의 개발 및 주택건설사업을 시행하는 시행자와 건설된 주택에 거주하는 주민의 입장을 고려한 「도시개발법」과 「주택법」 상호간의 비교·교량 작업도 필요하다. 그러나 대법원은 위와 같은 점에 대한 판단을 구체적으로 하지 아니하고 있다.

　　특히 중요한 의미를 가지는 것은 이 사례에서 문제가 된 것이 "부담금"의 정당성이라는 것이다. 대법원은 부담금 부과의 정당화 요건에 대한 판단을 전혀 하지 아니하였다. 오직, 부담금 부과의 근거가 된 법률인 「도시가스사업법」의 입법 연혁을 보면 입법 이유가 있다는 점만을 강조한 후, 이 법률에 위배되지 아니하였으므로 위법하지 아니하다는 판결을 하고 있다. 이 점은 문제점이라 지적할 수 있다.

2. 부담금 부과의 정당화 요건과 「부담금관리기본법」

위에서 검토한 바와 같이 헌법재판소는 부담금의 종류를 불문하고, 부담금의 예외적 성격과 특히 부담금이 재정에 대한 국회의 민주적 통제체계로부터 일탈하는 수단으로 남용될 위험성을 감안할 때, 부담금이 장기적으로 유지되는 경우에 있어서는 그 징수의 타당성이나 적정성이 입법자에 의해 지속적으로 심사될 것이 요구된다는 점을 강조하고 있다. 국회가 부담금을 설치하거나 변경함을 내용으로 법률을 제정 또는 개정하고자 할 경우 이 부담금이 지속적으로 국회의 "심사체계" 아래에 놓여있는가를 스스로 검토하여야 한다. 현행 대한민국 법률의 체계아래에서 부담금을 통합적으로 관리·심사·통제하는 체계를 설정하고 있는 법률이 「부담금관리기본법」이다. 따라서 부담금 부과의 첫 번째 정당화 요건은 해당 부담금이 「부담금관리기본법」의 통제 체계아래 놓여 있는가 여부라고 할 수 있다. 특정 법률이 국민에 대한 "부담금" 형식의 금전지급의무를 규정하고 있음에도 불구하고 「부담금관리기본법」의 체계를 벗어나 있는 경우 그 징수의 타당성이나 적정성이 입법자에 의해 지속적으로 심사될 가능성을 스스로 배제하고 있다고 할 수 있고, 이 경우 헌법상의 기본적 재정질서를 교란시키고, 공과금 부담의 형평성을 훼손하며, 재정에 대한 국회의 민주적 통제기능을 약화시킬 우려에 스스로 노출되는 결과를 가져오기 때문이다.

따라서 특정 부담금이 「부담금관리기본법」의 체계를 벗어나 있음이 부담금 부과처분의 정당성 여부를 가리는 쟁점이 된 경우 이는 문제 상황이라 할 것이고, 이를 해결하기 위하여 다음과 같은 논의가 필요하다.

첫째, 부과처분이 이루어지는 과정에서 특정 부담금이 「부담금관리기본법」의 체계를 벗어나 있음이 발견된 경우 기획재정부장관은 즉시 「부담금관리기본법」 제6조에 의한 심사를 실시하여 해당 부담금을 법 제3조가 규정한 별표에 편입시킬 것인지의 여부를 판단하여야 하며, 국회는 이와 같은 기획재정부장관의 판단을 참조하여 「부담금관리기본법」의 개정 여부를 조속히 심사하여야 한다. 근본적으로 「부담금관리기본법」이 제정·시행되고 있음에도 불구하고 「부담금관리기본법」의 체계를 벗어나는 법률에 근거하여 부담금이 부과되고 있다는 것은 대한민국의 국회가 입법을 함에 있어 그 심의과정에서 입법적 과오가 있었다고 보아야 할 것이고, 이를 발견하였다면 최대한 신속하게 이를 바로잡을 의무가 있기 때문이다.

둘째, 「부담금관리기본법」의 체계를 벗어나서 설치된 법률에 근거하여 부과된 부담금 처분이 재판의 전제가 된 경우 법원은 매우 엄격한 기준으로 그 위법성을 판단하여야 할 것이다. 이와 같은 상황은 법률 상호간에 모순·충돌이 발생하는 상황이다. 「부담금관리기본법」 제3조는 "부담금은 별표에 규정된 법률에 따르지 아니하고는 설치할 수 없다"고 규정하고 있다. 따라서 특정 부담금이 이 법률 별표에 규정된 법률에 따르지 않고 설치된 경우 이 법률과 특정 부담금의 근거가 되는 법률은 서로 모순·충돌한다. 「기본법」의 법률상의 위치에 대한 헌법적 규정이 없고, 「기본법」 자체의 법적 성질에 따라 그 효력이 달라지기는 하지만, 행정법상 관리규범으로서의 「기본법」과 다른 법률이 서로 모순·충돌할 경우에는 일반적인 법 일반이론 에서 언급되는 법률 상호간의 관계 즉 특별법 우선의 원칙, 신법 우선의 원칙 등과는 구별되는 특수성이 인정될 수 있어야 한다. 위에서 검토한 바와 같이 「국세기본법」, 「부담금관리기본법」 등과 같이 부과행정이라는 특정한 분야에서 행정기관에 의한 자의적인 부과의무의 설정을 입법적으로 엄격히 관리·통제함을 목적으로 제정된 법률의 경우에는 그 우선적 지위가 부여되어야 한다. 법률이 해당 기본법 체제에 편입되는 것을 스스로 회피하고 있는 경우라면 부과행정의 정당성을 스스로 부인하고 있는 것이라고 볼 충분한 이유가 있기 때문이다. 법원은 재판과정에서 이 점을 직시하여, 해당 부담금의 위법여부를 판단하여야 한다. 법률 상호간의 모순 · 충돌만을 이유로 재판의 전제가 된 부담금의 위법성을 판단하기를 꺼려할 경우라면 헌법재판소에 그 위헌성 여부에 대한 판단을 맡겨야 한다. 당사자가 특히 "관리규범으로서의 「부담금관리기본법」"을 "부담금 부과처분의 근거 법률"이 위배하고 있음을 명시적으로 지적하였고, 수소 법원이 법률 상호간의 모순 · 충돌을 인정하였다면 법원은 "「부담금관리기본법」을 위배하여 설치되었음만을 이유로 위법하다고 할 수 없다"는 판단을 내리는 것은 매우 신중하여야 한다.

다시 한 번 강조하지만 수소 법원은 「부담금관리기본법」을 위배하여 설치된 부담금 부과처분이 쟁점이 된 경우 그 위험성과 위법성을 인식하여야 한다. 스스로 위법성 여부를 선언하기 어렵다는 입장이라면 헌법재판소의 판단에 맡겨야 한다. 합법성의 선언은 특별히 인정될 만한 예외적인 사유를 발견한 경우에 한하여 매우 신중히 이루어져야 할 것이다.

대상 판결은 4개의 법률이 모순 · 충돌하는 상황에서 도시개발 사업을 통하여 대규모 주택단지를 건설한 사업자가 사업계획의 승인 당시에는 존재하지 아니하였던 법률 이자 「부담금관리기본법」의 통제장치를 회피하여 제정된 법률에 에 근거하여 설치된 부담금을 근거로 부과되었던 부담금에 대하여 통합적인 판단을 하지 아니하고 단순히 부담금 부과 근거 법률만을 근거로 하여 합법성을 선언하였다.

이 사건이 부당이득반환을 요구하는 민사사건이어서 행정법원과 고등법원 행정부의 판단과정을 거치지 아니하였다는 점, 행정법의 법리에 대한 판단보다는 민사상의 채무의 존재 여부에 대한 관점에 집중된 판결이라는 점 등을 감안하더라도 대법원의 판결은 많은 문제점을 보유하고 있다고 지적할 수 있다. 그 이유는 대한민국의 사법체계가 통합적인 단일 대법원 체계아래에 구성되어 있기 때문이다. 대한민국에 있어 행정대법원과 민사대법원은 분리되어 있지 아니하다. 기반시설의 설치를 둘러싼 부담금의 납부의무의 존재 여부를 판단함에 있어서 단일한 체계로 설치되어 있는 대법원은 행정법의 법리와 민사법의 법리를 통합적으로 동원하여 그 판단의 근거로 삼을 의무가 있다. 다수의 법률이 모순·충돌하고 특히 부담금의 통합적 관리를 목적으로 하는 법률을 회피하여 제정된 법률에 의하여 국민에게 부담금이 부과되는 상황이 문제가 된 경우 헌법상의 법치국가원리, 조세법률주의 등 헌법원칙과 행정법의 기본원리를 종합적으로 동원하여 판단하였어야 한다. 그러나 대법원은 당해 근거 법률만을 근거로 부담금 납부의무가 존재한다는 단편적 판단을 하였다. 이와 같은 점에서 이 사건 대법원 판결은 매우 아쉬운 판결이었다고 지적될 수 있을 것이라 생각한다.

VI. 요약 및 결론

이 논문은 존경하는 최송화 교수님의 희수 논문집에 봉정하기 위하여 작성되었다.

대상판례는 다수의 법률이 서로 모순·충돌되는 상황에서 국민에게 부과된 부담금의 납부의무의 정당성에 관한 분쟁을 전제로 한 것이다. 「법치국가원리」는 대한민국의 모든 행정작용을 지배하는 기본원리이다. 행정기관은 행정작용을 할 경우 법률에 근거하여야 한다. 대한민국의 모든 법률은 국가행정기관, 지방자치단체, 공공단체, 공무수탁사인 등 모든 행정기관이 행정작용을 수행함에 있어, 특히 국민에게 금전적 부과의무를 부과하는 권력적 침해행정 작용을 수행함에 있어 필수적으로 요구되는 명확한 근거를 제시할 수 있어야 한다. 대한민국의 법률은 법률을 직접 적용하는 지방자치단체의 실무 공무원과 그 법률을 적용받

는 일반 국민의 입장에서 볼 때 서로 모순이 없어야 하고, 명확하게 받
아들여질 수 있어야 한다.

　이 사건은 국민이 시설분담금이라는 부담금의 납부 의무가 존재하
지 아니함을 다투는 것이며, 이미 납부한 부담금의 반환을 요구하는 부
당이득반환 청구소송이다. 이 사건이 행정사건이 아니라 민사사건으로
분류될 수 있는 이유는 대한민국의 경우 공법상 당사자 소송이 활성화
되어 있지 아니하여 행정사건으로 처리되어야 할 사건들이 민사사건으
로 처리되고 있는 법 현실에서 이와 같은 판결이 내려졌기 때문이다.
그러나 국가배상청구소송, 공법상 부당이득반환청구소송은 비록 민사소
송의 형식으로 제기되더라도 넓은 의미의 행정사건으로 포함시켜 학술
적 토론이 이루어져야 한다고 생각한다. 이 논문집은 "행정판례와 공익
－21세기 법치주의의 발전방향"을 대주제로 하고 있다. 대상 판례를 선
택한 것은 법률 상호간의 모순·충돌 상황에서 국민에게 금전급부의무
를 부과한 부담금 납부의무에 관한 판단이 이루어졌다는 점이 법치국가
원리에 위해를 가하는 상황이 드러난 전형적인 사건에 해당한다는 점에
서 대한민국의 법치주의의 발전방향에 중요한 시사점을 줄 수 있기 때
문이다.

　헌법재판소는 부담금을 부과할 경우 반드시 법률에 근거하여야 할
뿐만 아니라, 부담금 부과의 법적 근거가 되는 법률의 경우 이를 정당
화할 수 있는 요건을 갖추어야 함을 명백히 하고 있다. 헌법재판소가
정당화 요건을 설정하는 이유는 부담금 제도가 헌법상의 기본적 재정질
서를 교란시키고 조세에 관한 헌법상의 특별한 통제장치를 무력화할 수
있으며 조세평등주의에 의해 추구되는 공과금 부담의 형평성을 훼손하
고 재정에 대한 국회의 민주적 통제기능을 상대적으로 약화시킬 우려가
있기 때문이다.

　「부담금관리기본법」은 위와 같은 헌법재판소의 우려를 수용하여
부담금을 종합적으로 관리함을 목적으로 제정된 법률이다. 이 법률은 장

기적으로 무분별한 부담금의 신설이나 증설을 억제하고 부담금 부과·징수와 운영의 투명성을 높이기 위함을 그 제정 목적으로 한다. 「부담금관리기본법」은 기본법의 분류체계상 「국세기본법」과 같은 "관리규범으로서의 기본법"에 해당한다.

이 판결의 쟁점이 된 "도시가스 시설분담금"은 「도시가스사업법」을 근거로 하고 있다. 이 근거규정의 도입 당시 「주택법」·「도시개발법」·「도시가스사업법」·「부담금관리본법」이 서로 모순·충돌되고 있음에도 불구하고 이를 정리하지 아니한 채 입법이 이루어진 상황이었다. 이 논문은 위와 같은 모순·충돌이 발생할 수 있는 대한민국 행정법의 입법 과정의 문제점을 정리하였다.

대법원은 이들 법률 상호간에 모순이 있음은 알고 있었다. 그러나 부담금 부과처분의 직접적 근거가 된 법률의 제정연혁을 강조하여 판결문에 "소개"한 후, 다른 법률과의 모순이 있지만 서로 적용영역이 다르고 소관 부처가 다르다는 점에서 이 법률이 우선적으로 적용되어야 함을 강조한 후, "부담금부과에 관한 명확한 법률 규정이 존재하더라도 그 법률 규정과는 별도로 반드시 「부담금관리기본법」 별표에 그 부담금이 포함되어야만 그 부담금 부과가 유효하게 된다고 해석할 수는 없다"는 판단을 전제로 그 위법성 판단을 부인하고 있다. 이 논문은 대상판결의 문제점을 부담금 부과의 정당성과 부담금 관리의 필요성, 「부담금관리기본법」의 입법 정책적 함의 등의 논리를 근거로 그 구체적 문제점을 지적하였다.

행정기관이 국민들에게 특정 사업과 관련하여 부담금을 부과하고자 할 경우에는 이를 정당화하여야 할 필수적인 근거가 있어야 하며 법치국가원리를 준수하여야 한다. 대상판결은 부담금 부과처분의 정당화 요건의 충족 여부에 관한 판단을 생략하고 있고, 주택건설사업자가 주택건설 사업계획의 승인 당시에 알지 못했던 부담금 제도를 추후에 도입하여 소급적으로 적용하는 문제점을 법치국가 원리에 근거하여 검토하지 아니하였고, 특히 「부담금관리기본법」에 근거한 부담금제도의 통합적 관리의 필요성을 부인하였다. 이 논문은 대상 판결에 드러난 법리검토의 미진함과 관련된 문제점을 지적하였다. 이 논문을 계기로 부담금 제도의 통합적 관리가 엄중히 이루어지며, 입법과정 뿐만 아니라 부담금 제도를 둘러싼 법원의 사법적 판단 과정에서도 보다 엄격한 심사가 이루어질 수 있기를 기대한다.

참고문헌

강운산, 건설 관련 부담금 제도의 문제점과 개선 방안, 건설산업연구원, 2008

기획재정부, 2016년도 부담금 운용 종합보고서, 2017.5

기획재정부, 2018년도 부담금 운용 종합계획서, 2017.9

김동건, 기반시설부담금 부과의 법적 검토, 토지공법연구 제59집 2012

김성수, 부담금에 대한 이의신청제도 강화방안, 토지공법연구 제51집, 2010

김성수, 특별부담금의 정당화문제, 공법연구 제31집 제3호, 2003

박상희, 부담금의 법적 성격과 정당화근거, 안암법학 제21호, 2005

박정훈, 입법체계상 기본법의 본질에 관한 연구 - 일본의 기본법을 중심으로 -, 법조 제639권, 2009

박정훈, 학교용지부담금의 합헌성 기준에 대한 해석론, 토지공법연구 제30집, 2006

서순탁/이보아, 개발부담금 부과취소 청구의 원인과 해소방안 연구, 토지공법연구 제49집, 2010

손상식, 부담금의 정당성 심사에 관한 헌법재판소 결정례의 체계적 검토, 헌법학연구 제19권, 2013

신봉기/전기성, 담배부담금 제도의 법적 문제점- 헌법적 허용한계와 위헌성 검토를 포함하여 -, 토지공법연구 제42집, 2008

신영수, 현행 준조세 통제규범의 문제점과 개선방안, -부담금, 수수료, 기부금을 중심으로-, 경북대학교 법학논총 제37집 제1호, 2013

신정규, 개발부담금의 법적 성격과 우선징수권에 관한 고찰, 토지공법연구 제76집, 2016

오준근, "「기본법」의 행정법학상 위치에 관한 법실증적 고찰"「청담 최송화교수 화갑기념 현대 공법학의 과제」, 박영사, 2002

오준근, 부담금관리기본법 제정 및 기부금품모집규제법 개정안 마련, 한국법제연구원, 2000

오준근, 부담금을 종합적으로 관리하는 법률의 제정방안 연구, 한국법제연구원, 1998

오준근, 부담금제도에 관한 법적 일고찰 - 투명성 원칙에 터잡은 문제제기를 중심으로, 성균관법학 제10호, 1999

윤성현, 부담금의 위헌심사기준에 관한 헌법이론적 검토, 공법학 연구, 제13권 제1호, 2012

윤준하, 특별부담금 제도 설정의 허용범위, 중소기업과 법, 제3권 제2호, 2012

원윤희/박훈, 국민 부담에 대한 헌법적 고찰 : 조세와 부담금을 중심으로, 의정논총(제8권 제1호), 2013

임현, 현행 부담금 제도의 법적 쟁점, 토지공법연구 제48집, 2010

정호경, 소위 특별부담금 개념의 인정여부와 허용요건에 관한 소고 - 헌법재판소 2004. 7. 15. 선고 2002헌바 먹는물관리법 제28조 제1항 위헌소원 사건을 중심으로 -, 행정법연구, 제14호, 2005

홍완식, 특별부담금에 관한 연구 -헌법재판소 결정례를 중심으로-, 토지공법연구, 제54집, 2011

Aman, Alfred/Mayton, William, Administrative Law, West Group, St. Paul Minn. 2. Ed., 2001

Marcel Jäkel, Sonderabgaben im System der grundgesetzlichen Finanzverfassung und der Rechtsprechung des BVerfG, JURA - Juristische Ausbildung (2017/06) Vol. 38; no. 6

Maurer Hartmut, Allgemeines Verwaltungsrecht, C.H.Beck, München, 18. Aufl., 2008

Peine, Franz–Joseph, Allgemeines Verwaltungsrecht, C.F.Müller, Heidelberg, 9. Aufl., 2008

Pieroth Bodo, Historische Etappen des Rechtsstaats in Deutschland, JURA - Juristische Ausbildung, 01/2011, Volume 33, Issue 10

Schoch Friedrich, ÖR Verfassungsrechtliche Anforderungen an die
Erhebung von Sonderabgaben, JURA - Juristische Ausbildung
(2010/03) Vol. 32; no. 3

국문초록

이 논문은 존경하는 최송화 교수님의 희수 논문집에 봉정하기 위하여 작성되었다.

이 논문집은 "행정판례와 공익 – 21세기 법치주의의 발전방향"을 대주제로 하고 있다. 대상 판례를 선택한 것은 법률이 상호간에 모순·충돌하는 상황에서 국민에게 금전급부의무를 부과한 부담금 납부의무를 인정하는 판단이 이루어졌다는 점에서 대한민국의 법치주의의 발전방향에 중요한 시사점을 줄 수 있는 사건에 해당되기 때문이다.

헌법재판소는 부담금을 부과할 경우 반드시 법률에 근거하여야 할 뿐만 아니라, 부담금 부과의 법적 근거가 되는 법률의 경우 이를 정당화할 수 있는 요건을 갖추어야 함을 명백히 하고 있다. 헌법재판소가 정당화 요건을 설정하는 이유는 부담금 제도가 헌법상의 기본적 재정질서를 교란시키고 조세에 관한 헌법상의 특별한 통제장치를 무력화할 수 있으며 조세평등주의에 의해 추구되는 공과금 부담의 형평성을 훼손하고 재정에 대한 국회의 민주적 통제기능을 상대적으로 약화시킬 우려가 있기 때문이다.

「부담금관리기본법」은 위와 같은 헌법재판소의 우려를 수용하여 부담금을 종합적으로 관리함을 목적으로 제정된 법률이다. 이 법률은 장기적으로 무분별한 부담금의 신설이나 증설을 억제하고 부담금 부과·징수와 운영의 투명성을 높이기 위함을 그 제정 목적으로 한다. 「부담금관리기본법」은 기본법의 분류체계상 「국세기본법」과 같은 "관리규범으로서의 기본법"에 해당한다.

이 판결의 쟁점이 된 "도시가스 시설분담금"은 「도시가스사업법」을 근거로 하고 있다. 이 근거규정의 도입 당시 「주택법」·「도시개발법」·「도시가스사업법」·「부담금관리본법」이 서로 모순·충돌되고 있음에도 불구하고 이를 정리하지 아니한 채 입법이 이루어진 상황이었다. 이 논문은 위와 같은 모순·충돌이 발생할 수 있는 대한민국 행정법의 입법과정의 문제점을 정리하였다.

　　대법원은 이들 법률 상호간에 모순이 있음은 알고 있었다. 그러나 부담금 부과처분의 직접적 근거가 된 법률의 제정연혁을 강조하여 판결문에 "소개"한 후, 다른 법률과의 모순이 있지만 서로 적용영역이 다르고 소관부처가 다르다는 점에서 이 법률이 우선적으로 적용되어야 함을 강조한 후, "부담금부과에 관한 명확한 법률 규정이 존재하더라도 그 법률 규정과는 별도로 반드시 「부담금관리기본법」 별표에 그 부담금이 포함되어야만 그 부담금 부과가 유효하게 된다고 해석할 수는 없다"는 판단을 전제로 그 위법성 판단을 부인하고 있다. 이 논문은 대상판결의 문제점을 부담금 부과의 정당성과 부담금 관리의 필요성, 「부담금관리기본법」의 입법 정책적 함의 등의 논리를 근거로 그 구체적 문제점을 지적하였다.

　　행정기관이 국민들에게 특정 사업과 관련하여 부담금을 부과하고자 할 경우에는 이를 정당화하여야 할 필수적인 근거가 있어야 하며 법치국가원리를 준수하여야 한다. 대상판결은 부담금 부과처분의 정당화 요건의 충족 여부에 관한 판단을 생략하고 있고, 주택건설사업자가 주택건설 사업계획의 승인 당시에 알지 못했던 부담금 제도를 추후에 도입하여 소급적으로 적용하는 문제점을 법치국가 원리에 근거하여 검토하지 아니하였고, 특히 「부담금관리기본법」에 근거한 부담금제도의 통합적 관리의 필요성을 부인하였다. 이 논문은 대상 판결에 드러난 법리 검토의 미진함과 관련된 문제점을 지적하였다. 이 논문을 계기로 부담금 제도의 통합적 관리가 엄중히 이루어지며, 입법과정 뿐만 아니라 부담금 제도를 둘러싼 법원의 사법적 판단 과정에서도 보다 엄격한 심사가 이루어질 수 있기를 기대한다.

　　주제어: 법치국가, 부담금, 관리, 기본법, 입법, 충돌

Abstract

The Effectiveness Of A Charge In Violation Of The Framework Act On The Management Of Charges Korean Supreme Court Decision 2013da5927,25934 Decided 2014.1.29. —

Oh Jun−Gen*

The charge system is managed inclusively based on the Framework Act On The Management Of Charges(MCF Act). This article analysed the Korean Supreme Court Decision 2013da5927,25934 Decided 2014.1.29. The paper was designed to analyze problems in specific circumstances, in which a special charge act was contradicted with the MCF Act.

The Korean Constitutional Court clearly states that imposing a charge must be not only based on the legislation of the Korean Assembly but also equipped with the element of justification.

The purpose of MCF Act is to ensure fairness and transparency in the use of charges with the aims to minimize inconvenience to citizens and to facilitate economic activities of enterprises by prescribing basic matters concerning the establishment, management and use of charges. The character of MCF Act is a framework act for the management of a certain group of administrative act.

This paper addressed the problems of the legislative process of the South Korean administrative law that could result in inconsistency.

If the administrative agency want to impose a charge on a certain

---

* Dr. Jur. Professor, Kyung Hee University School of Law.

project, it must have the necessary rationale to justify it and comply with the principles of law enforcement. The decision of the Korean Supreme Court was omitted the point on whether to meet the requirements of the justification for the imposition of the charge. It denied also the need for unified management through the MCF Act. This paper pointed out the problems related to the lack of legal review in the judgment of the subject matter. I look forward to strengthen the unified management through the MCF Act and the more strict review not only in the legislative but also judiciary process.

Keywords: Rule of Law, Charges, Management, Framework Act, Legislation, Conflict

투고일 2017. 12. 11.
심사일 2017. 12. 25.
게재확정일 2017. 12. 28.

地方議會 再議決에 對한 提訴指示權者와 提訴權者

裵柄皓*

대법원2016.9.22.선고 2014추521판결

Ⅰ. 대상판결의 개요
  1. 사실관계
  2. 대법원 판결요지
Ⅱ. 판례 연구
  1. 문제의 제기
2. 지방자치법 제172조의 연혁과 관련 조항의 검토
3. 법률해석론과 이에 관한 판례의 고찰
4. 대상판결에 대한 평가

Ⅰ. 대상판결의 개요

1. 사실관계

가. 강화군의회(이하 '피고'라 한다)는 2013. 12. 20.「강화군 도서 주민 정주생활지원금 지원 조례안」(이하 '이 사건 조례안'이라 한다)을 의결하여 강화군수에게 이송하였다.

나. 강화군수는 이 사건 조례안에 대한 인천광역시장의 재의요구 지시에 따라 피고에게 이 사건 조례안에 대한 재의를 요구하였고, 피고

---

* 성균관대학교 법학전문대학원 교수

는 2014. 2. 10. 이 사건 조례안을 원안대로 재의결하였다.[1] 재의 요구
이유는 조례안 제3조에 따른 정주생활지원금 지급이 지방재정법 제17
조 제1항 본문이 원칙적으로 금지하는 지방자치단체의 개인에 대한 공금
지출에 해당하고, 같은 항 단서에 따른 예외에도 해당되지 않는 것이므로
위법하다는 것이다. 즉 조례안 제1조의 섬이 「서해5도 지원특별법」제12
조가 규정하는 옹진군 5개 도서에 해당하지 않고, 국고보조재원에 의한

---

1) 강화군 도서 주민 정주생활지원금 지원 조례[시행 2014.2.10.] [인천광역시강화군
   조례 제2161호, 2014.2.10., 제정]
   제1조(목적)
   이 조례는 강화군 도서의 특수한 지리적 어려움을 감내하고 살아가는 주민들에게
   정주의식 고취를 위해 지원하는 정주생활지원금에 관한 사항을 규정함을 목적으
   로 한다.
   제2조(정의)
   이 조례에서 사용하는 용어의 뜻은 다음과 같다.
   1. "강화군 도서(이하 "도서"라 한다)"란 강화군에 소속된 도서 중 연육교 또는 연
      도교가 건설되었거나 사업이 확정되어 추진 중인 도서를 제외한 유인 도서(서
      검도, 미법도, 주문도, 아차도, 볼음도, 말도)를 말한다.
   2. "정주생활지원금(이하 "지원금"이라 한다)"이란 정주의식 고취를 위하여 지원
      요건을 갖춘 도서 주민에게 지급하는 금액을 말한다.
   제3조(정주생활지원금 지원)
   강화군수는 도서에 거주하는 주민의 정주의식을 고취하기 위하여 예산의 범위에
   서 지원금을 지원할 수 있다.
   제4조(지급대상 등)
   ① 「주민등록법」에 따라 6개월 이상 도서에 주소가 등록되어 있고, 주소를 등록한
      날부터 실제 거주한 기간이 6개월 이상인 주민으로 한다. 다만, 「공무원수당
      등에 관한 규정」,「지방공무원 수당 등에 관한 규정」, 그 밖의 법령에 따라 특
      수지근무수당을 지급받는 사람에게는 지원금을 지급하지 아니한다.
   ② 제1항의 본문에 따른 주민등록 및 실제 거주기간 요건을 갖춘 주민이 자녀를
      출산한 경우 그 자녀에 대해서는 제1항에도 불구하고 「주민등록법」에 따라 도
      서에 주소를 등록한 달부터 지원금을 지급한다.
   ③ 지원금은 그 지급대상자별로 매월 지급한다. 다만, 지원금 지급대상자가 「주민
      등록법 시행령」제6조에 따른 세대별 주민등록표에 적힌 세대주에게 지원금을
      지급하여 줄 것을 신청하는 경우에는 그 세대주에게 지급할 수 있다.
   ④ 지원금의 신청, 지급절차·방법·시기 등에 관하여는 강화군수가 따로 정한다.
      부칙 이 조례는 2014년 1월 1일부터 시행한다.

것이 아니고, 용도를 지정한 기부금에 해당하지 않고, 보조금을 지출하지 않으면 사업을 수행할 수 없는 경우에 해당되지 않는다는 것이다.

다. 행정자치부장관(이하 '원고'라 한다)는 2014. 3. 7. 강화군수와 인천광역시장을 수신자로 하는 "법령을 위반한 조례에 대한 대법원제소지시"라는 공문을 보냈다. 그 내용은 지방자치법 제172조제4항에 따라 강화군수는 늦어도 3월16일까지 재의결된 이 사건 조례를 대법원에 제소하고 제소한 사항을 즉시 통보하며, 인천광역시장은 제소절차가 차질 없이 이행되도록 적극 협조해달라는 것이다. 그러나 강화군수가 이에 응하지 아니하자, 원고는 2014. 3. 21. "피고가 2014. 2. 10.「강화군 도서 주민 정주생활지원금 지원 조례안」에 관하여 한 재의결은 효력이 없다."는 조례안재의결무효확인소송을 대법원에 제기하였다.

라. 원고의 이 사건 제소에 대하여, 피고는 지방자치법 제172조의 체계에 따르면 같은 조 제4항에 따라 강화군수에게 제소를 지시하거나 피고를 상대로 직접 제소할 수 있는 자는 주무부장관인 원고가 아닌 인천광역시장이므로 원고의 소는 부적법하다는 본안전 항변과 함께 본안도 이유 없다는 답변을 하였다.

2. 대법원 판결요지

대법원의 다수의견은 원고의 이 사건 소는 법률상 근거가 없는 소로서 부적법하다고 하면서 소를 각하하였다. 이에 대하여 반대의견은 지방자치법 제172조의 합리적 해석에 따라 원고의 이 사건 소는 적법하다는 것이다.

가. 다수의견

지방자치법 제172조 제4항과 제6항의 문언과 입법취지, 제·개정 연혁, 지방자치법령의 체계 등을 종합적으로 고려하여 보면, 피고의 이 사건 조례안 재의결에 대하여는 시·도지사인 인천광역시장이 강화군수에게 제소를 지시하거나 직접 제소할 수 있을 뿐, 주무부장관인 원고가 강화군수에게 제소를 지시하거나 직접 제소할 수는 없다는 것이다.

(1) 지방의회의 재의결에 대한 주무부장관이나 시·도지사의 제소 지시 또는 직접 제소는 지방자치단체의 장의 재의요구에 대하여 지방의회가 전과 같은 내용으로 재의결을 한 경우 비로소 할 수 있으므로, 지방의회의 재의결에 대한 제소 지시 또는 직접 제소 권한(이하 '제소 등 권한'이라고 한다)은 관련 의결에 관하여 지방자치단체의 장을 상대로 재의요구를 지시할 권한이 있는 기관에만 있다고 해석하는 것이 지방자치법 제172조의 체계에 부합한다.

(2) 이와 달리 주무부장관의 경우 재의요구 지시 권한과 상관없이 모든 지방의회의 재의결에 대한 제소 등 권한이 있다고 본다면 시·군 및 자치구의회의 재의결에 관하여는 주무부장관과 시·도지사의 제소 등 권한이 중복됨에도 지방자치법은 상호관계를 규율하는 규정을 두고 있지 아니하다. 이는 주무부장관과 시·도지사의 지도·감독 권한이 중복되는 경우에 관한 지방자치법 제163조 제1항 및 제167조 제1항이 '1차로 시·도지사의, 2차로 행정자치부장관 또는 주무부장관의 지도·감독을 받는다'는 명시적인 규정을 두어 중복되는 권한 사이의 상호관계를 규율하고 있는 입법태도와 명백하게 다르다.

(3) 지방자치법은 1949년 제정된 이래 장관이 시·군·자치구의회

의 재의결에 대하여 직접 통제·감독 권한을 행사할 수 있도록 하는 규정을 두고 있지 아니하다가, 1994. 3. 16. 법률 제4741호로 개정되면서 현행 지방자치법 제172조 제4항과 유사한 규정을 제159조 제4항으로 신설하였으나, 개정이유에서 장관의 감독 권한을 시·군·자치구에 대해서까지 확대하는 것인지에 관하여는 전혀 언급이 없는데, 국가와 지방자치단체 사이의 권한 통제라는 중요한 사항에 관하여 입법자가 아무런 설명 없이 권한의 중복관계에 대한 명확한 규정도 두지 아니한 채로 통제 및 감독 권한을 확장하였다고 보기는 어렵다.

 (4) 그 밖에 지방자치법은 제16조 제3항 내지 제7항, 제170조 제2항, 제172조 제7항 등에서 주민 감사청구에 따른 감사 절차, 직무이행명령의 대집행, 지방의회 의결에 대한 재의요구 지시의 불이행에 따른 제소 지시 또는 직접 제소에 대하여 '주무부장관이나 시·도지사'의 권한과 후속조치를 규정하고 있는데, 관련 규정의 체계와 형식, 내용에 비추어 보면 위 각 조항들은 각 조의 제1항에 따라 주무부장관은 시·도에 대하여, 시·도지사는 시·군 및 자치구에 대하여 각각 일정한 권한을 가지고 있는 것이 전제되어 있음을 알 수 있다.

 (5) 헌법 제107조 제2항은 "명령·규칙 또는 처분이 헌법이나 법률에 위반되는 여부가 재판의 전제가 된 경우에는 대법원은 이를 최종적으로 심사할 권한을 가진다."라고 규정함으로써 명령·규칙에 대한 추상적 규범통제가 아닌 구체적 규범통제를 원칙으로 하고 있으므로, 위법 여부가 문제 되는 조례는 사후적으로도 법원에 의한 심사의 대상이 될 수 있어서, 반드시 주무부장관의 제소 지시 또는 직접 제소 방식에 의하여 조례안에 대한 사전 통제를 해야 할 필요성이 크다고 보기도 어렵다.

나. 대법관 김창석, 대법관 권순일의 반대의견

법치국가의 원리에 비추어 지방자치법 제172조를 합리적으로 해석하여 지방재정법상 위법한 조례에 대한 사후적·구체적 규범통제가 제대로 작동되도록 해야 하므로 원고의 이 사건 소는 적법하다는 것이다.

(1) 법치국가원리는 모든 국가권력의 행사가 법의 지배 원칙에 따라 법적으로 구속을 받는 것을 뜻한다. 국민이 선출하는 대통령과 국회의원을 포함하여 모든 국가기관은 헌법과 법률에 위배되는 행위를 하여서는 아니 된다. 지방자치단체라고 하여 여기에서 예외일 수는 없다. 지방자치단체는 주민의 복리에 관한 사무를 처리하고 재산을 관리하며 법령의 범위 안에서 자치에 관한 규정을 제정할 수 있으나(헌법 제117조 제1항), 그 조례제정권은 어디까지나 '법령의 범위 안에서' 이루어져야 한다(지방자치법 제22조). 그리고 여기에서 말하는 '법령의 범위 안에서'란 '법령에 위반되지 않는 범위 내에서'를 가리키므로 지방자치단체가 제정한 조례가 법령에 위반되는 경우에는 효력이 없다(대법원 2002. 4. 26. 선고 2002추23 판결, 대법원 2007. 2. 9. 선고 2006추45 판결 등 참조).

(2) 지방자치단체의 자주성·자율성은 최대한 존중되어야 하므로 이에 대한 국가의 관여는 가능한 한 배제하는 것이 바람직하다. 그러나 지방자치도 헌법과 법률에 의하여 국가법질서의 테두리 안에서 인정되는 것이고, 지방자치행정도 중앙행정과 마찬가지로 국가행정의 일부이므로, 지방자치단체는 지방자치의 본질을 해하지 아니하는 범위 내에서 어느 정도 국가의 지도·감독을 받지 아니할 수 없다(대법원 1998. 5. 8. 선고 97누15432 판결 참조).

(3) 지방자치법 제172조 제1항은 "지방의회의 의결이 법령에 위반

되거나 공익을 현저히 해친다고 판단되면 시·도에 대하여는 주무부장 관이, 시·군 및 자치구에 대하여는 시·도지사가 재의를 요구하게 할 수 있고, 재의요구를 받은 지방자치단체의 장은 의결사항을 이송받은 날부터 20일 이내에 지방의회에 이유를 붙여 재의를 요구하여야 한다.", 제2항은 "제1항의 요구에 대하여 재의의 결과 재적의원 과반수의 출석 과 출석의원 3분의 2 이상의 찬성으로 전과 같은 의결을 하면 그 의결 사항은 확정된다.", 제3항은 "지방자치단체의 장은 제2항에 따라 재의 결된 사항이 법령에 위반된다고 판단되면 재의결된 날부터 20일 이내에 대법원에 소를 제기할 수 있다.", 제4항은 "주무부장관이나 시·도지사는 재의결된 사항이 법령에 위반된다고 판단됨에도 불구하고 해당 지방자 치단체의 장이 소를 제기하지 아니하면 그 지방자치단체의 장에게 제소 를 지시하거나 직접 제소 및 집행정지결정을 신청할 수 있다.", 제8항은 "제1항에 따른 지방의회의 의결이나 제2항에 따라 재의결된 사항이 둘 이상의 부처와 관련되거나 주무부장관이 불분명하면 행정자치부장관이 재의요구 또는 제소를 지시하거나 직접 제소 및 집행정지결정을 신청할 수 있다."라고 각 규정하고 있다.

(4) 이 사건 법률조항의 문언상 지방자치단체의 조례가 법령에 위 반된다고 판단됨에도 불구하고 해당 지방자치단체의 장이 소를 제기하 지 아니함을 이유로 대법원에 제소를 하는 경우에 그 제소권자를 주무 부장관 또는 시·도지사로 병렬적으로 규정하고 있는 점, 이 사건 법률 조항의 취지가 국가가 지방자치행정의 합법성을 감독하고 국가법질서 의 통일성을 유지하려는 데 있다는 점 등에 비추어 보면, 주무부장관은 해당 지방자치단체가 '시·도' 또는 '시·군 및 자치구'인지 관계없이 그 제소권을 가진다고 보아야 하고, 다수의견과 같이 '시·도'에 대하여는 주무부장관에게, '시·군 및 자치구'에 대하여는 시·도지사에게만 있다 고 해석할 것은 아니다. 만약 이와 달리 주무부장관에게 '시·군 및 자

치구' 의회의 조례안 재의결에 대하여 제소할 권한이 없다고 해석한다면, 주무부장관은 조례안 재의결이 법령에 위반된다고 판단하는 경우에도 시·도지사가 제소하지 아니하면 그 위법한 상태를 용인할 수밖에 없게 되고, 그 결과 법령 위반 여부가 문제 되는 동일한 내용의 조례안이 시·도지사의 제소 여부에 따라 그 효력을 달리하는 결과가 발생할 우려가 있다.

또한 상위법령에 위반된다고 판단되는 경우에도 형식적 요건만 갖추면 일정한 절차를 거쳐 조례로 제정될 수 있도록 하고, 사후적으로 사법심사를 거쳐 무효화되도록 하는 것은 지방행정의 낭비를 초래하고, 자치입법에 대한 주민의 신뢰를 실추시키는 결과를 야기하며, 회복하기 어려운 법질서의 혼란을 가져올 수 있다는 점 등에 비추어 볼 때, 이 사건 법률조항은 이를 사전에 시정하기 위한 제도적 장치로서 지방자치제도의 본질적 내용을 침해한다고 볼 수 없으므로(헌법재판소 2009. 7. 30. 선고 2007헌바75 전원재판부 결정 참조), 이 점에서도 이 사건 법률조항의 적용 범위를 축소하여 해석할 것은 아니다.

(5) 나아가 위법 여부가 문제 되는 조례가 이 사건과 같이 지방자치단체가 개인 등에 대한 기부·보조 등을 하는 내용의 것이어서 지방재정법 위반 여부가 문제 되는 경우라면 다수의견처럼 사후적·구체적 규범통제가 그 위법성 시정을 위한 적절한 수단이 될 수 있는지도 의문이다. 예를 들어, 지방재정법 제17조 제1항은 지방자치단체의 개인 또는 법인·단체에 대한 기부·보조, 그 밖의 공금 지출을 법률에 규정이 있는 경우 등으로 제한하고 있는데, 만약 이에 위반되는 내용의 조례안이 재의결된 경우에 그로 인하여 수혜를 받은 주민이 그 조례의 효력을 다투어 제소하는 예는 상정하기 어려울 것이다. 당해 시·군 및 자치구 주민 이외의 사람은 조례의 적용대상이 아니므로 그 효력을 다툴 법률상 이익을 인정받기도 어렵다. 이러한 조례는 일단 시행되고 나면 그 효력

여부가 법원의 심사대상이 될 가능성이 크지 아니하다. 지방의회가 위법한 조례를 제정하였다면 법치국가원리상 그 조례의 효력은 부정함이 마땅하다. 그런데 사후적·구체적 규범통제가 이를 위한 적절한 수단이 되지 못한다면 이 사건 법률조항이 그 제소권자를 주무부장관 또는 시·도지사로 병렬적으로 규정한 문언대로 시·군 및 자치구의 조례안에 대하여도 주무부장관이 직접 제소할 수 있다고 보는 것이 옳다.

II. 판례 연구

1. 문제의 제기

지방자치법 제172조는 조례 등 지방의회 의결의 위법성을 통제하기 위한 방법과 절차를 규정하고 있다. 이 사건의 발단은 원고가 지방선거를 앞두고 제정된 이 사건 조례가 법령 위반의 선심성 조례라고 판단한 것에 기인한다. 제172조 제1항에 따른 강화군수의 재의 요구에 대하여 강화군의회가 조례의 재의결을 하자, 원고가 제172조 제4항에 따라 강화군수에게 제소 지시를 하였으나, 강화군수가 따르지 않자 직접 피고를 상대로 이 사건 소를 제기한 것이다. 원고의 제소이유는 이 사건 조례가 지방재정법 제17조를 위반하여 지방재정의 건전성을 침해한다는 것이나, 지방자치법 제172조 제4항과 제6항의 해석 문제에 걸려 원고적격을 인정받지 못하고 각하되었다. 다수 의견은 지방자치법 제172조의 체계와 제163조 제1항 및 제167조 제1항 등의 규정 방식에 따라 강화군수에게 제소를 지시하거나 직접 제소할 수 있는 자는 인천광역시장일 뿐이므로 원고는 할 수 없다는 것이고, 반대의견은 위 법률조항의 취지에 따라 원고가 당연히 지방의회 재의결에 대한 제소지시권자와 제소권자가 되어 지방자치행정의 합법성을 감독하고 국가법질서의 통일성을 유지하여야 한다는 것이다.

이 사건 청구가 각하되면서 원고가 주장한 조례의 위법성은 심리되지 않았으므로 원고적격의 문제에 한정하여 논하고자 한다. 대법원의 의견이 지방자치법 제172조와 관련 조항 등에 관한 해석의 차이로 다수의견과 반대의견이 나누어졌으므로 먼저 지방자치법 제172조의 연혁과 관련 조항 등의 입법취지와 변천과정 등을 검토한 후 법률해석에 관한 학설과 판례의 흐름을 살펴본 후 반대의견을 지지하는 입장을 밝히고자 한다.

2. 지방자치법 제172조의 연혁과 관련 조항의 검토

가. 국가 관련 지방자치법 규정

현행 지방자치법은 총강, 주민, 조례와 규칙, 선거, 지방의회, 집행기관, 재무, 지방자치단체 상호간의 관계, 국가의 지도·감독, 서울특별시 등 대도시와 세종특별자치시 및 제주특별자치도의 행정특례 등 총 10장으로 구성되어 있다. 대상판결과 같이 국가와 관련된 조례 규정은 제3장 조례와 규칙 중 제28조(보고)와 제9장 국가의 지도·감독 중 제166조(지방자치단체의 사무에 대한 지도와 지원)와 제167조(국가사무나 시·도사무 처리의 지도·감독) 및 제172조(지방의회 의결의 재의와 제소)의 규정 등이 있다. 그리고 다수의견이 비교 근거로 제8장 지방자치단체 상호간의 관계 중 제163조(지방자치단체조합의 지도·감독)를 들고 있으므로 이도 함께 살펴보고자 한다.

쟁점이 된 "주무부장관이나 시·도지사는"의 의미를 알아보기 위하여 조례 제정에 대한 보고체계부터 먼저 살펴본 후 제8장, 제9장순으로 검토하고자 한다.

나. 지방자치법 제3장 조례와 규칙 중 제28조(보고)

(1) 제3장 조례와 규칙은 제22조부터 제28조까지 7개 조로 구성되어 있다. 그 중 마지막 조항인 제28조(보고)에서 "조례나 규칙을 제정하거나 개정하거나 폐지할 경우 조례는 지방의회에서 이송된 날부터 5일 이내에, 규칙은 공포예정 15일 전에 시·도지사는 행정자치부장관에게, 시장·군수 및 자치구의 구청장은 시·도지사에게 그 전문(全文)을 첨부하여 각각 보고하여야 하며, 보고를 받은 행정자치부장관2)은 이를 관계 중앙행정기관의 장에게 통보하여야 한다."고 규정하고 있다. 행정자치부장관이 관계 중앙행정기관의 장에게 조례를 통보하는 이유는 정부조직법 제26조 제3항에 따라 각 장관이 소관 사무에 관하여 지방행정기관의 장을 지휘·감독하기 위한 것이다.3) 행정자치부장관으로부터 조례를 통보받은 관계 중앙행정기관의 장은 제172조의 주무부장관을 의미한다. 여기서 행정자치부장관이 관계 중앙행정기관의 장에게 통보하는 조례의 범위는 시·도지사로부터 보고 받은 시·도 조례에 한정하는 것인가가 문제된다.

(2) 지방자치법 제28조(보고)의 내용을 같은 법 제22조와 제26조(조례와 규칙의 제정 절차 등)와 관련하여 검토하면, 조례의 제정, 개정 또는 폐지의 경우에 시·도지사는 시·도의회로부터 이송 받은 시·도 조례를 행정자치부장관에게, 시장·군수 및 자치구의 구청장은 시·군 및 자치구 의회로부터 이송 받은 시·군 및 자치구 조례를 시·도지사에게 그 전문을 첨부하여 각각 보고하여야 하므로, 행정자치부장관은 시·도지사로

---

2) 정부조직법의 변경에 따라 내무부장관, 행정자치부장관, 행정안전부장관, 안전행정부장관, 행정자치부장관 순으로 변하였다가 2017.7. 다시 행정안전부로 변경되었다.
3) 한국지방자치법학회 편, 지방자치법주해, 박영사, 2004. 157면.

부터 시·도 조례만 보고받게 되는 것이다. 따라서 보고주체에 치중하여 "각각"을 해석하면 행정자치부장관이 관계 중앙행정기관의 장에게 통보하는 것은 시·도 조례만 해당된다. 그러나 2005.1.27. 법률 제7362호로 일부개정되기 전의 제21조 (보고)는 " 조례나 규칙을 제정 또는 개폐하는 경우 조례에 있어서는 지방의회에서 이송된 날로부터 5일 이내에, 규칙에 있어서는 공포예정 15일전에 시·도지사는 내무부장관에게, 시장·군수 및 자치구의 구청장은 시·도지사에게 그 전문을 첨부하여 각각 보고하여야 하며, 보고를 받은 내무부장관은 이를 관계중앙행정기관의 장에게 통보하여야 한다. 다만, 시·도지사는 시장·군수 및 자치구의 구청장으로부터 받은 보고 중 내무부장관이 지정한 사항이 있을 때에는 지체없이 이를 내무부장관에게 보고하여야 한다."로 단서가 있었다.

개정이유4)에 위 밑줄 친 단서의 삭제에 대한 언급이 없으나, "주무부장관 또는 시·도지사의 재의요구지시를 받은 지방자치단체의 장이 재의요구를 하지 아니하는 경우 등에는 주무부장관 또는 시·도지사가 대법원에 직접 제소할 수 있도록 하는 등 현행 제도의 운영상 나타난 일부 미비점을 개선·보완하려 한" 부분은 내무부장관이 지정한 사항과 관계없이 전체 조례를 보고받도록 한 것이다.

(3) 2014.11.19. 개정된 정부조직법 제34조(행정자치부)는 제1항에서 "행정자치부장관은 국무회의의 서무, 법령 및 조약의 공포, 정부조직과 정원, 상훈, 정부혁신, 행정능률, 전자정부, 개인정보보호, 정부청사

---

4) 법제처 국가법령정보센터상의 개정이유는 주민이 지방자치단체의 위법한 재무회계행위 등을 시정하여 줄 것을 법원에 청구할 수 있는 주민소송제도를 도입함으로써 주민참여를 확대하여 지방행정의 책임성을 높일 수 있도록 하는 한편, 지방의회의 운영의 자율성을 확대하기 위하여 정례회와 임시회의 회기제한규정을 삭제하고, 주무부장관 또는 시·도지사의 재의요구지시를 받은 지방자치단체의 장이 재의요구를 하지 아니하는 경우 등에는 주무부장관 또는 시·도지사가 대법원에 직접 제소할 수 있도록 하는 등 현행 제도의 운영상 나타난 일부 미비점을 개선·보완하려는 것이다.

의 관리, 지방자치제도, 지방자치단체의 사무지원·재정·세제, 낙후지역 등 지원, 지방자치단체간 분쟁조정 및 선거·국민투표의 지원에 관한 사무를 관장한다.", 제2항에서 "국가의 행정사무로서 다른 중앙행정기관의 소관에 속하지 아니하는 사무는 행정자치부장관이 이를 처리한다."고 규정하고 있다. 개정되기 전의 안전행정부의 관장사항도 조례 관련 부분은 같다.5)

대통령령인 '행정자치부와 그 소속기관 직제'의 제14조(지방행정실) 제3항에서 지방행정실장의 분장사항으로 지방자치단체 자치법규 관련 연구와 재의·제소 지원 등을 규정하고 있을 뿐 따로 시·도 조례와 시·군 및 자치구 조례를 구분하고 있지 않다.6) 행정자치부령인 '행정자치부와 그 소속기관 직제시행규칙' 제11조(지방행정실) 제11항의 자치법규과장의 업무분장을 보면 제8호에서도 "「지방자치법」 제28조에 따라 보고된 자치법규의 쟁점 발굴 및 검토"가 규정되어 있을 뿐 따로 시·도 조례와 시·군 및 자치구 조례를 구분하고 있지 않다.7)

---

5) 제34조(안전행정부) ① 안전행정부장관은 안전 및 재난에 관한 정책의 수립·총괄·조정, 비상대비·민방위 제도, 국무회의의 서무, 법령 및 조약의 공포, 정부조직과 정원, 공무원의 인사·윤리·복무·연금, 상훈, 정부혁신, 행정능률, 전자정부, 개인정보보호, 정부청사의 관리, 지방자치제도, 지방자치단체의 사무지원·재정·세제, 낙후지역 등 지원, 지방자치단체간 분쟁조정, 선거, 국민투표에 관한 사무를 관장한다.
   ② 국가의 행정사무로서 다른 중앙행정기관의 소관에 속하지 아니하는 사무는 안전행정부장관이 이를 처리한다.
6) 제14조 제3항 지방행정실장의 분장사항 중 하나인 39, 39의2, 39호의3 내용은 다음과 같다.
   39. 지방자치단체 자치법규제도의 연구·개선
   39의2. 지방자치단체 자치법규의 재의·제소 지원
   39의3. 지방자치단체 조례·규칙의 운영 지원
7) ⑪ 자치법규과장은 다음 사항을 분장한다. 」신설 2016.12.27., 2017.2.28.>
   1. 지방자치단체 자치법규제도의 연구·개선
   2. 지방자치단체 자치법규의 재의·제소 지원
   3. 지방자치단체 자치법규 현황 관리 및 분석
   4. 자치법규 정비 지원 및 관리

정부조직법 제34조와 시행령 및 시행규칙을 종합하면 시·군 및 자치구 조례 뿐 아니라 시·도 조례를 포함하는 모든 지방자치단체의 조례의 최종보고를 받는 행정기관은 행정자치부장관이며 각 조례의 재의·제소 지원의 최종 책임자도 행정자치부장관임을 알 수 있다. 지방의회의 의결이나 재의결된 사항이 둘 이상의 부처와 관련되거나 주무부장관이 불분명하면 행정자치부장관이 재의요구 또는 제소를 지시하거나 직접 제소 및 집행정지결정을 신청할 수 있다는 지방자치법 제172조 제8항의 취지도 행정자치부장관의 업무를 나타내는 당연한 규정이다.

(4) 소결

헌법 제117조와 정부조직법 제34조 및 관련 법규명령 그리고 지방자치법 제28조를 종합하면 행정자치부장관이 관계 중앙행정기관의 장에게 통보하는 조례의 범위에 시·군 및 자치구 조례가 포함된다.

다. 지방자치법 제8장 지방자치단체 상호간의 관계 중 제163조(지방자치단체조합의 지도·감독)

(1) 제163조 제1항은 "시·도가 구성원인 지방자치단체조합은 행정자치부장관의, 시·군 및 자치구가 구성원인 지방자치단체조합은 1차로 시·도지사의, 2차로 행정자치부장관의 지도·감독을 받는다. 다만, 지방자치단체조합의 구성원인 시·군 및 자치구가 2개 이상의 시·도에 걸치는 지방자치단체조합은 행정자치부장관의 지도·감독을 받는다."고 규정되어 있다. 행정자치부장관의 최종적인 지도·감독을 중첩적으로 규정

---

5. 자치법규 정비 관련 평가 및 포상
6. 자치법규 관련 상담 및 교육 지원
7. 「지방자치법」 제15조에 따른 조례의 제정과 개폐 청구 제도의 연구·개선 및 운영 지원
8. 「지방자치법」 제28조에 따라 보고된 자치법규의 쟁점 발굴 및 검토
9. 자치법규 관련 중앙과 지방 간 협력체계 구축·운영
10. 그 밖에 자치법규 운영에 필요한 사항

한 것이다. 제2항도 "행정자치부장관은 공익상 필요하면 지방자치단체 조합의 설립이나 해산 또는 규약의 변경을 명할 수 있다."고 규정하고 있는바, 해석상 전혀 문제가 없다.

(2) 제163조와 제172조의 해석에 있어서의 연관성

다수의견은 지방자치단체조합의 규모에 대한 지도·감독기관으로 행정자치부장관과 시·도지사의 구분을 인정하면서, 시·군 및 자치구가 구성원인 지방자치단체조합인 경우 2차로 행정자치부장관의 지도·감독을 받는다고 규정하고 있는 것을 참조하여 당시 제172조 제4항과 제6항을 해석해야 한다고 한다. 그러나 제163조는 국회가 1988.4.16. 법률 제4004호로 지방자치법을 전부 개정할 때부터 제8장 지방자치단체 상호간의 관계에 속한 제153조였던 규정으로 내무부장관만 정부조직법 개정에 따라 수 회 바뀌었을 뿐 다른 내용은 현재까지 변함이 없다. 그러나 제172조는 1988년부터 지금까지 제9장 국가의 지도·감독에 속하여 있으면서 조문의 위치뿐만 아니라 내용이 계속 변하여 왔다. 지방자치단체 상호간의 관계를 규정한 제8장에 속한 제163조(지방자치단체조합의 지도·감독) 규정과 국가의 지도·감독을 규정하고 있는 제9장에 속한 제172조는 입법목적이나 위법성 통제 원리가 다르다고 할 것이다. 거기에다가 제172조는 수차례 개정되면서 일부 조항의 개정과 함께 신설조항이 다수 추가되었으므로 제9장의 분류 취지에 따라 법조문을 해석하여야 한다. 특히 제9장 국가의 지도·감독에 속하는 제166조의 병렬적인 조문 형식이 제172조 제4항과 같은 것을 감안하면 다른 장에 속하는 제163조를 근거로 하는 다수의견은 타당하지 않다고 할 것이다.

(3) 소결

결국 제163조는 제8장 지방자치단체 상호간의 관계 중 지방자치단체조합의 지도·감독에 관한 규정으로 제9장 국가의 지도·감독에 속하는 제172조와 그 대상과 입법원리가 다르다. 뿐만 아니라 비교 대상으

로 같은 병렬적인 조문 형식을 취하고 있으며 같은 제9장에 속하는 제
166조가 보다 적절하다고 할 것이다. 따라서 다수의견이 내세우고 있는
제163조의 조문형식과의 비교는 적합하지 않다고 할 것이다.

라. 지방자치법 제9장 국가의 지도 · 감독 중
제166조(지방자치단체의 사무에 대한 지도와 지원)

(1) 제9장의 첫 번째 조문인 제166조의 제1항은 "중앙행정기관의
장이나 시·도지사는 지방자치단체의 사무에 관하여 조언 또는 권고하
거나 지도할 수 있으며, 이를 위하여 필요하면 지방자치단체에 자료의
제출을 요구할 수 있다"고 규정하고 있는바, 이는 중앙행정기관의 장이
나 시·도지사는 각각 지방자치단체의 사무에 관하여 조언 또는 권고하
거나 지도할 수 있다는 것이다. 중앙행정기관의 장이 시·도지사의 조
언이나 권고와 무관하게 할 수 있다는 것이고 만약 그 조언이나 권고의
내용이 상충되면 정부조직법 제26조 제3항[8]에 따라 중앙행정기관의 장
의 조언이나 권고가 우세할 것이다. 이러한 해석은 제166조 제2항에서
도 그대로 유지되어 국가나 시·도는 각각 지방자치단체에 재정지원이
나 기술지원을 할 수 있다고 할 것이다. 결국 지방자치단체의 합법적이
고 원활한 사무수행에 대한 국가나 광역지방자치단체 장의 보장을 중첩
적으로 규정한 것이다.[9]

(2) 법문상 "A(이)나 B는 ~ 할 수 있다."는 구조의 해석

법문상 "A(이)나 B는 ~ 할 수 있다."는 구조는 주어인 A와 B가
"(이)나"를 통하여 각각 할 수 있다는 것을 의미하는 것이다. "(이)나"
와 "또는"은 2개 이상의 사항을 나열할 때 사용하는 선택적 접속사이
다.[10] 조(條)나 항(項)의 문장에서 "(이)나"가 두 개의 주어 A와 B 사이

---

8) 장관은 소관사무에 관하여 지방행정의 장을 지휘·감독한다.
9) 한국지방자치법학회 편, 앞의 책, 694면.
10) 국회법제실, 법제실무, 2011, 580면.

에 있다면 A와 B는 각각 문장 내의 행위를 할 수 있다는 것이다.

(3) 하나의 조가 여러 항으로 구성된 경우의 해석

하나의 조문이 여러 항으로 구성된 경우 입법기술상 뒤의 항이 앞에 있는 어느 항을 거론할 수 있다. 예를 들면 제5항에서 제1항이나 제2항을 거론하는 것과 같이 다른 항을 특정하여 그 연관성을 규정할 수 있다. 그럴 경우에도 어느 항에서 다른 항을 특정하여 거론하지 않았다면, 그 항은 그 자체 독립적으로 해석하여야 할 것이다. 만약 문장의 기법상 생략된 문장을 전제로 하고 그 전제가 인정되어야 입법취지를 알수 있고 또 그것을 쉽게 추정할 수 있다면 그렇게 할 수 있을 것이나, 그것은 법문의 명확성 원칙에 반하지 않는 범위 내에서 허용될 것이다. 그러한 해석이 어렵다면 명확하게 해석될 수 있도록 그 조항을 개정하여야 할 것이다.

(4) 소결

법문의 해석에서 문리적 해석이 우선이다. 독립된 문장의 해석으로 입법자의 의사를 알 수 있다면 다른 해석이 필요 없다. 만약 문장의 해석이 상식에 반하거나 오해의 소지가 있다면 입법자의 의도를 추론할 수 있을 것이다. 만약에 독립된 문장 내에서 행위의 대상이 명확하지 않아 흠결된 부분이 있다면 생략된 문장이 있는지를 살펴보아야 할 것이다.

중앙행정기관의 장이나 시·도지사가 지방자치단체의 사무에 관하여 조언 또는 권고하거나 지도할 수 있다는 표현은 중앙행정기관의 장이 시·도지사와 별도로 조언 등을 할 수 있다는 것이다.

마. 지방자치법 제9장 국가의 지도·감독 중
제167조(국가사무나 시 · 도사무 처리의 지도·감독)

(1) 제167조 제1항은 "지방자치단체나 그 장이 위임받아 처리하는 국가사무에 관하여 시·도에서는 주무부장관의, 시·군 및 자치구에서는

1차로 시·도지사의, 2차로 주무부장관의 지도·감독을 받는다."고 되어 있는바, '시·도'와 '시·군 및 자치구'나 그 장이 국가사무를 위임받아 처리하는 것에 대한 지도·감독의 업무분장을 명확하게 규정하고 있으므로 해석상 의문이 없다. 그 취지는 시·군 및 자치구가 지방자치법 제3조 제2항과 제10조 및 제24조[11] 등에 따라 시·도의 관할 하에서 사무배분과 조례의 제정도 상하관계가 있으므로, 위임받은 국가사무에 관하여 우선적으로 시·도의 지도감독을 받게 한 것이다. 그런 상황을 전제로 시·군 및 자치구나 그 장이 위임받은 국가사무에 대하여 주무부장관의 최종적인 지도·감독을 받는다.

2) 제2항인 "시·군 및 자치구나 그 장이 위임받아 처리하는 시·도의 사무에 관하여는 시·도지사의 지도·감독을 받는다."는 규정의 해석에 어려움이 없다.

바. 지방자치법 제9장 국가의 지도·감독 중 제172조(지방의회 의결의 재의와 제소)

지방자치법 제172조의 연혁과 개정사유를 검토하고, 조례제정에 관한 상급기관의 권한에 관한 비교법적 검토를 위하여 일본과 영국의 경우를 살펴보고자 한다.

(1) 지방자치법 제172조의 입법연혁과 개정사유
(가) 1988.4.6. 법률 제4004호로 전부 개정

지방자치법은 1988.4.6. 법률 제4004호로 전부 개정되어 현재까지 그 기본 구조를 유지하고 있으나, 항이 늘어난 것과 조문위치가 당시의 제159조가 현행 제172조로 변하였다. 맨 처음에 제159조가 3항으로만 이루어진 것은 조례 제정의 활성화를 예측하지 못하였을 뿐 아니라 법령에 위반한 조례에 대한 통제의 어려움을 예측하지 못하였기 때문이

---

11) 제24조(조례와 규칙의 입법한계) 시·군 및 자치구의 조례나 규칙은 시·도의 조례나 규칙을 위반하여서는 아니 된다.

다. 특색은 시·도지사는 내무부장관의, 시장·군수 및 자치구의 구청장
은 시·도지사의 승인을 얻어 재의결된 사항을 법령 위반이나 공익을 현
저히 해한다는 이유로 대법원에 소를 제기할 수 있다는 것이다.12)

(나) 1994.3.16. 법률 제4716호로 일부 개정13)

1) 법제처가 제공하는 국가법령센터 상 관련조항의 개정 취지에

---

12) 제159조 (지방의회 의결의 재의와 제소) ①지방의회의 의결이 법령에 위반되거나
　　공익을 현저히 해한다고 판단될 때에는 시·도에 대하여는 내무부장관이, 시·군
　　및 자치구에 대하여는 시·도지사가 재의를 요구하게 할 수 있고, 재의의 요구를
　　받은 지방자치단체의 장은 지방의회에 이유를 붙여 재의를 요구하여야 한다.
　　② 제1항의 요구에 대하여 재의의 결과 재적의원과반수의 출석과 출석의원 3분의
　　2 이상의 찬성으로 전과 같은 의결을 하면 그 의결사항은 확정된다.
　　③ 제2항의 규정에 의하여 재의결된 사항이 법령에 위반된다고 판단되는 때에는
　　시·도지사는 내무부장관의, 시장·군수 및 자치구의 구청장은 시·도지사의 승인
　　을 얻어 재의결된 날로부터 15일 이내에 대법원에 소를 제기할 수 있다. 이 경
　　우 의결의 효력은 대법원의 판결이 있을 때까지 정지된다.
13) 제159조 (지방의회 의결의 재의와 제소) ① 지방의회의 의결이 법령에 위반되거나
　　공익을 현저히 해한다고 판단될 때에는 시·도에 대하여는 내무부장관이, 시·군
　　및 자치구에 대하여는 시·도지사가 재의를 요구하게 할 수 있고, 재의의 요구를
　　받은 지방자치단체의 장은 지방의회에 이유를 붙여 재의를 요구하여야 한다.
　　② 제1항의 요구에 대하여 재의의 결과 재적의원과반수의 출석과 출석의원 3분의
　　2이상의 찬성으로 전과 같은 의결을 하면 그 의결사항은 확정된다.
　　③ 지방자치단체의 장은 제2항의 규정에 의하여 재의결된 사항이 법령에 위반된
　　다고 판단되는 때에는 재의결된 날부터 20일이내에 대법원에 소를 제기할 수
　　있다. 이 경우 필요하다고 인정되는 때에는 그 의결의 집행을 정지하게 하는
　　집행정지결정을 신청할 수 있다. <개정 1994·3·16>
　　④ 내무부장관 또는 시·도지사는 재의결된 사항이 법령에 위반된다고 판단됨에도
　　당해지방자치단체의 장이 소를 제기하지 아니하는 때에는 당해지방자치단체의
　　장에게 제소를 지시하거나 직접 제소 및 집행정지결정을 신청할 수 있다. <신
　　설 1994·3·16>
　　⑤ 제4항의 규정에 의한 제소의 지시는 제3항의 기간이 경과한 날부터 7일이내에
　　하고, 당해지방자치단체의 장은 제소지시를 받은 날부터 7일이내에 제소하여
　　야 한다. <신설 1994·3·16>
　　⑥ 내무부장관 또는 시·도지사는 제5항의 기간이 경과한 날부터 7일 이내에 직접
　　제소할 수 있다. <신설 1994·3·16>

의하면 일부개정한 이유는 지방자치제도의 정착·발전을 도모하기 위하여 지방의회 운영의 효율성과 의원의 원활한 의정활동을 제도적으로 보장하고, 도시와 농촌간의 균형적인 발전이 이루어질 수 있도록 하며 기타 지방자치제도의 시행과정에서 제기되었던 제도적 미비점등을 합리적으로 조정·보완하는 것이다. 특히 제159조 제3항과 제4항 및 제6항 등의 개정과 신설이유는 "지방자치단체의 장은 지방의회에서 재의결된 사항이 법령에 위반된다고 판단되는 때에는 대법원에 소를 제기할 수 있고, 그 의결의 집행을 정지하게 하는 집행정지결정을 신청할 수 있도록 하는 한편, 당해 지방자치단체의 장이 소를 제기하지 아니하는 때에는 내무부장관 또는 시·도지사는 당해 지방자치단체의 장에게 제소를 지시하거나 직접 제소 및 집행정지결정을 신청할 수 있도록 하"는 것이다. 즉, 법령위반의 통제에 대하여 내무부장관 또는 시·도지사의 적극적인 역할을 주문한 것이다.

2) 제3항의 적극 규정으로의 개정

"시·도지사는 내무부장관의, 시장·군수 및 자치구의 구청장은 시·도지사의 승인을 얻어 재의결된 날로부터 15일 이내에 대법원에 소를 제기할 수 있다"는 제3항을 "지방자치단체의 장은 제2항의 규정에 의하여 재의결된 사항이 법령에 위반된다고 판단되는 때에는 재의결된 날부터 20일 이내에 대법원에 소를 제기할 수 있다"고 변경하여 상급기관의 사전승인 없이 대법원에 제소할 수 있게 하였다. 해당 지방자치단체의 장은 지방의회에서 재의결된 사항을 법령위반으로 판단하면 법치주의 확립을 위해 사전승인 절차 없이 대법원에 제소할 수 있다.

3) 제4항, 제5항 및 제6항의 신설이유

신설된 제159조 제4항은 제1항의 절차를 전혀 언급하지 않고 당해 지방자치단체의 장이 제3항에 따른 제소를 하지 않을 경우에, 내무부장관 또는 시·도지사는 재의결된 법령 위반 조례에 대하여 소를 제기하지

않는 당해 지방자치단체의 장에게 제소를 지시하거나 직접 제소할 수
있음을 규정하고 있다. 즉 "내무부장관 또는 시·도지사는 재의결된 사항
이 법령에 위반된다고 판단됨에도 당해지방자치단체의 장이 소를 제기
하지 아니하는 때에는 당해지방자치단체의 장에게 제소를 지시하거나
직접 제소 및 집행정지결정을 신청할 수 있다"고 규정하여 법령에 위반
한 재의결된 조례를 제거하기 위해 내무부장관은 시·도지사이든 시장·
군수 및 자치구의 구청장이든 제1항의 절차와 관계없이 당해 지방자치
단체의 장에게 제소를 지시하거나 직접 제소할 수 있게 한 것이다. 대
상판결의 다수의견은 내무부장관은 당해 시·도지사에게만 제소를 지시
하거나 직접 제소할 수 있다고 해석하나, 이는 내무부장관의 전체 조례
에 대한 관할권을 부인하는 것일 뿐만 아니라 제4항에서 병렬적으로 규
정한 조문의 해석원칙에도 반하는 것이다. 제166조는 172조와 같이 주
체를 병렬적으로 규정해도 아무런 해석상 문제가 발생하지 않는다. 또
한 이 당시 제정 또는 개폐된 조례의 보고에 관한 제21조(보고)[14]에서,
내무부장관이 관련 조례를 최종적으로 보고받아 관계 중앙행정기관의
장에게 관련 조례를 통보해야 할 의무를 지니고 있다고 규정하고 있다.
이는 내무부장관의 시장·군수 및 자치구의 조례를 전국적으로 파악하고
있다는 것을 전제한 것이다. 결국 제21조와 제166조와 제172조 제4항을
합리적으로 해석하면 반대의견이 타당하다는 것이다. 신설된 제5항과
제6항은 신설된 제4항의 신청의 기간과 방법 등에 관한 절차 규정이다.

---

14) 제21조 (보고) 조례나 규칙을 제정 또는 개폐하는 경우 조례에 있어서는 지방의회
에서 이송된 날로부터 5일 이내에, 규칙에 있어서는 공포예정 15일전에 시·도지
사는 내무부장관에게, 시장·군수 및 자치구의 구청장은 시·도지사에게 그 전문을
첨부하여 각각 보고하여야 하며, 보고를 받은 내무부장관은 이를 관계중앙행정기
관의 장에게 통보하여야 한다. 다만, 시·도지사는 시장·군수 및 자치구의 구청장
으로부터 받은 보고 중 내무부장관이 지정한 사항이 있을 때에는 지체없이 이를
내무부장관에게 보고하여야 한다.

4) 소결

지방자치법 제159조의 제4항, 제5항 및 제6항의 신설은 국법질서의 확립을 위하여 법령을 위반한 당해 지방자치단체의 재의결 조례의 효력을 배제하기 위한 것이다. 그렇기 때문에 내무부장관이 시·도지사와 별도로 당해 지방자치단체의 장에게 제소를 지시하거나 직접 제소할수 있게 한 것이다. 뒤에서 보는 바와 같은 상급기관의 조례 취소권을 규정한 일본의 지방자치법을 참조하여 재의결된 조례에 대한 통제를 강화한 것으로 평가된다. 신설 조항의 목적은 법령에 위반한 조례의 제거를 위한 것이므로 내무부장관이 시·도지사와 별도로 시장·군수 및 자치구의 구청장에게 법령위반 등의 조례에 대한 제소를 지시하거나 직접 제소할 수 있게 한 것이다. 그래서 실제 업무처리도 앞에서 본 사실관계와 같이 주무부장관이 제소지시를 한 것이다.

(다) 1999.8.31. 법률 제6002호 일부개정과 2005.1.27. 법률 제7362호 일부 개정

1) 1999.8.31.법률 제6002호로 일부개정되면서 내무부장관이 행정자치부장관으로 명칭만 변경되었다. 그러다가 2005.1.27. 법률 제7362호로 일부 개정되면서, 주무부장관 개념을 도입하여 행정자치부장관이 하던 위법 조례의 지도·감독을 주무부장관으로 변경하고 행정자치부장관에게 총괄하는 역할을 부여하는 새로운 조항을 신설하였다.15) 개정이

---

15) 제159조 (지방의회 의결의 재의와 제소) ① 지방의회의 의결이 법령에 위반되거나 공익을 현저히 해한다고 판단될 때에는 시·도에 대하여는 주무부장관이, 시·군 및 자치구에 대하여는 시·도지사가 재의를 요구하게 할 수 있고, 재의의 요구를 받은 지방자치단체의 장은 의결사항을 이송받은 날부터 20일 이내에 지방의회에 이유를 붙여 재의를 요구하여야 한다. <개정 1999.8.31., 2005.1.27.>
② 제1항의 요구에 대하여 재의의 결과 재적의원 과반수의 출석과 출석의원 3분의 2 이상의 찬성으로 전과 같은 의결을 하면 그 의결사항은 확정된다.
③ 지방자치단체의 장은 제2항의 규정에 의하여 재의결된 사항이 법령에 위반된다고 판단되는 때에는 재의결된 날부터 20일 이내에 대법원에 소를 제기할 수 있다. 이 경우 필요하다고 인정되는 때에는 그 의결의 집행을 정지하게 하는

유에 의하면 국법질서와 자치법규간의 조화를 도모하기 위하여 주무부
장관 또는 시·도지사의 재의요구지시를 받은 지방자치단체의 장이 이를
묵살하여 재의요구를 하지 아니하고 법령 위반의 조례를 그대로 시행한
경우 대법원 제소로 다툴 수 없는 문제점을 제거하기 위하여 주무부장
관 또는 시·도지사가 대법원에 직접 제소할 수 있도록 한 것이다. 제159
조 제7항을 신설한 이유는 민선 지방자치단체 장이 선거로 인한 책임만
의식하고 주무부장관이나 시·도지사의 재의요구지시를 이행하지 않는
경우에 대비한 것이다. 제8항은 지방의회의 의결사항 또는 재의결사항
이 2이상의 부처와 관련되거나 주무부장관이 불분명한 때에 행정자치
부장관이 재의요구 또는 제소를 지시하거나 직접 제소 및 집행정지결정
을 신청할 수 있게 한 것이다.

집행정지결정을 신청할 수 있다. <개정 1994.3.16.>

④ <u>주무부장관</u> 또는 시·도지사는 재의결된 사항이 법령에 위반된다고 판단됨에도
   당해 지방자치단체의 장이 소를 제기하지 아니하는 때에는 당해 지방자치단체
   의 장에게 제소를 지시하거나 직접 제소 및 집행정지결정을 신청할 수 있다.
   <신설 1994.3.16., 1999.8.31., 2005.1.27.>

⑤ 제4항의 규정에 의한 제소의 지시는 제3항의 기간이 경과한 날부터 7일 이내에
   하고, 당해 지방자치단체의 장은 제소지시를 받은 날부터 7일 이내에 제소하여
   야 한다. <신설 1994.3.16.>

⑥ <u>주무부장관</u> 또는 시·도지사는 제5항의 기간이 경과한 날부터 7일 이내에 직접
   제소할 수 있다. <신설 1994.3.16., 1999.8.31., 2005.1.27.>

⑦ 제1항의 규정에 의하여 지방의회의 의결이 법령에 위반된다고 판단되어 <u>주무
   부장관</u> 또는 시·도지사로부터 재의요구지시를 받은 지방자치단체의 장이 재
   의를 요구하지 아니하는 경우(법령에 위반되는 지방의회의 의결사항이 조례안
   인 경우로서 재의요구지시를 받기 전에 당해 조례안을 공포한 경우를 포함한
   다)에는 주무부장관 또는 시·도지사는 제1항의 규정에 의한 기간이 경과한 날
   부터 7일 이내에 대법원에 직접 제소 및 집행정지결정을 신청할 수 있다.
   <신설 2005.1.27.>

⑧ 제1항의 규정에 의한 지방의회의 의결 또는 제2항의 규정에 의하여 재의결된
   사항이 2 이상의 부처와 관련되거나 <u>주무부장관</u>이 불분명한 때에는 행정자치
   부장관이 재의요구 또는 제소를 지시하거나 직접 제소 및 집행정지결정을 신
   청할 수 있다. <신설 2005.1.27.>

2) 제4항과 제6항의 개정 이유

제4항과 제6항에서 내무부장관이 주무부장관으로 바뀐 것은 국가 기능의 전문화에 따라 조례도 분화되고 전문화됨에 따라 실질적인 지도 와 감독의 강화를 위한 것이다. 중요한 것은 국법질서와 자치법규간의 조화를 도모하기 위하여 주무부장관 또는 시·도지사가 대법원에 직접 제소 및 집행정지결정을 신청할 수 있도록 하면서 제1항과 관련한 내용 을 전혀 언급하지 않은 것을 유지한 것이다. 즉 이미 제162조 제1항과 제167조 제1항의 규정을 알면서도 주무부장관과 시·도지사의 관련 조례 의 재의 요구를 언급하지 않은 것은 입법자의 의도를 나타내는 것이다.

3) 소결

지방자치법 제159조의 제4항, 제5항 및 제6항을 그대로 유지하면 서 내무부장관을 주무부장관으로 변경한 것은 1994.3.16.자 일부개정의 신설 이유에서 밝힌 바와 같이 국법질서의 확립을 위하여 법령을 위반 한 당해 지방자치단체의 재의결 조례의 효력을 배제하기 위한 것이다. 그렇기 때문에 주무부장관이 시·도지사와 별도로 재의결된 조례의 법 령위반에 대하여 소를 제기하지 않는 당해 지방자치단체의 장에게 제소 를 지시하거나 직접 제소할 수 있게 한 것이다.

(라) 2007.5.11.,법률 제8423호 전부개정과 2008.2.29., 법률 제8852호 일부 개정 및 정부조직법 개정으로 인한 타법개정[16)

1) 2007.5.11.,법률 제8423호 전부개정

2007.5.11.,법률 제8423호 전부개정 이유는 법적 간결성·함축성과 조화를 이루는 범위에서 법 문장의 표기를 한글화하고 어려운 용어를 쉬운 우리말로 풀어쓰며 복잡한 문장은 체계를 정리하여 쉽고 간결하게 다듬어 일반 국민이 쉽게 읽고 잘 이해할 수 있도록 하고, 국민의 언어 생활에도 맞는 법률이 되도록 하려는 것이다. 제159조가 제172조로 변

---

16) 개정 2013.3.23., 2014.11.19.

경되었고, 제4항, 제6항 및 제7항의 "주무부장관 또는 시·도지사" 부분이 "주무부장관이나 시·도지사"로, "당해" 가 "해당"으로, "경과한"이 "지난" 등으로 각각 변경되었다.

2) "주무부장관 또는 시·도지사"가 "주무부장관이나 시·도지사"로 개정되어도 선택적 접속사로서 그 의미의 차이가 없으나, "또는" 보다 "이나"가 더 자연스럽고 이해하기 쉽기 때문에 일부 자구 수정이 있은 것으로 보인다.[17]

3) 2008.2.29. 일부 개정과 그 후 2차례에 걸친 정부조직법 개정으로 인한 제172조 제8항의 개정이 있었으나, 마지막인 2014.11.19. 이후 다시 행정자치부장관으로 돌아왔다.

4) 소결

1994.3.16. 신설된 제172조 제4항과 제6항의 취지는 법령 위반 조례에 대한 국가의 지도·감독을 위하여 내무부장관이 시·도지사와 병렬적으로 당해 지방자치단체 장에게 제소지시를 하거나 직접 제소할 수 있게 하였다가, 많은 수의 조례 재·개정 및 폐지를 따라갈 수 없어 주무부장관을 등장시켰지만 제172조 제4항과 제6항을 그대로 유지하여 그 신설취지는 그대로 유지되고 있다고 할 것이다.

(2) 조례 제정과 재의 절차에 관한 비교법적 검토

(가) 일본 지방자치법상 재정권

일본 지방자치법 제176조는 "의회의 하자있는 의결 또는 선거에 대한 장의 처치"란 조명으로 8항을 규정하고 있다.[18] 제1항에서 보통지방공공단체 의회의 의결에 대하여 지방공공단체장이 이의가 있는 경우

---

17) 국회법제실, 법제실무, 2011, 580면.
18) 제1항의 경우 1948년 추가 신설되고, 1951, 1963, 2012년 개정되었는데, 각 조항마다 개정된 이력이 있으며, 제8항은 2004년(평성16년) 추가되었다.

의결일부터 10일 이내에 이유를 제시하여 재의에 부칠 수 있고, 제2,3항에서 의회에서 출석의원 3분의2 이상의 찬성으로 같은 의결이 되면 그 의결은 확정된다는 것을 규정하고 있다. 제4항에서 의회의 의결이 권한을 초과하거나 법령 또는 회의규칙을 위반한다고 인정할 때, 지방공공단체장이 이유를 제시하고 재의에 부칠 수 있다는 것을 규정하고 있다. 이에 대한 의회의 재의결이 역시 권한을 초과하거나 법령 또는 회의규칙에 위반한다고 인정할 때, 도도부현지사는 총무대신에게, 시정촌장은 도도부현지사에게 당해 의결이 있었던 날로부터 21일 이내에 심사청구를 할 수 있다(제5항). 이러한 심사청구가 있으면 총무대신 또는 도도부현지사는 심사 결과 재의결이 그 권한을 넘거나 법령 또는 회의규칙을 위반한다고 인정할 때 당해 재의결 또는 재선거를 취소하는 재정(裁定)을 할 수 있다(제6항), 심사청구의 재정에 불복이 있는 때 지방공공단체의 의회 또는 장은 재정이 있는 날부터 60일 이내에 재판소에 소를 제기할 수 있다(제7항), 의회의 의결 또는 선거의 취소를 구하는 소는 당해 의회를 피고로 제기하여야 하다(제8항).

　　지방공공단체장의 재의권을 제1,2,3항의 일반거부권과 제4항의 특별거부권으로 분류하기도 한다.[19] 우리와 비교되는 특색은 총무대신 또는 도도부현지사는 위법성 심사 결과 재의결이 그 권한을 넘거나 법령 또는 회의규칙을 위반한다고 인정할 때 당해 재의결을 취소하는 재정(裁定)을 할 수 있고, 이에 불만이 있으면 지방공공단체의 의회 또는 장이 최고재판소가 아닌 재판소에 제소할 수 있는 것이며, 의회의 의결 또는 선거의 취소를 구하는 소송은 당해 의회를 피고로 해야 한다는 것 등이다. 조례의 위법심사제도는 국가와 지방공공단체사이의 입법권한의 충돌을 조정하는 것이나, 사법통제의 절차의 복잡성과 장시간을 요하는 문제를 해결하기 위하여 행정과정에서 제3의 기관이 조례의 적법성과

---

19) 한국지방자치단체국제화재단, 현장에서 바라 본 일본의 지방자치, 2001.429~430면.(부록 妹尾克敏, 日本 地方自治法 解說)

합목적성을 심사하는 것으로 바람직하다는 견해도 있다20).

이러한 일본제도에 대하여 중앙정부의 직접취소권은 법령과 상급 지방자치단체의 조례의 범위 내에서 의결을 하도록 제한한 것이므로 지나친 것이 아니고 오히려 효율적인 감독권한의 행사를 보장한다는 견해가 있다.21) 이에 반하여 일본의 직접취소권은 지나치게 강한 감독권한이므로 한국의 재의요구지시제도를 효과적으로 운영하는 것이 지방의회의 자율권을 보장하면서 효율적인 감독권한을 행사할 수 있다는 견해가 있다.22)

우리의 경우 대법원을 단심 관할법원으로 하여 조례에 관한 분쟁을 조기 확정하는 장점이 있으나 적법성을 다투는 조례가 양산되어 과도한 사건부담을 초래하는 것은 그 취지에 반한다고 할 것이다.23) 조례에 대하여 대법원의 추상적 규범통제를 단심제로 운영하는 것도 의미가 있지만, 조례 양산 체제하에서 일본과 같이 상급기관이 조례를 취소할 수 없다면 관할 고등법원에서 1차로 심리하는 것도 검토해보아야 할 것이다.

(나) 영국의 지방자치와 조례제정권

영국은 지방귀족의 해체 없이 자본주의 발달을 이룩하여 토지와 자본이 소수귀족에게 집중되었다.24) 그러다가 20세기 들어와서 지방정부에 대한 정당의 지배가 가속화되면서 중앙집권정책을 취하게 되었다. 1972년 지방정부법(The Local Government Act of 1972)은 1974년부터 카운티바러(county bourough)를 폐지하고 잉글랜드와 웨일스의 58개 카운티의회를 47개로 축소하고, 카운티 안에 있던 1,250개의 도시 바러, 도

20) 宇賀克也, 地方自治法槪說, 有斐閣, 2011. 186－187면.
21) 김상미, "재의제도의 의의와 절차", 자치행정, 2001.3/4/. 20~22면.
22) 홍준형, 한국지방자치법학회 편, 앞의 책, 770면.
23) 함인선, "일본 지방자치법상의 쟁송제도와 시사점", 사법개혁과 세계의 사법제도 [Ⅸ], 사법제도비교연구회편, 2015. 435면
24) 이광윤, 행정법이론－비교적 고찰－", 성균관대학교 출판부, 2000. 308면.

시 및 비도시 디스트릭트는 333개의 디스트릭트 의회(district councils)로 통합되었고,25) 그 후에도 계속 개정되어 왔다.

　　지방의회에 조례(by-laws)제정권이 있으나 이는 오로지 국가 법률의 틀 안에서 이루어질 뿐이다. 새로운 지역복지권(well-being power)으로 지방자치단체의 권한이 확대되고 지역공동체의 계획 및 전략과 직접 연결되었으나 그 자체가 무제한적인 권한이 아닐 뿐 아니라 '성문법의 피조물(creatures of statute)'로서 지방자치단체의 헌법적 지위를 변화시킬 수 없었다.26)

　　1972년 지방정부법은 디스트릭트와 런던시에 조례제정권을 부여하였으나, 그 대상은 생활 공해의 방지나 억제를 위한 것이다. 다른 법률에서 보건, 주택, 고속도로 등과 같은 특정한 목적을 위한 조례제정권(byelaw-making power)을 부여하기도 하나, 잔여입법권(residuary power)에 불과하다.27) 1972년 지방정부법 이래 조례는 제정과정에서 국무장관의 승인을 받아야 하고, 다른 법률에 의한 조례는 관할 장관의 승인을 받아야 한다.28) 승인을 받지 못하면 조례가 성립되지 않으므로 중앙정부의 확고한 통제 하에 있다. 2016년 조례규정에서도 승인을 하는 장관은 지방자치단체가 따를 표준 조례(model byelaws)를 만들어 조례제정에 도움을 주고 있다.

　　(다) 소결

　　의원내각제 국가인 일본과 영국은 지방의회의 조례제정에 대하여 장관 등 상급기관이 강력한 통제권을 가지고 있다. 일본은 상급기관이 지방의회 조례의 취소권을 갖고 그 결과에 불만이 있는 지방의회나 지방자치단체 장이 법원에 이의를 제기하는 점에서 우리와 다르다. 그러

---

25) David Wilson & Chris Game, 임채호 역, 영국의 지방정부, 박영사, 2008. 69면.
26) David Wilson & Chris Game, 임채호 역, 위의 책, 205면.
27) Sir William Wade, Administrative Law, sixth edition, 1988, 131~132면.
28) Local Government Act 1972 235(2), 236(4), The Byelaws(Alternative Procedure) (England) Regulations 2016.

나 우리의 경우도 앞에서 본 바와 같이 조례제정과정에 있어 지방의회
의 자율성을 존중하던 입장에서 조례의 적법성을 강조하는 입장으로 변
화되면서 상급기관의 감독권이 강화된 것을 알 수 있다.

(3) 지방자치법 제172조의 제4항과 제6항의 해석

(가) 지방자치법 제172조(구 159조) 제4항과 제6항의 신설 배경

1994.3.16. 법률 제4716호로 일부 개정하면서 당해 지방자치단체의
장이 지방의회의 재의결에도 불구하고 제소를 하지 아니하는 때에 내무
부장관 또는 시·도지사가 재의결조례 등의 위법상태를 제거하기 위하여
당해 지방자치단체의 장에게 각각 제소를 지시하거나 직접 제소 및 집
행정지결정을 신청할 수 있도록 한 것은 조례의 위법성에 대한 통제의
필요성이 커졌기 때문이다. 지방의회가 구성된 1991년부터 2000년 말
까지 재의 요구된 지방자치단체 조례안이 총 564건이고, 제172조 제1항
에 의한 재의요구는 346건(61%)이며, 재의결과 부결된 것이 336건(60%)
인데, 재의결된 151건 중 대법원에 제소된 것이 80건으로서 그 중 64건
(80%)이 무효판결을 받은 사실29)은 중요한 의미가 있다.

(나) 입법의 미비와 해석

선거를 앞둔 인천광역시장과 강화군수가 관할 섬에 거주하는 주민
들에게 정주생활금을 지원해주는 내용의 강화군의회의 재의결 조례에
찬성하여 제소를 할 의사가 없는 경우, 내무부장관 또는 주무부장관이
이에 대한 통제가 필요하다고 판단하는 경우에 이 문제를 제172조로 해
결할 수 있는가이다. 1994.3.16.법률 제4716호로 개정하면서 제4항과
제6항에 "내무부장관이나 시·도지사는"이라고 병렬적으로 표기한 것은
제1항과 제3항의 규정으로 해결할 수 없는 상황, 즉 대상판결의 사례와
같이 강화군수에게 제소를 지시하고 인천광역시장에게 협조하라는 공

---

29) 이상규, "재의의 운영실태와 발전방향", 자치행정 2001.3/4, 28~30면, (한국지방자
　　치법학회 편, 앞의 책, 694면.764면에서 전재)

문을 받고도 인천광역시장은 강화군수에게 제소 지시를 하지 않고, 인
천광역시장도 제소를 하지 않은 경우에 대비한 것이다. 인천광역시장이
관할 주민들에 대한 지원을 반대할 의사가 없고, 이 사건 조례와 같은
정주생활지원금지급이 지방재정법에 위반된다면 누가 해결을 해야 하
는가가 문제된다. 적법성에 대한 최종 책임을 져야 할 자는 주무부(내
무부)장관이라고 하여야 할 것이다. 아니면 행정자치부장관이 지방자치
법 제172조에 따라 관여할 수 없는 강화군의회의 재의결 조례에 잘못
나선 것이라고 보아야 하는가이다. 제172조 제4항과 제6항을 규정하면
서 제1항의 내용과 달리 시·도 조례와 시·군 및 자치구 조례를 구분하
여 규정하지 않은 것은 내무부장관이나 시·도지사가 중복되더라도 빠
짐없이 당해 지방자치단체 장에게 제소지시를 하거나 직접 제소할 수
있게 한 것으로 보아야 한다. 법령을 위반하였다는 이유로 제소된 재의
결 조례의 효력을 정지시키기 위하여 내무부장관이나 시·도지사가 병
렬적으로 제소할 수 있게 규정한 것은 잘못된 것이 아니다. 그러한 2개
의 행위 주체를 병렬적으로 규정하는 것은 같은 제9장의 제166조에 있
으므로 입법의 미비라고 볼 수 없는 것이다. 그렇기 때문에 1994.7.5.
일부개정된 지방자치법 시행령 제56조(지방의회 의결의 재의 및 제소등의
보고)에서 지방자치단체의 장은 내무부장관에게 재의요구사실과 지방의
회의 의결 등을 내무부장관에게 즉시 보고하여야 하고, 이 경우 시장·군
수 및 자치구의 구청장은 시·도지사를 거쳐 보고하여야 한다고 규정하
였다.30)

---

30) 제56조 (지방의회 의결의 재의 및 제소등의 보고) 지방자치단체의 장은 다음 각호
의 1에 해당하는 경우에는 내무부장관에게 즉시 그 내용을 보고 하여야 한다. 이
경우 시장·군수 및 자치구의 구청장은 시·도지사를 거쳐 보고하여야 한다. [전문개
정 1994·7·6]
　　1. 법 제19조제3항, 법 제98조제1항 또는 법 제99조제1항의 규정에 의하여 당해 지
　　　방자치단체의 장이 재의를 요구한 때와 그에 따른 지방의회의 의결이 있는 때
　　2. 법 제159조제1항 및 제2항의 규정에 의하여 시·도지사가 시·군 및 자치구의 지

그러나 이 사건과 같이 인천광역시장이 재의를 요구하지 않을 경
우에 다수의견의 경우에는 주무부장관이 나설 방법이나 그 해결책이 없
다는 것이다. 현 지방자치법시행령 제114조(지방의회 의결의 재의 및 제소
등의 보고)는 행정자치부장관과 주무부장관에게 보고하도록 되어 있을
뿐이고, 같은 시행령 제115조(주무부장관의 통보)는 주무부장관이 법 제
172조 제1항에 따라 시·도지사에게 재의를 요구하게 한 경우, 법제172
조 제4항에 따라 시·도지사에게 제소를 지시하거나 직접 제소하거나
집행정지결정을 신청한 경우나 그에 따른 대법원의 판결·결정이 있는
경우, 법 제172조제7항에 따라 주무부장관이 대법원에 직접 제소 및 집
행정지결정을 신청한 경우와 그에 따른 대법원의 판결·결정이 있는 경
우에 행정자치부장관에게 즉시 그 내용을 통보하여야 한다고 규정하고
있으나, 대상판결과 같은 경우를 규정하고 있지 않다. 위 관련 시행령은
그 부분이 보완되어야 할 것이다.

(다) 소결

결국 1994년 위 조항을 신설한 이유는 지방의회 조례의 법령위반
등을 규제하고 국법질서 유지와 자치법규와의 조화를 위하여 내무부장
관에게 특별한 권한을 부여한 것이다. 실제로 내무부장관이 지방의회
제정 조례 등의 보고를 받았고, 관련 업무도 내무부의 업무에 포함되
었던 것이고, 현재도 마찬가지이다. 그러므로 위에서 지적한 문제를 해
결하기 위한 최종책임자는 주무부장관이나 행정자치부장관이므로 책임

방의회 의결에 대하여 재의를 요구하게 한 때와 그에 따른 지방의회의 의결이
있는 때
3. 법 제98조제3항 및 법 제159조제3항의 규정에 의하여 지방자치단체의 장이 재
의결된 사항에 대하여 대법원에 소를 제기하거나 집행정지결정을 신청한 때와
그에 따른 대법원의 판결 또는 결정이 있는 때
4. 법 제159조제4항의 규정에 의하여 시·도지사가 시장·군수 및 자치구의 구청장에
게 제소를 지시한 때와 직접제소하거나 집행정지결정을 신청한 때 및 그에 따
른 대법원의 판결 또는 결정이 있는 때

소재를 명백하게 개선하는 것이 바람직할 것이다. 그렇게 되기 전에는 현행법의 문리해석에 맞고 관련조항의 입법취지에 부합하는 반대의견이 타당하다고 할 것이다.

3. 법률해석론과 이에 관한 판례의 고찰

가. 법률해석론 개관

(1) 법해석에 관한 논의

법해석에 관한 많은 논의가 있다. 전통적으로 문리적 해석, 논리적 해석, 역사적 해석, 목적론적 해서, 비교법적 해석 등으로 나눈다.31) 법해석론을 법규정의 의미를 문언 그 자체에 두는 문언중심적 법해석론, 입법자의 의도를 파악하여 그에 따른 법규정을 해석하고자 하는 의도중심적 법해석론,32) 법이 실현하고자 하는 목적을 파악하여 법규정을 해석하고자 하는 목적 중심적 법해석론33)으로 나누기도 한다.34) 문언중심적 법해석론은 미국 연방대법원의 Anton Scalia 대법관이 주창한 textualism(문맥주의)과 유사하다. 이는 "문언에 중의성이 존재하지 않는다면 의도를 문제 삼는 것은 허용되지 아니한다."는 법언과 논리적 연관성을 가진다. 해석의 정당화 근거에 관한 논의로 11개의 유형을 4개의 언어적 논거,35) 체계적 논거,36) 목적론적/평가적 논거,37) 초범주적

---

31) 홍정선, 행정법원론(상), 박영사, 2017. 112면,; 박균성, 행정법론(상), 박영사, 2016.76면.
32) 의도중심적 법해석자로 그로티우스, 푸펜도르프, 존 오스틴 등을 들 수 있다.
33) 고전적인 주창자로 토마스 아퀴나스를 들 수 있고, 현대에서는 로널드 드워킨을 들 수 있다.
34) 최봉철, 대법원의 법해석론, 연세대학교 법학연구 제8권, 1988. 197면.
35) 통상적 의미에 의한 논거, 전문용어적 의미에 의한 논거로 구분된다.
36) 맥락적 합치(contextual-harninization)dp 의한 논거, 선례에 의한 논거, 유추에 의한 논거, 논리적·개념적 논거, 법의 일반원리에 의한 논거, 역사에 의한 논거로 구분된다.
37) 목적에 의한 논거, 실질적 이유에 의한 논거로 구분된다.

－의도적 논거로 구분하는 견해도 있다.[38]

　법문언의 해석상 어려움이 없으면 문리적 해석이 우선이고 그것이 순리가 아닐 때에는 역사적 해석, 목적론적 해석을 거쳐 체계적 해석과 헌법합치적 해석을 검토해야 한다.[39] 체계적 해석은 어느 법률규정의 위치, 다른 법규정과의 관계 등을 고려하여 법문언을 해석하는 방법이다. 대다수의 법명제가 다른 규범들과 관련을 가지면서 다른 규범들의 의미를 보충하는 목적을 실현하므로 체계적 해석은 목적론적 해석과 분리하기 어렵다.[40] 헌법합치적 해석은 법률문언이 다의적일 때 가능한 해석 중 헌법과 헌법원칙에 가장 잘 조화될 수 있는 해석을 말하는 것으로 법질서의 통일성과 관계된다.

　행정법령의 해석은 법문에 사용된 용어의 뜻을 올바로 파악하는 문리적 해석을 하고, 그것이 전체 법질서, 특히 헌법과의 체계적 연관을 갖도록 하는 체계적 해석을 거쳐 입법당시의 정부의 법령기초안, 국회에서의 심의록 등 입법자료를 참고하는 역사적 해석 순으로 해석을 하되 해석의 결과가 합리적이고도 현실적으로 유용하도록 하는 목적론적 해석을 염두에 두어야 한다는 견해도 있다.[41] 또한 행정법의 해석의 방법은 침익적 영역과 수익적 영역에 따라 구분하여야 한다는 견해도 있다.[42] 즉 전자에서는 엄격한 해석을 위주로 하고 확장해석이나 유추해석은 허용되지 않고, 후자의 경우에는 공법규정의 유추해석이 허용된다는 것이다.

---

38) 닐 맥코믹/로버트 서머즈, 박정훈 역, "해석과 정당화(상)" 법철학연구 제5권제2호, 2002. 189－193면.
39) 최대권, "제정법의 해석", 서울대 법학 제30권1·2호, 1989. 123면.
40) Karl Engisch, 안법영·윤재왕 역, 법학방법론, 세창출판사, 2011.126면.
41) 김남진·김연태, 행정법 I, 법문사, 2008. 70면.
42) 김남진·김연태, 앞의 책, 70면,;홍정선, 앞의 책, 112면.

(2) 이 사건의 쟁점

이 사건에서 다수의견은 지방자치법 제172조의 체계에 따라 제172조 제4항을 같은 조 제1항과 제2항과 연관하여 원고인 행정자치부장관은 강화군의회의 재의결에 대하여 강화군수에게 제소를 지시할 수 없고, 제소권도 없다고 해석하였다. 이에 반하여 반대의견은 제4항을 제1,2항의 절차와 구분하여 문언대로 해석하였다. 관련 조항의 변천과정에서 밝혀진 바와 같이 위법 조례에 대한 통제 강화 방향과 강화군수와 인천광역시장이 원고의 제소 지시를 불이행해도 달리 제재방법이 달리 없는 것 및 지방선거를 앞두고 제정되는 선심성 조례에 대한 최종 책임자가 주무부장관인 점을 볼 때 반대의견이 타당하다고 아니 할 수 없다.

나. 법률 해석론에 관한 판례 검토

(1) 대법원의 법률해석론

(가) 대법원은 형사사건에 있어서 기본적으로 엄격한 문언적 해석을 바탕으로 한 전체적, 종합적 해석을 하고 있다.

구체적인 사례로 형법 제170조 제2항의 해석[43]을 들 수 있다. 다수의견은 "형법 제170조 제2항에서 말하는 '자기의 소유에 속하는 제166조 또는 제167조에 기재한 물건'이라 함은 '자기의 소유에 속하는 제166조에 기재한 물건 또는 자기의 소유에 속하든, 타인의 소유에 속하든 불문하고 제167조에 기재한 물건'을 의미하는 것이라고 해석하여야 하며, 제170조 제1항과 제2항의 관계로 보아서도 제166조에 기재한 물건(일반건조물 등) 중 타인의 소유에 속하는 것에 관하여는 제1항에서 규정하고 있기 때문에 제2항에서는 그중 자기의 소유에 속하는 것에 관하여 규정하고, 제167조에 기재한 물건에 관하여는 소유의 귀속을 불문하

---

43) 대법원 1994.12.20. 자94모32 전원합의체 결정(공소기각결정에 대한 재항고)

고 그 대상으로 삼아 규정하고 있는 것이라고 봄이 관련조문을 전체적, 종합적으로 해석하는 방법일 것이고, 이렇게 해석한다고 하더라도 그것이 법규정의 가능한 의미를 벗어나 법형성이나 법창조행위에 이른 것이라고는 할 수 없어 죄형법정주의의 원칙상 금지되는 유추해석이나 확장해석에 해당한다고 볼 수는 없을 것이다."고 하였다. 이에 대하여 반대의견은 "형법 제170조 제2항은 명백히 '자기의 소유에 속하는 제166조 또는 제167조에 기재한 물건'이라고 되어 있을 뿐 '자기의 소유에 속하는 제166조에 기재한 물건 또는 제167조에 기재한 물건'이라고는 되어 있지 아니하므로, 우리말의 보통의 표현방법으로는 '자기의 소유에 속하는'이라는 말은 '제166조 또는 제167조에 기재한 물건'을 한꺼번에 수식하는 것으로 볼 수밖에 없고, 같은 규정이 '자기의 소유에 속하는 제166조에 기재한 물건 또는, 아무런 제한이 따르지 않는 단순한, 제167조에 기재한 물건'을 뜻하는 것으로 볼 수는 없다."는 것이다.

(나) 대법원은 임대주택법 제15조 제1항의 임차인에 관한 해석에서 객관적 타당성과 구체적 타당성을 강조하면서 원칙적으로 법률에 상용된 문언의 통상적 의미에 충실하여야 한다고 하였다.[44]

즉 "법률의 문언 자체가 비교적 명확한 개념으로 구성되어 있다면 원칙적으로 더 이상 다른 해석방법은 활용할 필요가 없거나 제한될 수밖에 없고, 어떠한 법률의 규정에서 사용된 용어에 관하여 그 법률 및 규정의 입법 취지와 목적을 중시하여 문언의 통상적 의미와 다르게 해석하려 하더라도 당해 법률 내의 다른 규정들 및 다른 법률과의 체계적 관련성 내지 전체 법체계와의 조화를 무시할 수 없으므로, 거기에는 일정한 한계가 있을 수밖에 없다."고 판시하였다.

---

44) 대법원 2009.4.23. 선고 2006다81035판결. 이 판결이 종래의 '전체적 종합적 해석론'에서 좀 더 나은 해석론으로 평가하는 견해도 있다. 이계일, "우리 법원의 법률해석/법형성에 대한 반성적 고찰," 연세대학교 법학연구 제25권 제4호, 2015.314면.

(다) 대법원은 국·공유 일반재산인 토지를 대부받은 점유자가 점유 개시 후 자기의 비용과 노력으로 가치를 증가시킨 경우, 대부료 산정의 기준이 되는 해당 토지가액의 평가 방법과 부당이득에 관한 사건에서 법적 안정성과 구체적 타당성의 조화를 추구하는 법해석에 관한 일반이 론을 제시하였다.

"법해석의 목표는 어디까지나 법적 안정성을 저해하지 않는 범위 내에서 구체적 타당성을 찾는 데 두어야 한다. 나아가 그러기 위해서는 가능한 한 법률에 사용된 문언의 통상적인 의미에 충실하게 해석하는 것을 원칙으로 하면서, 법률의 입법 취지와 목적, 그 제·개정 연혁, 법질 서 전체와의 조화, 다른 법령과의 관계 등을 고려하는 체계적·논리적 해 석방법을 추가적으로 동원함으로써, 위와 같은 법해석의 요청에 부응하 는 타당한 해석을 하여야 한다."고 판시하였다.[45]

(라) 대법원은 환경영향평가 대상사업 또는 사업계획에 대한 환경 영향평가서 제출시기를 규정하고 있는 구 환경영향평가법 시행령 제23 조 [별표 1] 제16호 (가)목에서 정한 '기본설계의 승인 전'의 의미 및 위 조항이 환경영향평가법의 위임 범위를 벗어난 것인지 여부에 관하여 다 수의견은 "법령의 해석은 어디까지나 법적 안정성을 해치지 않는 범위 내에서 구체적 타당성을 찾는 방향으로 이루어져야 한다. 이를 위해서 는 가능한 한 원칙적으로 법령에 사용된 문언의 통상적인 의미에 충실 하게 해석하고, 나아가 당해 법령의 입법 취지와 목적, 그 제·개정 연혁, 법질서 전체와의 조화, 다른 법령과의 관계 등을 고려하는 체계적·논리 적 해석방법을 추가적으로 동원함으로써, 위와 같은 타당성 있는 법령 해석의 요청에 부응하여야 한다."는 것을 전제로 한 후 환경영향평가법 의 위임에 따라 환경영향평가 대상사업 또는 사업계획에 대한 환경영향

---

45) 대법원 2013.1.17. 선고 2011다83431 전원합의체 판결

평가서 제출시기를 규정하고 있는 구 환경영향평가법 시행령(2010. 2. 4. 대통령령 제22017호로 개정되기 전의 것, 이하 같다) 제23조 [별표 1] 제16호 (가)목에서 정한 '기본설계의 승인 전'은 문언 그대로 구 건설기술관리법 시행령(2009. 11. 26. 대통령령 제21852호로 개정되기 전의 것) 제38조의9에서 정한 '기본설계'의 승인 전을 의미한다고 해석하는 것이 타당하고, 그렇게 보는 것이 환경영향평가법의 위임 범위를 벗어나는 것도 아니라고 하였다.46)

(마) 대법원은 학교용지부담금부과처분취소등청구사건에서 "침익적 행정처분의 근거가 되는 행정법규는 엄격하게 해석·적용하여야 하고, 행정처분의 상대방에게 불리한 방향으로 지나치게 확장해석하거나 유추해석하여서는 아니 되며, 그 행정법규의 입법 취지와 목적 등을 고려한 목적론적 해석이 허용되는 경우에도 그 문언의 통상적인 의미를 벗어나지 아니하여야 한다."고 판시하였다.47)

(2) 헌법재판소의 법률해석론과 헌법합치적 법률해석48)

일반적으로 법률문언의 의미와 내용을 분명히 하는 법률해석에 있어, 법률조항의 문구의 의미가 명확하지 않거나 특정한 상황에 들어맞는 규율을 하고 있는 것인지 애매할 경우에는, 입법목적이나 입법자의 의도를 합리적으로 추정하여 문언의 의미를 보충하여 확정하는 체계적, 합목적적 해석을 하거나, 유사한 사례에 관하여 명확한 법률효과를 부여하고 있는 법률조항으로부터 유추해석을 하여 법의 흠결을 보충하거나, 심지어 법률의 문언 그대로 구체적 사건에 적용할 경우 터무니없는

46) 대법원 2012. 7. 5. 선고 2011두19239 전원합의체 판결[국방·군사시설사업실시계획승인처분무효확인등]
47) 대법원 2016.11.24. 선고 2014두47686판결.
48) 헌재 2012.5.31. 2009헌바123·126(병합) 구 조세감면규제법 부칙 제23조 위헌소원; 헌재 2015. 5. 28. 2012헌마410

결론에 도달하게 되고 입법자가 그런 결과를 의도하였을 리가 없다고 합리적으로 판단되는 경우에는 문언을 약간 수정하여 해석하는 경우도 있을 수 있다. 또한 어떤 법률조항에 대한 여러 갈래의 해석이 가능한 경우, 특히 법률조항에 대한 해석이 한편에서는 합헌이라는 해석이, 다른 편에서는 위헌이라는 해석이 다 같이 가능하다면, 원칙적으로 헌법에 합치되는 해석을 선택하여야 한다는 '헌법합치적 법률해석'의 원칙도 존중되어야 한다고 한다.

(3) 소결

학설과 판례가 제시하는 법해석의 일반 기준은 유사하다. 우리 법원은 문리해석을 해석의 기본원리로 설정해두고 있지만, 문리해석에 따른 결과가 논리-체계적 해석 또는 목적론적 해석에 비추어 불합리한 결과에 이른다고 판단할 경우에는 과감하게 문리를 이탈하여 다른 해석방법을 추구하는 경향이 있다.49) 해석의 기본원칙을 해당사안에 구체적으로 적용하는 방식을 채택하지 않고 이들 해석원칙을 판결문 전반부에 천명하고 자신의 결론을 지지하는 방식으로 사용하는 경향이 있다.50) 대상판결에서도 다수의견은 한 조문이 여러 항으로 된 경우 해당 항의 문리해석이 명확하고 그렇게 해석해도 구체적 타당성이나 법적 안정성을 침해하지 않음에도 불구하고 이전의 항과의 체계 등을 이유로 실질적으로 문언에서 벗어난 해석을 한 것이다.

그러나 이 사건의 경우 제172조 전체의 체계와 입법취지 등을 고려한 목적론적 해석과 문리적 해석은 모순되는 것이 아니라고 평가된다. 특히 지방자치법 제172조 제4항은 실제 사건의 흐름에서 보는 바와 같이 원고의 지방자치단체장에 대한 지방의회에 대한 제소명령이 실행되지 않아도 이를 통제할 방법이 없는 상황에서 원고가 직접 제소할 수

---

49) 김도균, "한국에서의 법령해석", 김도균 엮음, 한국법질서와 법해석론, 세창출판사. 2013. 25면.
50) 이계일, 앞의 글, 319면.

있는 문언적 해석을 거부할 이유가 없다. 제172조 제4항의 취지가 인정
되고, 그러한 취지대로 한 해석이 동일한 법률 전체의 체계를 흔드는
것이 아니라면 표기된 문언의 해석을 우선하여야 할 것이다. 지방자치
법 제172조 제4항외에 원고 조직에 관한 관련 조항을 종합적으로 고찰
하더라도 법령 위반조례에 대한 통제의 책임은 원고에게 있고, 선거를
앞둔 선심성 조례에 대한 통제를 위한 원고의 강화군수에 대한 제소지
시와 인천광역시장에 대한 협조요청은 타당하고, 이를 따르지 않아 최
종책임자로서 원고가 제소한 것은 법적 안정성과 구체적 타당성에 부합
하고 법률의 문언해석에 합치되는 것이다.

가사 대법원의 다수의견이 지방자치법 제172조 제4항과 관련조항
의 해석상 오해를 불식시키기 위한 명확한 입법을 촉구할 의도가 있다
고 하더라도 헌법 제107조 제1항에 반하는 것이라고 아니할 수 없다.

4. 대상판결에 대한 평가

다수의견은 지방자치법 제172조 제4항, 제6항의 문언과 입법취지,
제·개정 연혁 및 지방자치법령의 체계 등을 종합적으로 고려하여 이
사건의 경우 주무부장관인 원고가 제소 지시와 직접 제소를 할 수 없
다는 것이다. 제163조 제1항 및 제167조 제1항과 같이 명확하게 중복적
으로 권한을 행사하게 하지 않은 이상 주무부장관은 시·도지사에 한하
여 제소지시를 하거나 직접 제소를 할 수 있다고 해석하였다. 그리고
위법여부가 되는 조례는 사후적으로도 법원에 의한 심사의 대상이 될
수 있으므로 반드시 주무부장관이 제소 지시 또는 직접 제소를 할 필요
성이 크지 않다는 것이다.

그러나 지방자치법 제172조 제4항과 제6항의 신설이유는 국법질서
와 자치법규인 조례의 조화를 도모하기 위한 것으로 당시 내무부장관이
모든 조례의 최종보고수령자로서 재의 요구에 따른 지방의회의 재의결

을 대처하기 위한 것이다. 지방자치를 도입하면서 종래 중앙집권적인 구조에서 당연히 일사분란하게 시행되리라고 생각한 제소지시가 지방의회의 재의결로 거부될 것을 예상하지 못하였고, 또한 지방자치선거로 당선되는 지방의회 의원과 지방자치단체 장이 선거를 앞둔 상황에서 이해관계가 일치된다는 것을 충분히 인식하지 못하였던 것이다. 결국 국가와 광역지방자치단체 및 기초지방자치단체의 서열상 단계별 대응이 예외 없이 이루어질 수 있도록 제도적으로 보장되지 않은 상황에서, 재의결된 조례(특히 선심성 조례)에 대하여 당해 지방자치단체의 장이나 광역지방자치단체의 장이 선거를 의식하여 대법원에 조례무효확인소송을 제기하는 것을 꺼리는 것을 방지하고 국법질서의 통일적 수행을 위하여 제4항과 제6항을 신설한 것이다. 특히 일본의 지방자치법과 같이 상급기관이 위법하다고 판단하면 지방의회의 조례안을 취소하는 재정권을 발동하고 이를 다투는 지방의회나 지방자치단체 장이 법원에 제소하는 체계와 영국의 조례제정절차와 같이 중앙행정기관의 장이나 관련 주무부장관의 승인을 받지 않으면 조례의 효력이 발생하지 않는 제도를 감안하면 반대의견도 충분한 타당성이 있다고 할 것이다. 또한 제172조 제4항과 제6항에 대한 문언적 해석을 하더라도 반대의견이 설득력이 있고, 지방자치법상 병렬조항으로 되어 있는 관련 조항의 조문해석과 일치되므로 반대의견이 더 타당하다고 할 것이다. 특히 다수의견이 사후적으로 별문제가 없을 것이라고 하였으나, 이 사건 조례에 대하여 문제를 제기할 사람이 없고 더 이상 원고 등이 조례무효확인소송을 제기할 방법이 없다는 것이다. 따라서 주무부장관이 광역이든 기초이든 지방자치단체의 장을 상대로 재의결된 조례의 제소 지시와 직접 제소를 할 수 있다고 해석하여야 할 것이다.

그러므로 지방자치법 제172조 제4항과 제6항의 신설취지에 부합하고 문언해석에 합치되는 반대의견을 지지한다.

참고문헌

김남진·김연태, 행정법Ⅱ, 법문사, 2016.
김도균 엮음, 한국법질서와 법해석론, 세창출판사. 2013.
박균성, 행정법론(하), 박영사, 2016.
이광윤, 행정법이론－비교적 고찰－", 성균관대학교 출판부, 2000.
정하중, 행정법개론, 법문사, 2017.
홍정선, 신지방자치법, 박영사, 2015.
홍정선, 행정법원론(하), 박영사, 2017.
한국지방자치법학회 편, 지방자치법주해, 박영사, 2004.

이계일, "우리 법원의 법률해석/법형성에 대한 반성적 고찰," 연세대학교
    법학연구 제25권 제4호, 2015.
최대권, "제정법의 해석", 서울대 법학 제30권1·2호, 1989.
최봉철, "대법원의 법해석론', 연세대학교 법학연구 제8권, 1988.
함인선, "일본 지방자치법상의 쟁송제도와 시사점", 사법개혁과 세계의 사
    법제도[Ⅸ], 사법제도비교연구회편, 2015.
닐 맥코믹/로버트 서머즈, 박정훈 역, "해석과 정당화(상)" 법철학연구 제
    5권제2호, 2002.

宇賀克也, 地方自治法槪說, 有斐閣, 2011.

Sir William Wade, Administrative Law, sixth edition, 1988,
David Wilson & Chris Game, 임채호 역, 영국의 지방정부, 박영사,
    2008.
Karl Engisch, 안법영·윤재왕 역, 법학방법론, 세창출판사, 2011.

국문초록

    지방자치법 제172조는 조례 등 지방의회 의결의 위법성을 통제하기 위한 방법과 절차를 규정하고 있다. 이 사건의 발단은 주무부장관인 원고가 지방선거를 앞두고 제정된 법령 위반의 선심성 조례를 막기 위한 것이다. 제172조 제1항에 따른 강화군수의 재의 요구에 대하여 피고인 강화군의회가 제712조 제2항에 따라 재적위원 과반수의 출석과 출석위원 3분의2이상 찬성으로 조례의 재의결을 하였다. 이에 원고가 제172조 제4항에 따라 강화군수에 대한 제소 지시를 하였으나, 강화군수가 제소를 하지 않자 직접 피고를 상대로 이 사건 소를 제기한 것이다. 원고는 이 사건 조례인 "강화군 도서 주민 정주생활자금 지원 조례"가 지방재정의 건전성을 확보하기 위한 지방재정법 제17조를 위반한다는 이유로 조례안재의결무효확인의 소를 제기하였으나, 지방자치법 제172조 제4항과 제6항의 해석 문제에 걸려 원고적격을 인정받지 못하여 각하되었다. 다수 의견은 지방자치법 제172조의 체계와 제163조 제1항 및 제167조 제1항 등의 규정 방식에 따라 강화군수에게 제소를 지시하거나 직접 제소할 수 있는 자는 인천광역시장일 뿐이고 원고는 아니라는 것이다. 반대의견은 위 법률조항의 취지에 따라 국가가 지방자치행정의 합법성을 감독하고 국가법질서의 통일성을 유지하기 위하여 원고가 당연히 지방의회 재의결에 대한 제소지시권자와 제소권자가 된다는 것이다.
    지방자치법 제172조 제4항과 제6항의 신설이유는 국법질서와 조례의 조화를 도모하기 위한 것으로 당시 내무부장관이 모든 조례의 최종보고자로서 재의 요구에 따른 지방의회의 재의결을 대처하기 위한 것이다. 국가와 광역지방자치단체 및 기초지방자치단체의 서열상 단계별 대응이 예외 없이 이루어지지 않는 상황에서, 재의결된 조례에 대하여 당해 지방자치단체의 장이나 상급 광역지방자치단체의 장이 대법원에 조례무효확인소송을 제기하는 것을 꺼려하는 것을 방지하고 국법질서의 통일적 수행을 도모하기 위하여 제4항과 제6항을 신설한 것이다. 특히 일본의 지방자치법은 상급기관이 위법하다고 판단하면 먼저 조례를 취소하는 재정권을 발동할 수 있게 하고 이를 다투는 지방의회나 지방자치단체 장이 법원에 제소하는 방식을 채택한 것과 중앙행정기관의 장이나 관련 주무부장관의 승인을 받지 않으면 조례의 효력이 발생하지 않는 영국의 조례제정절차를 감안하면 반대의견은 법치국가원리에 더 부합하는 것이다. 따라서 주무부장관이 광역이든 기초이든 지방자치단체의 장을 상대로 재의결된 조례의 제소 지시와 직접 제소를 할 수 있다고 해석하여야 할 것이다.

그러므로 다수의견은 지방자치법 제172조 제4항과 제6항의 신설취지에 부합하지 않으므로 반대의견을 지지한다.

주제어: 지방자치법, 조례, 지방의회의결의 재의요구,
　　　　지방의회 의결에 대한 제소 지시권자,
　　　　지방의회 의결에 대한 제소권자, 법률의 체계적 해석,

Abstract

Instructor of Filing Lawsuit and Lawsuitor on the Reconsideration of Local Council Resolutions the Supreme Court Decision no.2014 choo521 dated September.22.2016. —

prof. Dr. Bae, Byung Ho*

Article 172 of Local Autonomy Act provides the means and procedure to control illegality of Local Council Resolutions. The competent Minister as the plaintiff, has raised the suit to prevent the enforcement of Municipal Ordinance that seems to violate the law with political advantage mind prior to local election. In response to the request of the Kanghwa Gun Governor in accordance with Article 172 (1), the defendant Kanghwa Gun council reconsidered the Ordinance in favor of more than two−thirds of the members present and a majority of the members in attendance in accordance with Article 712. The plaintiff ordered the Kanghwa Gun Governor the complainant to file a complaint under Article 172 (4), but the Kanghwa Gun Governor did not file a complaint, so filed the complaint directly against the defendant.

Although the plaintiff filed the complaint by explaining that this case's ordinance "Municipal Ordinance for supporting the living fund of Kanghwa Gun island residents" violates Local Finance Act 17 that aims to protect the soundness local finance, it was rejected because of standing to sue. The Supreme Court did not accepted the standing of

---

* Sungkyunkwan University Lawschool, Professor

plaintiff by the interpretation of Article 172 (4) and (6) of the Local Autonomy Law. Major Opinion has decided that the only person who can direct a complaint or directly complain to the Kanghwa Gun Governor is Inchon Mayer according to the system of Article 172 of the Local Autonomy Act and Article 163 (1) and Article 167 (1). The objection is that, in accordance with the purpose of the above provisions, the plaintiff becomes the Instructor of Filing Lawsuit on the Reconsideration of Local Council Resolutions and the Lawsuitor on the Reconsideration of Local Council Resolutions, in order for the state to supervise the legality of the local government administration and maintain the uniformity of the state law,

The reason for the establishment of Article 172 (4) and (6) of the Local Autonomy Act is to harmonize the state law and the ordinances and to make sure that the minister of the interior at that time copes with local council's re−vote which was held by demand for reconsideration as the final reporter. Article 172 (4) and (6) have been newly established in order to prevent the president of the local government or a chief of metropolitan municipality from being reluctant to file a lawsuit for invalidating the Supreme Court regarding the reconsidered ordinance and to encourage unification of national laws and regulations, in a situation where step−by−step responses of the state, regional municipalities and basic local governments are not made without exception. Specially Japan's Local Autonomy Act allows revoking the ordinance If a higher agency judges it to be illegal and lets the local council or the head of the local government file a complaint to the court. Also, in the United Kingdom, the validity of the Ordinance shall not take effect without the approval of the head of the central administrative agency or the relevant Minister of Justice. Considering these fact, the objection is more in line with the rule of law. My opinion is that the dissenting opinion of the Supreme Court is right in this case.

Therefore, as major opinion is not in conformity with the purposes of new Article 172 (4) and (6) of the Local Autonomy Act, I support the dissenting opinion.

Keywords: Local Autonomy Act, Municipal Ordinance, Reconsideration of Local Council Resolutions, Instructor of Filing Lawsuit on the Reconsideration of Local Council Resolutions, Lawsuitor on the Reconsideration of Local Council Resolutions, systematic interpretation of law

투고일 2017. 12. 11.
심사일 2017. 12. 25.
게재확정일 2017. 12. 28.

임대아파트의 분양가와 강행법규이론

김종보*

대법원 2011. 4. 21. 선고 2009다97079 판결(전원합의체)

Ⅰ. 서론 - 임대아파트의 공급
Ⅱ. 임대아파트의 의의와 가격조항
Ⅲ. 건설원가의 해석
Ⅳ. 분양가 상한제가 통제하는 '분양가격'
Ⅴ. 가격관련조항과 강행법규이론
Ⅵ. 결론

◎ 사실관계

한국토지주택공사는 2000. 6. 광주 광산구 소재 공공임대아파트(32평형)를 5년간 임대하기 위한 입주자모집공고를 하였다. 입주자모집공고에서 정한 분양전환가격 등의 내용은 다음과 같았다.

① 분양전환시기 : 최초 입주지정기간 만료일 다음달부터 5년 후,

② 분양전환가격 산정기준 : '임대주택법 시행규칙'에 의거 건설원가와 감정평가가격의 산술평균 가격으로 하고, 다만 이 경우에도 분양전환 당시에 산출한 당해 주택의 분양(예정)가격에서 임대기간 중의 감가상각비를 공제한 금액을 초과할 수 없음,

③ 임대시행 당시의 분양가격(분양전환 가격산정의 기초가 되는 금액, 최초 입주자모집공고 당시의 건설원가이고, 향후 분양전환가격은 이 금액을 기초로 다시 산정함) : 택지비 18,219,000원, 건축비 65,359,000원, 지하주차장 4,607,000원 합계 88,185,000원

---

* 서울대학교 법학전문대학원 교수

한국토지주택공사는 원고들과 임대차계약을 체결하고 임대의무기간인 5년 동안 임대 아파트를 임대하였는데, 그 계약서에서 위 주택은 최초 입주지정기간 종료 후 5년 후 매각하되, 매각가격 산정기준은 입주자모집공고안에서 정한 바에 따른다고 정하고 있다. 공사는 2006. 10. 임대아파트에 관한 분양전환 공고를 내고, 2007. 8. 2인의 감정평가업자를 선정하여 감정을 실시한 후, 분양전환가격을 결정하고, 2007. 9. 임차인들에게 2007. 10. 31.까지 분양전환을 신청하도록 공고했다. 원고들이 분양가격에 이의를 제기하였으나 명도소송을 당하는 등의 사유로 부득이 분양계약을 체결하여 대금을 완납하였으며 그 후 분양대금의 감액과 반납을 청구하는 소를 제기하였다.

◎ 대법원의 입장

분양전환가격 산정의 기초가 되는 건축비는 특별한 사정이 없는 한 표준건축비의 범위 내에서 <u>실제로 투입된 건축비</u>를 의미하고 표준건축비를 의미하는 것은 아니다. 건축비 관련 규정들은 강행법규에 해당하므로, 그 규정들에서 정한 산정기준에 의한 금액을 초과한 분양전환가격으로 체결된 분양계약은 <u>초과하는 범위 내에서 무효</u>이다.

Ⅰ. 서론 - 임대아파트의 공급

현대복지국가에서 서민을 위해 임대아파트를 건설·공급하고 또 유지·관리하는 일은 국가의 고유한 임무로 받아들여지고 있다. 주거복지는 사회안전망의 가장 중요한 요소이고 이를 일반 사회에 공급하고 관리하는 업무야 말로 복지국가의 가장 중요한 과제가 될 것이기 때문이다.[1] 그러나 임대아파트를 어떠한 방식으로 공급하고 관리하는 것이

---

[1] 하성규, 주택정책론, 박영사, 2004, 305면; 김원, 사회주의 도시계획, 보성각, 1998, 103면 등 참조

임대아파트를 공급하는 가장 효율적인 방법인가에 대해서는 국가에 따라 다양한 정책이 있을 수 있다. 한국에서는 임대아파트의 건설과 공급이 분양아파트에 종속되어 있었기 때문에 임대아파트의 공급방식도 분양아파트의 시장상황에 의해 크게 영향을 받았다.

40년 넘게 일반분양 아파트시장을 주도해 온 주택건설촉진법(1973년)과 그를 이은 주택법(2003년)은 주로 민간에 일반아파트의 건설과 공급을 맡겼다. 1970년대 이래 지속적인 경제성장은 주택가격의 상승을 초래했고 이에 대해 정부의 각종 부동산 가격 안정정책들이 발표되었다.[2] 그러나 다른 한편 정부는 지원자로서 분양아파트의 공급을 활성화하기 위해 주택가격의 상승이라는 요소를 적극 활용했다. 민간의 소비자들도 아파트가격이 상승되는 국면에서 새롭게 건설되는 아파트를 적극적으로 매입하는 경향을 보였고 이를 통해 분양아파트는 한국사회의 절박한 주택부족문제를 비교적 단기간에 해소했다.

중산층을 대상으로 하는 분양아파트와 달리 저소득층에 대한 주택공급이라는 측면에서 보면, 국가가 충분한 재정을 투입하여 장기공공임대아파트를 많이 건설하고 공급하는 것이 가장 이상적이다. 그러나 국가의 재원이 한정적이고 민간의 공급역량이 충분할 때 한정적 자원을 어떻게 배분할 것인가 하는 결정은 그리 간단하지 않다. 분양아파트의 성공에 영향을 받은 한국사회에서 임대아파트도 역시 분양아파트와 거의 동일하게 시장원리에 충실하게 공급되고 단기간에 분양전환되어 일반에 매각되어 왔다. 사안에서 임대아파트를 5년간 임대하기 위해 입주자모집공고를 했다는 것도 정확하게는 10년의 단기임대기간을 단축해서 5년에 분양전환할 수 있다는 의미이며 법적으로 5년의 임대기간이 설정되는 임대아파트는 아니었다.

한국에서 아파트 가격은 1970년대 이래 꾸준히 상승해왔고 이는

2) 임서환, 주택정책 반세기, 대한주택공사, 2002, 89면 이하 참조.

임대아파트의 경우에도 마찬가지이다. 임대아파트인가 분양아파트인가
를 불문하고 아파트 가격의 상승은 주택공급에 있어 가장 중요한 기능
을 한다. 분양아파트는 가격상승이 바로 시장의 수요로 나타나 공급분
이 조기에 소화되므로 가격상승이 주택의 수요와 공급에 직접적인 영향
을 준다. 임대아파트에 대해서도 순수한 임대수요 못지않게, 단기간의
분양전환을 예상하고 아파트의 임차인이 되는 수요도 적지 않다. 그러
므로 아파트가격 상승은 임대아파트의 건설 및 공급에도 긍정적인 영향
을 미친다. 특히 단기임대의 경우 아파트 가격이 상승하면 임차인을 모
집하거나 분양전환 대상자를 찾기가 더욱 수월해 진다.

Ⅱ. 임대아파트의 의의와 가격조항

1. 분양전환부 단기임대아파트

임대아파트는 서민층에게 임대로 제공되는 아파트로서 사회 저소
득계층의 주거안정을 위해 중요한 기능을 한다. 그러나 통상 임대아파
트로 불리는 아파트들도 단일한 것이 아니라 다시 그 안에 다양한 유형
들이 공존하고 있다. 임대기간의 장단에 따라 임대아파트를 구분하면
영구임대나 장기임대아파트와 같이 임대기능을 길게 지속하는 아파트
(장기임대)와 5년 내지 10년 이내에 분양아파트로 전환되는 아파트(단기
임대)로 나뉜다.3)

---

3) 임대주택법은 최근 민간임대주택에 관한 특별법(2016년)과 공공주택 특별법(2017
년)으로 분화되었지만, 이 글은 구임대주택법에 따른 사안들의 판단을 돕는 데 주
된 목적이 있으므로 편의상 종래의 임대주택법을 중심으로 서술한다. 이하 본문
에서 구임대주택법 등은 임대주택법으로 표기되기도 한다.

영구임대아파트처럼 장기간 임대에 제공되는 유형의 아파트가 정
책적으로 바람직할 뿐 아니라 실제 저소득계층에 대한 주거대책으로 유
용하다. 그러나 이들은 수익성이 없다는 약점이 있어서, 공공부문에게
임대아파트의 건설과 유지관리에 과도한 재정적 부담을 지운다. 따라서
한국처럼 임대아파트를 건설하기 위해 국가나 자치단체의 재원을 확보
하기 어려운 나라에서는 장기임대아파트가 충분히 제공되기 어렵다. 민
간부문도 지속적으로 손실이 발생하는 장기임대아파트의 건설과 유지
관리에 참여할만한 유인을 발견하기 어렵다.

다른 한편 한국사회에서는 분양아파트의 공급량 증가에 비례해서
국가에게 임대아파트를 건설하고 공급할 것을 바라는 사회적 요청도 꾸
준히 높아졌다. 임대아파트의 공급은 집 없는 서민들에 대한 복지정책
으로 중요할 뿐 아니라, 분양아파트와 함께 주택공급이라는 1980, 90년
대의 절대적 목표를 달성하기 위한 중요한 수단이기도 했다. 장기임대
아파트의 공급을 국가가 전적으로 감당할 수 없게 되자, 국가는 임대아
파트의 건설과 공급에 민간이 참여하는 방안을 모색하게 된다.

민간건설업자에 의한 임대아파트의 공급은 이를 통한 적정한 수익
이 보장되지 않는 한, 기대하기 어렵다. 민간건설업자의 수익은 임대사
업을 통한 수익이거나 또는 분양전환을 통한 수익일 수밖에 없는데, 결
국 후자에 의해 수익을 보장하는 방안이 고려될 수밖에 없었다. 민간에
게 임대아파트의 건설과 공급의 책임을 분담시키는 과정에서 불가피하
게 수익성이 어느 정도 보장될 수 있는 변형된 임대아파트가 생겨나게
되었다. 변형된 임대아파트는 결국 임대기간을 단기로 하고 임대기간이
끝나면 이를 분양하는 분양전환부(分讓轉換附) 단기임대아파트의 형태를
띠게 되었다. 이렇게 도입되기 시작한 단기임대아파트는 공공부문에도
채택되어 국가나 지방자치단체의 부담을 경감하기 위한 방편으로 활용
되었다.

단기간에 분양전환이 이루어지는 임대아파트는 임대아파트의 건설

과 유지관리에서 발생하는 사업자의 경제적 손실을 완화해준다. 아파트 건설에 투입된 비용을 분양전환을 통해 조기에 회수하고 유지관리에서 오는 손실도 줄일 수 있기 때문이다. 이렇게 단기에 분양전환을 허용하는 임대아파트제도는 민간건설사에게도 임대아파트를 건설할 동기를 제공하고, 공공부문에 대해서도 임대아파트의 건설관리로 인한 막대한 손실을 완화해주는 기능을 수행했다. 이것이 바로 5년 만에 분양전환되는 유형의 단기임대아파트가 현재 한국사회에서 폭넓게 건설되고 공급되는 이유이다.

2. 분양전환의 의의

분양전환은 임대기간을 예정하고 있는 임대아파트에 대해 기간의 종료에 따라 임대아파트를 분양아파트로 변환하고 이를 매각하는 행위를 뜻한다. 임대를 목적으로 건설한 아파트의 지위는 특수하게 보호되는 것이어서, 이를 분양목적의 일반아파트로 전환하는 것은 임대사업자의 임의로운 결정만으로 이루어질 수 없고 이에 대한 행정청의 승인이 필요하다(2015년 임대주택법 제21조 제4항). 분양전환신청에 대한 승인을 통해 임대주택은 임대주택으로서의 지위를 잃고 분양주택이 되며, 임대인과 임차인간의 매매계약이 그에 뒤따른다.

임대아파트가 단시일 내에 분양전환되면 결국 시장에 공급된 임대아파트가 감소되므로 다량의 임대아파트를 공급하고 유지한다는 공익은 훼손된다. 그러나 다른 한편 임대아파트는 일정 소득이하의 저소득층만을 임차인으로 모집하고 분양전환할 때에도 기존의 임차인에게 우선 매각하므로(2015년 임대주택법 제21조 제1항 제1호) 공급대상자를 저소득층으로 한정하는 중요한 기능을 한다. 따라서 임대아파트는 비록 단기간내에 분양전환된다 해도 일반에 공급하는 분양아파트에 비해 복지정책에 더 많이 기여한다. 비록 분양전환된 후에는 분양아파트가 된다는 점에서는 동일하지만, 임대아파트는 공급과 분양과정에서 저소득층인 임차인의 소득수준을 반영하기 때문이다.

임대주택의 단기분양전환은 임대아파트의 의무임대기간을 단축하고, 이를 매각함으로써 임대아파트 공급자들의 수익을 보장해 왔다. 그러므로 건설임대사업자의 수익이 전적으로 배제된다는 전제하에 임대아파트의 분양전환제도를 해석하는 것은 과도한 것이다. 다만 임대아파트의 건설에 대해서는 국가적인 차원의 특혜가 주어지므로, 그에 대응해서 아파트 가격 상승으로 인한 이익이 모두 건설업자에게 귀속되는 것을 막을 필요는 있다. 이러한 목적을 달성하기 위해 임대주택법은 분양전환을 행정청의 승인대상으로 정하고, 5년 만에 분양전환되는 임대아파트의 경우에는 분양가격도 분양전환 당시의 시장가격과 입주자모집당시의 아파트가격을 산술평균하도록 정하고 있다.

3. 임대아파트가격의 규제와 적용범위

임대아파트는 임대에 제공되는 초기에 임대보증금, 임대료 등 임대조건을 정하기 위해 주택의 가격을 산정해야 하고, 또 임대기간이 종료되면서 분양전환될 때 분양전환의 가격을 산정해야 한다. 임대주택법은 임대주택의 임대제공을 위한 가격과 분양전환을 위한 가격을 중요한 규율대상으로 보고 이를 상세하게 규율하고 있다.

1994년 제정된 임대주택법과 관련법령도 임대아파트의 공급에서 아파트의 가격과 관련해 두 가지의 규율을 마련하고 있었다. 첫째, 임대아파트의 임대보증금과 임대료를 산정하기 위한 아파트가격에 대해서 임대주택법 시행령은 '공공건설임대주택에 대한 최초의 임대보증금은 당해 임대주택의 건설원가에서 국민주택기금에 의한 융자금을 차감한 금액을 초과할 수 없다'고 정하면서 '건설원가'를 임대보증금 등의 중요한 계산 지표로 사용하고 있었다. 둘째, 당시의 법령은 임대아파트가 분양전환을 예정하고 있는 것이면 분양전환할 때 아파트의 예정가격에 관해 정하고 있었다. 당시 주택공급에 관한 규칙(1994. 11. 2. 시행된 것)은 임대아파트 입주자모집공고의 내용으로 '일정기간이 경과한 후 분양전환되는 임대주택인 경우에는 그 분양전환시기와 분양예정가격의 산출기준 등 분양전환조건에 관한 사항'(동규칙 제9조 제1항 제12호)이 같이 정해지도록 규정되어 있었다.

그러나 그 외에는 분양전환가격에 대한 법령상의 조건은 없으며, 사업자에 의해 작성되고 행정청에 제출되는 임대아파트 매각계획서 서식상 단순히 매각가격이 표시되도록 되어 있을 뿐이었다(1994년 임대주택법 시행규칙 제4조 및 동별지 6호 서식). 그 후 1999년 임대주택법 시행규칙에 처음으로 도입된 분양전환가격 산정에 관한 기준이 별표의 형식으로 정해지면서, 입주자모집공고당시 승인권자가 산정한 주택가격이 건설원가의 기초가 되도록 정해졌다(동 시행규칙 제3조의3과 별표2). 법령상 승인권자가 산정하도록 명시되어 있으므로 승인당시의 주택가격이고 이는 주택 완공전의 추정가격일 수밖에 없다.

임대주택도 분양아파트와 마찬가지로 착공과 동시에 또는 1/2 정도의 골조공사가 끝나면 입주자모집을 하므로(구 주택공급엔 관한 규칙 제7조 제1항 및 제2항, 별표2: 2015. 12. 29. 국토교통부령 제268호로 전부 개정되기 전의 것), 입주자모집 당시의 주택가격은 입주자모집 당시에 확정되고 공고된 금액이다. 다만, 이를 기초로 산정되는 건설원가는 기간의 장단에 따라 이자나 감가상각에 따라 변동될 수 있다.

구 임대주택법 시행규칙 별표1이 2014. 7. 16. 개정되면서, 건축비가 "최초 입주자 모집 공고 당시의 건축비", 즉 입주자 모집 공고 당시의 '추정'건축비라는 점이 확인된 바 있다. 국토교통부는 법령 개정취지를 설명하면서 임대의무기간이 5년인 분양전환가격 산정기준이 불명확하여 발생하는 분쟁을 막기 위해 분양전환가격을 산정할 때에는 공고한 건축비를 그대로 적용하기 위한 개정임을 밝히고 있다. 이는 법령 개정

이전의 구 임대주택법 시행규칙상의 건축비에 대한 조항이 불명확함에
도 불구하고 역시 실제 건축비가 아닌 입주자모집 공고 당시의 추정건
축비였음을 보여준다.

임대주택법이 분양전환가격을 통제하지만 모든 임대주택에 대해
그런 것은 아니고 통제의 대상은 '공공건설 임대주택'에 한정된다. 공공
건설 임대주택은 주로 공공이 건설하는 임대주택으로 국가 또는 자치단
체의 재정으로 건설하거나, 주택도시기금의 지원을 받은 주택을 의미한
다(2015년 임대주택법 제2조 제2호). 다만 민간이 건설하는 경우에도 공공
사업으로 조성된 택지에서 사업승인을 받은 경우라면 공공건설 임대주
택이 되고 역시 가격통제의 대상이 된다. 공공사업으로 조성된 택지란
택지개발촉진법 등 공공부문의 재정이 투입된 경우를 의미하는 것이고,
사업승인을 받은 경우란 건축법상 건축허가를 받거나 또는 매입을 통해
임대에 제공하는 것이 아니라 주택법(또는 주택건설촉진법)상 사업승인을
받아 임대아파트로 건설된 아파트를 말한다.

임대주택법이 공공건설임대주택에 대해서만 분양전환가격을 통제
하는 이유는 공공재원이 투입되고 수용권 등 고권적 조치가 수반되었다
는 점에 있다. 그래서 임대주택법 시행규칙 별표상 분양가격을 산정할
때 건축비와 택지비가 공히 중요한 항목을 구성하는 것이다. 다만 민간
이 건설한 임대아파트를 공공건설 임대아파트라 부르고 이를 가격통제
의 대상으로 삼는 근거는 공공택지를 저가에 공급받았거나 주택도시기
금을 지원받았다는 점을 고려한 것이므로 분양가격의 통제도 그와 관련
해서 제한적으로 이루어지는 것이 옳다.

Ⅲ. 건설원가의 해석

앞서 설명한 바와 같이 한국에서 아파트가격은 지속적으로 상승해

왔다. 단기간에 분양전환되는 임대아파트의 경우에는 분양전환당시의 아파트가격이 매우 높게 형성될 것이므로, 이를 완충하기 위한 차원에서 아파트가 아직 완공되기 전에 추정가격을 정하고 그 가격과 분양전환당시의 가격을 산술평균하도록 제도가 설계되었다. 분양전환시까지 지속적으로 상승한 아파트가격을 기준으로 분양가격이 결정되면 서민층인 임차인에게 부담이 되고 또 임대아파트 건설사가 과도한 이익을 누리게 되므로 이를 낮추기 위해 절충적으로 도입된 가격이 바로 '건설원가'이다.

특히 5년의 단기 임대의무기간을 정하고 있는 건설임대주택은 임대주택으로서의 지위보다 분양주택으로서의 기간이 훨씬 길게 예정되어 있고,4) 시장에서도 이를 분양주택에 가깝게 인식한다. 주택공급에 관한 규칙이 임대주택의 임차인이 된 자를 분양아파트의 당첨자와 동등하게 취급하는 것도 이 때문이다(동규칙 제2조 제13호). 그러므로 임차인은 수분양자에 가깝고, 입주자모집 승인에 포함되어 공시된 주택가격은 임대차당시 보증금의 기준이 될 뿐 아니라 향후 분양전환 가격을 결정하는 매우 중요한 기능을 한다.

이 사건에서 논쟁의 대상이 되고 있는 건설원가라는 개념은 문언해석만으로는 실제건축비인가 또는 공고된 건축비인가가 밝혀지지 않는다. 주택가격과 건설원가는 그 자체만으로 독자적인 기능을 하는 것이 아니라 현재의 시장가격(감정평가액)과의 상관관계에서 의미를 갖는 것이기 때문이다. 단기임대라 해도 10년의 의무임대기간을 채운 임대아파트는 가격상승 여부를 가리지 않고 분양전환 당시의 시장가격으로 분양할 수 있다. 그러므로 이때에는 건설원가와 분양전환가격은 상관관계가 없다. 이와 대조적으로 5년 만에 분양전환하는 아파트의 경우에는

---

4) 예를 들어 내용연수가 40년인 아파트(법인세법 시행규칙 제15조 제3항 참조)는 임대기간인 5년간은 임대주택의 지위를 갖지만, 분양전환 이후 35년간 일반주택으로 존속한다.

건설원가와 시장가격이 산술평균된다. 분양가를 낮추기 위해 정해지는 건설원가는 가급적 이른 시점을 기준으로 하는 것이 수분양자들에게 유리했으므로 입주자모집공고시를 기준으로 조기에 확정되어야 했다.

임대주택법에 따르면 임대기간이 10년 이상일 때 분양전환에서 가격제한이 거의 없는데, 임대기간이 10년을 넘은 임대아파트에 대해 임대주택법이 요구하는 최소한의 공익적 기능을 수행한 것으로 평가하기 때문이다. 이에 비해 임대기간이 5년인 아파트는 규제가 강화되어 건설원가와 감정평가액의 산술평균이 분양전환 가격의 상한선이 된다(임대주택법 시행규칙 별표1, 1호 가목). 이러한 규제는 임대아파트 건설사업자가 분양수익을 노리고 임대아파트를 건설하는 것을 막을 필요가 있기 때문이다. 그러나 이러한 규제의 필요성은 임대기간이 10년인 임대아파트의 경우에도 역시 존재한다고 보아야 한다. 10년 후 분양전환하는 임대아파트와 5년 후 분양전환하는 임대아파트가 공익에 봉사하는 정도에서 차이를 보일 수 있지만 그 차이가 본질적인 규율의 차이로 나타날 정도라 보기는 어렵다. 그러므로 5년 후 분양전환 제도를 해석할 때 10년 후 분양전환의 규율강도와 적절한 균형이 고려되어야 한다.

임대주택법은 임대의무기간을 설정하고 이를 가급적 연장해서 임대주택을 유지하려는 입장이 아니고, 단기의 임대의무기간과 함께 분양전환을 이미 예정된 것으로 보고 너그럽게 허용하고 있다. 5년 단기의 임대주택 뿐 아니라 사정변경에 의한 사전 분양전환, 합의에 의한 사전 분양전환 등의 경우까지 고려하면 건설임대주택은 이미 분양아파트에 가까운 실질을 갖게 된다. 이런 법제하에서는 임대주택의 입주자모집시에 분양전환과 관련된 대부분의 사항들이 결정되는 구조를 띨 수밖에 없고, 5년 후 분양전환시 아파트 가격산정의 기초가 되는 주택가격도 이 때 확정적으로 정해진다고 해석하는 것이 옳다.

이러한 점에 비추어보면 건설원가는 감정평가된 현재의 시장가격과 대립관계에 있는 것으로 해석해야 그 개념의 취지가 명확해진다. 분양전환가격은 분양전환시의 감정가격과 산술평균되는 가격이어야 하므로 장차 분양전환을 예상하는 주체나 그 상대방이 명확하게 인식할 수 있는 가격이어야 한다. 이는 이미 서류상 확정되어 있는 승인된 주택의 가격이 기준이 되어야 할 또 다른 이유이다.

　　법적 안정성이라는 점에서도 실제로 투입된 건축비가 주택가격이 되어야 한다는 해석은 받아들이기 어렵다. 만약 입주자모집승인 당시에 정해진 주택가격보다 사업자의 건설비용이 더 많이 투입되었고, 사후에 그 실제 건축비가 입증될 수 있다고 해도 이를 인정해서 분양전환 가격이 높게 산정되는 것은 허용될 수 없다. 분양전환의 상대방에게 예상할 수 없었던 손실을 초래할 수 있기 때문이다. 그러므로 법적 안정성이라는 관점에서도 입주자모집공고에서 정해진 주택가격은 그 당시 추산액이지만 합리적인 근거에 의해 산정된 것이라 보고 이를 분양전환시에도 그대로 사용하는 것이 옳다.

Ⅳ. 분양가 상한제가 통제하는 '분양가격'

　　주택법상 사업승인을 받은 일반 주택은 주택공급에 관한 규칙이 정하는 바에 따라 그 공정에 따라 주택을 선분양할 수 있으며(동규칙 제7조), 임대주택도 그와 동일한 시기와 절차에 의해 임차인에게 공급된다. 다만 이 때 주택이 공급될 수 있는 임차인의 자격은 임대주택법이 아닌 주택공급에 관한 규칙에 의한다(임대주택법 시행령 제19조). 주택의 건설과 공급대상자를 배타적으로 정하고 있는 주택법과 그 하위법령으로서 주택공급에 관한 규칙은 임대주택의 임차인 선정행위를 분양아파트의 분양행위에 준해서 평가한다.

　　이처럼 분양아파트와 임대아파트는 공급에 대해서는 동일한 법령들의 적용을 받기 때문에 분양가 상한제와 임대아파트 분양전환 가격제한은 아파트의 가격에 대한 규제라는 점에서 거의 동일한 목적과 성질을 공유한다. 아파트가격이 지속적으로 상승하고 사회문제로 인식되었던 한국사회에서 분양아파트에 대한 가격통제문제는 항상 관심의 대상이었다. 그러므로 분양가 상한제, 분양가 원가연동제, 분양가 자율화 등의 조치가 시간적으로 연속하면서 분양아파트에 대한 가격통제가 이루어졌다. 아파트 가격통제라는 면에서 임대아파트의 분양가격통제보다 분양아파트의 가격통제가 가격에 대한 일반적인 규제라고 이해하는 것이 오히려 자연스럽다.

분양가 상한제는 분양가 지역별 차등제, 분양가 연동제 등 다양한 규제연혁을 거쳐 변동되어 왔지만, 현재의 분양가 상한제는 2007년 1월 11일 참여정부의 부동산 정책의 일환으로 발표되고 법령에 도입된 것이다.5) 현행 주택법 제57조, 주택공급에 관한 규칙 제21조 제3항 제11호, 주택법 제59조(분양가심사위원회) 등은 분양가 상한제의 골간을 이루는 조항들이다.

분양가 상한제는 아파트의 분양가격을 심사해서 국토부장관이 정하여 고시한 기본형건축비(주택법 제57조 제4항)를 상회하지 못하도록 제한하는 제도이다. 이 제도에 따라 아파트가격이 심사되고 최종적으로 승인되면 입주자모집공고의 내용으로 분양가격이 공고되는데, 이 때 공고되는 분양가는 아파트 건설에 투입된 실제 원가와는 다르다. 입주자모집은 통상 공사에 착수하거나 공사가 일정한 공정에 이르면 가능하기 때문에(주택공급에 관한 규칙 제15조 제1항, 제2항), 입주자모집공고 당시에 공고의 내용으로 정해진 분양가는 그 당시 아파트의 완공을 전제로 추산한 가액일 수밖에 없기 때문이다. 그러므로 임대아파트의 건설원가를 해석할 때 이에 대한 해석의 일반원칙이 실제 투입한 비용을 기준으로 하는 것이라는 주장은 대단히 합리적인 논거나 연혁적 근거를 가지고

5) 류해웅, 참여정부의 부동산정책과 제도, 한국부동산연구원, 2007, 86면 참조.

있는 것은 아니다.

현재 법원의 태도와 같이 건설원가를 공고된 가격이 아니라 실제 투입된 가격으로 다시 해석해야 한다는 입장이 일반화되면 이 논리는 다시 분양가 상한제로 옮겨갈 수 있다. 분양아파트의 수분양자들이 입주자모집공고 당시의 분양가에 대해 실제 투입비를 의미하는 것으로 주장할 여지가 생기기 때문이다. 분양가 심사위원회의 심사를 거쳐 공고된 분양가를 다시 실제 투입된 가격으로 주장할 수 있다면 현행법에 존재하는 모든 가격에 대해서도 이러한 주장이 분출할 것이다. 물론 법원은 법령의 최종적인 해석기관이므로 이러한 주장을 모두 받아들여 실제 가격을 다시 산정하도록 결정할 수 있다. 그러나 이러한 결과는 입법자도 일반 국민도 받아들이기 어렵고 정작 법원도 이 모든 소송을 심리할 의도를 가지고 있다고 보이지 않는다.

V. 가격관련조항과 강행법규이론

1. 강행법규이론과 충돌하는 공법사례들

최근 공법에 근거해 소유권의 이전이 이루어지는 주택이나 토지, 시설물 등의 가액을 둘러싸고 공급자와 매수인간의 이견이 빈발하면서 소송으로 이어지고 있다. 주택법, 택지개발촉진법 등 전통적으로 주택이나 토지를 공급하기 위해 제정된 행정법령은 당해 재화의 원활한 공급과 공급대상자의 결정에 주안점을 두고 그 공급과정 전체에 대한 체계정합성을 고려하는 일은 드물었다. 이렇게 허술하게 제정된 공법규정은 특히 주택이나 토지 등의 공급가격 결정에 대한 불분명한 조항을 동반한다. 이 때문에 공급가격을 둘러싼 다량의 동종유형 사건들이 법원에 동시에 계속되는 현상들이 반복되고 있다.

이런 분쟁들은 공법적으로 진행되었던 주택이나 토지의 공급절차들에도 불구하고 계약무효를 주장하는 민사소송으로 제기되며 강행법규 위반여부를 주된 쟁점으로 한다. 이러한 경향의 대표적인 분쟁사례는 2000년대 초반부터 택지개발지역의 피수용자들에게 주어진 특별공급을 둘러싼 것이었다. 이들에게 재산상의 보상 외에 이주대책의 일환으로 아파트나 택지가 공급되는 것을 특별공급이라 한다. 특별공급의 과정에서 공급된 이주자택지나 이주자주택의 공급가격을 둘러싼 이 논쟁은 2011년 두 개의 대법원 전원합의체 판결을 이끌어냈지만,[6] 여전히 하급심에서 계속 중이다.

그 다음으로 이에 해당하는 사건은 재건축, 재개발과정의 정비기반시설의 설치비용에 관한 것이다. 재건축, 재개발사업의 과정에서 폐지되는 도로, 공원 등 정비기반시설은 일정한 범위에서 사업시행자에게 무상으로 양도되므로, 사업시행자는 그 나머지 부분만 대가를 지불하고 매입하면 된다(도시 및 주거환경정비법 제65조 제2항). 그러나 이 조항은 무상양도를 의무화하는 기능만 있을 뿐 무상양도의 범위에 대한 규율이 불명확해서 역시 정비기반시설의 매입비용을 둘러싼 분쟁으로 나타나고 있다.[7]

이 사건들과 같이 임대주택의 공급가격에 대한 소송도 이와 유사한 분쟁유형인데, 임대에 제공되었던 건설임대주택이 임대기간의 만료로 분양주택으로 전환될 때 가격을 결정하는 기준에 대한 분쟁이다. 임대주택법상 임차인모집공고시의 주택가격과 분양전환시 감정가액을 평균해서 분양가가 정해지도록 되어 있는데, 이중 전자의 해석에 대해 소

---

6) 대법원 2011. 6. 23 선고 2007다63089, 63096 전원합의체 판결 등; 이에 대해 자세히는 김종보, 이주대책의 개념과 특별공급의 적용법조, 행정법연구 28호. 2010. 12. 163－182 참조.

7) 대법원 2009. 6. 11. 선고 2008다20751, 대법원 2009. 6.25. 선고 2006다18174; 이에 대해 자세히는 김종보, 정비기반시설에 대한 유상매입부관의 공정력과 한계, 행정판례연구, 2009. 12. 87－117

송의 쟁점이 집중되고 있다. 이에 대해서도 법원은 강행법규이론을 원용하고 있다.[8]

지금 제시한 세 유형의 분쟁은 다수의 원고가 존재하고 수많은 소송이 계속중이라는 공통점 외에도 두드러진 공통점이 있다. 대체로는 매수인들이 대금의 감액을 요구하면서 강행법규위반과 그에 따른 계약 무효를 주장한다는 점이다. 이 때 위반된 것으로 원용되는 강행법규는 토지나 주택 등의 가액과 직간접적으로 관련된 한 두 개의 조항인데, 이 조항들은 처음부터 가액 결정의 문제로 생각되지 않았거나 적용범위가 불분명한 것들이었다.[9] 또 이 조항들은 전체 제도를 설계할 때 관심의 대상이 되었던 주된 조문들에 비하면 한정적이고 부수적인 기능만을 담당한다. 당연히 당해 조항의 문구에 충분한 주의가 기울여지기 어려웠으며, 이렇게 만들어진 불분명한 조항은 다양하게 해석될 여지를 남긴다. 따라서 그 조항에만 한정해서 문제를 좁게 보면 법조항의 최종해석권을 가지고 있는 법원의 결정권이 거의 절대적이라 할 수 있다. 그리고 이러한 사건에 대해서 법원은 관련 조항에 대한 자신의 해석기준에 따라 금액을 정하고 이를 넘는 부분에 대해 강행법규위반을 이유로 무효를 선언하고 있다.

2. 강행법규이론의 한계

이러한 유형의 사건에서 법원이 강행법규라 보는 조항은 도박, 사기, 강박 등 사회질서에 반하는가 여부를 쉽게 알 수 있는 단순한 강행

---

8) 대법원 2011. 4. 21. 선고 2009다97079 전원합의체 판결.
9) 정비기반시설의 무상양도에 대해서는 의무적으로 무상양도를 할 것인가 여부가 쟁점이었고 무상양도의 범위를 정하는 취지는 조문 어디에도 없다. 특별공급의 가액결정도 공익사업을 위한 토지 등의 취득 및 보상에 관한 법률의 한 구석에 존재하는 생활기본시설의 설치의무 조항을 둘러싼 것으로 다투어지고 있지만, 이 조항도 역시 가액결정을 위한 구체적인 기준을 마련하고 있지 않다.

법규가 아니다. 오히려 이 조항들은 개별 법령들이 달성하려는 목적과 그를 위해 설계된 복잡한 제도의 일부로서 전체 운영되는 제도들과 유기적인 관련성을 보기 전에는 그 조항의 위반이 무효가 되는지 사전에 예상하기 어렵다. 또 가격관련조항은 그 조항이 소송에서 가격과 관련해 결정적 기준이 될 것이라는 점을 사전에 예측하기 어려운 경우도 있다(특별공급과 생활기본시설 조항). 물론 해석이 복잡하고 어렵다는 이유만으로 그 조항의 강행법규성이 부인되는 것은 아니다. 그러나 가격관련조항이 강행법규라고 인정되어도 다시 그에 따른 금액기준은 개별사건의 정황에 따라 달라질 수 있으며, 심지어는 유사 사건이라도 그에 따른 금액기준이 관할법원마다 달라지고 또 심급마다 달라질 수 있다. 이러한 경우 가격관련조항이 강행법규라고 선언하는 것만으로는 이 조항에 따라 행위하는 수범자들에게 특별한 예측가능성을 보장하지 못한다.10)

　건설임대주택의 공급은 길고 복잡한 과정을 거친다. 적용되는 법령도 임대주택법 하나에 그치는 것이 아니고 주택법, 주택공급에 관한 규칙 등 다양한 법령이 종합적으로 작용한다. 임대아파트 가격산정을 위한 두 개념 중 초기에 정해지는 건설원가는 현재 법원에 의해 다양하게 해석될 수 있음이 이미 밝혀졌다. 건설원가는 입주자모집당시 추산된 가격으로 볼 수도 있고, 실제 투입된 가격으로 아파트 건설이후에야 정해지는 가격으로 해석될 수도 있다. 그러나 법원이 이 중 낮은 가격을 정해서 그것이 건설원가에 대한 정당한 해석이고 이를 기초로 계산하여 그 초과부분을 무효라고 선언하는 것은 '강행법규 위반과 무효'법리를 너무 쉽게 그리고 넓게 채택하는 것이 아닌가 하는 우려를 불러온다. 이를 민사소송으로 그리고 부당이득 소송으로 간이하게 처리하는 것이

---

10) 당사자들이 가격관련조항이 강행법규라는 것을 알게 되었다고 해도, 일정 가격을 넘으면 무효인지를 알 수 있게 되는 것은 당해 분양전환사건에 대해 대법원이 최종적인 결론을 내려주었을 때이다.

사법정책상으로 바람직한 것인가에 대한 진지한 고민이 필요한 때이다.

입주자모집공고 당시 모든 임차인에 대해 주택가격이 공고되었으며 이는 건물이 완공되기 훨씬 전의 추정가격이다. 일반 건설사가 공급하는 임대주택인 경우라면 이에 대해 행정청의 승인이 있고 이렇게 승인된 가격을 전제로 다시 5년 후에 분양전환을 하는 절차에서 분양전환가격이 다시 한 번 행정청의 승인을 받도록 정해져 있다. 주택가격에 대한 행정청의 승인이 두 번 있은 이후에 비로소 임차인과 임대인 사이에 그 가격을 전제로 매매계약이 체결된다. 이런 과정에서 이루어진 행정청의 가격산정과 그 승인은 그 자체로서 공정력이나 이에 준하는 효력을 갖는 것으로 해석될 여지도 있다. 그러나 행정청의 승인에 공정력 정도의 효력을 인정하는 것은 어렵다고 해도 이런 모든 공법상의 해석과 승인과정을 모두 무시한 채 (제소기간의 제한도 없는)민사소송에서 부당이득으로 선언하는 것은 선뜻 받아들이기 어렵다.

행정청의 승인이라는 측면에 국한하면 이러한 논리는 한국토지주택공사가 분양전환한 사건들에 대해서도 역시 마찬가지이다. 한국토지주택공사가 입주자모집공고를 하거나 분양전환을 할 때 승인을 받지 않았다고 해도 민간건설업자와 차이를 보이는 것은 아니다. 한국토지주택공사는 주택법, 택지개발촉진법, 도시 및 주거환경정비법 등에서 행정청에 준해서 규율되므로 행정청의 인허가 등이 대부분 생략되며 스스로 준공하거나 승인하는 것이 일반적이다. 이러한 제도가 합리적인 것인가 또는 합헌적인 것인가는 별론으로 하고 개발사업법제 전반에 한국토지주택공사가 이렇게 규정되어 있기 때문에 임대주택에 대해 입주자모집안이나 분양전환 등의 승인이 면제되었다고 해도 행정청에 의해 승인받은 민간건설 임대아파트의 분양전환과 법적 성격에서 차이를 보이는 것은 아니다.

Ⅵ. 결론

1. 추정가격인 건축비

임대아파트의 분양전환가격의 구성요소인 주택가격 또는 건설원가는 추정가격이고 사후에 다시 산정되어야 하는 실제 투입된 가격이 아니다. 분양전환시 기준이 되는 건축비는 실제 투입된 건축비라는 대법원의 입장은 옳지 않으며, 입주자모집시 추산해서 공고된 건축비가 분양가 산정의 기준이 되어야 한다. 분양아파트에 대한 분양가 상한제도 실제 투입가격이 아니라 추정가격을 통제하는 것을 원칙으로 하고 있다.

2. 단기임대아파트와 수익성

단기임대아파트는 분양전환을 통해 제한적이지만 일정한 수익을 얻을 수 있도록 설계되어 있다. 따라서 그 수익을 가급적 줄이거나 배제하는 것만이 올바른 해석방향인 것은 아니다.

3. 분양전환에서 가격통제의 대상

모든 임대아파트가 분양전환가격의 통제대상이 되는 것은 아니고 공공건설 임대아파트만 통제대상이 되며 이 중에서도 임대기간이 10년이 넘는 것은 감정평가액만으로 분양하므로, 건설원가를 산정할 필요도 없다. 5년 단기 임대아파트의 분양전환에 한정해서 건설원가 관련 조항이 적용되는 것이므로 이 조항은 10년 후 분양전환에 대한 규제와 비교되어야 한다.

4. 가격관련 조항과 강행법규이론

임대아파트의 분양전환 등에서 공법상 가격을 결정하는 데 직간접적으로 관련되는 조항은 제도의 유기적인 구성부분이면서 동시에 매우 불분명한 형태를 띤다. 이러한 조항을 둘러싸고 제기되는 민사소송의 소송물은 임대아파트 공급가격 산정의 위법성이라는 점에서, 제도의 위법성 심사를 본질로 하는 행정소송과 기능상 구별되지 않는다. 또한 이 조항을 다른 조항들과 분리해서 강행법규위반과 무효이론을 적용하는 민사판결은, 법률과 제도가 설계한 전체 취지를 왜곡한다.

참고문헌

하성규, 주택정책론, 박영사, 2004
김 원, 사회주의 도시계획, 보성각, 1998
임서환, 주택정책 반세기, 대한주택공사, 2002
류해웅, 참여정부의 부동산정책과 제도, 한국부동산연구원, 2007

김종보, 이주대책의 개념과 특별공급의 적용법조, 행정법연구 28호. 2010.
    12.
김종보, 정비기반시설에 대한 유상매입부관의 공정력과 한계, 행정판례연
    구, 2009. 12.

국문초록

　현대복지국가에서 서민을 위해 임대아파트를 건설·공급하고 또 유지·관
리하는 일은 국가의 고유한 임무로 받아들여지고 있다. 국가가 충분한 재
정적 여유를 가지고 있으면 공공이 건설·관리하는 장기공공임대아파트를
많이 건설하고 공급하는 것이 가장 이상적이다. 그러나 국가의 재원이 한
정적이고 민간의 공급역량이 충분할 때 한정적 자원을 어떻게 배분할 것인
가 하는 것은 쉽지 않은 결정이 된다. 한국사회에서 임대아파트는 일반 분
양아파트와 거의 동일하게 시장원리에 충실하게 공급되고 단기간에 분양전
환되어 일반에 매각되어 왔다.
　단기간에 분양전환이 이루어지는 임대아파트는 임대아파트의 건설과
유지관리에서 발생하는 사업자의 경제적 손실을 완화해준다. 아파트건설에
투입된 비용을 분양전환을 통해 조기에 회수하고 유지관리에서 오는 손실
도 줄일 수 있기 때문이다. 이렇게 단기에 분양전환을 허용하는 임대아파
트제도는 민간건설사에게도 임대아파트를 건설할 동기를 제공하고, 공공부
문에 대해서도 임대아파트의 건설관리로 인한 막대한 손실을 완화해주는
기능을 수행했다. 이것이 바로 5년 만에 분양전환되는 유형의 단기임대아
파트가 현재 한국사회에서 폭넓게 건설되고 공급되는 이유이다.
　이런 점을 고려한다면 임대아파트의 복지정책적 목적을 본질적으로 훼
손하지 않는 한 임대아파트의 수익성은 용인될 수 있는 것으로 해석해야
한다. 다만 임대아파트의 건설에 대해서는 국가적인 차원의 특혜가 주어지
므로, 그에 대응해서 아파트 가격 상승으로 인한 이익이 모두 건설업자에
게 귀속되는 것을 막을 필요는 있다. 이러한 목적을 달성하기 위해 임대주
택법은 분양전환을 행정청의 승인대상으로 정하고, 5년 만에 분양전환되는
임대아파트의 경우에는 분양가격도 현재의 시장가격과 입주자모집당시의
아파트가격을 산술평균하도록 정하고 있다.
　임대아파트의 분양전환가격의 구성요소인 주택가격 또는 건설원가는

추정가격이고 사후에 다시 산정되어야 하는 실제 투입된 가격이 아니다. 분양아파트에 대한 분양가 상한제도 실제 투입가격이 아니라 추정가격을 통제하는 것을 원칙으로 하고 있다. 또한, 모든 임대아파트가 분양전환가격의 통제대상이 되는 것은 아니며 공공건설 임대아파트만 통제대상이 된다. 이 중에서도 임대기간이 10년이 넘는 것은 감정평가액만으로 분양하므로 건설원가를 산정할 필요도 없다. 5년 단기 임대아파트의 분양전환에 한정해서 건설원가 관련 조항이 적용되는 것이므로 이 조항을 해석할 때 10년 후 분양전환의 규율강도와 적절한 균형이 고려되어야 한다.

건설임대주택의 공급은 길고 복잡한 과정을 거친다. 적용되는 법령도 임대주택법 하나에 그치는 것이 아니고 주택법, 주택공급에 관한 규칙 등 다양한 법령이 종합적으로 작용한다. 특히, 임대아파트의 분양전환 등에서 공법상 가격을 결정하는 데 직간접적으로 관련되는 조항은 제도의 유기적인 구성부분이면서 동시에 매우 불분명한 형태를 띤다. 이 조항을 다른 조항들과 분리해서 강행법규위반과 무효이론을 바로 적용하는 민사판결은, 법률과 제도가 설계한 전체 취지를 왜곡할 뿐 아니라 제도의 위법성 심사를 본질로 하는 행정소송과 기능상 구별되지 않는다. 이러한 민사소송의 소송물은 임대아파트 공급가격 산정의 위법성이 될 것이다.

주제어: 임대아파트, 단기임대, 분양전환, 건설원가, 강행법규

Abstract

The sale price of rental apartments
and the theory of compulsory law

Kim, Jong Bo[*]

In the modern welfare state, building, supplying, maintaining and managing rental apartments for the common people is accepted as a nation's mission. If the country has sufficient financial leverage, it would be ideal to build and supply many long-term public rental apartments that are constructed and managed by the public. However, it is not easy to decide how to allocate limited resources when the national resources are limited and the private supply capacity is sufficient. In Korean society, rental apartments have been supplied to the general market according to market principles, and have been converted to lot-solid apartments in a short period of time.

Rental apartments that are converted into a sale in a short period of time reduce the economic losses of the operators in the construction and maintenance of rental apartments. This is because the cost of apartment construction can be recovered early on through the conversion of rental housing for sale and the loss from maintenance can be reduced. The rental apartment system allowing the sale in such a short period provided the motivation for private apartment construction companies to build rental apartments and also relieved huge losses caused by the construction and management of rental

* Professor, School of Law, Seoul National Univ.

apartments in the public sector. This is why short-term rented apartments that are converted into lot-solid apartments in five years are widely constructed and supplied in the present Korean society.

Considering this point, it should be interpreted that the profitability of the rental apartment can be embraced unless it intrinsically undermines the welfare policy purpose of the rental apartment. However, since the benefit of rented apartments is guaranteed by the nation, it is necessary to prevent all the profits from rising apartment prices from being attributed to the builder. In order to achieve this purpose, the Rental Housing Act requires the sale of apartments should be approved by the administrative office, and that the sale price of rental apartments converted for sale in five years should be determined by averaging arithmetically the current market price and the price at the time of recruitment of residents.

The housing price or construction cost, which is a component of the sale price of a rental apartment, is an estimated price and not an actual input price that has to be recalculated afterwards. The selling price ceiling for apartment units is based on the principle of controlling the estimated price, not the actual input price. In addition, not all rental apartments are subject to control of the sale price, and only public rental apartments are subject to control. Among them, renting for more than 10 years does not need to estimate the construction cost since it is sold only to appraisal value. Since the clause of limiting the sale price by the construction cost only applies to the five-year converted rental apartment, this clause should be interpreted in a balanced manner considering the case of ten-year converted rental apartment.

The supply of rental housing is long and complicated. The applicable laws are not limited to the Rental Housing Act, but various laws and ordinances such as the Housing Act and regulations on the housing supply collectively. In particular, the provisions directly or indirectly related to determining the price in terms of the sale of rental apartments are organic parts of the system with unclear forms. However, civil judgments have been interpreted these provisions separated from other provisions and directly apply the theory of compulsory law and invalid theory without full consideration of the complexity and ambiguity of the provisions. It has not only distorted the overall purpose of laws and systems, but also has made civil litigation not functionally distinguished from administrative litigation, which examine the illegality of the system. These civil judgments will be a violation of the pricing of rental apartments.

Keyworlds: Rental apartment, Short-term lease, Conversion of rental housing for sale, Prime cost of building, Compulsory law

투고일 2017. 12. 11.
심사일 2017. 12. 25.
게재확정일 2017. 12. 28.

親日殘滓淸算과 追認的 法律

李賢修*

헌법재판소 2013. 7. 25. 2012헌가1 결정

Ⅰ. 사안의 정리
　1. 사건의 개요
　2. 결정요지
Ⅱ. 평석
　1. 쟁점의 정리

　2. 이른바 추인적 법률에 관한
　　프랑스의 논의
　3. 헌법적 쟁점에 대한 의견
　4. 행정법적 쟁점에 대한 의견
Ⅲ. 맺음말

Ⅰ. 사안의 정리

1. 사건의 개요

(1) 제청신청인의 조부 이○승은 1910. 10. 7. 일제로부터 후작의 작위를 받았는데, '친일반민족행위자 재산의 국가귀속에 관한 특별법'(이하 '친일재산귀속법'이라 한다)에 의하여 설치된 친일반민족행위자재산조사위원회(이하 '재산조사위원회'라 한다)는 2009. 5. 22. 이○승이 '일제강점하 반민족행위 진상규명에 관한 특별법'(이하 '진상규명법'이라 한다) 제2조 제7호의 행위(한일합병의 공으로 작위를 받거나 이를 계승한 행위)를 한 친일반민족행위자에 해당하고, 포천시 ○○동 산 38 임야 1,855,336㎡(이하 '이

* 건국대학교 법학전문대학원 교수

사건 토지'라 한다)는 이O승이 1910. 9. 6.부터 1932. 3. 3.까지 사이에 일
본제국주의에 협력한 대가로 취득한 재산으로서 친일재산에 해당한다는
이유로, 위 임야 중 이O승의 상속인인 제청신청인이 제3자에게 매도한
지분을 제외한 나머지 지분(45,858/1,855,336)을 국가에 귀속시키는 결정
을 하였다. 대한민국은 2009. 7. 23. 위 지분에 관하여 1921. 6. 10. 국가
귀속을 원인으로 한 대한민국 명의의 지분소유권이전등기를 마쳤다.

(2) 이에 제청신청인은 2010. 5. 31. 대한민국을 상대로 위와 같이
대한민국 명의로 마쳐진 등기는 원인무효라고 주장하며 소유권이전등기
의 말소를 구하는 소를 제기하였다(서울중앙지방법원 2010가단207337). 법
원은 2011. 2. 18. 이O승이 일제로부터 후작의 작위를 받은 사실은 인
정되나, 그와 같은 작위를 '한일합병의 공으로' 받았다고 보기 어려우므
로, 대한민국이 위 토지 지분에 관하여 친일재산귀속법상의 친일재산에
해당함을 전제로 소유권이전등기를 마친 것은 원인무효라는 판결을 선
고하였으며, 피고 대한민국은 항소하였다.

(3) 한편, 위 판결에 대한 항소심(서울중앙지방법원 2011나14939, 당해
사건이다)이 계속 중이던 2011. 5. 19. 법률 제10646호로 친일재산귀속법
이 개정되었는데, 개정된 친일재산귀속법 제2조 제1호는 '재산이 국가에
귀속되는 대상인 친일반민족행위자'를 정함에 있어, 종전의 친일재산귀
속법 제2조 제1호 가목에서 규정하였던 '진상규명법 제2조 제7호의 행위
(한일합병의 공으로 작위를 받거나 이를 계승한 행위)를 한 자' 부분을 삭제하
고, 제2조 제1호 나목 본문에 '친일반민족행위자진상규명위원회가 결정
한 친일반민족행위자 중 일제로부터 작위를 받거나 이를 계승한 자'를
새로 규정하였다. 나아가 개정된 친일재산귀속법 부칙 제2항 본문은 '위
원회가 종전의 제2조 제1호에 따라 친일반민족행위자로 결정한 경우에
는 제2조 제1호의 개정규정에 따라 결정한 것으로 본다.'고 규정하였다.

(4) 이에 제청신청인은 제청법원에 개정된 친일재산귀속법 제2조 제
1호 나목 본문(이하 법률조항이라 한다)과 부칙 제2항 본문(이하 부칙조항이

라 한다)에 관하여 위헌법률심판제청을 신청하였고(서울중앙지방법원 2011
카기4395), 제청법원은 2011. 12. 22. 위 조항들이 위헌이라고 볼 만한 상
당한 이유가 있다며, 위 조항들에 대한 위헌법률심판을 제청하였다.[1]

(5) 심판대상조문에 대하여, 제청법원은 위헌법률심판 제청이유로
서 다음과 같이 주장하고 있다. 첫째, 이 사건 심판대상조항들이 위헌이
되면, 제청신청인의 조부는 그 재산이 국가에 귀속되는 대상이 되는 친
일반민족행위자의 범위에 포함되지 않게 될 것이므로 이 사건 심판대상
조항들의 위헌 여부는 당해 사건 소송의 결과를 좌우하는 것으로서 재
판의 전제가 된다(재판의 전제성). 둘째, 일제로부터 작위를 받은 자에 대
하여 그 이유만으로 그 친일행위의 경중에 관계 없이 취득 재산이 국가
에 귀속되는 친일반민족행위자에 포함시키고 있는 이 사건 법률조항은
침해최소성의 원칙 및 법익균형성의 원칙에 반하여 재산권을 침해한다
(비례원칙위반, 재산권 침해). 셋째, 이 사건 법률조항은 일제로부터 작위를
받은 사람의 재산이면 소급하여 모두 국가에 귀속될 수 있도록 하는 것
으로서 진정소급입법에 해당한다. 그런데 한일합병의 공으로 작위를 받
은 것이 아니라 왕실의 종친이거나 고관임을 이유로 작위를 받은 사람

---

1) 대상조문의 내용은 다음과 같다.
   친일재산귀속법 (2011. 5. 19. 법률 제10646호로 개정된 것) 제2조(정의) 이 법에서
   사용하는 용어의 정의는 다음과 같다.
1. "재산이 국가에 귀속되는 대상인 친일반민족행위자(이하 "친일반민족행위자"라 한
   다)"라 함은 다음 각 목의 어느 하나에 해당하는 자를 말한다.
   가. 생략
   나. 「일제강점하 반민족행위 진상규명에 관한 특별법」 제3조에 따른 친일반민족행
       위진상규명위원회가 결정한 친일반민족행위자 중 일제로부터 작위(爵位)를 받
       거나 이를 계승한 자. (단서 생략)
   다. 생략
2. 생략
   친일재산귀속법(2011. 5. 19. 법률 제10646호) 부칙 ① 생략
② (친일반민족행위자에 관한 적용례) 위원회가 종전의 제2조 제1호에 따라 친일반민
   족행위자로 결정한 경우에는 제2조 제1호의 개정규정에 따라 결정한 것으로 본다.
   (단서 생략)

들의 경우 그들이 취득한 재산에 대하여 가지고 있었던 신뢰의 보호가
치가 매우 적다고 할 수 없으므로 진정소급입법이 정당화되지 아니한다
(소급입법금지원칙 위반). 넷째, 이 사건 부칙조항은 재산조사위원회의 종
전 결정이 부당한 것이었다고 하더라도, 이 사건 법률조항에 의한 친일
반민족행위자에 해당되도록 하는 것으로서 신뢰보호원칙에 위반된다(신
뢰보호원칙). 다섯째, 이 사건 법률조항 및 부칙조항은 개별인 또는 개별
사건 법률에 해당할 뿐만 아니라, 이○승은 한일합병의 공으로 작위를
받은 것이 아님에도 불구하고 한일합병의 공으로 작위를 받은 사람과
같이 취급하는 것으로서 합리적 이유가 없어 평등원칙에 위배된다(처분
적 법률, 평등원칙위반).

2. 결정요지

(1) 법정의견

가. 친일재산귀속법에 정한 친일재산은 그 취득·증여 등 원인행위
시에 소급하여 당연히 국가의 소유로 되므로 제청법원은 당해 사건인
소유권이전등기말소 사건의 본안판단에 있어서 재산조사위원회의 국가
귀속결정의 효력 유무를 먼저 판단할 필요는 없다. 한편 재산조사위원회
의 결정이 당연무효라고 보기 어렵고, 제소기간 도과로 취소될 여지도
없는 이상 이 사건 부칙조항이 존재하지 아니한다고 하더라도 제청법원
이 위 결정의 효력을 부인할 수 없는바, 이 사건 부칙조항의 위헌 여부
가 당해 사건 재판의 전제가 된다고 할 수 없다.

나. 헌법재판소는 2008헌바141결정에서 친일재산의 소급적 국가귀
속이 소급입법금지원칙에 위반되지 않는다고 판단한 바 있고, 이 사건
법률조항이 정한 '일제로부터 작위를 받거나 계승한 자'의 경우, 친일세
력의 상징적 존재로서 그 지위 자체로 친일세력의 형성·확대에 기여하

고, 일제강점 체제의 유지·강화에 협력함으로써 당시 조선사회에 심대한 영향력을 미쳤다고 볼 수 있는바, 그 밖의 친일반민족행위자와 질적으로 다르다고 할 수 없으므로, 이 사건 법률조항에 대하여 위 합헌결정과 달리 판단할 사정이 존재하지 아니한다.

다. 일제로부터 작위를 받았다고 하더라도 '한일합병의 공으로' 작위를 받지 아니한 자는 종전의 친일재산귀속법에 의하여 그 재산이 국가 귀속의 대상이 되지 아니할 것이라고 믿은 제청신청인의 신뢰는 친일재산귀속법의 제정경위 및 입법목적 등에 비추어 확고한 것이라거나 보호가치가 크다고 할 수 없는 반면, 이 사건 법률조항에 의하여 달성되는 공익은 매우 중대하므로 이 사건 법률조항은 신뢰보호원칙에 위반되지 아니한다.

라. 이 사건 법률조항이 정한 '일제로부터 작위를 받거나 계승한 자'의 경우, 일본제국주의의 식민통치에 협력하고 우리 민족을 탄압하는 행위를 하였다고 볼 수 있고, 작위를 거부·반납하거나 후에 독립운동에 적극 참여한 자와 같이 친일 정도가 상대적으로 경미한 자는 제외되는 점에서 친일 정도가 중대한 경우에 한정되고 있으며, 이 사건 법률조항은 정의를 구현하고 민족의 정기를 바로 세우며 일본제국주의에 저항한 3·1운동의 헌법이념을 구현하기 위한 것인 점 등을 고려할 때, 이 사건 법률조항이 과잉금지원칙에 위반하여 제청신청인의 재산권을 침해한다고 할 수 없다.

(2) 반대의견

이 사건 부칙조항은 이 사건 법률조항이 재판 중인 사건에 적용되는지를 밝히는 것으로 재판의 전제성이 인정된다. 또한 부칙조항이 위헌이라면 재산조사위원회의 국가귀속결정은 위법하게 되는바, 위법한 국가귀속결정이 취소소송의 대상인지, 아니면 당해 민사소송의 선결문제로 심사를 할 수 있는 것인지 여부는 제청법원이 판단할 것이므로, 이에 관한 제청법원의 판단을 존중하는 것이 상당하다. 나아가 이 사건 부칙조항은 종전 법에 따른 친일반민족행위자 결정의 하자를 소급적으로 치유하자는 것으로서 적법절차의 원칙에 위배되어 헌법에 위반된다.

Ⅱ. 평석

1. 쟁점의 정리

(1) 개관

제청법원은 심판대상조문에 대하여 일단 재판의 전제성이 긍정됨을 전제로 하여 여러 가지 위헌소지를 지적하고 있다. 법률조항에 대해서는 비례원칙위반, 재산권 침해, 소급입법금지원칙위배, 평등원칙위반, 처분적 법률성을 주장하고 있으며 부칙조항에 대해서는 신뢰보호원칙위반, 처분적 법률성, 평등원칙위반을 주장하고 있다. 이에 대해 헌법재판소 법정의견에서는 부칙조항의 재판의 전제성을 부정한 반면, 법률조항의 재판의 전제성은 긍정한 후, 합헌의견을 취하였다. 한편 반대의견에서는 부칙조항의 재판의 전제성을 긍정한 후, 적법절차원칙 위반으로서 위헌이라고 판단하였다. 즉, 이 사건의 쟁점은 위헌법률심판사건에서 갖추어야 하는 재판의 전제성 여부 및 각 대상조문의 헌법원칙 위반, 기본권 침해 여부이며 문제되는 헌법원칙도 비례원칙, 소급입법금지원칙, 신뢰보호원칙, 평등원칙 등으로 다양하다. 그런데, 제한된 지면하에서 이 모든 쟁점들을 세심히 고찰하기에는 어려움이 있으므로 이하에서는 특히 반대의견이 법정의견과 견해를 달리하고 있는 부분에 초점을 두고 살펴보기로 한다. 견해가 갈라지는 부분은 부칙조항의 재판의 전제성 및 적법절차원칙 위반 여부인데, 재판의 전제성 논점 역시 상당한 분량을 할애하여 고찰하여야 하는 주제이므로 이하에서는 재판의 전제성 논점을 제외하고 부칙조항의 헌법적, 행정법적 쟁점들을 살펴보기로 한다.

(2) 부칙조항의 헌법적 쟁점

부칙조항의 취지는 구법상의 결정을 개정법상의 결정으로 본다는 데 있는데, 이러한 문언이 정확히 무엇을 의미하는지를 즉각 파악하기는 어렵다. 다만, 법률개정을 둘러싼 여러 정황을 살펴보건대, 국회는 구법 하에서 이루어진 친일반민족행위결정이 위법함을 주장하며 취소를 구하는 소가 제기되자 당해 소가 궁극적으로 인용되는 것을 저지하고자 대상조문들을 만들었다고 짐작할 수 있다. 즉, 한일합병의 공으로 작위를 받은 행위를 친일행위로 개념정의하고 있던 구 진상규명법에 따르면 사안에서 문제되고 있는 제청신청인의 조부의 행위, 즉 왕의 종친임을 이유로 작위를 받았던 행위를 친일행위로 결정하는 것은 법문에 어긋나는 결정으로서 법원의 취소를 면할 수 없게 된다. 이를 알게 된 국회는 진상규명법 관련규정에서 '한일합병의 공' 부분을 삭제하는 법률개정을 통하여 일제로부터 작위를 받은 경우는 모두 친일행위로 결정할 수 있는 근거를 만듦과 동시에 친일재산귀속법에도 문제의 법률조항과 부칙조항을 둠으로써 구법하에서 내려진 (위법한) 결정을, 이제 개정법에 따른 결정으로 보도록 의도한 것이다.

우리의 입법실무에서 흔히 보기 어려운 이러한 규정방식으로 말미암아, 부칙조항에 대해서는 여러 가지 헌법적, 행정법적 의문이 제기된다. 먼저 헌법 차원에서는 ① 자신의 조부에 대한 구 진상규명법 제2조 제7호상 반민족행위결정에 대하여 제청신청인이 취소소송을 제기하였고 1심 법원이 계쟁 처분을 위법하다고 취소한 이후에 친일재산귀속법 부칙조항이 제정되었다는 점에서 국회가 1심의 재판결과를 번복하고자 하는 의도로 개입하였음을 짐작할 수 있는데, 이는 입법권력이 재판권력의

고유영역에 개입하는 것으로서, 권력분립원칙 위반은 아닌지라는 의혹
이 제기될 수 있다(권력분립원칙 위반). ② 또한 이미 종료된 구법상의 결
정을 신법상의 결정으로 본다는 것은 행정청이나 법원의 의사작용을 매
개하지 않고 입법자가 법률규정 자체로써 과거의 법상태를 소급적으로
변경하겠다는 뜻으로 볼 수 있는데, 과연 이와 같은 소급효가 헌법상 허
용된다고 할 수 있겠는가라는 의문도 제기될 수 있다(소급효금지원칙 위반
내지 신뢰보호의 원칙). ③ 더 나아가 이하의 행정법적 쟁점에서 자세히
살펴보는 바와 같이, 구법상 결정을 내릴 때에는 실제로 소관 위원회가
구성되어 여러 가지 절차를 거쳐 행정의 의사가 결정되었는데 신법상
결정과 관련하여서는 그러한 절차를 거친 적이 없음은 물론, 아예 그러
한 결정을 내릴 위원회조차 사라지고 없는 상황인데, 구법상 결정의 자
리를, 실체도 모호한 신법상 결정이 대신 차지하는 것은 적법절차원칙
위반은 아닌가라는 의문이 제기될 수 있다(적법절차원칙 위반). 그 밖에도
대상 조문이 제청신청인의 조부라는 특정인에 대한 친일결정 및 당해
결정을 취소하는 1심 판결이 계기가 되어 만들어졌다고 한다면, 이는 헌
법이 금하고 있는 처분적 법률이 아니냐라는 의문도 제기될 수 있다. 이
상이 객관적 헌법원칙 위반의 문제라면 주관적인 기본권 침해의 의혹도
제기될 수 있다. 즉, ④ 법개정 전에는 취소소송을 통해 자신의 조상에
대한 위법한 친일행위결정 및 재산귀속결정을 다툴 방도가 열려 있었고
실제 친일행위결정을 다투는 취소소송의 1심에서는 승소도 하였는데,
갑작스레 입법자가 법률개정을 통하여 과거의 위법한 결정을 적법한 것
으로 둔갑시켜버리면, 제청신청인과 같은 후손들은 취소소송을 제기한
들 소송에서 원하는 결과를 얻을 가능성은 이제 사라지게 된 것이나 마
찬가지이므로 이는 국민의 재판청구권 침해라고 보아야 하는 것은 아닌
지라는 의문이 제기된다(재판청구권 침해).

(3) 부칙조항의 행정법적 쟁점

일단 부칙조항의 헌법적 허용성을 둘러싼 의문이 해소된다 하더라도 행정법적 차원의 의문들은 여전히 남아 있다. 무엇보다도 부칙조항으로 인하여 구법상 결정의 법적 운명이 어떻게 된다는 것인지가 아리송한데, 물론 법문을 얼핏 보는 것만으로는 일의적인 해답을 구하기에 어려움이 있다. 즉 부칙조항의 취지가, ① 구법상 결정의 하자가 치유된다는 데 있는 것인지(이를 가칭 하자치유설이라고 부르기로 한다), 아니면 ② 구법상 결정이 동일성을 유지하면서 여전히 존속하되, 다만 해당조문으로 인하여 그 위법판단의 기준시가 처분시가 아닌 판결시가 된다는 데 있는 것인지(이를 가칭 위법성판단기준시설이라고 부르기로 한다), 아니면 ③ 부칙조항에 의해 구법상 결정은 소급적으로 폐지되어 처음부터 존재하지 않았던 것으로 되고 신법에 의한 결정이 소급적으로 그 자리를 대체한다는 데 있는 것인지(이를 가칭 폐지·대체설이라고 부르기로 한다)가 애매하기만 하다. 그런데 일반적으로 법률의 위헌성 여부를 심사함에 있어서는 심판대상 조문이 무엇인지, 해당 조문의 의미와 취지는 무엇인지를 확정한 연후에라야 비로소 대상 조문의 위헌성 심사의 단계로 나아갈 수 있으므로 이하에서는 심판대상 조문의 행정법적 쟁점 해결을 먼저 도모한 후에 헌법적 쟁점들에 관하여 살펴보기로 한다.

한편, 눈을 들어 나라 바깥을 살펴보면 이처럼 어떠한 행정결정이 그 위법성으로 말미암아 법원에 의해 이미 취소되었거나 또는 장래 취소될 우려가 있을 때, 국회가 개입하여 위법한 행정결정을 적법·유효하다고 선언하는 예는 영국, 미국, 프랑스 등의 입법실무에서 이미 오래전부터 드물지 않게 발견할 수 있다. 프랑스의 공법학계에서는 이를 la loi de validation, la validation législative 또는 la loi confirmative 등의 이름으로 부르고 있고, 영미법계에서는 curative legislation 또는 legislative ratification, validating act 등의 이름으로 부르고 있다. 이러

한 외국의 용어를 추인적 법률, 유효화 법률 등으로 부를 수 있을 것인
데, 확립된 번역례를 발견하기 어려우므로 이하에서는 잠정적으로 추인
적 법률이라고 부르기로 한다. 즉, 이들 나라에서는 추인적 법률의 공법
적 쟁점에 관하여 이미 어느 정도의 도그마틱적 윤곽이 형성되어 있으
므로 이하에서는 특히 프랑스의 논의를 중점적으로 살펴본 후, 부칙조항
의 공법적 쟁점에 대한 생각을 전개하기로 한다.

2. 추인적 법률에 관한 프랑스의 논의

(1) 개관

추인적 법률의 헌법적 한계는 당연히 위헌법률심사제를 갖추고 있
는 법질서들 하에서 논의되게 마련이다. 따라서 전통적으로 위헌법률심
사제도를 갖추고 있지 않았던 나라, 예컨대 영국에서는 오래 전부터 국
회가 추인적 법률을 제정한 다수의 사례가 있어 그 개념을 알고는 있으
나[2] 위헌법률심사제도 자체를 모르다보니, 추인적 법률의 위헌성에 관
한 결정례나 학문적 논의를 찾아보기는 어렵다. 물론 영국도 유럽통합과
정에서 EU법이 국내법보다 우위에 있는 사안에서는 의회법률의 EU법
위반여부를 법원이 심사할 수 있게 되었다는 점에서 과거의 의회주권

---

2) 영국의 문헌에서는 추인적 법률을 validating act라고 부르고 있다. 법적 근거가 없
   었거나 그 밖의 사유로 위법하였던 과거의 행위를 소급적으로 적법·유효화하는
   영국의 법률의 예로는 *Statutory Instruments (Production and Sale) Act 1996, The
   Scotland Act 2012, The Wireless Telegraphy (Validation of Charges) Act 1954, Job-
   Seekers (Back to Work Schemes) Act 2013* 등을 들 수 있다. 특히 맨 마지막 법률의
   제정 경과와 그 공법적 쟁점들 및 의회에서의 논의를 상세하게 소개하고 자료로는
   http://researchbriefings.files.parliament.uk/documents/SN06587/SN06587.pdf 참조. 한
   편 추인적 법률은 아니지만 영국에서는 과거의 행위에 대하여 소급적으로 형사책
   임을 부과하는 법률도 드물게나마 제정된 바 있는데, 최근의 예로는 *War Crimes A
   ct 1991*을 들 수 있다. 동법은 제2차 대전 중에 독일이나 독일점령지에서 자행되었
   던 학살 등, 과거의 행위에 대하여 소급적으로 형사책임을 부과하는 내용이다.

개념은 더 이상 유효하지 않다고 주장할 수도 있겠으나, 영국의 EU 탈퇴가 기정사실화되면서 상황이 유동적으로 되고 있다. 반면 추인적 법률에 대한 학계와 실무계의 논의가 활발하게 이루어졌던 대표적인 나라로 프랑스와 미국을 들 수 있는데, 전체적인 흐름을 소개한다면 프랑스에서는 추인적 법률의 헌법적 허용성에 관한 논의가 1900년대 후반부터 시작되어 최근에는 유럽법의 영향하에서 합헌성 기준이 보다 엄격해지고 있는 경향인 것으로 보인다. 미국의 경우에는 이미 1800년대 후반의 판례들에서 추인적 법률의 헌법적 허용성 판단기준들에 관한 활발한 논의가 이루어졌음을 확인할 수 있으며 그리하여 어느 정도 판례를 통한 허용성의 윤곽이 형성되고 난 후인 1900년 대 후반 이후로는 추인적 법률에 대한 학문적 논의는 거의 이루어지지 않고 있는 것으로 보인다.3)

(2) 개념

프랑스의 입법실무에서, 입법자가 법상태를 소급적으로 변경하는 문언을 만듦으로써 행정소송이나 민사소송에서 다투어졌거나 다투어질 여지가 있는 법적 행위, 특히 행정행위(l'act administratif4))를 적법·유효

---

3) 미국에서 추인적 법률을 뒷받침하기 위하여 때로 활용되던 논거 중의 하나가 민법상의 무권대리의 추인에의 비유라고 한다. David Slowson, "Constitutional and Legislative Considerations in Retroactive Lawmaking", 『California Law Review』 Vol. 48, No. 2 (May, 1960), p. 240 ; 한편, 판결확정 후 추인적 법률(curative legislation)이 제정된다면 이는 입법자가 위헌적으로 재판권한을 행사한 것으로서 허용되지 않는다는 다수의 판례를 지적하고 있는 문헌으로는 Constitutional Law. Separation of Powers. Curative Legislation after Judicial Determination, 『Harvard Law Review』, Vol. 35, No. 7 (May, 1922), p. 882 ; 추인적 법률은 기득권(vested rights)을 박탈하거나, 무권한(jurisdictional defects)을 추인하거나 계약상 의무를 위반하는 내용이거나, 재판권한에 간섭함으로써 적법절차원칙을 위배하여서는 아니된다는 다수의 판례를 언급하고 있는 문헌으로는 F. Horak and C. Dutton, "Statutory Validation of Public Bonds", 『University of Chicago Law Review』 Vol. 7, No. 2 (Feb., 1940), pp. 281-296.
4) 단, 프랑스의 l'act administratif 개념은 우리의 처분, 행정입법 뿐 아니라 행정계약을 포괄하는 매우 광범위한 개념이다.

한 것으로 여기게끔 개입하는 경우는 결코 드물지 않다. 추인적 법률은
주로 위법한 행정행위를 겨냥하여 만들어지지만 반드시 이에 국한하는
것은 아니며 계약 등, 사인의 민사적 행위를 겨냥하여 제정되기도 한
다.5) 또한 추인적 법률의 대상이 되는 행정작용은 반드시 일방적이고
개별적인 행위에 국한되지 않으며 위법한 행정입법을 추인하거나, 위법
한 행정계약을 추인하는 데에도 미치고 있다.

　　프랑스의 문헌과 판례상으로는 이미 오래전부터 추인적 법률의 합
헌성 문제가 매우 정교하게 다루어지고 있다.6) 프랑스의 학계에서는 추
인적 법률 개념을 넓게 보기도 하는데, 엄격한 의미의 추인적 법률, 즉
법률규정을 통해 개별·구체적인 처분이나 행정입법을 추인하는 경우뿐
아니라 예컨대 법률상 위임의 근거 없이 제정되었다는 이유로 위법으로
판정된 행정입법의 내용을 법률로 승격시켜 다시 등장하게 하는 경우도
넓은 의미에서는 추인적 법률의 범주에 넣고 있다.7) 8)

---

5) 그러한 예로는 은행의 대출거래를 합법화한 l'art. 87, I. de la L. n° 96-314 du 12
avr. 1996 ; 은행의 대출 재협상을 합법화한 l'art. 115 de la L. n° 99-532 du 25
juin 1999 가 있다. J. Massot, "Validation législative", 『Répertoire de Contentieux
administratifs』, Paris: Dalloz, 2001, p. 2.

6) 대표적으로 J. P. Camby, "Coups d'arrêts aux validations législatives", 『RDP』, 1996.
; F. Lucahaire, "Le Conseil constitutionnel et les lois de validation", 『RDP』, 1998.
; B. Mathieu, "La constitutionnalité des validations législatives : certitudes et
incertitudes", 『RFDA』 1989. ; B. Mathieu, "Les validations législatives devant le
juge constitutionnel. Bilan d'une jurisprudence récente", 『RFDA』 1995,. ; ; D.
Perrot, "Validation législative et actes administratifs unilatéraux", 『RDP』 1983. ; X.
Prétot, "Les validations législatives de la Constitution à la Convention européenne
des droits de l'homme", 『RDP』 1998.

7) J. Massot, op.cit., p. 2. 관련 헌법위원회 결정례로는 Décision n° 85-140 L. du 24
juill. 1985.

8) 이처럼 국가의 규범적 행위의 위계질서 내에서, 하위의 위법한 법적 행위를 상위
의 법적 행위를 동원하여 추인하는 것이 추인적 법규범의 요체라고 한다면, 우리
의 헌법 경험상으로도 추인적 법규범의 예를 발견할 수 있다. 즉, 과거 구 국가배
상법상 이중배상금지에 관한 법률규정이 대법원에 의해 위헌으로 선언되자, 동일
한 내용의 규정을 헌법에 명문으로 규정한 예가 바로 그것이다. 따라서 현행 헌법

(3) 헌법위원회의 판례

추인적 법률의 헌법적 허용성에 관한 프랑스 판례의 입장은, 과거에는 아주 느슨한 잣대로 위헌 여부를 판단하였으나 유럽법의 영향하에 점차 엄격한 입장을 취하는 쪽으로 변모하고 있다라고 요약할 수 있다. 과거에는 추인적 법률의 합헌성 심사를 헌법위원회가 독점적으로 담당하였고 추인적 법률의 허용성 여부에 대한 헌법적 얼개도 대개는 헌법위원회의 결정들에 의하여 짜여져 왔었다. 그러나 점차 국내법의 유럽인권협약 합치성에 대한 판단권한을 최고행정법원(꽁세유 데따)이나 최고민·형사법원, 더 나아가 유럽인권법원도 행사할 수 있게 되면서, 이들 법원들의 판결들을 통하여 추인적 법률의 헌법적 한계가 더욱 정밀해지고 있다고 한다. 이하에서는 먼저 헌법위원회가 전개한 추인적 법률의 합헌성 심사기준을 살펴보고, 뒤이어 최고행정법원이 추인적 법률에 관하여 전개한 세부기준들을 살펴보기로 한다.

가. 권력분립원칙을 존중하여야 한다

과거 오랫동안 프랑스 국회는 추인적 법률제정에 있어서 거의 전적인 자유를 누리다시피 하였는데, 이러한 엄청난 입법재량에 일정한 헌법적 한계가 있음을 헌법위원회가 선언하는 계기가 된 것이 1980년의 결정이었다.[9) 동 결정에 따르면 국회가 추인적 법률을 제정하는 것 자체

제29조 단서는 추인적 '헌법규정'이라고도 부를 수 있을 것이다.

9) n° 80–119 DC de 22 juillet 1980. 당해 사안의 사실관계는 다음과 같다. 1977년 당시 프랑스의 대학관련 주무부처는 대학교원의 지위에 관한 전문위원회를 설치하고자 하였는데, (국가에 대한 자문기관으로서의) 꽁세유 데따는 대학교원의 지위에 관한 규정을 만들 때에는 이 전문위원회의 심의를 거쳐야 한다는 의견을 제시하였다. 꽁세유 데따의 전원위가 이러한 의견을 제시한 이후에 문제의 전문위원회를 창설하는 데끄레가 제정되었고(décrets n° 679 du 29 juin 1977), 이후 동 위원회는 자신에게 주어진 권한을 행사하여 대학 교원의 지위와 관련한 수많은 제개정 규정들에 대해 의견을 표명하였다. 그러나 노동조합들이 동 위원회의 설치 근거인 1977년 데끄레에 대해 취소소송을 제기하였고, (법원으로서의) 꽁세유 데

는 권력분립원칙에 위배되는 것은 아니나, 다음의 세 가지 요건을 중첩
적으로 충족하여야 합헌성 심사를 통과할 수 있다. 첫째 국회는 추인적
법률로써 사법권 행사에 개입해서는 안되며, 최소한 확정판결은 존중하
여야 하고(기판력 존중), 둘째 형사적 사안에서는 소급효 금지원칙을 존
중해야 하며(행정제재의 추인금지) 셋째 위법한 행정작용의 추인을 뒷받침
할 공익이 존재해야 한다(공익성). 이 세 개의 합헌성 기준은 후속 판결
들을 통해 보다 섬세하게 가다듬어지게 되었는데, 특히 공익성 요건에
대해서 헌법위원회는 '충분한 공익(l'intérêt général suffisant)'이라는 기준
을 제시하는 반면, 최고행정법원은 '긴절한 공익상 이유(impérieux motifs
d'intérêt général)'라는 보다 엄격한 기준을 제시하고 있다. 최근에는 추인
의 범위가 한정되어야 한다는 점(구체성)도 추가적인 합헌성 기준으로
등장하게 되었다.10) 이하에서는 이들 세 요건을 좀 더 자세히 살펴보기
로 한다.

따는 1980년 4월 18일 동 데끄레를 취소하는 판결을 내렸다. 그러자 동 위원회가
만들어진 후부터 동 데끄레가 취소될 때까지인 1977, 1978, 1979년의 기간동안 동
위원회의 개입하에 제정 또는 개정되었던 규정들은 물론이거니와 이들 규정에 토
대하여 발급되었던 개별적인 또는 일반적인 결정들 모두가 위법하게 되어버릴 위
험에 처하게 되었다. 그러자 두 명의 국회의원이 이러한 사태를 막고자 추인적 법
률안을 제안하였고 1980년 6월 28일 양원에서 제1독회가 이루어졌는데 이 법률안
에는 다음과 같은 독특한 규정이 포함되어 있었다. "1977년 6월 29일 제679호 데
끄레에 의해 설립된 전문위원회의 심의를 거쳐 마련된 데끄레들 및 이 데끄레들
에 토대하여 이루어진 규율적 행위들과 비규율적 행위들은 적법·유효하게 된다
(Sont validés les décrets pris après consultation du comité technique paritaire...
institué par le décrets n° 679 du 29 juin 1977 ainsi que les actes réglementaires
et non réglementaires pris sur la base de ces décrets)." 그러자 상원 내 사회주의
자들과 하원 내 공산주의자들이 이 법률안에 대해서 헌법위원회에 사전적 위헌심
사를 청구하였다. 청구인들의 기본 주장은 이 법률안이 권력분립원칙을 위반하였
다는 것이었고 사회주의자들은 이 법률규정이 국회의 입법권한과 행정부의 행정
입법권한 간의 배분을 위반하였다고 주장하였다. 그러나 헌법위원회는 1980년 7
월 22일 심판청구를 기각하였으며 동 법률안은 1980년 7월 25일 공포되었다.
10) L. Favoreu, [et als.], 『Droit constitutionnel』, Paris:Dalloz, 2016, p.662 ; J. Massot,
op.cit., p. 6.

1) 추인적 법률 자체가 권력분립원칙 위반은 아니다

추인적 법률은 대개의 경우, 위법한 행정행위를 행정법관이 취소하지 못하도록 할 의도로 만들어진다는 점에서 권력분립원칙 위반의 혐의가 있게 된다. 물론 국회가 추인적 법률을 제정할 때에도 권력분립원칙은 지켜져야 한다는 점을 헌법위원회는 강조하고 있다. 그러나 취소소송이 계류 중인 사건에 입법자가 추인적 법률로써 개입하였다는 것만으로 문제의 법률이 위헌이 되는 것은 아니라는 것이 헌법위원회의 견해이기도 하다. 즉 헌법위원회는 앞서 소개한 1980년 7월 22일의 결정에서 추인적 법률이 권력분립원칙이나 재판의 독립성을 침해한다는 주장이 있을 수 있지만 권력분립 원칙이나 재판의 독립성 원칙 때문에 국회입법자가 자신의 권한 범위 내에서 그리고 필요에 응하여, 소송계류 중인 사안에서 소급효 있는 추인적 법률을 제정하는 것이 금지되는 것은 아니라고 판시하였다. 물론 그렇다고 하여 입법자가 모든 영역에서 추인적 법률을 제정할 수 있다는 의미는 아니다. 헌법위원회는 국회가 추인적 법률을 만들어서는 안되는 예외 영역이 있음을 명시적으로 밝히고 있는데, 그것은 바로 형사적 영역이다. 1980년 7월 22일 결정의 주요 이유 부분을 옮겨보면 다음과 같다.

"... 5. 심판청구인들은 심판의 대상이 된 법률규정이 입법자가 법관의 기능에 간섭하려는 것으로서, 권력분립이라는 헌법원칙에 위반된다고 주장하는바, 이러한 심판청구인들의 주장을 고려할 때 ; 실상 심판대상 법률규정은 실제 계류되어 있는 행정소송에서 소가 각하되는 결과를 초래할 것이라는 점을 고려할 때;

6. 사법권에 관한 헌법 제64조 및 1872년 5월 24일 법률에 따르면, 행정재판과 관련하여 공화국 법률들이 승인한 근본원칙인 행정재판의 독립성은 보장되며 행정재판기능의 고유한 성격은 입법자에 의해서도

행정부에 의해서도 침해될 수 없음을 고려할 때 ; 국회도 행정부도 법원의 판결을 비난하면서 법원에 명령을 할 수는 없으며 법원의 권한인 재판에서의 판단에서 법원의 역할을 대신할 수 없다는 점을 고려할 때;

　7. 그러나 입법자가 자신의 권한 내에서 그리고 필요에 응하여, 형벌 영역 이외의 영역에서 소급적인 규정을 통하여 법관이 적용하여야 할 법규범을 변경하는 것이 헌법적 가치를 가진 위 원칙들을 위반하는 것은 아니라는 점을 고려할 때 ; 그리하여 심판대상 법률이 실제 계류되어 있는 소송의 사안에 개입하고 있다는 사실이 대상법률을 헌법위반으로 만드는 것은 아니(라는 점을 고려할 때)... (밑줄 필자)."

2) 다만, 기판력은 존중하여야 한다

　권력분립위반이라는 관점에서는 어떠한 행정결정에 대하여 이미 법원이 위법함을 확인하고 취소하였음에도 불구하고 국회입법자가 이 행정결정을 노골적으로 대놓고 되살리고자 하는 경우(사후적 추인: validation a posteriori)와, 아직 법원에 의해 취소되지는 않았지만 향후 취소될 것을 염려하여 적법화하는 경우(예방적 추인 : validation préventive)가 구별되어야 한다. 헌법위원회가 내린 1980년 결정의 심판대상이었던 추인적 법률도 최고행정법원에 의하여 취소된 데끄레 자체를 다시 살려내는 내용은 아니었으며 당해 데끄레의 위법성으로 말미암아 향후 위법성 여부가 논란이 될 다른 데끄레들 및 그에 토대한 결정들을 추인하는 내용이었다.[11] 그런데 심급제하에서 어떠한 행정결정의 위법함을 선언하는 판결

---

11) 그리하여 1980년 헌법위원회 결정에 대한 한 평석에서는 행정법원에 의해 취소된 결정을 다시 살려내는 추인적 법률은 권력분립원칙의 위반으로서 위헌인 반면, 어떠한 행위가 아직 법관에 의하여 취소되지 아니하였을 경우에는 1980년 결정에서는 헌법위원회가 제시한 다음과 같은 조건하에서 추인적 법률이 허용된다는 견해도 나타나고 있다. 첫째, 추인대상 행위는 추인 당시 유효하여야 하고 둘째, 대개의 경우 그러한 것처럼, 추인이 소급효를 가진 경우에는 추인의 대상인 행위가 징벌 아닌 영역의 것이어야 하며(즉 형사제재나 행정제재가 아닐 것), 추인의 목적은 "공역무의 계속적 기능을 유지하기 위함" 및 "공직자의 경력의 정상적인 전개(즉 공직자에 관한 조치의 추인이어야 한다는 점)"에 두어야 하며 넷째로는 추

이 최종적으로 확정되었음에도 불구하고 추인적 법률이 제정된 경우만을 '위헌적인' 사후적 추인이라고 할 것인지, 아니면 하급심차원에서라도 취소판결이 있은 이후에 추인적 법률이 만들어졌다면 이를 '위헌적인' 추인적 법률이라고 볼 것인지의 문제가 있다. 전자가 후자보다 추인적 법률의 헌법적 허용성의 폭을 넓히는 데 기여하리라는 점은 명약관화하다.

  이 문제와 관련하여 헌법위원회는 1980년 결정 이후 권력분립원리 관점에서의 추인적 법률의 헌법적 허용성 기준을 조금 더 정교하게 가다듬어 제시하였는데, 그 핵심은 기판력의 존중에 있다. 즉, 1986년 12월 29일 결정(Décis. n°86-223 DC du 29 décembre 1986)에서 최초로 추인적 법률이라 해도 기판력은 존중해야 한다는 헌법적 한계를 명시한 이후로 추인적 법률은 기판력 있는 판결에 의하여 관련 사인에게 인정된 권리를 침해하여서는 아니된다거나(Décis. n°88-250 DC, 29 déc 1988) 또는 추인적 법률은 법원의 판결로써 확정된 사인의 지위는 절대 건드리지 말아야 한다(Décis. n°93-332 DC, 13 janv. 1994) 라는 결정이 연이어 나타나게 되었다.[12] 이처럼 기판력 있는 판결은 건드리지 않아야 한다는, 추인적 법률의 헌법적 한계로부터 위법한 행정작용을 추인하는 법률은 필히 당해 행정작용을 취소하는 판결이 확정되기 이전에 제정되어야 한다는, 즉 예방적 추인이어야 한다는 결론이 도출된다. 더 나아가 이러한 결론으로부터 추인적 법률 제정 이전에 기판력 있는 판결을 얻은 자와 그렇지 못한 자가 차별취급을 당하는 결과가 초래되는데, 헌법위원회는 이러한 차별이 평등원칙 위반이 아니라는 점도 분명히 하였다(Décis. n° 86-223 DC du 29 déc 1986 ; Décis. n° 87-228 DC 26 juin 1987 ; Décis. n° 88-250 DC du 29 déc 1988).[13]

인대상 행위가 규율적 성질(réglementaire)이어야 한다는 것이다. L. Favoreu et L. Philip, 『Les grandes décisions du Conseil constitutionnel』, 15e éd., Paris: Dalloz, 2009, p. 334.

12) Favoreu, [et als.], 『Droit constitutionnel』, Paris:Dalloz, 2016, p.662 ; René Chapus, 『Droit du contentieux administratif』, 11e éd., Paris: Montchrestien, 2004, p. 1083.

나. 형벌 불소급원칙을 존중하여야 한다

추인적 법률은 과거에 발급된 위법한 행정결정을 처음부터 적법·유효하였던 것으로 만들기 위해 제정되기 때문에 당연히 소급입법의 헌법적 허용성이라는 문제가 따라 붙는다. 1789년 인간과 시민의 권리선언 제8조에서는 "아무도 범죄행위 이전에 성립하고 공포되었으며 적법하게 적용된 법률에 의하지 아니하고는 처벌받지 아니한다(… nul ne peut être puni qu'en vertu d'une Loi établie et promulguée antérieurement au délit, et légalement appliquée). "라고 규정하고 있다. 이 조항에 따르면 헌법적으로 금지되는 것은 형사 영역의 소급입법일 따름이므로[14), 1980년 헌법위원회 결정에서도 '형사적 사안만 빼고는(sauf en matière pénale)' 국회가 소급적인 추인적 법률규정을 만들 수 있다고 판시하였다.[15) 따라

---

13) 그 밖에도 헌법위원회가 기판력을 존중하지 않는 추인적 법률은 위헌이라고 선언한 사례로는 법관임명처분이 최고행정법원에 의하여 취소된 후 그러한 임명을 추인하는 법률을 의회가 제정하자 헌법위원회가 이러한 법률을 위헌으로 선언한 사례(26 juin 1987, n°87-228 DC, cons. 8), 유럽인권법원 판결의 효력을 박탈하는 내용의 법률은 DDH 제16조 위반이라고 선언한 사례(29 déc. 2005, n° 2005-531 DC, cons. 6)를 들 수 있다. 동일한 취지에서 조세법상의 소급적 규정으로써 기판력 있는 판결에 의하여 인정된 납세자의 권리를 침해하거나 법률 발효일 당시 합법적으로 시효의 이익을 얻은 납세자를 불이익하게 하여서는 아니된다고 선언한 사례(24 juillet 1991, n°91-298 DC, cons. 23)가 있으며 반대로 소급적 법률이 판결의 귀결을 "수정"하는 데 그치고 판결 주문을 훼손하지는 않는다면 대상법률은 데끄레 취소를 선언한 최고행정법원의 판결을 뒤집은 것으로 여겨져서는 안된다고 본 사례(14 déc 2006, n°2006-544 DC, cons. 20)도 기판력 존중과 관련하여 의미있는 판결례이다. Massot, op.cit., p.5, 6 ; D. Rousseau, 『Droit du contentieux constitutionnel』, 10e édition, Paris: LGDJ, 2013, p. 301.

14) 법률의 소급효 금지원칙은 형사적 사안에서만 헌법적 차원의 원칙일 뿐, 기타의 영역에서는 헌법적 위상의 원칙이 아니라는 것이 헌법위원회의 입장이기도 하다. Olivier Dutheillet de Lamothe, "La sécurité juridique -Le point de vue du juge constitutionnel", 2005. 9. 20.

http://www.conseil-constitutionnel.fr/conseil-constitutionnel/root/bank_mm/pdf/Conseil/securitejuridique.pdf (2017. 12. 12.방문)

15) Favoreu, [et als.], op.cit., p.662.

서 추인적 법률의 위헌성을 다투는 분쟁 사안들에서는 해당 추인적 법률규정이 형사적 성질의 것인지에 화력이 집중되게 된다.

이러한 맥락에서 중요한 의미가 있는 개념이 바로 행정제재(sanctions administratives)이다. 행정제재는 그 부과권한이 형사법관이 아닌 행정에게 부여되어 있고 부과 절차 역시 재판절차가 아닌 행정절차로서의 성질을 가진다는 차이점만 있을 뿐, 사인의 의무위반 내지 의무불이행에 대하여 국가권력이 회고적으로 불이익을 부과하는 작용이라는 점에서는 형사벌과 본질적인 차이가 없기 때문이다. 그 귀결로서 헌법위원회는 행정제재 사안에서도 추인적 법률은 허용되지 않는다라고 선언하였다(Déc. n° 82-155 DC du 30 déc 1982 등).16)

다. 충분한 또는 긴절한 공익 목적이 있어야 한다

앞서 살펴본 1980년 7월 22일의 헌법위원회 결정에서는 추인적 법률이 합헌적이기 위해서 갖추어야 할 요건들 가운데 하나로 공익(intérêt général)을 언급한 바 있으며 당해 결정에서 문제된 법률의 맥락에서는 공역무의 지속성 보장과 공직 수행자들의 경력의 정상적 진행이라는 공익목적이 고려되었다. 이후 헌법위원회는 수많은 결정들에서, 간략한 경우도 있고 상세한 경우도 있지만, 어쨌거나 문제의 추인적 법률들이 공익 목적에 부응한다는 점을 설시하면서 그 합헌성을 인정해오고 있다. 그런데 오히려 최고행정법원은 재판기능이 아닌 조언자 기능을 수행하는 맥락에서, 특정 추인적 법률안이 공익목적에 부합하지 않는다는 의견

---

16) Chapus, op.cit., p. 1083. 이처럼 형벌불소급의 원칙 뿐 아니라 자기책임의 원칙 등, 형사벌 영역에서 먼저 발전된 법리들이 행정제재 영역에도 적용된다고 보는 판례가 축적되면서 프랑스 공법학계와 실무계에서는 불이익부과처분의 성질을 구분하여 장래지향적이고 공동체주의적인 경찰행정작용(polices administratives)과 과거회고적이고 개인주의적인 행정제재작용(sanctions administratives)을 명료히 구분하고자 꾸준히 노력하고는 있으나 그 개념적 윤곽은 아직 적지 않은 부분이 불분명한 채로 남아 있다. 행정제재에 대한 프랑스 문헌은 매우 많아 다 거명하기 어려우나 비교적 최근의 것을 든다면 Mattias Guyomar, 『Les Sanctions administratives』, Paris: LGDJ, 2014.

을 제시한 바 있다. 본래 헌법위원회는 추인적 법률의 공익 목적성 여부를 판단함에 있어서도 국회입법자의 공익성 판단에 명백한 하자(l'erreur manifeste d'appréciation de l'intérêt général)가 있는지를 통제하는 데까지만 나아가겠다는 소극적 입장이었다. 헌법위원회는 국회입법자와 동일한 정도의 공익성 판단권한과 결정권한을 가지고 있지 않다는 게 그 논거였다(n° 96-375 DC du 9 avril 1996). 그러나 국회입법자가 과도하게 추인적 법률에 의지하려 한다는 우려가 제기되면서 헌법위원회가 처음으로 추인적 법률의 공익 목적성을 부인하는 결정이 1995년에 나오게 되었다.[17] 이 결정에서 헌법위원회는 민간항공사에의 보조금 지급예산이 재정상 균형에 미칠 영향만으로는 충분한 공익상 이유(intérêt général suffisante)에 해당하지 않는다고 판시하였다(n° 95-369 DC du 28 décembre 1995).[18] 또한 헌법위원회는 2004년의 사회보장재정법 영역에서의 추인적 법률을 위헌이라고 설시하였는데 관련된 액수를 보건데, 사회보장재정의 균형에 필요한 일반적 조건들이 추인적 법률이 없는 경우, 심각하게 영향을 받는다고는 볼 수 없다는 점을 논거로 삼았다(n° 2003-486 DC du 11 décembre 2003).

한편 추인적 법률의 공익목적성과 관련하여 유럽인권법원이 프랑스 헌법위원회와 의견을 달리하는 사건이 1999년에 이르러 벌어지게 되었다. 이 사건에서 유럽인권법원은 프랑스의 특정 추인적 법률이 유럽인권협약 제6조 제1항[19]에 반한다고 판시하였는데,[20] 공교롭게도 문제된 추인적 법률에 대해 프랑스 헌법위원회는 앞서 합헌이라고 판시한 바 있었다(n° 93-332 DC du 13. janvier 1994, Validation de déc. de caisses de

---

17) D. Rousseau, 『Droit du contentieux constitutionnel』, 10e édition, Paris: LGDJ, 2013, p. 302.
18) Massot, op.cit., p. 7.
19) 해당 조문은 공정한 재판을 받을 권리에 관하여 규정하고 있다.
20) CEDH, Zielinski, Pradal, Gonzales et autres, 28 octobre 1999 (L. Favoreau [et. als.], 『Droit constitutionnel』, p. 663에서 재인용).

sécurité sociale).21) 유럽인권법원은 재판절차와 비교하였을 때 추인적 법률제정절차가 지연되었다는 점, 신청인에게 유리한 다수의 판례들을 방해하고자 하는 의도가 있었다는 점, 신청인이 선의였다는 점, 추인화 조치를 예상할 수 없었던 점, 서로 충돌하는 판례들은 최고민형사법원에 의하여 교정될 수 있음에도 불구하고 법규정으로써 이를 규율하는 것은 정당화되지 않는다는 점, 및 재정적 이유만으로는 충분한 공익이 되지 않는다는 점 등을 논거로 들었다.22)

한편, 유럽인권법원의 1999년 결정 이후 최고행정법원은 추인적 법률의 공익관련성을 더욱 높은 기준으로 요구하고 있는데, 헌법위원회가 요구하는 정도의 충분한 공익(intérêt général suffisante)으로는 부족하고 긴절한 공익(impérieux motifs d'intérêt général)이어야 한다는 것이 최고행정법원의 요구이다(CE, 7 juillet 2004, Fédération des syndicats des autonomes PTT Midi－Pyrénées).23)

라. 추인대상 행위가 다른 점에서 위헌적이지 않아야 한다

헌법위원회는 1997년 결정에서 추인대상 행위가 다른 점에서 위헌적 요소가 있어서는 안 된다는 점을 추인적 법률의 합헌성 판단기준으로 제시하였다.24) 즉, 헌법위원회는 "특히, 추인대상 행위는 헌법적 가치를 가진 원칙이나 규정에 위반되어서는 아니되며 다만 추인으로써 달성하고자 하는 공익 목적 그 자체가 헌법적 가치가 있는 것일 때에는 그러하지 아니하다 ; 문제되고 있는 상이한 헌법적 요청들을 조화시키는

---

21) L. Favoreau [et. als.], 『Droit constitutionnel』, p. 662.

22) 그리하여 프랑스 헌법위원회는 1999년 12월 21일 결정(n° 99－422)에서 당해 추인적 법률이 권리의 보장과 권력분립에 대하여 언급하고 있는 1789년 인간과 시민의 권리선언 제16조에 위반된다고 결정하기에 이르렀다. D. Rousseau, 『Droit du contentieux constitutionnel』, 10e édition, Paris: LGDJ, 2013, p. 302－303.

23) 이상의 내용은 프랑스 상원 홈페이지에 소개되어 있는 추인적 법률 관련 게시물에서 확인할 수 있다. https://www.senat.fr/ej/ej_validation/ej_validation0.html (2017. 12. 12. 최종 방문)

24) n° 97－390 du 19 novembre 1997 ; Massot, op.cit., p. 7 ; Chapus, op.cit., p. 1084.

것은 경우에 따라서는 헌법위원회의 통제하에, 입법자에게 속한다. "라
고 판시하였다.25)

마. 추인의 범위가 한정되어야 한다

오랫동안 헌법위원회는 추인대상 행위의 어떤 위법 요소가 추인되
는 것인지를 상세히 규정하려는 노력을 전혀 하지 않는 추인, 즉 전면적
추인(validation totales)도 인정해 왔다. 그런데 이러한 헌법위원회의 입장
은 1999년 12월 21일의 결정을 계기로 변화하기 시작하였다.26) 이 결정
에서 헌법위원회는 다투어지고 있는 행위들 가운데 정화하고자 하는 요
소가 무엇인지를 입법자는 상세히 규정하여야 한다고 판시하였다.

(4) 최고행정법원의 판례

가. 묵시적 추인의 인정 여부

위법한 행위를 취소하는 판결이 확정된 이후에는 입법자가 해당 행
위를 추인하는 것은 헌법상 허용되지 않는다라는 입장을 취하기 이미
오래전부터 최고행정법원은 법률에서 한 범주의 행위들을 일괄 추인한
다는 취지의 명시적 규정을 발견할 수 없다면 이미 재판을 통해 취소된
다른 행위들도 추인적 법률의 등장으로 인하여 추인되는 것으로 볼 수
는 없다는 견해를 취하였고 다수의 판례에서 이를 견지하고 있었다.27)
더 나아가 최고행정법원은 관련 법문에서 추인을 명시적으로 언급하고
있지 않다면 취소소송의 계쟁 행정작용이 추인될 수는 없다, 즉 묵시적
추인은 인정할 수 없다는 입장을 취하였다.28) 그러나 이것이 법문에서
반드시 'valid'라는 형용사나 'valider'라는 동사가 사용되어야 한다는 의
미는 아니다. 법문에서 이런 단어들이 사용되고 있지 않더라도 문제의

---

25) Rousseau, op.cit., p. 302 ; Chapus, op.cit, p. 1083.
26) n° 99-422 DC du 21 décembre 1999 ; Massot, op.cit., p. 8.
27) CE 21 mai 1965, Joulia ; Chapus, op.cit, p. 1087.
28) CE 21 mai 1967 ; CE 8 octobre 1965.

행정작용을 소급적으로 추인하는 것이 입법자의 의도임이 의심의 여지
가 없을 정도로 확실할 때에는 추인효가 긍정된다는 것 역시 최고행정
법원의 판례인데,29) 이를 두고 최고행정법원이 묵시적 추인을 허용하였
다고 해석하는 견해도 있다.30)

나. 추인적 법률에 의해 과거의 위법한 처분은 폐지되므로 이를 대상으로 하는 취소의 소는 각하되어야 한다

추인적 법률규정이 만들어지면 추인의 대상인 과거의 위법한 행정
결정들의 운명은 어떻게 되는 것일까? 이에 대해 프랑스의 학설에서는
문제의 위법한 행정결정은 소멸된다고 보고 있다. 즉, 위법한 행정결정
들의 취소를 구하는 소가 제기되어 소송 계속 중인데 입법자가 당해 행
위를 추인하는 법률규정을 만들었다면 소송 계속 중 소의 대상이 소멸
되어(sans object) 소가 부적법하게 되고 더 나아가 추인법률이 공포되고
난 이후에 제기된 소도 마찬가지로 부적법하게 된다는 것이다. 최고행정
법원도 이러한 입장에 서 있으나 (CE 20 déc. 1985, Valéry, Rec. CE, table,
p. 448) 위와 같은 상황에서 소를 법률에 의한 대상소멸을 이유로 각하
(이를 학문적 용어로 non-lieu législatif라고 한다)해야 하는지 아니면 문제
의 위법한 결정이 소급적으로 적법하게 되었다고 보아 소를 기각(rejets
au fond)하여야 하는지에 대해 여전히 몇몇 판결들에서는 혼란스러워 하
는 상태에 머물러 있는 것도 사실이다.31) 프랑스의 입법실무에서 소제
기가 있은 후에 법률이 끼어들어서 소를 대상 없음으로 만들어 각하대
상이 되게끔 하는 경우가 아주 빈번하다고 한다. 이처럼 입법자가 소의
대상을 소멸케 함으로써 소 각하를 유도하는 기법은 그 역사가 아주 오

---

29) CE 28 mai 1989, Chambre syndicale des industries métallurgiqes et
connexes de la Charente-Maritime, Rec. CE, table, p. 858.
30) René Chapus, 『Droit du contentieux administratif』 Droit du contentieux
administratif, 11e éd., Paris: Montchrestien, 2004, p. 901.
31) Chapus, op.cit., p. 900.

래되었고(CE 6 févr. 1935, Synd. du commerce des vins de liquer, Rec. CE, p. 159 ; sect., 9 mars 1951, Guiolet, ibid.,p. 146) 모든 면에서 입법자가 일정 범주의 행위들을 적법화하겠다는 의지가 법문상 의심의 여지가 없는 경우에는 꾸준히 활용되어 왔다.

다. 추인적 법률의 효력은 제한적이다

추인적 법률 가운데에서도 처분 자체를 추인하는 법률과 처분의 취소사유들 가운데 하나를 제거하는 데 그치는 법률은 구별되어야 한다. 후자의 경우라면 문제의 위법한 처분 자체가 추인되는 것은 아니며 그 위법사유들 가운데 하나가 사라질 뿐이므로 다른 위법사유들이 여전히 버티고 있다면 대상처분은 취소될 수밖에 없다. 따라서 추인적 법률의 의도가 처분 자체를 향하고 있는지 아니면 처분 사유만을 향하고 있는지는 세심히 분별되어야 하고 또 후자의 취지인 법률들이 점점 증가하고 있는 것도 사실이다.[32] 1999년 12월 21일의 헌법위원회 결정에서도 입법자가 중간에 끼어든 '목적이 소의 대상인 행위를 직접 적법화하자는 데 있는 경우와, 당해 행위의 취소사유들 가운데 하나를 무력화시키자는 데 있는 경우는 구별해야 함을 지적한 바 있다. 입법의도가 후자에 있다면 추인적 법률이 계쟁 행위를 모든 소송으로부터 막아주는 방어막이 되어주는 것은 절대 아니라는 것이 최고행정법원의 일관된 판례이기도 하다. 따라서 문제된 법률이 취소사유들 가운데 하나를 무력화시키는 것에 불과하다면 위법한 행위의 취소를 구하는 소에서는 그 밖의 다른 어떤 취소사유도 실효적으로 제시되지 않아야만 본안의 이유 없음이라는 판결을 내릴 수 있게 된다(CE 21 oct. 1953, Ginestet, Rec. CE, p. 444 ; 4 déc. 1985, Min. de l'Intérieur et de la Décentralisation, ibid., p. 51 등등). 역으로, 만약 다른 취소사유가 인정된다면 계쟁 행위는 당연히 취소될 수도 있다(CE 25 mai 1979, Secr. d'Etat aux Université c/Mme

---

32) Massot, op.cit., p. 5.

Toledano-Abitbol, préc. ; 4 déc. 1981, Min.de l'Intérieur et autre c/Kühn, Rec. CE, p. 458. 등등).

라. 손해전보를 구할 권리는 제한된다

추인적 법률로 말미암아 위법한 행정행위의 취소를 구하는 소가 각하된다 하더라도, 보통은 입법자로서의 국가의 무과실 책임의 적용 여지가 구제책으로서 남아 있게 된다. 최고행정법원은 국가의 전보책임을 인정하지 않겠다는 입법자의 의사가 없다면 공적 부담 앞의 평등원칙에 기하여 추인으로 인하여 피해를 본 자는 국가를 상대로 피해의 전보를 구할 수 있다고 판시한 바 있다. 33) 그러나 1967년 12월 1일의 판결에서 입법자로서의 국가가 지는 책임은 피해의 변칙성(anormalité), 특수성(spécialité), 및 물질성(matérialité)이라는 요건이 충족되어야 한다고 판시한 이후로34) 이러한 책임이 인정된 예는 오늘날까지 발견하기 어렵다.35) 추인적 법률들 중 일부에서는 국가의 전보책임면제조항을 두기도 하나, 반대로 추인으로 인해 피해를 입은 자들에게 보상을 구할 권리를 인정하는 조항을 두는 입법례도 발견할 수 있다.36)

3. 행정법적 쟁점의 분석

(1) 신법에 따른 결정의 법적 성격

앞서 부칙조항의 행정법적 쟁점으로서, 부칙조항의 취지가 ① 구법상 결정의 하자치유에 있는지, ② 구법상 결정의 위법판단기준시 지정에 있는지, 아니면 ③ 구법상 결정을 폐지하고 그 자리를 신법상 결정으로

---

33) CE 20 déc 1961, Lacombe ; Chapus, op.cit., p. 1087.
34) Massot, op.cit., p. 5.
35) 입법자로서의 국가의 무과실책임에 대해서는 M. Olivier Gohin, "La responsabilité de l'Etat en tant que législateur", 『RIDC』 Vol. 50 N° 2, Avril-juin 1998, p. 595-610.
36) Massot, op.cit., p. 5.

대체하는 데 있는지를 언급하였다. 그런데 ③ 폐지·대체설과 관련하여 서는 신법상 결정의 법적 성격에 대하여 보다 심도 있는 고찰이 필요하다. 구법상의 결정이, 소정의 위원회가 구성되어 여러 절차를 거쳐 내려진 실존적 결정인 것과는 대조적으로 개정법상 결정은 관념적 차원의 세계에서 개정법에 따라 이루어진 것으로 상정될 따름인 결정을 의미한다고 보아야 한다. 즉, 입법기술의 측면에서 신법상 결정은 관념적 존재에 불과하다고 할 것인데, 물론 우리의 법질서상으로 이러한 관념적 존재인 처분 내지 결정이 전혀 생소한 것은 아니다. 예를 들어 건축법제, 국토계획법제, 개발사업법제 등의 영역에서 흔히 발견되는 인허가의제 규정들을 살펴보면, 실존적 처분이 관념적 처분의 법효과를 동반하는 현상을 목도할 수 있다. 요컨대 부칙조항상의 개정법상 결정은 인허가의제에서 의제되는 인허가와 유사한 법적 의제 내지 허구(legal fiction ; juristische Fiktion ; fiction juridique)[37]로서의 성질을 가진다. 물론 통상적인 인허가의제규정과 부칙조항에는 차이점도 있는데, 예컨대 건축법 제11조 제5항이 그러하듯, 건축허가를 받으면 국토계획법상 개발행위허가를 받은 것으로 본다는 규정은 행정에 의한 실존적 결정(건축허가)이 있으면 그와 더불어 관념적 결정(개발행위허가)이 있었던 것으로 보아 개발행위허가의 법적 효과도 발생하는 것으로 법상태를 만들겠다는 데에서 입법자의 의도를 발견할 수 있다. 반면 부칙조항에서는 행정에 의한 실존적 결정(구법상 결정)을 폐지하고 입법자가 관념적 결정(신법상 결정)을 창설하여 소급적으로 실존적 결정을 대체하게끔 하려는 데 입법자의 의도가 있다고 볼 수 있다. 이처럼 통상적인 인허가의제조항이나 이 사안에서의 부칙조항이나 모두 입법기술로서의 '허구'를 활용하고 있다는 점에서는 공통적이지만 입법자와 행정 간의 역할수행 순서나 처분상대방에 대한 효과의 측면에서는 상이한 점을 보이고 있다. 즉, 통상적인 인

---

37) 물론 법적 허구(legal fiction)라는 주제는 모든 법영역을 아우르는 방대한 법철학적 주제이며 인허가의제는 그 하나의 예에 불과하다.

허가의제의 맥락에서는, 입법자는 미리 인허가의제규정을 마련했어야
하고, 행정은 뒤이어 건축허가를 하였어야 하며 입법자의 법률규정과 행
정청의 건축허가가 협력하여 관념적 존재인 개발행위허가의 법률효과가
탄생하게 된다. 반면 부칙조항에서는 행정에 의한 구법상 결정이 있은
후, 입법자가 행정의 손을 빌지 않고 스스로 구법상 결정을 폐지함과 더
불어 허구적 존재 내지 관념적 존재인 신법상 결정이 처음부터 있었던
것으로 법상태를 만들어 내기 때문에 국가권력들의 역할수행의 순서가
통상적인 인허가의제와는 다르며, 관념적 존재의 탄생에 행정의 협력이
필요하지 않다는 점도 통상적인 인허가의제와 다르다. 또한 상대방에 대
한 효과에 있어서도 통상적인 인허가의제조항은 수익적인 효과를 미치
는 반면, 부칙조항은 기존 규정에 따르면 재산이 국가귀속 대상이 아니
었던 자도 국가귀속대상으로 만든다는 점에서 침익적이라고 할 수 있다.

(2) 부칙조항의 해석

앞서 부칙조항의 취지에 대한 다양한 이해를 시도해 보았는데, 이
가운데 타당한 해석은 ③ 폐지·대체설이라고 생각된다. 그 이유는 다음
과 같다.

일단 입법자가 구법하에서 발급되었던 위법한 처분을 추인하기로
마음먹은 이상, 그 앞에 놓인 법문의 선택지는 다양했을 것이다. 예컨대
'구법상 결정의 하자는 개정법에 의하여 소급적으로 치유된 것으로 본
다'거나 '구법상 결정의 위법판단은 판결시의 법률상태를 기준으로 한
다'거나 아니면 프랑스나 영미의 예에서 발견되는 것처럼 노골적이고
직설적으로 '구법상 결정은 추인되었다'라거나 '구법상 결정은 유효했고
유효한 결정이다'라는 법문을 만들자는 제안이 고려되었을 수도 있다.
그러나 입법자는 이러한 선택지를 모두 버리고 우회적이고 에두르는 표
현인 '위원회가 종전의 제2조 제1호에 따라 친일반민족행위자로 결정한
경우에는 제2조 제1호의 개정규정에 따라 결정한 것으로 본다'라는 문

구를 채택하였는데, 이를 통해 입법자는 구법상 결정과 개정법상 결정을 분별하여 의식하고 있었다는 점이 뚜렷이 드러난다. 즉, 입법자는 구법상 결정과 신법상 결정이라는 두 개의 결정이 존재함을 전제로 하고 있는데, 부칙조항의 행정법적 쟁점과 관련하여 두 개의 결정을 동원하여 답을 마련하고 있는 견해는 ③ 폐지·대체설이다. 즉 폐지·대체설에 따르면 개정법에 의해 구법상 결정은 폐지되고 엄밀히 말하자면 법적 허구인 개정법상 결정이 그 자리를 대신 차지한다는 이해가 가능하다.

반면 대상 조문의 취지가 ① 결정의 하자치유 또는 ② 결정의 위법판단기준시 지정에 있다고 보는 관점을 취한다면 법문에서 굳이 개정법상의 결정까지 언급한 이유를 설명하기가 곤란하다. 즉 입법자가, 종래 행정청이 위법한 처분을 구명하는 데 쓰던 기술인 하자치유나, 법관이 처분의 법적 운명을 뒤바꾸기 위해 쓰던 기술인 위법판단의 기준시 변경이라는 기술을 써서 위법한 처분을 스스로 구해주기로 결심한 것이라고 본다면 구법상 결정의 하자는 치유되었다거나 구법상 결정의 위법판단기준시는 판결시에 의한다라고 선언하는 것만으로 족하다.

(3) 의견

요약하자면 첫째, 대상 조문의 행정법적 쟁점을 해결하기 위한 전제로서 무엇이 입법자의 합리적인 의사인지를 판단함에 있어서는 법률의 문언 자체가 가장 중요한 준거점이 되어야 한다는 점을 고려하고 둘째, 입법자는 대상 조문의 문언을 통하여 주인공으로 등장하는 결정이 두 개라는 점을 분명히 하였다는 점을 고려하고 셋째, 하자치유설이나 위법판단기준시 지정설이 하나의 결정을 전제로 하는 것과는 달리 폐지·대체설은 두 개의 결정을 전제로 한다는 점을 고려한다면 입법자의 의사에 가장 부합하는 견해는 ③ 폐지·대체설이라고 보아야 할 것이다.

4. 헌법적 쟁점의 분석

(1) 가능한 주장들

가. 위헌으로 보는 견해

추인적 법률이 헌법위반이라고 보는 견해는 앞서 살펴본 헌법적 쟁점들에 대하여 다음과 같은 논거를 제시하고 있다. 추인적 법률은 법원에 의하여 위법하다고 선언되었거나 선언될 운명인 행정작용을 국회가 법률로써 부활시키는 수단으로 활용된다는 점에서 특히 법원에 의해 이미 위법하다고 선언된 행정작용을 국회가 그 후 개입하여 추인하는 경우에는 입법권력이 재판권력을 무력화하는 것이어서 권력분립이라는 헌법원칙을 위반한다는 주장이 가능하다. 앞서 살펴본 프랑스의 공법학계과 판례들에서는 권력분립원칙 위반의 혐의를 추인적 법률의 가장 중요한 헌법적 쟁점 가운데 하나로 보고 있으며 이는 본 논문에서는 지면관계상 자세한 소개를 생략하고 있는, 미국의 판례도 마찬가지이다. 무엇보다도 추인적 법률은 행정작용의 위법성에 대한 사인의 신뢰를 소급적으로 저버리기 때문에 주관적으로는 개개 국민의 신뢰침해 문제를, 객관적으로는 법치국가원리의 하위원리인 법적 안정성의 침해 문제를 낳게 되며 더 나아가 위법한 행정작용에 대하여 재판을 통해 구제받을 기회를 국민들로부터 빼앗아 버린다는 점에서 재판청구권의 본질적 내용을 침해한다는 주장도 가능하다.

나. 합헌이라고 보는 견해

추인적 법률이 등장하는 맥락은 다양한데, 공통적인 것은 개인이 과거에 저지른 잘못을 되도록이면 바로 잡고 싶어하는 것과 마찬가지로 국가도 과거의 오류를 바로잡고 싶어하며, 그러한 동기에서 추인적 법률이 등장한다는 점이다. 전형적인 맥락으로는 ① 첫째, 선행 법률이 입법과정에서의 불찰 등으로 말미암아 국회의 진정한 의사를 반영하지 못하

530 行政判例研究 XXII-2-第1卷(2017)

는 모습으로 만들어지게 되었고 그리하여 국회의 의도와 법률문언 간에 간극이 생기는 경우를 상정해 볼 수 있다. 이러한 상황에서 오히려 대상 법률을 집행하는 처분청에서는 이러한 간극을 메꾸기 위하여 국회의 진정한 의사에 부합하는 처분을 하기도 하는데, 그 결과 당해 처분이 위법한 처분이 되어 버리고 마는 경우에, 국회가 뒤이어 위법한 그러나 진정한 의사에는 부합하는 대상처분을 구제하고자 추인적 법률을 만들기도한다. 이러한 맥락에서의 추인적 법률은 과거의 입법상 오류를 바로 잡고 국회의 진정한 의사를 반영하게 한다는 점에서 민주주의라는 헌법원리를 충실하게 실천하는 수단으로서의 의의를 가진다. 무엇이 법인지를 결정할 권한을 가진 국회는 당연히 그 광범위한 입법재량의 범위안에 추인적 법률을 만들 권한도 누리게 마련이라는 것이다. ② 둘째, 어떠한 처분이 내용적으로는 적법·타당하나, 형식·절차적인 측면에서 하자가 있고, 특히 그러한 처분이 일상적이고 대량적으로 발하여지는 처분이어서 그 많은 처분들에 대하여 취소소송이 제기된다면 법원으로서도 감당하기 힘들 것으로 예상되는 경우가 있다. 물론 절차적 측면의 법치주의를 충실히 관철하려면 이러한 사안에서도 직권 또는 재판상 취소를 통한 구제가 베풀어져야 함이 원칙이지만, 재판상 또는 직권에 의한 (절차하자를 이유로 한) 취소를 거쳐 다시 절차·형식상의 하자 없는, 그러나 내용적으로는 선행처분과 동일한 처분을 반복한다는 것이 재판권력과 행정권력 모두의 차원에서 자원을 낭비하게 하는 결과를 가져온다는 우려가 제기될 수 있다. 이러한 맥락에서 국회가 나서서 추인적 법률을 만듦으로써 위법한 수익적 처분들을 일괄적으로 적법화한다면, 절차에 소요될 뻔한 국가적 자원이 절약되는 긍정적 결과를 가져올 수 있다. ③ 또한, 추인적 법률이 법적용대상인 국민들에게 반드시 불리하게 작용하는 것만은 아니다. 특히 사회보장급부 등 수익적 행정영역에서, 과거의 위법한 급부결정을 소급적으로 합법화하는 추인적 법률은 급부결정이 취소되었을 때 초래될 수 있는 법관계의 혼란을 방지하면서 국민의 법적 지

위를 보다 두텁게 하는 수단이 될 수 있다는 점도 간과할 수 없다. ④
그 밖에도 공무원의 임명이나 합의제 행정기관의 구성과 관련하여 나중
에 위법이 발견되었을 때, 대상공무원 또는 행정기관이 관여한 모든 공
법적 행위가 무권한자의 행위로 전락하는 것을 막기 위하여 대상임명행
위나 기관구성의 근거가 된 위법한 행정입법 등을 추인하는 법률이 동
원되기도 하는데, 이러한 경우에는 추인적 법률이 오히려 법적 안정성에
기여하기도 한다.

다. 종합적 관점

이처럼 추인적 법률은 권력분립을 위협하고 법적 안정성과 신뢰를
해치며 재판청구권을 제약하는 반 법치적 입법이라는 헌법적 의심의 대
상이면서 동시에 민주주의, 국가적 자원배분의 효율성 제고, 법적 안정
성의 확보 등에 봉사하는 수단으로서의 긍정적 측면도 가지고 있으므
로, 추인적 법률의 헌법적 허용성은 일도양단의 관점에서 접근할 것이
아니라 권력분립, 법치주의, 민주주의 등 제반 헌법원리들간의 형량이
작동하여야 하는 영역으로서 사안의 특성에 따른 세심한 원리 상호간
조율의 관점에서 접근하여야 할 것이다. 이하에서는 대상조문의 헌법적
쟁점들을 살펴보기는 하는데, 이 역시 지면의 제약이 있는만큼 앞서 언
급한 여러 쟁점들 가운데 일부만을 살펴보기로 한다.

(2) 의견

가. 권력분립원칙 위반 여부

입법자가 형사적 영역에서 추인적 법률을 만들거나 또는 형사적 영
역이 아니더라도 판결의 기판력을 훼손하는 취지일 때에는 헌법상 허용
되지 아니한다고 보는 프랑스의 판례·학설은 부칙조항의 헌법 위반여부
를 살펴보는 데 있어서도 좋은 참조가 될 수 있다. 즉, 국회입법자가 부
칙조항을 통해 추인하고자 하였던 친일반민족행위자결정이 개인의 형사

책임이나 행정제재의 영역에서 이루어진 것은 아니라는 점, 친일재산귀속법 부칙 제2항 단서는 기판력 있는 결정을 본문의 적용대상으로부터 배제하고 있는 점 등을 감안하면 부칙조항을 통하여 기판력이 발생한 위법한 결정까지 추인되는 것은 아니라는 점에서 대상 조문은 헌법상 권력분립원칙 위반은 아니라고 본다.

나. 소급효금지원칙 위반 여부

대상 조문은 구법에 따른 결정을 처음부터 없었던 것으로 만들고 개정법에 따른 결정이 구법상 결정시점부터 있었던 것으로 의제한다는 점에서 그 규율 내용으로 실증적 처분의 소급적 폐지와 관념적 처분의 소급적 발급의제가 합체되어 있다. 이는 과거의 이미 종료된 법상태를 법률규정을 통해 변경하는 것으로서, 진정소급효 있는 법률로 보아야 할 것이지만, 진정소급효가 헌법상 항상 금지되는 것은 아니며 예외적으로 중대한 공익이 인정된다면 헌법적으로도 허용될 수 있다. 부칙조항은 미진하였던 친일과거사청산을 반성하고 진작에 문제삼았어야 할 여러 인사들의 과거행적에 대한 법적 평가를 뒤늦게나마 도모하고자 하는 취지이며 이는 대한민국 헌법 전문에서 3·1운동을 가장 먼저 언급하고 있는 데에서 알 수 있듯이, 대한민국의 정체성과 관련되는 문제라는 점에서 중대한 공익이 인정되므로 헌법상 허용되는 진정소급입법이라고 본다.

다. 적법절차원칙 위반 여부

부칙조항의 취지를, 입법자가 직접 구법상 결정을 폐지하고 개정법상 결정이 소급적으로 존재하는 것으로 의제하기로 한 데 있다고 해석하는 이상, 의제되는 개정법상 결정은 실존적 결정이 아니라 관념적인 결정, 즉 fiction으로서의 결정이라는 점에서 인허가의제시 의제되는 인허가와 본질적으로 다르지 않음은 앞서 논증한 바 있다. 그런데, 인허가 관련 법적 의제 내지 허구의 본래 기능은, 실제 결정절차를 거치지 아니하면서 그 법적 효과를 향수하자는 데 있으며 그러한 관점에서 부칙조항은 법적 의제 본연의 기능을 충실히 이행하고 있을 따름이라고 보아야 한다. 따라서 입법자가 행정으로 하여금 다시 절차를 거쳐 결정을 내리게 하는 방안을 고려할 수 있음에도 불구하고 그러한 방도를 취하지 아니한 채, 개정법상 결정이 있었던 것으로 의제하는 규정을 마련한 것이 적법절차원칙 위반의 혐의가 있다고 보는 것은 적절치 않다.

즉, 입법기술로서의 의제제도의 본질이 적어도 행정처분과 관련하여서는 절차생략에 있다는 점을 감안하면, 부칙조항에 따른 신법상 결정의 의제에 있어서도 절차생략은 당연한 귀결이라고 보아야 한다. 물론 건축법제, 국토계획법제상의 인허가의제는 상대방에게 수익적인 효과를 미치는 반면 부칙조항상의 의제는 상대방에게 침익적인 효과를 미친다는 점에서 동일선상에 두고 볼 수 없다는 반론도 제기될 수 있을 것이나, 의제라는 법적 도구의 주된 효용이 절차생략에 있음을 감안한다면, 부칙조항이 입법재량을 벗어났다고는 볼 수 없을 것이다.

라. 기타

그 밖에도 부칙조항이 처분적 법률이라는 주장도 제기되고 있다. 물론 앞서 살펴보았듯이 부칙조항은 제청신청인 조부와 관련한 친일반민족행위결정이 1심 법원에 의하여 취소된 이후 만들어지기는 하였으나, 이는 어디까지나 입법의 계기라고 하는 사실의 영역에 속할 뿐이다. 오히려 부칙조항에서 객관적으로 드러나는 법문은 신법상 결정에 의해 폐기·대체되는 구법상 결정이 누구를 상대방으로 하는 결정인지를 특정하고 있지 아니하다. 즉 부칙조항은 제청신청인의 조부와 관련한 결정만을 규율대상으로 하고 있는 것이 아니라 재산이 귀속될 친일반민족행위자가 누구인지를 묻지 아니하고 일반·추상적으로 구법에 따라 이루어진 모든 결정을, 개정법에 따른 결정으로 보고 있다는 점에서 부칙조항이 처분으로서의 성질을 가진다고는 볼 수 없다. 또한, 부칙조항에 의하여 위법하였던 구법상 결정은 이제 신법에 따른 적법한 결정으로 대체되었

고 그 결과 청구인이 취소소송에서 승소할 기회가 사라지게 되었으나,
이는 본안승소요건의 문제일 뿐, 제청신청인의 항고소송의 원고적격과
대상적격을 제약하거나 법관에 의한 재판을 부인하는 취지는 아니므로
부칙조항이 제청신청인의 재판청구권이라는 절차적 기본권을 침해하는
것으로는 볼 수 없다. 재판청구권은 어디까지나 국민의 절차법상 지위의
문제일 뿐이며 본안의 승소 여부는 실체법의 문제이기 때문이다.[38]

Ⅲ. 맺음말

앞서 살펴본 바와 같이 부칙조항에서 언급하고 있는 '종전의 제2조
제1호에 따(른).. 결정'과 '개정규정에 따(른) 결정'의 법적 성질을 각각
실존적 결정과 관념적 결정으로 이해하고 관념적 결정으로서의 법적 의
제는 대개 절차생략이 수반한다는 점을 고려하면, 부칙조항에게 적법절
차원칙위반의 혐의를 묻는 것은 적절치 않다. 우리의 공법질서하에서 행
정권력과 재판권력은 모두 위법한 행정처분을 존속시킬 도구들을 쥐고
있다. 법관은 사정판결제도를 통해 위법한 처분을 존속시킬 수 있고 행
정청도 위법한 처분의 하자를 치유하여 적법한 처분으로 존속시킬 권한

---

38) 헌재 2006. 2. 23. 2005헌가7 -"헌법 제27조 제1항은 "모든 국민은 …… 법률에 의
한 재판을 받을 권리를 가진다."라고 규정하여 법원이 법률에 기속된다는 당연한
법치국가적 원칙을 확인하고, '법률에 의한 재판, 즉 절차법이 정한 절차에 따라
실체법이 정한 내용대로 재판을 받을 권리'를 보장하고 있다. 그런데 이러한 재판
청구권의 실현은 재판권을 행사하는 법원의 조직과 소송절차에 관한 입법에 의존
하고 있기 때문에 입법자에 의한 재판청구권의 구체적 형성은 불가피하며, 따라
서 입법자는 소송요건과 관련하여 소송의 주체·방식·절차·시기·비용 등에 관하여
규율할 수 있다. 그러나 헌법 제27조 제1항은 권리구제절차에 관한 구체적 형성을
완전히 입법자의 형성권에 맡기지는 않는다." ; 헌재 2005. 11. 24. 2004헌가17 -
"헌법 제27조 제1항의 재판청구권은 사법절차에의 접근뿐만 아니라 공정한 재판
을 받을 권리를 포함하므로, 재판의 공정성과 재판의 독립성은 재판청구권을 보
장한 헌법규정에 의하여서도 요청된다."

을 누린다. 이처럼 법관이나 행정에게 인정되는 힘이 국회에게는 인정되지 않는다는 주장을 뒷받침할 논거는 매우 희박하다. 더구나 국회는 법관에게 위법행위를

존속시킬 권한을 행정소송법을 통하여 부여한 당사자이기도 하다. 즉, 국회가 추인적 법률을 통하여 위법한 행정처분을 폐지하면서도 그 법효과는 사실상 여전히 보다 강력한 힘을 가지고 있다는 점은 헌법이 전제로 하는 헌법기관들 사이의 위상을 감안할 때 부인하기 어렵다. 다만, 추인적 법률도 권력분립원칙, 법치국가에서 파생되는 소급효금지원칙 등 제반 헌법적 위상의 법원칙들 및 국민의 기본권과 조화되는 한도 내에서 허용된다는, 모든 법률에 일반적으로 가해지는 제약만이 존재할 따름인데, 부칙조항은 이러한 헌법적 한계 내에 있다고 보아야 할 것이다.

참고문헌

프랑스 문헌

Camby, J. P., "Actualité constitutionnelle: Coups d'arrêts aux validations législatives : limites constitutionnelles ou limites jurisprudentielles?", 『RDP』, 1996, pp. 323-329.

Chapus, R., 『Droit du contentieux administratif』, 11e éd., Paris: Montchrestien, 2004.

Favoreu, L. et Philip, L., 『Les grandes décisions du Conseil constitutionnel』, 15e éd.,
Paris: Dalloz, 2009.

Favoreu, L. [et als.], 『Droit constitutionnel』, Paris: Dalloz, 2016.

Gohin, O., "La responsabilité de l'Etat en tant que législateur", 『RIDC』 Vol. 50 N° 2,
Avril-juin 1998, pp. 595-610.

Lucahaire, F., "Le Conseil constitutionnel et les lois de validation", 『RDP』, 1998, pp. 23-36.

Massot, J., "Validation législative", 『Répertoire de Contentieux administratifs』, Paris: Dalloz, 2001. pp. 1-10.

Mathieu, B., "La constitutionnalité des validations législatives : certitudes et incertitudes", 『RFDA』 1989, pp. 862-867.

Mathieu, B., "Les validations législatives devant le juge constitutionnel. Bilan d'une jurisprudence récente", 『RFDA』 1995, pp. 780-791.

Perrot, D., "Validation législative et actes administratifs unilatéraux", 『RDP』 1983, pp. 983-1012.

Prétot, X., "Les validations législatives : de la Constitution à la Convention européenne des droits de l'homme", 『RDP』 1998, pp. 11-22.

Rousseau, D., 『Droit du contentieux constitutionnel』, 10e édition, Paris: LGDJ, 2013. de Lamothe, O., "La sécurité juridique − Le point de vue du juge constitutionnel", 2005. 9. 20, http://www.conseil−constitutionnel.fr/conseil−constitutionnel/root/bank_mm/pdf/Conseil/securitejuridique.pdf.(2017. 12. 12. 최종방문) https://www.senat.fr/ej/ej_validation/ej_validation0.html(2017. 12. 12. 최종 방문)

영미 문헌

Constitutional Law. Separation of Powers. Curative Legislation after Judicial Determination, 『Harvard Law Review』 Vol. 35, No. 7 (May, 1922), p. 882.

Horak, F. and Dutton, C., "Statutory Validation of Public Bonds", 『University of Chicago Law Review』Vol. 7, No. 2 (Feb., 1940), pp. 281−296.

Slowson, "Constitutional and Legislative Considerations in Retroactive Lawmaking", 『California Law Review』Vol. 48, No. 2 (May, 1960), pp. 216−251.

http://researchbriefings.files.parliament.uk/documents/SN06587/SN06587.pdf (2017. 12. 12. 최종 방문)

국문초록

　　어떠한 행정결정이 그 위법성으로 말미암아 법원에 의해 이미 취소되었거나 또는 장래 취소될 우려가 있을 때, 국회가 법률을 제정하여 당해 위법한 행정결정을 적법·유효한 것으로　선언하는 예는 영국, 미국, 프랑스 등의 입법실무에서 이미 오래전부터 드물지 않게 발견된다. 프랑스의 공법학계에는 이러한 법률을 la loi de validation, la validation législative 또는 la loi confirmative 등의 이름으로 부르고 있고, 영미법계에서는 curative legislation 또는 legislative ratification, validating act 등의 이름으로 부르고 있는데, 이를 가칭 추인적 법률이라고 부르기로 한다. 프랑스의 경우, 추인적 법률의 헌법적 허용성에 관하여 많은 다툼이 있었는데, 수많은 판례들을 거쳐 현재로서는 추인적 법률의 헌법적 허용성의 한계를 다음과 같이 설정하고 있다. 첫째, 추인적 법률은 기판력을 존중하여야 하며, 둘째, 형사영역에서는 허용되지 않는다. 셋째, 충분한 또는 긴절한 공익목적이 있어야만 하고 넷째, 추인의 범위가 명확하여야 하며 다섯째, 문제의 행정작용이 다른 점에서 위헌적이지 않아야 한다. 우리의 친일재산귀속법 부칙 제2항 본문은 위법한 행정결정이 취소되지 않도록 하는 데 그 입법의도가 있었던 것으로 보인다는 점에서 전형적인 추인적 법률규정이라 할 것이다. 이 부칙조항에 대하여 제기된 위헌법률심판사건에서 헌법재판소의 법정 의견은 재판의 전제성을 부인한 반면, 반대의견은 부칙조항이 진정 소급입법으로서 적법절차원칙에 위배되어 위헌이라는 견해를 밝혔다. 문제는 부칙조항이 언급하고 있는 '종전의 제2조 제1호에 따(른).. 결정'과 '개정규정에 따(른) 결정'의 법적 성질을 어떻게 이해할 것인가에 있다. 전자는 실존적 결정으로서의 성질을 가지는 반면, 후자는 일종의 법적 허구 내지 의제(legal fiction)에 해당하는 관념적 결정이라고 보아야 한다. 또한 부칙조항은 실존적 결정을 직접 폐지하고 허구적 결정이 소급적으로 실존적 결정의 자리를 대신하도록 하는 취지라고 이해하여야 한다. 실존적 행정결정과 관념적 행

정결정이 뒤엉켜 나타나는 또 다른 현상으로 이른바 인허가의제를 들 수
있는데, 건축법이나 국토계획법상 인허가의제규정에서 잘 드러나고 있듯이,
법적 의제에 있어서는 대개 절차생략이 수반하게 된다. 즉, 개정규정에 따
른 결정은 법적 의제로서 그 속성상 절차에 친하지 않으므로 부칙조항에게
적법절차위반의 혐의를 묻는 것은 적절치 않다. 더 나아가 부칙조항의 헌
법적 쟁점으로서 권력분립원칙, 소급입법금지원칙, 재판청구권, 처분적 법
률성 등이 문제되는데, 부칙조항은 위와 같은 헌법원칙들 및 기본권의 한
계를 벗어나지 않고 있다고 보아야 할 것이다.

　　주제어: 친일재산귀속법, 추인적 법률, 소급입법, 재판청구권, 친일잔재,
　　　　　권력분립

Abstract

Overcoming the Legacy of Japanese Colonialism and the Validating Legislation

Hyonsoo Lee*

It has not been uncommon to find parliamentary interventions that declare an administrative decision which has already been quashed or is likely to be quashed by the court in the future due to its illegality, as legitimate and valid ex tunc in the legislative practices of United Kingdom, the United States, and France. It is called "la loi de validation", "la validation législative" or "la loi confirmative" in French public law and is called "curative legislation" or "legislative ratification" or "validating act" in anglo-american public law. In particular, there has already been a lot of arguments among french publicists over the issue of whether these legal provisions are constitutional or not and, if constitutional, under what conditions. In our context, the supplementary clause 2 of the "Act on Confiscation of Pro-Japanese, Nation Traitor's Property" could be deemed typical validating act. Whereas the Court's opinion of Constitutional Court denies the relevancy of that provision to the judgment of the original case, dissenting opinion considers supplementary clause 2 of that act unconstitutional in violation of the due process of law. However, administrative decision under the latter act which is referred to in the supplementary clause 2 should be regarded as ideological decision or

---

* Professor, Konkuk University Lawschool

as a kind of legal fiction, while the decision made under the former act has the nature of an existential decision. It shall also be emphasized that supplementary clause 2 the act is intended to abolish the former decision made under old law and to allow the latter decision made under new law to take their place. As such legal fictions are accompanied by omission of procedures, the dissenting opinion that the supplementary clause 2 is unconstitutional as a violation of the due process is unacceptable, since it is the essence of the fictional decision to enjoy the full legal effects without going through any relevant procedure. In addition, it may be asserted that the supplementary clause 2 violates the principle of separation of powers, the principle of prohibition of retroactive legislation, and the right to trial. However, it should be seen that the supplementary clause 2 does not go beyond the limits of the constitutional principles and fundamental rights.

Keywords: Act on nationalisation of pro-japanese property, validating legislation, retroactive legislation, right to trial, legacy of japanese colonialism, separation of power

투고일 2017. 12. 11.
심사일 2017. 12. 25.
게재확정일 2017. 12. 28.

附　　錄

研究倫理委員會 規程

研究論集 刊行 및 編輯規則

「行政判例研究」 原稿作成要領

行政判例研究會 第12代 任員 名單

研究倫理委員會 規程

제1장 총 칙

제1조 (목적)

이 규정은 사단법인 한국행정판례연구회(이하 "학회"라 한다) 정관 제26조에 의하여 연구의 진실성을 확보하기 위하여 설치하는 연구윤리위원회(이하 "위원회"라 한다)의 구성 및 운영에 관한 기본적인 사항을 정함을 목적으로 한다.

제2조 (적용대상)

이 규정은 학회의 정회원·준회원 및 특별회원(이하 "회원"이라 한다)에 대하여 적용한다.

제3조 (적용범위)

연구윤리의 확립 및 연구진실성의 검증과 관련하여 다른 특별한 규정이 없는 한 이 규정에 따른다.

제4조 (용어의 정의)

이 규정에서 사용하는 용어의 정의는 다음과 같다.

1. "연구부정행위"는 연구를 제안, 수행, 발표하는 과정에서 연구목적과 무관하게 고의 또는 중대한 과실로 행하여진 위조·변조·표절·부당한 저자표시 등 연구의 진실성을 심각하게 해치는 행위를 말한다.
2. "위조"는 존재하지 않는 자료나 연구결과를 허위로 만들고 이를 기록하거나 보고하는 행위를 말한다.
3. "변조"는 연구와 관련된 자료, 과정, 결과를 사실과 다르게

변경하거나 누락시켜 연구가 진실에 부합하지 않도록 하는 행위를 말한다.

　　4. "표절"은 타인의 아이디어, 연구 과정 및 연구결과 등을 정당한 승인 또는 적절한 인용표시 없이 연구에 사용하는 행위를 말한다.

　　5. "부당한 저자 표시"는 연구내용 또는 결과에 대하여 학술적 공헌 또는 기여를 한 자에게 정당한 이유 없이 저자 자격을 부여하지 않거나, 학술적 공헌 또는 기여를 하지 않은 자에게 감사의 표시 또는 예우 등을 이유로 저자 자격을 부여하는 행위를 말한다.

제 2 장   연구윤리위원회의 구성 및 운영

제 5 조 (기능)

위원회는 학회 회원의 연구윤리와 관련된 다음 각 호의 사항을 심의·의결한다.

　　1. 연구윤리·진실성 관련 제도의 수립 및 운영 등 연구윤리확립에 관한 사항
　　2. 연구윤리·진실성 관련 규정의 제·개정에 관한 사항
　　3. 연구부정행위의 예방·조사에 관한 사항
　　4. 제보자 및 피조사자 보호에 관한 사항
　　5. 연구진실성의 검증·결과처리 및 후속조치에 관한 사항
　　6. 기타 위원장이 부의하는 사항

제 6 조 (구성)

① 위원회는 위원장과 부위원장 각 1인을 포함하여 7인 이내의 위원으로 구성한다.

② 위원장은 부회장 중에서, 부위원장은 위원 중에서 회장이 지명

한다.

③ 부위원장은 위원장을 보좌하고 위원장의 유고시에 위원장의 직무를 대행한다.

④ 위원은 정회원 중에서 회장이 위촉한다.

⑤ 위원장과 부위원장 및 위원의 임기는 1년으로 하되 연임할 수 있다.

⑥ 위원회의 제반업무를 처리하기 위해 위원장이 위원 중에서 지명하는 간사 1인을 둘 수 있다.

⑦ 위원장은 위원회의 의견을 들어 전문위원을 위촉할 수 있다.

제 7 조 (회의)

① 위원장은 필요한 경우 위원회의 회의를 소집하고 그 의장이 된다.

② 회의는 재적위원 과반수 출석과 출석위원 과반수 찬성으로 의결한다. 단 위임장은 위원회의 성립에 있어 출석으로 인정하되 의결권은 부여하지 않는다.

③ 회의는 비공개를 원칙으로 하되, 필요한 경우에는 위원이 아닌 자를 참석시켜 의견을 진술하게 할 수 있다.

제 3 장 연구진실성의 검증

제 8 조 (연구부정행위의 조사)

① 위원회는 구체적인 제보가 있거나 상당한 의혹이 있는 경우에는 연구부정행위의 존재 여부를 조사하여야 한다.

② 위원회는 조사과정에서 제보자·피조사자·증인 및 참고인에 대하여 진술을 위한 출석과 자료의 제출을 요구할 수 있다.

③ 위원회는 연구기록이나 증거의 멸실, 파손, 은닉 또는 변조 등을 방지하기 위하여 상당한 조치를 취할 수 있다.

제 9 조 (제보자와 피조사자의 권리 보호)

① 위원회는 어떠한 경우에도 제보자의 신원을 직·간접적으로 노출시켜서는 안 된다. 다만, 제보 내용이 허위인 줄 알았거나 알 수 있었음에도 불구하고 이를 신고한 경우에는 보호 대상에 포함되지 않는다.

② 위원회는 연구부정행위 여부에 대한 검증과정이 종료될 때까지 피조사자의 명예나 권리가 침해되지 않도록 노력하여야 한다.

제10조 (비밀엄수)

① 위원회의 위원은 연구부정행위의 조사, 판정 및 제재조치의 건의 등과 관련한 일체의 사항을 비밀로 하며, 검증과정에 직·간접적으로 참여한 자는 검증과정에서 취득한 정보를 누설하여서는 아니 된다.

② 위원장은 제 1 항에 규정된 사항으로서 합당한 공개의 필요성이 있는 때에는 위원회의 의결을 거쳐 공개할 수 있다. 다만, 제보자·조사위원·증인·참고인·자문에 참여한 자의 명단 등 신원과 관련된 정보가 당사자에게 부당한 불이익을 줄 가능성이 있는 때에는 공개하지 아니한다.

제11조 (제척 ·기피·회피)

① 위원은 검증사건과 직접적인 이해관계가 있는 때에는 당해 사건의 조사·심의 및 의결에 관여하지 못한다. ② 제보자 또는 피조사자는 위원에게 공정성을 기대하기 어려운 사정이 있는 때에는 그 이유를 밝혀 당해 위원의 기피를 신청할 수 있다. 위원회에서 기피 신청이 인용된 때에는 기피 신청된 위원은 당해 사건의 조사·심의 및 의결에 관여하지 못한다.

③ 위원은 제 1 항 또는 제 2 항의 사유가 있다고 판단하는 때에는 회피하여야 한다.

④ 위원장은 위원이 검증사건과 직접적인 이해관계가 있다고 인정하는 때에는 당해 검증사건과 관련하여 위원의 자격을 정지할 수 있다.

제12조 (의견진술, 이의제기 및 변론기회의 보장)

위원회는 제보자와 피조사자에게 관련 절차를 사전에 알려주어야 하며, 의견진술, 이의제기 및 변론의 기회를 동등하게 보장하여야 한다.

제13조 (판정)

① 위원회는 위원들의 조사와 심의 결과, 제보자와 피조사자의 의견진술, 이의제기 및 변론의 내용을 토대로 검증대상행위의 연구부정행위 해당 여부를 판정한다.

② 위원회가 검증대상행위의 연구부정행위 해당을 확인하는 판정을 하는 경우에는 재적위원 과반수 출석과 출석위원 3분의 2 이상의 찬성으로 한다.

제4장 검증에 따른 조치

제14조 (판정에 따른 조치)

① 위원장은 제13조 제1항의 규정에 의한 판정결과를 회장에게 통보하고, 검증대상행위가 연구부정행위에 해당한다고 판정된 경우에는 위원회의 심의를 거쳐 그 판정결과에 따라 필요한 조치를 건의할 수 있다.

② 회장은 제1항의 건의가 있는 경우에는 다음 각 호 중 어느 하나의 제재조치를 하거나 이를 병과할 수 있다.

1. 연구부정논문의 게재취소
2. 연구부정논문의 게재취소사실의 공지
3. 회원의 제명절차에의 회부

    4. 관계 기관에의 통보

    5. 기타 적절한 조치

③ 전항 제 2 호의 공지는 저자명, 논문명, 논문의 수록 권·호수, 취소일자, 취소이유 등이 포함되어야 한다.

④ 회장은 학회의 연구윤리와 관련하여 고의 또는 중대한 과실로 진실과 다른 제보를 하거나 허위의 사실을 유포한 자가 회원인 경우 이를 제명절차에 회부할 수 있다.

제15조 (조사결과 및 제재조치의 통지)

회장은 위원회의 조사결과 및 제재조치에 대하여 제보자 및 피조사자 등에게 지체없이 서면으로 통지한다.

제16조 (재심의)

피조사자 또는 제보자가 판정결과 및 제재조치에 대해 불복할 경우 제15조의 통지를 받은 날부터 20일 이내에 이유를 기재한 서면으로 재심의를 요청할 수 있다.

제17조 (명예회복 등 후속조치)

검증대상행위가 연구부정행위에 해당하지 아니한다고 판정된 경우에는 학회 및 위원회는 피조사자의 명예회복을 위해 노력하여야 하며 적절한 후속조치를 취하여야한다.

제18조 (기록의 보관) ① 학회는 조사와 관련된 기록은 조사 종료 시점을 기준으로 5년간 보관하여야 한다.

부   칙

제 1 조 (시행일) 이 규정은 2007년 11월 29일부터 시행한다.

研究論集 刊行 및 編輯規則

제정: 1999. 08. 20.

제 1 차 개정: 2003. 08. 22.

제 2 차 개정: 2004. 04. 16.

제 3 차 개정: 2005. 03. 18.

전문개정: 2008. 05. 26.

제 5 차 개정: 2009. 12. 18.

제 1 장 총   칙

제 1 조 (目的)

이 규칙은 사단법인 한국행정판례연구회(이하 "학회"라 한다)의 정관 제27조의 규정에 따라 연구논집(이하 '논집'이라 한다)을 간행 및 편집함에 있어서 필요한 사항을 정함을 목적으로 한다.

제 2 조 (題號)

논집의 제호는 '行政判例研究'(Studies on Public Administration Cases)라 한다.

제 3 조 (刊行週期)

① 논집은 연 2회 정기적으로 매년 6월 30일, 12월 31일에 간행함을 원칙으로 한다.

② 전항의 정기간행 이외에 필요한 경우는 특별호를 간행할 수 있다.

제 4 조 (刊行形式)

논집의 간행형식은 다음 각 호의 어느 하나에 의한다.

    1. 등록된 출판사와의 출판권 설정의 형식

    2. 자비출판의 형식

제 5 조 (收錄對象)

① 논집에 수록할 논문은 다음과 같다.

    1. 발표논문: 학회의 연구발표회에서 발표하고 제출한 논문으로서 편집위원회의 심사절차를 거쳐 게재확정된 논문

    2. 제출논문: 회원 또는 비회원이 논집게재를 위하여 따로 제출한 논문으로서 편집위원회의 심사절차를 거쳐 게재확정된 논문

    3. 그 밖에 편집위원회의 심사절차와 간행위원회의 의결을 거쳐 수록하기로 한 논문 등

② 논집에는 부록으로서 다음의 문건을 수록할 수 있다.

    1. 학회의 정관, 회칙 및 각종 규칙

    2. 학회의 역사 또는 활동상황

    3. 학회의 각종 통계

③ 논집에는 간행비용의 조달을 위하여 광고를 게재할 수 있다.

제 6 조 (收錄論文要件)

논집에 수록할 논문은 다음 각호의 요건을 갖춘 것이어야 한다.

    1. 행정판례의 평석 또는 연구에 관한 논문일 것

    2. 다른 학술지 등에 발표한 일이 없는 논문일 것

    3. 이 규정 또는 별도의 공고에 의한 원고작성요령 및 심사기준에 부합하는 학술연구로서의 형식과 품격을 갖춘 논문일 것

제 7 조 (著作權)

① 논집의 편자는 학회의 명의로 하고, 논집의 개별 논문에는 집필자(저작자)를 명기한다.

② 학회는 논집의 편집저작권을 보유한다.

제 2 장 刊行委員會와 編輯委員會

제 8 조 (刊行 및 編輯主管)

① 논집의 간행 및 편집에 관한 업무를 관장하기 위하여 학회에 간 행위원회와 편집위원회를 둔다.

② 간행위원회는 논집의 간행에 관한 중요한 사항을 심의·의결한다.

③ 편집위원회는 간행위원회의 결정에 따라 논집의 편집에 관한 업무를 행한다.

제 9 조 (刊行委員會의 構成과 職務 등)

① 간행위원회는 편집위원을 포함하여 회장이 위촉하는 적정한 수의 위원으로 구성하고 임기는 1년으로 하되 연임할 수 있다.

② 간행위원회는 위원장, 부위원장 및 간사 각 1인을 둔다.

③ 간행위원장은 위원 중에서 호선하고, 부위원장은 학회의 출판담당 상임이사로 하고, 간사는 위원 중에서 위원장이 위촉한다.

④ 간행위원회는 다음의 사항을 심의·의결한다.

    1. 논집의 간행계획에 관한 사항

    2. 논집의 특별호의 기획 등에 관한 사항

    3. 이 규칙의 개정에 관한 사항

    4. 출판권을 설정할 출판사의 선정에 관한 사항

    5. 그 밖에 논집의 간행과 관련된 중요한 사항

⑤ 간행위원회는 다음 각 호의 경우에 위원장이 소집하고, 간행위원회는 위원 과반수의 출석과 출석위원 과반수의 찬성으로 의결

한다.

1. 회장 또는 위원장이 필요하다고 판단하는 경우
2. 위원 과반수의 요구가 있는 경우

제10조 (編輯委員會의 構成과 職務 등)

① 편집위원회는 학회의 출판담당 상임이사를 포함하여 회장이 이사회의 승인을 얻어 선임하는 10인 내외의 위원으로 구성하고 임기는 3년으로 한다.

② 편집위원회는 위원장, 부위원장 및 간사 각 1인을 둔다.

③ 편집위원장은 위원 중에서 호선하고, 부위원장은 학회의 출판담당 상임이사로 하고, 간사는 위원 중에서 위원장이 위촉한다.

④ 편집위원회는 다음의 사항을 행한다.

1. 이 규칙에 의하는 외에 논집에 수록할 논문의 원고작성요령 및 심사기준에 관한 세칙의 제정 및 개정
2. 논문심사위원의 위촉
3. 논문심사의 의뢰 및 취합, 종합판정, 수정요청 및 수정후재심사, 논집에의 게재확정 또는 거부 등 논문심사절차의 진행
4. 논집의 편집 및 교정
5. 그 밖에 논집의 편집과 관련된 사항

⑤ 편집위원회는 다음 각 호의 경우에 위원장이 소집하고, 위원 과반수의 출석과 출석위원 과반수의 찬성으로 의결한다.

1. 회장 또는 위원장이 필요하다고 판단하는 경우
2. 위원 과반수의 요구가 있는 경우

제3장 論文의 提出과 審査節次 등

제11조 (論文提出의 基準)

① 논문원고의 분량은 A4용지 20매(200자 원고지 150매) 내외로 한다.

② 논문의 원고는 (주)한글과 컴퓨터의 "문서파일(HWP)"로 작성하고 한글사용을 원칙으로 하되, 필요한 경우 국한문혼용 또는 외국어를 사용할 수 있다.

③ 논문원고의 구성은 다음 각 호의 순서에 의한다.

 1. 제목
 2. 목차
 3. 본문
 4. 한글초록·주제어
 5. 외국어초록·주제어
 6. 참고문헌
 7. 부록(필요한 경우)

④ 논문은 제1항 내지 제3항 이외에 편집위원회가 따로 정하는 원고작성요령 또는 심사기준에 관한 세칙을 준수하고, 원고는 편집위원회가 정하여 공고하는 기한 내에 출판간사를 통하여 출판담당 상임이사에게 제출하여야 한다.

제12조 (論文審査節次의 開始)

① 논문접수가 완료되면 출판담당 상임이사는 심사절차에 필요한 서류를 작성하여 편집위원장에게 보고하여야 한다.

② 편집위원장은 전항의 보고를 받으면 편집위원회를 소집하여 논문심사절차를 진행하여야 한다.

제13조 (論文審査委員의 委囑과 審査 依賴 등)

① 편집위원회는 간행위원, 편집위원 기타 해당 분야의 전문가 중에서 심사대상 논문 한 편당 3인의 논문심사위원을 위촉하여 심사를 의뢰한다.

② 제 1 항의 규정에 의하여 위촉되어 심사를 의뢰받는 논문심사위원이 심사대상 논문 또는 그 제출자와 특별한 관계가 명백하게 있어 논문심사의 공정성을 해할 우려가 있는 사람이어서는 안 된다.

제14조 (秘密維持) ① 편집위원장은 논문심사위원의 선정 및 심사의 진행에 관한 사항이 외부로 누설되지 않도록 필요한 조치를 취하여야 한다.

② 편집위원 및 논문심사위원은 논문심사에 관한 사항을 외부로 누설해서는 안 된다.

제15조 (論文審査의 基準) 논문심사위원이 논집에 수록할 논문을 심사함에 있어서는 다음 각 호의 기준을 종합적으로 고려하여 심사의견을 제출하여야 한다.

  1. 제 6 조에 정한 수록요건
  2. 제11조에 정한 논문제출기준
  3. 연구내용의 전문성과 창의성 및 논리적 체계성
  4. 연구내용의 근거제시의 적절성 및 객관성

제16조 (論文審査委員別 論文審査의 判定) ① 논문심사위원은 제15조의 논문심사기준에 따라 [별표 1]의 [논문심사서](서식)에 심사의견을 기술하여 제출하여야 한다.

② 논문심사위원은 심사대상 논문에 대하여 다음 각호에 따라 '판정의견'을 제출한다.

  1. '게재적합': 논집에의 게재가 적합하다고 판단하는 경우
  2. '게재부적합': 논집에의 게재가 부적합하다고 판단하는 경우

　　3. '수정후게재': 논문내용의 수정·보완 후 논집에의 게재가 적합
　　　　하다고 판단하는 경우

③ 전항 제1호에 의한 '게재적합' 판정의 경우에도 논문심사위원은
수정·보완이 필요한 경미한 사항을 기술할 수 있다.

④ 제2항 제2호에 의한 '게재부적합' 판정 및 제3호에 의한 '수
정후게재' 판정의 경우에는 각각 부적합사유와 논문내용의 수정·보
완할 점을 구체적으로 명기하여야 한다.

제17조 (編輯委員會의 綜合判定 및 再審査)　① 편집위원회는 논문
심사위원 3인의 논문심사서가 접수되면 [별표 2]의 종합판정기준에
의하여 '게재확정', '수정후게재', '수정후재심사' 또는 '불게재'로 종
합판정을 하고, 그 결과 및 논문심사위원의 심사의견을 논문제출자
에게 통보한다.

② 편집위원회의 종합판정 결과, '수정후재심사'로 판정된 논문에 대
하여는 재심사절차를 진행한다. 이때 최초심사에서 '게재적합' 또는
'수정후게재' 판정을 한 심사위원은 교체하지 아니하고, '게재부적합'
판정을 한 논문심사위원은 다른 사람으로 교체하여 심사를 의뢰한다.

③ 전항의 논문을 재심사하는 논문심사위원은 '게재적합' 또는 '게
재부적합'으로만 판정하며, 편집위원회는 재심사의 결과 '게재적합'
이 둘 이상이면 '게재확정'으로 최종 판정한다.

제18조 (修正要請 등)

① 편집위원장은 제17조의 규정에 의해 '수정후게재/ 또는 '수정후
재심사' 판정을 받은 논문에 대하여 수정을 요청하여야 한다.

② 편집위원장은 제17조의 규정에 의해 '게재확정'으로 판정된 논
문에 대하여도 편집위원회의 판단에 따라 수정이 필요하다고 인정
하는 때에는 내용상 수정을 요청할 수 있다.

③ 편집위원회는 집필자가 전항의 수정요청에 따르지 않거나 재심

사를 위해 고지된 기한 내에 수정된 논문을 제출하지 않을 때에는
처음 제출된 논문을 '불게재'로 최종 판정한다.

제4장 기　타

제19조 (審查謝禮費의 支給) 논문심사위원에게 논집의 간행·편집을
　　위한 예산의 범위 안에서 심사사례비를 지급할 수 있다.

제20조(輔助要員) 학회는 논집의 간행·편집을 위하여 필요하다고 인
　　정하는 때에는 원고의 편집, 인쇄본의 교정, 부록의 작성 등에 관
　　한 보조요원을 고용할 수 있다.

제21조 (刊行·編輯財源) ① 논집의 간행·편집에 필요한 재원은 다
　　음 각호에 의한다.
　　1. 출판수입
　　2. 광고수입
　　3. 판매수입
　　4. 논문게재료
　　5. 외부 지원금
　　6. 기타 학회의 재원
　　② 논문 집필자에 대한 원고료는 따로 지급하지 아니한다.

제22조 (論集의 配布)　① 간행된 논집은 회원에게 배포한다.
　　② 논문의 집필자에게는 전항의 배포본 외에 일정한 부수의 증정본
　　을 교부할 수 있다.

附　　則 (1999. 8. 20. 제정)

이 규칙은 1999년 8 월 20일부터 시행한다.

附   則
이 규칙은 2003년 8 월 22일부터 시행한다
.

附   則
이 규칙은 2004년 4 월 17일부터 시행한다.

附   則
이 규칙은 2005년 3 월 19일부터 시행한다.

附   則
이 규칙은 2008년 5 월 26일부터 시행한다.

附   則
이 규칙은 2009년 12월 18일부터 시행한다.

[별표 1 : 논문심사서(서식)]

「行政判例研究」 게재신청논문 심사서

社團法人 韓國行政判例研究會

게재논집	行政判例研究 제15－2집	심사일	2010. . .
심사위원	소속		직위	
			성명	(인)
게재신청논문 [심사대상논문]			
판정의견	1. 게재적합 ( ): 논집의 게재가 가능하다고 판단 하는 경우 2. 게재부적합 ( ): 논집의 게재가 불가능하다고 판 단하는 경우 3. 수정후게재 ( ): 논문내용의 수정·보완 후 논집 의 게재가 가능하다고 판단하는 경우		
심사의견			
심사기준	• 행정판례의 평석 또는 연구에 관한 논문일 것 • 다른 학술지 등에 발표한 일이 없는 논문일 것 • 연구내용의 전문성과 창의성 및 논리적 체계성이 인정 되는 논문일 것 • 연구내용의 근거제시가 적절성과 객관성을 갖춘 논문 일 것		

※ 심사의견 작성시 유의사항 ※
▷ '게재적합' 판정의 경우에도 수정·보완이 필요한 사항을 기술할 수 있습니다.
▷ '게재부적합' 및 '수정후 게재' 판정의 경우에는 각각 부적합사유와 논문내용의 수정·보완할 점을 구체적으로 명기하여 주십시오.
▷ 표 안의 공간이 부족하면 별지를 이용해 주십시오.

[별표 2: 종합판정기준]

	심사위원의 판정			편집위원회 종합판정
1	○	○	○	게재확정
2	○	○	△	
3	○	△	△	수정후게재
4	△	△	△	
5	○	○	×	
6	○	△	×	
7	△	△	×	수정후재심사
8	○	×	×	
9	△	×	×	불게재
10	×	×	×	

○ = "게재적합" △ = "수정후게재" × = "게재부적합"

「行政判例研究」 原稿作成要領

I. 원고작성기준

1. 원고는 워드프로세서 프로그램인 [한글]로 작성하여 전자우편을 통해 출판간사에게 제출한다.
2. 원고분량은 도표, 사진, 참고문헌 포함하여 200자 원고지 150매 내외로 한다.
3. 원고는 「원고표지 − 제목 − 저자 − 목차(로마자표시와 아라비아숫자까지) − 본문 − 참고문헌 − 국문 초록 − 국문 주제어(5개 내외) − 외국문 초록 − 외국문 주제어(5개 내외)」의 순으로 작성한다.
4. 원고의 표지에는 논문제목, 저자명, 소속기관과 직책, 주소, 전화번호(사무실, 핸드폰)와 e−mail주소를 기재하여야 한다.
5. 외국문 초록(논문제목, 저자명, 소속 및 직위 포함)은 영어를 사용하는 것이 원칙이지만, 논문의 내용에 따라서 독일어, 프랑스어, 중국어, 일본어를 사용할 수도 있다.
6. 논문의 저자가 2인 이상인 경우 주저자(First Author)와 공동저자(Corresponding Author)를 구분하고, 주저자·공동저자의 순서로 표기하여야 한다. 특별한 표시가 없는 경우에는 제일 앞에 기재된 자를 주저자로 본다.
7. 목차는 로마숫자(보기 : I, II), 아라비아숫자(보기 : 1, 2), 괄호숫자(보기: (1), (2)), 반괄호숫자(보기 : 1), 2), 원숫자(보기 : ①, ②)의 순으로 한다. 그 이후의 목차번호는 논문제출자가 임의로 정하여 사용할 수 있다.

II. 각주작성기준

1. 기본원칙

(1) 본문과 관련한 저술을 소개하거나 부연이 필요한 경우 각주로 처리한다. 각주는 일련번호를 사용하여 작성한다.

(2) 각주의 인명, 서명, 논문명 등은 원어대로 씀을 원칙으로 한다.

(3) 외국 잡지의 경우 처음 인용시 잡지명을 전부 기재하고 그 이후 각 주에서는 약어로 표시한다.

2. 처음 인용할 경우의 각주 표기 방법

(1) 저서: 저자명, 서명, 출판사, 출판년도, 면수.

번역서의 경우 저자명은 본래의 이름으로 표기하고, 저자명과 서명 사이에 옮긴이의 이름을 쓰고 "옮김"을 덧붙인다.

엮은 책의 경우 저자명과 서명 사이에 엮은이의 이름을 쓰고 "엮음"을 덧붙인다. 저자와 엮은이가 같은 경우 엮은이를 생략할 수 있다.

(2) 정기간행물: 저자명, "논문제목", 「잡지명」, 제00권 제00호, 출판연도, 면수.

번역문헌의 경우 저자명과 논문제목 사이에 역자명을 쓰고 "옮김"을 덧붙인다.

(3) 기념논문집: 저자명, "논문제목", 기념논문집명(000선생00기념 논문집), 출판사, 출판년도, 면수.

(4) 판결 인용: 다음과 같이 대법원과 헌법재판소의 양식에 준하여 작성한다.

판결 : 대법원 2000. 00. 00. 선고 00두0000 판결.

결정 : 대법원 2000. 00. 00.자 00아0000 결정.

헌법재판소 결정 : 헌법재판소 2000. 00. 00. 선고 00헌가00

결정.

(5) 외국문헌 : 그 나라의 표준표기방식에 의한다.

(6) 외국판결 : 그 나라의 표준표기방식에 의한다.

(7) 신문기사는 기사면수를 따로 밝히지 않는다(신문명 0000. 00. 00.자). 다만, 필요한 경우 글쓴이와 글제목을 밝힐 수 있다.

(8) 인터넷에서의 자료인용은 원칙적으로 다음과 같이 표기한다.
저자 혹은 서버관리주체, 자료명, 해당 URL(검색일자)

(9) 국문 또는 한자로 표기되는 저서나 논문을 인용할 때는 면으로(120면, 120면-122면), 로마자로 표기되는 저서나 논문을 인용할 때는 p.(p. 120, pp. 121-135) 또는 S.(S. 120, S. 121 ff.)로 인용면수를 표기한다.

3. 앞의 각주 혹은 각주에서 제시된 문헌을 다시 인용할 경우 다음과 같이 표기한다. 국내문헌, 외국문헌 모두 같다. 다만, 저자나 문헌 혹은 양자 모두가 여럿인 경우 이에 따르지 않고 각각 필요한 저자명, 문헌명 등을 덧붙여 표기함으로써 구별한다.

(1) 바로 위의 각주가 아닌 앞의 각주의 문헌을 다시 인용할 경우
　1) 저서인용: 저자명, 앞의 책, 면수
　2) 논문인용: 저자명, 앞의 글, 면수
　3) 논문 이외의 글 인용: 저자명, 앞의 글, 면수

(2) 바로 위의 각주에 인용된 문헌을 다시 인용할 경우에는 "위의 책, 면수", "위의 글, 면수"로 표시한다.

(3) 하나의 각주에서 앞서 인용한 문헌을 다시 인용할 경우에는 "같은 책, 면수", "같은 글, 면수"로 표시한다.

4. 기타

(1) 3인 공저까지는 저자명을 모두 표기하되, 저자간의 표시는 "/"

로 구분하고 "/" 이후에는 한 칸을 띄어 쓴다. 4인 이상의 경우 성을 온전히 표기하되, 중간이름은 첫글자만을 표기한다.

⑵ 부제의 표기가 필요한 경우 원래 문헌의 표기양식과 관계없이 원칙적으로 콜론으로 연결한다.

⑶ 글의 성격상 전거만을 밝히는 각주가 너무 많을 경우 약자를 사용하여 본문에서 그 전거를 밝힐 수 있다.

⑷ 여러 문헌의 소개는 세미콜론(;)으로 하고, 재인용의 경우 원전과 재인용출처 사이를 콜론(:)으로 연결한다.

III. 참고문헌작성기준

1. 순서
국문, 외국문헌 순으로 정리하되, 단행본, 논문, 자료의 순으로 정리한다.

2. 국내문헌
⑴ 단행본: 저자, 서명, 출판사, 출판연도.
⑵ 논문: 저자명, "논문제목", 잡지명 제00권 제00호, 출판연도.

3. 외국문헌
그 나라의 표준적인 인용방법과 순서에 따라 정리한다.

行政判例研究會 第12代 任員 名單

■제 12 대(2017. 2. 17. /2020.2.16.)

명예회장 金鐵容, 崔光律

고 문 金南辰, 金東熙, 金英勳, 朴鈗炘, 徐基錫, 徐廷友, 蘇淳茂,
李康國, 李京運, 李光潤, 李鴻薰, 鄭夏重, 崔松和, 韓昌奎

회 장 金東建

부 회 장 朴正勳, 李承寧, 金重權

감 사 李殷祈, 孫台浩

상임이사 金敞祚/李鎮萬(기획), 俞珍式/徐圭永(섭외),
李熙貞/張暻源(총무), 李賢修/河明鎬(연구), 崔瑠修(출판)

운영이사 姜基弘, 姜錫勳, 康鉉浩, 慶 健, 具旭書, 權殷旼, 琴泰煥,
金光洙, 金國鉉, 金南撤, 金炳圻, 金聲培, 金性洙, 金聖泰,
金秀珍, 金連泰, 金容燮, 金容贊, 金裕煥, 金義煥, 金鐘甫,
金致煥, 金海龍, 金香基, 金鉉峻, 文尙德, 朴均省, 朴海植,
房東熙, 裵柄皓, 白潤基, 石鎬哲, 宣正源, 成百玹, 成重卓,
宋鎭賢, 申東昇, 辛奉起, 安東寅, 呂相薰, 吳峻根, 柳哲馨,
尹炯漢, 李東植, 李元雨, 李重光, 林永浩, 張暻源, 藏尙均,
田聖銖, 田 勳, 鄭南哲, 鄭鍾錧, 鄭準鉉, 鄭夏明, 鄭亨植,
鄭鎬庚, 趙成奎, 趙龍鎬, 曹海鉉, 趙憲銖, 朱한길, 崔桂暎,
崔峰碩, 崔善雄, 崔允寧, 崔正一, 河宗大, 韓堅愚, 洪準亨

간 사 禹美亨/朴祐慶(총무), 金判基(연구),
李眞洙/桂仁國/李在勳(출판)

行政判例研究 XXII- 2(제1권)

2017년 12월 25일   초판인쇄
2017년 12월 31일   초판발행

편저자   사단법인 한국행정판례연구회
　　　　대   표 김 동 건
발행인   안 종 만
발행처   (주)**박영사**

┌─────────┐
│편저자와│
│협의하여│
│인 지 를│
│생 략 함│
└─────────┘

서울특별시 종로구 새문안로3길 36, 1601
전화 (733) 6771   FAX (736) 4818
등록 1959. 3. 11.   제300-1959-1호(倫)

www.pybook.co.kr   e-mail: pys@pybook.co.kr

파본은 바꿔 드립니다. 본서의 무단복제행위를 금합니다.

정 가 48,000원

ISBN 979-11-303-3202-4
ISBN 978-89-6454-600-0(세트)
ISSN 1599-7413 30